민스키의
금융과
자본주의
불안정 경제의 안정화 전략

Stabilizing an Unstable Economy

Stabilizing an Unstable Economy, 1ˢᵗ Edition

1 2 3 4 5 6 7 8 9 10 CB 20 23

▪ Original: Stabilizing an Unstable Economy, 1st Edition. © 2008
            By Hyman Minsky
            ISBN 978-0-07-159299-4

When ordering this title, please use 979-11-87486-44-2

Printed in Korea.

Stabilizing an Unstable Economy

민스키의
금융과
자본주의

불안정 경제의 안정화 전략

하이먼 P. 민스키 지음
김대근 옮김

McGraw Hill

카오스북
CHAOS BOOK

일러두기

1. 본문의 강조 표시는 원저자의 강조임.
2. 대괄호[ ]는 옮긴이의 주석임.

민스키의
금융과
자본주의
불안정 경제의 안정화 전략

Stabilizing an Unstable Economy

발행일	2023년 8월 30일 초판 2쇄
저 자	하이먼 P. 민스키
옮긴이	김대근
발행인	오성준
발행처	카오스북
등록번호	제2020-000074호
주소	서울특별시 은평구 통일로73길 31
전화	02-3144-8755, 8756
팩스	02-3144-8757
ISBN	979-11-87486-44-2 93320
정가	25,000원

차 례

20여 년 전 처음 소개되었던 민스키의 『불안정 경제의 안정화Stabilizing an Unstable Economy』는 세대를 앞선 것으로 평가되었다. 다른 경제학자들에게도 이런 경우는 종종 있었다. 슘페터는 그가 살았던 시대보다 오늘날 더 많은 영향을 미치고 있으며, 케인즈 사상의 정수는 출간 이후 비로소 광범위한 영향력을 얻었다. 불굴의 민스키 또한 다를 바 없다. 1970년대와 1980년대 당시에도 무시할 수 없었지만, 그의 사상이 오늘날만큼 두드러진 적은 없었다. 민스키가 오늘날 살아 있다면 틀림없이 지난 몇 십 년간 경제와 금융에 관심을 기울였던 사람들에게 "거봐, 내가 이렇게 될 거라고 했지!"라고 정당하게 주장했을 것이다. 지금이 민스키의 고전이 된 이 책을 재발간하기에 더할 나위 없는 시간이다.

　케인즈(민스키는 1975년에 케인즈의 전기를 출간했다)와 슘페터같이 민스키 또한 경기 순환에 주된 관심을 두었다. 제2차 세계대전 이후의 흐름을 주도했던 케인즈주의는 케인즈 저작 중 정치적으로 인기 있는 측면에 주로 초점을 맞추었다. 하지만 케인즈가 재정 행동주의와 경제 성장기 동안의 예산 흑자 이전에 통화 조치를 권했다고 기억하는 사람은 거의 없었다. 너무도 많은 정책 입안자들에게 있어 케인즈주의는 적자 지출이라고 하는, 너무도 쉽고 자동적인 해결책으로 이해되었다. '소프트 랜딩'이나 '중도 수정'과 같은 용어에 반영된 것처럼 케인즈주의가 경기 순환을 평정했다는 인식이 점차 커지고 있었다.

민스키는 케인즈와는 다른 중요한 관계를 만들어냈다. 그는 투자의 변동성을 강조하면서 투자에서 오는 현금 흐름의 근본적인 불확실성이 기업 대차대조표에 큰 영향을 끼칠 수 있다고 지적했다. 이는 훨씬 더 큰 관심을 받을 만한 중요한 통찰이었다.

1970년대 후반과 1980년대 통화주의가 케인즈주의를 제친 후로 민스키의 통찰은 합당한 대우를 받지 못했다. 1980년대 초반에 절정기에 이른 통화주의는, 민스키가 광범위한 분석적 접근을 통해 웅변적으로 다루었던, 빠르게 변화하는 금융 체계 구조에 효과적으로 대처하는 데 실패하였다. 한편, 계량경제학은 경제학자들과 금융 전문가들 사이에서 거의 신앙과 같은 존재가 되어가고 있었다. 그러나 민스키는 통계 모형으로 자신의 분석이 제한되는 것을 허용하지 않았다. 현명하게도 그는 수학 공식이 경제와 금융의 작동 패턴에서 의미 있고 중요한 구조 변화나 이동을 적절하게 설명해내지 못한다고 생각했다.

나는 금융시장에서의 내 이력이 시작되던 초기에 민스키의 연구에 끌렸었다. 어떻게 부채가 명목 GNP보다 더 빠르게 지속적으로 증가하는지에 관심을 가지게 되었다. 이러한 불건전한 발전이 금융 자산의 빠른 금융 증권화, 금융시장의 세계화, 그리고 무엇보다 위험 감수 행위에 대한 정량적 평가를 용이하게 해준 정보통신기술의 대단한 발달 때문이라고 나는 생각한다. 부채 폭발에 내재된 위험은 정책 입안자들이 금융 기관들이 기업가적 추진력과 신탁 책임 사이에서 균형을 유지하는 안전망을 마련하지 못하면서 고조되었다.

민스키의 통찰력 덕분에 우리는 최근 수십 년간의 금융 발전을 이해할 수 있는 단서를 얻게 되었다. 투기적 기업 금융, 부채의 질적 하락, 그리고 우리 시대를 특징짓게 된 경제 변동성의 자기 강화적 동학을 민스키만큼 이해한 사람은 거의 없다. 민스키는 부채를 갚기 위한 기업의 차입을 '투기 금융'이라고 했고, 이것은 결국 투자와 자산 가격의 상승을 불러일으킨다. 그는 고용, 투자, 그리고 이윤에서의 낙관적 상승이 기업 경영자들과 은행가들의 마음속에 궁극적으로 변동성과 수용 불가능한 위험을 조장하는 접근 방식의 건전성을 확인시켜주는 경향이 있다고 설명했다. 민스키는 엔론Enron 시대에 대한 경구가 될 만한 다채로운 문구에서 '대차대조표 모험balance sheet adventuring'을 경고했다.

따라서 이 책의 초판 출간 이후 벌어진 사건들, 즉 1980년대 후반과 1990년대 초반의 저축대부은행과 은행업의 위기, 멕시코와 한국에서의 채무 고통, 러시아의 채무 불이행, 1990년대의 롱텀캐피달매니지먼트Long Term Capital Management의 과도한 레버리지로 인한 시장의 파열, 2000년 IT 버블 붕괴에 이르기까지의 사건들은 이 책의 저자에게는 놀라운 일이 아니었을 것이다.

그리고 이제 세계는 서브프라임 모기지의 위기에 직면해 있다. 일각에서는 이것을 '민스키 모멘트Minsky moment'라고 부르기도 했지만, 이러한 관점은 민스키 업적의 범위와 깊이를 경시하는 것이다. 지금은 민스키의 통찰을 진중하게 받아들여 그의 획기적 연구를 바탕으로 우리 금융체계를 탄탄한 기반 위에 구축할 방법을 모색해야 할 때다.

헨리 커프먼

초판 서문

복잡하고 진화하는 금융 구조를 가진 선진 자본주의 경제의 생산, 고용, 그리고 물가가 요동치기 쉽다는 점은 이제 명백하다. 또한 우리 유형의 경제에 자연스러운 불안정성이 제2차 세계대전 이후 안정화되었다는 것도 분명하다. 특히 경제와 금융 체계에 엄청난 스트레스와 긴장감이 있었음에도 자산 가치의 붕괴, 걷잡을 수 없는 파산의 전염, 그리고 깊고 장기간 지속되는 불황은 피했다.

1960년대 후반 이후에 드러난 불안정성은 제2차 세계대전 이후 초기 20년간은 그렇게 두드러지지 않았다. 이는 다음의 질문을 낳는다.

"우리 경제의 전반적 행동을 그렇게 급진적 변화로 이끄는 경제 유형에는 무엇이 있는가?"

이에 대한 대답을 위해서는 어떻게 기업가들과 은행가들의 이윤 추구가 초기에는 견고했던(즉, 금융 위기에 취약하지 않았던) 금융 체계를 무너지기 쉬운(즉, 금융 위기에 취약한) 금융 체계로 변화시켰는가에 대한 이해가 필요하다. 금융 관계를 결정하고 자산의 가치를 평가하는 시장 체계는 불안정성을 조장하는 관계를 발전시키고, 불안정성을 실현시키는 신호를 보낸다. 현대 자본주의 경제의 안정적인(혹은 평온한) 시기는 일시적이다.

이 책은 왜 우리 경제가 변동성에 빠지기 쉬운지, 그리고 뚜렷한 불안정성이 어떻게 억제되어 왔는지 설명하려고 한다. 겪을 수 있었던 대규모 불황과 같은 상황은 피할 수 있었지만 최근의 경제 실적은 제2차 세계대전 직후의 20년에 비해 현저히 나빠졌던 것이 사실이다. 심지어 1960년대 후반 이후 불안정성을 안정화하는 데 성공한 것은 우연이었는데, 정책의 근간이 되는 이론들이 본질적으로 불안정한 우리의 체계를 '안정화할 수' 있는 핵심 변수들을 무시했기 때문이다. 정책은 대체로 성공적이었지만 악화되는 경제 실적을 제대로 다루지는 못했다. 그러므로 개혁을 위한 의제는 역사적, 이론적, 제도적 자료에 따른다.

이 책은 포스트 케인지언 전통에 서 있는데, 이는 케인즈가 선진 자본주의 경제의 본질적 특성을 더 멀리, 그리고 깊이 들여다보도록 우리가 올라설 수 있는 거인의 어깨를 제공한다는 의미다. 그러나 포스트 케인지언이라는 게 '위대한 인간'의 사상에 맹목적으로 의존한다는 의미는 아니다. 케인즈를 인용하는 것으로 논점을 만들고 싶지는 않다. 만일 그렇다면, 지금 양해를 구한다.

많은 사람들에게 지적인 도움을 받았다. 랑게Oscar Lange, 시몬스Henry Simons, 슘페터Josef Schumpeter에게 학문을 통해 큰 빚을 졌다. 최근에는 트리에스테대학 '고등경제연구소'의 동료 교수와 학생들, 특히 포스트 케인지언 동료인 크레겔Jan Kregel, 데이빗슨Paul Davidson, 고故 와인트로브Sidney Weintraub에게 감사를 표한다.

다시 한 번 타운젠드Maurice Townsend에게, 격려와 아낌없이 공유해준 통찰력에 감사를 표한다. 특별히 로빈슨Joan Robinson에게 진 빚이 있다. 그녀의 생각은 종종 오류가 있었지만 예리한 방식으로 표현되었다.

'20세기 펀드Twentieth Century Fund'의 베커Carol Baker, 클레인Waiter Klein, 니

커슨Gary Nickerson에게 감사를 표하고 싶다. 특히 니커슨은 내가 지치고 힘들 때도 변치 않는 믿음을 보여줬다. 영Ted Young은 지나치게 늘어지는 원고를 휘저어 메시지의 명확성을 방해하는 미사여구를 제거했다. 비벌리 골드버그Beverly Goldberg는 내 연구의 최종 준비를 맡았다.

이 책은 워싱턴대학교 경제학부의 얼릭Bess Erlich과 힐튼Susan Hilton 조교들의 이해와 도움 없이는 완성하지 못했을 것이다. 특별히 렌싱Karen Rensing과 쉬로더Anne Schroeder에게 감사를 표한다. 내게는 괴물같이 느껴지는 워싱턴대학교의 컴퓨터 데이터를 필요로 할 때마다 바바리스Chris Varvares가 달려와 구원해 주었다.

하이먼 P. 민스키

민스키『불안정 경제의 안정화』20년에 부쳐

디미트리 B. 파파디미트리우 ㅣ L. 랜달 레이

우리가 민스키의 가장 포괄적인 업적에 대한 새로운 개정판을 준비할 때(제1판은 1986년에 출간되었다), 미국 금융 체계는 1930년 이래 최악의 위기에 직면해 있었다. 이 책이 설명하는 놀라운 힘은 민스키 생애에 나타난 금융 위기뿐 아니라 미국 주식시장에서의 닷컴 내부 붕괴와 우리가 지금 목격하고 있는 서브프라임 주택 붕괴까지 연관되어 있음을 보여준다. 민스키는 언제나 시대를 앞섰다. 1950년대 후반에 민스키가 처음으로 금융 불안정성에 대해 서술했고, 거의 한 세대 안에는 일어나지 않을 경제 변동을 정확히 예측했다는 사실을 기억하라. 우리는 이 책의 소개 글을 쓰기 위해 초판을 여러 번 읽으며 민스키의 분석의 깊이와 현대적이고 복잡한 자본주의 경제의 운영에 대한 이론적 기여에서 깊은 인상을 받았다. 단언컨대 여기에 필적할 만한 것은 없다.

책이 절판된 후 이 책을 찾는 사람들이 꾸준히 있었다. 인터넷에서는 이 책의 중고 값이 수천 달러를 호가한다. 2007년 경제 전문지들이 빠르게 붕괴되어 가는 담보대출(모기지) 증권시장에 대한 민스키 분석의 관련성을 인식하면서 민스키 연구에 대한 관심은 폭증했다. 실제로 이 책에서 민스키는 많은 금융 위기들을 상세히 탐구했는데, 그중 몇몇은 기업어음, 지방채, 그리고 리츠REITs 등 비슷한 금융 상품들을 포함하고 있다(112쪽, 178쪽). 보다 중요한 것은 그가 왜 경제가 이러한 위기를 향해 움직이는 경향이 있는지를 설명했다는 점이다. 더 나아가 만약 그 위기들이 (여태까지 그래 왔던 것처럼)성공적으로 억제되었다면, 위험한 관행들은 '유효화'되는 셈이다. 이는 더 빈번하고 심각해질 수 있는, 다가올 위기들의 무대를 마련한다. 민스키가 강조하는 바, 투기로 향하는 경향이 있는 경제에는 고유하고 근본적인 불안정성이 있다. 이는 "불안정한 경제에서는 투기가 기업을 좌우한다(77쪽)"고 주장한 케인즈의 논리를 따른다. 붕괴를 강조한 자본주의적 과정에 대한 기존의 비판 및 분석과는 달리 민스키는 '행복 도취기euphoric periods'의 중개인들 행동에 더 관심을 가졌다. 또한 '충격', '비논리적 활황', 또는 '바보 같은' 정책을 탓하는 다른 분석들과는 달리, 민스키는 금융 불안정성을 야기하는 과정들이 '자연스럽거나', 체계의 내생적 특성이라고 주장했다.

민스키에 따르면 자본주의 경제는 기껏해야 '조건부 정합적conditionally coherent'이다(206쪽). 그는 복잡하고 과대평가된 고정자본을 가지고 있는 실제 자본주의 경제를 분석하는 데 관련이 없는 주류 경제학의 균형방법론을 거부했다. 그는 균형 대신에 견고한 금융 체계와 적은 혁신으로 특징지을 수 있는 '평온의 시기periods of tranquility'(313쪽)를 제안했다. 해당 기간 동안 투자의 재무적 측면은 덜 중요하다. 그러나 상대적 평온은 '정합성cogerency'과 '평온함transquility'이 만들어지는 조건을 교란시키더라도 소득을 증가시키기 위한 더 많은 리스크의 수용과 혁신적 활동을 촉진하기 때문에 "안정성은 불안정해진다." 즉, 체제가 안정적일 때 작동되는 시장의 힘은 체제를 불안정성으로 밀어 넣어, 균형에 이른다 하더라도 곧 경제가 균형에서 빠르게 벗어나도록 이끄는 행태적 반응을 촉발시킬 것이다.

　민스키는 케인즈의 '경기 순환의 투자 이론'을 차용하였다. 민스키의 경기 순환 이론은 두 가지의 결합으로 도출되는데, 첫 번째는 케인즈의『일반이론』제12장에서 볼 수 있는 유명한 설명으로, 근본적인 불확실성의 조건에서 이루어지는 투자 결정의 내재적 불안정성에 초점을 맞춘 내용이다. 또 하나는 제17장에서 취하는 접근으로 금융 및 자본 자산의 가치 평가에 대한 것이다. 낙관주의와 비관주의의 소용돌이는 투자 총량에 영향을 미치는데, 이는 곧 지출 승수를 통해 생산량과 고용량을 결정한다. 민스키는 금융 투자 과정에 대해 지적한 케인즈의 분석 방법을 인정하면서도, 훨씬 더 나아가야 할 필요성을 깨달았다. 그러므로 민스키의 공로는 케인즈의 '경기 순환의 투자 이론'에 '투자의 금융 이론'을 추가한 것이라 할 수 있다. 이는 그의 초기 저작인『존 메이너드 케인즈(1975)』의 주제였다. 금융 투자는 우리 경제에서 발견되는 불안정성의 가장 주요한 근원이므로, 이제 어떻게 불안정한 경제를 안정화할지에 대한 주요 분석 주제가 되어야 한다. 그러므로 투자에 대한 민스키의 논의와 어떻게 투자를 위한 자금이 조달되는지가 이 책의 중심적인 역할을 차지한다. 그의 탁월한 분석은 제8장을 다시 읽으면 쉽게 알 수 있을 것이다.

　민스키는 케인즈의『일반이론』의 정책적 함의를 생각한 사람이 아무도 없다고 주장했다. 이 책의 제목이 암시하는 것처럼 민스키의 임무는 현대, 금융, 자본주의 경제에 대한 정책들을 개발함으로써 그 공백들을 바로잡는 것이었다. 제12장 그리고 특별히 제13장에서 정책 개혁을 위한 그의 대안적 의제들이 제시된다. 민스키를 알고 있는 사람들은 총수요의 '미세 조정', 투자 촉진, 그리고 안전망을 제공하는 '복지국가'의 제도화를 강조하는 것으로 널리 알려진 '케인지언' 처방과의 차이를 인정한다. 때때로 복지와 1960년대 초반의 '경기 부양책'에 대한 그의 적대감은 현실 문제에 대한 자유시장적 해결책을 제시하는 동료 학자들에게는 이해할 수 없는 것처럼 보였으리라. 하지만 민스키는 다음을 강조하는 대안적 경로를 채택했다.

1. 미세 조정은 불가능하다.
2. 삶의 수준을 높이기 위해 투자 주도의 성장에 의존하는 정책은 파괴적인 불안정성과 인플레이션을 야기한다.
3. 복지는 인플레이션을 유발하고 실업을 제도화한다.

제13장에서 그는 대안적 전략을 제시하는데, 곧 소비, 고용, 그리고 제도와 규제의 적용을 통해 불안정성을 억제하는 것이다. 이는 후에 보다 상세히 논의할 것이다.

이 소개 글의 나머지 부분에서 우리는 이론과 정책 분석에 대한 민스키의 공로를 개괄적으로 살펴보려고 한다. 이는 이 책을 쓰도록 만든 민스키의 초기 업적에 대한 논의를 포함한다. 마지막으로 우리는 민스키의 분석을 기반으로 최근의 현실 세계 문제들에 이르기까지 논의를 확장해서 다루고자 한다.

민스키의 초기 공로들

1950년대부터 1960년대 중반에 나온 그의 저작들에서 민스키는 경기 순환에 대한 자신의 분석들을 서서히 발전시켰다(민스키 1957a, 1964, 1979). 처음에 그는 (총괄하여 제도라 칭했던)정부, 규제 구조, 법체계와 기업들, 그리고 특히 금융 제도가 문제라고 주장했다. 이는 I(투자), S(저축), L(유동성 선호), M(화폐 공급) 모델로 잘 표현되는 케인즈 경제학 특정 버전이 지배력을 확장하는 것과는 상반되는 반응이었다. 민스키는 하버드에서 앨빈 한센Alvin Hansen과 연구를 하면서도, 시카고에서 헨리 시몬스Henry Simons의 제도적 세부 항목을 선호했다. 거시경제학을 지나치게 단순화시킨 신고전파 종합의 접근법은 LM 곡선 뒤로 금융을 사장시켰다. 거기에 더해 IS-LM 분석은 오로지 유일한 균형점만 고려하기 때문에 현실 경제의 역학에 대해 아무것도 말할 수 없다. 이러한 이유로 민스키는 폭발적 성장의 가능성을 염두에 두는 승수−가속기 모델multiplier-accelerator model에 더 관심을 가졌다(민스키, 1957b). 그의 몇몇 초기 연구에서는 더 광범위한 연구 결과 산출을 위해 균제 성장steady growth, 경기 순환, 호황, 그리고 장기 침체를 포함한 가능성 있는 다양한 결과를 이끌어내기 위해 제도적 상한선과 하한선을 추가했다. 그가 레비경제연구소Levy Economics Institute에서 쓴 마지막 논문들 중 몇몇은 이 모델들로 돌아왔다. 그러나 이 분석들의 결과가 뉴딜정책과 전후 제도 정비들이 현대 자본주의의 내재된 불안정성을 제약하여 외양적으로 안정성을 띠게 만들었다는 그의 주장에 한몫했다는 것은 분명하다.

동시에 그는 금융 혁신에 대해서도 검토했는데, 금융 기관들의 일반적인 이윤 추구 행위가 화폐 공급량 증가를 제한하려는 금융 당국의 시도를 지속적으로 전복시켰다고 주장했다(민스키, 1957a). 이것이 그가 화폐 공급이 고정되었다고 가정하는 LM 곡선을 거부하는 주요 이유 중 하나이다. 실제로 중앙은행 규제는, 프리드먼이 수십 년간 전파한 성장률 법칙을 정책이 결코 따를 수 없음을 확실하게 보여 준다는 점에서 혁신을 유도할 것이다. 이러한 혁신은 또한 체계를 붕괴에 더 취약하게 만드는 방식으로 유동성을 증가시킬 수 있다. 만약 중앙은행이 최종 대부자로 개입한다면 혁신을 검증하여 새로운 관행의 지속성을 보장할 것이다. 민스키(1957a)는 연방기금시장의 창설을 검토하여 이것이 은행 시스템이 내부적으로 화폐 공급을 결정하는 방식으로 어떻게 지불준비금을 절감할 수 있는지를 보여주었다. 금융 혁신에 대한 첫 번째 중대한 시험은 1966년 지방채 시장, 두 번째는 1970년 기업어음의 인출 사태에서 나타났다(그러나 이 각각은 즉각적인 중앙은행의 조치를 통해 해결되었다.) 그러므로 초기 전후 기간이 가계 부채는 거의 없고 (제2차 세계대전의 적자로부터 비롯된)막대한 국채가 있는 '조건부 정합적'인 금융 체계의 좋은 예인 반면, 이윤을 추구하는 혁신은 이러한 제도의 구속력을 점차 약화시킬 수 있다. 금융 위기는 더 빈번하게 발생할 것이고 더 심각해질 것이다. 그리고 '그것'을 막고자 하는 당국의 능력을 시험할 것이다. 표면적 안정성은 불안정성을 조장할 것이다.

초기 연구의 확장

민스키는 그의 저서 『존 메이너드 케인즈』에서 케인즈 이론의 대안적 분석을 제시하였다(이 책의 집필 의도에 대한 요약은 226쪽을 참조하라). 이 책은 그의 '투자의 금융 이론과 경기 순환의 투자 이론'에 대한 가장 상세한 설명을 보여준다. 설명을 구성하는 두 가지 핵심 요소는 그가 케인즈로부터 차용한 '두 가격 체계'와 (종종 칼레츠키Michael Kalecki 의 것이라고 하지만 실제로는 케인즈로부터 유래된) '대부자와 차입자의 위험'이다. 민스키는 현재 산출물에 대한 가격 체계와 자산 가격에 대한 가격 체계를 구분하였다. 현재 생산 가격은 이윤을 만들 수 있는 수준인 '비용+이윤폭'으로 결정될 수 있다. 이 가격 체계는 소비재와 서비스, 투자재, 그리고 정부가 구매하는 재화와 서비스까지 모두 포함한다. 투자재의 경우, 현재 산출물의 가격은 사실상 자본의 공급 가격으로 공급자가 새로운 자본을 제공하도록 유도하기에 충분한 가격이다. 그러나 이러한 단순 분석은 내부 자금으로 조달되는 자본에의 구매에만 적용 가능하다. 만약 외부(차입) 자금이 포함된다면 자본의 공급 가격은 명시적 금융 비용을 포함하는데, 중요한 것은 이때의 자본 공급 가격은 이자율뿐 아니라 기타 모든 비용과 수수료까지 포함된다. 공급 가격이 '대부자 위험' 때문에 상승하게 된다.

시간이 지나도 계속 보유할 수 있는 자산에 대한 두 번째 가격 체계가 있다. 가장 유동적인 자산인 화폐를 제외하고, 이러한 자산들은 일련의 소득과 자본 이득을 만들어낼 것으로 기대된다. 여기서 민스키에 따르면, 그는 케인즈의 처방, 즉 『일반이론』에서 그가 가장 중요하다고 생각하는 제17장의 처방을 따른다. 가장 중요한 점은 예상 소득 흐름이 확실하지 않기 때문에 주관적 기대치에 의존한다는 점이다. 우리는 이 자산 가격 체계를 통해 자본 자산의 수요 가격을 얻을 수 있다. 즉, 자산이 창출할 수 있는 미래 순수입에 대한 기대치를 고려할 때, 자산에 얼마나 지불해야 하는지를 계산할 수 있다. 하지만 이 계산은 지나치게 단순하다. 금융 방식을 간과했기 때문이다. 민스키는 누군가 기꺼이 지불하고자 하는 가격은 필요한 외부 금융의 규모에 달려 있다고 주장하는데, 더 많이 차입할수록 차입자의 파산 리스크가 더 커지기 때문이다. 이것이 '차입자의 리스크'가 수요 가격에 포함되어야 하는 이유다.

투자는 수요 가격이 자본 자산의 공급 가격을 초과하였을 때에만 진행될 수 있다. 이 가격들은 충분한 담보로 정의되는 안전 마진을 포함하기 때문에 알 수 없는 산출물에 대한 기대치에 영향을 받는다. 심각한 경기 침체로부터 회복하면서 기대치가 낮아지면 마진은 커진다. 시간이 흐르면서 경기 팽창이 비관적인 예측을 초과한다면, 이 마진은 필요 이상 큰 것으로 드러난다. 따라서 마진은 프로젝트가 일반적 성공의 수준으로 감소할 것이다. 여기서 우리는 민스키의 유명한 금융 개요 분류법을 상기하게 된다. 즉 장래의 소득 흐름이 원금과 이자를 포괄하는 '헤지 금융', 단기 소득 흐름이 오로지 이자만 포괄하는 '투기 금융', 그리고 단기 소득이 이자를 감당하기에도 불충분해 부채가 증가하는 '폰지 금융'으로 나누는 분류 말이다. 확장기를 거치며 이러한 금융적 입장은 대체로 헤지 금융에서 계속 증가하는 투기 금융과 심지어 폰지 금융을 포함하는 방향으로 진화해나간다.

초기 연구에서 민스키는 레버리지를 증가시키고 더 투기적 포지션으로 움직이려는 금융가들의 욕망이 좌절될 수 있다는 사실을 인식했다. 만약 결과가 기대했던 것보다 더 좋다면, 투기 금융에 가담하려던 투자자들은 수입이 예상보다 많으므로 헤지 금융에 남아 있게 될 것이다. 그러므로 민스키는『존 메이너드 케인즈』에 이제는 널리 알려진 칼레츠키 관계를 포함시키지 않았지만, 투자 붐이 승수효과로 총수요 및 지출을 증가시키고, 예상보다 더 많은 매출을 올릴 수 있다는 것을 인식했다. 후에 그는 총이윤은 투자와 불완전 모형에서 정부 재정적자 합과 같다는 칼레츠키언 결과를 분명히 포함시켰다. 그러므로 투자 붐이 일어날 때 이윤은 투자와 더불어 증가하고, 이는 기대치를 검증하고 훨씬 더 많은 투자를 이끌어낸다. 이러한 현상은 자본주의 경제에서의 근본적인 불안정성이 투기 열풍에 도달할 때까지 증가한다는 그의 주장에 신뢰를 더해주었다.

게다가 1960년대 초반, 그는 민간 부문 대차대조표에 대한 영향은 정부 대차대조표의 입장에 따라 달라질 것이라고 주장했다(민스키, 1963). 정부 지출 주도의 팽창은 민간 부문에게 부실 대차대조표를 수반하지 않는 팽창을 가능하게 만들었다. 이는 정부 재정 적자가 안전한 국채를 민간 포트폴리오에 추가하는 효과(적자 지출의 효과에 대한 논의는 제2장에서 논의되었다)를 만들기 때문이다. 그러나 강력한 팽창은 민간 부문 소득에 비해 정부의 세수를 더 빨리 증가시켜, 정부 재정은 (흑자를 향해)'개선'되고 민간 부문 수지는 (적자를 향해)악화시키는 경향이 있다. (이 책의 74쪽과 266쪽에 했던 것처럼)민스키가 자신의 설명에 칼레츠키 방정식을 추가했을 때 정부 재정의 이러한 경기 조정적 동향이 어떻게 호황의 상승과 침체의 하강을 모두 제한하는 수익의 안정화를 달성할 수 있는지 설명할 수 있었다.

경기 순환의 투자이론에서 칼레츠키의 이윤에 대한 관점과 함께 민스키는, 미래의 투자가 예상되는 경우에 한해 오늘의 투자가 이루어질 것이라고 주장했는데, 이는 (골격 모델에서)미래의 투자가 미래 이윤을 결정하기 때문이다(267쪽). 뿐만 아니라 오늘의 투자는 '어제' 채택된 결정을 입증하므로 '내일'에 대한 기대는 기존 자본 자산을 조달할 때 세워진 약속을 이행하는 능력에 영향을 미친다. 그러므로 쉽게 교란될 수 있는 투자에 대한 민스키의 접근은 이런 복잡한 시간적 관계가 있다(335~342쪽). 이것이 '두 가격' 접근과 연결되면, 미래의 기대 수익을 떨어뜨리는 것이 무엇이건 간에 자본의 수요 가격을 공급 가격 이하로 밀어 넣을 가능성이 있다는 게 분명해진다. 이는 투자와 오늘의 수익을, 선행 자본 프로젝트가 시작되었을 때의 수요 가격에 기초한 과거 기대치 검증에 필요한 수준 아래로 떨어뜨린다. 차입자와 대부자의 리스크에 포함된 안전 마진은 불충분한 것으로 판명될 수 있고, 따라서 앞으로 기대되는 안전 마진 한계 수익의 수정으로 이어질 수 있다.

　민스키는 자신의 금융 불안정성 가설을 1960, 70, 80년대를 거쳐 자신의 투자 이론과 결합시키며 지속적으로 발전시켰다. 칼레츠키 방정식을 추가했고, 두 가격 체계를 통합했으며, 부문별 대차대조표의 복잡한 처리를 포함했다. 수년 동안 그는 통화 공급을 통제하려는 연방준비은행의 헛수고를 인식하면서 은행에 대한 자신의 접근을 개선했다. 또한 다른 모든 개체들을 은행처럼 다룰 수 있도록 자신의 분석을 확장시켰다. 그는 누구나 부채 발행을 통해 자산을 획득할 수 있으므로 화폐를 만들 수 있다고 주장했다. 문제는 그것의 수용 가능성 여부이다(155쪽). 그는 연방준비은행이 기업의 부채 유동성을 만들어 최종 대부자 역할을 수행할 목적으로 설립되었지만 더 이상 어음을 할인하지 않았다고 주장했다(122쪽). 실제로 연방준비은행이 공급하는 지불 준비금은 공개시장조작을 통해 나오는데, 이는 어떤 담보를 받아들일 지 결정해야 하고, 차입자들의 대차대조표를 면밀히 검토해야 하므로 체계의 안전과 건전성을 보증하는 연방준비은행의 능력을 크게 제한 한다. 대신 연방준비은행은 화폐 공급과 그에 따른 경제 전반을 '통제' 하는 것이 주된 역할이라는 프리드먼의 단순한 통화주의적 접근에 의 존하게 되었다. 하지만 이것은 불가능하다. 지불준비금을 억제하려는 시도는 오직 은행의 혁신 관행을 유도하고 '비은행' 금융원의 확장을 부추길 뿐이므로 궁극적으로 최종 대부자 개입과 심지어는 위험한 관 행을 검증하는 구제 금융이 필요하게 만들기 때문이다(190쪽). 수요를 유지하기 위한 '경기 조정적 적자'와 더불어 이러한 정책은 경기 침체 를 막기도 하지만 만성적 인플레이션 편향도 초래한다.

다시 발생할 수 있을까?

민스키는 대공황이 (정부 규모를 나타내는 데 민스키가 자주 사용했 던 개념으로서의)큰 정부와 대형 은행의 창출, 재정 지출의 수준과 중 앙은행, 그리고 다양한 뉴딜정책에 의해서만 해결 가능한, 자본주의 의 실패를 반영한다고 종종 주장했다(345쪽; 민스키, 1993). 제2차 세 계대전 이후의 경제가 [기존 경제와는]근본적으로 다르고 견고해 보이 지만, 민스키는 항상 '그것(대공황)'이 다시 일어날지 의문을 품었다. 이 의문에 대한 그의 답은 조건부 "아니오"였는데, 이는 전후 초기 수 십 년간 시행된 천장과 바닥이 부채 디플레이션의 발생을 불가능하게 했기 때문이다. 그러나 겉보기에 견고해 보이는 금융 구조의 맥락에서 경제의 진화는 그러한 제약들을 압도하는 눈덩이 같은 채무불이행의 문을 열 수 있다. 제도적 제약들이 변화된 상황, 혹은 더 나빠진 상황에 적응하지 못하거나 대공황의 교훈을 잊은 채 위험한 '자유 시장' 이데올로기가 정책을 좌우하도록 방치할 때, 이러한 위험이 발생할 가능성은 더 커진다. 물론 이 두 상황은 과거에 지나갔다.

민스키는 그가 '반자유방임주의적 주제Anti-Laissez-Faire Theme'라고 규정한 내용을 공식화했다.

"내부 동학이 불안정성을 내포하는 세계에서 관습, 제약 그리고 개입을 환경에 도입함으로써 외관상 안정성을 달성하거나 유지할 수 있다(민스키와 페리, 1991)."

그는 정통적 신고전파 이론에 기초한 경제학이 우리 경제에 대한 어떠한 통찰도 제시하지 못하는 것이 문제라고 주장했다. 이는 표준적 이론이 관통하는 내부 충격과 [경제 상황에 따른]임금 연동을 거부한 완고한 노동자들을 제외하면, 불안정성은 물론이거니와 한낱 불황의 존재조차 설명할 수 없기 때문이다. 실제로 정통적 견해에 의하면, 실업은 고집을 부린 것에 대한 응징으로서만 이해되어야 한다(256쪽). 주류 이론의 규범은 '불균형'의 해결책으로서 더 많은 자유방임주의를 제시한다. 반대로 민스키에 따르면 모순된 시장 결과는 '자연스러운 것'으로, 보이지 않는 손의 작동을 막기 위한 개입이 필요하다.

"시장 체계가 가할 수 있는 폐해를 억제하기 위해 자본주의 경제는 일련의 제도와 권력을 발전시켰다. 이러한 제도와 권력은 서킷 브레이커와 같은 특징을 가지고 있다. 제도는 사실상 모순을 야기하는 경제 과정들을 멈추게 하고, 새로운 초기 조건으로 경제를 재기시킨다. …

(민스키 외, 1994)."

나아가,

"제도와 시장 개입의 적합성은 시간에 따른 경제의 경로가 평온하거나 격변스러운 정도, 즉 발전, 침체, 혹은 악화의 정도를 결정할 것이다(같은 책)."

전후, 특히 1970년 이후의 성장은 주로 투자 지출에 편향되었다. 연방정부가 냉전체제에서 GDP에 비해 상대적으로 빠르게 성장했고, 1970년대 초반까지 주정부와 지방정부가 자신들의 몫을 증가시켰지만, 정부 지출은 그 후에도 비교적 일정하게 유지되었다. 전후 기간 '케인지언' 정책의 대부분은 총수요를 증가시키기 위한 투자를 촉진하는 한편 노인들과 모든 배들을 밀어올리지 못한 '밀물 효과' 탓에 뒤에 남겨진 자들을 위한 이전지출을 증가시키기 위해 노력했다. 민스키는 1960년대 초부터 이런 정책들을 비판했다. 그의 비판에서 요지는 이러한 정책이 금융 불안정성과 인플레이션을 야기할 뿐 아니라 불평등까지 심화시킬 것이라는 주장이었다(민스키, 1965, 1968, 1972, 1973). 투자 주도의 성장이 금융 체계를 견고한 구조에서 점차 취약한 구조로 변모시킬 것이기 때문이다. 더군다나 투자와 이전 지출 모두 인플레이션 편향을 가중시키는데, 심각한 불황을 막고 위험 행태를 승인하는 제도적 기저를 통해 더 악화될 따름이다.

인플레이션 편향에 대한 최선의 민스키 처방은 이 책의 제11장에 제시되어 있는데, 총가격 수준에 대한 이윤폭 방식을 적용하는 것이다. 여기서 이를 상세하게 다루지는 않겠지만, 기본 아이디어는 현재 생산물 가격 체계의 일부분인 소비재 가격이 비용(주로 해당 부문의 임금) 이상의 이윤폭으로 설정된다는 것이다. 이윤폭은 결국 그것을 생산하는 노동자들의 소비를 초과하는 소비재에 대한 지출로 결정된다. 즉 투자 부문 및 정부 부문 고용, 외국인, 퇴직 및 실업급여와 아동수당(Aid to Families with Dependent Children, AFDC) 등 이전소득을 받는 사람들에 의해 소비되는 지출로 결정된다는 의미다. 이는 민스키의 초기 연구 주제였고, 그가 케네디와 존슨이 추진한 '빈곤과의 전쟁'에 격렬하게 반대한 주요 이유 중 하나다(민스키, 1965, 1968). 그는 투자 지출로 촉발된 '밀물'은 절대 가난한 사람들에게 '하방 침투'되지 않으며 실제, 산업 현장에서 가장 큰 가격 결정력을 지닌 숙련 노동자들을 우대함으로써 불평등이 심화되는 경향이 있다고 주장했다. 더군다나 노동하지 않는 사람들에게 돈을 지불하는 일은 공급의 증가 없이 소비재 수요를 증가시킬 것이다. 그러므로 그는 단순히 복지가 의존성을 강요하는 '제도화된 실업'이라는 이유에서만이 아니라, 인플레이션을 유발하기 때문에 복지를 탐탁지 않게 생각했다. 다음에 살펴보겠지만, 대신에 민스키는 직접적 고용 창출과 고소비 전략을 선호했다. 실제로 채택된 정책적 혼합, 즉 투자, 복지, 그리고 구제 금융에 대한 유인책은 금융 취약성과 불평등을 심화시켰으며, 심지어 경제에 스태그플레이션 편향의 빌미를 제공했다.

증거

앞서 논의한 바와 같이 민스키는 제2차 세계대전 이후에 달성된 명백한 안정성은 정상적인 시장 과정이 아니라 큰 정부와 대형 은행의 존재 때문이라고 주장했다. 이 책의 제2부에서 민스키는 경제가 붕괴에 이를 것으로 여겨질 때마다 재정 적자와 최종 대부자 개입의 조합이 총수요, 소득 흐름, 특히 자산 가격과 수익 흐름을 유지할 수 있었다고 주장하며 실증적 증거들을 검토한다. 우리는 그가 조사한 사례들을 간단하게 요약하고, 이 책이 처음 출간된 이후의 몇 가지 사례들을 추가하여 살펴보고자 한다.

첫째, 우리는 제13장에 소개된 표 13.3과 13.5의 업데이트가 유용하다고 생각한다. 이 표들은 정부 규모의 두 가지 척도, 즉 연방정부의 재정 지출과 수입을 GDP 대비 퍼센트로 살펴본다. 총지출은 실제로 1983년 GNP의 24.7%에서 2006년에는 20%를 조금 상회하는 수준으로 하락했다(완전고용 생산 수준 대비 각각 22.5%에서 19.98%까지 떨어졌다). 전반적으로 오늘날의 지출은 상대적 규모(완전고용 생산 대비 20.35%) 및 구성(제13장에서의 논의를 보라)의 측면에서 민스키의 선호에 근접한다.

세수 측면을 살펴보면, 이 부문은 완전고용 GNP 대비 1983년의 16.7%에서 2006년에는 완전고용 GDP의 18.11%로 상승했다. 이 기간 동안 개인 소득세는 대략 5%p 감소한 반면, 기업 소득세는 8.5% 상승했다. 완전고용 생산에 비례하여, 법인세는 1.66% 상승했고, 사회보험료는 0.5%p 정도 상승했다. 2006년의 소규모 적자는 경제가 완전고용 이하에서 운용되었기 때문에 아마도 민스키가 권고했을 상황에 근접했다. 그러나 세수의 구성은 민스키의 이상(그는 상당히 증가했던 법인세뿐 아니라 근로소득세payroll tax의 폐지를 주장했다)과는 무관하게 움직였다. 사회보장 지출은 실제로 (완전고용 GNP/GDP 대비례)1983년보다 조금 줄었지만, 세금은 대규모 흑자를 기록한 프로그램과 함께 더 증가했다는 사실을 주목하자. 전반적 재정 기조는 (민스키가 주장한)완전고용 상태였던 1983년에 비해 긴축(세수 증가와 지출의 감소) 운영되었지만, 법인세와 근로소득세가 추가된 부담을 떠받쳤는데, 이는 인플레이션(가격에 반영된 비용)을 유발하고, (대출 이자가 법인세에서 감면되므로)대출을 조장하며, 고용은 억제된다(기업의 근로소득세 부담은 가중되고 근로자가 수령하는 급여는 낮아진다). 이러한 상황은 스태그플레이션의 재발 가능성을 높이기 때문에 민스키의 입장에서는 반길 만한 현상이 아니었다.

제2장과 제3장에서, 민스키는 1974~1975년과 1981~1992년의 급격한 경기 침체에 대해 연구했다. 그는 큰 정부가 재정 수입과 수익 흐름을 유지함으로써 이 두 침체기에 중요한 역할을 했다는 사실을 보여주었다. 특히 각 침체기에서 재정 적자의 결과는 기업의 부채 상환을 가능케 해줄 (칼레츠키 방정식에 따른)총이윤을 증가시켰다. 나아가, 두 시기 모두에서 증가한 이전지출transfer payments로 인해, 결국 처음으로 경기 침체기 동안 개인 소득이 감소되지 않았다고 분석했다. 이는 실업률의 증가에도 불구하고 소비를 유지하게 만들었다. 또한 민스키는 연방준비은행의 운영에 대해서도 분석했는데, 특히 두 번째 기간에 최종 대부자 기능의 중요성을 특별히 강조했다. 레이(Wray, 1989)는 민스키의 분석을 레이건 시기 경기 회복까지 확장하면서, 경제를 불황에서 구해낸 것은 공급 측면의 경제학이 아니라 1980년대 중반의 거대한 재정 적자가 수익을 증가시켜 투자가 회복될 수 있었음을 보여준다. 거기에 더해 정부는 저축은행 및 대부업계에 대한 구제 방안으로 결국 약 1,250억 달러의 재정을 추가로 지출했다. 구제 금융이 민스키가 주장했던 형태(그는 손실을 사회화하면서 업계 합병에 보조금을 지급했던 조지 H. W. 부시의 계획보다는 업계 대부분의 회복을 가능케 하는

부실 저축 기관의 인수를 위한 재건금융공사Reconstruction Finance Corporation 방식을 선호했다. 민스키, 1992, 1994 및 레이, 1994)를 취하진 않았지만, 이는 저축과 대출 위기로 경제가 훨씬 더 심각한 경기 침체와 부채 디플레이션으로 끌려들어가는 것을 막았다.

그 이후로 우리는 일련의 금융 위기와 몇 차례의 불황을 겪었는데, 각각의 위기는 대형 은행과 큰 정부의 구제로 억제되었다. 1987년과 1989년의 주식시장 붕괴와 정크 본드 마켓의 해체는 경제에 영향을 미치지 못했는데, 이는 대규모 적자와 시의적절한 연방준비은행의 지불준비금 제공이 시장을 안정시켰기 때문에 가능했다(민스키, 1992). 1990년대 초반의 아버지 부시 행정부가 맞닥뜨렸던 불황은 대규모 재정 적자를 통해 억제되었다. 그러나 그 회복(일각에서는 '일자리와 즐거움을 잃은a jobless and a joyless' 회복이라고 회자되기도 하였고, 이는 빌 클린턴의 당선에 기여했다)은 미미했는데, 아마 지난 10년 동안 과도하게 증가된 부채와 낮은 개인 소득 성장률이 반영된 것일지도 모른다. 1990년대 중반 들어, 갑자기 경제는 카터 대통령이 '고질병'이라고 지적했던 상황으로부터 탈출하는 듯 보였다. 신경제가 탄생한 것이다. (가장 중요한 앨런 그린스펀을 포함하여)정책 입안자들은 생산성 변화를 야기하는 근본적 변화로 인플레이션 없이 경제가 빠르게 성장할 것으로 믿었다. 실제로 경제는 매우 빠르게 성장했는데, 일부 세금 인상과 더불어 1929년 이후 최초의 지속적 재정 흑자로 이어졌다. 클린턴 대통령은 이 흑자가 적어도 15년은 지속될 것이라고 발표했고, 이를 통해 1837년 이후 최초로 정부가 채무에서 벗어날 수 있을 것이라고 말했다(이 날짜들의 중요성을 알아둘 필요가 있다. 1837년에 불황이 시작되었고, 1929년에 대공황이 시작되었다. 실제로 클린턴의 흑자 이전, 정확하게 여섯 번의 재정 흑자 기간이 있었는데, 이 기간들은 곧 여섯 번의 불황을 의미한다). 새로운 경제의 고양감은 빠르게 금융시장에 번졌고, 이는 역사상 가장 극적인 주식시장 호황을 부채질하는 데 일조했다.

거의 유일한 회의론자들인 레비경제연구소 연구자들은 클린턴 시절의 호황은 가계와 기업의 부채가 소득보다 훨씬 빠르게 증가하면서 미국 민간 부문의 전례 없는 적자 지출에 기초한 것이라는 점을 지속적으로 경고했다. 물론 재정 흑자와 경상수지 적자를 감안하면, 민간 부문 적자는 회계상 필수적이다. 민스키는 이를 1960년대 초에 인식했고, 고들리Wynne Godley의 부문별 접근에서 실증적으로 설명하기도 했다(민스키, 1963, 고들리, 1999). 만약 민간 부문이 보다 정상적인 소폭 흑자로 돌아서는 긴축을 단행했다면, 총수요는 6%p 정도 하락했을 것이다.

돌이켜보면, 우리는 클린턴 정부가 민간 부문을 긴축함으로써 경제를 침체로 몰아넣었기 때문에 재정 흑자가 단기적이었다는 사실을 지금은 알고 있다. 주식시장은 붕괴되었지만 결국 (나스닥을 제외하고) 회복하기 시작했다(나스닥은 이후에도 이전의 고점에 도달하지 못했다). 이는 부분적으로 기업 대차대조표를 회복하게 하고, 또 다른 '고용 없는' 빈약한 경기 회복이 시작되는 데 일조한 재정 적자 때문이었다. 주목할 점은 금융시장 참가자들이 빠르게 자신감을 회복하면서 또 다른 투기적 기회를 탐색하기 시작한 반면, 미국의 가계들은 급속도로 적자 지출로 돌아서게 되었다는 사실이다. 금융시장은 단연코 역사상 유례없는 혁신의 파고에 휩쓸렸다. 부동산 시장은 이전에는 배제되었던 가계들까지 모기지가 확산되면서 호황을 맞았고, 부동산 가격은 역사상 가장 가파르게 상승하였다. 주택 소유자는 자신들의 소비를 뒷받침하기 위해 자본 이득에 반하여 자기 자본을 '현금화'했다. 이 모든 것은 ('거시경제학의 새로운 컨센선스'의 지침에 따른)더 나은 통화 정책이 인플레이션을 억제할 것이라는 믿음을 가진 연방준비은행의 저금리 기조 유지와 연방준비은행이 다시는 어떠한 나쁜 일도 일어나게 내버려두지 않을 것이라는 그린스펀의 암묵적 약속에 의한 것이었다.

정책 문제

케인즈의 『일반이론』은 자본주의 체계의 두 가지 근본 결함, 즉 만성적 실업과 심각한 불평등을 보여줬다. 민스키는 여기에 세 번째 결함으로서 불안정성을 현대 금융 자본주의의 일반적 결과라고 덧붙였다(197쪽, 473쪽). 더 나아가 지속적 안정성은 (적절한 정책을 펼친다고 하더라도)달성될 수 없다. 이는 그것 자체[즉, 안정적인 상황 자체가]가 '그것[대공황]'의 가능성을 높이는 방식으로 행태를 변화시키기 때문이다. 이러한 이유로 민스키는 '미세 조정'의 어떠한 개념도 거부했다. 심지어 정책이 일시적 안정성을 가져온다고 해도 이러한 안정성은 불안정성을 조장하는 과정을 촉발시킨다. 그러므로 "정책의 문제는 심각한 불황의 가능성을 높이지 않으면서 인플레이션, 실업 및 생활 수준의 둔화 추세를 완화하는 제도 구조와 조치들을 고안하는 데 있다(492쪽). 그러나 성공은 절대 영구적이지 않을 것이다. 정책은 변화하는 환경에 적응할 수 있도록 끊임없이 조정되어야 할 것이다.

이 책이 출판된 이후에 민스키는 전후 기간의 상대적 안정성이 ('57

종의 자본주의'의 훨씬 더 불안정성에 대한 버전인)'금융 관리자 자본주의'의 발전을 이끌었다고 주장했다. 민스키는 그의 선견지명이 돋보인 논문에서 2007년 서브프라임 모기지론 사태를 가져온 주택 담보대출 증권화의 대폭발을 예측했다.

실제로 민스키는 증권화의 가능성을 정확히 이해한 몇 안 되는 연구자 중 한 명이었다. 원칙적으로 모든 모기지는 각각의 리스크에 대응되는 서로 다른 가격을 가지면서 다양한 리스크 그룹으로 포장될 수 있다. 투자자들은 자신들이 원하는 수준의 위험과 수익 교환을 선택할 수 있다. 저축 은행 및 여타의 정규 금융 기관들은 대출 실행, 리스크 평가, 모기지 서비스에 따른 수수료 수입을 얻을 수 있다. 금융공학은 투자자들의 요구에 맞춘 쪼개기slicing and dicing로 부채담보부증권Collateralize Debt Obligations, CDO을 발행했다. 20년 후 민스키의 예측들이 옳았다는 사실이 극적으로 입증되었다.

민스키(1987)는 금융 증권화가 두 가지의 발전을 반영했다고 주장했다. 첫째, 금융 증권화가 국가의 울타리를 벗어난 자유로운 증권화를 통해 국제 금융의 한 부분이 된 것이다. 미국의 주택 소유자들과 직접적으로 관련이 없는 독일 투자자들이 미국의 부동산 시장에서 만들어진 모기지 담보부 증권을 구입할 수 있게 된 점이다. 민스키가 꼬집어 말하기를 좋아했듯이, 제2차 세계대전 이후 유례없는 선진국(그리고 대다수의 개발도상국에서)의 불황 없는 경기 팽창은 수익을 추구하는 관리 통화의 글로벌 공급 과잉을 만들어냈다. 권위 있는 신용평가기관들에 의해 신용 등급이 매겨진 증권 패키지들은 달러 표시 자산의 기대 비율을 달성하려는 국제 투자자들에게 매력적이었다. 증권화된 미국의 모기지 가치가 연방정부 부채에 대한 시장 가치를 넘어섰다는 사실과 서브프라임 문제가 전 세계로 빠르게 확산되었다는 사실은 민스키에게 놀라운 일이 아니었다.

민스키(1987)가 가늠한 두 번째 발전은 시장에 호의적인(예금을 받고 대출을 해주는 좁은 의미에서의 금융 기관인) 은행들의 중요성이 상대적으로 감소한 것이다(모든 금융 자산에서 은행의 점유율은 1950년대 약 50%에서 1990년대 약 25%로 하락했다). 이러한 변화 자체는 통화주의의 실험으로 한층 강화되었다(1979~1982년, 상대적으로 규제받지 않는 '시장'에 유리하게 규제 부문이 제거되었다). 그러나 이것은 은행에 대한 법, 규제, 그리고 전통으로 인정되었던 금융 부문의 지속적인 쇠퇴에 의해 촉발되기도 하였다. 금융업의 두 측면(시장 이자율을 지급해주는 비은행 금융기구의 요구불 예금, 그리고 시중은행을 거치지 않고 기업들이 발행할 수 있는 기업어음 시장의 발생)에서의 심화된 경쟁은 은행의 수익성을 압박하였다. 민스키(1987)는 은행들이 자기 자산에서 벌어들인 금리와 부채에서 지불하는 금리 사이에 4.5퍼센트의 마진을 요구한다는 것을 관찰하였다. 여기에 평균 자기 자본이익률, 은행에 부과되는 필수 '지준세reserve tax'(지불준비금은 비수익 자산이다)와 대고객 서비스 비용이 포함된다.

반면 금융시장은 더 낮은 마진으로도 운영될 수 있는데, 이는 필수 지급준비율, 정규 자본 요건, 그리고 관계 금융에 소요되는 비용에서 자유롭기 때문이다. 동시에 금융시장은 금융시장 안정화를 만든 뉴딜 규제로부터 더 자유로워졌다. 이는 금융 분야에서 어느 때보다도 많은 부문이 대부분의 규제에서 자유로웠다는 것을 의미할 뿐만 아니라, 이러한 '시장'에서의 경쟁이 정책 입안자들로 하여금 은행에 대한 규제를 완화하도록 압박을 가했다는 것을 의미했다. 현재의 서브프라임 모기지 사태를 야기한 부동산 시장이 급성장하면서 '상업 은행'과 '투자 은행' 간의 본질적 차이는 더 이상 없었다. 뉴딜 개혁에 의해 매우 안정적이었던 주택 부문은 거대한 글로벌 카지노로 탈바꿈하였다. 민스키는 주택 금융 관련 뉴딜 개혁은 전형적으로 대규모 만기 상환 분할금이 포함된 단기 모기지가 대공황의 원인이 되었다는 일반적 믿음으로 촉발되었다고 주장했다(119쪽). 아이러니하게도 투기적 호황으로 이어진 모기지 금융에서의 '혁신'은 이러한 조건들을 대부분 재현했다.

지금까지 살펴본 대로 미국 금융 부문은 전 세계로 확산되고 있는 위기에 봉착해 있다. 원인을 가려내고 모든 결과들을 확인하기까지는 시간이 필요할 수 있다. 많은 평론가들은 우리가 '폰지 국가ponzi nation'가 된 것은 아닌지 의문을 제기하며, 이러한 위기를 '민스키 모멘트Minsky moment'라고 언급해왔다. 여기서 우리는 지난 십 년간의 금융 혁신이 신용을 크게 확장시켜 자산 가격의 상승을 불러 왔다고 추측할 수 있다. 이는 결국 수익 기회를 활용하도록 더 많은 혁신을 장려했을 뿐 아니라 부채 광풍과 더 큰 레버리지를 부채질했다. 공포에서 욕심으로 감정의 균형을 이동하게 한 네 가지는, 그린스펀 '풋'Greenspan 'put', 즉 롱텀캐피탈매니지먼트Long Term Capital Management의 구제 사례를 통해 명백히 드러났듯 연방준비은행이 나쁜 상황을 허용하지 않을 것이라는 믿음, 그리고 닷컴 버블 붕괴의 여파에 따른 금리의 급격한 하락, 여기에 더해 새삼 놀랄 것도 없는, 연방준비은행에 의해 채택된 점진주의와 투명성, 기대 관리를 포함하는 신통화 컨센서스New Monetary Consensus라고 불리는 새로운 운영 계획이다.

클린턴 정부에서의 호황과 2001년의 경기 후퇴는 성장에 대한 관점의 수정으로 이어졌다. 이에 따르면 인플레이션 없이 보다 견고한 경기 확장이 가능하며 경기 침체는 큰 고통 없이 금방 지나갈 수 있다. 이 모든 것들이 위험에 대한 욕구를 증가시켰고, 위험 부담을 낮췄으며, 보다 큰 레버리지를 촉진했다. 뿐만 아니라 금융 증권화, 헤징, 그리고 CDSCredit Default Swaps(신용 부도 스왑) 같은 다양한 보험들이 가장 잘 견딜 수 있는 곳으로 리스크를 전가하는 것으로 보였다. 민스키가 지난 5년을 관찰할 수 있었다면, 그는 이 기간을 '불신의 급진적 유예 시대'라고 말했으리라.

우리는 '그것'이 이 시대에 나타날지 알지 못하지만, 이미 재규제로의 움직임은 지속적으로 확산되고 있다. 마지막 절에서 우리는 정책이 취할 수 있는 방향에 대해 논의할 것이다.

개혁에 대한 의제

이 책에서 민스키는 개혁을 위해 아래 네 가지 부문에 초점을 둔 의제를 제시했다.

1. 큰 정부(규모, 지출, 조세)
2. 고용 전략(최종 고용주 프로그램)
3. 금융 개혁
4. 시장지배력

민스키는 모든 종류의 자본주의에는 결함이 있지만, 결함이 덜 드러나는 자본주의를 개발해낼 수 있다고 주장했다(493쪽). 앞서 논의했듯이, 그는 낮은 투자와 높은 소비가 있는 자본주의를 선호했는데, 이는 완전고용을 유지하고 더 작은 조직을 유도한다. 그는 정책을 위한 초점이 이전지출transfers에서 고용으로 바뀌길 원했다(489쪽).

그는 정부에 의한 직접적 일자리 창출 없이 완전고용에 가까운 상태를 달성할 수 있을지 회의적이었다(그는 1960년대 초부터 이러한 입장을 고수해 왔다). 그는 시민보전단Civilian Conservation Corp, CCC이나 국립 청소년청National Youth Administration, NYA과 같은 여러 뉴딜 고용 프로그램을 포괄적 최종 고용주Employer-of-last-resort, EL 프로그램으로 만들기 위한 지침 사례로 지목했다(이에 대해 그는 오직 정부만이 완전고용을 위해 필수적인 완전 탄력적 노동 수요를 지속적으로 공급할 수 있다고 주장했다. 513쪽)

그는 포괄적 프로그램 비용이 국가 생산량 대비 약 1.25%밖에 되지 않는다고 예상했다. 이는 최근 다른 조직에서 같은 프로그램을 추정한 결과(하비, 1989. 레이, 1998) 및 최근 아르헨티나와 인도에서의 실제의 경험과 일맥상통한다. 민스키는 또한 보편적 아동 수당을 제안했는데, 이는 GDP의 1.33%에 해당한다(500쪽). 이러한 프로그램들은 대부분의 복지와 실업 수당을 대체하여 대상자들에게 현재의 프로그램들에 비해 더 많은 기회와 자존감을 제공할 것이다. 뿐만 아니라 그의 프로그램들은 인플레이션의 위험을 더 낮출 수 있다. 일을 하지 않는 사람들에게 돈을 지급함으로써 공급의 증가 없이 생산에 대한 수요를 증가시키는 복지 정책과 달리, 일자리 프로그램은 유용한 생산에 참여할 수 있도록 설계된다. 또한 그는 하나의 닻anchor을 제공하여, 실제 임금을 안정화하는 비교적 고정되고 균일한 프로그램상의 임금을 제안함으로써, 완전고용이 인플레이션을 야기할 것이라는 반대 의견에 대비

했다(520쪽, 몇 년 전부터 최종 고용주 정책 옹호론자에 의해 이러한 쟁점에 대한 구체적인 논의가 활발해졌으며, 그 결과는 또한 민스키의 생각과 거의 유사하다). 마지막으로 그는 근로소득세를 폐지하고 퇴직자들이 사회보장 혜택을 잃는 일 없이 일할 수 있게 함으로써 노동 활동의 장벽을 낮출 수 있다고 주장했다.

또한 민스키는 자기 자본 소유자가 이윤 발생 시 내야 하는 법인세를 감소시키는 등 부채 금융보다 자기 자본 금융시장을 더 활성화시키는 정책을 선호했다. 민스키는 은행 규모가 은행과 거래하는 기업의 규모와 연관되어 있다고 믿었기에 중소 은행 지원 정책을 선호했다(531쪽). 그는 이들 은행에 대한 뉴딜 정책의 일부 규제를 완화함으로써 이들이 소규모 고객들이 필요로 하는 서비스를 보다 많이 제공할 수 있다고 했다. 하지만 미국의 정책은 반대 방향으로 움직여 결국 뉴딜 개혁을 무산시키기 전에 대형 은행들이 글래스 스티글 규제Glass-Steagall regulation에서 면제되었다. 따라서 민스키가 이러한 방안을 제시한 당시에 비해 은행업은 훨씬 집중되어 왔고, 동시에 앞서 언급했던 것처럼 정책과 혁신은 '은행'보다 '시장'을 선호하여 더 많은 합병 또한 촉진했다(538쪽). 민스키는 지불준비금 조달에 있어 공개시장 조작보다 연준 할인 창구discount window를 통한 은행 관리 감독 강화를 강하게 주장했다. 실제로 민스키의 제안에서 훗날 캐나다에서 채택된 종류의 체계를 지지하는 주장을 확인할 수 있다. '지준세'를 낮추고 초과 지불준비금 계정에 이자를 지급하거나 당좌 대월에 이자를 매기는 것에서 나아가 아예 지불준비금 요구조차 고려하지 않았다. 연준의 버냉키 의장은 연준이 수년 내 지불준비금에 대해 이자를 지불할 것이라는 암시를 주고, 서브프라임 사태에 대한 대응으로 연준의 할인 창구를 사용할 것을 장려하는 정책을 제안하기도 했다. 아마 이는 현실 정책이 (비록 주요 금융 위기에 대한 반응일지라도)민스키의 제안에 근접한 일면을 보여준다고 할 것이다. 그러나 대다수 부문에서 뉴딜의 규제들이 풀리며, 예측 가능한 결과로 금융 체계를 "자유로이 풀어놓으면서" 정책은 민스키의 제안과는 점차 멀어지게 되었다.

후에 민스키는 레비경제연구소에서 현대 자본주의를 위한 제도를 지지하는 정책 활동을 이어갔다. 그는 자본주의가 역동적이고 다양한 모양으로 나타난다고 주장했다. 또한 1930년대의 개혁들은 현재의 화폐 관리자형 자본주의money-manager form of capitalism에 더 이상 적합하지 않다고 주장했다(민스키, 1996). 이 단계의 자본주의에서 뉴딜정책과 '케인지언 시대'가 남긴 정책들이 사라지길 바라는 신보수주의의 이념이 나타난 것은 우연이 아니다. 미국 외부에서는 이를 신자유주의라고 부른다. 금융 기관에 대한 규제에서부터 퇴직 급여의 공적 지급까지의 모든 것이 민영화론자들로부터 공격을 받아왔다(레이, 2005). 그러나 민스키는 특히 이러한 금융 관리자 단계에서 자유 시장 이데올로기가 위험하다고 주장한다. 아이러니하게도 전후 초반의 낮은 가계 부채율과 정부 부채로 가득 찬 민간 포트폴리오, 그리고 보수적인 행태를 발생시킨 뉴욕 증권시장의 대폭락에서 비롯된 기억들로 '보이지 않는 손'은 큰 피해를 주지는 못했다. 그러나 현재, 훨씬 높은 수준의 민간 부채 비율과 두려움을 넘어선 욕심을 촉진시킨 환경 속에서 10년 가까이 이어져 온 레버리징과 함께 그 보이지 않는 손은 점점 더 위험한 행태를 부추겼다.

그리하여 1990년대에 민스키는 이를 대신할 수 있는 대안을 제시했는데, 이는 불안전성을 줄이고, 안정성을 촉진하며, 민주주의를 활성화할 수 있도록 설계되었다. 그는 일자리 창출, 임금 형평성 증대, 그리고 아동수당을 지속적으로 지지하였다. 다른 레비연구소 연구원들과 더불어 그는 클린턴 대통령이 지역개발은행 체계를 만들도록 압력을 넣었다(민스키 외, 1993). 그의 제안은 실질적으로 채택된 프로그램에서 더 나아가 혜택받지 못하는 사람들에게 제공되는 금융 서비스의 범위를 증가시키는 것이다. 그는 레비연구소 연구원 필립스Ronnie Phillips의 제안을 지지했는데, 이 제안은 국채와 같은 안전 자산만을 소유하면서 예금을 제공하는 내로우뱅크Narrow bank 체계를 만드는 것(민스키, 1994)이었다. 다시 말해, 민스키는 금융 분야에서 실제로 채택된 것과는 거의 반대의 방향성을 가진 일련의 정책 제안들을 수없이 제시했다.

오늘날 도전들

우리는 이제 오늘날 미국 경제가 직면한 네 가지 도전들과 예측 가능한 미래에 대해 짧게 언급하며 이 소개를 마치려고 한다.

1. 만성적인 무역 적자
2. 불평등의 증가
3. 이전지출을 향한 지속적인 재정 변화
4. 서브프라임 위기의 결과

민스키의 업적은 이 모든 부문의 정책적 함의에 빛을 비춰주었다.

미국이 수입에 의존했을 때, 경제는 언제나 합리적인 속도로 성장했고, 무역 적자 또한 그랬다. 많은 평론가들이 무역 적자에 따른 미국의 '재정' 능력을 우려하지만, 진정 우려할 만한 사안은 아니다. 왜냐하면 무역 적자는 미국을 제외한 모든 나라가 기대하는 미국 달러 표시 자산의 범위 내에 존재하기 때문이다. 하지만 여전히 지속적인 적자로부터 제기되는 두 가지 걱정거리가 있다. 첫째는 미국 내 고용과 임금에 대한 영향이다. 무역 적자에 대한 올바른 대응은 수입 상품에 의해 대체된 산업 분야에서 일자리 창출이다. 민스키의 최종 고용주 프로그램은 일종의 첫 걸음이므로 비록 많은 수의 실직자들이 고소득자였을지라도 개별 실업자들을 돕기 위한 재교육 및 여타의 프로그램이 있어야 한다. 그러나 미국과 같은 선진국이 개방 시장을 향해 정책을 선회해야 하지만 아동 노동, 수형자 노역, 그리고 최저 임금 이하의 불공정 노동을 일삼는 국가들과의 불공정 경쟁을 허용할 필요는 없다. 이런 이유로 '자유 무역'보다 '공정 무역'을 정책 결정 지침으로 삼아야 한다.

두 번째, 국내 부문(민간과 정부)과 국제 부문 사이 균형의 필연성을 감안한다면, 경상수지 적자는 미국 정부나 민간 부문 혹은 두 부문의 조합이 반드시 국제 수지와 같은 액수만큼의 적자를 기록해야 한다. 1996년 이후, 미국 민간 부문에서는 우리가 중단기적으로 지속 가능하지 않을 것이라고 여긴 적자가 지속된 바 있다. 하지만, 현재와 같은 상황에서 완전고용 경제는 적어도 GDP의 4%에 해당하는 경상수지 적자를 발생시킬 것으로 보인다. 만약 민간 부문이 전후 기간의 장기 평균 3%의 흑자를 낸다면 정부 부문의 적자는 GDP의 약 7%가 되어야 한다. 이러한 결과는 정치적으로 실현 불가능해 보이며 경제적으로도 바람직하지 않을 것이다. 적자는 소비 부문에서 산출물에 대해 임금을 초과하는 청구권을 불러일으키므로 가격 인상을 야기한다는 민스키의 주장을 상기하자. 이는 미국 노동자들이 생산하지 않은 생산물을 소비자들이 구매할 수 있게 하는 순수입net imports에 의해 어느 정도 상쇄된다. 하지만 수입 수요의 가격 탄력성이 충분히 높지 않기 때문에 달러의 평가 절하는 무역 수지를 개선시키는 범위에서 이루어진다. 이는 경제학자 마셜Alfred Marshall과 러너Abba Lerner의 이름을 딴 마셜−러너 조건에 반대되는 상황으로, 수입 상품의 인플레이션이 미국 소비자에게 전가될 수 있다. 2007년의 큰 문제는 1970년 이래 발생한 세 번째 '에너지 위기'였다. 이로 인해 유가가 급등하여 달러 가치의 하락으로 미국 소비자 물가에 영향을 미쳤다. 우리가 언급한 것처럼 연준은 인플레이션에 대한 공격적 대응보다는 금융 안정성 유지를 결정했는데, 우리의 관점에서 보자면 이는 올바른 대응이었다. 하지만 정책 입안자들이 얼마나 오랜 기간 인플레이션을 무시할지는 분명하지 않다. (실업 증가에도 불구하고 긴축 정책을 편)볼커Paul Volcker의 시대가 다시 도래할 수도 있다. 민스키는 아마도 무역과 재정 적자를 줄이는 일련의 정책을 지지했을지도 모른다.

　여러 측정 지표들에 따르면, 오늘날의 불평등 지수는 대공황 때만큼 높아졌다. 실제로 2003년부터 2005년까지의 상위 1%의 '소득 이익'은 5,250억 달러로 하위 20%의 총 소득 3,800억 달러보다 많았다. 이들 소득 이익의 절반을 하위 5분위(20%)에 재분배하면 하위 소득이 70% 증가한다. 더구나 대부분의 남성 소득자의 실질 임금은 1970년대 초반 이래 증가하지 않았다.

　위에서 언급한 바와 같이 민스키는 항상 소득 재분배를 위한 이전

지출에 회의적이었으며, 차라리 일자리 창출과 저소득자의 임금 인상을 보다 선호했다. 실제로 민스키는 1960년대 중반에 일자리 공급이 빈곤을 제거하는 데 훨씬 도움이 될 것이라는 계산을 제시했었다. 켈톤Kelton과 레이는 민스키의 분석을 보강하여 일년 내내 정규직을 유지하는 노동자가 적어도 한 명이 있는 가정은 빈곤선 아래로 떨어질 확률이 낮다는 사실을 보여주었다(2004). 따라서 기본급, 최소한의 생활이 가능한 임금을 지급하는 민스키의 최종 고용주 프로그램은 아동수당의 보완과 더불어 대부분의 빈곤을 제거할 수 있다. 측정 실업률을 대략 2% 낮춤으로써 창출된 추가 GDP는 모든 가정이 빈곤선 이상에서 추가 소비를 가능하게 만들어 주는 비용보다 몇 배 더 크다. 따라서 실제로 빈곤을 제거하기 위해 '로빈 후드'같이 부자에게게서 빼앗아 가난한 사람에게 나눠주는 정책은 필요하지 않다. 그러나 민스키는 당연히 극단적인 소득과 부는 민주주의와 양립할 수 없다고 주장했다. 따라서 상위 소득자의 임금과 부를 제한하는 정책은 빈곤 제거를 위한 소득 재분배보다는 공정 사회 건설과 더 밀접하게 관련된다.

또한 민스키는 임금 소득의 불평등을 줄이기 위해 숙련 노동자들에 대한 임금 상승률의 제한을 지지했다(민스키, 1965, 1968, 1972). 그는 적어도 인플레이션의 일부는 어느 정도 임금의 압력 때문이라고 주장했는데, 이는 대개 숙련 노동자의 임금에 기인하며 과거에는 노동조합원들의 임금에 기인했다. 따라서 그들의 임금 인상은 생산성 증가율 이하의 수준에서 결정되어야 하고, 저임금 노동자는 생산성 증가율 이상의 임금 수준으로 결정되어야 한다고 주장했다. 이런 방식으로 인플레이션 압력을 감소시키면서 동시에 숙련 노동자와 비숙련 노동자의 소득 격차를 줄일 수 있다. 미국이 임금 및 물가에 대한 심각한 상승 압력에 직면한 지 오래되었지만, 2007년 현재에는 주요하게 인플레이션을 저지했던 디플레이션 압력과 중국 및 인도의 저임금 경쟁이 그 과정을 관리하는 것으로 보인다. 앞서 언급한 바와 같이 현재의 정책 조합(재정 및 금융 정책의 협조)이 스태그플레이션을 야기하지 않을 것이라 단정하기 어렵다.

클린턴 대통령은 한시적 범위의 '빈곤 가정 한시 부조(Temporary Assistance for Needy Families, TANF)' 프로그램을 위해 '부양 아동 가족 원조(Aid to Families with Dependent Children, AFDC)' 프로그램을 폐지함으로써 '우리가 알고 있던 복지'를 끝냈다. 하지만 클린턴은 복지와는 거리가 멀게 성인들의 일자리나 아동 보조 수당을 제공하지 않았으므로, 그의 '개혁'은 어떠한 실질적 해결책 없이 불안감만 가중시켰을 뿐이다. 어찌되었건 간에 '복지'는 항상 작은 프로그램으로 대부분의 이전지출이 고령층에게 돌아가고, 대부분의 사회적 지출은 고령자, 유족 및 장애 보험(Old Age, Survivors and Disability Insurance, OASD)에서 일어난다. 최근 몇 년간 사회보장 및 노인의료복지제도 프로그램에서의 미래 세수가 수십조 달러 '부족'할 것이라는 이야기로 대중들을 겁주어 놀라게 하려는 신보수주의자들의 대대적인 압력이 있었다. 이러한 분석들은 레비연구소의 여러 발행물들이 수년간 입증했듯 완전히 잘못되었다(파파디미트리우Papadimitriou와 레이, 1999). 그들은 대부분 프로그램의 수익과 비용의 차이를 전망하는 데 초점을 맞춰 세금을 올리거나 오늘의 지출을 줄임으로써 신탁 기금 흑자를 늘려 이후의 적자를 보전하는 데 써야 한다고 결론짓는다.

우리는 예전에 했던 논의를 반복하지는 않을 것이다. 하지만 민스키의 분석과 일치하는 두 가지 포인트를 짚고자 한다. 첫째, 일반적인 근로 연령에 비례해 노령 인구가 증가하면서 우리가 앞서 논의했던 이유들로 소비재 가격 상승 경향을 띠게 된다. 이에 대한 해결책이 '재정적'인 것일 수는 없다. 미래의 퇴직자 손에 소득을 쥐어줄 어떠한 방법을 쓰던 간에, 그들(퇴직자)의 소비재에 대한 지출은 인플레이션을 야기할 것이다. 소비재 생산에 참여하지 않은 채, 전체 소비에서 그들이 차지하는 비중이 높아지는 상황에 한해서 말이다. 이것이 바로 민스키가 베이비 붐 세대의 퇴직자 증가에 대한 해결책으로 65세 이상에 대한 취업 장벽을 없애자는 주장을 계속했던 이유다(514쪽). 게다가 실업자와 비노동 인구의 고용률 증가는 생산량의 공급 증가를 야기할 것인데, 여성, 저학력층, 미성년자 및 이민자의 고용을 확대함으로써 증가하는 퇴직자의 수요 충족에 도움을 줄 수 있다.

두 번째, 연방정부의 '공공 부채(연금, 의료보험, 학자금 대출, 연방 주택자금 등)' 대부분은 노인의료복지 프로그램에 있다. 문제는 자금 지원이 아니라 건강보험의 두 가지 특성이다. 비용이 일반적인 물가 수준보다 더 빠르게 상승하기 때문에 이를 충당하기 위한 명목 GDP에서의 점유율이 증가하고, 의료 선진화와 부유한 사회에 대한 기대와 함께 실질 자원의 점유율의 증가가 대부분 의료 보장에 충당된다. 그러므로 문제는 결코 노인의료복지제도Medicare와 저소득층의료보장제도Medicaid에 국한되지 않는다. 왜냐하면 민간 의료보험 또한 비용 증가에 직면하여 환자들을 민간 자금에서 정부 재정으로 내몰고 있기 때문이다. GDP에서 의료 보장 비중이 증가하는 것은 어느 정도 예상치 못한 것도 아니었고, 바람직하지 않은 것도 아니다. 이 분야는 '보몰의 비용병Baumol's cost disease'으로 알려진, 시간의 경과에 따른 생산성 증가가 거의 없는 매우 노동 집약적 산업이며, 물질적 욕구의 대부분을 쉽게 충족시킬 수 있는 부유한 (또한 고령화된)사회에서는 건강이 경제 활동의 주요 관심사로 예상되기 때문이다.

다른 한편으로, 의료 서비스 개혁은 무시할 수 없고 인정받는 정책 문제일 뿐만 아니라, '민영화'나 '단일 보험자 체계' 같은 단순한 슬로건으로는 해결될 수 없다. 사회는 의료 서비스에 얼마만큼의 자원을 투입할지, 노인들의 사망에 이르기까지 얼마 만큼의 재화를 투입해야 할지, 그리고 서비스 지원 및 비용을 조직하는 최선의 방법은 무엇인지 결정해야 한다. '비재정 지원 위임'에 대한 불평은 오히려 문제를 혼란스럽게 할 뿐이다. 소비재 생산 가격에 의료 서비스 비용을 포함하는 방식은 경쟁이 이러한 비용을 견디지 못하는 글로벌 경제에서 분명히 의료 서비스에 대한 최악의 '지불' 방식이다. 더 나아가, 만약 미국의 생산자들이 외부 경쟁자들과 맞닥뜨리지 않았더라도 민스키가 이름 붙였던 '후견적 자본주의Paternalistic Capitalism'의 시대는 끝났다. 어떠한 기업이나 노동조합도 종업원 보상이 최종 생산물 가격에 적용되는 적절한 의료 서비스를 포함하도록 보장할 충분한 권한이 없다.

우리가 여기에서 다룰 마지막 쟁점은 지난 20년간 금융 관리자들에 의해 만들어진 '신금융 구조'의 심각한 문제를 보여주는 서브프라임 위기의 여파이다. 상대적으로 규제받지 않는 시장이 은행의 시장 점유율을 빼앗아감에 따라 규제 기관들은 은행들에 대한 규제와 감시를 줄임으로써 그들이 (규제받지 않는 시장과)경쟁할 수 있게 했다. 뿐만 아니라, 은행들에게 지불준비금과 자본을 절약하고 (규제 기관의)감독을 피하기 위해 그들의 활동을 대차대조표에 기록하지 않는 '대차대조표 모험balance sheet adventuring'이 허락되었다. 관계 금융은 '창안하여 분배하는' 중개업으로 대체되어 모든 종류의 대출들이 전례 없이 위험한 트랜치로 분할되어 쪼개진 증권으로 패키지화되었다. 신용 위험은 차입자 풀에 전가되었는데, 이는 몇 년 간의 역사적 경험에 기반한 통계적 데이터를 이용한 소유주 모델에 근거한 것이었다. 증권 구매는 종종 은행에서 제공하는 복잡한 '조건부 백업 기능'과 더불어 기업 어음과 같은 단기 신용으로 지극히 레버리지화되었다. 따라서 리스크가 은행의 대차대조표에서 사라진 것이 아니라 (시장이 어려움을 겪고 자산 가격이 하락하는 최악의 시기에)다시 은행으로 돌아올 수밖에 없었다.

우리는 이제 이러한 모델들이 체계적 위험(분산 불능 리스크)을 설명하지 않으며, 개별 차입자의 리스크는 차입자 계층의 '알려진' 리스크에 대한 다양한 풀을 보유하기에 충분하다는 믿음에 근거해 평가된 적이 없다는 사실을 알고 있다. 거의 모든 인센티브는 거래량, 즉 대출금의 총액에 주어졌으며, 지불 능력에 주어진 인센티브는 거의 없었다. 민스키는 개인 차입자 각각의 특성을 파악하기 위해서는 회의적 대부 담당자가 필요하다고 꾸준히 주장해 왔다. 오늘의 차입자의 실적이 내일의 신용 정보에 영향을 미친다고 이해할 수 있도록 관계를 발전시켜야 한다. 불행하게도 금융시장은 오직 가격에만 기반한 현물 시장으로 변했으며, 신용의 양은 본질적으로 제한되지 않았다. 민스키의 훌륭한 동료인 워즈닐로워Albert Wojnilower의 주장대로, 경기 순환의 어느 시점에서 신용에 대한 수요는 어떤 대가를 치르더라도 사실상 무한할 수 있으므로 고삐 풀린 투기 열풍을 예방하기 위해 신용의 양에 대한 제한은 필수적이다. 아니면, 민스키가 자주 언급한 것처럼, 자본주의 경제의 근본적 불안정성은 확장될 수밖에 없으며 정책은 이러한 동력을 억제해야 한다.

관계 금융의 복원이 우선되어야 한다. 난관에도 불구하고 중소 은행을 지지하는 민스키의 제안은 올바른 방향으로 향하는 첫 걸음이 될 것이다. 금융업은 20년 전보다 훨씬 더 집중화되었고, 미국 금융 기관의 숫자는 반 토막이 되었다. 은행 부채에 대한 명시적 공적 보증이 있기 때문에, 은행 자본은 부실 대출을 발행할 때만 손실 위험이 있다. 자본 수익률은 레버리지 증가뿐 아니라 위험 자산 비중의 확대를 통해 한층 증가될 수 있는데, 이 두 방법 모두 예금자 보호를 위한 공적 기금의 투입 가능성을 높인다. 이러한 이유로, 허용된 자산의 유형뿐 아니라 필수 자본 비율에 대한 규제는 은행 규제와 감독의 일부가 되어야 한다. 바젤Basle의 요구조건이 어느 정도의 지침을 제공하지만, 문제는 리스크 범주가 너무 광범위하고 대형 은행들에게 리스크 평가를 위한 내부 모델의 사용을 허용하였다는 것인데, 이것이 서브프라임 사태를 가져온 바로 그 지점이다. 더군다나 상환청구권과 같이 재무제표상에 드러나지 않는 활동들이 허용되면서, 이것들은 또 대부분 감독되지 않는다. 바젤 협약은 개별 국가가 감시 수준을 얼마든지 강화할 수 있도록 허용했지만, 늘상 규제를 완화하라는 압박이 경쟁적으로 있어 왔다. 이러한 이유로, 필수적인 감독의 수준을 회복하기 위해 더 많은 국제 협력이 필요하다. 그리고 서브프라임 사태 동안 많은 평론가들이 말했듯이, '공포'와 '탐욕' 사이의 적절한 균형이 회복되어야 한다. 이것은 자본 소유자들이 그들의 자본을 잃을 수 있고 예금자들이 구제받을 수 있는 규제가 반드시 들어서야 한다는 것을 의미한다. 그리고 이것은 결국 은행에 대한 감시를 부활하고 '은행'과 '시장'을 분리함으로써 촉진될 수 있다.

결론

민스키는 금융 자본주의에 대해 20세기 들어 가장 통찰력 있는 분석을 제시하였고, 그의 통찰력은 여전히 유효하다. 우리의 소개를 통해 가장 포괄적 처방을 제시한 민스키의 이 책에 대해 어느 정도의 배경과 지침으로 작용하길 기대한다. 센트리펀드Centruy Fund 대표 헨리 커프먼의 추천사와 민스키의 서문이 시사하듯, 이 책은 장기 구상을 요구하고 있다. 우리는 수치 및 수학적 표기에 있어서의 오류와 텍스트에서의 몇 가지 명백한 오류들을 수정했지만, (때로는 수수께끼 같은)그의 설명은 그대로 두었다. 왜냐면 그것이 민스키가 정확히 원하는 바일 것이라 생각했기 때문이다. 민스키의 문체는 이해하기 어려울 수 있지만, 읽고 난 후에는 결실을 얻을 수 있을 것이다. 이 새로운 판본은 새로운 세대를 위한 경제와 금융에서의 고전이 될 것이다.

새 개정판의 편집을 돕느라 수고한 네르시스얀Yeva Nersisyan(미주리주립대학 캔사스 캠퍼스)과 트레드웨이Deborah Threadway(레비연구소)에게 감사를 표한다. 또한 이번 민스키의 업적을 재출간하는 데 적절하게 조언해주고 수년에 걸쳐 지지와 우정을 보여준 맥그로힐의 스피로Leah Spiro에게도 감사한다.

이번 프로젝트를 위해 헌신한 앨랜Alan과 다이애나 민스키Diana Minsky에게 특별히 고마움을 전한다. 물론 우리가 가장 많은 빚을 진 사람은 우리의 친구이자 멘토인 하이먼 민스키다.

Harvey, Phillip, *Securing the Right to Employment*, Princeton: Princeton University Press, 1989.

Kelton, Stephanie and L. Randall Wray, "The War on Poverty after 40 Years: A Minskyan Assessment," The Levy Economics Institute of Bard College, Public Policy Brief No. 78, 2004.

Minsky, Hyman P., "Central Banking and Money Market Changes," *Quarterly Journal of Economics*, 71, 1957a, 171–187.

Minsky, Hyman P., "Monetary Systems and Accelerator Models," *American Economic Review*, 47, 6 (December), 860–883.

Minsky, Hyman P., "A Linear Model of Cyclical Growth," *The Review of Economics and Statistics*, 41, 2, Part 1 (May), 133–145.

Minsky, Hyman P., "Discussion," *American Economic Review*, 53, 2 (May), 401–412.

Minsky, Hyman P., "Longer Waves in Financial Relations: Financial Factors in the More Severe Depressions," *American Economic Association Papers and Proceedings*, 54, 324–332.

Minsky, Hyman P., "The Role of Employment Policy," in Margaret S. Gordon, ed., *Poverty in America*, San Francisco: Chandler Publishing Company, 1965.

Minsky, Hyman P., "Effects of Shifts of Aggregate Demand upon Income Distribution," *American Journal of Agricultural Economics*, 50, 2 (May), 328–339.

Minsky, Hyman P., "Economic Issues in 1972: A Perspective," notes from a presentation to a symposium on The Economics of the Candidates sponsored by the Department of Economics at Washington University, St. Louis, Missouri, October 6, 1972.

Minsky, Hyman P., "The Strategy of Economic Policy and Income Distribution," *The Annals of the American Academy of Political and Social Science*, 409 (September), 92–101.

Minsky, Hyman P., memo on securitization, Minsky Archives, The Levy Economics

Institute of Bard College, 1987.

Minsky, Hyman P., "Profits, Deficits and Instability: A Policy Discussion," in D. B. Papadimitriou, ed., *Profits, Deficits and Instability*, London: Macmillan, 1992.

Minsky, Hyman P., "Finance and Stability: The Limits of Capitalism," The Levy Economics Institute of Bard College, Working Paper No. 93, 1993.

Minsky, Hyman P., "Financial Instability and the Decline (?) of Banking: Public Policy Implications," The Levy Economics Institute of Bard College, Working Paper No. 127, 1994.

Minsky, Hyman P., "Uncertainty and the Institutional Structure of Capitalist Economies," The Levy Economics Institute of Bard College, Working Paper No. 155, 1996.

Minsky, Hyman P. and P. Ferri, "Market Processes and Thwarting Systems," The Levy Economics Institute of Bard College, Working Paper No. 64, 1991.

Minsky, Hyman P. and C. Whalen, "Economic Insecurity and the Institutional Prerequisites for Successful Capitalism," The Levy Economics Institute of Bard College, Working Paper No. 165, 1996.

Minsky, Hyman P., D. Delli Gatti and M. Gallegati, "Financial Institutions, Economic Policy, and the Dynamic Behavior of the Economy," The Levy Economics Institute of Bard College, Working Paper No. 126, 1994.

Minsky, Hyman P., D. B. Papadimitriou, R. J. Phillips, and L.R. Wray, "Community Development Banking: A Proposal to Establish a Nationwide System of Community Development Banks," The Levy Economics Institute of Bard College, Public Policy Brief No. 3, 1993.

Papadimitriou, Dimitri and L. R. Wray, "How Can We Provide for the Baby Boomers in Their Old Age?," The Levy Economics Institute of Bard College, Policy Note No. 5, 1999.

Wray, L. Randall, *Understanding Modern Money: The Key to Full Employment and Price Stability*, Northampton: Edward Elgar, 1998.

Wray, L. Randall, "A Keynesian Presentation of the Relations among Government Deficits, Investment, Saving, and Growth," *Journal of Economic Issues*, 23, 4, 977–1002.

Wray, L. Randall, "The Political Economy of the Current U.S. Financial Crisis," *International Papers in Political Economy*, 1, 3, 1994, 1–51.

Wray, L. Randall, "Can a Rising Tide Raise All Boats? Evidence from the Kennedy-Johnson and Clinton-era expansions," in Jonathan M. Harris and Neva R. Goodwin, eds., *New Thinking in Macroeconomics: Social, Institutional and Environmental*

Perspectives, Northampton: Edward Elgar, 150–181.

Wray, L. Randall, "The Ownership Society," The Levy Economics Institute of Bard College, Public Policy Brief No. 82, 2005.

민스키의
금융과 자본주의

1 서론

제 1 장

· · · ·

경제의 진행, 행태, 그리고 정책

20세기의 마지막 10년에 접어들면서 우리의 경제 세계는 분명 혼란에 빠져들고 있다. 제2차 세계대전 이후 평온한 진전을 이뤘던 20년을 경과하여 1960년대 후반에 들어서면서 시대 풍조는 국내외에 걸쳐 난기류에 빠져들었다. 인플레이션의 가속화, 더 만성적이고 더 주기적인 실업, 파산, 금리 경색, 그리고 에너지, 교통, 식량 공급, 복지, 도시, 금융 등에서의 위기가 말썽 많은 팽창의 시기에 혼재되어 나타났다. 제2차 세계대전 이후 이롭게 작용했던 경제–사회 정책 조합은 1960년대 중반에 들어 붕괴되었다. 이제 필요한 것은 새로운 접근법으로, 기존 이론을 기존 경제 체계에 적용했을 때 도출되는 정책 조합과는 완전히 다른 종합적 정책이다.

  개인의 안전, 정직, 온전성 등의 중요한 문제들이 전혀 경제학이 고려하는 문제들보다 상위에 있음은 맞지만, 나의 관심은 경제를 안정화시키는 데 있다. 순진하게 들릴지 모르겠지만, 이후에 이어질 내용은 경제가 (모든 사람에게 일을 할 수 있게 해 주므로)모두의 기본적인 안전과 자존감을 제공할 수만 있다면, 많은 사회적 문제들은 충분히 관리 가능한 수준으로 약화될 것이라는 전제를 깔고 있다.

성과 실패가 경제 개혁의 필요성을 입증하는 시대에, 변화를 위한 어떤 프로그램도 기존 제도 내에서 경제 과정이 어떻게 작용하는지에 대한 이해에 입각하지 않으면 성공할 수 없다. 그러한 이해를 제공하는 게 경제이론이다.

제도와 관습이 자연적으로 생겨난 것이 아니듯, 경제이론 역시 자연적으로 생겨난 것이 아니다. 경제이론은 창의적 상상력의 산물이다. 그리고 그것의 개념과 구조는 인간 사고의 산물이다. '국민 소득' 자체는 경제의 요소들을 특정 숫자와 어떻게 결합시킬 것인지를 논한 이론에 다름 아니다. 수요 곡선은 판매자를 만나지 않지만 소비자들은 판매자와 직면한다. 화폐와 금융이 경제 체계의 행태에 영향을 미치는 방식은 오직 화폐와 금융이 현재 일어나고 있는 일에 영향을 줄 수 있는 이론의 틀 안에서만 인식될 수 있다.

불행하게도 대학과 대학원에서 가르치는 경제이론은 심각한 결함을 안고 있다. 이는 지난 30년간 경제학도들과 경제학자들의 도구이자 자본주의 민주 체제의 지적 기반이었다. 표준적 이론 경제학에서 파생된 모형에서 나온 결과들은 우리의 경제 유형을 위한 정책 수립에 적용될 수 없다. 확립된 경제이론, 특히 제2차 세계대전 이후 크게 발달한 고도의 수학 이론은 추상적으로 정의된 교환 메커니즘이 최적은 아니더라도 정합적 결과를 도출할 것이라는 사실을 증명한다.[1]

---

1 한계를 인식한 수학적인 이론에 대한 진지한 논의는 다음을 참조하라. Kenneth J. Arrow, Frank H. Hahn, "General Competitive Equilibrium"(San Francisco: Holden-Day, 1971).

하지만, 이러한 수학적 결과는 기업 이사회와 월스트리트로부터 추상한 모형에 대해 입증되었다. 이 모형은 시간, 화폐, 불확실성, 고정 자산 획득을 위한 금융 활동 및 투자를 고려하지 않는다. 다른 한편으로 이론이 추상하는 요소들이 중요하고 적절하며, 금융 관계 및 조직들이 사건의 진행에 현저하게 영향을 미친다면, 확립된 경제이론은 '현실에 존재하는 분산된 시장 경제의 유형에서 정합성이 도출된다'는 명제의 토대가 되지 못한다.

사실, 세계에서의 월스트리트들은 중요하다. 불안정을 야기하는 힘들이 거기에서 만들어지고, 때때로 우리 경제의 금융 과정들이 심각한 금융 및 경제 불안의 위협으로 이어진다. 말하자면, 경제 행태가 비정합적이 된다.[2]

20여 년간 바람직한 방향으로 나아가던 경제는 1960년대 중반 들면서 표준적 이론의 타당성에 심각한 의문을 제기하는 양태를 보이기 시작했다. 1966년의 신용 경색을 시작으로 우리는 금융 위기에 준하는 일련의 위기들(1970년, 1974~1975년, 그리고 1982~1983년에 발생했다)을 겪었는데, 각각의 위기는 점점 심각하게 전개되었다. 정부 관료와 전문가들은 공통적으로 케인즈의 연구로부터 도출된 거시경제 이론을 거부하고, 미루어 짐작건대 올바른 분석이라 여기는 고전파 미시

---

2 현대의 포스트 케인지언 경제학자들 중 대부분은 이러한 관점을 명백하게 드러낸다. 이에 대해서는 다음을 참조하라. Paul Davidson, *"Money and the Real World"* (New York: Wiley, 1972); Jan Kregel, *"The Reconstruction of Political Economy: An Introduction to Post-Keynes Economics"* (London: Macmillan, 1973); Hyman Minsky, *"John Maynard Keynes"* (New York: Columbia Uneversity Press, 1975); Hynam Minsky, *"Can 'IT' Happen Again? Essays on Instability & Finance"* (Armonk, N.Y.: M.E. Sharps & Co., 1982); Sidney Weintraub, *"Keynes, Keynesians, and Monetarians, and Monetarists"* (Philadelphia: University of Pennsylvania Press, 1978).

경제 이론으로의 복귀를 주장하면서 이러한 경기 순환에 대응했다.

하지만 사실, 지금의 경제는 취약한 금융 구조를 가진 자본주의 경제와 큰 정부가 취할 것으로 예상되는 방향으로 움직일 것이라는 케인즈 이론의 방식대로 나아가고 있다. 오류는 케인즈의 연구를 심각하게 잘못 이해한 오늘날의 경제이론에 있다.[3]

발생 가능한 상황을 부정하고, 불운한 사건의 원인을 경제 메커니즘의 특성에서 비롯된 것으로 여기지 않고 (오일 위기와 같은)사악한 외부의 동력으로 돌리는 이론은 적이나 희생양을 찾고자 하는 정치인들을 만족시킬 수는 있겠지만 문제 해결에는 어떠한 지침도 제공하지 못한다.

이른바 '신고전파 종합neoclassical synthesis'이라 불리는, 통화주의자와 기성 케인지언의 외관을 모두 차용한 현재의 표준적 경제이론 구조가 우아하고 논리적일 수는 있겠지만, 경제가 정상적으로 작동할 때 어떻게 금융 위기가 등장할 수 있는지, 어떤 시기에는 경제가 위기에 취약한 반면 다른 시기에는 왜 그렇지 않은지를 설명해내지 못한다.[4]

1960년대 후반부터 명백하게 드러난 경제의 불안정성은 제2차 세계

---

3 다음 문헌은 정교하고, 복잡하며, 진화하는 금융 제도를 가진 자본주의 경제가 어떻게 작동하는지 이해할 수 있는 핵심 저작이다. John Maynard Keynes, *"The General Theory of Employment Interet and Money"* (New York: Harcourt Brace, 1936).

4 이 책의 목적을 위해 다음의 책을 신고전파의 표상으로 고찰할 것이다. Don Patinkin, *"Money, Interest and Prices,"* 2d ed. (New York: Harper and Row, 1965). 신고전파 이론은 다음 저작들의 근간을 이룬다. 신고전파 종합은 아마도 월라스(Walras)로부터 물려받은 가격 이론과 케인즈에서 도출된 통찰을 통합하는 것이다. Milton Friedman의 "A Theoricital Framework for Monetary Analysis", *Journal of Political Economy* 78 (March-April 1970), pp.193-238; Robert Gordon, Friedman, *Monetary Framework: A Debate with His Critics* (Chicago: University of Chicago Press, 1974); James Tobin, *Asset Accumulation and Economic Activity* (Chicago:University of Chicago Press, 1980).

대전 이후 몇 해를 거치며 누적된 금융 관계 및 제도의 변화로부터 비롯된 취약한 금융 체계의 결과였다. 의도하지 않았고 때로는 간과되었던 금융 관계의 변화와 경제의 성공적 작동에 의해 유발된 투기 금융은 1950년대 및 1960년대 초반의 경험에 기초한 통화 및 재정 정책에서의 원칙들을 무효화시켰다. 통화 및 재정 조작만으로는 1950년대와 1960년대 초반에 누렸던 상대적 평온을 재현하고 유지할 수 없었다. 이러한 상대적 평온함을 되찾기 위해서는 루즈벨트 대통령 임기 초반 6년의 기본 개혁에 준하는 근본적 제도 변화가 필요하다. 개혁이 성공하기 위해서는 작금의 명백한 불안정성이 어디에서 기인한 것인지를 이해할 수 있게 해 주는 이론적 전망으로 계몽시킬 필요가 있다.

만만찮은 개혁의 새로운 시대가 일시적 성공 이상을 넘어서기 위해서는 (보수주의자들의 자유 시장인)분산 시장 메커니즘이 왜 경제생활의 많은 세부 항목들을 다루는 유용한 방법인지, 특히 자본 집약적 기술을 사용하는 생산 과정의 맥락에서 자본주의의 금융 제도들이 어떻게 내재적 파괴를 불러오는지 이해할 필요가 있다. 따라서 우리는 자유 시장의 특성을 찬양하는 동시에 효율적이고 바람직한 자유 시장의 범위가 제한되어 있다는 사실을 인정해야 한다. 우리는 특히 금융 기관과 막대한 자본 투자를 요구하는 생산 과정에서의 부채 구조를 제한하고 조정할 경제 제도를 개발해야만 한다. 역설적으로 자본주의는 거대 자본 자산을 사용하는 생산 과정에 쉽게 동화되지 못하기 때문에 분명 결함이 있는 체제다.

또한 자본주의 사회는 불평등하고 비효율적이라고 주장할 수 있다. 그러나 빈곤, 부패, 편의시설과 사적 권력의 불평등 분배, 그리고 독점에 의해 야기되는 비효율성(이것들은 자본주의가 불평등하다는 주

장으로 요약될 수 있다)과 같은 결함들이 자본주의 경제와 양립 불가
능한 것은 아니다. 불평등과 비효율성이 불쾌할 수는 있지만, 살아남
기 위해서 경제 질서가 특정 수준의 평등과 효율성(공정성) 기준을 충
족해야만 한다는 어떠한 과학적 법칙이나 역사적 증거는 없다. 하지만
자산 가치 및 고용 붕괴의 위협, 인플레이션 가속화의 위협, 그리고 걷
잡을 수 없는 투기 속에서 갈팡질팡하고 특히 이러한 위협들이 때때로
드러나면 자본주의 경제는 유지될 수 없다. 시장 메커니즘이 잘 작동
되기 위해서는 투자를 유도하는 기대가 평온한 진전에 대한 전망을 반
영할 수 있게 경기 순환에서 발생하는 불확실성을 억제하도록 제도화
돼야 한다.

1981년 대규모로 법제화된 레이건 행정부와 프로그램은 경제에 심
각한 문제가 있다는 인식에 따른 반응이었지만, 이 반응은 무엇이 잘
못되었는지에 대한 올바르지 못한 진단과 경제의 작동 방식 면에서
자본주의 기본 제도들과 모순되는 이론에 기초한 것이었다. 1960년
대 이후 명백하게 드러난 불안정성을 유발한 금융의 취약성은 무시
되었다. 규제 완화 정책 및 대규모로 장기간 진행된 통화 규제에 의
한 성공적인 인플레이션 억제 노력과 실업은 1967, 1970, 1974~1975,
1979~1980년에 분명히 드러났던 금융 불안정성을 악화시켰다.

1960년대 후반과 1970년대의 간헐적 위기 상황에서 취약한 금융 구
조를 미봉책으로 가리는 데 불과했던 최종 대부자 개입은 1980년대에
는 일상이 되었다. 오클라호마 시의 펜스퀘어은행Penn Square Bank의 파산
과 멕시코 페소화 폭락 등, 1982년 중반의 위기들은 항구적 금융 격동
의 체제로 안내하는 듯 보였다. 1984~1985년에, 우리는 시카고 컨티
넨탈일리노이은행Continental Illinois Bank of Chicago의 개편, 아르헨티나의 리

파이낸싱[refinancing, 기존 채무를 갚기 위해 조달하는 재금융], 오하이오와 메릴랜드에서의 국가 보증 저축 기관의 몰락, 그리고 전염병처럼 번진 농촌 주(州)들에서의 은행 도산을 관리하기 위한 최종 대부자 개입을 목도했다. 불안정성의 억제가 1980년대 경제 정책의 주된 과제였는데, 이것은 1950년대와 1960년대의 경제 정책 과제와는 매우 상이한 것이었다.

실업의 장기화 및 기업과 은행의 파산 내지 준파산은 노동을 소득 지향에서 고용 안정 지향으로 급격하게 변화시켰다. 고용 안정은 더 이상 정부의 거시 경제 정책에 의해 보장되지 않는다. 오늘날 노동자가 누리는 유일한 보장은 임금 협상의 양보에 합의하는 권리인 듯 여겨진다. 노동자들의 이러한 양보는 경기 순환에서의 비용 압박이 완화되었음을 의미하기도 했지만, 한편으로는 경기 팽창기에 임금 인상으로 인한 소비자 수요 증가에 따른 활황의 제약을 의미하기도 했다.

어찌되었건 레이건 시대의 개혁은 불안정성에 대한 전망을 더 악화시켰다. 하지만 경제와 정치의 다양한 분야에서 그러하듯, 개혁의 온전한 효과는 당분간은 느끼지 못할 것이다. 적자에 의해 뒷받침되는 강한 회복세만을 본다면 레이거노믹스가 표면적으로 성공한 것처럼 보일 수는 있지만, 사실 이러한 회복세는 인플레이션, 위기, 그리고 심각한 침체의 토대를 쌓는 과정에 다름 아니었다.

경제 체계는 자연적으로 발생한 것이 아니다. 경제는 법제화나 발명과 혁신의 진화 과정으로 만들어지는 사회 조직이다. 정책은 경제의 세부사항과 전반적 특성을 바꿀 수 있으며, 경제 정책 입안은 목표에 대한 정의와 실제의 경제 과정이 경제·사회 제도에 기초한다는 인식을 모두 포함한다.

따라서 경제 정책은 일련의 제도 내에서의 운용뿐 아니라 제도의 설계도 고려해야 한다. 제도는 법제화된 것이기도 하고 진화 과정의 산물이기도 하다. 일단 법제화되면, 제도는 자체적으로 생명력을 얻고 시장 과정에 반응하여 진화한다. 역동적 세계에서 제도적 편제의 문제를 언제나 해결할 수 있다고 기대할 수는 없다. 다른 한편, 제도를 급속하게 변화시킬 수도 없는 일이다. 과정과 목표에 대한 당대 최선의 인식을 포함해 일단 제도적 틀이 형성되면, 그렇게 합의된 세부사항들이 진화하고 정책이 그 제도 구조 안에서 운용되는 시간이 주어져야 한다. 경제 사회 질서가 명백하게 부적절하게 이행되어 심각해질 때, 전면적 제도 개혁의 필요성이 대두된다. 지금이 바로 그때이다.

현재 우리의 제도적 틀은 루즈벨트 개혁 시대, 특히 1936년 완성되었던 두 번째 뉴딜정책 당시에 구성되었다. 이 구조는 빠른 회복을 장려하기 위한 1933년의 비상입법의 실패와 1933년에 100일 동안 시행되었던 첫 번째 뉴딜정책의 많은 부분을 무효화시킨 대법원 판결에 따른 대응이었다. 하지만 제도적 틀이 루즈벨트 시절 초기에 대부분 구성되었다고 하더라도, 경제가 어떻게 기능하는가에 대한 우리의 이해는 1936년에 출간된 케인즈의 『고용, 이자 및 화폐에 관한 일반이론』으로 급격하게 바뀌었다.

케인지언 안에는 보수, 진보, 그리고 급진적인 여러 학파가 존재한다. 개중에는 케인즈가 틀렸다고 생각하는 사람도 있고, 기존 경제이론의 단순한 개량, 또는 기존 사고와의 완전한 단절이라고 믿는 사람도 있다. 케인즈에 대한 견해가 어떻든 간에, 대체로 1936년 이전에 형성된 우리의 제도적 틀에 한해서는 경제 분석에서 케인즈 혁명으로 계몽되지 않았다는 점은 동의해야 한다. 우리가 취할 수 있는 것은 오로지 케인즈 이전 시대의 경제에 대한 이해를 반영하는 법제화된 경제 구조 내에서의 케인즈식 운영 방식이다.

비록 자본주의 경제의 작동 방식에 대한 케인즈의 모든 통찰이 주류 경제이론과 정책 분석에 흡수되지는 않았다. 그러나 "경제의 운명은 통제 가능하다"는 그의 메시지가 받아들여져 경제의 의식적 관리를 제2차 세계대전 이후 정부의 공인된 목표로 수립하게 되었다. 경제자문위원회와 의회합동경제위원회의 설립을 주요 내용으로 한 1946년의 고용법은 이러한 관리에 대한 개입 시도를 제도화한 것이었다.

경제 정책이 사태가 전개되는 경로를 규정할 수 있다는 명제를 인정한다면, 정책으로 "누가 혜택을 받을 것인지", "어떠한 생산 과정들이 발전할 것인지"에 대해 답할 수 있다. 여기에 더해, 제도가 적어도 인간이 만든 의식적 결정의 산물임을 이해한다면, 우리는 또한 제도적 틀이 야기할 사회적 결과에 직면해야 한다. '누구를 위해' '어떤 것을' 결정한다는 식의 추상적 시장 메커니즘에 대한 호소는 허용되지 않는다. 실재하는 것은 특정적이고 역사적인 시장 메커니즘이다.[5]

경제 정책은 반드시 좋은 사회의 이상을 좇는 이념적 전망을 반영해야 한다. 그리고 경제 정책이 다루어야 할 목표와 목적에 있어 위기가 있다면, 전망의 실패에 직면한다는 것은 자명하다. 1926년에 케인스는 정치적 문제를 다음과 같이 정의하였다.

---

5 현대 경제학에는 '정책 무용성(無用性) 정리(policy ineffectiveness theorem)라는 것이 있다. 이 이론은 제도 구조가 간과된다는 사실을 포함할 수 있다. 다음 문헌을 참조하라. Thomas J. Sargent and Neil Wallace, "Rational Expectations and the Theory of Economic Policy," *Journal of Moneraty Economics*, 1976, pp.169-83

세 가지를 결합해야 할 필요성이 있는데, 경제적 효율성, 사회 정의, 그리고 개인의 자유가 그것이다.

첫 번째 경제적 효율성은 비판, 예방 조치 및 전문 지식을 필요로 한다.

두 번째 사회 정의는 일반적으로 사람을 사랑하는 이타적이고 열정적인 정신을 필요로 한다.

세 번째 개인의 자유는 다양성 및 자율성에 대한 관용, 아량, 공감을 필요로 하는데, 무엇보다 특출한 이들과 열망하는 이들에게 거리낌 없는 기회가 우선적으로 제공되어야 한다는 것을 의미한다.[6]

효율성, 정의, 자유 세 축을 증진하도록 제도들을 혁신해야 한다.

최근 50년간 생산성에서의 괄목상대한 발전을 고려할 때, 필요하다면 우리는 경제적 효율성에 대한 목표에 있어서 절충적 태도를 취할수 있다. 적어도 미국에 있는 우리는 부유하다. 이것은 사회 정의와 개인의 자유라는 목적 달성을 위해 얼마간의 생산량을 포기할 수도 있음을 의미한다. 이러한 목적은 분산된 시장 과정의 결과에 영향을 미치는 개입을 포함하는 경제 질서에 의해 잘 수행될 수 있다.

사적 권력의 거대한 중심부와 부의 편차가 효율성, 정의, 자유에 대한 목표를 위협하므로, 거대 기업과 대형 금융 기관의 당연시되는 (실제로 존재하지 않을 수도 있는)몇몇 이익을 언제든 무시할 수 있는 정책은 매우 바람직해 보인다. 최근의 경험에 비추어 본다면, 거대 기업

---

6 이 에세이의 제목은 "Liberals and Labor"이다. 다음 문헌을 참조하라. John Maynard Keynes, "Essay in Persuasion," *The Collected Writings*, vol.9, (New York: St. Martin's Press, 1972), p. 311.

과 대형 금융 기관들이 직면한 어려움이 경제를 괴롭히는 불안정성과 밀접한 연관을 맺고 있을 때, 안정성은 물론 효율성을 위해서라도 집중도가 매우 높은 사적 권력을 보다 관리하기 쉬운 차원으로 축소해야 한다.

사회 정의는 개인의 존엄과 사적 영역, 정치권력으로부터의 독립에 기초한다. 존엄과 독립은 권리로서 또는 공정 교환으로 소득이 부여되는 경제 질서에 의해 가장 잘 보장된다. 수행한 노동에 대한 대가는 모든 사람들의 주요 소득원이 되어야 한다. 그간 받지 못했던 이전지출 체계를 확대하여 항구적으로 의존하게 하는 일은 수령인의 품위를 떨어뜨리고 사회 구조를 파괴한다.

사회 정의와 개인의 자유는 기회의 경제를 만들기 위한 개입을 요구하는데, 이러한 기회는 심각한 장애인을 제외하고는 모두가 일을 한 대가로 자립하여 살아갈 수 있다는 것을 의미한다. 완전고용은 경제적 선일 뿐 아니라 사회적 선이다.

인식된 모든 사회·경제적 목표가 상호 일치할 것이라는 가정은 순진하다. 하나의 목표를 강조하다보면 다른 목표를 위한 역량이 축소될 수 있기에 우선순위를 정해야 한다. 나는 개인의 자유와 민주주의적 권리를 우선하는 경향이 있으며, 이른바 '재산권'이라 불리는 것에 대한 보호는 (그것이 정통적 이론에서 말하는 협의의 경제 효율성 감소로 이어진다 할지라도)내가 보기에는 개인의 자유 확장이나 사회 정의의 증진이라는 가치에 비할 바 못 된다. 이러한 믿음이 나의 정책적 입장에 영향을 미쳤다.

비록 이 책이 경제이론과 해석적 경제사를 다루지만, 그 목적은 제대로 작동하지 못하는 우리의 경제를 위한 개혁 의제를 마련하는 데 있다. 효율적 개혁은 경제 과정과 정합적이어야 하며, 대중의 속성을 침해해서는 안 된다. 경제 과정에 대한 이해와 민주적 이상에 대한 열정적이고 때로는 비이성적일 수 있는 헌신이 없다면, (감지된 변화의 필요성에 따른)변화를 위한 의제는 두려움과 좌절에 놀아나고 만병통치약과 공허한 슬로건을 내세우는 선동가들의 도구로 전락할 수 있다.[7]

개혁의 진전을 위한 제안들은 반드시 큰 붓으로 그려질 것이다. 그 세부 항목들은 의회와 정부, 그리고 바라건대 (경제가 나아가야 할 방향에 대해 골똘히 생각할 준비가 되어 있는)깨어 있는 대중들의 토의를 통해 다듬어져야만 한다.[8]

우리 경제 체계의 주요 결함은 그것이 불안정하다는 데 있다. 이러한 불안정성은 외부의 충격이나 정책 입안자들의 무능 혹은 무지에 의한 것이 아니다. 불안정성은 바로 우리 경제 체계 내부 과정에서 기인한다.

복잡하고, 정교하며, 스스로 진화하는 금융 구조를 가진 자본주의 경제 동학은 급진적 인플레이션이나 깊은 불황과 같은 비정합적 상황

---

7 다음 문헌에서 제도 개혁과 정치 경제학 모형을 유지시키는 정책 운영에 대한 진지한 시도를 한다. 50년이 지났음에도 불구하고 시몬스(Simons)가 제시한 중요성은 아직도 가치 있는 것으로 인식되고 있다. Henry C. Simons, A Positive Program for Laissez Faire (Chicago: University of Chicago Press, 1934), Henry C. Simons, *Economic Policy for a Free Society* (Chicago: University of Chicago Press, 1948).

8 1926년 발행된 아래의 팸플릿에서 케인즈는 "법 제정의 괜찮은 문제 중 하나, 즉 국가가 공공의 지혜를 통해 방향에 대해 어떤 책임을 져야 할 것과 가능한 한 간섭하지 않으면서 개인적 노력에 맡겨야 하는 것은 무엇인가에 대한 결정"이라고 정의한 버크(Burke)의 책을 인용하였다(케인즈는 그의 *Principles of Political Economy*에서 McCullonch를 이용했다). 정책 문제에 대한 버크의 언급은 당대에서처럼 오늘날에도 유효하다. "The End of Laissez-Faire," vol.9, Collected Works, Essays in Persuasion, 앞의 책, pp.272-94

으로 쉽게 이행할 수 있는 조건으로 전개된다. 하지만 모순적 상황이 전적으로 온전히 실현되는 것은 아니다. 제도와 정책으로 불안정성으로 가는 추력을 억제할 수 있기 때문이다. 말하자면 우리는 불안정성을 안정화할 수 있다.[9]

---

9 거의 모든 다차원적이고 비선형적이며 시간 의존적인 체계가 내생적으로 불안정하다고 보여주는 충분한 증거가 있다. 다음을 참조하라. Richard L. Day, "Irregular Growth Cycles," *American Economic Review* 72, no. 3 (June 1982), "The Emergence of Chaos From Classical Economic Growth," *Quarterly Journal of Economics*; Alessandro Vercelli, "Fluctuations and Growth: Keynes, Schumpeter, Marx and the Structural Instability of Capitalism," in R. Goodwin, M. Kurgerm and Alessandro Vercelli, *Nonlinear Model of Fluctuating Growth* (New York: Springer, 1984); Peter S. Albin, *Microeconomic Foundations of Cyclical Irregularities and Chaos*, Center for the Study of System Structure and Industrial Complexity, John Jay College, City University of New York, May 1985. 또한 만약 불안정한 체계가 천장과 바닥(ceilings and floor)에 의해 제약을 받는다면, 시계열 결과에 대한 계량경제학적 분석이 이 체계가 안정적이라는 것을 보여준다는 것을 알게 될 것이다. John M. Blatt, "On the Econometric Approach to Business-Cycle Analysis," *oxford Economic Papers*(N.S), Vol.30 (July 1978)을 참조. 제약된 폭발적인 시리즈의 초기 분석에 대해서는 다음을 참조하라. Hyman P. Minsky, "A Linear Model of Cyclical Growth," Review of Economics and Statistics XLI, no. 2, Part 1 (May 1959), and "Monetary Systems and Acceleration Models," *American Economic Review* 47 (Dec. 1957).

민 스 키 의
금 융 과 자 본 주 의

2 경제
경험

제2장
• • • •
심각한 침체기, 하지만
공황은 아니었던 1975년: 큰 정부의 영향

1975년의 1/4분기(그리고 1982년 중반에 재생된) 미국과 세계 경제는 1930년대 대공황의 시련에 가까운 불황으로 치닫는 듯했다. 소득이 급격히 하락하고 실업률이 폭등했을 뿐 아니라, 거의 매일 각종 은행, 금융 기관, 지자체, 기업, 혹은 국가가 재정적 어려움을 토로하고는 했다. 일례로, 1974년 10월 수십억 달러 규모의 뉴욕 프랭클린내셔널은행Franklin National Bank이 파산했다(그 당시까지만 해도 이 정도 규모의 미국 은행이 파산한 전례는 없었다). 또한 1975년 초기 10억 달러 규모의 시큐리티내셔널은행Security National Bank은 확실시되던 부도를 막기 위해 합병되었다. 1974~1975년 사이 더 많은 은행이 파산하였고, 제2차 세계대전 이후 어느 기간과 비교해도 더 많은 자산이 영향을 받았다. 게다가 거의 200억 달러에 달하는 자산 규모를 가지고 있었던 리츠(REITs, 부동산투자신탁업)가 심각한 예금 인출 사태를 겪으며 수많은 도산과 워크아웃으로 이어졌다. 1982년 들어 저축 은행 파산의 급속한 확산 및 그해 중반쯤 벌어졌던 대형 은행(오클라호마 시티의 펜스퀘어은

행)의 파산은 몇몇 거점 미국 은행(체이스맨하탄Chase Manhattan, 컨티넨탈일리노이Continental Illinois 및 씨퍼스트Seafirst)의 큰 도산으로 이어졌다. 그 후, 1982년 중반 들어 멕시코 페소화가 붕괴되었고, 다수 라틴 아메리카 국가들에서의 수십억 달러에 이르는 디폴트 상황이 임박해 보였다.[1]

더구나 1975년은 뉴욕시의 재정 위기, W.T 그랜트 앤 컴퍼니W.T Grant and Company의 파산, 채무 이행을 위해 뉴욕 주의 자산 매각 요구에 직면한 콘솔리데이티드 에디슨Consolidated Edison의 위기, 팬암Pan Am의 파산 진행으로 점철되었다. 1982년, 지방정부의 재정적 파산은 피할 수 있었지만, 인터내셔널 하베스터International Harvester 및 브래니프Braniff 같이 대중의 일상에 깊숙이 스며들어 있었던 기업들은 비밀리에 혹은 공공연히 파산했다. 이 두 경우 모두에서 금융 혼란은 전염되는 듯했고, 곧 모든 자산 가치에 영향을 미칠 것이라는 우려가 있었다. 금융 위기가 도래하는 듯 보였다. 그러나 1975년 5월과 1982년 11월 하향세가 갑자기 중단되며 강력한 팽창이 시작되었다.

1974~1975년과 1982년의 명확했던 불안정성은 고립된 사건이 아니었다. 1966년부터 미국 경제는 만연한 불안정성을 간헐적으로 드러내고 있었다. 금융 혼란의 심각한 위협은 1966년, 1970년, 그리고 1979년에 서서히 그 모습을 드러냈지만, 이러한 금융 위기는 1974~1975년과 1982년 금융 위기의 범위와 규모에 비할 바 아니었다. 1974~1975년, 1981~1982년의 금융난이 다른 경우보다 더 심각했을지라도, 그리

---

1   1981~1982년의 위기는 컨티넨탈 일리노이의 공공연한 파산이 연방준비은행, FDIC, 그리고 대형 은행 컨소시엄을 통한 대규모 자금 투입으로 방어되고, 더 심각한 라틴 아메리카 부채 위기 상황이 많은 대형 은행들의 지불 능력을 위협했던 1984년에 반향을 일으켰다.

고 금융시장 참가자들과 규제 감독자들의 조치가 1929~1933년에 임박했던 완전한 금융 위기를 연상시키기 시작했을지라도 본격적인 위기는 발생하지 않았다.

1966년의 어려움은 소득 증가가 일시적으로 멈추고, 약간의 실업 증가 이후 발생한 것이었는데, 이 둘을 합친 상황을 '성장 정체'라고 한다. 1970년, 1974~1975년, 1979년, 1981~1982년에 있었던 금융 트라우마 이후 네 차례의 상황은 경기 침체로 이어졌는데, 1974~1975년과 1981~1982년의 경우에는 심각했다. 1974~1975년의 하락의 깊이와 뒤이어 나타난 경기 회복의 부진은 장기간의 재정 곤란에 기인한 것으로, 1974~1975년의 상황을 약간 심각한 불황mildly serious depression 혹은 깊은 경기 침체deep recession로 만들었다. 1981~1982년의 경기 침체 또한 같은 상황으로 특징화할 수 있다.

1966년 이후의 금융 트라우마나 경기 침체가 미국 경제의 높아진 불안정성을 보여주는 유일한 증거는 아니었다. 1966년 이후는 국가가 평화적 시기에 겪었던 최악의 인플레이션으로 특징화된다. 뿐만 아니라, 각각의 금융 위기 이후의 팽창기의 인플레이션율은 이전의 팽창기에 도달했던 인플레이션보다 항상 더 높은 수준에 도달했다. 비록 1975년 이후부터 실업률이 대부분 높은 수준에 이르렀고, 설비 가동률은 낮은 수준에 머물렀지만, 1981~1982년의 심각한 경기 침체 이후까지 기본 인플레이션율(CPI, 소비자 물가지수)의 연간 증가율은 6% 이하로 급격하게 떨어지지 않았다.

미국의 경제 정책을 설계하기 위해서는 우리 경제가 왜 전후 초기보다 훨씬 더 불안정해졌는지, 왜 이러한 불안정성이 깊고 반복적인 불황으로 이어지지 않았는지를 이해할 필요가 있다. 과거 10년간의 미국 경제 실적은 자랑할 만한 정도는 아니더라도, 적어도 대공황 때와 같은 재앙은 피할 수 있었다.

그러면 1975년과 1982년에 불황의 늪에 빠지지 않게 막을 수 있었던 것은 무엇인가? 답은 경제의 두 가지 측면에 집중된다. 첫 번째는 큰 정부가 고용과 소득뿐 아니라 기업의 현금 흐름(수익)을 안정시키고, 그 결과 자산 가치를 안정시킨다는 점이다.[2] 두 번째 측면은 연준이 다른 정부기관 및 민간 금융 기관들과 협력하여 최종 대부자 역할을 수행한 것이다. 이는 금융 혼란 및 소득 감소에 직면하여, 정부와 중앙은행의 결합된 조치가 심각한 불황을 방지하기도 하지만 동시에 심각하고 가속화된 인플레이션의 발판을 마련한다는 주장을 촉발할 수 있다. 현행 제도와 관습은 균형 파괴력이 작동하는 것을 예방하지 못했다. 실제로는 경기 순환의 양상이 바뀌어, 인플레이션이 깊고 넓은 불황의 골을 대체하게 되었다.

1973~75년 경기 침체의 연대기

1973~1975년의 경기 침체는 1974년 10월(혹은 11월)부터 1975년 4월(혹은 5월)까지의 6분기 동안 지속된 제2차 세계대전 이후의 가장 긴

---

2 이는 칼레츠키의 연구에서 나온 제안이다. 다음을 참조하라. Michael Kalecki, *Selected Essays on the Dynamics of the Capitalist Economy* (1933-1970) (Cambridge: Cambridge University Press, 1971), Chapter 7, "The Determinants of Profits,", Hyman P. Minsky, *Can "IT" Happen Again? Essays on Instability & Finance*(Armonk, N.Y.: M.E Sharpe, Inc., 1982) Chapter 2, "Finance and Profits: The Changing Nature of American Business Cycles," pp. 14-58.

표 2.1 1973~1975년의 사태 전개(분기별)

년	분기	GNP(달러)		GNP 성장률(연간)		GNP 디플레이터		실업률
		현재가치	1972년 화폐 가치	현재가치	물가 조정	지수 (1972=100)	% 변화(연간)	%
1973	1	1265.0	1227.7	15.8	8.8	103.01	6.5	5.0
	2	1287.8	1228.4	7.4	.2	104.84	7.2	4.9
	3	1319.7	1236.5	10.3	2.7	106.73	7.4	4.8
	4	1352.7	1240.9	10.4	1.4	109.01	8.8	4.8
1974	1	1370.9	1228.7	5.5	−3.9	111.58	9.8	5.0
	2	1391.0	1217.2	6.0	−3.7	114.28	10.0	5.1
	3	1424.4	1210.2	9.9	−2.3	117.70	12.5	5.6
	4	1441.3	1186.8	4.8	−7.5	121.45	13.4	6.7
1975	1	1433.6	1158.6	−2.1	−9.2	123.74	7.8	8.1
	2	1460.6	1168.1	7.7	3.3	125.04	4.3	8.7
	3	1526.5	1201.5	19.9	11.9	127.21	7.1	8.6
	4	1573.2	1217.4	12.2	5.4	129.22	6.5	8.5

출처: Economic Report of the President, 1976년 1월, Government Printing Office, Washington, 1976

침체기였다. 그러나 이 6분기는 두 단계로 나뉘는데, 1973년 10월부터 1974년 10월까지 4분기 동안 완만한 침체와 1974년 10월부터 1975년 5월까지, 마지막 2분기 동안의 급격한 하락이다. 첫 번째 단계는 1973년 아랍-이스라엘 전쟁(중동전쟁)이 초래한 오일 쇼크의 결과라고 할 수 있지만, 두 번째 단계는 경제의 작동에서 비롯되었다.

1974년 3/4분기와 1975년의 1/4분기 동안 금방이라도 하늘이 무너질 것처럼 보였다. 1974년 9월의 산업생산지수는 125.6(1967년의 산업생산지수를 100으로 기준)을 기록했다. 6개월 뒤 이 지수는 연간 24.8% 하락한 110.0으로 급락했다. 비슷하게, 1972년을 기준으로 물가 상승을 고려한 실질 GNP는 1974년 3/4분기 1조 2,102억 달러에서 1975년 1/4분기에는 연간 8.5% 하락한 1조 1,586억 달러로 하락했다(표 2.1 참조). 1974년 9월과 1975년 3월 동안 민간 고용은 연간 6.7% 하락했다.

만약 6개월 동안(1974년의 4/4분기부터 1975년의 1/4분기까지)의 하락률이 그 다음 6개월간 지속되었다면, 매우 깊은 불황이 진행되었을 것이다. 하지만 하락이 지속되는 대신, 1975년 2/4분기 들어 하락세는 뚜렷이 억제되고, 조금씩 호전되기 시작했다. 1975년 4월에 임금 고용은 1975년 3월보다 상승했다. 1/4분기에 23% 정도 떨어졌던 산업생산지수는 선회하여 1975년 9월까지 3개월간 10.6% 증가했다. 물가 연동된 실질 GNP는 1975년 1/4분기에 9.2% 하락했지만, 1975년 2/4분기에는 3.3% 증가했고, 3/4분기에는 11.9%까지 크게 증가했다.

따라서 경제 경로에서 두 차례의 급격한 반전이 6개월여 동안 일어났다. 우선, 완만한 침체가 가파른 하락으로 돌아섰고, 그 후 6개월여 뒤, 가파른 하락이 멈추고 급격한 팽창으로 즉각적인 반전이 일어났다. 이러한 갑작스러운 반전은 불안정성을 나타낸다. 이것은 1974~1975년의 경제가 전후 시기보다 더 불안정했다는 증거다.

불안정성은 불확실성을 증가시킨다. 점진적으로 변화하는 경제보다 급격하게 변화하는 경제에서의 의사결정이 더 힘들다. 증가된 불확실성은 그것 자체로 경제 활동, 특히 장기 투자에 찬물을 끼얹는 요소다. 하지만 더 중요한 것은, 특히 자본주의하에서의 불안정성이 증폭되는 경향이 있다는 사실이다. 의사결정자들은 조기 경보 신호를 찾기 시작하고, 경제의 단기 변화 지표에 매우 민감하게 반응한다. 이러한 결과 중 하나로 투자자들은 장기적 관점에서의 경제 성장과 발전을 촉진하는 투자로부터 얻을 수 있는 보다 지속적이고 안전한(하지만 더 적을 수 있는) 이득보다 경제의 흐름에 정확히 편승함으로써 얻을 수 있는 대규모의 즉각적 금융 이득을 보다 선호하게 되었다. 케인즈의 말을 빌리면, "불안정한 경제에서는 투기가 기업을 지배한다."

1974~1975년에 무슨 일이 발생했는가

1974년 4/4분기와 1975년 1/4분기를 거치며 미국 경제는 일반화된 금융 위기로 향해 가는 것처럼 보였다. 과거의 역사를 따랐다면, 깊은 불황이 뒤따랐을 것이다. 소득은 급감했고, 1974년 3월 5.0%였던 실업률은 1975년 3월에는 8.6%로 급증했다. 1975년 봄 들어, 때때로 은행, 전문 금융 기관, 전력회사, 항공사 및 기업들의 도산을 야기했던 재정 곤란이 도래했거나 곧 도래할 것으로 예상되었다. 1974년 10월 수십억 달러 규모의 프랭클린내셔널은행이 파산했고, 파산으로 향하던 10억 달러 규모의 시큐리티내셔널은행은 1975년 2월 뉴욕 케미칼은행 Chemical Bank of New York과 합병되었다.

유럽인들 역시 세계 경제가 1929~1933년의 상황에 필적하는 대재 앙으로 치닫는다고 우려했다. 미국과 견줄 만한 규모의 위기가 독일과 영국에서 발생했다.

하지만 소득의 급감과 폭발적인 실업률 증가는 지속되지 않았고, 상호 누적적 금융 악화는 더 이상 발생하지 않았다. 실업률은 1975년 5월 8.9%로 최고점을 찍었으며, 산업생산지수는 1975년 4월 109.9까지 폭락했다가 1975년 말 들어 118.5까지 회복했다. 이러한 회복세는 1975년 2분기 동안 시작된 것으로, 1976년으로 들어서는 동안 최악의 사태는 발생하지 않았다는 게 명백해졌다. 금융시장과 경제는 회복세를 보였고, 더 이상의 누적된 부채 디플레이션이나 깊은 불황은 일어나지 않았다. 1974~1975년 금융 충격은 사라졌으며, 그 영향은 가라 앉았다.

전문가, 정치인, 그리고 관리들은 시장 과정이 정상적으로 작동한 결과로 경제가 1974~1975년의 위기 상황을 벗어날 수 있었다고 선언했다. 사실 하강 국면의 제동과 그 이후의 회복은 대체로 강한 재정 정책과 즉각적인 최종 대부자 개입의 결과로 이루어진 것이었다. 대규모 복지 후생 계획(이전 지출)과 고용이 감소하면 수입이 급격히 떨어지고 세액 공제, 세금 감면, 그리고 실업보험 확대의 형태로 일정 재량권이 부여되었으므로 재정 조치는 어느 정도 자동적이었다.

1974~1975년의 상황은 임박한 금융 위기 및 관련 경기 침체와 분리된 사건이 아니었다. 10년도 안 되는 기간에 발생한 위기 중 세 번째 사건에 해당하는 것으로, 다른 사건들은 각각 1966년과 1970년에 발생했다. 금융 위기에 근접한 세 번의 상황은 연방준비제도(연준)의 인플레이션 억제를 위한 시도가 급격한 이자율 인상으로 이어지면서 촉발

되었다. 그러나 1960년대 중반 이전의 인플레이션 억제를 위한 연준의 시도들이 금융 위기를 촉발하지는 않았다. 이는 연준이 운영했던 1960년대 중반 이후의 금융 환경이 제2차 세계대전 직후의 상황과는 근본적으로 달랐기 때문이다.

1974~1975년 이래 금융 트라우마를 가져온 두 가지 사건이 더 있었는데, 바로 1979~1980년, 그리고 1982~1983년의 사건이 그러하다. 이 두 가지 사건 모두 연준이 고안한 인플레이션 억제 정책을 따랐다. 1966년 이후를 지배해온 금융 환경하에서 연준에 의한 전통적 통화 긴축 정책이 금융 붕괴, 실업, 그리고 생산량 감소의 위협으로 이어진 것은 분명하다.

전후 기간 내내 금융 구조는 점점 금융 위기에 취약해졌다. 하지만 무엇이 금융 구조가 금융 위기에 취약한지 여부를 결정하는가? 1974~1975년의 하강 국면과 1975~1976년의 회복 국면을 이끌었던 금융 과정의 상호작용은 우리 경제가 어떻게 운영되고 정책이 어떻게 결과에 영향을 미치는지를 설명하는 표준적 분석과는 정합적이지 않다. 통상적 케인지언 모형이나 일반적 통화주의 모형에 기초한 분석으로는 금융 및 경제의 불안정성을 설명하지 못한다.

1974~1975년의 사건 및 최근의 여러 경기 순환을 이해하기 위해서 우리는 소득과 고용에 무슨 일이 발생했는지뿐 아니라, 어떻게 부채 디플레이션의 위협이 촉발되고 중단되었는지도 알아야 한다. 1975년의 증거들은, 큰 정부 적자가 안정되고 나서 경제가 확장되게 해주는 단순 케인지언 모형이 개략적이며 준비된 방식으로 유효할지라도, 관련된 경제 관계는 단순 모형이 허용하는 것 이상으로 복잡하다는 것을 보여준다. 특히, 우리 경제에서 일어나는 일은 재정적 고려에 따라 지

대하게 결정되므로 경제이론은 금융이 이론과 정합적일 때만 적절할 수 있다.

큰 정부가 제공하는 소득과 금융의 안정제는 그 효과가 나타나기까지 시간이 걸린다. 한편, 미지불 단기 부채의 지불 이행과 자산 가치 하락의 형태로 드러나는 금융적 압박은 금융 경색을 금융 대란으로 전환시키려 위협한다. 본격적인 위기를 예방하기 위해서는 리파이낸싱이 필요하다. 이러한 리파이낸싱 혹은 최종 대부자 개입은 연준, 연방 예금보험공사, 그리고 민간 금융 기관(주로 연준의 명령에 의해 움직이는 대형 상업 은행)에 의해 수행되었다. 큰 정부가 존재하더라도 초기 금융 위기가 완전한 공황 상태로 빠져들지 않으려면 효과적인 최종 대부자 개입이 필요하다.

1975년에 두 가지 형태의 정부 개입으로 심각한 불황은 일어나지 않았는데, (1) '큰 정부의 재정 정책'으로서, 경기 침체기 대규모 연방 적자가 직접적으로 소득에 영향을 미쳤고, 민간 금융에 대한 투입을 지속했으며, 포트폴리오 구성을 개선했고, (2) '최종 대부자 개입'으로서, 리파이낸싱이 연준 및 민간과 공공 부문의 협조에 의해 적절하게 집행되었다.

큰 정부의 영향

비록 생산수단을 거의 소유하지 않고 직접적인 서비스를 거의 제공하지 않더라도 미국 정부는 매우 크다. 여타 국가 정부와 달리, 미국 정부는 철도, 전기, 그리고 통신사업을 소유하거나 운영하지 않으며 포괄적 의료서비스를 운영하거나 비용을 지불하지 않는다. 테네시강유역개발공사, 몇몇 핵 시설, 그리고 우편 체계의 잔재를 제외하면, 연방 정부 소유 생산 수단을 생각하기란 쉽지 않다. 영광스러운 오랜 역사에도 불구하고 해군 함정과 육군 무기창은 정부의 손을 떠났다. 군수품 조달은 이제 표면상으로는 민간 기업과의 계약 형태를 취한다.

우리 정부가 얼마나 큰지 이해하기 위해서는 정부 지출을 (1) 정부의 고용과 정부 생산에 따른 지출(예, 과거지사인 무기 공장, 우편 서비스, 그리고 군비 지출에서의 인적 부분) (2) 정부 계약(예, 록히드사와의 항공 및 미사일 계약, 랜드Rand Corporation와 같은 싱크 탱크로부터의 보고서 계약, 또는 밀접한 도급업자와의 고속도로 건설 도급 계약 등) (3) 이전지출(예, 사회보장, 의료보험, 실업보험, 그리고 아동 부양 보조AFDC 등) (4) 정부채에 대한 이자 등 네 가지 부문으로 구분해 살펴볼 필요가 있다.

최근 몇 년간 군사 부문을 제외한 정부 고용이나 정부 계약은 총수요, 재정 흐름, 그리고 포트폴리오 효과 측면에서 정부를 더 크게 만들지 못했다. 지금은 주로 국방비, 이전지출 및 국가 부채 상환 비용의 증가에 따라 정부가 더 커졌다. 특히 제2차 세계대전 이후 이전지출이 정부 지출의 큰 부분을 차지하게 되면서 정부 지출에 따른 주기적 영향은 이제 대부분 이전지출의 영향으로 결정된다.

이전지출은 교환과 같은 쌍방향이 아닌 일방향 거래이다. 이전지출 수령인은 그 대가로 어떠한 것도 지불하지 않으면서 현금이나 재화 및 서비스를 받는다. 이전지출 수령인의 지위는 부양 아동이 처한 경제적 지위와 정확히 일치한다. 이전지출 수령인은 생산 과정에 어떠한 것도 투입하지 않는다. 다시 말해, 수령자가 산출물을 생산하지 않으므로 비록 이전지출이 가처분 (세후)소득의 일부지만 그 소득 금액은 GNP 에 포함되지 않는다.

만약 누군가 보잘 것 없는 정도라 하더라도 무언가 '유용한' 것의 생산에 기여한 대가로 소득을 얻었다면, 단순히 말해 그 소득은 무언가를 획득할 수 있는 권리를 구성하는 동시에 그 사람은 생산에 무엇인가를 투입한 것이다. 시장경제에서, 생산 단위의 노동자 및 소유자를 위해 조달되는 자금의 시장 가치는 (생산 단위가 재정난에 빠져 들지 않는다는 전제하에)상당 시간 구매한 투입물의 비용을 상회하는 생산 단위의 판매 수익 초과분보다 클 수는 없다. 구매된 비노동 투입 비용 대비 초과 판매 수익은 일반적으로 생산 단위의 노동자와 투자자가 경제 산출물로부터 획득하는 권리를 위한 재원이다. GNP를 항아리에 비유한다면, 생산 참여자들이 획득할 수 있는 가치는 그들이 항아리에 투입한 가치에 비례한다. 가처분 소득의 일부로서 이전지출은 항아리에 어떠한 것도 투여하지 않고 무언가를 가져갈 수 있게 하는 것이다. "공정한 교환은 강도짓이 아니다"라는 상투적 표현은 근로 소득에는 적용되지만 이전지출과 같은 소득에까지 반드시 적용되는 것은 아니다. 오늘날 이렇게 수령할 수 있는 권리의 상당 부분은 현재 혹은 과거의 명시적 기여가 아닌 법률적, 도덕적, 또는 관습적 관용에 기초한다.

실업보험을 수령하는 노동자는 현재의 생산에 기여하지 않으면서 기금을 받는다. 만약 동일 노동자가 공공근로나 공공사업촉진국 (WPA)과 같은 유형의 프로그램에서 동일 소득을 얻었다면, 그는 GNP 에 자신의 벌어들인 소득과 동등한 기여를 했다고 추정할 수 있다. 만약 WPA 산출물이 유용하고 판매 가능하다면, 실업자를 위한 WPA 유형의 구호 사업은 실업보험보다는 인플레이션 요인이 낮다. 만약

WPA의 생산물이 유용하다면, 해당 생산물이 시장에서 판매되지 않는다 하더라도 유용한 생산품을 찾는 사람들의 복리에 기여할 뿐만 아니라, 아마도 WPA 지출의 전체 또는 일부가 세금이나 수수료 명목으로 징수되어 상쇄될 수도 있다. 방위사업 계약에서 파생된 수입뿐 아니라 군사 부문에서의 급여는 현재의 유용한 생산에 기여하지 않는 소득 수입으로, 이는 적어도 이전지출과 같은 인플레이션 유발 요인이다.

과거 수년간 정부 지출 계획에서 이전지출의 비중이 더 커졌기 때문에 정부 지출은 고용 및 측정된 GNP에 어떠한 초기 영향도 끼치지 않으면서 가처분 소득에만 직접적이고 지대한 영향을 미친다. 물론 이러한 분류에는 측정과 정의definition의 문제가 포함된다. 예컨대 연방정부가 현재 노인의료복지와 저소득층 의료보장제도에 지출하는 만큼의 비용을 의사와 간호사들을 고용하는 데 지출했다면, 이제 의료보장 비용은 이전지출이 아니라 정부의 재화 및 서비스 구매로 간주될 것이다.

큰 정부는 1974년 2/4분기부터 1975년 1/4분기의 급격한 경기 하락을 막고, 1975년 봄과 여름에 나타난 강력한 경기 팽창으로 전환시킨 원인 중 하나였다. 큰 정부에서 국민소득의 하락은 반사적으로 대규모 정부 적자로 이어진다.

큰 정부가 어떻게 경기의 급락을 막았는지 이해하기 위해서는, 다음과 같이 우리 경제에 미치는 정부 재정 적자의 여러 효과들에 대한 분석이 필요한데, 정부의 재화, 서비스 및 노동 수요를 통해 운용되는 소득 및 고용 효과, 부문별 흑자와 적자의 생성을 통해 운용되는 재정 효과, 그리고 일부 포트폴리오에서 반드시 나타나는 재정 적자 조달을 위한 금융 상품 때문에 존재하는 포트폴리오 효과에 대한 분석이 그렇다. 첫 번째 효과는 잘 알려진 것으로 어떻게 GNP가 결정되는지를 보여주는 모형에서 다루어진다. 정부의 두 번째와 세 번째 효과는 종종 간과되기도 하지만 중요한데, 이는 경제가 소득-생산 및 소득-분배 체계이면서 동시에 복잡하고 상호 의존적이며 정교한 금융 체계이기 때문이다.[3]

일단 이러한 다양한 측면들을 인정하면, 정부 적자의 재정 흐름과 포트폴리오 함의를 무시하는 표준적 관점이 허용하는 것보다 큰 정부가 경제에 미치는 영향은 훨씬 더 크고 광범위하다. 표준적 관점은 이전지출과 총수요에 대한 세금을 포함하여 정부 지출의 직접적 이차적인 효과에만 집중한다. 확장된 관점은 지불 이행을 위해 다른 부문들이 필요로 하는 현금 흐름 및 금융 교란의 여파에 따른 포트폴리오에서의 안전 자산이 지닌 필요성 모두를 허용한다.

1975년 겨울 동안 소득의 급격한 감소가 역전된 원인은 연방정부가 장기적인 비용과 편익을 고려하지 않고 자동 반사적으로 화폐를 쏟아 부은 결과이다. 그러므로 정부 지출의 확대와 감세가 충분히 이루어진다면 급격한 경기 침체를 막을 수 있을 것이라는 케인지언 명제의 진실은 1974~1975년의 경기 침체 상황에서 결정적으로 증명되었다. 1975년 경험의 결과로 우리가 직면해야만 할 경제이론과 정책의 쟁점은 급격한 경기 침체를 막기 위한 대규모 정부 적자 지출 역량에 관한

---

3 첫 번째 효과는 교과서에서 승수 분석을 통해 검토된다. 기초적인 교과서를 참조하라. 예를 들어, 다음 문헌이 있다. Paul A. Samuelson, *Economics*, 9th ed. (New York: McGraw-Hill Book CO., 1973), pp.220-33. 두 번째 효과는 주로 칼레츠키안 분석에서 강조된다. 세 번째 효과는 다음 문헌을 참조하라. Warren McClam, "Financial fragility and instability: monetary authorities as borrowers and lenders of last resort", Chapter 11, in C. P. Kindleberger and J. P. Laffargue, *Financial Crises Theory, History and Policy* (Cambridge: Cambridge University Press, 1982), and W. C. Brained, and J. Tobin, "Pitfalls in Financial Model Building," *American Economic Review* LVIII (May 1968), pp. 99-122.

것이 아니라, 특정 정책 전략과 관련된 특정 조치의 상대적 효율성 및 부작용, 그리고 이후의 효과에 관한 것이다. 큰 정부의 입증된 재정 적자의 힘을 고려하면, 무엇보다 중요시되는 정책 쟁점은 실제로 정부 행동의 구조적 효과와 목표를 결정하는 것이어야 한다. 정부가 일단 커지면 총량뿐 아니라 누가, 어떻게 어떤 종류의 산출물을 생산할 것인지도 고려해야 한다.

레이건 행정부의 정부 규모 축소 노력(이는 지금까지 실패했는데, 안보 지출, 재정 지원, 이자 지출 때문이었다)이 성공하여 지나치게 장기간 이행된다면, 우리 경제를 하방 불안정성에 보다 더 취약하게 만들 것이다. 큰 정부의 영향은 1981~1982년의 경기 침체기와 1983~1984년의 회복기에 명백하게 드러났다. 하강 불안정성을 억제하는 데 있어서 큰 정부 및 대규모 재정 적자의 효과성이 증명된 것이다.

소득 및 고용 효과

전통적 소득 결정 이론에서 정부는 고용을 창출(예, 사람들의 고용이나 재화와 서비스 구매)하고 소득을 공급(예, 사회보장제도)할 뿐 아니라, 사람들을 위한 서비스를 지출(예, 노인의료보장 및 저소득층 의료보장)하기도 한다. 또한 세금 및 요금 등을 통해 수입을 얻기도 한다. 정부가 누군가를 고용하면 유용한 서비스가 제공될 것이다. 마찬가지로 정부가 (예를 들어 방위산업체로부터)무언가를 구매할 때 유용한 무언가 생산될 것이다. 반면에 정부가 사람들에게 소득을 이전하면 고용과 생산에 끼치는 직접적 영향은 없다. 유용하리라 추정되는 어떤 것도 소득을 대가로 교환되지 않으며, 경제적 영향력은 수령자가 이전된 자금을 소비할 때만 발생한다.

정부가 경제에 미치는 영향에 대한 표준적 관점에서 재화와 서비스에 대한 정부 지출은 소비 및 투자와 더불어 총수요의 구성 요소로 간주되지만 정부의 이전지출은 포함되지 않는다. 소비 지출을 지배하는 규칙들은 가처분 소득, 부나 순자산가치의 다양한 척도, 그리고 금융 자산 획득을 위해 사용한 소득으로부터의 수익(예, 이자율) 등의 함수로 표현된다. 사회보장세와 개인 소득세뿐 아니라 이전지출도 가처분 소득과 그것이 소비자 지출에 끼치는 영향의 형태로서 분석에 간접적으로 포함되어야 한다.

이러한 요소들의 측정 방식에 따라 공원에 환경미화원을 고용하는 데 드는 1달러가 GNP에 미치는 영향력은 복지나 실업 급여에 할당된 1달러보다 더 크다. 1975년 정부는 사회보장에 약 800억 달러를 배분했다. 만약 사회보장제도에 지출된 비용의 50% 정도가 다양한 고용프로그램을 통해 노인층을 위한 임금으로 사용되었다면, GNP는 약 400억 달러 이상 상승했을 것이다. 국가가 민간 산업 부문이나 공공 일자리 창출 프로젝트를 통해 노인들에게 소득을 제공하는 것이 나은지, 혹은 이전지출을 통해 소득을 제공하는 것이 더 나은지에 대한 질문은 명백히 규범적인 경제학적 · 사회학적 질문이다. 국방비 또한 GNP의 부분을 구성하고 있다는 점을 기억할 필요가 있다.

GNP 계산에 있어서 이전지출, 세금, 그리고 재화와 서비스 구매를 위한 정부 지출의 분류는 사실상 GNP 척도를 다른 복지적 함의와 분리하여 순수하게 당기 노동 수요로 변환되는(예를 들어, 고용률로 변환되는) 생산량 척도로 취급할 때에만 유효하다. 정부의 재화(폭탄이나 종이 클립 등) 및 용역(군장성, 사병, 상원의원 혹은 엔지니어)의 구매는 노동자를 고용하여 상품과 서비스를 생산하게 함으로써 고용에 직접적으로 관련된다. 그들은 또한 고용 노동자로, 비즈니스 매니저로, 소비 및 투자 상품에 지출하는 수익자로서 소비자의 가처분 소득을 통한 고용과 간접적으로 관련된다. 이전지출은 또한 가계에 대한 추가의 가처분 소득과 사업에 대한 추가의 총이윤을 제공하므로 고용에 간접적으로 영향을 미친다. 그러므로 정부가 고용에 미치는 단순 명료한 방법은 큰 그림의 일부로서 중요하다.

특히 세금을 초과하는 정부 지출은 소득의 결정 요인이다. 지출 측면에서 전후 시기 개인에 대한 이전지출과 주 및 지방 정부에 대한 교부금이 크게 증가했다(표 2.2 참고). 제2차 세계대전이 끝난 초반기인 1950년에 연방정부의 총지출은 408억 달러(GNP 대비 약 14%)였는데, 이 중 개인에 대한 이전지출은 108억 달러(정부 지출 대비 약 25%)였다. 이와 뚜렷이 대비되는 1975년의 연방정부 총지출은 3,569억 달러(GNP의 약 24%)였는데, 이전지출은 1,461억 달러(정부 총지출 대비 40%)였다. 급성장한 다른 정부 프로그램들은 바로 주 및 지방 정부에 지급하는 교부금이었다. 지방 교부금은 1950년 23억 달러에서 1975년 542억 달러로 증가했다(이는 정부 지출 대비 5%에서 15%로 증가한 것이다).

1950~1969년 동안 장기간에 걸쳐 개발된 정부 지출의 다양한 주요 요소들과 보수 정부를 표방한 리처드 닉슨과 제럴드 포드 대통령 집권 7년간에는 차이가 있다. 1950~1969년간 정부의 재화 및 용역 구매는 약 5배 증가했고, 국방 부분은 5.45배 증가했다. 같은 기간, 개인에 대한 이전지출도 거의 5배 증가했다. 따라서 상대적으로 자유주의적 행정부가 워싱턴을 장악했을 때, 정부의 재화 및 용역 구매와 개인에 대

표 2.2 연방정부의 지출, 1950, 1969~1975년(단위: 10억 달러)

연도	총지출	재화 및 용역의 구입			이전지출	지방 교부금	GNP
		총합	국방	기타			
1950	40.8	18.7	14.0	4.7	10.8	2.3	286.2
1969	188.4	97.5	76.3	21.2	50.6	20.3	935.5
70	204.2	95.6	73.5	22.1	61.3	24.4	982.4
71	220.6	96.2	70.2	26.0	72.7	29.0	1063.4
72	244.7	102.1	73.5	28.6	80.5	37.5	1171.1
73	264.8	102.0	73.4	28.6	93.2	40.6	1306.3
74	300.1	111.7	77.4	34.3	114.5	43.9	1406.9
75	356.9	123.1	84.0	39.2	146.1	54.2	1499.0
GNP에서의 비율 %							
1950	14.3	6.5	4.9	1.6	3.8	0.8	
1969	20.1	10.4	8.2	2.3	5.4	2.2	
70	20.8	9.7	7.5	2.2	6.2	2.5	
71	20.7	9.0	6.6	2.4	6.8	2.7	
72	20.9	8.7	6.3	2.4	6.9	3.2	
73	19.4	7.8	5.6	2.2	7.1	3.1	
74	21.3	7.9	5.5	2.4	8.1	3.1	
75	23.8	8.2	5.6	2.6	9.8	3.6	

출처: Economic Report of the President, 1976년 1월, Government Printing Office, Washington, 1976

한 이전지출은 거의 같은 비율로 증가했다.

대조적으로 1969~1975년 사이 연방정부의 재화 및 용역 구매는 26% 상승했고, 국방비는 10%, 여타의 민간 부문은 85% 상승했지만 개인에 대한 이전지출은 거의 200%를 기록했다! 정부 구매가 매우 적었던 1950년과 1969년에 비교하면, 1975년의 재화 및 용역의 정부 구매는 거의 20% 이상 증가한 것이다.

이전지출은 경제가 침체기로 들어갈 때 자동적으로 증가하는 경향성을 띠는 다양한 재정 지원 프로그램으로 구성된다. 게다가 의회와

표 2.3 이전지출과 가처분 소득*, 1973~1975년(분기별)

연도	분기	가처분 소득	개인에 대한 정부 이전지출*	정부 이전지출/ 가처분 소득(%)
1973	1	866.6	110.0	12.69
	2	891.7	111.9	12.55
	3	914.1	114.5	12.53
	4	939.9	117.5	12.50
1974	1	953.8	123.5	12.95
	2	968.2	130.7	13.50
	3	996.1	138.4	13.89
	4	1015.9	145.5	14.43
1975	1	1024.0	157.7	15.40
	2	1081.7	169.4	15.66
	3	1087.1	172.4	15.96
	4	1114.4	175.2	15.72

출처: *Economic Report of the President*, 1976년 1월, Government Printing Office, Washington, 1976
* 모든 데이터는 연간 비율로 작성되어 있으며, 계절 조정했음.
* 모든 정부에 대한 값임: 연방, 주, 지방 정부

행정부로서는 경제가 침체기로 들어섰을 때 자신들의 '관대함'을 보여주고자 기왕에 존재하는 프로그램으로 재정 지원을 확대하는 일은 상대적으로 쉬운 일이다.

1975년 5월 들어, 실업률이 8.9%로 치솟았지만, 1973~1975년에는 가처분 소득이 하락한 분기는 없었다(표 2.3 참조). 한 가지 이유는 정부에 의한 이전지출이 크게 증가하였기 때문이라고 할 수 있다. 1973년 1/4분기와 1975년 4/4분기 사이에 개인 가처분 소득은 2,478억 달러 증가하였고, 정부 이전지출은 652억 달러 증가했는데, 개인 가처분 소득에서의 26.3% 증가는 이전지출 때문에 나타난 것이다. 개인 가처분 소득 비율로 본다면, 1973년 1/4분기에 12.69%였던 것이 1975년 3/4분기에는 15.96%로 정점을 찍었고, 1975년 마지막 분기에 15.72%로 후퇴했다.

이전지출이 크게 증가한 결과, 1975년에는 가구가 이미 소비했거나 소비해야 할 달러 중 거의 **6분의 1달러**는 연방정부나 주 정부가 프로그램을 통해 현재 수행된 노동(즉, 산출물 생산)에 상관없이 소득과 서비스를 보장해 준 결과다. 딱 들어맞는 사례가 1974년 2분기에 연간 53억 달러였던 실업보험이 1975년 2분기 동안 194억 달러로 증가한 일이다. 이와 같은 실업보험 지출의 극적인 증가는 급격한 경기 하락세가 왜 그렇게 빨리 반전되었는지 설명하는 데 도움이 된다.

나는 총 가처분 소득의 1/6에 해당하는 금액이 재정 지원 프로그램의 결과였다는 사실에서 제기되는 경제의 효율성과 형평성 문제를 다루지는 않을 것이다. 고용이나 사업 수익성과는 무관한 가처분 소득의 비중이 커지고 비율이 증가하는 것은 유익한 현상인데, 이는 수요를 유지시켜 경기 침체기에 일어날 수 있는 매우 깊고 지속적인 하락을 예방할 수 있기 때문이다. 반면 경기 침체기에 그 규모가 확장되는 경향을 띠는 이러한 프로그램은 인플레이션을 초래할 수 있으므로 해롭기도 하다. 심지어 생산량과 고용이 감소한 1973~1975년 동안의 가처분 소득 증가는 경기 침체기 내내 물가 상승을 가져온 한 원인이 되었다.

노동 없는 소득을 제공하는 이전지출은 명목임금률의 하한을 설정한다. 이전지출 제도가 증진될 때마다 일부 사람들의 노동 시장 진입 가격을 인상하는 결과를 초래했다. 물가 연동 이전지출이 증가할 때, 노동 참가 감소로 경제의 유효 생산성은 약화되는데, 특히 우리의 관행처럼 수급 요건이 실업 상태에 있을 때인지, 아니면 노동시장에 참가하지 않을 때인지 여부에 달려 있을 때 그러하다.

큰 정부의 현금 흐름 효과

경제학의 기본 명제는 모든 단위에서 실현된 재정 흑자(+)와 적자(−)의 합이 0이 되어야 한다는 것이다. 이는 모든 기간에 어떤 경제 단위가 현재 생산량을 구매하는 데 화폐를 지불할 때마다, 다른 경제 단위가 화폐를 획득한다는 단순한 사실에 따른다. 각각의 경제 부문(가계, 기업, 정부, 금융 기관 등)은 다시 기본 단위의 통합체이므로 명제는 또한 다양한 통합체에 대해서도 적용된다. 만약 연방정부가 1975년에 그랬듯 세수보다 734억 달러를 초과 지출했다면, 다른 모든 부문에서의 흑자 및 적자의 총합은 734억 달러 흑자다. 표 2.4의 연간 자료와 표 2.5의 1973~1975년 분기별 자료에 보이듯이, 다양한 행위 및 회계

표 2.4 부문별 흑자와 적자, 1972~1975년(단위: 십억 달러)

	1972	1973	1974	1975
가계				
가처분 소득	801.3	903.1	983.6	1,076.8
개인 비용	−751.9	−830.4	−909.5	−987.2
개인 저축 (흑자)	+49.4	+72.7	+74.0	+89.6
기업				
총 내부자금	131.3	141.2	141.7	174.8
총 민간 투자	−179.2	−220.2	−209.5	−196.3
흑자 혹은 적자	−47.9	−79.0	−67.8	−21.5
정부				
연방정부의 흑자 혹은 적자	−17.3	−6.9	−11.7	−73.4
주정부의 흑자 혹은 적자	13.7	12.9	8.1	10.0
전체 정부 흑자 또는 적자	−3.6	+6.0	−3.6	−63.4
총 흑자	49.4	78.7	74.0	89.6
총 적자	−51.5	−79.0	−71.4	−84.9
차이	−2.1	−.3	+3.6	+4.7
가처분 소득 대비 가계저축	6.08	8.05	7.52	8.92
총민간투자 대비 기업 적자	26.73	35.88	32.4	10.95

출처: *Economic Report of the President*, 1976년 1월, Government Printing Office, Washington, 1976

부문에 대한 흑자와 적자의 합은 0이었다(데이터의 불완전성으로 미세한 차이가 있을 수 있다).

가계의 흑자 내지 적자는 개인의 가처분 소득과 지출의 차이다. 깊은 불황(그리고 나서 경제가 오로지 작은 정부에 의해 운용되는 한)을 제외하면, 가계는 거의 언제나 흑자를 낸다. 그러나 가계 가처분 소득 비율로서의 이 흑자는 뚜렷하게 상당한 차이를 보인다. 표 2.4는 1972년 가처분 소득의 6.08%였던 가계 저축이 1973년 8.05%, 1974년

표 2.5 부문별 흑자와 적자, 1973~1975년(분기별)

	1973				1974				1975		
	1	2	3	4	1	2	3	4	1	2	3
가계											
가처분 소득	866.8	891.7	914.1	939.9	953.8	968.2	996.3	1015.9	1024.0	1081.7	1087.1
개인 비용	806.1	821.8	840.3	853.4	872.6	901.4	931.7	932.4	950.4	974.2	1001.3
개인 저축	60.7	69.9	73.8	86.5	81.2	66.8	64.6	83.5	73.6	107.5	85.9
기업											
총 내부자금	138.6	138.7	141.3	145.9	147.1	142.0	134.2	143.1	154.7	171.8	185.6
총 민간투자	207.2	213.7	223.8	236.1	218.1	207.5	202.2	210.0	177.1	177.0	202.7
흑자나 적자	-68.6	-75.0	-82.5	-90.2	-71.0	-65.5	-68.0	-66.9	-22.4	-5.2	-25.1
정부											
연방정부 흑자 혹은 적자	-10.9	-7.4	-4.8	-4.6	-5.3	-7.9	-8.0	-25.5	-53.7	-102.2	-70.5
주&지방 정부 흑자 혹은 적자	+15.9	+13.2	+12.4	+10.1	+9.4	+8.2	+9.1	+5.9	+5.7	+8.8	+12.9
흑자 혹은 적자	+5.0	+5.8	+7.7	+5.5	+4.1	+.3	+1.1	-19.6	-48.0	-93.4	-57.6
총 흑자	65.4	75.8	81.5	92.0	85.2	67.1	65.6	83.6	73.6	107.5	85.9
총 적자	-68.4	-75.0	-82.5	-90.2	-71.0	-65.6	-68.0	-86.5	-70.4	-98.6	-82.7
차이	-3.0	+.8	-1.0	+1.8	+14.2	+1.6	-2.4	+2.9	+3.2	+6.9	+3.2

출처: Economic Report of the President, 1976년 1월 Government Printing Office, Washington, 1976

7.52%, 1975년에는 8.9%로 증가했음을 보여준다. 1973년과 1975년의 가계 저축률은 급격하게 증가했다. 각각의 가계 저축률 증가는 몇몇 하위 경제 범주에서 일어난 적자 증가와 관련이 있다. 1973년 급증한 적자는 기업 부문 적자이고, 1975년에는 정부 적자가 급증했다.

민간 투자는 기업 부문에서 이루어진다. 기업 부문 적자는 기업 내부 자금(사내유보금+고정자본소모충당금)을 넘어서는 설비, 재고, 그리고 기업 부동산 투자의 초과 부분이다. 이 적자는 1972년 479억 달러에서 1973년 790억 달러로 상승하고, 1974년에 678억 달러로 높게 유지되다 1975년에 급감하여 215억 달러를 기록했다. 총 민간 투자 비율로서의 기업 적자는 1972년에 26.7%에서 1973년 35.8%, 1974년 32.4%로 각각 상승했고, 1975년엔 10.95%로 급락했다.

전체 정부 부문(연방, 주, 그리고 지역 정부)에서의 적자 경로는 1973년과 1974년에 100억 달러 변동(1973년에는 감소했지만 1974년에는 증가했다)했으며, 1975년에는 600억 달러 증가했다. 1975년에 증가한 600억 달러는 적자의 감소 또는 다른 부문에서의 흑자 증가로 나타나야 한다. 이 중 일부는 가계 저축에서의 156억 달러 증가로 나타났는데, 이는 개인 가처분 소득의 8.92%가 가계 저축으로 이어졌다. 다른 부분은 기업 총 내부 자금의 331억 달러 증가로 나타났는데, 이는 23.4%나 증가한 것이다(심각한 실업률 증가 및 실질 GNP가 급락한 1975년에 총 영업 이익은 23.4% 증가했다). 정부 적자의 증가를 상쇄한 다른 요소는 주로 재고 청산에 따른 132억 달러의 투자 감소였다. 따라서 600억 달러의 총 정부 적자의 증가는 가계 저축에서 156억 달러의 증가와 463억 달러의 영업 부문 적자 감소로 상쇄되었다. 그러므로 1975년 정부 적자는 주로 기업의 현금 흐름 증가로 상쇄되었음을 확인할 수 있다. 정확히 말하면, 영업 이익은 국가가 심각한 경기 침체에 빠져 있을 때조차 지속되고 증가했다!

1973년 1/4분기부터 1975년 3/4분기까지의 데이터는 정부 적자의 주요 증가가 어떻게 경제의 다른 부문의 흑자 동향에 연계되는지를 강조한다. 기업 부문의 총 내부 자금은 1973~1974년 8분기 동안 1,342억 달러에서 1,471억 달러의 좁은 범위에 있었다. 이 시기 동안에는 유의미한 경향성을 발견할 수 없었다. 그러나 1975년 처음 세 분기에 기업의 총 내부 자금은 1,547억, 1,718억, 1,856억 달러로 나타났다(이 데이터는 연간 자료이고, 계절별로 조정되었다). 1974년 3/4분기와 1975년 3/4분기 동안에 국민소득과 고용의 감소에도 불구하고 기업 총 내부 자금은 36.8% 증가했다.

연방정부 적자는 1975년 2/4분기에 연간 1,022억 달러에 달했다. 이 적자는 1974년 2/4분기 정부 적자 대비 943억 달러 증가한 것으로, 이 커다란 변화분을 상쇄하기 위해서는 다른 부문에서의 흑자나 적자에서 943억 달러의 변동이 있어야 했다. 이 변동분은 가계 저축 407억 달러 증가, 기업 총 내부 자금 282억 달러 증가, 그리고 투자액 305억 달러의 감소를 통해 정리되었다. 전체 변동분 중 400억 달러는 개인 저축, 약 60억 달러는 기업 내부 자금의 증가 또는 기업 투자의 감소를 반영한다. 연간 및 분기별 데이터 모두 경제가 깊은 침체에 빠져도 기업에 축적된 총 내부 자금은 증가했음을 보여준다.

미국 경제에서 비즈니스는 안전 한도margins of safety를 기초로 한 대부와 차입 체계 내에서 이루어진다. 안전 한도의 두 가지 측정 방법은 채무자가 얻는 현금 흐름 대비 채무 상환 현금 흐름의 비율과 미지불 채무의 액면가 대비 미래의 기대 현금 흐름을 할인한 현재 가치 비율이다. 1970년대의 호황과 전후 시기 경제의 장기적 진화는 기업 단기 채무의 대규모 증가와 단기 채권을 발행하여 이러한 부채에 자금을 조달하는 금융 기관들의 확산과 연관되어 있다. 기업이 감당할 수 있는 이러한 단기 부채의 양을 결정하는 주요 요인은 기업 운영의 결과로 생기는 내부 자금이다.

큰 정부와 자동적·재량적 정책이 결합되어 발생한 1975년의 대규모 적자가 없었다면, 경기 폭락은 1974~1975년에 그랬던 것처럼 기업 현금 흐름의 급감을 동반했을 것이다. 기업의 차입력과 차입 및 대부 체계에서의 안전 한도는 감소했을 것이다. 실제의 파산이 없었다 하더라도, 기업 현금 흐름에서의 이러한 감소는 기업들이 채무 이행을 위해 애쓰도록 강제했을 것이다. 실제로는 1975년 기업의 총수익은 증가하였고, 따라서 채무 이행이 강제되거나 채무 약정의 삭감으로 이어지지는 않았다.

1975년, 큰 정부가 대규모 적자를 통해 끼친 효과는 하락세를 억제하여 침체를 확장세로 빠르게 전환하는 결정적 계기가 되었다. 모든 부문에서의 흑자와 적자의 합이 제로가 된다는 명제의 중요성을 인식하지 못했다면, 누적된 하락세의 방어자 및 경제 활동의 유지자로서의 정부의 중요성을 인식할 수 없다. 큰 정부의 효율성을 의심한다 하더라도, 하늘이 무너지는 것을 막는 정부의 효능에 대해서는 의심의 여지가 없다.

앞선 검토는 다른 행태적 관계성을 포함하지 않는 회계학적 항등식에 기초한다. 회계학적 항등식만을 제시하는 것은 이론이 아니며, 어떠한 인과적 추론도 이끌어내지 못한다. 무슨 일이 발생하는지 이해하기 위해, 우리는 최종 결과가 어떻게 달성되는지를 살펴야 한다(예를 들어, 모든 부문별 흑자와 적자를 합했을 때 제로가 되는 경우 등). 그러므로 우리는 회계표에서 **결정할 것이** 무엇인지, 그리고 **결정된** 것은 무엇인지에 대한 아이디어를 공식화할 필요가 있다(즉, 항상 최종 결과에 도달하도록 실제 경제가 어떻게 작동하는지에 대한 가정을 도입한다).

가계의 개인 지출은 소득 변화에 상당히 민감하다. 이러한 수동적 가계 저축 및 소비 행태는 가계의 부와 부채의 존재에 따라 약화된다. 케인즈가 처음 수동적 소비 행태에 대한 이론을 공식화한 약 40년 전, 가계의 부와 소비자 할부 신용은 1970년대에 비해 경제의 전체 그림 중 훨씬 적은 부분을 차지했다.

앞서 언급한 1974~1975년의 높은 가계 저축률은 자동차 판매 시장의 붕괴를 잘 반영하고 있다. 1974~1975년의 가계 저축 증가의 일부는 자동차 및 기타 구매 자금을 조달하기 위한 가계 대출이 감소하는 형태로 반영되었다. 만약 가처분 소득이 지속되거나 증가했어도 소비자 신용의 확대 비율이 일시적으로 정지되었다면, 1975년에 그랬듯이 저축률은 더 높아지고 가계의 유동성 포지션은 개선될 것이다. 가계 유동성 축적은 시차를 두고 소비자 지출의 증가로 이어질 것이다. 경기 침체기 동안 실업으로 강력하고 직접적인 영향력을 받지 않은 가계는, 유동 자산의 축적과 소득 대비 부채가 감소하면서 가처분 소득 대비 지출이 증가하는 경향을 보인다. 이러한 소비 심리의 결과, 1975년과 같은 높은 저축률을 동반한 경기 침체기 이후에는 저축률이 낮아지는 회복기가 따른다. 가처분 소득 범위 내에서의 저축률이 하락하면, 소비자는 경제를 침체기로부터 이끌어내는 '영웅'이 된다. 그러나 소비자의 영웅적 행동은 경기 침체기의 높은 저축률로 인한 사후 대응에 불과하다.

가처분 소득 대비 저축률에서 관측된 변동성은 소비자 행동이 완전히 수동적이지 않다는 증거다. 그럼에도 불구하고 소비자 지출과 현재 및 과거의 경제 발전과의 상관성은 상당 부분 알려져 있고, 상대적으로 안정적이다. 우리는 개인 지출이 늘 가처분 소득의 91~95% 사이에 있다는 사실을 알고 있다. 더 나아가 만약 저축률이 높다면(만약 8~9% 범위에 있다면), 이는 곧 저축률을 6%까지 낮추는 소비의 폭발로 이어질 것이다.

따라서 표 2.4와 표 2.5의 가계 저축 항목은 **정부의 세입 항목**과 마찬가지로 체계의 운영 방식 및 최근의 운영 방식에 따라 주로 결정된다. 입법기관인 의회 및 다양한 지방 정부들은 소득 세율표를 지정하는 법안을 통과시킨다. 그 결과, 일련의 세법에 따라 총 세금 징수액은 경제의 거동에 따라 달라진다.

반면, 표에 있는 두 항목은 현재 경제가 작동하고 있는 방법과는 상당히 독립적으로 움직이며, 따라서 어떠한 결과를 만들어내는 **결정적**이거나 인과적 요소로 작용하는데, **기업 투자와 정부 지출**이 바로 그 요소다. 기업 투자는 전적으로는 아니지만, 대체로 미래에 대한 오늘의 관점에 따라 결정된다. 물론, 미래에 대한 현재의 관점을 정립하는 데 도움을 주는 현재와 과거의 경제 행태는 설치될 시설의 규모와 이러한 시설에 대한 자금 조달 방법 모두에 영향을 미친다. 오늘날 은행가와 기업가들이 향후 25년 이상의 수익과 지출 비용에 대해 어떻게 생각하느냐에 따라 기본적으로 장기 프로젝트에 따른 자금 조달 여부와 조건이 결정된다. 투자는 현재 혹은 역사적으로 결정되는 것이 아니라, 미래에 대한 관점에 기초한다.

표 2.5의 다른 항목은 경제의 현재적 운용과 대체로 무관한 정부 지

출로서 정부 적자나 흑자로 뭉뚱그려 있다. 주로 재화 및 용역의 구매로 구성된 지출 프로그램은 예산으로 책정되며, 일부 제한된 범위 내에서 의회가 결정한다. 이전지출 항목에 포함되는 정부 지출의 다른 요소는 법률로 규정한 세금과 유사한데, 행정적 규제와 더불어 재정 지원 프로그램 방식을 결정한다. 실제의 지출은 다양한 가계의 경제적 지위와 행태에 의존한다.

이러한 종속적이고 독립적인 관계의 결과로서 투자 지출의 감소 혹은 소비자 저축률 증가로 인한 소득의 하락은 복리 후생 계획의 지출 증가와 정부의 세수 감소로 이어진다. 재량적 정부 지출 계획은 세수의 변화와 결합되어 큰 폭의 정부 적자 증가로 이어질 수 있다. 이러한 적자는 기업과 가계 부문에서 흑자를 향한 동일한 조치로 상쇄되어야 한다. 기업 부문에서의 흑자를 향한 조치는 기업의 세후 총수익 증대로 이어지면서, 침체 국면에서조차 기업 부문의 차입력 증가로 이어진다. 나아가 상당 규모의 가계 저축률은 정부 적자에 의해 유도되는데, 이는 시차를 두고 소비자 지출의 자율적 증가가 있을 것임을 암시한다. 자율적 증가는 경제의 하향 움직임이 중단된 후, 그리고 높은 저축률이 소득에 연계된 가계 부채의 감소 및 가계가 보유한 유동 자산의 증가 후에 일어날 것이다.

1975년에 큰 정부 부문이 없었다면 두 가지의 하향 과정이 시작되었을 것이다. 첫째, 추가의 재고 자산 청산과 이미 진행되고 있었던 투자 프로그램의 (완전한 포기는 아닐지라도)감소 때문에 민간 투자가 과거보다 훨씬 더 많이 감소했을 것이다. 둘째, 가처분 소득이 개인 지출보다 더 급속히 감소하여 가계 저축률이 낮아졌을 것이다. 즉, 큰 정부가 없다면 초기 투자 감소가 하향세를 촉발했을 텐데, 기업 재고 투자와 가계 가처분 소득의 감소가 누적적 과정의 일부였다. 소비 지출과 투자 지출 모두 투자(적자)를 넘어서는 저축(흑자)의 '사실상' 초과를 제거하려는 '경제의' 노력으로 감소한다. 그러나 가계 지출과 기업 투자의 감소는 기업 내부 자금의 흐름을 감소시켜 어떤 수준의 투자에도 기업 적자를 증가시키는 경향이 있다. 가계 소득, 가계 지출, 기업 투자, 그리고 기업 현금 흐름에서의 누적적 상호 감소 발생 가능성을 높인다. 물론 이는 깊은 불황을 유발하는 상호 작용 과정이다.

자동적 대규모 적자의 잠재력을 가진 큰 정부는 경제의 잠재적 하방 소용돌이하에서도 경기의 저점을 높여 준다. 이러한 높은 저점은 그 자체의 중요성뿐 아니라 기업 및 가계 부채가 존재하는 현실에서는 특히 중요한데, 기업 총 수익 및 가계 저축이 이러한 부채를 검증하는 데 필수적이기 때문이다.

1975년의 대규모 정부 적자가 없었다면, 기업과 가계의 차입 능력은 심각하게 훼손되었을 것이다. 소득 및 수익의 반복적 하방 소용돌이로, 그러한 훼손은 부채 디플레이션과 과거와 같은 심각한 불황으로 이어졌을 것이다. 기업 이윤을 유지하는 큰 정부의 부문별 예산 영향은 바로 이러한 누적적 상호 감소를 불가능하게 만든다.[4]

대차대조표의 함의들

금융 상품들은 큰 정부가 흑자를 내거나 적자를 낼 때마다 회수되거나

---

4 다음 문헌은 대공황을 야기한 상호 작용에 대한 좋은 서술들이다. Irving Fisher, "The Debt Deflation Theory of Great Depression", in *Econometrica* 1(1983년 10월)과 *Booms and Depressions*(New York: Adelphi, 1932). 다음 문헌도 참조하라. Hyman Minsky, "Debt-Deflation Precess in Today's Institutional Environment", *Banco Nazionale de Lavoro Quarterly Review* 143(1982. 12).

창출된다. 특히, 큰 정부가 경기 침체기 동안 대규모 적자를 낼 때마다 은행, 저축 은행, 보험회사 등의 금융 기관들을 포함한 다른 부문들은 적자를 메우기 위해 발행된 정부채를 매입한다.

우리는 복잡한 금융 체계가 존재하는 경제에 살고 있다. 이 체계에서 1975년 흑자를 낸 가계 부문에서와 같이, 흑자 부문에서 적자 부문의 부채를 직접 매입할 필요는 없다. 대신 그들은 금융 기관의 부채를 인수함으로써 이러한 적자를 간접 조달할 수 있다. 우리 경제에서 은행, 저축 기관, 보험사 및 연기금들은 기업, 정부, 가계 부채의 직접적 소유자가 될 가능성이 크다. 가계는 연금, 보험, 요구불 예금, 그리고 다양한 종류의 저축, 혹은 정기 예금 등과 같은 금융 기관 부채들을 매입한다. 그 결과 각 부문 간 적자와 흑자의 변동성에 따른 직접적 영향의 대부분은 금융 기관들이 매입하고 판매하는 자산에 미칠 것이다.

최근 몇 년간 몇몇 금융 부문과 비금융 부문 간 정부채 배치에서 폭넓은 변화가 있었다. 표 2.6은 1972년과 1975년 사이 국내 민간 부문에 의해 취득된 재무부 및 기관에서 발행된 정부채 총량을 보여준다. 정부 기관(연준, 정부기관, 그리고 정부 지원 기관들)에 의해 취득된 정부채와 외국인들에 의해 취득된 정부채는 민간 부문에 의한 국내 취득분을 산출하기 위해 총 발행 부채에서 뺀 것이다.

1972년, 1973년, 그리고 1974년, 민간 부문이 매입한 정부채의 양은 비록 총량이 매년 늘긴 했지만 크게 변동하지는 않았다. 1972년의 주요 매입 부문은 금융 기관으로서 상업 은행, 저축대부조합, 그리고 상호저축은행들이 정부채 중 122억 달러를 매입했다. 그러나 1973년과 1974년의 주요 취득 단위는 비금융 기관, 특히 가계 부문이었다. 1973년, 가계 부문이 정부채 중 204억 달러를 매입함으로써 다른 민간 국

표 2.6 1972~1975년 미국 정부채의 민간 부문 매입 현황(단위: 십억 달러)

	1972	1973	1974	1975
가계	.6	20.4	14.5	-.9
비금융기업	-2.4	-1.8	3.5	16.1
주&지방 정부	-3.4	-.2	-.1	-5.8
총 비금융 부문	1.6	18.8	18.1	21.1
상업은행	6.5	-1.3	1.0	30.3
저축은행	4.3	*	3.3	11.1
상호저축은행	1.4	-.5	.1	3.6
신용조합	.8	.2	.2	1.9
생명보험	.3	.1	*	1.3
민간 연금펀드	1.0	.6	1.1	5.4
지방정부 퇴직연금	-.6	.1	.6	1.7
기타 투자회사	-.4	-.1	-.3	-1.0
총 금융부문	13.6	-.4	6.7	57.1
국내 민간 부문 총합	15.2	18.4	24.9	78.1

출처: 자금 순환 데이터, 미국 연방준비은행 이사회

내 부문을 합한 부채의 양은 약 20억 달러 감소했다. 1974년에 가계는 145억 달러를 매입했고, 비금융 기업은 35억 달러를 매입했다. 1974년 금융 기관에 의해, 특히 저축대부조합과 연관된 담보대출(모기지)에 의해 정부채의 순매입이 나타났다. 저축대부조합의 매입분은 부동산 에서의 최근 하향세가 반영된 것이었다.

1975년 정부채의 순매입 경향은 이전 해와는 뚜렷하게 대비되었다. 이 해에 비금융 부문에서 1973년과 1974년과 같이 정부채 중 약 200억 달러를 매입했다. 하지만 이와 뚜렷이 대조적으로 비금융 기업들의 매입이 161억 달러 증가한 반면, 가계의 매입은 감소했다. 한편 주 정부 및 지방 정부의 매입량도 급격히 증가했다. 그럼에도 불구하고 발생한 커다란 변화는 금융 부문에서 매입한 총량이었다. 1975년 금융 부문은 정부채 중 약 571억 달러를 취득했는데. 이는 1974년에 비해 504억 달러 증가한 규모다. 504억 달러 증가분 중 303억 달러는 상업 은행이, 111억 달러는 저축대부조합이 매입했다. 상업 은행과 기타 금융 기관들에 의해 대량 매입된 정부채는 정부 적자를 메꿨으며, 이 과정을 통해 매입 기관들의 대차대조표가 현저하게 변화되었다.

정부채는 채무 불이행 리스크가 없다. 정부채 계약이 무엇이라고 규정했건 사실상 바로 지급받을 수 있을 것이다. 이 계약은 명목상 조건으로, 물가 수준의 변동이 정부채의 구매력에 영향을 미칠 수 있고 실제로 영향을 미친다. 게다가 정부채는 상업성이 있으며, 그 상업성은 절대로 다른 부채에 확장되지 않는 보증으로서, 궁극적으로는 연준에 의해 보증된다. 그러므로 정부 증권 소유자는 자신들의 필요나 선호 변화에 따라 그들의 포트폴리오를 조정할 수 있는 가능성을 보장받을 수 있다. 어떤 의미에서는 1975년에 정부채 매입을 통해 은행, 저축대부조합, 생명보험사, 그리고 연기금들이 자금 조달력을 축적하여, 민간 수요가 침체된 시기에서 민간 금융 수요가 큰 미래의 어느 시점으로 전환할 수 있었다. 1975년에 발생한 바와 같은 대규모 적자의 인플레이션 잠재력은 적자 기간 동안에는 온전히 체감할 수 없고, 오히려 경기 침체기에 취득한 자산이 풀리면서 생기는 호황기에 발생한다.

표 2.7은 1972~1975년 동안 나타났던 상업 은행 부문에서의 다양한 금융 자산 순매입 현황을 보여준다. 현저한 변화는 이 기간 동안 매입된 총량에서 확인할 수 있다. 1972년 상업 은행 부문은 783억 달러의 금융 자산을 매입했다. 1973년에는 1,000억 달러를 초과할 정도로 증

표 2.7 상업 은행: 금융 자산의 순매입, 1972~1975(단위: 십억 달러)

	1972	1973	1974	1975
순매입 금융 자산	78.3	100.2	83.9	32.9
요구불예금 +현금	.2	.3	−.2	*
총 은행 신용	75.4	83.3	62.2	27.8
신용시장 상품	70.5	86.6	64.6	26.6
미국 정부채	6.5	−1.3	1.0	30.3
직접 발행채	2.4	−8.8	−2.6	29.1
공사채	4.1	7.6	3.6	1.2
기타 증권 + 모기지	25.7	25.9	19.1	6.4
저축대부조합	7.2	5.7	5.5	1.3
기업 채권	1.7	.5	1.1	2.1
주택 모기지	9.0	11.0	6.5	1.9
기타 모기지	7.8	8.8	6.1	1.2
증권 외 기타 신용	38.4	62.0	44.5	−10.1
소비자 신용	10.1	10.6	2.8	−.6
미분류 대출	28.5	52.1	39.5	−12.9
공개 시장	−.2	−.8	2.2	3.4
기업 주식	.1	.1		
담보 신용	4.8	−3.4	−2.4	1.2
금고 현금+은행 지불준비금	−1.0	3.5	−3	1.0
은행 간 청구권	1.4	6.0	7.1	−5.4
기타 자산	2.3	7.2	15.0	9.5

출처: 자금 순환 데이터, 미국 연방준비은행 이사회

가했지만, 1974년 동안 840억 달러로 점점 줄어들더니, 1975년에는 상대적으로 적은 329억 달러에 불과했다. 상업 은행 부문은 1972~1973년의 경제를 결정지은 원동력이었지만, 1975년에는 수동적으로 따라가는 모습을 보였다.

1972~1975년 동안의 또 다른 놀라운 변화는 은행이 취득한 자산의 구성에 있었다. 1973년 순자산의 50% 이상인 약 521억 달러가 달리 분류되지 않은 대출(예, 사업 자금 대출)이었다. 시중 은행들도 1973년 198억 달러의 모기지와 106억 달러의 소비자 신용 대출을 취득했다. 이는 은행 부문이 민간 부문에 금융 자산들을 배치했다는 뚜렷한 증거다. 그러나 1975년의 급격한 경기 침체는 1973년의 상황과 극명한 대조를 이루었다. 1975년에 상업 은행은 겨우 329억 달러의 금융 자산을 매입하였지만 매입 자산 중 303억은 미국 정부채였다. 기타 은행 대출은 129억 달러 감소했고, 소비자 신용은 6억 달러 정도 소폭 감소했다. 한편 모기지 매입은 31억 달러로 감소했다. 전반적으로 1975년의 은행 자원은 기업을 떠나 정부 부문에 배치되었다.

1975년 경기 침체기에 발생한 정부채 및 적자의 큰 증가에 대한 하나의 함의는 총소득과 고용이 하락해도 다양한 기업과 금융 기관들이 포트폴리오의 유동성을 향상시킬 수 있는 안전하고 확실한 자산을 얻을 수 있었다는 점이다. 민간 기업 채무의 감소는 은행이 그들의 총 자산과 부채를 증가시키는 동안 일어날 수 있다. 정부 규모가 작고 부채가 많지 않다면, 은행 포트폴리오를 포함한 다양한 민간 포트폴리오가 보유하는 정부채의 상당한 증가는 경기 침체기에는 발생할 수 없다. 이러한 상황에서 민간 회사채의 감소는 필연적으로 요구불 예금과 정기 예금의 감소를 의미했다. 회사채의 감소와 민간이 가지고 있는 요구불 예금과 정기 예금의 누적적 상호 감소는 1975년에는 일어나지 않았는데, 은행과 기업의 포트폴리오에 포함될 수 있는 공채public debt 발행 규모가 커졌고, 양이 증가했기 때문이다.

1975년, 큰 정부의 존재와 정부채의 대규모 증가로 기업과 은행 포트폴리오의 채무 불이행 리스크는 감소했다. 기업들은 재고 자산을 처분하면서 은행 부채를 줄이고 정부채를 매입했다. 은행 및 여타의 금융 기관들은 자산과 부채를 감소시키는 대신 정부채 매입으로 유동성을 확보했다. 가계와 기업을 포함한 민간 부문은 은행 예금과 저축 예금의 형태로 안전 자산을 확보할 뿐 아니라 소득 대비 부채 규모를 감소시킬 수 있었다. 대규모로 증가한 정부채의 존재가 결국 1975년의 위협적 시기 동안 포트폴리오의 중요한 안정자stabilizer로 제 역할을 수행했다.

제3장

••••

심각한 침체기, 하지만
공황은 아니었던 1975년: 최종 대부자 개입의 효과

1974~1975년(그리고 1969~1970년과 1981~1982년)에는 우리가 보았던 대로, 금융시장 변수들과 산출물 생산 과정에서 나오는 소득 사이의 상호 작용을 포함하는 경제의 누적적 하락이 시작되어 가속화되다 갑작스럽게 멈춰서며, 무르익은 부채 디플레이션을 피할 수 있었다. 상호 과정이 본격적으로 진전되지 않은 하나의 이유가 큰 정부의 존재였는데, 큰 정부의 적자는 최종 수요를 유지하고, 수입 감소에도 기업 이윤을 유지시켰다. 또 다른 이유로는 연준이 연방예금보험공사FDIC 및 민간 기관들과 협력하여 수행한 즉각적이고 효율적인 최종 대부자 개입을 들 수 있다.

　큰 정부가 재정 적자를 통해 생산, 고용, 그리고 이윤을 안정화시킨다면, 최종 대부자 개입은 자산 가치와 금융시장을 안정화시킨다. 예를 들어 연준은 달리 시장성이 없는 금융 자산을 매입하거나 매입 가능한 대책을 수립하거나 또는 수용한다. 그렇게 함으로써 다양한 포트폴리오에서 위험 자산을 무위험 채무로 대체하거나 대체할 수 있게 대책을 세운다. 큰 정부가 포트폴리오에서의 총수요, 부문별 흑자, 그리고 포트폴리오에서 정부채의 증가를 기조로 운용하는 반면, 최종 대부자 개입은 자산의 승계 구조와 다양한 포트폴리오에 이용 가능한 리파이낸싱의 가치에 기초해 운용된다. 1974~1975년(그리고 1969~1970년 및 1981~1982년)에 있었던 금융 트라우마 및 그와 연관된 소득 감소를 억제하고 반전시키기 위해서는 두 가지 안정화 노력이 모두 필요하다.

최종 대부자는 대공황으로 이어질 수 있는 상호 누적적 하락을 방어하기 위해 즉각적으로 개입하고, 리파이낸싱 가능성을 보장해야 한다. 이를 위해서는 보호 대상 단위가 금융 약정 이행을 위해 자산을 손절매할 필요 없게 만들어 주어야 한다. 일단 주 정부 및 지방정부뿐 아니라 은행, 금융 기관, 그리고 일반 기업들이 비상 경로를 통해 자신들의 포지션을 리파이낸싱해야 하는 경우, 최종 대부자는 반드시 협상을 제공하거나 부채 디플레이션 전개 가능성을 제시해야 한다.

최종 대부자 운용의 필요성은 소득의 급격한 하락 전, 큰 정부의 자동적인 소득 및 금융 안정화 효과 작동 전에 주로 발생할 것이다. 만약 최종 대부자 역할을 담당할 기관들이 책임을 방기하여 시장의 힘이 작동하도록 내버려둔다면, 현재 산출물 가격 대비 자산가치의 하락은 개입하는 경우에 비해 더 커지고 투자와 부채로 조달되는 소비는 더 크게 감소할 것이다. 또한 소득, 고용, 그리고 이윤은 더 크게 감소할 것이다. 탄력을 받는다면, 금융 위기와 그에 따른 부채 디플레이션은 당분간 큰 정부의 소득 및 금융 안정성 유지 역량을 압도할 것이다. 효과적인 최종 대부자 개입이 없다 하더라도 큰 정부는 결국 회복을 가져오겠지만, 그 사이에 상승한 물가는 소득의 손실과 자산 가치의 붕괴라는 형태로 대가를 치를 것이다.

비록 연준의 최종 대부자 기능이 1966년, 1969~1970년, 1974~1975년, 1981~1982년의 경제 안정화에 정말 중요했을지라도, 그 기능 및 그에 수반된 운용에 대해선 아직도 이해가 부족하다. 우리 경제가 간혈적으로 금융 불안정성을 초래하는 피할 수 없는 내부 결함을 가지고 있기 때문에 최종 대부자는 반드시 필요하다. 전통적 이론은 자기 장치에 맡겨진 시장 자본주의가 때때로 뼈를 깎는 불황으로 이어질 수 있는 금융 위기를 겪을 수 있을 것이라는 관점을 흔쾌히 받아들이지 않는다.

금융시장과 금융 기관의 구조와 운용에 영향을 미칠 수 있는 경제 정책이 성공하려면, 최종 대부자 필요성을 야기하는 우리 경제의 양상을 정확히 이해해야 한다. 정확한 이해에 기초한 정책은 금융 기관의 구조를 규제하고 금융 관행의 유형을 통제함으로써 금융 불안정 가능성을 약화시킬 것으로 기대할 수 있다.

최종 대부자 기능은 1913년 연준 설립 입법의 주요 목적이었다. 하지만 원래 목적은 연준의 일차적이고 지배적인 기능을 화폐 공급 조정이라는 관점으로 뒤집혔다. 이러한 이후의 견해는 우리 경제의 정상적 기능이 취약하여 불안정한 금융 관계로 이어질 수 있는 가능성을 간과한다. 연준 조치를 위한 모든 처방은 (최종 대부자 역할에 함의된)금융 체계 전체가 정상적 또는 붕괴되지 않는 방식으로 기능하도록 보장할 책무를 인정함으로써 완화될 필요가 있다. 만약 금융 체계가 붕괴된다면, 연준이나 여타의 중앙은행 기관들은 시장에 개입하여 유동성을 제공하고 예상되는 손실을 흡수할 수 있도록 준비해야 한다. 하지만 이러한 잠재적 손실에 대한 리파이낸싱과 사회화는 경제에 편익과 동시에 비용을 발생시키는데, 최종 대부자 개입이 이후의 경제 행태에 영향을 미치기 때문이다. 연준은 말하자면 "무언가 잘못되었을 때 그것을 정상으로 되돌려 놓아야 할" 책임을 지고 있으므로, 평온한 시기뿐만 아니라 개입하도록 만드는 모든 상황에서 금융 관행의 성장과 혁신에 항상 관심을 가지고 지도해야 한다.

역사적으로 심각한 금융 불안정성 상황들은 금융 기관 구조에 대한 논란을 불러 일으켰고, 때로는 제도 변화를 촉발하는 방아쇠가 되기도 했다. 연준은 1907년 공황에 대한 대응으로 만들어졌고, 연방예금보험공사FDIC는 대공황 시기 은행 파산에 대한 대응으로 만들어졌다. 하지만 과거 20년간의 금융 트라우마들은 금융 불안정성을 일으켰다고 인식되는 원인들을 고치기 위한 어떠한 심각한 규제 법제화 개혁으로도 이어지지 않았는데, 짐작건대 이는 이러한 시기에 있었던 금융 불안정성이 그 이전에 발생했던 것과 같은 심각한 불황으로 이어지지 않았기 때문이다. 하지만, 심각한 불황이 일어나지 않았다는 사실이 해로운 결과를 야기하지 않았음을 의미하지는 않는다. 실제로 시행된 최종 대부자 개입은 이어지는 인플레이션 폭발의 발판을 마련한다. 잠재적인 가파른 인플레이션과 임박한 부채 디플레이션 사이에서 오락가락하는 최근의 특별한 불안정성은 부채 디플레이션과 심각한 불황을 피하기 위해 사용된 정책의 부작용이다.

최종 대부자 운용의 본질

1974년 10월8일, 프랭클린내셔널은행이 파산을 선언한다. 당시의 자산 가치는 36억 달러로 1973년 말에 보고된 50억 달러보다 현저히 폭락한 수치였다. 프랭클린내셔널은행의 문제는 1974년 5월 초 들어 공공연했고, 그때부터 7월까지 자산은 9억 달러 하락했다. 같은 기간 예금자와 은행에 대한 부채는 16억 달러, 통화 시장 부채는 8억 달러, 해외 지점 예금은 5억 달러 감소했다. 29억 달러의 예금 인출은 연준에서 차입한 14억 달러 및 자산 축소로 상쇄되었다.[1]

프랭클린내셔널은행의 문제가 공개된 이후 연방 기금의 매입이나 (10만 달러 이상, 그리고 보험에 가입되지 않은)초대형 양도성 예금증서CD의 판매가 불가능해졌는데, 이렇게 기금 매입이나 예금을 유지할 수 없는 상태를 런run이라고 한다. 프랭클린내셔널은행의 예금 인출 사태로 금융 채무 이행을 위해 연준은 14억 달러를 빌려주었다. 결국 프랭클린내셔널은행의 포지션은 연준에 의해 리파이낸싱되었다. 포지션에 대한 이러한 리파이낸싱, 또는 은행 혹은 금융시장이 예금 인출 사태를 견딜 수 있게 합법화하는 기능이 핵심 최종 대부자 개입 기능이다.

프랭클린내셔널은행의 파산 선언 후 연방예금보험공사FDIC는 프랭클린내셔널은행의 예금 부채와 사무실을 유러피안아메리칸은행European-American Bank과 트러스트컴퍼니Trust Company 같은 새롭게 설립된 다른 은행이 인수할 수 있도록 주선했다. 연방예금보험공사는 파산한 프랭클린내셔널은행의 문제 있는 자산을 인수하고, 법정 보장 한도를 초과한 예금까지 보증함으로써 모든 예금자들을 완전히 보호했다. 연방예금

---

1   아래 문헌에서 크게 도움을 받았다. 1984년 시카고 컨티넨탈 일리노이은행의 파산을 "막으려는" 연준의 최종 대부자 개입은 프랭클린내셔널은행의 경우보다 훨씬 확장된 형태였다. Andrew Brimmer, *Internaional Finance and the Management of Bank Failures* (Washington, D.C.: Bremmer, 1976).

보험공사는 문제가 되는 자산을 자신들의 포트폴리오에 포함하고, 그 자산을 인수한 사람에게 연준이 프랭클린내셔널은행의 차입에 대한 담보로 받은 현금이나 은행 자산을 제공했다. 연방예금보험공사는 문제가 되는 자산을 포트폴리오에 포함하고, 현금 혹은 담보 자산을 유러피안아메리칸은행에 제공함으로써 프랭클린내셔널은행의 (지분을 제외한)모든 부채를 지급 보증했다. 이것이 바로 최종 대부자 기능의 역할이었다.

1973년 말, 리츠는 40억 달러의 미지불 공개시장 채권을 보유하고 있었고, 1974년 말 기준 리츠 업계의 미지불 채권은 7억이었다. 리츠의 예금 인출 사태는 건설 자금 대출과 관련한 어려움이 공개되면서 일어났다. 그 결과, 33억 달러에 이르는 공개시장 채권이 인출되었는데, 이는 상업 은행 대출금으로 대체되었다. 이렇듯 위기 상황에서 상업 은행이 리츠에 리파이낸싱을 실시하였을 때, 이 역시 상업 은행이 수행한 최종 대부자 역할이다.

다른 많은 사례들(뉴욕시, 팬암, 그리고 컨솔리데이티드에디슨 Consolidated Edison의 긴급 구제)과 마찬가지로, 이러한 경우 위기 전개의 주요소는 예금 인출 사태였다. 미지불 단기 부채를 가진 경제 단위가 정상적으로 작동하기 위해서는 금융 채무를 이행하기 위한 새로운 단기 부채의 발행(혹은 판매)이 필요하다. 예금 인출 사태는 잠재적 대출자 혹은 잠재적 부채 구매자가 자신의 돈을 제 시기에 돌려받지 못할 가능성이 크다고 믿을 때 일어난다. 이러한 경우 차입 기업은 더 높은 이자율로도 대출이나 부채의 매입으로 나아갈 수 없다.

최종 대부자 기능을 수행하는 기관은 시장 상황 혹은 특정 채무 기업의 비즈니스 상황과 관계없이 일부 계약 조건의 이행을 보증한다.

그러므로 최종 대부자가 보증하는 자산의 채무 불이행 리스크가 감소한다. 채무 불이행 위험이 낮은 자산은 쉽게 상업화될 수 있는데, 이는 곧 유동성이 있음을 의미한다. 연준이 채무 불이행 방지를 위한 금융 상품의 범위를 확장시키면 유동 자산과 그 공동체에서 화폐적 성격을 갖는 자산의 유효량이 증가한다. 연준이 최종 대부자로서 보호하는 자산들은 일부 은행이나 유사 기관들의 부채인데, 이들은 다시 활동 자금이나 자산 내 포지션 자금 조달에 사용된다. 새로운 기관들이나 금융 상품에 대해 연준의 최종 대부자 보호 기능이 확대되면 경제의 전반적인 조달 능력이 증가되고, 이렇게 증가된 조달 능력이 활용되면 자산 가격이 상승하고 대출이 활성화된다. 최종 대부자 기능이 초기 금융 위기를 효과적으로 중단시켰을지라도 새로운 기관이나 새로운 신용 상품으로 유동성 자산의 상태를 확장하여 만들어진 추가 자금 조달 능력은 미래의 인플레이션 확장 가능성을 만들어낸다.

금융 관계의 특성

자산 소유권은 일반적으로 부채로 조달되고, 부채는 지불 이행 약속을 내포하는 것이 우리 경제의 기본 속성이다. 대부분의 금융 기관과 대다수 일반 기업들의 경우, 단기 부채의 지불 이행 약속은 때때로 해당 경제 단위의 기본 운영에서 얻을 것으로 기대되는 현금을 초과한다. 이들 경제 단위는 부채 상환에 필요한 자금을 확보하기 위해 차입에 기댄다. 경제 단위가 자신들의 산출물이나 자산 매각을 통해 충분한 현금을 확보할 수 있을 것으로 예상하더라도, 때로는 해당 산출물이나 자산 매입자가 대출을 받아야 한다. 정상적으로 작동되는 금융 계획에 의존하는 시장에서의 차입, 자산 매각, 산출물 판매는 우리 경제의 속성이다. 복잡하고 상호 의존적인 금융 체계의 원활한 기능은 미국 경제의 정상적 기능을 위해 반드시 필요하며, 금융시장을 교란시키는 모든 행위는 산출물, 고용, 자산 가치에 부정적 효과를 미친다.

부채 상환을 위해 차입이 필요한 금융 계획은 투기 금융이다. 심각한 불황을 피하고 은행을 포함한 여타 금융 기간들이 번창한 수년 동안, 투기 금융에 의존하는 경제 단위의 비중이 늘었다. 민간 소유의 자본 자산, 불확실성, 기업 이윤 극대화 행태로 특징화되는 경제에서 호황기는 대차대조표 모험balance sheet adventuring을 유도한다. 기업 총 자금 조달 비율로서 투기 금융이 늘어나는 과정은 자산 가격 상승 및 투자 증가로 이어진다. 이는 고용, 생산, 기업 이윤의 증가로 이어져 결국 기업가와 은행가로 하여금 투기 금융 실험이 옳았다는 것을 입증한다. 이러한 일탈 증폭deviation-amplifying적 반응은 불안정한 체계의 특징이며, 곧 우리 경제의 특징이기도 하다.

우리의 경제를 지배하는 수십억 달러 규모의 기업들은 기업 운용 및 금융 계약 이행을 위해 금융시장 및 다양한 기관으로부터 자금을 차입한다. 이처럼 복잡한 부채의 네트워크 안에서 단기 부채를 가진 모든 경제 단위의 일상적 금융 운용은 포지션에 대한 파이낸싱과 리파이낸싱으로 특징화된다. 다시 말해, 그들은 "은행이 하는 일을 한다." 우리 경제에서 비금융 기업들은 은행의 부채 관리 속성을 많이 가지고 있다.

투기 금융에 관여하는 신중한 경제 단위들은 주거래 경로가 지나치게 비싸지거나 더 이상 활용할 수 없을 때를 대비하여 일부 예비 금융을 포함하는 활용 가능한 대체 금융 기관을 유지할 것이다. 이러한 예비 경로는 가장 가까운 최종 대부자로서의 역할을 수행한다. 그러나 이러한 특별한 최종 대부자들은 급증하는 금융 수요를 견뎌낼 수 있어야 하는데, 이를 위해서는 자신들의 자산 증대에 조달할 수 있는 비상 재원이 필요하다.

가장 가까운 비상 재원이 연방예금보험공사FDIC와 같은 특별 정부 기구나 주로 대형 상업 은행으로 구성된 민간 컨소시엄이 될 수도 있지만, 미국 금융 경제의 궁극적 비상 재원은 연준이다. 연준은 포지션에 리파이낸싱이 불가능한 기업과 금융 기관들이 자산 매각이나 고율의 추가 금리가 부과되는 차입으로 현금을 마련하지 않아도 될 수 있게 만든다. 연준의 최종 대부자 기능은 직간접적으로 자산 가격의 하한이나 금융 조건의 상한을 마련함으로써 투기 금융 관련 리스크의 일부를 사회화한다. 그러나 이러한 금융시장 리스크의 사회화는 금융 포지션에서의 위험 감수 현상을 촉진하고, 장기간 지속될 경우 불안정성 가능성을 높인다.

최종 대부자 기능

연준은 최종 대부자로서 본연의 권한을 수행할 수 있도록 융통성 있는 통화를 보증할 책임을 부여받았다. 따라서 연준 통화는 은행에서 예금 인출 사태가 발생할 때마다 가계 및 기업 포트폴리오에서 은행 예금을 기꺼이 대체한다. 연준은 연준 예치금이나 어음을 고객 예금으로 대체하여, 금융 거래 및 생산 자금 조달 과정에서 은행이 취득한 자산을 인수하여 조건을 갖춘 기관 및 시장을 리파이낸싱한다.

리파이낸싱을 통해 최종 대부자는 자산 가격 급락으로 이어질 수도 있는 금융 및 부동산 자산 매각으로 자금난을 해소하고자 하는 기관들의 욕구를 차단한다. 자산 가치의 급락은 초기에 영향을 받은 기관뿐 아니라 그러한 자산을 소유하는 다른 기관들의 파산으로 이어질 수도 있다.

최종 대부자 개입은 금융 기관이 소유한 자산 가치가 하락하여 전반적인 유동성 손실이나 예금 및 여타 부채의 액면가를 유지할 수 없는 광범위한 금융 부실 사태의 발생을 방어한다. 이러한 개입은 은행이나 여타 기관들이 자산의 시장 가치가 하락할 때 발생하는 손실이 예금자에게 전이되는 상황을 막는다. 이와 같은 방법으로 자산 가치의 하한을 설정하여 특정 손실의 증폭을 방어하기 위해 수행되는 최종 대부자 운용은 차입과 대부가 중요한 경제에 존재하는 일부 사적 리스크를 사회화한다.

연준의 개입이 없어도 경제에 불황을 유발하는 금융 불안정이 시시때때 발생하지 않는다면 연준은 굳이 필요하지 않을 것이다. 연준은 일련의 공황 및 1907년의 니커보커 투신사Knickerboker Trust 위기에서 보았듯, 세기 전환을 전후해 경제에 빈번하게 나타났던 오작동이 금융 체계의 불안정성에 기인한다는 생각에 제1차 세계대전 직전에 설립되었다. 금융 공황 및 위기의 근원을 설명하는 정립된 경제이론이 없었음에도 연준의 태동을 막을 수는 없었는데, 이는 모두가 금융 불안정성의 존재를 직접 목도했기 때문이었다.

연준이 설립된 이후에는 오직 한 번의 심각하고 전면적인 금융 위기(1929~1933년)가 발생했다. 당시의 경제 오작동은 일부 금융 체계의 불완전성에 기인했다. 그 위기의 한 가지 대응책이 은행 구조와 연준의 개혁이었다. 또 다른 대응책은 은행 및 금융 관행 규제를 위한 연방예금보험공사FDIC와 증권거래위원회SEC 같은 새로운 기관의 도입이었다.

1930년대부터 1960년대 초반까지, 심각한 금융 혼란은 발생하지 않았다. 제2차 세계대전이 남긴 금융 자산과 유동성, 훨씬 큰 규모의 연방정부(냉전과 다양한 이전지출 계획의 결과), 그리고 필요할 때마다 적자를 운용했던 일부 긍정적 재정 정책의 운용 등으로 미국, 일본, 그리고 서유럽 산업 국가들은 그 전에는 달성하지 못했던 20년간 지속된 완전고용에 가까운 상당한 성취를 이뤘다. 이따금 가볍고 완만한 침체가 있었고 인플레이션은 완만하게 관리되었으며 청년 실업(특히 흑인들) 증가와 같은 부문별 문제들이 발생했지만, 경제는 전반적으로 잘 돌아가는 것처럼 보였다. 실제로 이때의 성공은 자본주의 경제가 자기 작동으로 완전고용에 이르는 경향이 있다는 경제학 교리의 부활로 이어졌다. 이러한 견해는 비록 과감한 가정 아래 제시된 것이지만, 분산 시장 메커니즘이 정합성 있는 결과로 이어질 것이라는, 엄격한 방식으로 '증명된' 수리경제학이 꽃피면서 뒷받침되었다. 과감한 가정은 화폐, 시간, 불확실성 및 값비싼 고정자산의 존재를 배제했다(즉, 경제이론에서의 '경제'는 우리 '경제'의 그것과 본질적으로 다르다).[2]

1946~1966년을 지배한 일시적 안정기 동안 완전고용으로부터 약간의 편차가 있었으나, 이는 재정적 개입이 필요하다는 입장을 고수한

---

2   다음 문헌을 참조하라. Paul Davison, *Money and the Real World*. 신고전파 경제학자들이 문제를 다루는 인위적 가정에 대해서는 다음을 참조하라. Frank H. Hahn, *Money and Inflation* (Cambridge: MIT Press, 1983).

사람들(통상적 케인지언들)에게는 미세 조정의 오류로 간주되었거나, 혹은 재정적 개입이 필요하지 않다는 입장을 취한 사람들(신흥 통화주의자들)에게는 화폐 공급 조절의 오류로 간주되었다. 분석과 정책 조언에서 경쟁하는 이 두 학파 모두, 먼저 인플레이션 팽창 이후 금융 불안정을 초래하는 경향이 있는 정교한 금융 체계를 가진 자본주의 경제 내에 작용하는 경제 과정이 있다는 것을 인정하지 않았다.

1950년대와 1960년대의 경제이론(그리고 이 시기의 금융 위기의 부재)은 주류 경제학자들의 사유를 너무도 국한시켜 금융 불안정 가능성과 이에 따른 연준의 최종 대부자 기능의 필요성이 무시되었다. 그 결과 1960년대 말과 1970년대 초기의 표준적 경제이론들은 연준과 재정 당국에 최종 대부자 기능을 언제 어떻게 수행하여 심각한 위기의 전개를 억제하고, 그러한 개입에 따른 인플레이션적 부작용을 어떻게 최소화할 수 있는지에 대한 지침을 제공하지 못했다.

최종 대부자 책임의 한 측면은 위기가 분명하고 현존하는 위험일 때 취해지는 비상조치를 다룬다. 여기에는 민간 부채를 연준의 부채로 대체하고, 연준이나 기타 기관들에 의한 민간 부문 손실의 흡수를 포함한다. 이런 유형의 조치가 필요한 상황은 간간이 발생하는데, 1965년 이후 여섯 차례의 개입이 이루어졌다.

연준 최종 대부자 조치의 두 번째 양상은 보험회사의 합리적이고 신중한 행위를 요구할 수 있는 보험자의 권리에서 비롯된다. 문제가 발생했을 때 사안에 대한 최종 대부자의 규제 행위를 인정하면, 금융 위기를 일으키는 기업 관행을 규제할 권리와 금융 위기의 악화를 방어할 책임 또한 인정된다.

주식시장 증거금 요건에 대한 연준의 통제와 정기 분할 상환 모기지론은 대공황의 여파로 도입되었다. 이는 그 당시 사상의 흐름이 1929~ 1930년 사태를 주식시장에서의 과도한 투기와 정규 모기지의 단기적 속성 탓으로 여겼기 때문이다.[3] 최근에 우리는 은행 및 금융업에서의 많은 제도 변화를 목격했다. 이러한 변화는 금융 당국이 금융 관행에서 일어나는 변화가 금융 체계 전반의 안정성을 증가시키는지 또는 감소시키는지를 결정하는 어떤 이론적 근거가 없음에도 허용되었다.[4]

이러한 이론이 없을 때, 금융 당국은 자산 관리에서 부채 관리로 나아가는 은행 포지션의 진화를 무시했으며, 또한 리츠와 같이 은행이 심각하게 관여하고 있는 투기적 부채 구조를 가진 금융 기관의 폭발적 성장에 의미를 두지 않았다. 오늘날 유행하는 경제이론들은 시장이 안정적이고 효율적이라고 주장한다. 이 때문에 연준은 '시장 지배력'에 대응하여 금융 관행들이 진화할 수 있게 허용하라는 압력을 받는다. 지금은 은행업과 금융시장 구조에 관대한 태도가 지배적이다.[5]

미국 중앙은행은 연준뿐 아니라 FDIC, SEC, 통화감독청 같은 규제 기관과 민간 은행 컨소시엄이 포함된다. 만약 이러한 기관들의 목적이 금융 불안정 방어와 통제에 있다면, 그들의 조치는 자본주의 경제에서 금융 불안정이 금융시장 작동의 결과라는 사실을 인정하는 경제이론을 지침으로 삼아야 한다. 이론이 현상이 발생하는 조건을 정의하지 못한다면, 현상을 통제하거나 제거하는 지침을 제시하지 못한다.

---

3 *Debt and Recovery*, 1929-1937(New York: The Twentieth Century Fund, 1938)을 참조하라.

4 Paul Meek, U.S. *Monetary Policy and Financial Markets*(New York: Federal Reserve Bank, 1982). Thomas J. Cahiil and Gillian G. Garcia, *Financial Deregulation and Monetary Control*(Stanford: Hoover Institution Press, 1982)을 참조하라.

5 1984년 컨티넨탈 일리노이즈의 파산과 그 이후 조용히 이루어진 국유화는 은행에 대해 훨씬 더 관대해야 하고 규제를 완화해야 한다는 요구를 일시적으로 침묵하게 만들었다.

은행업의 운용

상업 은행이 기업, 가계, 정부 부문에 자금을 조달하는 방식이 은행 자산의 구성을 결정한다. 은행 자산은 은행의 활동 자금 조달에 사용한 부채와 더불어 최종 대부자 운용을 어떻게 수행할지와 그 운용에 따른 경제적 효과 모두를 결정한다. 1920년대 이래 은행에 자금이 공급되는 방식의 중요한 변화 중 하나는 연준의 할인과 공개시장 조작의 상대적 중요성이 역전되었다는 점이다. 상업 은행이 자신들의 지불준비금 포지션의 상당 부분을 할인 창구discount window에 의존했을 때, 연준은 회원 은행과의 정규적이고 일상적 관계로 맺어졌다. 그러나 연준의 주요 지불준비금 공급 조치가 공개시장에서의 증권 매매로만 구성되면서, 회원 은행들과의 친밀하고 지속적인 비즈니스 관계가 중단되었다.

　만약 연준이 할인 창구를 통한 일상적 자금 공급원의 역할을 담당하는 경우, 은행이 이러한 자금의 원천을 중요시 여기는 한 연준이 정한 업무 및 대차대조표 기준을 따를 것이다. 반면 연준이 정부 채권의 공개시장 조작으로 은행에 신용을 공급한다면, 회원 은행과 연준 사이의 고객 관계에서 회원 은행에 영향을 미칠 수 있는 권한을 잃게 된다. 정상적 금융 관계를 통해 회원 은행의 행태에 영향을 미치는 연준의 힘은 제2차 세계대전 이후 크게 약화되었다. 시카고 정치학파에서 빌린 개념을 사용하려는, 연준 영향력 축소 시도는 연준 조사의 확대와 은행 규제의 정교함으로는 상쇄되지 않았다.

　상세히 설명하자면, 1913년의 연방준비제도법은 최종 대부자 기능 및 지불준비금 공급의 일상적 기능의 일부가 지역 연준의 할인 창구를 통해 실현될 것으로 전망했다. 이 법이 제정될 당시의 금본위제의 세계에서 은행 지불준비금의 주요 원천은 정화(specie, 正貨)였다. 게다가 연준이 회원 은행이 신청한 대출을 할인하여 자산을 취득하면서 은행 지불준비금이 조성되기도 했다. 그 결과 상업 은행이 공공(기업, 정부, 가계)에게 대출을 실행하고, 연준 은행은 상업 은행에게 대출을 실행하는 계층적 체계의 일부가 되었다. 만약 1920년대처럼 할인 창구를 통한 연준으로부터의 차입이 모든 은행 지불준비금의 중요한 원천이라면, 그 대출에 대해 연준이 결정한 이자율은 상업 은행이 제공하는 금융 조건의 중요한 결정 요인이다. 연준에 의한 차입 조건의 통제는 은행이 고객들을 대상으로 수익 가능한 대출 조건에 영향을 미친다.[6]

할인 창구(적격 어음)를 통해 중앙은행 운용에 사용되는 수단은 기업 고객들에 대한 상업 은행 대출에서 비롯되었다. 일반적으로 이러한 기업 채무는 비록 담보부라 하더라도 1913년의 이론이 요구하는 것처럼 2차 시장 또는 재판매 시장이 부재하지는 않았지만 부족해서 연준 설립 이전에는 은행이 자금을 필요로 하더라도 쉽게 거래할 수 없었다. 연준은 은행이 보유한 일련의 기업어음을 최소한 조건부 유동 자산으로 만듦으로써 금융 체계의 유동성을 증가시켰다. 이로 인해 은행의 허용 가능한 자산과 부채 구조가 변경되었다. 이에 따른 하나의 결과가 1920년대의 호황이었으며, 이러한 호황기에 발전한 금융 관행들로 인해 1929년부터 1933년에 걸쳐 일련의 위기가 지속되었다.

대공황과 전후에 걸쳐 연준의 일상적 운용에 사용된 수단으로서 은행이 소유한 기업 대출이 정부채로 대체되는 것을 목격한 바 있다. 1930년대의 대실패 이후 연준의 할인은 연준이 소유한 정화를 반영하

---

6 W. Randolph Burgess, *The Reserve Banks and the Money Market* (New York: Harper, 1927)

지 않는 대규모 은행 지불준비금을 더 이상 제공하지 않았다. 대규모 비정화non-specie 은행 지불준비금은 정부 증권 소유 탓이었다. 연준의 정상적 운영은 회원 은행에 대해 재할인 조건을 규정하는 방식 대신, 이제는 공개시장에서 정부채 매입과 매각에 주로 중점을 둔다. 이는 곧, 은행 준비금에 영향을 미치기 위해 수행되는 연준의 운용이 최종 대부자로 활동하는 동일한 시장과 수단을 더 이상 사용하지 않는다는 의미다. 1919년 모형에서 최종 대부자 운용과 은행 대출의 통제는 할인 창구를 통해 운영되었다. 대공황 이래 수년간 은행 대출 통제는 공개시장 조작 수단으로 운영되었으며, 1966년까지는 심각한 금융 불안정성 방어를 위한 연준의 개입은 필요치 않았다. 그러나 1966년 이후, 금융 불안정 사태에서 연준이 최종 대부자로서의 책임을 떠안았을 때 할인 창구가 다시 사용되었다.

금융 관행의 진화와 할인에서 공개시장 조작으로의 전환은 연준과 회원 은행들 간 관계에서 통상적으로 작동하는 은행 자산 기반을 없앴다. 따라서 연준은 은행이 통상적으로 연준으로부터 차입할 때 발생할 수 있는 은행 관행에 따른 친숙한 정보에 근거하여 조치하지 않는다. 연준은 예금자들을 손실로부터 보호해야 할 묵시적 의무를 지면서도, 예금을 보호하기 위해 은행으로부터의 자산 취득을 강요할 수도 있는 은행 관행을 막을 힘은 거의 없다. 또한 연준은 기업들에 대해 적절한 자금 조달 가용성을 보장해야 할 명시적 의무도 있다.

최종 대부자 개념

최근 몇 년간 통화주의는 정치인, 전문가, 대중, 그리고 연준 이사회 임직원들의 의식에 침투하여 그들의 행동을 이끌고 있다. 결과적으로 연준의 유일한 기능이 어떻게 정의되건 간에 화폐 공급을 통제함으로써 경제 실적을 통제하는 것이 유일한 기능이라는 견해가 커지게 되었다. 이러한 관점에서, 연준은 비록 간접적이기는 하지만 소득, 고용, 그리고 물가 수준을 결정하는 데 사실상 전권을 행사한다. 연준이 공개시장 조작을 제대로만 수행한다면 경제 번영을 가져다 줄 것으로 보인다. 하지만 실제로는 화폐 공급을 결정하는 데 있어 연준은 그렇게 강력하지 못하며, 화폐 공급은 소득을 통제하지도 못한다. 단기적으로 소득에 미치는 금융의 영향력 결정에 있어 시장의 행동이 연준의 조치를 지배하는 반면, 장기적으로는 새로운 금융 운용 방식의 도입과 더불어 새로운 금융 관행과 낡은 금융 관행 모두의 진화가 그 보금자리를 지배한다.

연준이 화폐, 소득, 고용, 물가의 단기적 경로를 결정할 수 없지만, 금융시장, 은행 포트폴리오, 그리고 공적 영역에 있는 여타의 청구권을 연준의 청구권으로 언제나 대체할 수 있다. 연준의 청구권은 항상 정부, 은행, 기업, 가계가 소유하거나 창출한 청구권에 대한 대가로 은행, 기업, 가계의 포트폴리오에 도입된다. 연준이 그와 같은 교환을 수행하고자 하는 의지와 역량에 따르는 조건은 연준이 취득하고자 하는 상품의 가격으로 결정된다. 만약 시장에서의 공급 과잉이 상당하고, 그것들이 정부 채권, 민간 기업어음, 은행 대출, 은행 예금, 혹은 자본 자산 등이라면, 이러한 상품들의 가격은 확연하게 떨어질 것이다. 포지션의 리파이낸싱이 시급한 세계, 즉 단기 부채가 상당량 존재하는 세계에서 이들 상품 가격이 현저하게 하락하면 차입자의 금융 약정 이행 능력이 의심스러워진다. 만약 연준이 그러한 상품들을 매입하여 이들 차입자들에게 리파이낸싱함으로써 경제에 대한 자신들의 청구권을 도입할 의지와 능력이 있다면, 이러한 금융 상품의 상한가 혹은 하한가가 결정된다.

일부 금융 상품 혹은 실물 자산의 최저가를 설정하는 일은 최종 대부자의 필수적 활동이다. 경제의 기초 통화가 연준의 수표나 예금 등 연준의 부채인 한, 연준은 최종 대부자가 될 수 있다. 연준은 실현되거나 예상되는 인플레이션이 정부의 통화 권력 상실로 이어지지 않는 한, 일부 자산들에 대한 최저가를 책정할 수 있다. 연준 부채의 가치는 상당 규모의 세금의 존재에 기초하는데, 이 세금은 반드시 연준이 발행한 부채로 연준에 마련된 정부 계정에 지급되어야 한다. 연방정부가 효과적 조세 권한을 가지고 있는 한, 정부 지출의 주요 부문이 세금으로 재정 지원되는 한, 그리고 정부가 연준과 '거래'하는 한, 연준 부채가 통화로 더 이상 기능할 수 없는 조건은 발생할 수 없다.[7] 이러한 환경에서 연준은 효과적인 최종 대부자로 존재할 수 있다.

최종 대부자 권한은 연준에 강력한 처방을 제공하지만, 대다수의 강력한 처방이 그러하듯, 심각한 부작용을 야기할 수도 있다. 그중 하나

---

7 사실, 연준 자산이 주로 국채로 구성되는 한, 연준은행의 화폐 가치가 유지되기 위해서는 정부 재정이 이따금씩 흑자이거나 그에 준하는 상황이 있어야만 한다. 연준 자산이 주로 민간 회사채라면, 연준 및 은행의 자금은 기업이 은행에 대한 모든 책무를 다하기 위해 확실한 이윤을 남기는 동안만 가치를 갖게 될 것이다. 은행과 기업 간 관계에는 사업에 따른 허용 가능한 불이행 비율이 구축되어 있는데, 이윤의 적정성은 모든 사업에 연관되지 각각의 사업에 연관되는 것은 아니다.

는 최종 대부자 운영으로 인해 유동성이 증가하면서 뒤따르는 인플레이션 효과다. 연준 및 전문 최종 대부자로 활동하는 기관들이 일련의 새로운 제도 및 상품에 대해 그들의 보장을 확대할 때마다 금융 체계의 인플레이션 발생 가능성은 증가한다.

1929~1933년의 대공황 동안, 연준이 효과적 최종 대부자로서의 기대에 부응하지 못한 결과 연방예금보험공사FDIC가 설립되었다. 전후에 걸쳐, 그리고 특히 1970년의 기업 어음 부도 사태 이후 상당히 공식화된 두 단계 최종 대부자 구조가 기업 어음 시장에 등장했다. 이 두 단계 구조에서 연준은 은행(특히 대형 회원 은행들)의 최종 대부자였다. 그리고 대형 은행들은 기업 증권 시장을 이용하는 기관들의 최종 대부자가 되었다. 이 두 단계 시장은 기업 어음을 판매하는 경제 단위에게 최소한 그들의 발행 기업 어음 규모의 신용을 상업 은행에 개설할 것을 요구하는 관행에 따라 공식화되었다.

FDIC가 파산한 은행을 다른 기관에 합병(예, 뱅크 오브 아메리카에 의한 씨퍼스트 오브 시애틀의 합병)하도록 주선하거나 상업 은행들이 리츠에 리파이낸싱할 때, 우리는 현대적 옷을 걸친 최종 대부자 운용을 목격할 수 있었다. 조금 더 넓게 볼 때, 최종 대부자 기능은 평범한 기업 리파이낸싱 방식의 확장이다. 영국에서의 최종 대부자 운용은 금융시장 기관들이 자신들의 포지션 일부를 영국은행Bank of England으로부터 조달하는 정상적 은행업 과정에서 벗어나 성장했다. 미국에서는 특정 은행이 차입자인 반면, 영국의 경우 시장이 어려움에 빠졌을 때 영국은행으로부터의 차입이 발생한다. 그러나 이 두 경우 모두 운용의 필요성을 야기하는 것은 시장 현상이다.

최종 대부자로서 중앙은행의 운용은 아마도 거래의 수익성에 따른 것이 아니라 오히려 금융시장 및 경제의 요구에 의한 것이다. 만약 최종 대부자 기능이 분산되어 상업 은행과 연방예금보험공사가 그 업무의 일부를 수행한다면, 이러한 기관들이 행해왔던 건전한 사업 관행 규범을 침해하는 방식으로 행동할 필요가 있다. 상업 은행은 아마도 그들이 정말로 구매하고 싶지 않은 어음의 구매를 요구받을 수 있고, 은행은 할인된 조건으로 대출을 요구받을 수 있으며, 연방예금보험공사는 파산한 은행의 청산에 있어 비싸거나, 적어도 비용이 많이 들어가는 방식을 선택해야 할 수도 있다.

제도 개혁의 필요성

1974년 가을에 은행업과 금융 체계의 취약점이 극명하게 드러났는데, 당시 연준 의장이었던 번스Arthur Burns는 그해 10월, 미국은행가협회American Banker Association에 '우리 은행 체계의 건전성 유지'에 대한 자신의 우려를 전달했다. 그는 '미국 및 세계의 은행 체계 내구성에 제기된 질문'을 발표한 후, 자신의 우려에 대한 다섯 가지 원인을 다음과 같이 정확하게 짚어냈다.

> 첫째, 은행 체계의 자기 자본 기반 약화
> 둘째, 잠재적 변동성이 있는 자금에 의존도 증가
> 셋째, 자산 대비 과도한 대출
> 넷째, 자산 가치의 질적 악화
> 다섯째, 대형 은행들의 외환 거래 및 기타 해외 영업 관련 리스크 증가

번스는 "우리의 규제 체계는 필요성에 보조를 맞추지 못했다", 그리고 "현존하는 구조적 방식에 내재하는 문제를 극복하기 위해서는 (규제 기구의)대대적 재편이 필요하다"는 결론을 내렸다.[8]

번스가 지적한 은행 체계의 약점은 은행과 금융 체계가 전후 진전된 방식으로부터 빚어진 데 있다. 번스의 분석에서 가장 결정적인 약점은 그가 인식하는 난제들을 우리 경제의 근본적 행태 특성이 아니라 규제 의지의 해이함이나 규제 기관을 조직하는 방식에서의 사소한 실수 탓으로 전가하고 있다는 것이다.

그러나 1966년 이래, 1974~1975년의 약세는 세 번째 개입을 필요하게 만들었고, 이후 이러한 사태는 세 번 더 일어났다. 이러한 위기 발단의 문제들이 제2차 세계대전 전에 주기적으로 경제를 괴롭혔던 금융 불안정과 닮아 있었기 때문에, 연준은 불안정성이 미국에서와 같은 금융 기관들을 가진 경제의 근본적 특성이라는 점을 이해할 필요가 있다. 이는 곧, 연준의 행동을 인도하는 이론은 금융 위기가 우리 경제의 내적 작동의 결과라는 가능성을 인정해야 한다는 것이다.

다음 절에서 1974~1975년에 최종 대부자 기능의 계층 구조가 어떻게 작동하였는지를 설명하기 위해 우리는 특별히 프랭클린내셔널은행의 사태 전개 과정에 주안점을 두고 은행에 무슨 일이 있었는지 살펴본 후, 금융 기관들의 독특한 집합체인 리츠의 전개 과정을 검토할 것이다. 리츠 사태의 전개 과정은 1970년대 폭발적으로 일어난 투기의 산물이기에 검토할 만한 가치가 있다. 게다가 리츠의 위기가 맞닥뜨렸

---

8 1974년 10월, 연준 의장 A. E. 번스의 미국은행가협회 강연. 번스가 짚어낸 각각의 약점들은 1980~1982년에 보다 극단적 양상으로 드러났다.

던 방식은 현재 최종 대부자 기능의 계층 구조가 가지는 내재적 한계를 보여주는데, 이는 하나의 위기 상황을 해결하기 위한 일시적 해결책이 또 다른 위기 상황을 불러일으키는 경향이 있기 때문이다. 1975년과 1976년의 상업 은행의 문제들 중 일부는 리츠에서의 기업어음 대규모 인출 사태가 벌어졌던 1974년, 리츠에 대한 부차적 혹은 대체적 대부자 역할의 결과였다.

리츠 관련 사태에 대한 검토는 쇠약하거나 병든 기관들을 다시 건전하게 만들기 위해서 협의의 최종 대부자 기능을 뛰어넘는 조치들이 어떻게 필요한지 보여준다. 최종 대부자 역할과 그 업무의 일부를 담당하는 다른 기관들을 보호해야 할 필요성은 소득, 고용, 물가 통제를 목표로 상정하는 연준의 운용을 제한한다. 성공적인 최종 대부자 운영은 후속 인플레이션을 야기할 가능성도 있다. 이는 문제를 야기한 부채가 현재 다른 민간 포트폴리오에 내재되어 있고, 이러한 민간 포트폴리오가 건전해지려면 기저 현금 흐름이 증가되어야 하기 때문이다. 그리고 이러한 현금 흐름을 증가시키는 한 가지 방법이 인플레이션적 팽창에 자금을 투입하는 것이다. 최종 대부자 기능의 성공적 수행으로 연준의 보장 범위가 새로운 시장과 새로운 금융 상품으로 확장됨에 따라 그 운용에 따른 내재적 인플레이션 편향이 존재하는데, 이는 금융 상품의 과거 이력에 대한 검증을 통해 그것의 미래 가치에 대한 암묵적 보증이 확장되기 때문이다. 최종 대부자 기능의 필요성을 야기한 금융 관행을 통제하고 제약하며 심지어 금지하기 위해 규제 기관을 확장하지 않는 한, 깊은 불황을 방어하기 위해 개입을 수행하여 누릴 수 있는 성공은 일시적인 것에 지나지 않으며, 시차를 두고 개입을 요구하는 또 다른 상황이 발생할 것이다.

최종 대부자 개입의 필요성은 투기 금융의 폭발적 성장과 투기 금융이 위기 상황으로 이어지는 행태에서 비롯된다. 이를 피하기 위해서는 기업 외부 금융과 폭발적 상황을 촉발시키는 은행 및 여타 금융 기관의 힘을 제한하는 제도 개혁이 필요할 것이다.

1973~1975년의 은행 파산: 최종 대부자로서의 '중앙은행' 메커니즘

1973~1975년의 경기 침체는 1930년대 대공황 이후 가장 규모가 큰 은행 파산을 동반했다. 하지만 달러 계수는, 특히 은행업에 있어서 예전과 같은 의미를 갖는 것은 아니다. 경제 성장과 인플레이션은 달러 계수를 오염시켰을 뿐만 아니라, 제2차 세계대전 이후 대형 은행 및 지점들을 향한 중요한 움직임으로 이어졌다. 그럼에도 1973~1975년에 특별 개입이 필요했던 은행 중 네 개의 은행 자산이 10억 달러가 넘었고, 2~3배 규모의 프랭클린내셔널은행이 그때까지 파산했던 가장 큰 은행이었다는 사실은 문제의 규모를 보여주는 인상적 지표다. 1974~1975년 40억 달러 규모의 문제를 야기한 은행은 1973년 10월 18일 파산을 선언한 샌디에이고 유나이티드스테이츠내셔널은행United States National Bank of San Diego, 1974년 10월 8일 문을 닫은 프랭클린내셔널은행, 1975년 파산을 막기 위해 합병된 뉴욕 시큐리티내셔널은행Security National Bank of New York, 연준으로부터 10억 달러의 특별 대부를 받아 유지된 디트로이트커먼웰스은행Commonwealth Bank of Detroit이다. 프랭클린내셔널은행은 은행의 규모 측면뿐 아니라 적어도 월스트리트 주변 은행

(단기금융시장)이었다는 점에서 주목할 가치가 있다.

이 기간 동안 파산했거나 파산할 뻔한 은행들은 다른 기관들과 합병되었고, 폐쇄되거나 청산되지 않았다. 연방예금보험공사는 일부 자산에 대한 보증을 통해 채무를 수용하거나 인수 기관들이 거부한 자산을 담보로 현금을 투입했다. 연방예금보험공사의 법적 예금 보장에 대한 상한이 명시되어 있음에도, 파산한 은행이 지불 능력이 있는 기관들에 합병되었다는 사실은 해당 은행의 모든 예금이 법적으로 보장되었다는 사실을 의미했다.

프랭클린내셔널은행과 시큐리티내셔널은행은 모두 롱아일랜드에 있으며, 프랭클린내셔널은행의 파산은 시큐리티내셔널은행이 겪게 된 몇몇 난관으로 이어졌다. 프랭클린내셔널은행의 문제는 롱아일랜드의 기업과 자산 가치에 영향을 미쳐 이미 부실했던 시큐리티내셔널은행의 입지를 한층 약화시켰다.

1974년 이후 수십억 달러 규모의 은행 파산 외에도 다른 파산 및 '난관에 닥친' 은행들이 빈번하게 생겨났다. 1975년에는 13개의 은행이 파산했으며, 1976년에는 10개월 동안 14개의 은행이 파산했다. 이 은행들의 자산은 수십억 달러의 수준은 아니었지만, 1억~4억7천5백만 달러까지 다양했다. 이와 대조적으로 금융 혼란기 이전인 1969년에 영업을 중단하거나 타 은행으로 예금이 양도된 상위 아홉 개 은행 중 가장 규모가 큰 은행의 예금 잔액은 1,140만 달러에 불과했다. 1974~1976년의 상황은 이전의 지배적 상황과는 확연히 달랐다.

예금자 보험이 도입된 1934년부터 1974년까지 총 36억 달러의 예금 잔액을 보유한 506개의 은행이 파산했다. 1934~1972년 동안, 총 11억 달러의 예금 잔액을 가진 496개의 은행이 문을 닫았다. 샌디에이고내셔널은행과 프랭클린내셔널은행이 파산한 (1973년에서 1974년 사이)2년간 예금보험공사가 은행 폐쇄에 지원한 총예금 잔액은 기관 출범 후 38년 동안 파산한 은행 총예금 잔액의 두 배 이상 많았다.[9]

은행 조사 과정에서 대출은 조사 기관이 어떤 문제점을 찾아냈는지 여부에 따라 분류된다. 은행 총자본금 대비 부실 대출의 규모에 따라 해당 은행의 부실 여부가 결정되면, 그러한 은행들은 부실 은행으로 간주되지 않은 은행에 비해 당국으로부터 훨씬 더 엄격하게 감독받는다. 1975년 말에서 1976년 초에 들어서면서 규제 당국이 작성한 부실 은행 명단이 공표되었다. 당시 미국 3위 규모의 뉴욕 체이스맨하탄 같은 대형 은행 등을 포함한 수많은 주요 은행들이 이 명단에 포함되었다.

은행 파산이나 이와 같은 부실 은행의 공표가 누적적 부채 디플레이션 과정을 촉발시킨 것은 아니다. 연준의 프랭클린내셔널은행 처리 방식뿐만 아니라 소규모 은행들에 대한 문제 처리 방식에 따라 이전 시기 금융 인출 사태를 촉발시켰을 상황들이 1975~1976년에는 일어나지 않았다는 것을 의미했다. 따라서 역사가들과 분석가들은 이러한 여러 가지 실패를 체계 붕괴의 징후로서가 아니라 고립된 별개의 사건으로 해석했다.

---

9 합병된 시큐리티내셔널은행, 혹은 리파이낸싱으로 정상화된 컨티넨탈일리노이와 같은 사례를 포함하지 않은 자료이다. 게다가, 프랭클린내셔널 같은 은행은 부분적으로 유동성을 가졌을 때가 아닌, 파산 이후의 자산으로 추계하여 자료에 포함하였다.

사용된 기법

최종 대부자 기능이라는 효율적 방식은 1974~1975년의 누적적 반응을 성공적으로 방지할 수 있었다. 은행, 금융 기관, 기업들의 자산 손실은 연준과 연방예금보험공사 같은 정부 기관에 의해 흡수되거나 그들 자산의 공정 시장 가치가 마이너스 순가치를 암시함에도 유동성을 유지함으로써 은폐되었다.[10] 예를 들어, 부실 기관들의 장부에 기록된 자산 가치는 현재의 낮은 시장 가치가 아니라 취득 원가로 유지되었다. 따라서 장부에 플러스 순가치로 기록되어 계속 예금을 유치하고 부채를 판매할 수 있게 해주었다(즉, 리파이낸싱 가능한 상황을 만들어주었다). 파산하거나 파산하는 과정의 은행을 도와주기 위해 연준과 연방예금보험공사가 사용한 기법은 은행의 모든 부채를 검증함으로써 부실 기관의 리파이낸싱을 가능하게 했다.

은행 채무자들의 상당수, 특히 기업어음을 매각할 수 없어 은행이 부채를 인수한 리츠의 경우 1974, 1975, 1976년에 만기가 도래한 원금의 상환은커녕 약정 이자조차 지불할 수 없었다. 기관들이 채무 불이행 상태였음에도 공식 파산은 면할 수 있었는데, 대신 부채에 대한 '워크아웃'이 채택되었다. 이는 은행들이 채무를 대신하여 부동산과 토지 개발권을 취득하고, 또한 낮은 기대 현금 수입에 부합하여 리츠 부채의 금리 및 만기 조건이 설정되었음을 뜻한다. 시장 금리와 지불된 금리 차이는 리츠의 부채로 누적되었다.

---

10 1984~1985년 파이낸셜코퍼레이션아메리칸(Financial Corporation of American)의 경우, 기관과 당국에 의해 기관 유동성 유지의 필요성이 인정되었다. *Wall Street Journal*, March 9, 1985 참조.

워크아웃은 일반적으로 채권자의 엄격한 규제 아래 채무자를 두는 것을 포함하는데, 채권자는 종종 구조 조정 합의를 파기하고 파산을 강요하기도 한다. 어떤 면에서, 부실 채무자 및 비유동성 채무자에 대한 이러한 구조 조정 방식은 은행 및 여타의 채권자가 손실을 인정하고, 그 손실을 언제 손익계산서와 대차대조표에 포함시킬 것인지 결정하는 통제 수단으로 해석할 수 있다. 이러한 접근 방식은 1973~1975년에 나타났던 다양한 금융난들이 관련 금융 기관들에 따라 각기 다른 방식으로 다루어졌다는 사실을 의미한다.

각각의 사례에서, 연준은 부채 구조를 검증할 수 있는 최종의 무기(즉, 부채 창출 능력)를 가지고 있으므로 종종 명시적 또는 암묵적으로 민간 은행들 또는 여타 민간 채무자의 부채를 연준 부채로 대체하는 역할을 수행한다. 그러나 통화를 창출하는 연준의 권한을 모든 사례에 적용할 필요는 없다. 필요하다면 연준의 신용을 사용할 수 있음을 인식하게 해줌으로써 최종 대부자 문제를 간접적으로 다룰 수 있었다. 이 문제를 강조하는 것은 중요하다. 연준은 존재 그 자체로 직간접적으로 금융 기관에 대한 최종 대부자로서 기능하는데, 연준의 유연성에 가해지는 어떠한 제약(예컨대, 기계적 규칙의 의무화)도 그 권한을 약화시킬 수 있기 때문이다. 규칙은 최종 대부자의 재량을 대체할 수 없다.

반면, 연방예금보험공사는 파산한 은행의 예금자를 보호해야 할 법적 책임이 있다. 현재의 보장 한도는 계정당 10만 달러이지만 논의 중인 파산 당시에는 20만 달러였다. 하지만 1973~1975년 대형 은행들이 파산할 때 연방예금보험공사는 짐작건대 부실 기관의 비자기 자본 부채를 떠안고 '양호'해 보이는 자산을 매입할 수 있는 은행을 찾았다. 이러한 예금 인수 기법은 연방예금보험공사가 파산 기관의 '불량' 자산을 취득하고, 부실 기관의 모든 비자기 자본 부채를 검증하는 자산 부족 분을 인수 기관에 현금으로 제공할 것을 요구한다. 1973~1975년 연방 예금보험공사가 사용한 기법은 법률이 정한 규모 이상으로 해외 지점 의 예금까지 포함하여 모든 예금을 효과적으로 보장하였다.

은행이 파산에 이르는 여정은 사기 사건이 드러나지 않는 한 시간이 걸린다. 1973년 10월에 파산한 샌디에이고 내셔널은행은 문을 닫기 전 까지 1년간 심각한 문제를 안고 있었다. 프랭클린내셔널은행은 1974 년 10월 8일에 문을 닫았지만, 극심한 어려움은 1974년 5월부터 공공 연히 드러났다. 수많은 은행 데이터들의 공적 속성 및 은행 간 대출과 양도성 예금증서 시장 때문에 개별 은행들이 각자의 위상을 가질 필요 가 있다는 사실을 고려할 때, 곤경에 처했다고 알려지거나 그렇게 믿 어지는 은행에 대한 예금 인출 사태는 빠르게 진행될 것이다.

현대 금융 환경에서 예금 인출 사태는 은행 밖에 소란스런 군중들 이 모여 현금으로 인출해달라고 아우성치던 예전에 비해 매우 조용해 졌다. 예금 보험이 있는 현대 금융 환경에서 개인 예금은 연방예금보 험공사가 완전히 보장하는데, 이것은 파산 은행에 보증된 계좌를 가진 개인 예금자가 자신의 예금을 돌려받는 데 하루 또는 며칠의 시간이 걸릴 수도 있다는 리스크 외에는 없다. 따라서 예금자들은 은행이 곤 란에 처하더라도 현금을 찾기 위해 아우성치지 않는다.[11]

파산 은행의 또 다른 예금자들은 신용 한도 또는 이미 사용된 신용

---

11 1985년, 오하이오와 메릴랜드에서 민간과 주 정부가 보증하는 저축 기관들의 문 앞에서 예금 인출을 위해 아우성치는 군중들을 보았다. 이러한 예금 인출은 주정부 보험 기금의 지불 능력에 대한 신뢰 부족으로 발생한 것이었다.

을 상계하는 예금을 가질 수 있다. 만약 신용 한도의 차이를 뽑아 썼다면 예금자들은 은행에 상환해야 할 채무가 있는 것이다. 은행의 파산은 차입자들에게 새로운 신용 원천을 찾아야 하는 일시적인 불편과 곤란한 상황을 야기한다. 기업 조직(즉, 선택권이 있는 조직)은 항상 대체 금융원을 확보하려고 한다. 은행의 위기가 표면화되면 기업 차입자들은 자신들이 가진 대체 금융원으로부터 차입 자금의 수용 역량을 확장하려 하며 새로운 금융 경로를 열 것이다. 은행은 공적 위기에서 살아남는다 해도 고객을 잃게 될 것이다.

은행의 대규모 부채(기업 예금, 10만 달러 이상의 양도성 예금증서, 환매조건부채권 및 연방 기금 시장에서의 차입(은행 간 오버나이트론))은 은행 부채가 자산을 초과한 경우 리스크가 발생할 수도 있다. 일단 은행의 어려움이 뚜렷해지면 이러한 시장 지향적 부채를 더 이상 유치할 수 없고, 중앙은행의 보증이 없는 한 연방 기금 차입금은 고갈될 것이다. 미지불 채무의 만기가 도래하면 부실 은행은 해당 채무를 매각하거나 대체 자금을 유치할 수 없게 되고, 채무 상환 불능에 따라 시장을 통한 리파이낸싱도 불가능해진다. 청산 손실 및 리파이낸싱 실패를 만회하기 위해 자금을 조달할 수 있는 창구는 연준 할인 창구가 유일하다.

파산의 첫 번째 단계는, 따라서 은행이 직면한 어려움에 대한 시장의 인식인데, 이는 CD의 갱신 불가, 연방 기금의 판매 불가, 연준에서의 차입에 의해서만 상쇄할 수 있는 환매 약정 이행의 문제 등 일련의 사태로 이어진다. 그렇게 되면 위기에 처한 대형 은행 총부채의 상당 규모가 상당히 빠르게 지역 연준에 대한 부채로 바뀐다. 그 후에야 은행 도산이 확실시되면 연방예금보험공사가 그림에 개입한다.

연준에 대한 부채는 거의 언제나 단기 금융시장보다는 금리가 낮다는 점에 주목할 필요가 있다. 연준 할인율의 비징벌적 특징은 파산하는 은행에 대한 보조금을 표상한다. 예금 인출 사태가 일어나는 동안 연준은 압박에 놓인 은행의 '건전' 자산을 회수한다. 반면 '의심' 자산은 은행 포트폴리오에 남겨둔다. 은행이 파산한다고 알려지면 연방예금보험공사가 개입하여 예금의 전부 혹은 일부를 검증하는데, 이는 연방예금보험공사가 해당 은행을 합병할지 청산할지 결정 여부에 따라 달라진다. 어떤 경우이건, 소규모 은행의 파산이거나 조사 과정에서 발견된 단순 사기 사건이 아닌 한, 은행 파산을 다룰 때에는 연준과 연방예금보험공사의 협력과 조정이 요구된다.

연준과 연방예금보험공사의 분리가 정치적, 조직적 권한과 역사적 차원에 근거하는 반면, 합당한 경제적 이유는 명확하지 않다. 대형 은행의 도산 전, 시장의 관심은 흔들리는 기관이 연준의 품에 안기도록 강요할 가능성이 높지만, 만약 연준이 파산 은행의 수용을 거부하면 연방예금보험공사가 서둘러 은행에 자원을 투입함으로써 건전하게 만들어야 할 것이다. 이러한 조치를 위해서는 연방예금보험공사가 대출이나 연준의 공개시장 조작을 수용할 필요가 있는데, 연방예금보험공사는 수중에 결코 수십억 달러의 현금을 보유하지 않는다. 주요 은행의 파산이 어떤 경로로 발생하든지 간에, 연준은 다양한 최종 대부자 단계를 취하는 중요한 역할을 수행해야 한다.

최종 대부자 운용을 가능케 하는 연준의 우위를 고려한다면, 연방예금보험공사는 현재 수준보다 더 명확히 연준과 통합되어야 한다. 이는 아마도 준 자율적 자회사 형태를 띨 것이다. 특히 은행 조사로부터의 압력이 문제 은행들에 대한 조기 경보 체계의 일부가 되기 위해서

는 연방예금보험공사와 연준의 은행 조사 측면은 반드시 통합될 필요가 있다.[12]

프랭클린내셔널은행의 파산

1973년 말, 프랭클린내셔널은행은 미국에서 20번째로 큰 은행으로서 5십억 달러에 달하는 자산 가치를 가지고 있었다. 그러나 1974년 10월 8일 파산을 선언하였고 보유 예금은 유로피안아메리칸은행으로 넘어갔다. 당시 자산 총액은 36억 달러로 이 중 17억 달러는 뉴욕 연준은행에서의 차입금이었다.

프랭클린내셔널은행의 파산이 공황을 일으킨 것은 아니었기에 1974년에서 1975년 사이의 경기 폭락에 이은 불완전한 회복은 부분적으로는 이 파산으로 야기되었을 수 있다. 그럼에도 연준의 최종 대부자 개입은 훌륭한 방식으로 수행되었다고 볼 수 있다. 이와 같은 운용의 실행으로, 연준은 프랭클린내셔널은행이 해외 지점의 예금자에 대한 의무를 다할 수 있도록 만들어주었다. 국내 예금에 제공한 연준과 예금보험공사의 보호가 해외 지점의 예금으로까지 확장된 것이다.

사실 프랭클린내셔널은행은 하나의 기업 우산 아래 있던 세 개의 은행이었는데,[13] 이는 롱아일랜드의 소매은행, 뉴욕의 도매은행, 그리고

---

12 Hyman P. Minsky, "Suggestions for a Cash Flow Oriented Bank Examination", *Proceedings of a Conference on Bank Structure and Competition*, Federal Reserve Bank of Chicago, 1975.

13 Brimmer, *International Finance and the Management of Bank Failures*, 앞의 책.

1969년에 개점한 런던 해외 지점이었다. 런던 은행의 자금들은 런던 시장에서 종종 프리미엄을 얹어 구매하여 유로화 시장에서의 대출에 활용되었다. 대출은 금융 비용을 약간 상회하는 좁은 금리차로 이루어졌다. 1973년 말, 프랭클린내셔널은행은 런던 지점에 대략 10억 달러의 예치금을, 뉴욕 도매은행에 14억 달러의 예치금을, 그리고 롱아일랜드의 소매은행에 26억 달러의 자산을 보유하고 있었다.

프랭클린내셔널은행의 문제가 1974년 즈음에 갑자기 나타난 것은 아니었다. 1972년 12월 초에 조사관들은 18억 2,100만 달러의 대출 포트폴리오 중 1억 9,300만 달러가 기준에 미치지 못한다고 분류한 바 있다. 이렇게 분류된 대출금은 전체 대출의 10.6%를 차지했고, 1974년 6월 예금 인출 사태가 벌어졌을 때는 총 자산의 12.7%로 상승했다. 은행의 국내 대출 포트폴리오에서 저조한 실적은 은행을 파산으로 이끈 매우 중요한 요인이었다.

프랭클린내셔널은행의 약세는 실적에서 분명히 드러났다. 비록 문제가 불거지기 전이었지만 프랭클린내셔널은행의 수익은 총자산에 비해 매우 낮았다. 1970년에 다른 대형 은행들의 수익률이 0.98% 수준일 때, 그들은 0.66%에 그쳤다. 1972년 프랭클린내셔널은행 수익률이 자산 대비 0.3%였던 반면, 뉴욕의 다른 대형 은행들은 0.78%였다. 달러당 0.3%의 자산 수익률은 시행착오이건 이윤 침식이건 어떠한 여지도 있을 수 없다. 경제가 두 자릿수 인플레이션과 두 자릿수 금리 체제로 진입하면서, 프랭클린내셔널은행의 자산 가치, 현금 흐름, 그리고 유동성은 악영향을 받았다. 이러한 상황에서 1974년 초까지 프랭클린내셔널은행의 수익은 차츰 고갈되었다.

1972년 프랭클린내셔널은행의 지배 지분은 이탈리아 은행가 신도나Michele Sindona가 운영하는 룩셈부르크 기업으로 넘어갔다. 이때 프랭클린내셔널은행의 지분 21%가 4,000만 달러에 팔렸다. 4,000만 달러의 투자금으로 신도나는 약 50억 달러에 해당하는 자산 지배권을 획득했는데, 이는 1달러 투자 대비 125달러에 해당하는 자산 지배권의 획득을 의미한다. 프랭클린내셔널은행의 경우와 같이 경영진과 이사회의 소유 지분이 극히 적은 은행에서는 관리되는 총 자산 대비 경영권의 재정적 개입 비율은 매우 낮을 수밖에 없다. 경영 건전성이 비난받는 경우 외에도, 은행 자산이 경영진에게 넘어갈 수 있는 가능성은 늘 금융 당국의 주요 관심사가 되어야 한다.

프랭클린내셔널은행을 불안정 포지션으로 이끈 전개 과정은 추적 가능하다. 1974년 5월 3일, 배당금 지급 유보를 공시하기 직전에 프랭클린내셔널은행의 자산은 47억 달러였다. 총부채 중 9억 달러는 해외에서 차입했고, 13억 달러는 뉴욕 금융시장에서 차입했다. 당시 연준에서의 차입은 없었고, 해외 지점은 실제 소소한 규모의 자금(7백만 달러)을 본사로 공급하고 있었다.

1974년 5월 17일, 은행의 어려움이 공개된 직후 총자산은 대략 4억 달러 감소했다. 금융시장 부채는 6억 달러로 2주 만에 7억 달러 감소했다. 해외 지점 예금은 1억 6,000만 달러 감소했다. 해외 지사는 당시 본사에 1억 달러의 빚을 지고 있었다. 이러한 결손과 여타 예금 잠식을 상쇄하기 위해 프랭클린내셔널은행은 연준으로부터 9억 6,000만 달러를 빌렸다.

프랭클린내셔널은행에 대한 은행업계의 신뢰성 부족은 연방 기금과 은행 간 계정 운용 행태에서 여실히 드러난다. 5월 3일 프랭클린내셔널은 5억 달러의 연방 기금 부채와 3억 달러의 은행 간 부채가 있었다. 5월 17일 프랭클린내셔널의 연방 연방 기금 차입금은 0이었고, 은행 간 계정은 1,300만 달러까지 감소했다. 이 위기의 첫 2주간 국내 정기 예금 인출 사태도 있었다.

5월 17일부터 패쇄할 때까지 연준에 대한 프랭클린내셔널은행의 의존성은 계속 높아졌다. 7월까지 연준으로부터 14억 달러를 차입했고, 해외 지점 3억 5천만 달러 상당의 부채는 본사로부터의 차입이었다. 국내 요구불 예금 및 정기 예금의 잔고는 1974년 5월 3일의 18억에서 12억으로 감소했다. 연준의 명백한 보호 조치의 결과로 연방 기금 시장에서 일부 자금을 조달할 수 있었다.

마침내 프랭클린내셔널은행이 10월 8일에 파산을 선고받았을 때, 총자산은 36억 달러로 감소했다. 이는 문제가 알려졌던 5개월 전 47억 달러에서 거의 25% 하락한 수준이었다. 패쇄 시점의 총부채 중 17억 달러는 연준 할인 창구에 있었다. 11억 달러의 총자산 감소와 17억 달러의 연준은행 채무 증가의 조합은 프랭클린내셔널은행의 파산이 민간 부채의 막대한 인출 사태에 영향을 받았음을 의미한다.

순전히 기술적 운용으로서 뉴욕 연준은행의 프랭클린내셔널에 대한 리파이낸싱은 제대로 실현되었다. 눈에 띄는 전반적 공황이나 유로화 시장이나 은행 CD에서의 탈주는 없었다. 1974년 6월 대형 독일은행의 파산이 거의 동시에 일어났음에도 불구하고 이러한 상대적 평온함은 유지되었다.[14] 거의 동시에 일어난 두 개의 국제적 은행의 파산은 연준이 아니었다면 국제 금융시장에서의 공황을 야기했을지도 모른다. 연준은 프랭클린내셔널 런던 지점의 예금을 검증함으로써 국내외에서의

---

14 앞의 책.

큰 손실에 노출되어 있는 여타 미국은행 유럽 지점들에서의 예금 인출 사태를 방지했다. 이렇게 대형 은행들 중 한 곳에서 해외 예금 인출 사태가 발생하면 전체 시장의 공황을 초래하고, 이를 억제하지 못하면 깊은 경기 불황으로 유도하는 조건을 초래했을 것이다.

연준이 프랭클린내셔널 해외 지점의 예금자들을 보호한 대처는 옳았을지도 모른다. 그러나 1974년의 전개에서 잘못된 점은 연준이 프랭클린내셔널은행의 예금 인출 사태로부터 발생할 최악의 결과로부터 경제를 방어한 이후, 미국 은행의 해외 운영에 대한 대대적 개혁을 제안하지는 않았다는 데 있다.

리츠와 최종 대부자로서의 대형 상업 은행

1970년대 초 금융업에서 리츠가 호황을 누렸다. 이들 기관들은 세법에 따라 만들어졌는데, 만약 리츠가 수익의 90%를 배당으로 지불하면 법인세를 지불하지 않아도 되었다. 리츠는 부동산, 모기지를 소유하고 건설에 투자할 수 있었으며, 실제로 그렇게 운영했음에도 불구하고 1974년의 주요한 위기는 건설에 투자한 리츠에 집중되었다.[15]

1968년까지만 해도 리츠의 총자산은 약 10억 달러 규모였다. 4년간 연평균 93%의 성장률을 보여, 1972년에는 140억 달러 규모로 성장하였다. 1973년 총자산은 1972년 대비 45% 증가하여 202억 달러까지 지

---

15 인용된 정보는 다음 문헌에서 차용했으며 해석은 저자 본인의 몫이다. Joseph F. Sinkey, Jr., *A Look at the REIT Industry and Its Relationships with Commercial Banks*, Federal Deposit Insurance Corporation, Banking and Economic Research Section, Division of Research, Washington, D.C., 1976.

표 3.1 REITs, 1972~1975년(단위: 십억 달러)

	1972	1973	1974	1975
유형자산	2.5	3.2	4.3	6.9
다가구 구조	.8	1.1	1.4	2.3
임시 거주 구조	1.7	2.2	2.9	4.7
총금융 자산	11.4	17.0	16.9	12.6
주택 담보대출	2.8	4.1	4.4	3.5
다가구 담보대출	2.9	3.7	3.9	3.3
상업 담보대출	4.9	7.4	7.7	6.6
다양한 자산	.8	1.9	.9	-1.2
총자산(A)	13.9	20.2	21.2	19.5
신용시장(B)	8.8	14.4	16.0	15.7
모기지	1.2	1.5	1.6	1.9
다가구 거주자	.4	.5	.5	.6
상업	.8	1.0	1.1	1.3
기업 채권	1.4	1.9	2.1	2.2
은행 대출 NEC	3.0	7.0	11.5	10.7
오픈마켓	3.2	4.0	.7	.8
주식(추정)(C)	5.1	5.8	5.2	3.8

출처: 자금 흐름 데이터, 미국 연방준비은행[대차대조표상의 성적이 명확히 드러나지 않지만 표에서 A=B+C이다.]

속적으로 증가하였지만, 1974년 말에는 증가세가 둔화됐다. 그해 리츠의 자산은 212억 달러로 5% 증가하는 데 그쳤고, 1975년 말에는 195억 달러로 감소했다.

드물게 부동산을 완전하게 소유하여 운영하는 리츠가 있었을지라도 건설에 투자한 리츠는 무거운 채무를 지고 있었다. 여타의 금융업과 마찬가지로 리츠는 다른 사람들의 투자금으로 운영되므로 그들의 이윤은 자산수익률과 부채 비용의 차이에 달려 있었다. 1970년대 초 리츠 사업이 폭발적으로 성장하면서 단기 자금에 훨씬 더 의존하게 되었는데, 이러한 상황은 금리 상승에 따른 리츠 지분의 수익성과 시장 가치의 하락을 가져왔다.

표 3.1은 1972~1975년간 리츠의 대차대조표다. 대차대조표의 변화는 리츠가 직면한 위기의 일부 차원을 보여준다. 1972년 139억의 자산 중 36.6%는 자기 자본으로 조달되었지만, 200억 자산을 보유한 1973년에는 이 비율이 28.7%로 감소했다(1974년에는 25%까지 감소했다). 그러므로 1974년에 정점을 찍었던 호황은 레버리지 확대에 따른 결과였다.

동시에 리츠의 채무 구조는 뚜렷한 변화를 겪었다. 1972년 총자산 대비 은행 대출은 21.6%, 공개시장 채권은 23%였다. 그러나 1973년 들어 은행 대출은 34.7%로 증가했고, 공개시장 채권은 19.8%로 조금 떨어졌다. 결과적으로 1973년 63억 달러의 총자산 증가분 중 40억 달러는 은행 대출에 의한 차입이고, 8억 달러는 공개시장 채권에 의한 차입이었다. 1973년 한 해 동안의 점증적 자금 조달은 이전부터 이어진 부채 구조보다 훨씬 더 투기적인 것처럼 보였는데, 1973년 말 리츠는 1972년 혹은 그 이전보다 훨씬 더 단기 자금에 의존했다. 더 나아가 1973년 들어서는 리츠 사업에서 차지하는 건설 자금의 비중이 증가했다.

프로그램에 대한 투자 및 자금 지원이 결정되면 사업 진행 과정에 따라 지불이 이루어져야 한다. 리츠는 완공될 때까지 혹은 판매가 완료될 때까지 단기 자금이 요구되는 다가구 주택, 아파트 단지, 상업 용지 건설의 자금 공급에 대규모로 관여했다. 리츠는 건설 투자에 자금을 대기 위해 단기 자금을 차입했다.

자금이 조달되어야 하는 프로젝트 결과물의 속성상, 채무자들은 프로젝트 시작 시점부터 끝나는 시점까지 실질적 가치를 전혀 갖지 못한다. 타일이 반밖에 깔리지 않은 수영장이나 여섯 개의 층 중 두 개의 층만 올라간 아파트는 그다지 가치가 없다. 이러한 건설 프로젝트에 가담하는 일은 대부자와 차입자 모두에게 일련의 단기 대출 약정과 같아서 프로젝트의 다음 단계를 위한 자금은 일정대로 준비되어야 한다. 프로젝트에 자금을 지원하는 리츠는 필요로 하는 자금을 취득해야 하고, 자금이 취득되는 시점의 시장 금리를 지불해야 한다.

리츠는 자신들이 지불하는 금액 이상을 청구함으로써 수익을 만들어낸다. 이른바 캐리[carry, 금리, 예금과 대출, 또는 시차에 따른 수입과 지출의 차이] 기반 수익 창출은 금융 기관의 특성이다. 그러나 플로리다, 캘리포니아 혹은 콜로라도에 콘도미니엄이나 아파트 단지를 건설하는 차입자는 건물이 분양되거나 일정 목표의 임대율이 달성되기 전까지는, 예컨대 보험회사의 테이크아웃 금융이나 영구 금융으로 건설 부채를 청산하지 않는 한 현금 수입이 없다. 건설 기간 동안 차입자는 현금 흐름이 없지만 단기 부채에 따른 이자는 매 기간 상환해야 한다. 이를 해결하기 위해 때로는 만기까지 채권자에게 누적 이자 수입을 안겨주는 할인 어음으로 자금이 공급되기도 한다.

누적된 소득은 리츠에게 딜레마를 안겨준다. 소득이 누적되면, 리츠는 세금 혜택을 유지하기 위해 수익의 90%를 배당으로 지불해야 하지만 현금 흐름이 없다. 이러한 상황에서 리츠는 배당을 위한 차입이 필요하다. 시공사의 수익과 리츠 할인 어음의 변제는 분양이나 임대가 완료될 때 얻을 수 있는 영구 자금으로만 실현된다. 건설 기간의 금리 상승 및 프로젝트 마감이나 분양 혹은 임대가 지연되면 비용이 증가한다. 프로젝트 진행 과정에서 장기 금리 상승은 기대 임대 소득이나 잠재적 구매자의 기대 소득에서 활용할 수 있는 모기지 금액을 감소시켜 완성된 자본 자산의 시장 가격을 낮추는 경향이 있다. 만약 프로젝트 지연과 장단기 금리 상승이 동시에 발생하면 프로젝트 비용이 현재 시장 가격을 초과할 가능성이 커진다. 현재 가치의 전도는 건설비용이 건설 자산 가치를 초과할 때 발생한다.

배당금 지불에 사용된 차입은 폰지 금융(제9장에서 보다 자세히 다룰 것이다)의 일종이다. 1974년에 나타난 지속적 금리 상승, 건설 지연, 그리고 완공 아파트의 초과 공급은 리츠의 자본을 매우 위태롭게 만들어 기업어음의 매각을 어렵게 했다. 리츠 기업어음은 1973년 40억 달러에서 1974년 10억 달러 이하로 하락했다.

1974년 리츠가 사용 가능한 금융원은 상업 은행뿐이었는데, 여기에서의 대출 금액은 1973년 70억 달러에서 115억 달러로 증가했다. 은행은 더 이상 공개시장에서 어음을 판매할 수 없는 기관들로부터 어음을 받아들였다. 이 과정의 몇몇 단계에서 은행가들조차 신용도가 의심스러운 기관들에 대해 대출이 이루어지고 있다는 사실을 분명히 인지했을 것이다. 영리 목적 이외의 다른 이유로 실행하는 대출은 최종 대부자 운용의 특성이다. 공개시장이 닫히면서 상업 은행이 리츠에 대해 리파이낸싱할 때, 그들은 최종 대부자의 대리 역할을 하고 있었다.

상업 은행가들은 자신들의 장기적 이익의 관점에서 혹은 중앙은행의 압력하에 최종 대부자처럼 행동했다. 연준이 은행들에게 리츠에 대한 리파이낸싱 압력을 가했는지는 알려져 있지 않다. 그러나 1970년, 크라이슬러의 금융 역량이 금융시장에서 압박을 받을 때, 연준은 크라이슬러에 대한 리파이낸싱을 위해 컨소시엄 구성을 긍정적으로 검토했다는 사실을 공개한 바 있다.

다른 측면에서 보자면 압박은 필요 없었을지도 모른다. 대형 리츠에 대한 대출은 주로 신디케이트로부터 이루어졌고, 신디케이트에 관여한 대형 은행들은 리츠가 자신들의 채무를 다할 수 없다는 것이 입증될 때 강요된 손실을 일거에 떠안지 않으려는 상호 이해를 가지고 있었다. 뿐만 아니라 은행들 포트폴리오에 포함된, 리츠의 채무 불이행이 다른 건설 관련 자산들의 가치에 미칠 영향에 대해서도 고려했다. 그러므로 은행가들은 리츠에 대한 리파이낸싱을 최선의 관점으로 인식하고, 차후 손익계산서에 단계적으로 해당 손실을 적절히 포함시킴으로써 소득으로 상계할 수 있다고 여겼을 것이다. 그렇지 않다면 은행가들이 (아마도 인플레이션을 통한)자산 가치의 회복으로 리츠에 대한 대출(혹은 리츠의 부채를 재구성하여 획득한 재산)을 적어도 장부 가치만큼 증가시킬 수 있을 것이라 기대했는지도 모른다.

리츠 사건은 전형적인 투기 버블이다. 그러나 이로 인해 일반적으로 발생하는 급격한 폭락은 일어나지 않았다. 이는 리츠에 대한 기관 대출자의 리파이낸싱과 사업적 판단에 대한 감사 당국의 동의가 있었기 때문이다. 은행이나 감독 당국이 대출금의 재구성에 대해 무슨 말을 하건 간에, 리파이낸싱을 시행하는 은행이 취득하는 자산의 실제 가치는 아마 장부 가치보다 상당히 낮을 것이다. 리츠에 관련된 일련의 사건들의 결과, 상업 은행의 대차대조표는 부실해졌고, 이에 따라 미래의 투기적 상황으로 이어질 수 있는 위기적 취약성이 확대되었다. 금융 체계는 리츠 버블이 발생하지 않았을 때보다 더 약화되었다. 그러나 단기적 관점으로는 그 결과가 나락으로 떨어지고 모든 리츠 업계가 완전히 휩쓸려버린 상황보다 경제는 더 강해졌다.

전형적 조치의 1974~1975년

여러 방면에서 1974~1975년은 연준이 최종 대부자로서 지닌 책무가
발휘된 전형적 사례라 할 수 있다. 공적 실패와 중요한 금융 기관에 있
을 수 있는 추가적 위기가 널리 인식됐음에도 불구하고, 공황도 위기
도 없었다. 얼마간의 긴축과 기업 도산, 뚜렷한 주가 하락, 그리고 심
각한 침체가 있었다. 침체는 큰 정부의 수입 및 재정적 영향으로 완화
되고 반등했다(이는 제2장에서 논의했다).

그러나 1974~1975년(그리고 1981~1982년)의 성공이 자만으로 이
어져서는 안 된다. 이 해에 일어난 사건들은, 우리의 경제가 정상적으
로 작동하는 상황에서도 금융 위기의 조건을 만들어낼 수 있다는 점과
위기에 대한 적절한 해결책은 중앙은행의 빠르고 효과적인 개입에 달
려 있다는 사실을 보여준다. 만약 이러한 상황에서 효과적인 조치가
취해지지 않는다면, 1974~ 1975년에 발생했던 위기보다 훨씬 더 심각
한 금융·경제 위기가 발생할 것이다.

금융 당국이 금융 위기의 완전한 전개 가능성에 대한 성공적 방어가
대가 없이 이루어진 건 아니었다. 연준이 프랭클린내셔널 사태에 최종
대부자 기능을 수행한 방식은 모든 미국 공인 은행의 해외 예금들까지
연준의 보호가 명시적으로 확장되었다는 것을 의미한다. 이러한 보호
확장은 1974년 이후 국제 금융시장을 확장하게 만드는 청신호였다. 특
히, 1974년 이후 미국 대형 은행 해외 지점 예금의 큰 성장은 이러한

보호 정책에 의해 가능했다. 그러므로 1974~1975년의 성공은 1980년 대 제3세계 부채로 대두될 미래의 곤란을 잉태한 것이었다. 마찬가지로, 1974년 리츠의 기업어음 인출 사태는 공개시장 신용을 은행 신용으로 대체하는 과정에서 일어났다. 이러한 과정에서, 비록 상업 은행이 양허 금융concessionary finance에 관여하고 있었음에도 기업어음 시장의 건전성은 유지되었다. 다시 한 번 제도와 관행이 보호되었지만, 이는 부실해진 은행 포트폴리오로 방어한 결과였다.

1974~1975년 금융 위기 위협의 차단 및 소득과 고용 감소 억제의 성공적 결과는 이와 같은 곤란이 일련의 제도 개혁 물결의 신호로 작용하지 못했다는 것을 의미했다. 1974~1975년 경험의 결과 연준의 보호는 확대되었지만 위기 유발 상황의 출현을 방지하는 능력은 개선되지 못했다. 실제로, 연준의 책임은 증가되었으나 그 권한은 그렇지 못했다. 1974~1975년에 일어난 일들과 그 이후에 행해진 일들은 또 다른 심각한 경기 침체의 위협 혹은 다가올 불황의 가능성을 낮추지는 못했다. 우리가 알다시피, 1981~1982년에 훨씬 더 심각한 금융 위기를 목격했는데, 이러한 위기가 1980년대를 관통해 지속되면서 1974~1975년에 행했던 조치 이상의 최종 대부자 개입을 필요로 했다.

하늘은 아직 무너지지 않았다.

1974년 3분기와 1975년 1분기에 나타난 생산의 급격한 하락과 실업의 심각한 증가는 프랭클린내셔널의 파산, 리츠의 위기, 그리고 빈번한 기업 파산을 수반했다. 경제는 대공황으로 향하는 길목에 서 있는 것처럼 보였고, 하늘은 곧 무너질 듯했다. 그러나 재앙은 일어나지 않았다. (세금 환급에 의해 증가된)대규모 정부 적자와 최종 대부자 개입의 조합으로 경기 침체를 제약하고 빠르게 경제의 경로를 되돌릴 수 있었다.

1969~1970년, 펜-센트럴철도가 쓰러지고 기업어음 시장에서 예금 인출 사태가 발생했을 때, 증가된 정부채와 최종 대부자 개입의 조합은 경기 침체를 막고 회복을 유지했다.

1974~1975년 이래, 1979~1980년과 1981~1982년에 발생했던 대규모 국채와 최종 대부자 개입의 조합으로 위협적인 금융 붕괴가 억제될 수 있었는데, 여기에는 두 가지 에피소드가 더 있다. 1974~1975년 동안의 개입에 따른 지속적인 회복세는 국내외적으로 '달러로부터의 탈주'를 촉발시킨 급격한 인플레이션을 초래했다. 달러 가치가 다른 통화에 비해 급속히 하락하면서 1978~1979년에 달러 중심의 국제 금융 체계는 무너지는 듯했다. 이러한 탈주는 미국에서 현물 투자, 금속 자원 투기에 대한 열풍 및 급격한 가계 부채의 증가로 나타났다.

연준은 여기에 대응하여 금리 대신 화폐 공급을 정책의 직접 목표로 삼았다. 이와 같은 실질적 통화주의는 급격한 금리 상승으로 이어졌다. 달러로부터의 국제적 탈주에 관한 한, 연준의 조치는 19세기에 전개된, 몰락해 가는 금본위제 관리자로서 영국 중앙은행의 규칙을 따랐다.[16]

달러로부터의 국내적 탈주는 높은 금리로 중단되었고, 높은 금리는 금과 은 등 불임 자산[sterile assets, 이자, 배당 등을 생성하지 않는 자산]

---

16 R. S. Sayers, *Bank of England Operations* (1890-1914) (London: P.S. King & Sons, 1936)

소유에 드는 비용뿐 아니라 단기 자산 소유에 따른 비용도 크게 증가시켰다. 1980년에 있었던 6개월간의 단기 침체와는 별개로, 헌트포춘앤배치앤컴퍼니Hunt fortune & Bach & Company의 위협적 붕괴[17], 펜실베니아 주요 은행의 실질적 파산, 그리고 크라이슬러에 대한 양허성 대출 요구는 이러한 정책 전환에 투입된 비용이었다. 이로 인한 금리 완화가 일시적이었다 하더라도 이들은 연준의 최종 대부자 개입을 유도했다.

누가 파산했는지에 대한 자세한 논의 및 관련 기관이 가지는 세부 사항과는 별개로, 1981~1982년의 경기 침체는 1974~1975년의 상황과 상당히 일치한다. 다시 한 번 소득과 생산에서의 급격한 감소와 실업의 급격한 증가가 있었는데, 적자의 대규모 증가(레이거노믹스의 극단적 케인지언 측면), 조용한 트라우마와 극적인 경기 하락, 연준의 잦은 최종 대부자 개입이 있었다. 또 다시 실업과 파산이 악화되면서 주요한 최종 대부자 개입이 이루어진 약 6개월 후 소득과 고용에서의 급격한 반전이 이루어졌다. 하늘은 다시 무너지지 않았다.

1981~1982년의 침체와 연준의 개입뿐 아니라 1983년과 1984년의 여파는 국제적으로 확장되었던 1974~1975년의 개입과는 달랐다. 최종 대부자로서 연준의 개입을 유도한 결정적 사건은 오클라호마의 소규모 은행 펜스퀘어은행의 붕괴 및 달러로의 탈주run to the dollar, 특히 멕시코 페소화의 붕괴였다. 1979년의 실질적 통화주의로의 정책 전환은 달러로부터의 탈주run from the dollar로 촉발되었고, 실질적 통화주의의 포기는 보다 많은 재량권을 위한 달러로의 탈주로 촉발되었다고 주장할 만하다.

---

17 Stephan Fey, *Beyond Greed* (New York: Penguin, 1983)

2부 경제 경험

1982년에 하늘이 무너져 내리지는 않았고, 1984년 초기에 극적으로 회복되었다 하더라도 완전히 안전한 것은 아니었다. 시카고 컨티넨털 일리노이은행이 겪은 엄청난 시련을 포함한 부실 금융 기관들의 지속적인 문제는 경제가 제2차 대전 후 초기의 평온했던 과정에 다시 도달하는 게 요원하다는 사실을 보여주었다. 1950년대와 1960년대 초의 명백한 내생적 정합성은, 최종 대부자 개입과 큰 정부의 이익 유지 영향에 의해 억제되는 내생적 비정합성으로 대체되었다. 개입의 결과, 붕괴는 발생하지 않았다.

최종 대부자 개입과 하늘이 무너지는 것을 성공적으로 막은 정부의 대규모 적자는 강력한 처방이다. 강력한 처방은 때로는 부작용을 낳는다. 더구나 체계는 진화하므로 하나의 체제 또는 일련의 구조에 적합했던 처방이 다른 체제 혹은 구조에 적합하지 않을 수도 있다는 사실을 우리는 알고 있다. 이러한 문제들을 탐구하기 위해, 왜 우리의 체계가 하늘이 무너지는 위협에 취약한지, 그리고 특정 정책의 개입이 언제 성공적이고, 언제 그다지 효과적이지 않은지에 대한 이론이 요구된다.

제4장
· · · ·
전후 금융 불안정성의 비상

미국 역사에서 지속적으로 제기되었던 쟁점인 통화 및 금융 체계를 다룰 적절한 기구에 대한 논의는, 제2차 세계대전 이후 경제가 별 문제 없이 잘 돌아가던 20년간은 잠잠했었다. 경제 실적이 충분하고 국내외 금융 및 재정 체계가 흔치 않게 안정적이라는 점은 거의 200년에 걸친 실험의 결과가 마침내 제대로 갖추어졌다는 의미로 인식되었다. 통화에 대한 정치적 논란은 거의 없었고, 심지어 신규 입법에 대한 중요성도 떨어졌지만, 통화와 금융 체계는 의미 있는 발전적 변화를 겪어왔다.[1]

---

[1] 미국 통화의 역사는 다음의 시기로 요약된다. (1) 워싱턴 재임 기간 주 정부의 부채 인수, (2) 미국의 제1은행, 그리고 더 중요한 제2은행 (3) 와일드캣은행(19세기 중반 미국 중앙은행이 없을 때 화폐를 남발하던 은행) 시대 (4) 전국은행법 (5) 미국 화폐(greenback)와 정화의 재개 (6) "황금 십자가에 인류를 못 박지 않은 사건"(윌리엄 제닝스 브라이언(Wiliam Jennings Bryan)의 "Cross of Gold"에서 차용) (7) 연방준비법, (8) 루스벨트 시대의 개혁. 불행히도 미국 화폐의 선도적인 역사는 다음 책 저자들의 강력한 이론적 전리품으로 표상된다. 프리드먼과 슈바르츠의 주장은 통화주의를 위한 변론에 다름없다. Milton Friedman and Anna Schwartz, *A monetary History of the United States*, 1867-1960 (Princeton : Princeton University Press, 963)

제도 변화로 이어지는 금융 체계의 역동성은 기업, 금융 기관, 그리고 가계의 과업 경영에 따른 이윤 추구 활동이 낳은 결과이다. 이 과정에서 혁신이 일어나며, 새로운 금융 상품과 기관들이 생겨나 기존의 상품과 기관을 새로운 방식으로 대체한다. 이 기간 동안 성공의 아우라를 반영하는 법제 및 행정의 변화는 금융 위기가 발생하지 않을 것 같던 금융·경제 체계를 위기에 더 취약하게 변모시켰다. 금융 불안정성은 1966년 신용 경색 국면에서 다시 표면화되었다. 그 이후로 금융 체계의 발전은 불안정성에 대한 대응과 불안정성을 억제하는 제도적·구조적 변화를 포함하는 개입으로 지속되어 왔다.

보론: 구성 원리의 일부

평온한 시기를 갈아엎은 혼란의 발생 과정을 살펴보기 전에, 구성 원리를 일부 소개할 필요가 있다. 우리의 경제는 복잡하고 정교하며 값비싼 자본 설비를 사용하는 자본주의 경제이다. 또한 우리 경제는 부의 간접 소유를 가능하게 하는 정교하고 복잡다단하며 진화하는 금융 제도를 가지고 있다. 자본주의적 속성으로 우리 경제는 현재의 생산뿐 아니라 자본 자산의 생성과 유지를 위한 사적 소득 및 부의 추구에 의존한다.

부채가 자본 자산 통제를 위한 자금 조달에 사용되므로 우리 경제의 관점은 자금 유출입 거래의 복잡한 체계에 맞춰져야 한다. 단기 수표, 채권, 예금, 보험 증권, 혹은 주식 등 모든 금융 상품들은 언제, 혹은 어떤 사건에 따른 현금 지불을 약정한다. 시간은 (계약서에 명시하여)

특정하거나 (수요나 조건에 따라)공개될 것이다. (예금자의 요구나 지시로 지불되는)은행 및 저축 기관 예금과 (연금이나 생명보험 등과 같은)조건부 지급 약정은 공개 약정이다. 보통주는 특유의 조건부 약정으로, 기업은 이윤을 만들고 주식 소유자들이 현금을 수령할 수 있도록 배당을 공시해야 한다.

이러한 계약 이행을 위해서는 현금이 필요하다. 현금은 (문제를 한 걸음 뒤로 후퇴시키기만 하는)수중의 자금에서, 소득 생산에 따른 기여금 지급(임금과 이윤)에서, 소유한 금융 약정으로부터 창출된 화폐에서, 실물 자산이나 금융 자산의 매각에서, 혹은 차입에서 얻을 수 있다. 유일하게 화폐를 발행할 수 있는 정부 및 특수한 방식으로 화폐를 발행할 수 있는 은행이 아니라면, 위에 열거된 방식들은 언젠가는 그 현금 생성 가능성이 소진된다(원칙적으로 모든 경제 단위는 화폐를 '창출'할 수 있지만, 창출자의 유일한 문제는 '수용 가능성'에 있다).[2]

기업 대차대조표는 한 변에 실물 자산 및 금융 자산, 나머지 변에 부채를 표시하고, 손익계산서는 현금의 원천과 용도를 나타내는 것으로 이해할 수 있다. 영업 이익과 지출 비용의 차이가 총이윤이다. 말하자면, 총이윤은 현금 흐름으로 시장, 자본 자산 및 조직의 속성에 따라 획득된다. 각 경제 단위의 또 다른 현금 흐름은 소유 금융 상품들에서 나오고, 이러한 현금 흐름은 다른 단위의 계약 이행을 함의한다. 총이윤 및 계약 이행에 의해 창출되는 현금 흐름 외에도, 각 경제 단위들은 실물 자산이나 금융 자산의 매각, 또는 자산이나 미래 소득을 담보로

---

2 1980년대의 금융시장 자금과 다양한 중개인 CMA(Cash Management Account)의 도입과 폭발적 성장은 화폐와 같은 기능을 하는 부채가 은행이 아닌 기관에 의해 만들어질 수 있다는 사실을 보여준다.

현금을 취득할 수 있다.

기업 대차대조표의 또 다른 구성 요소인 부채는 지불을 만들어내는 약속이다. 지불은 채무를 상환하고 이자를 갚는 행위이다. 이러한 지불 이행을 충족시키는 현금은 총이윤 현금 흐름, 수중의 현금, 자산 매각, 혹은 차입을 통해 취득할 수 있다. 매 기간의 현금 수입이 현금 지불을 초과할 것이라 기대하는 경제 단위는 우리가 '헤지 금융'이라고 부르는 행위와 관련 있다. 반면 일정 기간에 걸쳐 약정된 현금 흐름 유출이 기대 현금 흐름 유입을 초과하는 기관은 투기 금융 또는 폰지 금융과 관련 있다. 투기 금융이나 폰지 금융에 관여하는 단위들은 일부 자산의 매각, 만기 채무의 상환 연장, 혹은 신규 차입을 통해 채무자들을 충족시킬 현금을 취득한다. 이러한 경제 단위들은 부채 구조가 헤지 금융으로 특징화되는 경제 단위들보다 더 위험한 방법으로 금융시장 조건에 의존하게 된다.

은행, 저축 및 대부 기관 등의 예금 기관, 그리고 단기 부채를 사용하는 다른 여타의 부문(기업, 가계, 정부)은 특정 기간의 현금 유출이 현금 유입을 초과할 가능성에 직면한다. 특히 현금 유출에 취약한 경제 단위들은 현금이나 시장성 있는 자산, 또는 리파이낸싱 가능한 유형의 보증 자산을 가지려 할 것이다. 운영 중인 기업 설비나 은행 포트폴리오에 포함된 대출처럼 현금 창출에 쉽게 활용될 수 없는 자산을 해당 경제 단위의 '포지션position'이라고 한다. 이들은 조직의 사업 기반으로, 일반적으로 해당 업계나 산업에 특화되어 있다. 만약 경제 단위에서 갑작스런 현금 유출이 필요하면 현금은 핵심 자산을 제외한 다른 자산의 거래나 차입으로만 취득할 수 있다. 은행권 용어에 따르면 각 경제 단위의 필수 자산 조달을 위한 현금 취득 조치를 '메이킹 포지션making position', 이러한 목적으로 사용한 수단을 '포지션 메이킹position making 자산' 혹은 '포지션 메이킹 부채'라고 한다. 자산이나 채무는 시장이 광범위하고 활발하다면 훌륭한 포지션 메이킹 수단이 된다. 뿐만 아니라 포지션 메이킹 자산 시장은 자산 가격이 조금이라도 하락하면, 주문이 쇄도할 것이란 점에서 탄력적이어야 한다. 따라서 일반적인 판매 압력하에서 이들 가격은 그다지 크게 변동하지 않을 것이다.

아마도 이러한 포지션 메이킹 문제는 일반적으로 자산 획득과 현금 관리 기능을 분리하는 은행 및 여타 금융 기관의 운영을 참조함으로써 이해하기 쉽다. 상업 은행 대부는 주로 차입자들의 사업적 필요에 따라 받는 신용 한도의 형태를 취한다. 결과적으로 대부는 차입자가 대출금을 수령하는 동시에 은행 장부에 기록된다. 대부 은행은 대출 조치와 동시에 현금(은행 지불준비금)을 잃는다. 연준 회원 은행의 경우, 이것은 대부와 동시에 연준은행에 있는 해당 은행 예금의 차변에 기록된다는 것을 의미한다.

각 은행에는 현금 포지션을 연준은행 예치금 요구 수준으로 유지하는 담당 임원(또는 오늘날 대형 은행에서의 부서)이 있다. 이들은 은행이 필요할 때 현금 흐름을 창출할 수 있어야 한다. 교과서적으로는, 지불준비금이 부족한 은행은 대출을 제한할 것이다. 사실 현대 상업 은행에서 매일 이루어지는 대출은 사전 약정의 결과이다. 대출 포트폴리오와 은행 대출 전략은 지불준비금을 요구 수준에 맞추기 위한 긴급한 변화의 대상이 아니다.

만약 경제 단위가 스스로 순 현금 흐름을 우호적으로 끌어올 가능성이 명백하다면, 해당 경제 단위의 지불 약정은 유동 자산이나 현금 자산으로 폭넓게 인정될 것이다. 은행이 순현금 흐름을 우호적으로 만들

능력이 있다는 신뢰를 부자들에게 심어줄 수 있다면 은행 부채는 유동 자산으로 유지될 것이다. 하지만 이러한 믿음이 사라진다면, 부자들에게 더 이상 해당 은행의 부채를 유지할 유인이 없어진다. 이는 현금 흐름을 우호적으로 만드는 은행의 능력을 시험대에 올려 현금 유출을 촉발시킬 수 있다.[3]

결국 은행의 부채 수용은 우호적 현금 흐름을 확보하기 위해 대출을 중단하거나 지연시키는 능력에 달려 있다. 하지만 대출 중단은 과감한 조치로서 사실상 은행 영업의 청산을 의미한다. 게다가 일반적으로 은행에서 대출받는 기업들의 전망에 부정적 영향을 미칠 수 있다. 그러므로 은행은 기본적 대출에 영향을 미치지 않으면서 현금 흐름을 우호적으로 만들 수 있는 방법을 필요로 한다. 이를 위해 사용되는 상품들이 바로 포지션 메이킹 상품들이다. 잘 작동하는 은행은 기본 업무인 상공업의 단기 금융을 중단하지 않고 항상 현금을 흐름을 만들어 낼 수 있는 자산을 보유할 수 있게 자산 구조를 조정한다.

제2차 세계대전이 끝날 무렵 상업 은행들은 정부 증권으로 가득 차 있었다. 정부 증권 시장은 주요 포지션 메이킹 시장이었으며, 재무성 국채는 주요 포지션 메이킹 자산이었다. 현금이 넘쳐나는 은행들은 재무성 채권을 구매하고, 현금(지불 준비금)이 부족한 은행들은 재무성 채권을 매각할 것이다. 이러한 구매 및 매각은 독립 딜러들과 대형 은행의 담당 부서에 의해 이루어진다.

정부 증권 시장은 중개 시장brokers' market인 주식시장과 달리 딜러 시

---

3 이는 R. S Sayers의 "은행, 특히 상업 은행은 부유해야 한다."라는 격언을 의미한다. R. S. Sayers, *Bank of England Operations* (1890-1914) (London: P. S. King & Sons, 1936)

2부 경제 경험

장dealers' market이다. 딜러 시장에서 채권은 마케팅 조직이 실구매하면, 그 포지션은 매각되어 없어진다. 딜러는 잠시일지라도 자신이 거래한 채권을 소유한다. 중개 시장에서 마케팅 조직은 판매자와 구매자를 한데 모아 직접 교환의 장을 마련하지만, 중개인은 거래 과정에서 자산을 소유하지는 않는다. 따라서 딜러는 자금 조달이 필요한 재고를 가진다. 재무성 채권 시장에서 딜러는 영업일 동안 대량의 채권을 매매할 수 있으며, 다음 날까지 이월되는 상당량의 재고가 남을 수도 있다. 딜러의 자금 조달 필요성은 은행 및 비은행 기관으로부터 초과 현금의 차입을 유도한다. 포지션 메이킹에 사용되는 상품을 매매하는 딜러들은 금융 체계의 원활한 기능을 위해 필요한데, 이들은 시장의 공급 변동에 따른 증권 가격의 변동을 완화시키는 경향이 있다.

은행은 자신들이 원하거나 감당할 수 있는 수준의 리스크에 맞먹는 최대의 이윤을 위해 노력하는 이윤 추구 기관이다. 은행가들은 시공을 초월해 지불을 가능케 하는 자신들의 서비스 판매, 파이낸싱, 그리고 운용하는 금융을 통해 이윤을 추구하며, 운용되는 자금에서 자산에 따른 이자율은 부채에 따른 이자율보다 크다.

은행가들은 보유한 자산의 수익률을 높이거나 부채 비용을 감소시키는 방식으로 수익 증대를 꾀한다. 이를 위해 은행들은 새로운 방식의 금융 사업을 도입하여 자금 수요를 불러일으킴으로써 혁신을 이루어낸다. 이윤 추구 단위로 구성된 금융 체계에 대한 이러한 신상품, 신규 유형의 약정, 그리고 새로운 기관들은 주기적으로 출현한다.

은행 포지션 메이킹 상품의 진화

포지션 메이킹을 위해 상업 은행들이 사용한 상품들은 전후에 진화했다. 초기의 주요 포지션 메이킹 상품은 미국 재무성 채권으로, 은행은 현금 보유고를 늘리기 위해 자산(재무성 부채)을 매각하고, 현금이 넘칠 때는 채권을 매입했다. 재무성 채권이 포지션 메이킹에 사용될 때, 은행은 어떤 자산(기업 대출)을 다른 자산(재무성 채권 등)으로 대체(혹은 그 반대로)했다.

은행 및 대규모 현금 보유자에 의한 재무성 채권의 매각이나 매입은 매매를 통해 현금을 취득하고자 하는 일군의 딜러를 필요로 한다. 딜러들은 자신들이 보유한 재무성 채권이 증가하면 필요한 현금을 차입으로 확보한다. 반면 딜러가 보유한 재무성 채권 재고가 감소하면, 부채를 상환한다. 이렇게 딜러들의 보유고 증가나 감소에 따라 부채도 증가하거나 감소하는데, 자신들의 부채 운용을 통해 포지션을 구축한다. 국공채 운용에 있어 상업 은행들이 기본 금융원이지만, 기업이나 단기 초과 현금을 보유하고 있는 여타의 기관들 또한 딜러에게 대부한다. 그럼에도 불구하고 때때로 딜러들은 시중 은행이나 비 금융권에서의 대출을 통해 자금 조달이 불가능한 처지에서 정부채를 보유할 수도 있다. 이 경우, 딜러들은 시장에서 원활하게 운용하기 위한 예비 금융원을 확보하고 있어야 한다. 그중 하나의 선택이 채권 딜러에게 연준 은행에서의 차입을 허용하는 것이었지만 이 선택은 채택되지 않았다. 1950~1960년대에 가장 큰 규모의 뉴욕 은행 중 하나인 매뉴팩처러하노버트러스트Manufacturers Hanover Trust가 그들의 **일상적 사업**의 일환이었던 딜러들에 대한 대출을 자제했다. 그러나 여타의 자금원이 막혔을 때 딜러들은 매뉴팩처러하노버에서 차입했다. 만일 매뉴팩처러하노버트 러스트가 채권 딜러들에 대한 자금 지원으로 지불준비금이 부족해지면, 매뉴팩처러하노버는 연준 할인 창구를 이용할 수 있을 것으로 인식되었다.[4]

연준에 대한 이러한 간접적 접근은 은행들이 대규모 국채를 보유하는 환경적 특성에서 포지션 메이킹 문제를 대비하는 충분한 해결책이다. 만약 은행들이 포지션 메이킹에 재무성 채권을 사용하지 않았다면 이러한 방식은 분명 효과적이지 못했을 수 있다.

표 4.1은 1946년에서 1984년까지 상업 은행 포트폴리오에 포함된 대출과 미국 정부 채권 점유율의 변화 추이를 나타낸다. 은행 포트폴리오에 포함된 정부 채권의 달러 총량은 1946년에 전시 최고치인 765억 달러를 기록한 이후 일정하게 유지되다 1960년대 중반에 이르러 증가하기 시작했다. 그러나 표 4.1에서 볼 수 있듯이, 1974년까지의 정부채 보유고 증가는 대체로 공사채Agency issue와 관련된 것이었다. 미국 정부의 전적인 보증에도 자체 시장이 빈약한 경향을 보였기 때문에 실제 포지션 메이킹에 사용하기에는 유효하지 않았다. 더구나 포지션 메이킹 활성화 규모는 총 금융 자산과 연계되므로 표 4.1에 보인 바와 같이 제2차 세계대전 종전부터 1970년대 중반까지의 총자산 대비 정부 채권 보유율의 감소는 은행의 포지션 메이킹 활동에 있어 정부 채권 보유고의 역할이 줄어들었음을 보여준다.

만약 기관이 재무성 채권 등의 자산 매각이나 매입으로 포지션 메

---

4 Hyman P. Minsky, "Central Banking and Money Market Changes," *Quarterly Journal of Economics* LXXI (May 1957); Hyman P. Minsky, *Can "IT" Happen Again? Essays on Instability & Finance*(Armonk N. Y.: M. E. Sharpe & Co., 1982).

표 4.1 상업 은행의 금융자산, 정부채, 대출 분포 현황(단위: 10억 달러)

연말	금융자산	정부채	대출	정부채/금융 자산 (%)	대출/금융 자산 (%)	공사채	정부채 대비 공사채 비율 (%)
1946	134.2	76.5	24.0	57.0	17.9	1.0	1.3
1950	149.5	64.5	25.9	43.1	28.8	1.9	2.9
1955	187.4	65.2	83.4	34.8	44.5	2.9	4.4
1960	228.3	63.9	120.0	28.0	52.5	2.3	3.6
1965	340.7	66.0	203.8	19.4	59.8	5.8	8.8
1970	504.9	76.4	310.8	15.1	61.6	13.9	18.2
1973	728.8	88.8	478.1	12.2	65.6	29.6	33.3
1974	800.1	89.5	535.7	11.2	67.0	33.2	37.1
1975	834.6	119.5	533.6	14.3	63.9	34.6	28.9
1976	906.0	139.6	577.5	15.4	63.7	36.0	25.8
1977	1000.4	138.5	659.5	13.8	65.7	36.8	26.5
1978	1147.2	139.0	773.8	12.1	67.4	43.8	31.5
1979	1276.8	146.5	877.2	11.5	68.7	51.2	34.9
1980	1389.5	172.1	938.7	12.4	67.5	60.9	35.4
1981	1522.6	183.9	1029.5	12.1	67.6	70.7	38.4
1982	1611.2	211.8	1074.4	13.1	66.7	78.2	36.9
1983	1757.4	258.1	1158.8	14.7	65.9	79.0	30.6
1984	2012.9	261.5	1328.4	13.0	65.8	78.5	30.0

출처: 자금 흐름 계정, 1952-84, 연방준비은행, 워싱턴 D.C. 1985년 4월. 1946~1950년 자료, 앞의 책, 1946~1975, 1976년 12월.

이킹 할 수 없다면 차입 확대나 감소로 포지션 메이킹 할 수 있다. 전후 상업 은행의 포지션 메이킹 시장으로 연방 기금 시장이 발전하면서 재무성 증권 시장을 대체했다. 연방 기금은 연방준비은행 예금으로, 1950년대 중반까지 초대형 은행 및 이러한 거래를 수행하기에 좋은 조건을 갖춘 일군의 소형 은행들의 포지션 메이킹 수단으로 자리매김되

표 4.2 상업 은행의 시재금과 지불준비금, 1946~1984년

연도	금융 자산	시재금	회원 은행 지준금	시재금 지준금 합계	금융 자산 대비 시재금 지준금 합계 비율 (%)
1946	134.2	2.0	16.1	18.2	13.6
1950	149.5	2.2	17.7	19.9	13.2
1955	187.4	2.7	19.0	21.7	11.6
1960	228.3	3.3	17.1	20.4	8.9
1965	340.7	4.9	18.4	23.3	6.8
1970	504.9	7.0	24.2	31.2	6.2
1975	834.6	12.3	26.1	38.4	4.6
1980	1389.5	19.8	27.5	47.3	3.4
1984	2012.9	18.6	21.8	40.4	2.0

출처: 자금흐름계정, 1952~1984, 연방준비은행, 워싱턴 D.C. 1985년 4월. 1946~1950년 자료 앞의 책, 1946~1975, 1976년 12월.

었다. 연방 기금은 주요 포지션 메이킹 수단으로 유지되었고, 연방 기금 시장 금리(이러한 예금에 대한 은행 간 금리)가 현재 경제의 주요 이자율이다.

은행 자산은 은행이 연준은행 예금 보유고 및 시재금時在金에 비례하여 증가했다. 표 4.2는 모든 은행의 금융 자산에 대한 시재금 및 연준은행에 있는 지불준비금의 비율을 보여주는데, 1946년 13.6%에서 1975년 4.6%로 하락했고 1984년에는 2%가 되었다. 포지션 메이킹 활동의 총량은 금융 자산의 총량과 연관되므로, 은행이 총자산 대비 시재금과 지불준비금 비율의 감소에도 기능할 수 있도록 광범위하고 다양한 포지션 메이킹 수단(및 시장)을 개발할 필요가 있다. 총자산 대비 지불준비금과 시재 보유고를 늘리기 위해 상업 은행은 지불준비금을 감소시킬 수 있는 부채 유형을 개발해야 했다. 은행들은 금융 체계

에 지불준비금이 없어도 필요할 때 특정 은행으로 지불준비금이 유입되도록 활용할 수 있는 상품 개발에 혁신적이었다.

이렇게 지불준비금을 감소시키는 예금 중 하나가 적어도 원칙적으로는 양도 가능한 고액 양도성 예금증서CD이다. 1960년대 초반 금융체계에 도입되면서, CD는 곧 대규모 단기 자금을 유지할 수 있는 투자 수단으로 선호되었다. 1960년대 초 CD의 성장으로 은행 신용이 본원통화보다 훨씬 더 빠르게 확장되었다. 회원 은행 준비금이 연 2.6% 증가한 1966년 신용 경색으로 이어진 기간 동안 (CD를 포함한)정기예금이 급격히 상승하여 10.7%를 기록했고, 은행의 총신용은 8% 증가하였다. 결과적으로 은행은 기존의 지불준비금에 묶여 있던 신용 성장의 제약을 정기 예금 확대로 극복할 수 있게 되었다.

정부 채권 딜러와 상업 은행이 포지션 메이킹에 활용했던 또 다른 기법은 환매조건부 채권으로, 자산(예컨대, 정부 채권 묶음) 판매와 확정일(예를 들어 내일, 일주일 후 등) 재매입(환매)을 동시에 약정하는 계약이다. 자산의 판매 가격과 후속 환매 가격은 약정으로 확정한다. 가격은 협상으로 결정되므로 구매자의 수익은 실질 총액에 포함된 금리이다. 은행과의 환매조건부 계약은 법정 준비금의 결정 기준에서 예금액을 실질적으로 상계하는 한편 금리 한도를 회피하는 수단으로도 활용된다.

또한 은행은 포지션 메이킹을 위해 외국 은행에서 차입하기도 한다. 해외에서 차입한 자금(유로화, 유럽의 은행들에 예치된 미화 달러)들은 지불준비금에 포함되지 않는 또 다른 유형의 부채이다. 미국 은행 런던 지점이 유로화를 차입해 국내 본사에 송금하면 해당 차입금은 미국 은행의 적립금에 해당하며, 지불준비금에 흡수되는 부채로 연결되지 않는다.

유로화 차입, 예컨대 달러에 대한 마르크화의 매도로 이어진다면, 중앙은행들이 고려하는 환율 영향에 따라 지불준비금 상승을 초래할 수 있다. 1970년의 신용 경색 당시, 해외 지점이 있던 은행들은 해외 지점에 자금을 늘리고 신용을 부여하는 방식으로 연준의 규제를 피할 수 있었다. 1970년의 유동성 경색 이후, 많은 은행들이 미래의 지불준비금 규제 기간을 보다 잘 버틸 수 있는 포지션 메이킹을 위해 해외 지점을 개설했다.

이제 우리는 포지션 메이킹을 가능케 하는 다양한 금융시장 수단에 의지해 일상적으로 작동하는 금융 체계를 가지고 있다. 제2차 세계대전 이후, 금융 체계는 포지션 메이킹 수단으로 재무성 채권을 전유물로 하는 단순 방식에서 정부채, 또는 고액 CD, 환매조건부 채권, 유로화 차입(또는 매도) 및 연준 차입 등 연방 기금 포지션을 효율적으로 운용하는 복잡한 환경으로 진화했다. 이렇게 다양한 포지션 메이킹의 가능성들을 가지고 있는 체계의 행태는 포지션 메이킹 활동에 독점적 지위를 가졌던 재무성 채권 시장의 단순 체계와는 상당히 다르다. 더구나, 포지션 메이킹을 위한 기법들도 진화했다. 통화 매입 방식과 은행 금융 대체 방식에서 급격한 혁신이 일어날 때마다 연준의 정책 조치와 이용 가능한 금융 총량 관계의 관계성이 완화된다. 은행 및 여타 금융 기관을 위한 대안적 포지션 메이킹 수단이 많아질수록 연준의 통화 정책에 따른 자금 공급의 반응은 더 느려진다. 연준의 규제 움직임과 이에 따른 은행과 금융시장의 공급 조절 반응 간격은 이들 관계가 엄격하고 불변적일 때보다 더 지연된다. 이들의 관계가 느슨해질 때, 결과를 원하는 정책 입안자들의 조급함으로 심각한 과잉과 초과 지출을 초래할 수 있다. 정책적 조치가 경제를 금융 위기의 문턱에 이르게 할 가능성은 포지션 메이킹에 활용되는 시장 수와 다양한 시장으로부터 구매되는 은행 자산의 비율에 따라 증가한다. 따라서 전후 금융 체계의 발전에 따른 경제 불안정성 가능성이 증가했다.

은행에서 그리고 은행의 자산 거래와 예금 획득이 이루어지는 시장에서 일어나는 일은 동전의 한 면에 불과하다. 은행이 CD를 팔거나 환매조건부 채권 계약을 체결할 때, 정기 예금이나 요구불 예금에 대한 지불 약속이 대체된다. 이러한 거래는 은행 체계의 금융 활동 역량을 확장시킨다. 그러나 금융 활동들은 단기적 목표를 추구하는 경향이 있으므로 금융의 급속한 성장을 유도하는 조치들은 비은행권 단기 금융의 증가로 이어진다. 단기 금융의 급속한 성장은 금융 체계를 점점 더 취약하게 만드는 경향이 있다.

전후 기간의 부문별 데이터

1960년대 중반부터, 금융 구조뿐 아니라 경제 실적 또한 눈에 띄는 변화를 겪었다. 훨씬 더 높은 인플레이션율로 향하는 뚜렷한 경향을 보였으며, 실업은 최근 몇 년 동안에 더 심각한 문제로 대두되어 1974~1975년과 1981~1982년의 실업률은 이전에 비해 상당히 증가했다. 또한 1975년과 1981년 사이의 최저 실업률은 이전의 전후 확장기에 비해 훨씬 높았다.

경제 행태에서 이러한 차이를 보이는 한 가지 이유는 1960년대 중반 금융 관계에서 일어난 중요한 변화에서 찾을 수 있다. 이러한 변화를 검토하기 위해, 미국 경제의 지배적인 3대 민간 부문인 비금융 기업, 가계, 상업 은행의 대차대조표 데이터의 동향을 강조할 필요가 있다.

대공황이 부채 구조의 바람직한 관점에 끼친 영향은 의심의 여지가 없다. 당시 은행에 대한 대중적 관점은 차입이 필요 없을 때에만 대출해주는 기관이었다. 기술적 용어로 말하자면, 차입자와 대부자 모두 위험 회피 경향을 보였다. 초기에는 2차 세계대전 이후의 번영을 일시적 상황으로 인식하였으므로 전후 초기에는 부채 금융에 대한 거부감이 유지되었다.

1946년 가계, 기업, 금융 기관의 대차대조표는 과거보다 훨씬 더 많은 정부채와 보다 적은 민간 부채에 의지하거나 소유하고 있었다. 정부채는 2,295억 달러였던 반면 총 민간 부채는 1,534억 달러로, 1929년의 민간 부채 1,618억 달러보다 적었다. 낮은 수준의 민간 부채와 높은 수준의 연방정부채의 결과, 주요 부문의 대차대조표는 정부가 발행한 안전 금융 자산이 차지했다.

하지만 고립된 수치들은 경제 관계에 대해 아무것도 알려주지 않는다. 1946년부터 1984년까지 일부 기간의 부채 종류의 분포를 표 4.3에 나타냈다. 1970년대 중반까지 회사채 비율의 증가에도 불구하고 연방정부채는 전체 부채에 비해 하락했다. 반면 전체 부채에 대한 주 및 지방 정부채 비율은 1960년대까지 증가했고, 약 10%에서 10.5%로 안정되었다. 1960년대 초반부터 중반까지의 이와 같은 급격한 증가 및 이후의 안정성은 가계 및 비기업에서도 확인할 수 있다. 가계와 비회사채 비율은 안정기에 도달한 듯 보였다.

1981~1984년의 부채의 분포는 대규모 경기 조정 정책과 구조적 적자에 영향을 받았다. 연방 정부채는 1980년 전체 부채 대비 18.8%에서

표 4.3 순 공공 부채 및 민간 부채의 분포, 1946~1984년

연도	공공 및 민간 순부채 (10억 달러)	연방정부	주정부 및 지방정부	기업	가계
1943	350.4	62.8	4.4	14.1	9.8
1952	460.2	48.1	6.8	18.9	20.4
1955	544.9	41.8	8.4	19.0	25.0
1960	726.8	32.5	9.9	21.2	30.0
1965	1012.5	25.9	10.2	21.9	33.9
1970	1432.3	21.0	10.4	24.8	33.6
1975	2288.8	19.5	9.6	24.0	34.0
1980	3948.3	18.8	7.5	23.1	37.7
1981	4328.4	19.2	7.0	23.4	37.4
1982	4728.9	21.0	7.1	23.0	36.2
1983	5255.3	22.4	7.1	21.8	35.9
1984	5970.8	23.0	6.8	21.9	35.7

출처: 자금흐름계정, 1952~1984, 연방준비은행, 워싱턴 D.C. 1985년 4월. 1946~1950년 자료, 앞의 책, 1946~1975, 1976년 12월.

1984년 23%로 증가했다. 1980년에서 1984년 사이, 기업과 가계의 부채는 모두 전체 부채 비율의 감소에 따라 감소했는데, 회사채는 23.1%에서 21.9%로, 가계 부채는 37.7%에서 35.7%로 감소했다.

1946년의 수준에서 감소한 이후, GNP 대비 전체 부채의 비율은 GNP 대비 부채 비율이 증가한 1960년대 초반까지 상대적으로 변화의 폭(대략 13억~14억 달러)이 작았다(표 4.4에서 현재 달러로 표시된 GNP 대비 부채 비율은 1946년부터 1984년까지 선택된 년도의 다양한 유형의 부채를 나타낸다). 최근에 이루어진 발전의 결과, GNP 대비 공공 부채 및 민간 부채의 합계는 1984년 16억3천 달러를 기록했다.

레이건 시대의 적자에 이르기까지 GNP 대비 연방 정부채 비율은

표 4.4 GNP 대비 순 공공 부채 및 민간 부채, 1946~1984년(GNP 대비 부채 비율)

연도	공공 및 민간 채무 합계 (10억 달러)	연방	지방	기업	가계
1946	1.67	1.01	.07	.24	.16
1952	1.32	.64	.09	.25	.27
1955	1.37	.57	.12	.26	.34
1960	1.43	.47	.14	.30	.43
1965	1.47	.38	.15	.32	.50
1970	1.44	.30	.15	.36	.48
1975	1.48	.29	.14	.35	.50
1980	1.50	.28	.11	.35	.57
1981	1.46	.28	.10	.34	.55
1982	1.54	.32	.11	.35	.56
1983	1.59	.36	.11	.35	.57
1984	1.63	.38	.11	.36	.58

출처: 자금흐름계정, 1952~1984년, 연방준비은행, 워싱턴 D.C. 1985년 4월. 1946~1950년 자료, 앞의 책, 1946~1975년, 1976년 12월.

감소했고, 1946년 1.04였던 비율은 1980년 0.28이었다. 1970년까지 회사채는 GNP 대비 지속적으로 증가하여 1946년 0.24에서 1970년 0.36을 기록했다(1965년과 1970년 사이에 회사채 비율은 0.32에서 0.36으로 증가했다). 1970년부터 GNP 대비 회사채 비율은 안정되었다. 주및 지방 정부채와 개인 부채는 1965년까지 증가하여 1970년대 중반에이르기까지 소폭 안정화되었다. 가계 부채는 GNP에 비례하여 증가하였다.

1960년대와 1970년대에 GNP 대비 연방 부채 비율의 느리지만 지속적 감소에도 불구하고 GNP 대비 주 및 지방, 가계, 회사채의 증가세감소는 금융시장의 불안정성 증가와 동시에 나타났다. 1960년대 후반과 1970년대에도 기업 총이윤 및 가계 소득 비율이 증가하면서 금리의 상승도 목격되었다. 1960년대 이후의 이러한 동향은 부채 증가 및 급격한 금리 상승이 결합된 효과를 반영한다.

부문별 대차대조표와 대차대조표 수입 관련 데이터는 1960년대 중반 금융 관계의 중요한 변화를 보여준다. 케인즈는 우리 경제가 안전 한도에 기초한 대부와 차입 체계로 특성화되었다고 정의했다. 안전 한도는 현금 수입 대비 채무 이행 비율, 순자산 또는 부채 대비 순수익(주식시장의 이득) 비율, 현금 및 유동성 자산 대비 부채 비율, 즉 운영에 필요하지 않은 자산에 대한 채무 이행 비율로 확인할 수 있다. 안전 한도의 크기는 금융 구조의 취약성이나 건전성을 결정해, 그 결과 부채 디플레이션을 동반하지 않고 현금 수용성 부족을 흡수할 수 있는 경제 단위의 능력을 반영한다.

다음에 제시된 아홉 개의 그림 중 네 개는 비금융 기업, 두 개는 가계, 세 개는 상업 은행을 다룬 것으로 1960년대 중반 발생한 금융 관계 추세의 중요한 변화를 보여준다. 난기류 및 취약성으로의 전환이 이 그래프에 나타나 있다.

그림 4.1은 비금융 기업의 내부 자금 대비 고정 설비 투자 비율이다. 자료에 의하면 우리의 정교한 금융 체계는 기업들이 투자하려는 욕구가 증가할 때 자금 수요를 소화해낸다. (투자세 공제 및 가속화된 감가상각과 같은)투자 유인책 덕분에 경제는 잘 돌아가고 이는 기업이 부채를 짊어질 수 있는 역량을 증가시킨다.

그림 4.2는 개략적이긴 하지만, 현금 흐름과 관련하여 비금융기업의 현금 지불 능력 지표인 총 내부 자금 대비 부채 비율을 보여준다. 제시된 지표는 상당히 보수적이다. 이는 이 기간 동안 발생한 부채 구조 중

그림 4.1   총 내부 자금 대비 고정 투자 비율, 비금융기업, 1952~1984년

출처: Flow of Fund, Board of Governors of the Federal Reserve System

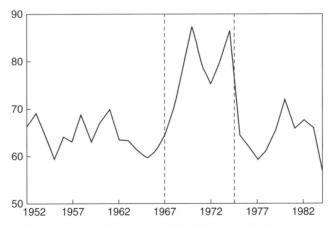

그림 4.2   총 내부 자금 대비 총부채 비율, 비금융기업, 1952~1984년

출처: Flow of Fund, Board of Governors of the Federal Reserve System

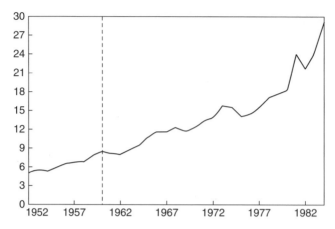

그림 4.3 요구불 예금 대비 고정 투자 비율, 비금융기업, 1952~1984년
출처: Flow of Fund, Board of Governors of the Federal Reserve System

단기 부채 비율의 증가를 고려하거나 금리 상승을 반영하지 않았기 때문이다. 1960년대까지 이 비율에서의 유의미한 동향은 발견되지 않다가 이후 급격하게 상승했다. 1965년에서 1974년 동안 기업 운영에 따른 현금 흐름으로 이전보다 훨씬 적은 부채가 투입되었다. 더군다나 금리 상승을 감안하면 이 비율은 훨씬 가파르게 증가할 것이다. 1955년 이후 10년 동안 장기 부채 금리는 약 50% 정도 상승했지만, 1965년 이후 두 배 이상 상승했다. 그러므로 만약 회사채가 금리 변화에 따라 조정된다면, 초기 15년 동안의 다소간의 하락세는 없어지고 1965년에서 1974년 사이의 상승 추세는 보다 더 강할 것이다.

그림 4.3은 기업 대차대조표에서 현금 자산 대비 부채 비율 추세를 보여주는데, 안전 자산 재고 대비 회사채 비율과 같은 기타 유동 자산 지표에 대한 추세이다. 요구불 예금 대비 부채 비율은 전후 기간 상승 추세를 보였지만, 1960년(그래프에 수직으로 나타낸 점선 부분) 이후

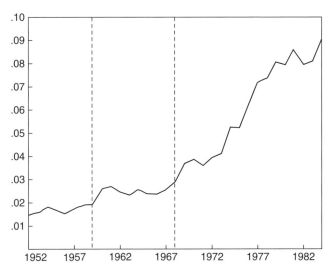

그림 4.4 총 부채 대비 공개시장 채권 및 금융기업으로부터의 차입 비율, 비금융기업, 1952~1984년
출처: Flow of Fund, Board of Governors of the Federal Reserve System

는 주기적으로 상승하고 있다. 요구불 예금 및 현금 대비 회사채 비율의 급격한 상승은 금융시장 규제가 점차 완화되면서 기업들이 현금 대신 이자 수익에 투자하는 상황을 반영한다. 비금융 기업 부채 구조의 양상을 보여주는 그림 4.4는 총부채 대비 금융 기업으로부터의 차입을 합한 공개시장 채권 비율로서 기업의 외부 금융 의존도가 증가했음을 보여준다. 이 부채들은 1967년 이전에는 기업 총부채에서 적은 부분을 차지했지만 현재는 이전에 비해 외부 금융이 훨씬 더 많이 투입되고 있음을 분명히 확인할 수 있다. 이러한 외부 금융에의 의존은 두 단계를 거쳐 확대됐는데, 첫 번째는 1960년경, 두 번째는 1969년경이다. 1969년 이후의 증가는 아마도 연준이 1969~1970년의 신용 경색을 다루었던 방식, 즉 그들이 채무 보증을 확대함으로써 과거보다 더 안전

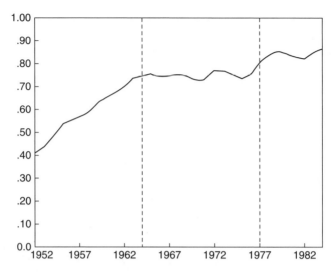

그림 4.5 개인 가처분 소득 대비 부채 비율, 가계, 1952~1984년
출처: Flow of Fund, Board of Governors of the Federal Reserve System

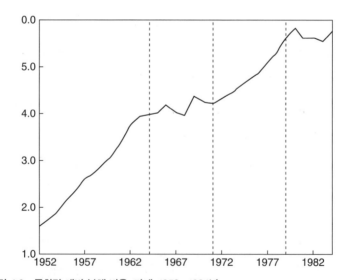

그림 4.6 통화량 대비 부채 비율, 가계, 1952~1984년
출처: Flow of Fund, Board of Governors of the Federal Reserve System

2부 경제 경험

해졌다는 관점을 반영한 것으로 볼 수 있을 것이다.

그림 4.5와 4.6은 가계 지표를 보여준다. 그림 4.5는 개인 소득 대비 부채 비율이고, 그림 4.6은 통화량 대비 부채 비율이다. 개인 소득 대비 가계 부채는 주기적 패턴이 발생한 1964년까지 꾸준하게 증가했다. 이러한 주기적 패턴은 또 다른 안정기로 단계적으로 상승했던 1967년까지는 그 추세가 뚜렷하지 않았다. 대략적인 유동성 지표인 통화량 대비 부채 비율은 뚜렷한 추세를 노출하지 않은 채 주기적 패턴이 나타난 1964년까지 꾸준하게 증가했다. 이와 같은 추세는 급속한 증가가 일어난 1971년까지 지속되었다. 1979년부터 부채 대비 통화량 비율은

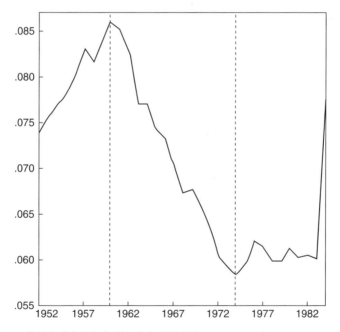

그림 4.7 **총부채 대비 금융 순자산 가치, 상업 은행, 1952~1984년**
출처: Flow of Fund, Board of Governors of the Federal Reserve System

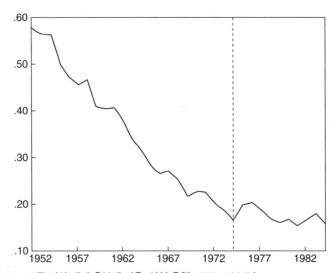

그림 4.8 보증 자산 대비 총부채 비율, 상업 은행, 1952~1984년
출처: Flow of Fund, Board of Governors of the Federal Reserve System

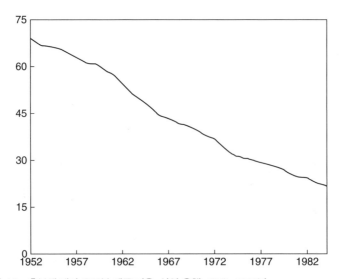

그림 4.9 총부채 대비 요구불 예금 비율, 상업 은행, 1952~1984년
출처: Flow of Fund, Board of Governors of the Federal Reserve System

　　　　　　　　　　　　　　　　　　　　　　　　　2부　경제 경험

뚜렷한 추세가 없는 주기적 패턴을 보인다.

그림 4.7~4.9는 상업 은행 금융 관계의 일부를 보여준다. 그림 4.7은 총부채 대비 금융 순자산 비율을 나타낸다. 1950년에서 1960년 사이 이 비율은 0.074에서 0.086으로 증가 추세를 보이다 1960년 이후 하락하여 1974년에는 0.056까지 하락했고, 1978년 이후 약 6% 정도의 변화폭으로 안정성을 보였다. 이에 따라 자산에 금리 상승분을 반영하지 않는 상업 은행의 관행적 지표에 따르더라도 자기 자본 방어율이 급격히 하락했다. 그러나 만약 금리 인상분을 반영하여 재평가했다면 훨씬 더 급격하게 하락했을 것이다.

그림 4.8은 총부채 대비 보증 자산(예, 연준 개입으로 보증된 자산) 비율이 1952년의 0.6 미만에서 0.17에 이른 1974년까지 급격한 하락세를 보여준다. 총부채 대비 요구불 예금 비율을 보여주는 그림 4.9는 전 기간에 걸친 하락세를 보여주는데, 이는 다수의 새로운 은행 부채 도입으로 설명될 수 있다.

이 그림들에서 수직 점선들은 금융 구조 속에서 추세의 변화나 행동 양태의 변화가 일어난 시기를 선택적으로 나타낸다. 이러한 양상들은 1960년대 초반 금융 체계의 행태가 (더 투기적으로 변한)중요한 변화를 겪고, 이 변화가 취약한 금융으로 가속화되는 추세를 보여준다. 결과적으로, 1960년대의 경제 실적은 훨씬 높은 인플레이션 및 실업률로서의 경향성을 보이며 전후 15년 동안의 상황에 비해 한층 불안정해졌다.

기관의 변화 또한 금융 구조의 전환에 기여했는데, 1960년부터 1974년까지 주변부 금융 기관들 및 (투자사의 기업 대출, 리츠와 비회원 상업 은행 등의 기업어음 발행과 같은)관행들이 금융 체계 내의 여타 요소득에 비해 성장하였다.

주변부 금융 기관들의 성장에 따라 회원 은행들(및 특히 대규모 금융시장 은행들)은 보통 신용 한계에 의해 규정되는 관계를 통해 주변부 금융 기관들에 대한 사실상의 최종 대부자가 되었다. 사실상 연준은 주변부 금융 기관들에 대한 간접적 최종 대부자였다. 1974년 리츠 위기에서 명백하게 드러났듯이(제3장 참조) 중앙은행 체계의 계층 모형(1863~1913)이 다시 등장했다.

계층적 금융 관계는 금융 체계 전체의 관점에서 보면 취약성을 증가시키는 원인으로 작용할 수 있다. 주변부 금융 기관에 대한 인식의 취약성으로 대안적 자금 조달 경로가 비싸지거나 활용 불가능해지면, 주변부 금융 기관들은 주요 은행으로부터 신용 한도를 끌어온다. 은행이 주변부 금융 기관의 포트폴리오와 유사한 자산을 보유하는 한, 은행이 가지고 있는 일부 자산들은 시장에서 주변부 금융 기관의 손실 및 현금 흐름에서의 적자가 분명해지면서 부실에 빠진다. 결과적으로 일부 은행들의 포트폴리오가 이미 부실해진 상황에서 주변부 금융 기관의 직접적 최종 대부자로 기능한다면 훨씬 더 부실해진다. 뿐만 아니라 초대형 금융시장 은행들이 주변부 금융 기관을 구제하는 일련의 사건들은 초대형 은행들의 누적적 쇠퇴로 이어질 가능성이 있다. 1982년 펜스퀘어 파산의 여파로 뱅크오브아메리카가 시애틀의 시퍼스트를 흡수했을 때 뱅크오브아메리카가 건실했던 상황은 아니었다.

심각한 은행 파산을 야기할 수 있는 연쇄적 영향의 가능성이 계층적 금융 패턴에 내재되어 있다. 제한 없는 유동성 풀에 의해 신용을 창출하도록 설계된 새로운 금융 상품들의 발명과 더불어 금융에 있어서의 추가적 계층의 도입은 금융 데이터 자체 이상으로 금융 체계의 취약성 증가를 보여주는 한 가지 증거이다.

1966년의 신용 경색

1966년의 신용 경색은 1930년대 이후 금융 상품 또는 기관에 대한 인출 사태 및 연준의 최종 대부자로서의 역할을 야기한 첫 번째 위기였다. 전후 초기의 금융 사태는 빌리 솔 에스테스Billy Sol Estes 사건과 1963년의 샐러드 오일Salad oil 스캔들 같은 특정 실패 또는 사기 행각으로 발생했다. 이러한 상황들은 특정 사건의 제거를 위한 연준의 개입으로 이어졌다. 그러나 1966년 연준은 제도적 결점(위험에 빠진 시장)을 통제하기 위한 진정한 최종 대부자였다.

심각한 침체가 없었던 전후 장기간의 맥락에서 보면, 1966년의 신용 경색은 사실상 1961년 이후 경제의 순환적 확장에 따른 정상적 결과이다. 신용 경색은 포트폴리오 내의 안전성 한도가 잠식되었을 때에만 발생할 수 있다. 대공황 직후 세계대전이 남긴 재정적 유산은 전쟁이 끝나면서 건실한 시장이 지배하게 되었음을 의미했다.

은행이 대량의 재무성 채권을 보유하고 있는 한, 그들은 증권 거래(매입 또는 매도)를 통해 필요한 현금 규모를 조정할 수 있었다. 포지션 메이킹 활동이 자산 부문에서의 운영이므로 전후 첫 시기 동안 은행의 주요 경영상 문제는 자산(대출, 그리고 투자) 관리에 집중되었다.

1960년대 중반 들어 대형 은행들은 보유 재무성 채권이 고갈되자 연준은행에 예금 거래를 시작했는데, 대형 은행들의 연방 기금에 대한 차입과 대부가 그 출발이었다. 이러한 대부와 차입은 은행의 포지션 메이킹 활동으로서 재무성 채권 거래를 보완하거나 대체했다. 포지션 메이킹을 위한 연방 기금의 활용은 대부 은행들이 부족한 현금을 보충하는 경우 부채가 따라서 증가함을 의미한다.

그러나 연방 기금의 활용은 은행들에게 자산 측면보다는 부채 측면의 운영을 지배적 포지션 메이킹 기법으로 만든 체계 전환의 첫 걸음이었다. 1960년, 체이스내셔널은행 주도하의 CD를 통한 금융 조치는 은행의 포지션 메이킹에 필요한 현금 조달에서의 선호 방식으로 자리잡았다. 1960년대의 이러한 부채의 급속한 증가는 은행들에게 자신들의 본원통화보다 더 빠른 비율로 대출을 증가시킬 수 있게 만들었다. 연준이 화폐 공급(요구불 예금 및 통화)과 본원통화 증가율로 측정되는 다소 온건한 경로를 추구하고 있었지만, 은행 대부업은 인플레이션을 부채질할 정도로 빠르게 성장하고 있었다.

1960년대의 팽창이 진전됨에 따라, 실물 자산에 대한 비금융 기업들의 지출이 급격하게 증가하여 기업 내부 금융원의 성장률을 능가했다

표 4.5   미국 내 투자 및 금융원(농가 외 비금융 기업), 1961~1966년(단위:십억 달러)

연도	실물 자산		내부 금융	외부 금융	실물 자산 대비 외부 금융 비율(%)
1961	37.0	−5.6%*	35.6	1.4	3.8
1962	44.7	20.8%*	41.8	2.9	6.5
1963	46.7	4.5%*	43.9	2.8	6.0
1964	52.2	11.8%*	50.8	1.4	2.7
1965	61.9	18.6%*	55.3	6.6	10.7
1966	73.8	19.2%*	58.6	15.2	20.6

* [(t기 가치 ÷ t−1기 가치)−1] × 100=100

출처: 표 B-69, P. 294: Economic Report of the President, 1967년 1월, U.S Government Printing Office, Washington, 1967.

2부 경제 경험

표 4.6　미국 통화 및 은행 신용의 연간 변화율(1965년 12월~1967년 7월)

	처음 시작 년도			
	1965년 12월	1966년 4월	1966년 7월	1966년 12월
	마지막 년도			
	1966년 4월	1966년 7월	1966년 12월	1967년 7월
가맹 은행의 지불준비금	6.8	2.6	−4.3	11.1
화폐 보유량	6.8	−3.0	1.0	7.0
정기 예금	9.5	10.7	4.2	17.9
은행 신용	8.0	8.0	1.5	12.4

출처: 세인트루이스 연방준비은행, Monetary Trend, 세인트루이스. 연방준비은행 월간, 1966/1967

(그림 4.1 참고). 그 결과, 표 4.5가 보여주는 바와 같이 기업의 순외부 금융이 가파르게 증가했다. 연준이 은행 체계에 상당한 비율로 준비금을 공급해주었음에도 불구하고 은행을 통한 자금의 수요는 공급을 초과했고, 이에 따라 금리뿐만 아니라 물가도 상승했다.

1966년 투자 붐의 중심에서 연준은 인플레이션에 맞서기 위해 본원 통화 증가율을 점진적으로 하락시켰다(표 4.6 참조). 이는 은행이 대출을 위해 사용 가능한 자금의 증가율 하락을 의미한다.

본원통화 증가율의 하락과 투자에서의 호황은 단기 자금 시장에서 은행들의 자금 수요를 크게 증가시켰다. 연준이 CD 금리의 상한선을 올리더라도, 기업어음 및 재무성 채권에 대한 시장 금리는 그보다 더 상승했다. 결과적으로, 높은 액면가의 CD를 보유한 사람들이 가지고 있던 CD를 방출하기 시작했는데 이는 단기 자금 시장에서 은행들에 대한 압박을 초래했다.

1966년 6월 말에 들어서면서, 최고 금리 한도를 동반한 대규모 CD 가격은 할인되고 사실상 발행이 중단되었다. 8월 들어서며 그 양은 뚜렷이 급락하여, 대형 상업 은행의 예금 인출 사태에 맞먹었다. 하지만 이미 은행들이 기업들과 맺은 대출 약정은 예금 인출 사태와 본원 통화의 감소로 개별 은행들에게 더 많은 자금을 찾도록 했다.

은행은 지불준비금 확보를 위해 두 가지 조치를 취했는데, 이 과정에서의 혼란이 여타의 금융 체계로 확산되었다. 프랭클린내셔널은행을 필두로 한 뉴욕시 은행들은 소액 자금 보유자들에게 고금리의 혜택을 확대하면서 CD를 보다 작은 액면가로 쪼개어 제공했다. 이렇게 쪼개져 소매로 유통된 CD는 특히 자신들의 포트폴리오에 저금리 모기지가 많이 포함되어 있던 뉴욕의 상호저축 은행보다 더 높은 수익을 제공했다. 이러한 고금리 CD의 유혹은 고금리로 저축 예금을 유치했던 서부 해안 지역에서 동부로의 자금 이탈을 유도했다.

고갈되는 부채에 대한 또 다른 부채로의 대체는 자산의 매각이었다. 1966년 고액 CD 인출 사태가 전개됨에 따라 은행들이 포지션 메이킹을 위해 판매할 수 있는 재무성 상품은 거의 없었다. 결과적으로 은행은 다른 증권 판매로 눈을 돌렸는데, 대규모 금융시장 은행들은 비과세 지방채(주와 지방 정부) 판매에 나서기 시작했다.

통상적으로 이 시기의 상업 은행들은 신규 발행 지방채의 약 1/3을 취득했는데, 신용 경색이 발생하면서 지방채 입찰에서 아예 철수했다. 8월 말까지 지방채 발행 시장에서 은행들이 철수하고 포지션 메이킹을 위한 지방채 매각이 동시에 일어나면서 시장은 혼란에 빠져들었다. 우량 비과세 지방채의 수익률이 5%에 달했음에도 불구하고 이 시장 규모는 작았다.

이 기간 동안 연준은 4.5%의 명목 재할인율을 유지하는 한편, 1966년 상반기 동안 할인 창구를 통한 차입에서 일부 증가(약 3억 달러 정도)를 허용했다. 그러나 7, 8월 중에는 회원 은행들의 차입이 늘지 않도록 매우 엄격히 관리되었고, 단기 자금 시장 은행들은 할인 창구가 사실상 폐쇄된 것으로 여겼다.

8월 말까지 지방채 시장의 해체, 저축 은행의 지불 능력 및 유동성에 대한 우려스런 소문, 그리고 미친 듯이 진행되는 단기 자금 시장 은행들의 포지션 메이킹 노력들은 통제된 공황 상태라고 특징화할 수 있는 상황을 연출했다. 이제 연준의 조치가 명확히 요구되는 상황이었다. 그럼에도 단기 자금 시장의 공황은 일시적이었고, 이는 실질적 유동성 경색 및 알려지지 않은 만일의 사태에 대비하여 설계된 자금의 예방적 수요가 급증한 결과였다. 19세기에 있었던 몇몇 단기 자금 시장 공황에서 그랬듯이, 마침내 당국이 조치에 나서면서 위기의 시류는 조금씩 사라졌다.

1966년 9월 1일, 12개 지역 연준은행 총재들은 각 지역의 모든 회원 은행들에게 같은 내용의 서신을 보냈다. 연준의 목적에 부합하는 은행에 할인 창구를 개시하며, 특별히 기업 대출을 자제하고 있다는 분명한 근거를 제시하는 은행들에게 현재 유통되는 지방채 보유를 위한 자금을 할인 창구에서 조달할 수 있게 해준다는 것이었다. 게다가 서신은 "대출 감축으로 포지션을 조정하는 은행들은 증권 처분에 필요한 기간보다 더 긴 할인 약정이 필요할 수 있다"고 명시했다. 서신은 연준이 지방채 시장 보호를 위해 조치를 취하고 있으며, 할인 창구에서 지방채 활용을 허용함으로써 가격 하한선을 효과적으로 정립하려는 움직임을 명확히 천명하였기 때문에 중요하다. 대규모 CD가 할인되기 전부터 대형 은행들은 기업 대부를 줄이기 위해 적극적으로 노력해 왔던 터라, 각 은행들은 자신들이 이러한 조건을 갖추고 있다고 믿었다.

이전에 폐쇄된 것으로 여겨졌던 할인 창구는 이제 임시로 개방되었다.

1966년 9월 1일의 연준 서신은 최종 대부자 조치로서, 균형을 깨뜨리는 요인들이 금융시장을 지배하고 있다는 인식에 따라 CD 인출 사태에 노출된 은행 포지션의 리파이낸싱을 위해 연준 차입에 접근할 수 있도록 했다.

할인 창구의 개방 효과가 나타나 공황은 진정되었다. 신용 경색 직후 의회는 연준, 연방예금보험공사, 연방주택대출은행이 자신들의 관할 기관들에게 예금의 규모와 기간에 따라 금리의 차등 한도를 지정할 수 있게 한 법안을 통과시켰다.

대규모 투자 감소는 신용 경색과 관련 있었고, 민간 국내 총투자는 1966년 4분기와 1967년 2분기 사이에 연간 26% 하락했다. 그럼에도, 민간 투자 지출 감소분만큼 베트남 전쟁에서의 지출이 증가했기 때문에 민간 투자의 쇠퇴가 총소득 감소로 이어지지 않았다. 경기 침체는 적절한 통화 정책에 의해서가 아니라 의도치 않게 방어되었다. 1966년의 신용 경색은 전후 첫 번째 혼란이었다. 연준은행의 조치는 은행들에 대한 예금 인출 사태를 방어하여 금융시장의 안정을 보장하는 듯 보였다. 이는 은행들에게 CD의 활용과 포지션 메이킹을 위해 저글링하듯 부채를 활용하는 조치를 정당화했다. 예금 규모에 따라 금리 한도를 지정할 수 있게 하는 미봉책으로 곤란한 상황을 회피했기 때문에, 신용 경색은 금융 구조에 심각한 결함이 있음을 보여주는 신호로 해석되지 않았다.

1970년대의 유동성 압박

최종 대부자 개입이 요구된 전후 두 번째의 금융 위기는 1970년에 발생했다. 이 시기 위태로웠던 시장은 기업어음(CP) 시장이었다. 연준의 개입은 다음과 같이 이루어졌다. (1)할인 창구를 개방하여 은행들이 기업어음 인출 사태에 리파이낸싱 자금을 조달할 수 있게 하고, (2)할인 창구를 이용할 법적 권한이 없는 금융사들에게 은행들이 리파이낸싱해줄 수 있는 신디케이트를 장려하였다.

1960년대 초에는 은행 CD가 확장을 위한 '새로운' 투자 상품이었던 반면, 1960년대 말에 들어서 새로운 상품은 기업어음이었다. CP는 (90일 혹은 180일 등과 같이)기간을 정해 발행하는 무담보 기업어음이다. GMACGeneral Motors Acceptance Corporation 같은 대형 금융사들은 자가 CP를 발행하고, 소규모 기업들은 딜러를 통해 발행했다.

1966년 초에만 약 100억 달러의 CP가 발행되었다. 1968년 중반에는 200억 달러로 증가했고, 1970년 5월 말에는 약 320억 달러가 발행되었다.

닉슨이 취임한 1969년 초에 실업률은 3.5%였으며, 이 해의 소비자물가지수(CPI)는 4.2% 상승하였다. 1968년 들어 기업 투자는 1967년 대비 5% 증가했고, 1969년에는 11.6% 증가했다. 기업 내부 자금이 사실상 변동 없이 유지되었으므로 외부 금융 투자는 13.9%에서 27.5%로 증가했다(표 4.7).

투자 대비 외부 금융의 폭발적 증가 와중에 연준은 통화 정책으로 인플레이션을 방어하기 위해 노력했다. 은행 신용 증가율은 1968년 10%에서 1969년 상반기에는 5%, 1969년 후반기와 1970년 상반기에는

표 4.7 　미국 내 투자 및 금융원(농업 외 비금융 기업), 1967~1970년(단위:십억 달러)

연도	실물 자산		내부 금융	외부 금융	실물 자산 대비 외부 금융 비율(%)
1967	$71.4	−3.36% *	61.5	9.9	13.9
1968	$75.0	5.04% *	61.7	13.3	17.7
1969	$83.7	11.60% *	60.7	23.0	27.5
1970	$84.0	0.40% *	59.4	24.6	29.3

* [(t기 가치 ÷ (t−1)기 가치)−1] × 100=100

출처: Flow of Funds Accounts, 1946-1975, 1976년 12월, Board of Governors of the Federal Reserve System, Washington, D.C., 1976.

3%로 하락세를 보였다. 그 결과, 민감한 연방 기금 금리는 1968년 말 6%에서 1969년 중반 들어 9%로 상승하여 하락세로 돌아선 1970년 초까지 유지되었다. 여타의 금리들 또한 상승했다.

이러한 금융 긴축 상황에서 펜−센트럴철도가 파산을 신청하며 약 8천2백만 달러 규모 CP의 채무불이행을 선언했다. 이 채무불이행은 CP 시장에서의 인출 사태를 유도하여, 3주에 걸쳐 (약 10%에 달하는)30억 달러 규모의 CP가 인출되었다. 뉴욕 연준 은행과 연준 이사회는 CP 인출 사태에 영향을 받은 기관들에 리파이낸싱해줄 상업 은행 신디케이트 설립을 지원함으로써 개입했다. 7월 한 달간 회원 은행들이 연준 할인 창구에서 차입한 규모는 10억 달러에서 20억 달러로 증가했고, 연준은 공개시장 조작으로 은행 체계에 추가 자금을 투입했다.

연준의 이러한 조치는 CP 시장을 방어했다. 1970년 CP 위기의 결과, 기업어음 발행 기업들에게 필요한 경우 기업어음 상환에 충분한 은행 신용 한도 보유를 제도화하였다.

이러한 조치로 CP는 상업 은행의 숨겨진 부채가 되었는데, 이는 곧 은행 부채는 증가했지만 추가된 부채들이 은행 대차대조표에 드러나지 않았음을 의미한다. 이 관행은 연준의 전통적 권한으로 제한되지 않았던 실질적 화폐 공급에 추가 요소를 도입했다.

1969~1970년간은 진정한 침체기였음에도, 유동성 압박의 여파로 은행 개혁은 이루어지지 않았다. 1970년 말에 실업률은 6%, 그리고 GNP 디플레이터는 6% 상승했다. 6%의 인플레이션, 6%의 실업률은 미국 경제의 특징인 물가 상승을 동반한 높은 실업률, 즉 스태그플레이션의 등장을 의미한다. 스태그플레이션의 출현은 경제 실적이 더 이상 1950년대와 1960년대 만들어진 패턴을 따르지 않는다는 증거였다.

경기 침체와 더불어 연방 정부 예산은 1969년 85억 달러 흑자에서 1970년 119억 달러, 1971년 219억 달러 적자를 기록했다. 이러한 적자들은 소득과 고용을 유지할 뿐 아니라, 표 4.8에 나타낸 것처럼 기업 부문으로의 현금 흐름을 증가시켰다. 현금 흐름은 1968~1970년 동안 약 600억 달러 선에서 안정적으로 유지되다 1971년 및 1972년에는 각각 699억 달러와 775억 달러로 증가했다. 역설적으로, 큰 정부에 의해 운용되는 경제에서 경기 침체는 기업의 세후 총이윤에 이득을 가져다 주었다.

표 4.8 기업의 현금 흐름과 연방정부 예산, 1968~1972년(단위: 십억 달러)

연도	연방정부 예산 현황	기업의 세후 총이윤
1968	−6.5	61.7
1969	+8.1	60.7
1970	−11.9	59.4
1971	−21.9	69.9
1972	−17.5	77.5

출처: Economic Report of the President, 1976, U.S. Government Printing Office (1976), Flow funds Accounts, 1946-1975, Board of Governors of the Federal Reserve System, 1976

1969~1970년 CP 시장의 위기가 심각한 침체를 야기했지만, 최종 대부자로서의 연준의 즉각적 개입과 1970, 1971, 1972년의 큰 정부의 적자 운용 조합으로 극복할 수 있었다. 그러나 위기 직후 기업 현금 흐름의 급속한 증가는 이후의 또 다른 경기 팽창 및 외부 금융의 폭발적 증가의 발판이 되었다.

통화 제약을 활용한 인플레이션 통제 정책은 1969~1970년에는 크게 성공하지 못했다. 정책 입안자들은 화폐 공급 증가 속도에 대한 제약이 기업 및 가계 지출의 완만한 감소와 인플레이션을 야기하는 초과 수요를 상쇄할 것이라 추정했다. 그러나 우리가 살고 있는 세계에서 통화 정책은 수요에 직접적인 영향을 미치지 못한다. 통화 정책은 우선 파이낸싱 및 리파이낸싱 조건에 영향을 미쳐 금융시장에서 거래되는 상품들의 가격에 영향을 미친다. 결과적으로 통화 제약은 소득, 고용, 그리고 물가의 지속적 상승에도 불구하고 금융시장의 붕괴를 초래하는데, 수요가 완전히 떨어지기 전에 금융 위기를 유발한다. 그러나 1966년과 1970년의 심각한 불황에 직면했던 금융 트라우마에서의 성공적 통화 긴축은 1973~1974년과 1980~1981년에 인플레이션 방지 정책의 주요 무기가 될 것이 확실함을 의미했다.

이와 비슷한 1971년 이후 기업 투자 및 외부 금융의 폭발적인 성장 패턴(표 4.9)은 시장 금리의 상승 압력이 있었음을 의미한다. 닉슨 행정부가 1973년 초 선거 공약으로 내세운 통화 완화 정책에 따른 물가 통제의 돌연한 철폐는 유동성 자산의 안전 한도를 제거하게 하는 치명적 인플레이션을 야기했다. 주택과 상업 투자의 붐은 1970년대 초 기적과도 같은 새로운 금융 상품이었던 리츠의 등장으로 촉진되었다. 다시 한 번 고금리가 등장했고 자신들의 포지션을 위해 리파이낸싱에 의

표 4.9 투자 및 자금의 내부 원천 (농업 외 비금융 기업), 1971~1980년(단위: 십억 달러)

연도	유형 자산의 구입		내부 자금	순 외부 금융	유형 자산의 외부 금융 비율
1971	87.2	3.8%*	68.0	19.2	22.0
1972	102.5	17.5%*	78.7	1207	23.2
1973	121.5	18.5%*	84.6	36.9	30.4
1974	125.9	3.6%*	81.5	44.4	35.2
1975	99.9	−7.9%*	124.4	−24.5	−24.5
1976	139.0	39.1%*	142.9	−3.9	−2.8
1977	169.8	22.1%*	166.3	3.5	2.1
1978	195.9	15.3%*	186.8	9.1	4.6
1979	220.9	12.7%*	218.1	2.8	1.2
1980	216.9	−9.8%*	230.0	−13.1	−6.0

* [(t기 가치÷t−1기 가치)−1]×100=100

출처: Flow of Funds Accounts, 1946-1975, Board of Governors of the Federal Reserve System, Washington, D.C., 1976년 12월, Flow of Funds Accounts 재발행.

존하는 금융 기관은 또다시 큰 어려움에 봉착했다. 특히 거의 모든 리츠는 1974년 들어 파산으로 향하기 시작했다. 이 기간에 은행의 파산도 만연했었다.

1974~1975년의 대실패는 1966년과 1969~1970년의 상황과 패턴이 일치했다. 두 경우 모두 일부 기관 또는 상품에서의 인출 사태는 금융 위기의 전조 증상을 막아야 하는 연준의 조치를 필요로 했다. 각각의 경우, 큰 정부의 재정 적자가 수입을 유지하면서 기업 이윤을 도와주는 조건들을 만들어냈으며 포트폴리오에 안전 상품들을 공급했다.

예금 인출 사태로부터의 교훈

1965년 이후 몇 년간, 적어도 네 번의 심각한 위기가 금융시장 또는 은행에 발생했다. 각각의 경우, 이전의 호황으로 급속하게 성장한 수단이나 기관들이 장애의 중심점이었고 매번 포지션 위기에 직면해 리파이낸싱할 수 있도록 연준이 개입했다. 1966년과 1970년 크게 중요하지 않은 제도 및 관행의 개혁안만 제시되었다. 1974년 프랭클린내셔널 사태 이후 등장한 미국 은행의 해외 운영에 관한 개혁 등의 심각한 노력은 보이지 않았고, 1974년 이후 리츠와 같은 은행의 숨겨진 부채에 기반을 둔 새로운 금융 기관 출현을 막는 어떠한 조치도 없었다.

연준이 금융 수단을 방어하는 조치를 내릴 때마다 수단은 합법화되었다. 이는 연준 조치가 초기 위기를 중단시킬 뿐 아니라 부채의 증가 과정에서 재개의 발판을 만들고 새로운 금융 수단 도입을 가능케 함을 의미한다. 실제로 연준은 금융 위기로 중단된 투자 붐을 위해 필요하지만 충분조건은 아닌 금융 유형 복원을 위한 길을 준비한다.

큰 정부 재정 적자는 충분조건이다. 총수요를 유지함으로써 재정 적자는 기업 이윤을 유지하고 포트폴리오에 안전 자산을 공급한다. 큰 정부의 이러한 영향은 경기 침체 직후 투자 붐이 일어날 수 있음을 의미하며, 투자 붐은 또 다른 인플레이션 및 위기로 이어지는 금융 수요를 창출한다.

우리가 가지고 있다고 여겨지는 것은 과거의 심각한 불황은 막았지만 불안정성을 유지하는 체계이다. 금융 위기와 10년 단위로 분리되어 나타났던 심각한 불황 대신, 이러한 위기와 불황의 위협은 몇 년마다 되풀이된다. 심각한 불황이 현실화되는 대신, 우리는 이제 만성적

인플레이션을 갖게 되었다. 심각한 불황을 방어하는 측면에서 본다면, 우리는 이전 시대보다 훌륭히 대처해 왔다. 이것은 하찮은 성취가 아니다. 하지만 불안정성 및 악화되는 실적은 우리가 더 나은 무언가를 찾아야 한다는 것을 의미한다.

제5장

· · · ·

이론적 관점

모든 학문 분야에서 이론은 렌즈와 가리개로서의 이중적 역할을 한다. 렌즈로서의 이론은 잘 정의되지만 제한된 현상 속 인과 관계에 대한 조건부 진술을 가능케 하여 특정 문제에 초점을 맞춘다. 그러나 가리개로서의 이론은 시야를 좁게 한다. 세상에 의미 있는 질문들은 이론적 관점에서는 **종종** 넌센스적일 때가 많다. 세상이 발전하면서 이러한 넌센스 질문이 때때로 제기된다면, 그 학문에서 이론적 혁명이 무르익은 것이다. 그러나 혁명은 새로운 사고를 위한 수단의 개발을 필요로 한다. 이는 어려운 지적 과정이다.

일반적으로 신고전파 종합neoclassical synthesis이라 불리는 오늘날의 표준적 경제이론에서, "우리 경제는 왜 그렇게 불안정한가?"라는 질문이 바로 그러한 넌센스 질문이다. 표준적 경제이론은 체계 속성으로서의 불안정성을 설명하지 못할 뿐 아니라, 내생적 불안정성이 만족스러운

이론으로 설명해야 하는 문제라는 것을 전혀 인식하지 못한다.[1]

    정책을 조언하는 경제학자들은 바보도 아니고 정직하지 못한 사람들도 아니다. 불안정성의 존재를 알고 있으면서도 그들은 자신들의 분석과 조언을 불안정성을 설명할 수 없는 이론에 근거한다. 그 이론은 심오한 문제에 답을 제공하고 정책 기초로서 어느 정도 성공했던 적이 있었기 때문이었다. 따라서 신고전파 이론을 폐기하거나 근본적으로 수정하기 전에, 그 이론에 대응하는 심오한 질문이 왜 중요한지, 대안적 경제이론이 왜 신고전파 이론이 다루는 문제들을 부여잡아야 하는지 이해할 필요가 있다.

이론의 중요성

현재 활용되는 경제 정책이 예외가 아니라 일상이라는 점 때문에 표준적 경제이론의 강점과 약점을 이해하는 일은 특히 중요하다. 실제로, 정책이 활발하게 조치되는 세계에서 경제이론의 내용과 정책에 따른 이론적 차이가 갖는 의미는 특별한 이해관계가 있다. 케네디 대통령

---

1 루카스(Robert. E. Lucas, Jr.)는 이 문제를 다음의 유명한 논문에서 인식했다. "Expectation and the Neutrality of Money", *Journal of Economic Theory* 4 (April 1972), pp. 103-24, reprinted in Robert E. Lucas, Jr., Studies in Business-Cycle Theory (Cambridge: MIT Press, 1981). 루카스는 "이 논문은 걸리가 (프리드먼에 대해 비평한 다음의 논문에)제기한 패러독스를 해결하려는 시도"라고 했다. J. G. Gurley's review of M. Friedman, "A Program for Monetary Stability", *Revew of Economic Statistics* 43 [1961], pp. 307-08). 루카스의 분석은 프리드머니안(Friedmanian) 통화이론에 대한 부드럽지만 날카로운 패러디이다. "화폐는 베일이다. 하지만 베일이 휘날릴 때, 실제 생산은 들썩인다." 경기 변동이 신고전파 이론과 양립할 수 있다는 것을 보여주기 위해, 루카스는 신호를 이해하기엔 체계적으로 불가능한 이론 속에서 경기 변동으로 이어지는 정교한 도식을 구축한다. 자본 자산 가격과 금융 결정으로 이어지는 시장 과정을 강조하는 케인지언 공식은 훨씬 간단하다.

취임 후 2년 동안 대통령 경제자문위원회 위원이었으며, 1982년 노벨상을 받은 경제학자 토빈James Tobin은 "문제가 진술되어 있고 관련 정보가 체계적으로 구성된 용어는 해결에 지대한 영향력을 미칠 수 있다"고 말했다.[2] 그러나 '문제'가 제기되는 방식과 '관련 정보'의 식별은 정책 고문의 경제이론을 반영한다. 말하자면, 정책 결정 게임이 조작되는데, 이때 사용되는 이론은 제기된 질문과 제시된 선택 사항들을 결정한다. 군주는 지식인들의 이론에 제약받는다!

오늘날의 표준적 경제이론은 대부분 제2차 세계대전 이후 몇 년간 만들어졌다. 그것은 그가 케인즈 이론의 일부 측면을 대체하고 있다고 믿었던 오래된 고전적 분석과 통합한다.[3] 이제 이러한 신고전파 종합이 경제 정책을 이끈다.

불안정성을 설명할 수 없기 때문에 케인즈에 기반을 두었다고 주장하는 경제이론이 실패한다는 것은 아이러니다. 케인즈 『일반이론』의 본질적인 측면은 (우리가 월스트리트로 특징지을 수 있는)금융의 힘이 산출물, 고용, 가격을 결정하기 위해 생산 및 소비와 어떻게 상호 작용하는지에 대한 심층 분석이다. 케인즈 이론에서 도출된 한 가지 주장은 자본주의 경제가 때때로 지속적인 실업으로 특징화된다는 점이다. 신고전파 종합은 이론의 더 심오한 결론, 즉 정교한 금융 관행을 가지고 있는(즉, 우리가 누리고 있는) 자본주의 경제가 내생적으로 불안정

2　James Tobin, *The Intellectual Revolution in U.S. Policy Making*, Noel Buston Lectures (Essex: University of Essex, 1966)

3　다음의 문헌들은 신고전파 종합에 대한 초기의, 그리고 고전적인 언급들이다. John Maynard Keynes, *The Great Theory of Employment, Interest and Money, Vol. 7, Collected Writings of John Manard Keynes* (London: Macmillan, for the Royal Economic Society, 1973), p. 383. Don Patikin's Money, Interest and Prices, 2d ed. (New York: Harper and Row, 1965)

하다는 결론은 무시하면서도 이러한 결과를 받아들인다. 케인즈의 분석은 우리를 불안정성에 대한 이해로 이끄는 대안적 경제이론의 기초를 제공한다.[4]

본질적으로, 신고전파 종합에서는 재정 및 통화 정책 조치가 지속적인 실업을 제거할 수 있으며, 완전고용 경제를 만드는 분산 시장에서 자기 조정력이 있다고 말한다. 그러나 신고전파 종합은 한 입으로 두 말 한다. 한편으로 개입주의 정책이 지속적 실업이나 만성적 인플레이션을 없앨 수 있다고 하는 반면, 다른 한편으로 아무 조치도 취하지 않으면 이윽고 경제는 그 자체의 작동 결과로 물가 안정과 완전고용을 유지할 수 있다고 주장한다.

이러한 신고전파 종합은 더 이상 도움이 되지 않을 것이다. 경제의 내재적 작동의 결과로 우리가 지금 경험하고 있는, 막 시작된 주기적 위기로는 경기 순환을 설명할 수 없다. 무엇이 경제적 금융적 불안정성을 야기하는지를 이해하지 못한다면, 불안정성을 수정하거나 제거하는 처방을 내릴 수 없다. 현상을 식별하는 것만으로는 충분치 않다. 불안정성이 우리 경제의 정상적 결과라는 것을 인식하고 그것을 통제할 수 있는 핸들을 제공해주는 이론이 필요하다.

그러므로 1960년대 중반 이후에 나타난 경제 행태에 비춰볼 때, 적합하다고 주장하는 어떠한 경제 분석도 다음 문제들을 설명할 수 있어야 한다.

---

4 이는 이른바 포스트 케인지언이라 불리는 경제학자들의 본질적 주장이다. 다음을 참조하라. Paul Davison, *Money and the Real World* (New York: Wiley, 1972), Hyman P. Minsky, *John Maynard Keynes* (New York: Columbia University Press, 1975)

1. 지배적 시장 메커니즘이 특정 생산물과 가격에서 어떻게 정합성을 유지할 수 있는가?
2. 소득, 생산, 그리고 가격 경로는 어떻게 결정되는가?
3. 정합성은 왜 때때로 무너지는가? 다시 말하자면, 깊은 불황이 실제 일어나지 않더라도 경제는 왜 그 위협에 취약할까?

더구나, 이러한 질문들은 추상 경제의 관점이 아니라, 실재하는 제도와 금융 관행의 맥락에서 해답을 도출해야 한다. 이는 신고전파 이론이 무시하는 것들 즉, 제도와 특히 기관을 설명할 수 없는 논평으로 이어질 것이다. 경제 정책 분석이 직면해야만 하는 근본적 질문은 만족스러운 경제 실적을 달성하기 위해 시장 과정을 신뢰할 수 있는지 여부와 어떤 영역에 의존할 것인가 하는 점이다. 다음 분석으로 뒷받침되는 일반적 견해는 시장 메커니즘이 드레스 색깔, 치마 길이, 아이스크림 맛과 같은 별로 중요하지 않은 문제들의 사회적 결정에는 충분한 장치인 반면, 소득 분배, 경제 안정성 유지, 경제의 자본 개발, 젊은이들을 위한 교육과 훈련 등 중요하고 큰 문제에는 의존할 수도 없고 의존해서도 안 된다는 것이다. 우리는 앞으로, 때때로 나타나는 불안정성과 비정합성이 자본주의 경제의 자본 자산 소유 및 투자 금융 과정에서 일반적으로 발생하는 취약한 금융 구조의 발전과 왜 관련되는지를 보여주고자 한다.

그러므로 사회적 목표 달성을 위해 시장 메커니즘을 가능한 한 최대로 사용하는 것에 호의적으로 논의를 시작하지만, 동시에 시장 자본주의는 본질적으로 불안정하고 부와 권력의 유쾌하지 않은 분배로 이어질 수 있다는 인식에서 우리는 출발한다.

현재의 표준적 이론: 케인지언 이전의 유산

1970년대에 미국 경제학자들은 케인지언과 통화주의자들 간 심각한 논쟁으로 나아가는 듯한 과정에 참여했다.[5] 참여자들과 언론을 통해 마치 심도 있는 논쟁이 벌어지는 양 비춰졌다. 사실, 토론에 나선 양 진영이 모두 같은 경제이론을 적용했으므로 그 차이는 미미했다. 더군다나 공공 정책의 처방은 실제로 다르지 않았다. 토론은 주로 학술적 트집 잡기로 점철됐고, 대중적 논란은 주로 언론과 정치인들이 만들어 냈다. 이 토론에서 통화주의자들은 통화 공급의 변화가 경제를 불안정하게 만든다고 강조한 반면, 케인지언들은 재정적 변수가 경제를 안정화시키는 데 사용될 수 있다고 주장했다. 1970년대 말까지, 심지어 레이건 행정부 임기 첫 1년까지 양 진영 모두 (그들의)올바른 정책으로 경제가 미세 조정되어 인플레이션을 동반하지 않는 완전고용이 달성되어 지속될 수 있을 것이라 믿었다. 두 학파 모두 자본주의 경제에서 경기 순환은 제거될 수 있다고 주장했으며, 두 학파 모두 경기 순환을 야기하는 체계 내의 불균형적 힘을 허용하지 않았다. 케인지언이나 정책을 입안하는 통화주의자들 모두 기껏해야 일부 제도나 정책 세부 사항에 대해 비판적이었을 뿐 자본주의에 비판적이지는 않았다.

통화주의자나 케인지언 모두 자본주의의 타당성과 생존력을 수용한다는 점에서 보수적이다. 사적 소유와 정교한 금융 관행을 가진 시장

---

5   참고 문헌들이 방대하여, 어떠한 인용도 전부 책 한 권과 맞먹을 것이다. 통화주의자의 주요 명단은 프리드먼, (공동으로 또는 개별적으로 연구 결과물을 낸)부르너(Karl Brunner)와 멜처(Allan Meltzer)이고, 새뮤얼슨(Paul Samuelson), 모딜리아니(Franco Modigliani), 그리고 토빈(James Tobin)은 신고전파 케인지언에 속한 이름들이지만, 때때로 토빈은 신고전파 케인지언이 아닌 [정통]케인지언의 조짐을 보인다.

경제에 심각한 결함이 나타날 수 있는 가능성을 염두에 두지 않는다. 대단히 파괴적일 수도 있는 경기 순환으로 이어지는 자본주의의 역동성에 대한 관점은 그들의 경제이론과는 무관하다.

케인지언과 통화주의자들의 공통적 경제이론은 신고전파 종합이다. 케인즈는 1936년 자신의 새 이론이 당시를 지배했던 경제이론과의 깔끔한 결별을 의미한다고 주장했다. 그러나 신고전파 종합은 케인즈로부터 나타난 통찰력과 장치들을 19세기 경제학자 발라스Leon Walras로부터 파생된 사상의 가닥들과 통합한다. 현대 경제학자들의 지배적 관점은 "케인즈의 연구는 고전학파 아이디어의 혁명이라기보다는 확장이다"라고 주장했던, 케네디—존슨 정부 경제자문위원회 위원에 이어 의장을 역임한 애클리Gardner Ackley의 표현에 여실히 드러난다.[6]

이전의 전통 이론에 케인즈의『일반이론』을 동화시키는 과정은 초기의 검토와 학문적 해석으로 시작되었다. 이 과정에서 자본주의의 기능에 대한 혁명적 통찰과 진지한 비평으로 이어지는 케인즈 이론 구조의 중요한 측면들은 무시되었다. 이것이 로빈슨Joan Robinson이 표준적 케인즈주의를 "가짜 케인즈주의bastard Keynesianism"라고 언급한 이유이다. 정책 자문 경제학자들과 그들의 정치적 후원자들이 이렇게 케인즈를 이해하는 한, 케인지언 혁명은 아직 일어난 것이 아니다.

신고전파 종합에서 무시되는 케인즈의 요소들은 자본 자산의 가격 결정과 자본주의 금융 기관을 가진 경제의 특별한 속성을 다룬다. 이 요소들은 사건을 해석하는 더 나은 지침이고 지금의 표준적 이론보다 정책 결정에 더 적절한 대안 경제이론의 기초가 될 수 있다. 실제로 이

---

6 Gardner Ackley, *Macroeconomic Theory* (New York: Macmillan, 1961), p. vii.

렇게 간과된 요소들은 1960년대 중반 이후 점점 더 중요해지고 있는 불안정성을 만드는 이론으로 이어지는데, 이는 자본주의 경제의 본질적 속성을 반영하는 관계의 정상적 결과이다.

불안정성이 자본주의 경제의 내부적 과정의 결과라는 관점은, 케인지언이건 통화주의자이건 신고전파 이론과는 뚜렷한 대조를 이루는데, 신고전파 이론은 불안정성이 경제의 작용 밖에 있는 사건 때문이라고 주장한다. 신고전파 종합과 케인즈 이론은 차이가 있다. 신고전파 종합은 어떻게 분산 시장 경제가 생산과 분배에서 일관성과 조화를 달성할 수 있는가에 초점을 맞추는 반면, 케인즈 이론은 경제의 자본 개발에 초점을 두기 때문이다. 신고전파 종합은 균형 및 균형을 유도하는 경향을 강조하는 반면, 케인즈 이론은 월스트리트에서 거래하는 은행과 기업가들을 중심으로 전개된다. 신고전파 종합은 케인즈 이론이 늘 인식하는 경제의 자본주의적 속성을 무시한다.

신고전파 종합에 대한 발라시안 입력은 추상적 교환경제(물물교환)에 대한 논의로 시작하는데, 마을장터를 추정할 수 있다. 결과물은 자본 집약적 생산 및 우리가 익히 알고 있는 자본 자산, 그리고 자본주의 금융이 허용되지 않는 모형을 분석하여 얻을 수 있다. 인위적 구조의 교환 관계를 이용함으로써 이 이론은 분산 시장 경제가 일관된 결과를 가져온다고 주장한다.[7]

그리고 나서 표준적 경제이론은 자본과 시간 속성에 대한 과감한 가정 아래에서만 생산되는 경제에 대해서도 일관성이 수행될 수 있음을 지속적으로 보여준다. 더 확장하면, 신고전파 종합의 분석 기구는 총

---

7 Gerard Debreau, *Theory of Value* (New Haven: Yale University, 1959)

소득, 명목 가격, 경제 성장의 문제에 적용된다. 특히 노동의 공급과 수요 관계가 도출되며 실질 임금을 통해 노동의 공급과 수요가 일치하도록 조정된다고 가정한다. 이 이론은 노동의 수요-공급 균형에서의 편차가 시장 상호 작용에 의해 제거되는 방식을 정립한다. 다시 말해, 이론이 경제의 내부적 운영을 통해 완전고용을 달성할 수 있다고 주장하는 것이다. 그러나 이론은 노동 수요-공급의 초기 편차가 어떻게 발생하는지는 설명하지 못한다. 즉 경제 과정의 결과로 나타나는 실업을 설명하지 못하는 것이다. 균형을 만드는 상호 작용에 이론의 주안점을 두고 내생적 불균형 과정은 무시한다.

신고전파 종합에서, 자본 축적 및 노동력의 증가율은 생산의 성장률을 결정한다. 저축률은 누적된 소득의 비율을 산출한다. 신고전파 이론은 가계 저축 성향이 투자 결정의 조정자이며, 결국 투자가 성장의 결정 요소임을 다룬다. 그 이론은 투자금을 조달하는 제도에 대해서도, 그럼으로써 저축을 강제하는 제도에 대해서도 어떠한 여지도 두지 않는다.

신고전파 이론가들은 (실업과 인플레이션이 존재하는 세계에서)외부 압력에 의한 결과를 제외하고는 인플레이션이나 실업을 허용하지 않는 이론에 기초하여 단기 분석을 수행한다. 통화주의자들은 통화 공급에서의 서투른 변화 같은 외부 압력을 실업과 인플레이션의 원인으로 지목한다. 신고전파 케인지언들은 실업과 인플레이션이 어떻게 발생하는가에 대한 일관되게 설명하지 못한다. 그들의 단기 이론들은 혼란스럽기만 하다. 그들은 경제가 완전고용을 유지하지 못할 것이라 믿지만 실업과 인플레이션을 야기하는 메커니즘은 파악하지 못한다.

분산 시장 과정이 정합적 결과로 이어짐을 증명하는 외에도, 신고전파 종합의 도구와 기법들은 분산 경쟁 시장 메커니즘이 최적의 결과로 이어짐을 증명하는 데 사용된다. 도출된 최적화는 매우 특별한 성격의 것으로 복지의 대인적 비교를 배제하고 자원의 초기 분배의 형평성 문제를 무시한다(따라서 소득 분배의 형평성 문제를 무시한다). 우리의 목표는 우리가 가진 것보다 어떻게 더 잘할 수 있는가를 검토하는 것이지만, 때로는 최고가 최선의 적이 되기도 하는 까닭에 최적을 망각할 수 있다. 비록 시장경제학에 생산과 소비를 결정하는 과정들로 정합성을 향하는 경향이 있음에도 시장 경제의 그 과정은 정합성을 방해하는 상호 작용을 촉발할 수 있다. 따라서 불안정성을 유도하는 결함은 시장 메커니즘 결과의 최적화에 대한 의문을 무의미하게 만든다.

현재의 이론은 경제를 몰개성화된 행위자들이 추상적 경매나 재계약 게임을 하는 생명력 없는 무대로 만든다. 불완전한 지식과 예측할 수 없는 행동의 세계에서, 표준적 이론의 분석은 완벽한 지식이나 환상적 계산 역량을 가정하지만, 이러한 (현재의 고난이도 수학적)모형들이 정합성이 가능하다는 것을 보여주기 때문에 흥미롭다. 하지만 현실 세계의 사람들이 알아야 할 것은 바람직한 결과를 얻기 위해 어떤 범위의 시장 과정을 사용할 수 있는지에 관한 것이다. 비록 내재적 작동이 정합적 결과로 이어지는 경향이 있는 시장에 대한 정책 개입을 자제한다 할지라도, 경제 정책의 실질적 문제는 불안정의 근원을 알아내고 비정합성의 출현을 억제하는 정책 개입을 결정하는 데 있다.

정합성과 정책

만약 여러 변수들 사이의 연결이 충분히 안정적이어서 외부 변화에 대한 체계의 반응이 예측 가능하다면, 체계는 정합적이다. 경제에서 정합성은 (노동을 포함한)다양한 상품 및 서비스의 공급과 수요의 균형에 근접한 근사치가 늘 지배하며, 이러한 사실상의 균형이 경제 내의 조정으로 달성되고 유지된다는 것을 의미한다. 계획, 개입, 규제, 혹은 통제는 필요하지 않다.

그러나 우리는 때때로 시장 체계의 정합성이 깨진다는 사실을 알고 있다. 1930년대 대공황이 그 한 예이다. 때문에 경제이론은 가격 결정 과정의 정합성을 설명하고, 실패의 가능성을 허용해야 한다. 이를 위한 한 가지 방법은 경제 내부 과정의 결과로서의 비정합성은 허용하지 않지만, 충격이나 어떤 제도적 일탈이 발생했을 때 가격 결정 과정의 붕괴를 허용하는 이론을 세우는 것이다. 만일 혼란이 외부 힘에 의한 것일 때 기본적인 정합성과 양립 가능하다.

신고전파 종합이 유효하기 위해서는 명백한 비정합성이 불완전한 제도나 인간의 판단 오류와 같은 외부적 요인으로 설명돼야 한다. 경제 문제에 대한 중앙은행(연준)과 같은 외부 당국의 개입은 드러난 비정합성을 전가하는 명백한 희생양이다. 전가할 수 있는 다른 외부 부문으로는 노동조합, 시장지배력을 가진 대기업, 외국의 카르텔, 그리고 정부가 있다. 대공황, 1970년대의 인플레이션, 그리고 1981~1982년 불황에 대한 많은 설명들은 바로 이러한 외부 영향의 측면이다.

미래가 중요한 시장에서 정합성 유지에 필요한 반응이 일어난다는 것을 보여주기는 어렵다. 분산적 가격 결정 과정은 일부 시장에서는 정합성을 유지할 수 있지만, 다른 시장에서는 조만간 정합성을 방해하는 과정이 작동할 수 있다. 만약 이것이 경제의 속성이라면, 비정합성으로 이어지는 과정을 억제하거나 상쇄할 수 있는 정책을 채택하거나 제도를 만들 수 있는지 질문할 필요가 있다.

만약 자본주의 경제의 분산적 가격 결정 메커니즘이 **오로지** 적절한 정책이나 제도의 지배하에서만 정합적 결과로 이어진다면, 세부 조건들을 관리하는 시장 매커니즘을 신뢰하더라도 개입은 필요하다. 조건부 정합성을 일단 자본주의 경제의 특성으로 받아들이면, 시장 과정 결과를 더 이상 맹신하거나 수용할 수 없을 것이다. 게다가 조건부 정합성이 있는 경제에서 입법 및 점진적 제도 변화는 정합성 유지에 필요한 정책 조치에 영향을 미친다. 정책은 한 번으로 끝나는 최종적 제안이 될 수 없다. 제도와 관계가 변하면 (정합성 유지를 위한)정책도 따라 변해야 한다.

뿐만 아니라 일련의 시장을 지배하는 정합성을 위해서는 대체 원리가 적용되어야 한다. 원리의 한 측면에서 만약 공급 조건이 변경되어 소비나 생산에 사용되는 재화(혹은 용역) 가격이 다른 가격에 비해 상승(혹은 하락)한다면 수요량은 감소(혹은 증가)하는데, 이는 수요 곡선이 일반적으로 음의 기울기를 가지게 됨을 뜻한다. 두 번째 측면은 만약 상품 가격이 상승(혹은 하락)하면, 고정 가격을 취하는 다른 상품의 수요는 증가(혹은 감소)하는 경향이 있다는 것이다. 다시 말해, 상대 가격이 상승하는 상품의 수요는 감소하는 반면, 상대 가격이 하락하는 상품의 수요는 증가하는 경향이 있다. 이러한 원리는 높은 상대 가격은 상품이나 서비스의 사용을 억제하고, 낮은 상대 가격은 상품이나 서비스의 사용을 고취하는 경향이 있다고 명시한다.

만약 대체 원리가 충분한 설득력이 있다면 분산 시장은 가계에 산출물을 할당하고 기업에 투입물을 할당하는 신뢰할 만한 도구다. 그러나 투기적이며 추측성 요소들이 강하게 작용하는 금융 및 자본 자산 시장에서 대체 원리가 언제나 적용되는 것은 아니다. 몇몇 금융 상품이나

3부 경제 이론

자본 자산의 상대 가격 상승은 이들 금융 및 자본 자산의 수요를 당연히 증가시킬 것이다. 따라서 가격 상승은 이와 같은 또 다른 상승을 가져오는 조건으로 이어질 수 있다.

교환 경제가 정합적이며 안정적이라는 입증이 자본주의 금융 제도가 있는 경제에서도 마찬가지라는 사실을 입증하는 것은 아니다. 실업으로 야기된 임금과 가격의 변화가 실업을 제거하는 데 필요한 투자 증가로 이어지지는 않는다. 자본주의 경제에 외부 통제 및 조정 메커니즘이 필요할 수 있다. 실제로 중앙은행 및 여타의 금융 통제 장치들은 금융시장의 곤혹스러운 비정합성에 대한 대응으로 생겨났다. 이러한 비정합성은 자본주의 금융 기관을 가진 경제에서 자유 시장 정책이 보편적 정책 처방으로 작용하지 않을 것임을 시사한다.

신고전파 종합의 근원: 매개변수로서의 가격

발라시안Walrasian이나 신고전파 종합 가격 이론의 핵심은 가계의 선호체계와 설비의 생산 함수라는 기본 구조를 가진다. 이론의 단위는 가계 및 기업이다.[8] 행태적 가정은 가계들이 예산(또는 총지출) 범위 내에서 선호 체계에 따른 최대 행복을 추구하고 기업은 규정된 생산성에 따른 이윤 극대화를 추구한다는 점이다.

신고전파 이론의 과제는 생산 함수로 특징화된 기업의 이윤 극대화

---

8 우리는 여기서 일반적으로 얼버무리고 가는 모순에 주목하는데, 생산 함수는 설비에 적용되고, 생산 함수에 부합하는 행동 단위는 기업이다. 설비는 기술 단위인 반면 기업은 금융 및 관리 단위이다. 설비는 모든 경제에 존재하지만, 금융 단위인 기업은 자본주의 경제에만 존재한다.

와 선호 체계로 특징화된 가계의 효용 극대화가 시장에서 상호 작용하여 정합적 결과를 도출함을 증명하는 데 있다. 이를 위해, 공급과 수요 곡선은 주어진 상품 가격과 생산 투입을 기본 선호 체계와 생산 함수로 입력하여 결정된다. 경쟁 시장에서 각각의 개별 의사결정자들은 주어진 가격으로 매매하는 것을 가정한다. 그러므로 어떠한 참가자도 권력을 갖지 않으며, 시장은 무소불위의 완전한 지배 도구다.

인상적이며 아름다운 결론이다. 모든 사람은 몰개성적 시장 앞에 무력하지만 시장에서 행태를 통제하는 가격은 시장에서 결정된 개별 행동의 변화들이다. 만약 일련의 가격이 전체 시장에서 수요와 공급을 일치시키지 못하면 가격이 변하여 초과 공급되는 일부 산출물의 가격은 하락하는 반면, 초과 수요 산출물 가격은 상승할 것이다. 각각의 새로운 가격들은 체계의 조정력을 개선하는 방식으로 수요, 공급, 소득에 영향을 미칠 수 있다. 따라서 초과 공급과 초과 수요는 일시적 현상이며 시장 메커니즘은 효율적 적응 메커니즘이다. 사실상 수요 공급 법칙은 시장 경제가 요구하는 모든 계획을 제공한다.

만약 각각의 단위가 현재를 지배하는 가격이 늘 그래왔고 앞으로도 그럴 것이라는 가정하에 행동하고 시장 체계가 충분히 조정되지 않는다면, 가격은 변할 것이다. 가격 변동에도 불구하고 단위들이 일군의 새로운 가격 체계가 항상 시장을 지배하고 이러한 지배가 지속될 것으로(외부에서 삽입되는 변화는 결코 없음) 가정하고 행동한다면, 적응하여 체계의 조정이 개선될 것이다. 누구도 신호를 호출하지 않았고, 누구도 훈련하지 않았다. 그럼에도 각 단위들은 완벽하게 통솔되고 훌륭하게 훈련된 팀의 일원처럼 행동한다. 기존 가격이 항상 지배한다는 가정에 따라 각각의 단위가 오로지 최선의 이해에 따라 행동하는 것

외에 선택의 여지가 없는 경제는 잘 조정된 일군의 결과를 달성할 것이다. 권력이 없는 단위와 현재 가격을 매개 변수로 행동하는 단위들은 정합성을 보장한다.[9]

시장지배력 기업과 권력 단위가 존재하는 시장 분석은 신고전파 이론의 본질적 핵심과는 무관하다. 지나친 독점과 상호 대치하는 독점들은 정합적 결과를 도출하는 시장 능력의 붕괴로 이어질 수 있다.

게다가 각 단위들이 오늘의 가격이 내일은 유지되지 않는다는 가정하에 행동하고, 미래에 일어날지도 모르는 일들까지 의사결정에 고려한다면, 효율적 조정 장치로서의 시장은 실패할 수도 있다. 본질적으로, 자본 자산 및 금융 의사결정들은 어제, 오늘, 그리고 내일이 있는, 달력상 시간에 따른 움직임을 수반한다. 물론 자본 자산 결정은 프로젝트 수명 동안 발생할 수 있는 일을 고려해야 한다. 현재의 결정은 미래를 고려해야 하며, 오늘 일어난 일들은 앞선 결정의 미래이다. 모든 결정들이 영원히 지속된다거나, 합리적 행위자들이 미래를 내다본다고 가정하여 자본 및 금융 결정을 내린다는 순진한 주장을 유지하는 건 불가능하다.[10]

독점권이 존재하는 곳에서 금융과 투자가 이루어질 때, 현재 가격

---

9 Oscar Lange, "On the Economic Theory of Socialism", *On the Economic Theory of Socialism*, ed. Benjamin E. Lippincott (Minneapolis: University of Minnesota Press, 1938).

10 '합리적 기대' 학파는 행위자들은 미래를 모르지만 경제가 작동하는 방식에 대한 충분한 지식(이론 등)에 기초해 자신들의 기대를 구성한다고 주장한다. 만약 우리가 각 행위자들의 결정이 기존의 체계 행태 이론에 기초하고, 일반균형이론이 세계에 대한 적절한 묘사이며, 이러한 적절한 이론에 일관적으로 행동하는 행위자들이 성공할 것이라는 취지의 명제를 더하면, 균형과 균형 잡힌 경제관이 나타난다(Robert E. Lucas, Jr., 앞의 책 참조). 만약 경제가 일반균형이론을 따르지 않고, 내생적 불안정성을 가지고 있다면, 그리고 만약 각 단위가 이에 따라 움직인다면, 합리적 기대는 불안정성을 악화시킬 것이다.

은 의사결정 매개변수가 되지 않는다. 이 경우 가격은 각 단위의 자체 결정에 따르거나 미래 행위를 결정하는 유의미한 방식에 따라 달라진 다. 이러한 조건에서 시장은 효율적 통제 및 조정 메커니즘에 실패할 수 있다.

그리하여 우리는 시장에 대한 분열적 사고를 취한다. 한편으로 각 단위들이 가격을 매개변수로 취하고, 현재 가격이 영원히 지속될 것처 럼 행동하도록 강요되면, 시장은 매우 효과적인 통제와 조정 장치다. 다른 한편, 경제 단위들이 자신들의 행동이 가격에 뚜렷한 영향을 미 치거나 현재 가격이 영구히 지배하지 못할 것이라는 사실을 아는 상황 에서 시장은 정합성 있는 결과 달성에 실패할 수 있다.

시장 경제에서 가격은 가계에 산출물을 분배하고, 대체 용도를 가진 생산 자원을 다양한 산출물 생산에 할당한다. 그러므로 가격 체계는 신고전파 가격 이론의 세계에서 분배 및 할당 기능을 가진다. 그럼에 도 자본주의 제도가 있는 세계에서 가격은 과거의 금융 및 투자 결정 을 검증하거나 검증하지 않을 뿐 아니라 노동자와 자본 자산 소유자에 게 소득을 분배할 것이다. 그러나 자본 자산 보상과 다양한 산출물에 대한 자본 자산 용역 할당 간 관계는 노동 보상과 다양한 산출물에 대 한 노동 용역 할당 간 관계처럼 직접적이고 단순하지 않다. 시간, 투자 및 금융은 신고전파 이론을 곤란하게 만드는 현상으로, 일단 자본주의 적 환경에 자본 축적과 관련된 문제들이 결부되면 이론은 무너진다.

따라서 본질적으로 신고전파 이론의 유효한 부분은 경제를 수요 공 급 곡선의 상호 연관 집합으로 시각화하는 것으로 요약된다. 각각의 재화에 대해 수요 공급 곡선이 정의된다. 이 곡선들은 재화의 양을 재 화의 가격과 다른 가격과 연결하는데, 신고전파 이론에서 가격은 제공되거나 취해진 양을 결정하는 신호이다. 이러한 경제관은 소득에 따라 지출하는 소비자, 즉 구매가 반복적이면서 그 규모가 총예산에서 그리 크게 차지하지 않는 소비자에 대해서는 그럴 듯하게 들어맞는다. 그러나 구매 행위가 일정 기간 영향을 미치고 미래의 약속을 동반한 대규모 금융이 포함되는 경우, 다시 말해 지출에 따르는 예산 제약이 금융 시장의 결정과 무관하지 않을 때 이러한 경제관은 무너진다.

모든 시장에서 공급과 수요가 동시에 일치하는 가격 수준에 이를 때까지 체계가 움직인다는 동태적 가정과 결합된 상호 의존적 수요 공급 곡선은, 평론가들과 전통적 경제학 교과서들이 너무도 총애하는 바로 그 수요 공급 법칙이다. 그러나 이 법칙의 유효성은 미리 결정된 일부 예산에 따라 소비력이 통제되는 시장 영역에 제한된다. 일단 수요 곡선 결정에 산입되는 예산 방정식이 금융 조건 및 미래의 지배적 기대치에 영향을 받는다면, 수요 공급 곡선이 균형에 이를 때까지 꿈틀거린다는 가정은 더 이상 유효하지 않다. 금융과 투자를 포함하는 시장들은 미래 수요나 이윤에 의해 유지되지 않을 수도 있는 가격, 수량, 지불 약정을 취할 수 있다.

신고전파 가격 이론의 비전, 구조, 그리고 결과는 케인즈가 이론에 도입한 문제와 통찰력이 어디에서도 분명하지 않다는 점에서 모두 케인지언 이전의 것들이다. 그러나 신고전파 종합은 케인즈 이전의 이론과 케인즈의 위대한 업적으로부터 파생된 사상과 구조의 혼합체다. 이러한 혼합은 가격 이론에서 발생하지 않는다. 이는 고용, 명목 임금, 그리고 가격 결정을 통화 관점에 포함하도록 경제 분석의 영역이 확장될 때 발생한다. 따라서 오늘날의 종합 이론이 케인지언 이전의 종합 이론과 다르더라도, 신고전파 종합의 대다수 종합 이론은 케인즈의 업적을 무시한 형태로 존재한다.

신고전파 종합 이론: 케인지언 이전의 기반

신고전파 종합 이론은 신고전파 가격 이론의 구조와 분석 방법을 고용, 생산, 축적, 그리고 가격 수준 결정으로 확장한 것이다. 일단 상대 가격과 수량이 신고전파 가격 이론으로 추정한 관계와 과정으로 결정되면 생산과 고용 또한 결정된다는 대담한 가정에 기초한다. 신고전파 종합 이론이 다루어야 할 유일한 문제는 화폐 관점에서 측정된 가격의 결정이다.

총생산 함수와 집단 선호 체계는 신고전파 종합 이론의 핵심 구성 요소다. 총생산 함수로부터 고용과 산출, 노동 수요 곡선 및 자본 자산 재고 증가에 대한 수요 곡선(투자 수요 곡선)이 파생된다. 집단 선호 체계는 노동 공급 곡선과 저축 공급 곡선을 끌어낸다. 노동의 수요 공급 곡선은 실질 임금이라고 하는 물가 연동 임금의 함수다. 노동의 수요 공급 곡선의 교차점은 실질 임금과 고용을 결정한다. 그러므로 경제는 노동의 수요 공급 곡선이 정확하게 교차하는 점에서 완전고용을 달성한다. 고용이 결정되면 생산 함수는 생산량을 산출한다.

종합 분석의 기초로 신고전파 가격 이론이 사용될 때, 이 이론은 총생산 결정을 좌우하는 노동 시장으로 안내한다. 케인즈의 일부 아이디어가 신고전파 종합에 흡수되면서, 노동의 수요 공급 곡선 교차점의 실질 임금과 고용은 시장 과정이 달성한 목표 내지 목적이 되었다. 신고전파 이론에서는 노동 수요가 공급보다 낮은(즉, 실업이 존재하는)

것은 교차점에서의 실질 임금과 고용 달성을 외부 장벽이 훼방 놓고 있거나, 결국 완전 고용으로 이어지는 데 필요한 시간이 흐르는 과정이다. 실업의 지속은, 노동의 실질 임금이 너무 높은데 노동조합의 압력이나 법이 실질 임금의 하락을 막기 때문이다. 아니면 균형을 만드는 과정이 작동하고 있지만 그 균형을 이루기 위한 시간이 오래 걸릴 따름이기 때문이다.

또한 수요 공급 분석은 저축, 투자, 금리를 끌어내는 데 사용된다. 저축 공급 곡선은 미래 소비가 더 증가할 것이라고 예측되는 경우에만 소비가 허용된다는 가정을 반영한다. 미래의 소비 증가분은 현재 기준 할인율로 할인되는데, 이는 현재 포기한 소비를 미래에 얻게 될 가치와 동일하게 만드는 과정이다. 선호 체계는 미래의 소비 증가분은 현재 소비에 가중된 희생을 보상하기 위해 필요하다는 가정이다. 이렇게 현재 소득에 따른 저축은 이자율의 증가함수다.

투자는 미래 이익을 위한 현재 희생의 감수라는 점에서 저축과 비슷하다. 투자자들은 투자 산출물에 따른 현재의 비용을 미래 소득과 교환하는데, 이러한 미래 소득은 생산에서 투자 산출물이 자본 자산으로 활용되면서 축적될 것이다. 현재 비용과 미래 소득이 알려져 있다면, 각 투자 프로젝트에 대한 이자율 할인을 계산할 수 있다.

저축은 이자율 함수이고 투자도 이자율 함수이며, 저축과 투자가 동일하도록 이자율이 변한다는 가정에 따라 저축-투자의 총량 및 이자율이 결정된다. 따라서 저축, 투자, 이자율 결정은 여타의 가격 결정 방법과 다를 바 없다.

법칙들이 누적되는 속도는 선호 체계의 특성인 절약과 생산 함수로 드러나는 생산성에 따라 달라진다. 화폐, 채권 및 여타의 금융 상품들 (그리고 금융시장)은 이자율 결정에 영향을 미치지 않는다. 신고전파 이론에서, 주식 및 채권 시장에서 관찰되는 이자율 변동과 (조금이라도 움직인다면)명백하게 느리게 움직이는 자본 자산의 생산성 간 관계는 밝혀지지 않았다. 신고전파 이론에서 만약 투자가 (1929~1933년 사이에 그랬듯)급격히 감소하면, 이는 생산을 위해 증가한 자본 자산 재고 대비 기술 역량이 갑작스럽게 고갈되거나 포기한 소비의 미래 보상금이 갑작스럽게 증가한 탓이어야 한다. 신고전파 관점에서 투기, 금융 조건, 승계 금융 채무 및 총수요의 변동은 저축, 투자, 이자율 결정에 어떠한 관련성도 없다.

신고전파 이론에서 미래 소비에 대한 현재 수요를 실현시킬 수 있는 유일한 방법은 소비되는 재화의 유형에서 또는 생산력으로서 현재 생산량의 일부를 저장하는 것이다. 저축에 따른 공급은 재고 및 추가 자본 자산의 수요가 되어야 한다. 화폐와 금융은 실변수(산출물, 고용, 현재 소비와 투자 간 산출물 분배) 어디에도 영향을 미치지 않는다. 이자율 또한 화폐와 무관하며 저축과 생산성을 반영한다.

그러나 화폐는 실존하는 경제 현상이다. 더 나아가 우리가 지불하는 가격은 화폐 가격이다. 화폐를 인정하면 제도적 세부 항목이 일반화된 추론의 순수성을 침해하므로 이를 다루는 데 있어 주제가 마을시장의 관점에서는 낯설고 순수 이론들에게는 혐오스러울 수도 있지만 경제학은 반드시 화폐를 다루어야 한다.[11]

---

11 "이론가들에게 제기된 화폐의 존재에 대한 가장 심각한 도전은 다음과 같다. 가장 잘 개발된 경제 모형은 이에 관한 여지를 찾을 수 없다. 가장 잘 개발된 모형은 물론 발라시안 일반 균형의 애로우 드브루 버전이다." Frank H. Hahn, *Money and Inflation* (Cambridge: MIT Press, 1983), p. 1

화폐수량설

화폐는 실질 임금과 재화의 상대 가격을 우리가 관찰하는 임금과 물가로 변환하려는 필요성, 다시 말해 임금과 물가를 화폐로 표시해야 하기에 신고전파에 포함된다. 신고전파 이론에서 화폐는 금융이나 활동의 자금 조달과는 상관관계가 없다. 화폐가 기준점이 되고, 물가 지수뿐 아니라 여타의 가격들이 화폐 단위 가치에 비례해 움직인다 해도 신고전파 정의에 따르면 화폐는 아무것도 낳지 못한다. 화폐는 소득을 창출하지 않으며, 신고전파 관점에서 화폐는 상품과 서비스의 거래를 가능하게 한다는 점에서만 편익을 가질 뿐이다. 신고전파 세계에는 불확실성이 없다는 점을 고려한다면, 화폐 소유는 불확실성에 대한 방어 유형에서 주관적 편익을 가져다주지 않는다.

때때로 화폐는 가치 저장 수단이라고 불린다. 이는 화폐가 어느 한 시점에서 다른 시점으로 상품 및 서비스 통제권을 전달하는 수단이기 때문이다. 그러나 저축과 투자를 동일시하는 신고전파 주장에서 자본 자산은 오늘에서 미래로 소비를 이동시키는 수단이다. 가치 저장 수단으로서의 화폐는 투자를 완전고용 저축과 일치하도록 조정하는 이자율과는 정합성이 없다.

화폐 사용 경제에서 지불된 화폐 가치는 받은 화폐 가치와 같고, 구입한 재화와 서비스 가치는 판매된 그것과 같다. 이러한 항등식은 모든 교환에서 양 당사자는 화폐의 관점에서 동등함을 보여준다. 즉, 화폐는 매매된 상품, 서비스, 혹은 자산 가치와 동등하게 회전한다.

이론 정립에 항등식을 활용하기 위해, 항등식 변수에 대한 행동 관계가 정립되어야 한다. 항등식은 피셔Irving Fisher가 만든 교환 방정식으로,[12] 일반적으로 MV = PT로 편리하게 표현된다. 이때 M은 화폐 공급량, V는 화폐의 유통 속도 또는 회전율, P는 물가 수준, 그리고 T는 거래량이다. 항등식을 화폐수량설quantity theory로 변환하는 과정은 다음과 같이 가정한다.

1. M은 '당국'에 의해 외부에서 주어진다.
2. V는 생산, 지불 관행 등 현실 경제의 통합으로 제도적으로 결정된다.
3. P는 물가 수준으로 수량 이론에 의해 결정된다.
4. T는 노동의 수요 공급과 생산 함수로 결정된 산출물이다(이렇게 정의하면, 방정식에서 산출물을 나타내는 O는 거래량을 나타내는 T를 대체한다).

화폐수량설이 (1) 노동시장의 소득 결정, (2) 이자율의 저축-투자 결정, (3) 산출물의 소비-투자 분배 등에 추가되면 물가 수준 및 시간에 따른 물가 수준의 변화를 결정하는 정확한 이론이 등장한다. "화폐는 중립적이다"라는 상투적인 문장은 화폐가 물가 수준 결정 외에는 중요하지 않다는 주장과 일맥상통한다.[13]

---

12 Irving Fisher, *The purchasing Power of Money* (New York: Macmillan & Co., 1911).

13 케인즈를 해석하는 한 방법은 케인지언 이론에서 화폐는 절대 중립적이지 않다는 것이다. 레온티에프(Wassily W. Leontief)의 일반 이론에 대한 논문(*General Theory*, ["The Fundamental Assumption of Mr. keynes' Monetary Theory of Unemployment," *Quarterly Journal of Economics* 51 (Nov. 1936)])에서, 그는 케인즈의 체계가 중립적이지 않다는 사실을 지적했다. 레온티에프 등에 대해 케인즈는 반박을 제기하면서 중립성의 가정은 고전 경제학을 매우 특별한 사례로 만든다고 주장했다["The General Theory of Employment," *Quarterly Journal of Economics* 51 (Feb. 1937)]. 밀턴 프리드먼("The Role of Monetary Policy," *American Economics Review* 56 {March 1968), pp. 1-17)과 로버트 루카스(*Studies on Business*

결과적으로 화폐수량설에서 임금 및 물가의 일반 수준은 화폐 공급에 대한 외인성 결정 함수로 만들어졌지만, 화폐가 창출되는 제도적 합의에 대해서는 중요하게 고려하지 않는다. 화폐가 주로 상업 은행의 요구불 예금인 세계에서, 기업 금융의 대부분은 (은행에서의 차입에 따른)화폐 창출과 (부채 상환에 따른)화폐 파기를 수반한다. 경제 행태에 따른 화폐의 효과는 화폐 창출과 파기에 따른 과정과 어느 정도 연관되어 있다. 그러나 화폐수량설에서 경제로 유입되는 통화량의 증가가 잉카에서의 전리품인지 해적들의 약탈품인지 기업 활동에 조달되는 자금인지 은행이 기존 보유자로부터 국채를 매입한 것인지는 상관이 없다. 화폐가 창출되는 방법과 정교한 자본주의 경제에서 화폐가 지닌 복잡한 본성은 무시된다.

신고전파 종합 이론: 요약

신고전파 종합 이론은 계층적 체계로서 노동의 수요 공급이 고용, 실질 임금, 그리고 생산 함수에 고용을 입력하여 산출을 결정한다. 산출물의 소비와 투자의 배분은 저축과 투자 과정에서 결정된 이자율을 통한 생산성과 절약의 조화를 반영한다. 화폐수량설은 가격을 결정하지만, 실변수(생산, 고용, 생산 기술, 투자, 그리고 기타 등등)들의 결정은 화폐의 영향과 무관하다.

---

cycle Theory (Cambridge: MIT Press, 1981) 같은 안티 케인지언들은 장기 중립성이 지배한다고 주장하면서도 화폐의 일시적 비중립성을 달성하기 위해 다양한 편법들을 채택했다.

신고전파 종합 이론은 상대 가격과 생산량 설명에 사용하는 모형을 확장한 것이다. 각 상품과 시장은 각각의 독립적인 실체로 취급된다. 그리고 체계는 화폐뿐 아니라 각 상품 시장에 대해서도 청산 조건을 동시에 충족시켜야 할 필요가 있다. 이 공식에서 화폐는 특정 상품을 대체하거나 보완해 입력되지만, 초과 공급된 화폐 총량은 상품의 초과 수요를 발생시킬 필요가 있다. 하지만 상품의 초과 수요는 시장 청산 명목 가격의 상승으로 이어진다. 일반적으로 높은 가격은 주어진 명목 임금에 대한 실질 임금을 하락시킨다. 이렇게 상호 의존적인 일반 모형은 화폐수량설을 상대 가격 결정 체계에 추가하여 설정될 수 있다.

신고전파 모형은 완전고용 모형으로서, 일반적으로 실질 임금을 받으며 일하고 싶어 하는 모두가 고용된다. 종합 모형의 동학은 대부분 특정 시장의 동학이다. 특정 시장, 이를테면 겨드랑이 탈취제 데오도란트 시장, 노동 시장, 저축-투자 시장 등에서의 불균형은 주로 그 특정 시장의 역동성으로 해결된다고 추정한다. 초기 조건이 균형에 있지 않을 때 어떻게 균형을 이룰 수 있는가에 대해서는 논의하지만, 경제가 어떻게 자체 과정으로 이러한 초기 조건을 가지게 되는지는 분석에서 논외다.

신고전파 이론에서 시장은 외부로부터의 교란을 흡수하여 그것들을 균형으로부터의 변위와 새로운 균형 결정 요인으로 변환시킨다. 아마도 이 관점과 금융 불안정성 가설(앞으로 이어질 내용의 이론적 핵심)의 근본 차이는 불균형 개념과 그것이 어떻게 만들어지는지에 초점을 맞출 것이다. 신고전파 종합에서 완전고용-안정적 물가 수준 균형으로부터의 일탈은 충격 탓으로 설명되어야 하고, 1930년대의 대공황, 1960년대 중반부터 1970년대까지의 만성적 가속적 인플레이션,

1974~1975년과 1981~1982년의 심각한 침체와 강력한 일탈은 강력한 충격 탓으로 설명되어야 한다. 그러므로 신고전파적 관점에서는 경제 실적이 만족스럽지 않을 때마다 '외부' 교란 항을 탓한다. 그들에게 일상적인 악당은 통화 제도와 정부이다. 불황과 인플레이션은 통화 기관의 구조, 통화 정책의 운용, 그리고 기관에 영향을 미치거나 정부 조치의 수준을 바꾸는 정부 정책의 일부 조합에 기인한다. 특히, 통화 체계에서 무엇이 잘못되었는지에 관한 어떠한 연구도 통화량의 움직임을 벗어나 찾을 필요가 없다. 화폐 제도와 시장의 진화에 따른 통화량 변화의 차별적 효과는 허용되지 않는다. 특히 인과 관계는 경제 상황의 변화에서 통화량 변동으로 이어지는 게 아니라 언제나 화폐에서 경제적 교란으로 향한다.

신고전파 모형은 우리 경제 행태 설명과 정책 수립에 의지하기에는 허약한, 지적 논리적 갈대다. 너무도 많은 요소들이 무시되거나 고려 사항 밖으로 내몰린다. 그럼에도 신고전파 이론(뿐 아니라 거기에 기초한 신고전파 종합)은 경제 정책 수립에 한 가지 중요하고 타당한 기여를 한다. 엄격한 조건이기는 하지만, 경쟁 시장 메커니즘이 소비 수요에 부합하게 생산을 유도할 수 있다는 이론은, 특히 시장이 (1) 경제의 전반적 안정성, (2) 투자 속도와 방향성 결정, (3) 소득 분배, (4) 산출물 단위당 또는 노동자당 대규모 자본 자산을 사용하는 부문에서의 가격과 생산량 결정 등에 의존하지 않는다면, 조건이 적합한 경제의 하부 체계에 대해 시장을 신뢰할 수 있음을 의미한다. 마지막 조건[앞의 조건 4]은 우리 경제에서 자본 자산 수익률이 결정되는 실제 방식과 비교할 때, 자본 자산 가격 결정과 수익률은 신고전파 이론에 산입되는 독특한 방식에서 비롯된다.

그러므로 고전파 이론의 주요 정리(정합성 가능성에 대한 증명)는 여전히 가치가 있다. 소득 분배를 당연시하고 선호 체계의 문화적 결정을 감안하면, 경제의 수요 곡선은 소비자 선호를 반영한다. 다양한 산출물을 제약하고 확장하는 데 소비세와 보조금이 사용되더라도, 정합성은 유지될 수 있다. 하지만 정합성이 지배할 수 있다는 인식에 의해 자유방임주의가 부활하지는 않는다. 타당한 사실은 일단 게임에서 전체 결과가 조작되면, 게임의 세부 항목에 대한 개입은 불필요해질 수 있다는 것이다.

제6장

• • • •

현재의 표준적 이론: 케인즈 종합 이후

신고전파의 기본 관점은 프리드먼의 다음 진술에서 드러난다.

"우리의 실물 경제에서 기업과 화폐의 중요성, 그리고 이에 따른 수많은 복잡한 문제에도 불구하고, 조화를 달성하는 시장 기법의 핵심 특성은 기업도 화폐도 없는 단순 교환 경제에서 완전하게 드러난다."[1]

이런 관점에서 "화폐는 교환을 용이하게 하고, 구매와 판매를 두 개의 분리된 행동으로 만들 수 있게 하는 수단으로 도입되었다."[2]

비록 제한적 상황이지만, 경제 이론가들이 구축한 모형들은 명시적 통제가 없는 시장이 정합적 결과로 이어지는 게 이론적으로 가능하며, 나아가 이러한 추상적 경제들은 정합성을 교란할 수 있는 내부 과정을 포함하지 않는다는 것을 보여준다. 그러므로 부채 디플레이션이 하강

---

1 Milton Friedman, *Capitalism and Freedom*(Chicago: University of Chicago Press, 1962), p.14

2 앞의 책. "도입되었다(Introduced)"는 표현은 ('세계에 도입되었다'가 아니라) '이론에 도입되었다'를 의미한다.

하는 동안 또는 인플레이션이 가속화되는 동안 나타나는 경제의 비정합성은 신고전파 이론에서는 논외의 대상이다.

1930년 당시 회자되어 계승된 경제이론은 대공황에서 무슨 일이 일어났는지 설명할 수 없었다. 신고전파의 이론적 관점에서는 거대한 충격이 이러한 대규모 하락세를 야기했다고 볼 수 있지만, 주식시장 붕괴를 제외하면 근래에 큰 충격은 없었다.[3] 게다가 표준적 경제이론은 주식시장 붕괴와 이어진 부채 디플레이션, 그리고 주식시장의 붕괴가 어떻게 심각한 불황을 야기하는지에 대해서는 어떠한 설명도 제시하지 않았다. 경기 순환, 금융 위기, 그리고 심각한 불황이 19세기와 20세기 초에 걸쳐 발생했지만 5장에 묘사된 신고전파 이론은 이러한 사건들을 설명할 수 없었다. 1929년부터 1933년까지 이어진 미국 경제의 심각한 침체는 금융시장에서의 일련의 위기 및 파산과 실업의 폭발적 증가를 수반했다. 몇 년 동안 파산의 급류 속에 은행과 여타의 금융 기관, 그리고 기업 파산이 시간차를 두고 이어졌다. 결과적으로 경제학자들이 왜 우리 경제에 이러한 변동성이 나타나는지를 더 잘 이해해야 하는지 명확해졌다. 경기 순환 연구는 1920년대를 관통한 주요 연구로서 분석에 따른 다양한 접근법이 등장했다. 새로운 이론을 위한 경주가 펼쳐졌고, 승자는 케인즈였다.[4]

---

3 다음 문헌은 상당한 사전 혼란이 있었다는 주장을 간략하게 담고 있다. 사전 혼란을 테민(Temin)은 소비 감소, 프리드먼과 슈워츠(Schwartz)는 화폐 공급의 감소 탓이라고 했다. 즉 이들에게 대공황은 경제 과정의 정상적 결과가 아니었다. Peter Temin, *Did Monetary Forces Cause the Great Depression?* (New York: W. W. Norton, 1976), Milton Friedman and Anne Schwartz, *A Monetary History of the United States 1867-1960* (Princeton: Princeton University Press, 1963)

4 케인즈는 버나드 쇼(George Bernard Shaw)에게 한 장의 엽서를 보냈었다. "나는 큰 변혁을 가져올 경제이론에 대한 책을 쓰고 있다고 확신합니다.… 바로 세계가 경제 문제에 대해 생각하는 관점에서의 변혁입니다." Roy F. Harrod, *The Life of John Maynard Keynes* (New York: Harcourt Brace, 1951)에서 인용.

1931년 8월, 케인즈는 신고전파의 관점에 현저하게 반하는 화폐가 어떻게 우리 경제생활에 유입되고 영향을 미칠 수 있는지에 대한 견해를 다음과 같이 밝혔다.

세계에는 빌딩, 상품 재고, 생산 혹은 운반 중인 상품 등 우리의 자본 재산을 구성하는 수많은 실자산들이 있다. 그러나 이들 자산의 명목상 소유자는 그것들을 소유하기 위해 돈을 자주 빌리지는 않았다. 그 정도에 상응하여, 자산의 실소유자는 실자산이 아니라 화폐에 대한 권리를 가진다. 이러한 '금융'의 상당 부분은 화폐를 빌려주는 예금자와 실자산 구입에 필요한 자금을 조달하기 위해 화폐를 빌리는 차입자 사이에 보증이 개입하는 은행 체계에서 이루어진다. 실자산과 자산 소유자 사이에 개입하는 이 화폐의 베일이 현대 세계의 매우 두드러진 특징이다.[5]

이러한 관점에서 화폐는 투자 및 자본 자산 포지션에 자금을 조달하는 과정에서 창출된다. 화폐 수량의 증가는 투자 산출물 수요의 증가, 혹은 자본이나 금융 자산 재고 항목의 수요 증가에 자금을 우선 조달한다. 화폐가 창출되면서 차입자들은 대부 은행에 상환을 위한 지불 약정에 착수한다. 금융 과정의 원류에서 화폐는 현금 흐름을 약속하는 네트워크의 일부이며 경제의 비즈니스 측면에서 네트워크는 총이윤, 적확하게 정의하면 기업이 벌어들인 수익에 의존한다. 1931년 케인즈가 위의 글을 쓸 당시와 같은 작은 정부를 가진 경제에서 은행가들 및

---

5 John Maynard Keynes, "The Consequences to the Banks of the Cpllapse in Money Values," *Essays in Persuasion: Collected Writings of John Maynard Keynes*, vol. 9 (London: Macmillan, St. Martin's Press, for the Royal Economic Society, 1972), p. 151

그들의 고객인 기업들이 현재 부채를 기꺼이 증가시키려고 할 때 화폐 공급은 증가한다. 이는 오로지 그들 모두 기업의 미래 이윤이 부채를 상환할 수 있을 것이라는 믿음 때문에 가능할 것이다.

반면, 화폐 공급은 은행 대출이 감소하면 함께 감소한다. 순감소는 대다수 은행가들 및 (잠재적)차입 기업들이 미래 이윤이 새로운 부채로 구현될 지불 약정을 검증하지 못할 것이라 판단할 때 일어난다. 은행들은 현금 창출을 위해 판매하는 자산 가격이 하락하거나 부채 대체(매각)에 실패하여 소유 자산에 기초한 현금을 마련할 수 없을 때 실패한다. 기업의 부채 검증 능력에 대한 은행가들의 기대는 경제가 어떻게 돌아갈지에 대한 기대뿐 아니라 기존 부채에 대한 자신들의 경험을 반영한다. 기업이 은행에 대한 지불 약정을 성공적으로 이행하면 부채 금융이 조장되어 화폐 공급이 증가하고, 지불 약정에 실패하면 은행가들의 부채 금융 사업을 꺼리게 만들어 화폐 공급을 감소시킨다. 따라서 화폐 공급의 변화가 기업 기대 이윤과 사업 조건에 대한 은행가의 기대를 반영하므로 화폐 공급은 경제에 매우 결정적이다.

케인즈의 관점에서 화폐는 자본 자산 소유와 통제에 자금이 조달되는 방식에 관련된다. 그러므로 화폐가 창출되고 유지되는 조건은 미래에 대한 오늘의 관점이 현재 행동에 영향을 미치는 메커니즘의 일부다. 기업 차입으로 화폐 공급이 증가하면, 은행가 및 차입 기업들은 긍정적 미래 전망을 가지는 반면, 부정적 미래 전망은 은행가와 기업 고객들에게 대출을 위축시켜 화폐 공급을 감소시키는 경향이 있다. 긍정에서 부정으로의 미래 전망의 변화는, 금융 계약으로 실현된 이윤과 기대 이윤 및 조건에 영향을 미치는 경제 운용의 내부적 현상으로 나타난다. 구체적으로, 부채에 따른 지불 약정 이행이 어렵거나 불가능하다고 인식하는 채무자들이 증가하면, 기업의 지불 약정 불이행으로 은행가들의 가용 자금이 감소하더라도 은행가들에게 새로운 부채 금융 제안을 꺼리게 만든다.

케인즈에게 은행가와 차입 고객들은 과거를 기억하고, 현재를 평가하려고 노력하며, 또한 미래는 과거나 현재와 같지 않을 수도 있다고 인식하는 사람들이다. 성공적인 은행가들은 현재 가격과 현금 흐름을 항상 그래왔고 앞으로도 영원히 그럴 것이라고 가정하고 행동하는 자동화 기계가 아니다. 은행가와 차입자들 모두 시간을 염두에 두기 때문에 그들은 자신들의 현재 결정이 불확실성 조건에서 내려진다는 사실을 인식한다. 은행 부채(즉, 화폐)에 기재된 일정 및 이행 약정은 금융을 활용해 자본 자산 포지션의 부채 금융이 발생하는 경제에 매우 중요하다. 이 장의 앞부분에 인용하였듯, 프리드먼의 관점은 우리 경제가 어떻게 작동하는지에 대한 케인즈의 관점과도, 우리 경제의 단순한 관찰과도 완전히 배치된다.

대공황이 세계 경제에 그 악의적 의지를 발휘했으므로, 정합성이 지배하거나 지배하지 못하는 이유를 해명하기 위해서는 경제 행태를 설명하는 통화와 금융 변수들을 통합해야 할 필요성이 명확해졌다. 순수 이론이 가르치는 내용과 경제대학원 '화폐와 금융' 과정에서 가르치는 내용의 분리 주장은 더 이상 옹호할 수 없게 되었다.[6]

케인즈의 자본주의 경제 이론은 경제에서 일어나는 결정에 월스트리트의 운영을 통합시켰다. 케인즈 이전의 신고전파 이론과 현재의 경

6　Paul A. Samuelson, "What Classical and Neo-Classical Monetary Theory Really Was," *Canadian Journal of Economics* 1, no. 1, pp. 1-15. In Clower, ed., *Monetary Theory* (Harmondsworth, England: Penguin, 1969.

제이론을 지배하는 신고전파 종합 이론의 특이점 중 하나는 경제의 조정이나 조정의 결여에 주요한 영향을 미치는 월스트리트의 어떠한 활동도 인정하지 않는다는 것이다.

케인즈는 "우리 경제가 분산 시장 체계로 정합성을 유지할 수 있다는 추상적인 주장에 만족할 것이 아니라, 왜 변동성에 빠지는지를 경제이론이 설명해야 한다"고 문제를 재정의했다. 자본주의 경제 실적에 대한 케인즈의 설명은 투자와 투자에 따른 금융 방식, 그리고 금융 약정 이행의 효과를 강조했다. 케인즈 분석의 핵심은 기존 자본 자산의 수익성, 자본 자산 투자와 보유를 위한 금융 조건, 그리고 투자 공급 조건을 유효 투자 수요 이론에 통합한 것이다. 이 이론에서 투자는 기대 이윤에 의존하는 시간의 경과 과정이므로 투자에 대한 결정은 항상 불확실성 조건에서 이루어진다. 불확실성으로 투자자들과 금융업자들은 호의적이지 않은 우발 상황에 대비할 수 있는 자산 및 부채 구조를 모색하며, 역사의 전개 및 경제 변화의 발전 가능성에 대한 관점 변화에 따라 자신들의 포트폴리오를 조정한다.

케인즈의 『일반이론』은 생산, 고용, 자산 가격의 대규모 하락과 함께 금융시장의 붕괴가 일어난 대공황의 여파로 서술되었다. 불확실성 조건 및 자본주의 금융 관행에 따른 투자 분석이 그의 이론의 핵심이다. 불행히도 경제 이론의 발전, 경제 작동 방식의 이해, 경제 실적 개선을 위한 정책 설계를 위한 케인즈의 경기 변동에 따른 투자이론 및 불확실성하의 투자 금융 이론은 케인즈 『일반이론』의 표준적 해석이 오늘날의 정통 이론으로 진화하면서 사라졌다. 경제를 이끄는 기초 관계들에 대한 직관적 통찰로부터 출발한 케인즈 이론은 총생산에 관한 일련의 진부한 처방을 따르는 경제학자들의 해석에 의해 그 의미가 축소되

어 버렸다.[7]

표준적 해석에서 케인즈는 고전파 이론과 함께 신고전파 종합이라 불리는 유형에 통합되었다(제5장 참조). 케인즈는『일반 이론』에서 "경제학자들은 기존의 방식과 다르게 경제를 바라봐야 한다"고 제안했지만, 오늘날 표준적 이론에는『일반 이론』에서 기존의 관점에 쉽게 통합할 수 있는 부분만 남아 있다. 이 이론에서 잃어버린 것은 경제의 내생적 균형 파괴력에 대응해 경제는 항상 이행한다는 관점이다. 자본주의 경제에서 발생하는 축적 방식의 결과, 케인즈의 1935년 이론은 경제 운영에서 성공은 언제나 일시적일 수밖에 없다는 사실, 즉 **불안정성은 피할 수 없는 자본주의의 내재적 결함**이라는 사실을 보여주었다.

잘못된 길로 향한 몇몇 특수 상황들이 경제를 대공황으로 내몰았다는 관점은 살아남았다. 이 관점에 따르면 적절한 정책이 사건의 재발을 방지할 수 있다. 1950년대와 1960년대의 표준적 이론은, 만약 정책이 적절하다면 안정된 물가에서 완전고용이 이루어져 유지될 것이라고 주장하는 듯했다. 내재하는 균형 파괴력은 무시되었는데, 신고전파 종합은 자본가, 자본 자산, 금융시장이 없는 자본주의 경제학이 되었다. 그 결과, 케인즈 이론의 극히 일부분만 오늘날의 표준적 경제학에 살아남았다.

---

7 이는 다음 책의 주제이다. Hyman H. Minsky, *John Maynard Keynes* (New York: Columbia University Press, 1975).

케인지언 조언 연대기

케인즈 『일반이론』의 해석 및 영향을 이해하는 데 유념해야 할 유용한 날짜들이 있다. 미국에서 대공황에 따른 긴축과 붕괴 국면은 1929년 말에서 1933년 초 사이에 발생했다. 유럽에서 제2차 세계대전 발발 후 군비 지출이 급격히 증가한 1930년대 말까지 경제는 충분히 회복하지 못했다.

케인즈의 혁신적 이론인 『고용, 이자 및 화폐에 대한 일반 이론』은 1936년에 출간되었다(서문은 1935년 12월 13일로 기재되어 있다). 『일반이론』에 대한 논평과 종종 등장한 수학적 해설은 1937년경에 시작되었다.

루스벨트의 첫 번째 임기인 1933년에 시작된 개혁과 회복의 노력은 『일반이론』의 등장 이전이었다. 루스벨트의 두 번째 임기는 1937년 1월부터 시작되었다. 『일반이론』의 등장 이후, 이론의 일부가 회복기에 발생한 정부 적자의 효과를 합리화하는 데 사용되었다. 그러나 뉴딜 정책 실시 첫 해의 프로그램은 주로 인도주의적 이유들로 동기 부여되고 합리성이 옹호되었다. 실업자들은 굶어죽지 않기 위해 소득이 필요했고, 노동은 그 소득을 제공하는 방편이었다. 루즈벨트나 국가 모두 실업 수당이라는 수단을 통해 노동과 관계없이 명목 소득을 분배할 수 있다는 생각을 경멸했다. 경기 부양책이 좋은 정책이라는 일부 공식화되지 않은 아이디어들의 진전에도 불구하고, 정부 적자가 민간 부문에서의 생산과 고용을 증대시킬 것이라는 아이디어는 정부 지출 프로그램 때문에 더 나아가지 못했다.

뉴딜 정책은 회복 프로그램일 뿐 아니라 개혁 노력이기도 했다. 루스벨트의 첫 번째 임기인 1933~1937년의 주요 구조 개혁은 『일반이론』이 영향을 미치기 이전에 준비되어 있었다. 많은 개혁안들은 대공황의 재발을 방지하기 위한 시도였고, 따라서 이러한 조치들에 대공황에 대한 해석이 반영되었다. 뉴딜 시기의 개혁은 주로 가격 디플레이션을 대공황의 주요 원인으로 다루었고, 하향세의 가격 탄력성을 제한하는 정부와 민간 개입에 회의적 시선을 보였다. 그러나 『일반이론』의 관점에서 물가 하락은 징후이자 혹독한 불황을 야기한 과정의 일부였을 뿐 불황의 원인은 아니었다. 『일반이론』의 관점에서 1933~1937년의 구조 개혁은 징후를 치료했을 뿐 대침체의 원인을 치유하지는 못했다.

1937~1938년의 침체는 대개 부분적 회복이 이루어지는 동안 관리 가격이 지배했던 시장에서 발생한 물가 상승에 기인했다. 하버드대학의 한센Alvin Hansen과 같이 새로이 케인지언으로 전환한 경제학자들은 1937~1938년 침체의 원인으로 1936년 참전용사 보너스 지급에 따른 재정 압박, 1937년 균형 예산을 지향하는 동안의 재정 및 통화 긴축, 그리고 인플레이션 전망을 상쇄하기 위한 연준의 조치를 들었다.

1937~1938년의 경기 침체는 임시국가경제위원회Temporary National Economic Committee, TNEC의 창설로 이어졌는데,[8] 위원회는 초기에는 독점력의 행사 및 관리 가격이 불완전한 확장과 경기 침체의 원인이라는 관점을 유지했다. 위원회에서 행해진 한센의 증언은 케인지언의 아이디어를 정책 토론에 소개했다는 점에서 중요했다. 그럼에도 제2차 세계

---

8 임시국가경제위원회(TNEC)는 1938년 경제력 집중에 대한 연구를 위해 만들어졌다. 다음 문헌을 참조하라. TNEC는 침체와 대공황의 원인과 해결책에 관한 대체적인 관점을 주장하는 포럼이 되었다. Ellis W. Hawley, *The New Deal and the Problem of Monopoly* (Princeton: Princeton University Press, 1966).

대전의 결과로 정부 역할이 확대되고 나서야 비로소 케인즈의 영향을 받은 상당수 경제학자들이 정부에 대해 적극적으로 활동하고 정책에 영향을 미쳤다.

케인지언의 아이디어는 1930년대 말 들어 어느 정도 영향을 미쳤는데, 이는 알려진 바와 같이 불온하다고 폐기된 아이디어였을망정, 시장 메커니즘이 반드시 완전고용을 추구하고 유지하는 자가 교정 체계일 필요는 없다고 주장했기 때문이다. 1930년대에는 시장이 경제 활동에 실패할 수 있는 조정자라는 사실이 자명해졌다. 시장 과정이 완전고용에서의 일탈을 조정하려는 경향이 있다손 치더라도, 1930년대의 증거는 그러한 조정 활동이 신속히 나타나지 않았다는 것을 보여줬다. 1929~1933년과 같이 대규모의 반복적 침체 이후 경제를 완전고용 귀환으로 유도하는 내부 조정 과정은 너무 길었고, 정치적 수용에 따른 비용은 너무 컸다. 적어도 시장 과정은 정책 도움이 필요했다.

1930년대는 시장 메커니즘을 개혁하거나 조력하기 위한 다양한 제안들로 가득했다. 한센과 여러 경제학자들은 완전고용 근사치가 노동 및 상품 시장의 구조와 제도 구조에 상관없이 재정과 통화 정책의 적절한 사용으로 달성되고 유지될 수 있다는 것을 의미한다고 케인즈를 해석했다.[9] 이는 정치적으로 민감한 산업 구조 및 시장지배력의 범위

---

9 아래 첫 번째 문헌은 한세니언 케인즈주의에 대한 완숙된 문헌이며, 두 번째 문헌은 초기 문헌이다. 세 번째 문헌은 이에 대한 시몬스(Simons)의 리뷰가 게재되어 있는데, 이것은 "공격적인 리뷰"의 전형이었다. 시몬스(Simons)의 리뷰는 두 가지 상반된 관점에서 흥미롭게 읽힐 수 있는데, 한 가지는 다소 부당한 공격적 유형이고 다른 한 가지는 개입주의 경제에 대한 세련된 공격이었다. Alvin Hansen, *Monetary Theory and Fiscal Policy* (New York: McGraw-Hill, 1949). Alvin Hansen, *Fiscal Policy and Business Cycles*(New York: Norton, 1941). Henry C. Simons, *Journal of Political Economy* L, no. 2 (April 1942), pp. 161-96; *Economic Policy for a Free Society,* 앞의 책.

와 관련한 문제들이 대개 정책 입안에 무시될 수 있다는 것을 의미했다. 즉, 완전고용 회복과 유지에 대기업 및 부상하는 노동조합의 시장 지배력 제약은 필요하지 않다는 주장이었다. 독점과 카르텔이 고용에 미치는 잠재적 부작용은 적절한 재정 정책으로 상쇄될 수 있으므로 필수 정책으로 간주되지 않았다.

노동 시장: 지배적인 혹은 종속적인

케인즈 사상의 특징은 고용 수준이 노동 시장의 내재적 활동으로 결정되지 않는다는 것이다. 이전에도 언급했듯이, 고전파 종합 모형에서는 노동 시장 수요 공급조건이 고용과 실질 임금을 결정한다. 이러한 균형 고용은 기업의 생산 특성과 가계의 선호 체계를 반영한다. 이 이론에서 노동 시장은 마치 완두콩이나 장난감 총 시장인 것처럼 취급된다. 이 이론에서 가정하는 동학은 만약 노동의 초과 공급이나 초과 수요로 불균형이 발생하면 실질 임금의 변화가 그 불균형을 제거한다는 것이다. 일단 고용이 결정되면 경제의 생산 특성은 생산량을 결정한다.

위의 고전파 시나리오 대신 케인즈는 생산 수요를 결정하는 것으로 이야기를 시작한다. 가계와 기업의 생산 수요는 순수 모형에서 가져오고 정부의 생산 수요는 정책 모형에서 가산되며 총수요는 이들 부문별 수요의 합이다. 고용은 요구되는 노동 수요가 일군의 지배적 명목 임금에서 가용한 노동 수요와 같거나 적을 때 생산량으로부터 유도된 노동 수요와 같다. 케인즈의 관점에서 지배적 명목 임금에서의 노동 공급은 수요를 초과하고, 실업에 대응하여 활동에서 작동하는 과정은 초과 공급 제거에 효율적이지 않을 수 있다. 케인즈는 이러한 비자발적 실업이 존재하는 상황을 균형으로 규정했다. 이것은 분명 초과 수요와 초과 공급이 없다는 것을 의미하지는 않으며 명목 임금 하락을 배제하지도 않는데, 초과 공급에 따른 시장 반응이 초과 공급을 효율적으로 제거하지 못할 것이라는 의미에서만 오로지 균형이다.

초과 공급이나 초과 수요로 유발되는 과정을 고려할 때, 자체 시장 반응과 시장 간 반응을 구분하는 것이 유용하다. 자체 시장 반응은 상품이나 서비스의 가격 및 수량의 변동을 포함한다. 시장 간 반응은 자체 시장 변수들의 변화가 어떻게 다른 시장의 공급이나 수요 조건에 영향을 미치는지, 그리고 다른 시장에서의 변화에 따른 피드백이 자체 시장에 어떤 영향을 미치는지에 따라 달라진다. 노동시장에서 자체 시장 변수들은 노동의 명목 임금과 실제 고용된 노동의 양이다. 케인즈의 동학에 따르면, 노동의 초과 공급은 명목 임금을 하락시키는데, 명목 임금의 하락은 산출물의 공급 가격과 고용 노동자의 소득을 감소시킨다. 낮은 소득은 산출물의 수요를 감소시켜 결국 노동 수요를 감소시킨다. 생산량 감소로 공급과 수요가 감소하고 따라서 물가도 하락한다. 명목 임금 하락이 실질 임금 하락으로 이어질 것이라는 가정은 없다. 따라서 노동 수요와 공급 관계에 대한 노동 시장 변수의 영향이 노동의 초기 공급 과잉을 제거하지 못할 수도 있다.

물가 및 임금 하락이 자체 시장 반응으로 노동의 초과 공급을 제거하지 못할 수 있지만, 다른 시장에 미치는 영향을 통해서는 가능할 수 있다. 케인즈의 틀 안에서 이 문제는 "명목 임금과 산출물 가격의 하락이 어떻게 소비와 투자 지출에 영향을 미치는가?"로 전환된다. 명목

임금 하락은 실질 통화량을 증가시켜 금리가 낮아진다. 이러한 효과는 임금과 물가 하락에 직면하여 초과 공급을 제거하는 데 제한적으로 작용할 가능성이 있다. 게다가 명목 임금과 물가 하락은 처음에는 가계와 기업이 승계된 부채의 지불 약정을 이행하는 데 가용한 현금 흐름을 감소시켜 초기 상황을 악화시킨다.

신고전파 종합의 본질은 총수요가 실질 임금과 무관하게 노동 수요를 결정한다는 케인즈 공식을 받아들인 다음, 시장 과정이 제때에 완전고용을 보장한다는 것을 보여주는 데 있다. 만약 노동의 초과 공급이 존재한다면, 시장 과정은 생산물의 수요를 변화시켜 노동 수요 곡선이 상향 이동하도록 해야 한다. 그 결과 초과 공급이 제때에 제거되는데, 총수요가 증가하므로 요구되는 노동 수요가 증가하는 것이다.

시장 메커니즘이 실업이 지배적인 초기 상태로부터 완전고용 균형을 이끌어낼 것이라는 신고전파 종합의 주요 정리는 강력하다. 신고전파 종합 이론의 개발자들은 케인즈의 많은 부분을 인정했는데, 기본적인 분석 장치와 실업 균형의 초기 상황은 케인즈의 관점에 부합한다. 그들은 또한 임금은 비용이자 소득이므로 노동시장 과정이 실업을 제거하는 데 효과적이지 못하며, 금리 인하를 통한 임금 인하(화폐의 실질가치를 조정하는 방식)에서 투자에 이르는 경로가 완전고용에 근사치 달성에 실패할 수 있다는 것을 인정했다. 그럼에도 동일 임금을 받는 더 부유한 소비자가 가난한 소비자보다 더 많이 소비할 것이라는 합리적 가정을 통해, 신고전파 종합은 시장 경제가 이론적으로는 완전고용에서 노동 수요 곡선이 고전파 노동 공급 곡선과 교차되는 내부 메커니즘을 포함한다는 것을 보여줄 수 있었다. 소비-소득 관계로 작동되는 내부 메커니즘은 실질 통화량에 지나치게 종속적이어서 물가 하락이 소비-소득 관계를 상향 이동시키고 주어진 수준에서 투자 수요를 증가시키는 경향이 있다. 총수요에 따른 실질적 균형 효과는 노동시장에서의 고용 균형이 달성되지 않는 과도기가 있을 수도 있지만 궁극적으로는 노동 시장을 지배하게 만든다.

이러한 신고전파의 결과는 케인즈의 결과와 뚜렷하게 대조를 이룬다. 케인즈의 계획에서 노동 시장은 고용과 생산을 결정하지 않는다. 명목 임금은 비용에 산입되므로 산출물의 공급 조건은 외부에서 산입된다. 명목 임금은 산출물 가격 수준 결정의 주요소다. 케인즈의 주장에서 명목 가격과 상대 가격은 노동과 상품 시장의 상호 작용 속에서 동시에 결정된다.

한센-클레인 전통: 경제학 개론에서의 케인즈주의, 계량적 예측, 그리고 정책 시뮬레이션

케인즈의 관점에 따르면 고용은 총수요와 총공급의 상호 작용에 따른다. 표준적 해석에서 케인즈의 총공급 이론은 대체로 무시되었다. 케인즈에게 자본주의하 총공급 결정은 표준적 이론이 주장하는 것처럼 생산 가능성의 단순한 변환이 아니다. 자본주의 경제에서는 이윤 추구의 부산물로 산출물이 공급되고 노동 수요가 발생한다. 이윤에 대한 기대가 기업이 내놓는 생산 계획과 고용을 결정한다. 실제 이윤은 노동과 기존 자본 자산 활용으로 얻을 수 있으며, 이는 케인즈가 주장한 바와 같이 단기 이윤 기대에 따라 달라진다. 총공급을 결정하는 소비와 투자 산출물 생산에 따른 단기 이윤 기대치는 소비와 투자에 대한 기대 유효 수요에 따라 달라진다. 장기 이윤 기대치는 투자 수요 가격 결정에 영향을 미친다. 장기 기대치에 따라 달라지는 투자 산출물 생산에서, 단기 이윤 기대 방식으로 공급 계산에 시간이 입력된다. 게다가, 자본주의 환경에서 총공급은 산출물 생산과 고용에 필요한 금융 비용에 따라 달라진다. 그러므로 자본주의 환경에서 공급 이론은 생산에 따른 금융 방식을 무시할 수 없다. 특히, 금융 조건으로 부과된 지불 약정은 사용 가능한 내부 금융과 투자 금융 조건을 결정한다.

케인즈의 표준적 혹은 정통적 해석에서는, 어느 정도의 완전고용 수준에 이르기까지 산출물 단위당 공급 가격은 일정하거나 느리게 변화하는 경향이 있다는 관점을 강조한다. 이는 총수요가 승계된 임금과 가격에서 완전고용 총공급을 초과하는 경우에만 임금과 가격이 상승하는 경향이 있기 때문이다. 총수요가 그 정도로 크지 않아 완전고용 수준에 다소 못 미치면, 가격 하락과 임금 하락은 나타나지 않거나 미미할 것이다. 이는 일정한 총수요 범위에서 가격의 변화는 크지 않으며, 총수요가 일정 수준을 초과하면 가격이 상승하고, 일정 수준 이하로 감소하면 가격이 하락하는 경향이 있다는 이론으로 이어진다.

일반적으로 임금 및 가격 동향은 특정 가격의 동향을 결정하는 과정과 유사한 과정을 따른다. 이러한 정통적 케인지언의 임금과 가격에 대한 가정은 수요가 일정 수준을 넘어서면서 특정 시장의 공급이 비탄력적이 된다고 가정한다. 말하자면, 총수요가 증가하면서 공급량이 수요에 비례하여 변하지 않으므로 일부 상품 가격이 상승할 것이다.

정통적 케인지언 문헌에서 총공급의 세부 항목을 고려하면, 고용은 총 유효 수요에 따라 달라진다. 완전고용의 일정 경계까지 총수요 증가는 주로 고용 증가로 이어진다. 이 경계를 넘어서는 총수요 증가는 주로 가격 상승으로 이어진다. 분석을 위해 민간 국내 수요는 동질적 요소로 세분된다. 가계는 하나의 동질적 집단으로 소득이 있고 소비재를 구매한다. 또 다른 동질적 부류는 현재 이윤과 기대 이윤, 그리고 자기 자본을 보유하며, 일반적으로 현금이나 일부 금융시장 거래가 요구되는 미지불 부채를 보유한다. 투자는 기업 요구에 따른 총수요의 구성 요소다.

해외 및 정부 수요 또한 총수요에 포함된다. 총수요는 국민총생산Gross National Product, GNP이라고 불리는 모든 생산물의 합과 같고, 소비, 투자, 순수출, 그리고 정부 생산의 합과 같다. 소비 수요는 세후 소득 함수다. 이렇게 세후 소득 및 이전 소득에 따라 달라지는 세부 명세 때문에 소득은 산술적으로 투자, 외국인 및 정부 수요 합계의 배수가 된다. 주로 한센이 개발한 이 케인즈 이론의 버전에서 생산과 노동의 총수요는 소비와 세후 소득 관계에서 유도되는, 투자, 순수출, 그리고 정부 지출의 배수가 된다. 이러한 관점에서 목표 수준 소득의 부족이나 초과분은 정부 지출이나 세금의 적절한 운용으로 상쇄할 수 있는데, 이로써 재정 정책이 경제를 조종하는 도구가 된다.[10]

(해외 무역을 고려하지 않은)단순 사례에서, 소득은 투자 및 정부 지출에 (승수라고 하는)특정 상수를 곱한 값이라는 명제로 귀결된다. 게다가 이 상수는 소득 증가분 대비 저축 증가율의 역수다. 이 비율을 한계 저축 성향marginal propensity to save이라고 한다.

소득에 따른 저축을 투자와 정부 지출로 상쇄해야 한다는 아이디어

---

10 Alvin Hansen, *Monetary Theory and Fiscal Policy*, 앞의 책. A. P. Lerner, "Functional Finance and the Federal Debt," Social Research 10 (Feb. 1943)을 참조.

와 더 많은 투자(혹은 정부 지출)가 저축을 상쇄하게 하는 더 높은 소득으로 이어진다는 아이디어는 1함수 한센모형one-function Hansen Model으로 분명히 명시되었다. 더 많은 투자가 더 높은 소득과 고용을 의미하므로 기업이 투자할 수 있도록 인센티브 확대를 위해 세금 체계가 조정되어야 한다고 주장하는 보수적 기업인, 정치인 및 관료들은 이러한 단순 한센 모형의 유효성을 전적으로 수용한다.

고용, 곧 공급이 기업의 투자 인센티브 함수라는 주장은 케네디-존슨 정부 기간 세제 혜택과 투자세 공제의 이론적 기초가 되었다. 케네디-존슨 정부가 기업의 투자 유인에 초점을 맞춘 반면, 레이건의 후반기 정책은 가계 소득과 저축 유인에 초점을 두었다는 점에서 케인지언 보수주의는 레이건 정부의 공급 측면 보수주의와는 다르다. 전자의 프로그램이 매우 보수적이었음에도 저축에 대한 과도한 욕구가 투자 인센티브에 부정적 영향을 미친다는 것을 암묵적으로 인식한 반면, 후자의 공급 측면 보수주의는 투자-저축 관계가 어떠하건 간에 투자가 완전고용에서의 저축을 충분히 상쇄할 것이라고 명시적으로 가정했다.

1939년 9월 제2차 세계대전 발발 직후, 케인즈와 그의 케임브리지 학생들 중 일부가 정부에 참여하였다. 알려진 바와 같이, 간단한 케인즈 이론의 종합 관점에 대한 사고들은 전시 계획에 유용했던 것으로 입증되었다. 심각한 전시 기간, 민간 계정에 대한 투자는 정부 통제의 결과 사실상 사라지고 총수요는 정부 수요와 소비로 구성되었다. 세금과 배급제는 소비 지출을 제한하고 통제하여 전쟁 자원을 활용할 수 있게 만들었다. 이러한 상황에서 케인즈가 고민했던 난제인 투자와 투자 금융, 금융 흐름과 체계의 정합성 또는 안정성 관계는 무관했다.

제2차 세계대전이 진행되는 동안 소비 함수와 외생적으로 결정되거나 통제된 투자 및 정부 지출에 기초한 점점 더 복잡한 모형이 개발되었고, 전시 동원 체제의 해제 및 민간 경제로의 복귀를 계획하는 기초가 되었다.[11] 그러므로 전후 초기에 민간 경제의 분석 및 소비 함수에 기초한 예측 기법이 등장한 것은 놀라운 일이 아니다. 하지만 이러한 모형들은 통화와 금융 관계성을 무시하거나 지극히 원시적 방식으로 통화와 금융 관계성을 도입했다. 모형 구축 게임을 이끌었고 지금까지 그렇게 인정되고 있는 선두 주자가 클레인Lawrence Klein이다.[12]

예측 모형은 애초에 연구 실습용으로 개발되었는데, 그 후 정책 분석에 활용하는 도구가 되었다. 소비 및 투자와 같은 변수들을 구성 요소로 세분화하고, 주 정부 및 지방 정부, 금융 기관과 같은 부문들을 도입하여 소득과 고용을 실증적 공식 및 관계들의 복잡한 체계에 종속시켰다.

내구재, 서비스, 노동 등과 같은 시장 관점에서의 모형을 수립하고, 총수요를 이러한 시장 행태의 결과로 취급하는 방식은 매우 일반적이다. 그러나 이는 내구성 소비재 시장이 없는 가짜 시장으로, 오로지 다양한 종류의 내구재는 있지만, 각각의 내구재는 기업이 생산하고 제도적으로 특수한 특성을 갖는 시장의 소매점에서만 판매된다. 경제학자의 이러한 구조 모형들은 항공 공학자의 풍동 실험이나 컴퓨터 시뮬레이션 모형에 견줄 수 있는 것이 아니다. 이러한 모형들은 그러한 모

---

11 Nicholas Kaldor, "The Quantitative Aspects of the Full Employment Problem in Britain," Appendix C in *Full Employment in a Free Society,* ed. William H. Beveridge (New York: Norton, 1945), pp. 344-401.

12 노벨상을 받은 펜실베니아대학의 로렌스 클레인은 분석적 단순성에도 불구하고, 포괄하는 세부 항목에 대해 복잡하고 다양한 계량경제학 모형을 낳았다. Lawrence R. Klein and Arthur S. Goldberger, *An Econometric Model of the United States,* 1928-1952 (Amsterdam: North Holland Publishing Company, 1955)

형들처럼 경제에서 일어나는 현상을 축소 복제하여 보여주는 것이 아니기 때문이다. 예측자의 구조 모형은 단순하고 한센 이론에 사용되는 더 큰 총체적 요소들의 탈총체적 요소이다.*

소비 함수에 기반한 예측 모형은 다양한 정부 기관, 연준과 상당수 상업 서비스에 살아남아 새로 대두되는 데이터를 계정에 주입하고 지속적으로 업데이트된다. 최신의 예측 도구로 존재하는 모형은 컴퓨터 성능에 상당히 의존하는데, 컴퓨터는 경험이 요약된 방정식에 대해 다양한 형태 및 변수들을 갖는 실험을 가능케 해준다. 이러한 실험적 접근은 예측 모형의 구조가 기존 방정식을 수정하여 변경되고, 그 결과 종종 일관성 없는 조각들로 뒤죽박죽된다는 것을 의미한다. 이와 같은 계량경제학 모형의 사용에 동조하는 경제학자들조차 이러한 모형들에 내재된 관계성을 불만스러워한다.

예측에는 정부 지출, 세제 계산식, 연준 운영과 같은 정책 요소들을 총수요의 구성 요소를 표현하는 방정식으로 구조 모형에 포함한다. 여러 방정식들은 실증적으로 도출된 변수들을 가지고 있다. 각각의 구조 모형은 예측자가 관심을 가지는 체계 결정 변수의 해를 도출하는 방정식으로 변환된다. 그런 다음 모형은 체계의 과거 함수로서 특정 날짜에 대한 변수 값을 제공한다. 모형이 잘 작동한다면 변수의 예측 값을 과거 값으로 적용하여 더 먼 미래의 값들을 얻을 수 있다. 이러한 재귀적 계산으로 시계열(연속적 모형)을 생성할 수 있는데, 정책 추정과 설명되지 않은 변수들의 행태를 변화시킴으로써 다양한 결과 값을 얻을

---

* 추가의 설명이 필요한 각각의 부가 변수를 세분하여 도입함으로써, 비록 작업의 지적 정교화 수준이 단순 소비함수나 승수모형의 수준 이상으로 결코 나아가지 못했음에도, 예측의 형식을 원하는 수준만큼 복잡하게 만들 수 있다.

수 있다. 실행 결과가 정책 추정에 따라 달리 나타나면, 이것이 바로 정책 시뮬레이션이다. "만약 각자에게 50달러의 세금을 환급해주면, 실질 소득은 4% 증가하고 인플레이션은 그렇지 않을 때에 비해 2% 상승할 것이다"와 같은 정책 평가는 예측 모형의 운영을 통해 나타난 경제 시뮬레이션의 결과다.[13]

또한 정책 시뮬레이션은 구조 모형에서 최저 임금이나 제도 변화와 같은 법적 변화의 효과를 조사하기 위해 고정되거나 추정되었던 매개변수들을 변화시켜 실행할 수 있다. 그러나 시뮬레이션이 모형보다 더 나을 수는 없다. 그리고 계량 경제 모형이 모형 구축자의 경제이론보다 현실에 더 근접할 수는 없다. 특히, 금융 구조와의 강력한 연계를 포함하지 않는 모형으로는 경제의 작동에서 발생하는 불안정성을 파악할 수 없다.

1970년대 들어서면서 금융 관계성을 무시한 모형들이 예측 도구로 효과적이지 않다는 사실이 명확해졌다. 또한 외부 요소로서의 화폐 공급이 예측 과정에서 훨씬 더 중요하게 수정되었다. 우리는 이제 케인즈의 총수요 이론으로부터 파생된 아이디어와 고전파 화폐 수량 이론을 종합한 예측 모형을 가지고 있다. 그들이 어떠한 성공을 거두건 그것은 과거의 변수 값으로 가까운 미래 가치를 추정하는 것이므로 이러한 모형들은 내부적 정합성이 없다. 그들의 성공은 다만 경제가 상당한 모멘텀을 가지고 있다는 사실을 입증한다.

단순 한센 소비 함수 모형은 전체 세대를 아우르는 경제학 교과서

---

13 Daniel B. Suits, "Forecasting and Analysis with an Econometric Model," *American Economic Review* LII (March 1962); Robert A. Gordon and Lawrence R. Klein, *A.E.A. Readings in Business Cycles* (Homewood, Ill.: Richard D. Irwin, Inc., 1965)

의 근간으로 경제의 미세 조정을 위한 재정 정책 접근의 토대가 되었다. 이 모형은 예측과 정책 시뮬레이션 모형으로서만이 아니라 성공적으로 여겨진 정책의 지적 기반이었기 때문에 오래 지속되었다. 하지만 정책 성공에서 멀어지면서 한센 모형에 대한 관심은 약화되었다. 그럼에도, 매우 간단한 이론적 입력을 바탕으로 구축된 상당히 복잡한 구조를 가진 계량 경제 모형은 정책 분석의 도구로 여전히 살아남았다.

금융 불안정성은 1960년대 중반 이후 나타난 명백한 경제적 특징이다. 한센 클레인 공식으로부터 유도된 모형들은 내부 과정으로 발생하는 금융 불안정성을 설명할 수 없다. 그러므로 모형을 활용한 시뮬레이션에 기초하여 수립된 정책은 금융 불안정성이 발생할 수 없거나 관련이 없다는 명백한 가정을 반영한다. 따라서 이렇게 수립된 정책은 현실의 주요 부분을 무시하여 종종 경제에서 정책 목적을 잃는 결과로 이어질 수 있다.

한센의 케인즈 개념 단순화에서 소비 함수에 기초한 예측과 시뮬레이션 모형에 이르는 전개 라인은 금융과 통화 요인을 무시할 수만 있다면 경제학자들에게 우리 경제를 단순하고 강력하며 적절한 방식으로 인식할 수 있게 했다. 전후 초기에 이러한 금융 및 통화 요인에서 평온으로 특징화되지만, 이런 평온은 1960년대 중반부터 혼란으로 대체되고, 이 혼란으로 한센과 클레인에서 유도된 모형들의 신뢰성은 떨어졌다. 이에 따라 이런 모형들을 활용한 예측과 시뮬레이션은 정책을 이끄는 지침으로는 타당하지 않게 되었다. 최근의 경험은 가정한 바와 같이 경제가 움직이지 않는다는 것을 보여준다.

힉스 버전

1937년 존 R. 힉스[14]가 제안한 케인즈 공식은 한센의 단순 소비 함수 모형을 뛰어넘는다. 힉스는 케인즈 이론에서 하나의 핵심 요소, 즉 금융 및 통화 변수들이 총수요를 설명하는 데 통합되어야 한다고 이해했다. 힉스는 케인즈가 상호 의존적인 두 시장 집합을 고려한다고 해석했는데, 상품시장과 화폐 또는 금융(채권)시장이었다. 각 시장 집합에서 힉스는 균형에 이르는 금리와 소득 수준을 도출했다. 그는 케인즈가 설정한 문제를 두 시장 모두에서의 동시적 균형 결정이라고 규정했다. 힉스는 상품시장과 화폐시장의 균형 상태를 동시에 만족시키는 수준으로 총생산과 금리를 책정하고 있다. 따라서 힉스는 총수요의 결정을 공급 및 수요 문제처럼 다루면서 상품 및 화폐시장 모두에서 수요와 공급을 일치시키는 이자율 및 소득의 조합이 있다고 주장했다. 한센과 마찬가지로, 상품의 민간 국내 수요는 소비와 투자 수요 두 부분으로 구성된다. 소비 수요는 소득과 금리 함수로 간주되었다. 소득을 변수로 사용한 것은 케인즈로부터의 영향이었고, 금리를 소비의 결정 요인으로 사용한 것은 저축에 대한 고전파 관점으로부터의 영향이었다.

힉스는 투자를 금리와 소득 수준의 함수로 받아들였다(이는 주로 후에 덧붙인 것이다). 이 지점에서 힉스는 투자 수요와 이자율 관계가 자본의 한계 생산성을 반영한다고 해석함으로써 케인즈를 고전파 모형으로 이끄는 데 큰 걸음을 내딛었다. 생산 함수 속성을 갖는 이러한 이자율 규정은 힉스가 암묵적으로 경제가 어떤 특정한 완전고용 소득 수

---

14 John R. Hicks, "Mr. Keynes and the 'Classic': A Suggested Interpretation," *Econometrica* 5 (1937).

준으로 귀착된다고 전제하고 있음을 의미한다. 고용 가능 노동력 대비 고용 수준이 서로 다른 경제에서, 자본 자산에서 얻는 이윤은 총수요가 자본 자산 서비스의 부족을 초래하는 정도에 달려 있다. 제철소가 생산 용량 이하 수준이 아니라 생산 용량에서 운용함으로써 훨씬 더 많은 수익을 얻는다 해도, 생산 용량에 못 미치는 경우나 생산 용량만큼 작업하는 경우나 기술적 생산성은 동일하다.

소득은 소비와 투자의 합으로 소득에서 소비를 빼면 저축으로 투자와 같다. 저축과 투자 모두 이자율 및 소득에 따라 달라진다. 그러므로 각각의 조합 수준은 다를지라도 투자와 저축을 일치시키는 이자율 및 소득의 2차원 곡선이 존재한다. 이 곡선을 따라 낮은 이자율은 높은 투자로 이어져 높은 소득으로 연결되므로 곡선은 아래로 기운다.

신고전파의 틀에서, 더 많은 투자를 암시하는 낮은 이자율의 합리화를 통해 주어진 명목 임금에서 보다 낮은 이자율은 노동 대비 더 많은 자본을 투입하는 생산 기법의 사용으로 이어지고, 기대되는 노동 대비 자본 비율이 높아질수록 더 높은 투자율로 이어진다. 투자율이 커질수록 승수 관계에 따라 소득 수준도 올라간다. 힉스 공식과 투자의 정통적 관점을 고수하는 대부분의 공식에 사용된 이자율 대 투자 관계에 대한 진전된 주장은 거의 다 속임수다. 낮은 이자율이 보다 높은 자본 산출 비율로 최상의 생산을 수행한다는 함의를 인정하더라도 자본 자산의 시간 변동률인 투자가 증가해야 하는 것은 아니다. 자본 재고에 대한 더 많은 욕망이 자본 재고가 더 빠른 속도로 증가한다는 것을 의미하지는 않는다.[15]

---

15 힉스는 1937년 논문에서 자신의 투자 함수를 기술한 방식에 대해 논증하지 않았는데, 사실, 케인즈의 일반이론에서 길게 논의되었던 투자와 자본 자산 가격에 대한 논의는 무시되었다.

화폐는 현재 산출물에 산입되는 거래를 신속 처리하는 기능과 악화될 수 있는 우발 상황에 대한 보호 수단으로서의 현물 수익률을 제공하는 자산 기능으로 필요하다.[16] 현재 소득에 산입되는 교환의 용이성을 위해 화폐가 필요하므로 소득은 화폐 수요의 변수다. 화폐에서 얻을 수 있는 현물 수익률이 화폐에 대한 채권 수익률만큼 가치가 있어야 하므로 이자율은 화폐 수요의 변수다. 이것은 일정 소득 조건에서 화폐량이 많아지면 이자율이 낮아진다는 것을 의미한다. 나아가, 일정한 화폐량에서 높은 소득은 더 높은 이자율과 연관된다. 따라서 화폐 공급이 일정할 때, 화폐 수요가 공급과 일치하는 일군의 이자율과 소득의 조합이 존재한다. 이 조합이 화폐 시장에서의 대안적 균형점이다.

힉스주의 전통은 자본주의 경제의 화폐 공급이 금융 활동 과정에서 창출되는 방식에 대한 케인즈의 모든 해석을 무시하고 화폐 공급이 정책 당국자(미국의 연준)에 의해 결정된다고 가정한다. 다시 말해, 화폐량은 일종의 정책 변수라는 것이다. 정책 당국자는 시장을 지배할 이자율 대 소득 조합을 결정하기 위해 화폐 공급을 변동시킬 수 있다. 일정 화폐 공급 조건에서 높은 소득은 보다 높은 이자율에 연관되는데, 화폐의 가치는 거래를 용이하게 하는 거래를 더 많이 촉진할수록 증가하기 때문이다.

힉스의 주장에 따르면, 투자 대 저축 균형을 나타내는 한 곡선은 아래로 기울고, 화폐 균형을 나타내는 다른 곡선은 위로 기운다. 아울러 두 곡선 모두에서 이자율과 소득은 양수다. 소득과 이자율을 모두 1사

---

16 힉스와 파틴킨과 신고전파 종합의 다른 경제학자들은 이 점에서 문제를 안고 있었다. 그들은 불확실성에 대한 케인즈 가설의 중요성을 인식하지 못했기 때문에, 화폐의 현물 이익에서 발생하는 수익을 인식하지 못했다.

분면에 한정하여 적절히 배치하면, 두 개의 시장 균형 곡선은 교차한다. 화폐시장과 상품시장 모두의 균형 조건을 동시에 충족시키는 고유한 이자율과 소득 조합이 있다. 만약 화폐량이 변동되면 화폐시장의 균형 곡선은 변화될 것이고, 따라서 상품시장 균형 곡선과의 교차점도 변화될 것이다.

소득이 결정되면 고용 수준 또한 결정된다. 이제 고용이 완전고용 수준 이하에 있다고 가정해보자. 이런 상황에서 화폐량 증가는 이자율을 낮추고 소득 수준을 높여 실업 감소세를 불러올 것이다. 따라서 힉스 공식에서 화폐가 상황을 결정지을 수 있는 것처럼 비춰지는데, 외관상으로는 완전고용 소득 수준을 유도하는 적정 화폐량이 존재한다.

힉스 모형 내에서 정책 당국이 공급하는 화폐량과 무관한 균형점으로서의 실업률을 얻기 위해서는, 상품시장이나 화폐시장 균형 곡선의 모양이나 지점에 대한 적절한 구체화가 필요하다. 이를 위해 가능한 한 가지 방법이 투자 함수에서 투자 기회를 소진시키는 것이다. 소비 대 소득 관계의 속성을 고려할 때, 제로 금리에서의 투자 규모가 완전고용을 달성하기에 충분하지 않다면 어떻게 될까? 즉, 화폐 공급 증가에 따른 이자율이 플러스(0% 이상) 금리에서 얼마까지 내려가는지에 상관없이, 투자는 완전고용 저축을 상쇄할 수 있을 만큼의 규모로 충분히 이루어지지 않는다는 것이다.

만약 투자 부족이 실업의 원인이라면, 고용 확대를 목표로 하는 정책은 세 가지 방식 중 하나일 수 있다. 소득에 정부 지출이 추가되게 하거나, 정부 보조금 및 보증으로 투자를 증가시키거나, 또는 이어지는 기대 이윤 흐름 대비 투자비용을 낮추는 방식이 될 것이다. 첫 번째 방식은 소비 대 소득 관계를 확장시키는 정부 세금 및 지출 프로그램

(이전지출 포함)으로 이어지는데, 이는 어떠한 투자 수준에 대해서도 고용 수준의 증가를 가져온다.

투자 프로젝트에 따른 수익에 대해 정부가 보증하는 두 번째 경로는 평온기에 미국에서 주로 모기지, 다양한 농업 프로그램, 그리고 국방 및 여타의 공적 지출 흐름으로 나타났다.

정책이 취할 수 있는 세 번째 방향은 투자재 가격을 낮추거나 이어지는 기대 이윤 흐름을 높이는 것이다. 케네디-존슨 시대에서 시작된 정책 진단은 대개 완전고용과 고속 성장의 달성을 위해 더 많은 투자가 필요하다는 쪽이었다. 그 결과 광범위하고 다양한 세금 공제와 소득세 조정이 투자의 순가격을 하락시키거나 이윤 흐름을 증가시키는 데 사용되었다.

이자율이 화폐 공급과 무관하다면 힉스 공식에서 실업률은 화폐 공급 변동에 반응하지 않을 것이다. 이것이 바로 유명한 유동성 함정으로, 특정 소득 범위에서의 화폐 수량 증가가 이자율 하락으로 이어지지는 않는다는 것이다.

유동성 함정은 통화 정책을 비효율적으로 만든다. 이러한 유동성 함정은 금융 위기의 여파로 일어나는데, 안전 증권에 대한 저금리와 위험 증권에 대한 상당한 할증 이자로 특징화된다. 하지만 힉스 공식에서 화폐 공급을 변동시키는 통화 정책은 금리가 지나치게 하락하지 않는 한 소득에 미치는 영향은 효과적이다.

힉스 공식은 케인지언 모형의 교과서적 설명의 기초가 되었고 지금도 여전하다. 상품 시장에서 균형 이자율과 소득 곡선을 일반적으로 IS라 부르고, 화폐 시장에서의 균형 이자율과 소득 곡선을 LM이라 부른

다. 힉스 공식은 IS-LM 모형으로 알려져 있다.[17]

IS-LM 공식이 신고전파 종합의 길을 열었다고 하지만, 엄밀히 말하면 신고전파 종합은 아니다. 화폐 수요 방정식은 일종의 이자율 함수인 가변 속도를 갖는 화폐수량설로 해석할 수 있는 방식으로 기술된다. 또한 이 공식은 투자 함수에 관한 고전파의 관점을 포함한다. 힉스 공식은 필연적으로 노동 수요의 증가를 불러오는 노동의 초과 공급 메커니즘을 포함하지 않았다. 비록 이것이 고전파의 관점으로 나아간다 하더라도 힉스 모형은 고전파의 사고를 특징짓는 노동 시장의 지배적 균형을 달성하지 못한다.

파티킨 해법: 노동시장 패권의 승리

당대의 기성 경제학자들에게 케인즈 결실은 경제가 '자기 균형 체계'라는 당대의 표준적 지식에 반하여 날아든 것이었다. 케인즈 이론은 경제가 완전고용 균형의 달성을 보장하는 시장 과정이 존재하지 않을 수 있으며, 분산 시장 경제의 내부 과정이 균형을 파괴할 수도 있음을 내포한다. 실제로 케인즈는 금융 및 통화 체계가 제대로 작동하리라 신뢰할 수 없으므로 고전파 이론의 정합성 결과는 자본주의 경제에 전반적으로 유효하지 않다고 주장했다.

케인즈 결실은 그 이단을 뒤엎을 어떤 경제학자에게도 포상이 마련

---

17 재치 있고 저명한 경제학자인 브론펜브레너(Martin Bronfenbrenner)는 힉스 모형을 "이슬람(ISLAM)의 세계"라고 불렀다.

되어 있음을 의미했다. 게임의 관건은 케인즈의 가정과 가설을 인정하는 한에서도 분산 시장 메커니즘의 정상적 과정이 이루어지고, 따라서 시장 작동이 방해받지 않는 한 완전고용이 유지될 수 있다는 것을 보이는 데 있었다.

케인지언 분석이 부분적으로 성공한 이유(또한 케인즈 경제학 이론의 전반적 범위가 인정받지 못한 이유)는 그의 『일반 이론』 출간과 거의 동시에 국민소득 계정 체계가 개발되었기 때문이다. 주로 쿠즈네츠 Simon Kuznets[18]가 개발한 이 계정 체계는 수요 명세를 케인즈가 가정한 동종 행태 분류와 호환할 수 있는 방식으로 소득을 처리했다. 국민소득 계정 설명을 위해 한센과 힉스가 개발한 도구를 사용하는 것은 사소한 논리적 단계에 불과했다. 국민소득 계정과 『일반이론』에 대한 힉스-한센의 표준적 해석 간 공생 관계가 전개되었다.[19]

국민소득 및 그 구성 요소에 대한 쿠즈네츠의 연구는 소득 대비 소비 비율의 단기적(혹은 주기적) 행태와 장기적(혹은 현세적) 행태에 차이가 있다는 것을 보여주었다. 단기적으로(혹은 경기 순환기 동안)는 소득 대비 소비 비율에 차이가 있었는데, 침체기에는 호경기보다는 높았지만, 장기적으로는 경기 순환 단계의 영향을 평균한 결과, 거의 일정하게 나타났다.

주기적 팽창기 동안에 발생하는 저축률 증가는 경제가 완전고용을

---

18 쿠즈네츠 연구의 예비 결과는 케인즈가 『일반이론』을 저술하였을 때 유용했다. 102~104쪽에서, 케인즈는 쿠즈네츠가 아래 논문에 쓴 예비 결과에서 도출한 데이터를 사용하였다. Bulletin 52, *National Bureau of Economic Research*, 1935.

19 국민소득 계정은 『일반이론』에서 파생된 분석에 따라 타당성이 검증되었으며, 또한 『일반이론』은 국민소득 데이터의 존재에 따라 경제에 대한 계량적 진술로 이어졌다. 국민소득 데이터가 없었다면, 클레인 유형의 모형은 구축될 수 없었을 것이다.

향해 팽창하면서 투자가 소득보다 더 빠르게 증가한다는 것을 의미한다. 경기 팽창을 위해 필요한 투자 대비 소득 비율이 성숙 단계로 접어들면 팽창을 유지하기 어려워진다. 쿠즈네츠의 데이터에서 명백하게 드러나는 소득 대비 소비 비율의 행태는 저축의 주기적 행태가 경기 순환 행태를 결정하는 요소라는 견해를 뒷받침한다.

현세적 소비 대 소득 비율은 일정한 반면 주기적 비율은 가변적이라는 명백한 역설은 학계 연구자들이 좋아하는 유형의 문제다. 이 역설의 해법 찾기 게임에 참여한 사람들은 두 그룹으로 나뉘는 경향을 보이는데, 한 그룹은 사회학적·심리학적 현상에 주목하여 관찰 결과를 설명하려 하고 다른 그룹은 자본의 가치와 축적이라는 경제 현상을 반영하여 설명한다.

사회학적·심리학적으로 설명하는 한 집단은 소득 증가에 적응하는 데 시간이 필요하고, 일단 일정 소비 수준에 도달하면 저축 감소나 자산 매각을 감수하더라도 유지할 것이라고 주장한다.[20] 따라서 경기 침체기에 소득이 감소하더라도 소비가 지속되는 경향이 있다. 또 다른 사회학적·심리학적 설명은 소비자가 생애 소득 또는 영속 소득을 고려한다고 주장했다.[21] 이 관점에서 소비는 경제 단위의 전 생애에 걸친 모든 미래 소득의 현재 가치, 또는 얻을 것으로 기대하는 영속 소득에 기초한다. 원칙적으로 생애 소득과 영속 소득이라는 개념은 소비 단위

20 James Duesenberry, *Income, Savings and the Theory of Consumer Behavior* (Cambridge: Harvard University Press, 1949)

21 Milton Friedman, *A Theory of the Consumption Function* (Princeton: Princeton University Press, 1957). Frank Modigliani, "Fluctuation in the Saving—Income Ratio: A Problem in Economic Forecasting," *Studies in Income and Wealth*, vol.2 (New York: National Bureau of Economic Research, 1949), pp. 371—443.

가 직업이나 기술을 보유하며, 이러한 기술은 해당 단위를 생산 함수에 맞추고, 그 기술이나 직업의 한계 생산이 기술 및 직업의 소득을 결정한다고 가정한다. 때때로 발생하는 소득 편차는 소비에 영향을 미치지 않을 것이다. 이 소득 편차는 불황기에는 마이너스이고, 호경기에는 플러스이다. 따라서 소득 대비 소비의 비율은 불황기에 높고 호황기에는 낮다.

소비 대 소득 비율과 주기적 비율 간 역설에 관한 두 번째 설명은 부의 축적에 주목한다. 우리 경제가 잘 돌아갈 때, 투자가 이루어지고 아마도 유용한 자본 자산이 축적되므로 1인당 부의 평균이 증가한다. 만약 우리가 소득 대비 부의 가치가 클수록 저축 동기가 작다고 가정하면, 부가 축적되면서 소득 대비 소비 비율은 상승할 것이다. 만약 경기 순환에 따라 부와 소득이 증가하고 부에 대한 소득 비율이 유지된다면, 1인당 소득이 증가하더라도 저축에 대한 유인은 변하지 않을 것이다. 이러한 생각은 장기적으로는 소득 대비 저축 비율이 일정한 추세를 가질 것이라는 견해를 반영한다.[22]

힉스 모형으로부터 신고전파 종합을 발전시킨 두 가지 주요 단계는 (1) 장기적인 소득 대비 저축 비율은 일인당 소득이 증가해도 크게 변하지 않는다고 정리한 후 (2) 소득 대비 소비 비율에 따라 부의 효과가 증가한다고 가정한 정리를 입증하는 것이다. 신고전파 종합을 완성시키기 위해서는 투자 부족이 실업으로 이어질 수 있는 과정이 소득 대비 소비 관계의 상승으로 이어지게 하는 방법이 필요하다. 이러한 관

---

22 Tibor Scitovsky, "Capital Accumulation, Employment and Price Rigidity," *Review of Economic Studies* 7 (1940–41), pp. 69–88. Arthur C. Pigou, "Economic Progress in a Stable Environment," *Economica* 14 (1947)

계의 상승은 어떠한 투자 수준에서도 높은 소득과 고용으로 저축과 투자의 균형에 도달할 것이라는 걸 의미한다.

경제학의 기본 전제는 시장지배력이 없는 상황에서 초과 공급은 거래 상품의 가격 하락으로 이어진다는 것이다. 따라서 노동의 초과 공급(실업)은 명목 임금의 하락을 의미할 것이다. 명목 임금의 하락은 산출물 공급 가격 하락으로 이어져 실질 임금은 하락하지 않는다. 만약 실질 임금이 노동 수요와 공급 모두의 결정 요인이라면 임금과 물가가 하락할 때 실업률 감소는 나타나지 않을 것이다. 실업률 감소를 위해서는 명목 임금과 공급 가격 하락이 소비나 투자 수요 증가로 나타나야 할 것이다. 그러나 투자 증가를 유도하기 위해 이자율을 인하하여 수요를 증가시키는 경로는 물가 하락 시의 부정적 기대 효과로 가로막히는 것으로 받아들여졌다. 따라서 총수요 확대를 위한 물가 하락의 유일한 방법은 소비를 증가시키는 데 있다.

만약 물가 하락이 1인당 부의 증가를 가져온다면, 단위 소득당 소비도 증가할 것이다. 부는 주로 자본 자산으로 구성되는데, 자본 자산은 오로지 창출할 것으로 기대되는 현금 흐름이나 미래 수익으로 가치가 인정된다. 임금과 물가의 일반적 하락은 자본 자산이 창출하는 현금 흐름이나 이윤과 동일한 수준이거나 더 큰 감소로 이어지므로 자본 자산 가치는 산출물 가격 하락 속도와 동일하거나 더 빠르게 하락할 것이다. 화폐 가치가 하락하면 자본 자산 실질 가치의 변동이 소비 증가로 이어지는 부의 효과를 이끌어낼 수 없다.

하지만 부의 소유자는 오로지 자본 자산만 보유하지 않고 화폐와 정부 채권도 보유한다. 짐작건대, 화폐와 채권의 실질가치는 물가 하락에 수반하여 상승할 텐데, 이는 소비 수요를 끌어 올리는 데 도움이 될 수 있다. 어떤 상황이건 은행 화폐는 일반적으로 민간과 기업 부채로 상쇄되므로 물가 하락은 부채에 따른 지불 부담을 증가시킨다. 그 결과 화폐의 실질가치 상승으로 유발된 소비 확장 효과는, 물가 하락에 따른 부채 상환 부담의 증가에 따라 투자와 소비 모두에서 나타나는 영향으로 상쇄될 것이다. 따라서 자본 자산, 화폐로 표시된 민간 부채, 혹은 민간 부채로부터 발생된 화폐가 경제에서 유일한 실질 자산 및 금융 자산인 경우, 임금 및 물가 하락의 결과에 따른 총수요에서의 바람직한 변화는 일어나지 않을 것이다.

하지만 화폐를 공급하는 은행 부채는 민간 부채, 금리부 정부채, 그리고 금 또는 정부 발행 명목화폐fiat money 등 세 종류의 은행 자산으로 상쇄된다. 물가 하락은 은행이나 가계와 기업이 보유한 정부채의 실질가치, 은행 보유 정부채에 의해 상쇄되는 화폐의 실질가치, 그리고 금이나 정부 발행 명목화폐의 실질가치를 증가시키는 경향이 있다(정부채 상환을 위한 물가 연동 실질 세금의 인상이 정부채 영향의 전부를 상쇄하는지 혹은 일부를 상쇄하는지의 여부에 대한 해결되지 않은 논쟁이 존재한다).

이러한 (물가에 연동되어 적절히 정의된 화폐 공급의 증가는 모든 소득에 대해 소득 대비 소비 비율을 상승시킬 것이라는)실질 잔고 효과real-balance effect는 신고전파 종합을 확립시켜 준 토대다.[23] 만약 실업의 결과로 임금과 물가가 하락하고 실질 화폐 공급이 증가하면, 증가된 부는 소득 대비 소비의 비율을 상승시킬 것이다. 만약 노동 공급이 수요를 초과하는 상황에서 임금과 물가가 하락하고 물가 하락이 소득

---

23 Milton Friedman, *A Monetary Framework.*

대비 소비 비율을 끌어올린다면, 노동 공급은 더 이상 초과되지 않아 (즉, 완전고용이 달성되어) 물가 하락은 멈출 것이다.

투자와 소비의 합으로부터 유도된 노동 수요가 노동의 수요 곡선과 공급 곡선의 교차점을 지나면 물가와 임금의 하락은 멈춘다. 이 관점에 따르면, 체계는 완전고용으로 규정된 소득 수준에 정착하므로 고전파의 노동시장이 지배한다. 일단 생산량이 주어지면 저축과 투자 함수는 이자율을 결정하고, 이자율이 주어지면 회전률이나 현금 수지가 결정된다. 생산량과 회전률이 결정되면 화폐의 공급과 수요가 물가 수준을 결정한다. 실질 잔고 효과 개념이 도입되면 고전파의 결과는 케인즈식 시작으로부터 달성된다.

소비 함수에 민간 부채를 반영하지 않는 화폐 보유 비율의 실질가치를 도입하는 눈속임은 대개 파틴킨Don Patinkin의 공로이므로 노동 시장 균형과 일치하는 수요에 이르는 실질 잔고 경로를 종종 '파틴킨 해법 Patinkin resolution'이라고 부른다.[24] 만약 우리가 파틴킨 균형에서 출발하고 화폐 관련 유형의 양을 변동시킨다면, 다양한 안정 파괴 및 균형화 과정과 더불어 불균형성이 자리 잡을 것이다. 결국, 균형화 과정이 그 자리를 차지하고 관련된 화폐의 신규 수량이 초기 수량과 동일한 가격 수준에 이르게 될 것이라는 주장이 제기된다. 이 새로운 균형에서 화폐 공급과 물가 수준을 제외한 체계의 모든 변수들은 그들의 초기 값과 정확히 일치하게 될 것이다. 파틴킨 해법은 물가 수준과 화폐 공급 사이의 비례성이 균형 상태에서만 유지된다는 것을 제외하면 화폐수

---

24 Don Patinkin, *Money, Interest and Prices: An Integration of Monetary and Value Theory*, 2d ed. (New York: Harper and Row, 1965)

량설을 재정립한다. 균형으로부터 벗어난 부분은 이들 화폐와 화폐 가격 사이 균형 비율로부터의 편차로 특징지어진다.

파틴킨 해법으로 우리는 신고전파 종합 이론을 완성했다. 세계를 완전고용 균형으로 이끄는 데 사용된 버팀목은 화폐의 초과 공급(혹은 수요)이 있을 때마다 존재하는 상품 및 서비스의 초과 수요(혹은 공급)다. 파틴킨 해법은 신고전파 경제를 특징짓는 노동 시장 지배를 가정이 아니라 법칙으로 정립했다는 점에서 단순한 화폐수량설을 뛰어넘는다고 할 수 있다.

그러나 파틴킨 해법은 지나치게 많은 입증 책임을 내포한다. 신고전파 종합 이론은 어떻게 경제가 초기 실업이나 인플레이션 상황에 진입할 수 있는지에 대한 아무런 설명 없이 출발했다. 일단 경제가 균형에서 벗어나면 파틴킨 해법은 어떻게 균형을 이룰 수 있는지를 보여주지만, 초기 불균형을 만들지는 못한다.

게다가 파틴킨 해법의 세계에서 적절한 통화량은 연준이 보고한 화폐 공급량이 아니라, 은행 체계의 민간 부채로 상쇄되지 않는 통화량이다. 여러 측면에서 파틴킨 해법은 마치 전체 통화량은 금이고, 금의 명목가치는 고정되어 있는 것처럼 운용된다.

하지만 오늘날 세계는 금본위가 아니다. 필수적인 화폐 창출 조치는 투자나 자산 포지션에서의 금융을 수반한다. 이러한 세계에서 물가 하락은 자본 자산을 보유한 경제 단위의 부채 부담을 가중시켜 투자와 고용을 제약하는 경향이 있다. 파틴킨 효과는 오로지 긴 여정에서, 그리고 산출과 고용의 손실에서 큰 대가를 치른 후에야 적절할 것이다.

진부하게 축소된 케인지언 혁명

신고전파 종합의 근본적 결함은 경제가 실질 잔고 효과가 회복을 유도하는 실업 균형 함정에 어떻게 빠지는지 설명하지 못한다는 점이다. 이 결함은 분산 시장 메커니즘이 정합적 결과를 가져온다고 설명하는 신고전파 종합 경제 이론이 파괴적 내부 동학 과정을 인정하지 않기 때문에 존재한다. 신고전파 이론은 또한 분산된 교환 경제가 어떻게 정합성을 달성할 수 있는지 보여주기 위해 개발된 이론 도구가 누적된 자본주의 경제 행태에 대한 질문에 답하고 경제의 한가운데에서 목격되는 후생복리의 차이를 설명하는 데 적용될 수 있다고 가정한다. 특히, 가계 수요가 상품 생산을 유발하므로 소비자가 왕이라는 교리는 저축에 대한 논의로 확장된다. 신고전파의 관점에서 가계 저축은 투자를 이끌어내는 것처럼 보인다. 경제 제도가 어떻게 잉여를 뽑아내어 분배하는지에 대한 질문은 경제 분석에 대한 신고전파 공식에서는 논외다.

신고전파 이론에서 변동, 불균형, 그리고 금융 트라우마는 오직 체계 외부에서 가해진 충격이나 변화로만 일어날 수 있다. 따라서 대부분의 역사적 사건들은 어떤 독특한 역사적 상황에서 나타난 제도 실패의 결과로 설명된다. 1930년대의 대공황과 같은 엄청난 사건들은 신고전파 이론에 경도되어 가려진 눈으로 세계를 보는 한, 체계적 특성의 결과로 설명될 수 없다.

신고전파 종합 이론이 내부 불안정을 야기하는 힘을 수용하지 않고 역사적 관점도 취하지 않기 때문에 체계 내의 균형적 메커니즘의 작동을 차단하는 과정에서 지속적 불균형의 존재를 설명할 필요가 있다. 특히, 실질 잔고 효과가 작동하기 위해서는 노동의 초과 공급이 명목 임금 및 물가의 하락으로 이어질 필요가 있다. 전통적이며 불완전한 시장에서 임금과 물가가 하락하지 않거나 그 속도가 충분히 빠르지 않다면 초과 공급에서의 실업은 지속될 것이다. 이는 실업을 노동자의 비뚤어진 행위의 결과로 만들어 버리는데, 특히 이러한 상황을 악당, 다시 말해 노동조합의 소행으로 돌려 버린다. 주장에서 실업의 직접적 희생양(노동자)들이 실업을 지속되게 한다는 점을 주목하자. 따라서 시장 메커니즘이 정합적 결과를 도출할 뿐 아니라 인과응보라는 정의를 수행하는 것으로 보인다.

　신고전파 종합 이론이 주로 균형점을 비교하므로, 이론이 모형으로 삼는 경제는 역사적 시간에 존재하는 것이 아니라 시간을 초월하는 진공 상태에 존재할 뿐이다. 사적 금융 계약이 존재하므로 승계된 부채 부담은 임금과 물가 하락에 따라 증가한다. 물가가 하락하여 채무 부담이 증가하면, 채무자와 채권자 모두 민간 지출에 따른 부채 금융과 특히 투자를 경계하게 만든다. 투자 하락은 물가 하락에 따른 반응이다. 이론적 구조라 할지라도 투자가 사실상 사라기 전까지는 파틴킨이 강조한 소비 기반의 물가 대비 화폐 수준 효과는 안정되고 수요를 증가시키는 경향이 있다. 실업은 일단 물가 하락 기조가 유지되어 호전되기 전에 악화될 가능성이 높고, 곤란할 정도로 장기간에 걸쳐 더 악화될 수도 있다. 누가 얼마나 오랫동안 피해를 입을지 알 수 없고, 피해를 입은 사람들을 위해 치르는 비용이 괜찮고 적절하다고 기꺼이 설명할 수 없다면, 대안이 있음에도 디플레이션에 대한 신고전파 메커니즘이 운용되어야 한다는 주장은 지극히 오만하다. 경제가 제대로 작동하지 않거나 가능한 최상의 방식으로 작동하지 않는 상황에서 임금 및 물가 하락을 디플레이션 방어를 위한 의도적 정책으로 허용한다면 상황은 악화되거나 지속될 가능성이 높다.

이론은 정책에 합리성을 부여한다. 신고전파 종합은 정부 지출과 세제를 조작하고 화폐 공급을 기반으로 운용하는 합법적 선택권을 제약함으로써 정책 입안자들의 시야를 가렸다. 현재, 재정 조치의 세부 항목에 대한, 그리고 연준이 화폐 공급만으로 운영되어야 하는지 또는 금리 효과를 고려해야 하는지에 대한 상당한 논란이 있다. 하지만 신고전파 종합에서, 현재와 미래의 금융 가능성에 대한 오늘의 전망이 필수적인 시장에서의 자본 자산 가격은 정책적 고려 대상이 아니다. 우리 경제에 명백히 나타난 불안정성이 금융시장의 행태, 자산 가격, 이윤 흐름 탓이라는 가능성은 신고전파 종합과 거리가 멀다.

더구나, 신고전파 종합은 안정적 물가에서 완전고용 근사치는 통화와 재정 정책의 조정을 통해 달성되고 유지될 수 있다는 가정을 드러낸다. 그 결과 신고전파 종합은 경제학자들이 전반적 경제 실적에 미치는 산업 구조와 소득 분배를 간과하게 만들었다.

케인즈의 한센과 힉스 버전의 승리 이전에는 적어도 불안정성 책임이 부분적으로는 산업과 금융 구조에 있다는 사실이 인정되었다. 하지만 케인즈의 표준적 해석에 기초한 신고전파 종합 및 다양한 모형들은 이러한 관점을 쓸모없게 만들었다. 산업 조직에 대해서는 보수적으로, 완전고용 정책에 대해서는 진보적으로 만든 것이다. 케인즈의『일반이론』은 경제적 사고에 대한 철저한 혁명의 토대가 될 수도 있었다.『일반이론』의 기본 주장은 축적을 조직하는 자본주의 양태의 본질적 결함과 이러한 결함에 대처하는 정책 방법을 지적했다. 그러나 힉스-한센의 사고 노선을 따랐던 케인즈 해석은 신고전파 종합으로 이어졌고,

통화정책과 재정정책의 적절한 조합이 달성될 수 있다면 모든 것이 잘될 것이라는 진부한 명제로 이어졌다.

불안정성이 분명해졌고 1960년대 말, 1970년대, 1980년대 초에 인플레이션과 실업이 동시에 등장하면서, 신고전파 종합이 적절한 정책 지침을 제시하지 못했다는 것은 명백했다. 더 나은 정책을 펴기 위해 우리는 신고전파 종합이 허용하는 것보다 경제 작동 과정을 더 심도 있게 파고들어야 한다.

제7장

. . . .

자본주의 경제에서의 가격과 이윤

신고전파 이론은 복잡한 금융 체계를 가진 자본주의 경제의 정합성을 위해 충족되어야 하는 모든 관계군을 다루지는 않는다. 신고전파 가격 이론은 현재 생산된 재화의 상대 가격이 어떻게 조정되어 시장에 안착되는지에 대한 설명에 한정될 뿐, 경제의 정합성을 위해 충족되어야 하는 금융과 자본 자산 가격 검증 관계는 무시된다. 특히 이윤 전달 수단으로서의 가격의 역할은 이론의 주요 관심사가 아니다.

신고전파 관점에서 가격 기능은 (1) 대체 가능한 조건을 명시하고[1] (2) 산출물에 대한 청구권을 결정하는 것이다. 이 공식에서 가격 메커니즘의 유일한 기능은 산출물을 배분하고 자원을 할당하는 것이다. 절대 가격, 다시 말해 달러 표시 가격은 달러 표시 부채와 여타 계약들이 무시되므로 이론 핵심과 무관하다. 생산에 사용되는 자본 자산이 미래

---

1   Oscar Lange, "On the Economic Theory of Socialism," *On the Economic Theory of Socialism*, ed. Benjamin E. Lippincott (Minneapolis: University of Minnesota Press, 1938), pp. 60–61. Lange는 Philip H. Wicksteed, *The Common Sense of Political Economy,* 2nd ed. (London: 1937)를 인용했다.

화폐에 대한 오늘 화폐의 금융 계약과 유사하다는 관점은 신고전파 이론의 중심은 아니다. 따라서 신고전파 이론에서 시간 경과에 따른 화폐 가격 및 화폐 이윤의 변화는 경제 행태를 결정하는 주요 결정 요소가 아니다.[2]

하지만 우리가 살고 있는 경제는 투자가 있는 자본주의 경제이다. 이러한 경제에서 투자 금융과 자본 자산 재고의 소유는 화폐 지불, 즉 약정상 현금 흐름에 대한 지불로 이어진다. 본질적으로 현금 흐름과 밀접하게 관련된 금융 증권 세계는 신고전파 경제학자들이 생산, 소비, 투자의 실물 세계라고 부르는 세계에 완전히 합치되며, 경제 행위에 대한 금융의 영향과 '실물'의 영향이 조합된 결과이다. 결과적으로 경제가 정합성을 띠려면 가격은 자원 할당과 산출물 배분 기능뿐 아니라 (1) 잉여가 생성되고 (2) 소득이 자본 자산(즉, 이윤)에 귀속되며, (3) 자본 자산의 시장 가격이 자본 자산화되는 산출물의 현재 생산 비용과 일치하고, (4) 사업 부채에 따른 채무를 이행할 수 있어야 한다.

자본주의 경제에서의 가격 체계에는 미래의 생산에 필요한 물적 자원 생산을 유도하는 보상이 따라야 한다. 이를 위해서는 현재가 과거를 검증할 필요가 있는데, 만약 과거가 검증되지 않고 현재의 투자 및 금융 결정이 미래에 검증될 것으로 기대되지 않는다면 병적인 낙관주의자가 아닌 이상 누구도 투자하지 않을 것이기 때문이다.

과거 투자에 따른 산출물은 자본 자산 소유자가 얻는 소득으로 정당화되어야 한다. 투자 산출물에 따르는 과거의 금융은 상환 약정이라

---

2 이는 Frank Hahn이 *Money and Inflation*(Cambridge: MIT Press, 1983)에 제시한 그의 분석에서 시작했다.

는 유산을 남기는데, 이는 시간의 흐름에 따라 현재의 의무가 되고 채무자의 소득은 이러한 약정을 충분히 이행할 수 있어야 한다. 다시 말해 가격 체계는 현금 흐름(이윤, 준지대)을 창출하여 투자에 따르는 자원을 회수하고, 자본 자산 가격을 충분히 높임으로써 투자를 유도하고 기업 채무가 검증되어야 한다. 자본주의 체계의 올바른 작동을 위해 가격은 반드시 이윤을 수반해야 한다.[3]

가격은 또한 비용 회수를 위한 수단이다. 자본주의 경제에서 회수되어야 하는 비용은 금융 비용, 간접비용, 부대비용뿐 아니라 기술적으로 결정되는 인건비와 재료 및 용역비를 포함한다. 기업은 운영비 이상의 초과 현금 흐름을 자신들의 공급 가격에 넣음으로써 미지불 금융 계약 이행 및 자본 자산 가치의 유지를 꾀한다. 이러한 구조는 기술 결정적 비용에 이윤폭을 더한 양식을 취하며, 이윤폭은 시장에서 기업이 가지는 지배력의 정도에 따라 조정된다. 이 이윤폭이 충분한 산출물에 대해 실현되면 기업이 부채 및 자본 자산에 투입된 비용이 검증될 것이다. 이렇게 실현된 이윤폭은 또한 기업 경영 스타일을 포괄하는 현금을 만들어준다. 말하자면 기업 경영에 투입된 간접비 및 부대비용을 검증해주는 것이다.

자본주의 경제에서 정합성이 일상적으로 어떻게 지배하며 때때로 그러한 정합성이 왜 무너지는지를 이해하려면, 가격 기능이 오로지 자원 할당과 소득 분배를 위한 것으로 취급되어서는 안 된다. 또한 가격

---

3 아래는 주목할 만한 딜라드의 논문으로 가격과 이윤의 관계에 대해 통찰력 있는 관점을 제공한다. 포스트케인지언 경제학으로 이름 붙여진 활동의 대부분이 30년 전에 쓰인 이 논문에 제기되어 있다. Dudley Dillard, "The Theory of a Monetary Economy," in *Post-Keynesian Economics*, ed. Kenneth K. Kurihara(London: George Allen and Unwin, 1955).

은 경제에서 자본 자산, 금융 구조, 그리고 경영 스타일의 유효성 검증에 필요한 현금 흐름과 관련되어야 한다.[4] 가격이 수반하는 현금 흐름은 부채를 상환하고 투자를 유도하고, 부분적으로는 투자에 조달되며 새로운 금융 약정을 수용할 수 있게 한다.

이윤을 위한 자본들 간의 경쟁 결과로 간주할 수 있는 기업 간 현금 흐름 분포는 경제의 미시 분석에서 검토된 행태에 의존하지만 경제의 거시 현상은 이러한 현금 흐름의 총액을 결정한다. 다시 말해, 개별 가격, 산출물, 그리고 할당은 거시경제 현상을 반영하는 조건에 따라 결정된다. 신고전파 이론의 주요 대상인 상대 가격조차 총수요가 투자, 소비, 그리고 정부 간에 어떻게 분배되는지와 무관하지 않으며 기술이나 선호에 의해서만 결정되는 것은 아니다.

소비재 가격 결정 방식에 대한 다음의 논의는 가격에 포함된 노동비용 이윤폭이 투자 및 정부 재정 지원을 반영한다는 것을 보여줄 것이다. 이러한 주장은 우리가 할당 문제를 먼저 푼 연후에 추가적으로 금융 관계를 도입하는 방식으로는 경제를 이해할 수 없다는 것을 보여준다. 자본주의 경제에서 자원 할당과 가격 결정은 산출물에 따른 자금 조달, 자본 자산 포지션과 유효 부채와 통합된다. 이는 명목가치(화폐가격)가 우리 경제의 중요한 요소임을 의미한다. 거듭 말하지만 화폐는 중립적이지 않다.[5]

---

4 가격이 경제의 비즈니스 스타일을 뒷받침해야 한다는 얘기는 소비세를 가격에서 회수해야 하듯 텔레비전 광고 비용이 광고주의 수익에 드러나야 함을 의미한다. 경영 스타일에 따른 비용 구조에 대해서는 다음을 참고하라. Myron K. Gordon, "Corporate Bureaucracy, Productivity Gains and Distribution of Revenue in U.S. Manufacturing, 1947–1977," *Journal of Post-Keynesian Economics* 4, no. 4 (Summer 1982), pp. 483–96. 그리고 Paola Sylos-Labini, "Price and Income Distribution," *Journal of Post-Keynesian Economics* 2, no. 1 (Fall 1979). pp. 3–25.

5 화폐의 중립성에 대해서는 다음 문헌을 참조하라. John Maynard Keynes, "The General Theory of

자본주의 경제에는 실제로 두 가격 체계가 있다. 바로 현재 산출물 가격 체계와 자본 자산 가격 체계다. 자본 자산 가격 수준이 현재 산출물 가격 수준에 비해 상대적으로 높으면, 투자에 유리한 조건이 조성된다. 자본 자산 가격 수준이 현재 산출물 가격 수준보다 상대적으로 낮으면, 투자에 적합하지 않은 조건이 조성되고 경기 침체(혹은 불황)의 조짐이 나타난다. 화폐의 단위당 가격이 어느 하나에 고정된다 하더라도 경기 순환은 이렇게 두 가격 수준이 춤추는 결과다. 정책의 주요 문제 중 하나는 두 체계의 가격 수준이 적절한 투자 총액을 유발하도록 경제를 유지시키는 것인데, 실현된 이윤과 기대 이윤 흐름 모두 충분히 높아 자본 자산 가격이 투자 산출물 공급 가격을 초과할 수 있어야 한다. "무엇이 이윤을 결정하는가?"라는 질문은 우리 경제가 어떻게 작동하는지 이해하는 중요한 질문이다.

거시경제의 가격 관계: 단순 사례

모든 투자 경제는 잉여를 창출하여 할당한다. 소비재 또는 투자재 생산에 전체 노동이 고용되는 단순 골격적 투자 경제에서는 소비재가 모

Employment," *Quarterly Journal of Economics* 51 (1936–37), pp. 209–23. 이 논문은 레온티에프의 다음의 논문에 대한 반증을 포함한다. Wassily W. Leontief, "The Fundamental Assumption of M. Keynes' Monetary Theory of Unemployment," *Quarterly Journal of Economics* 51 (1936–37), pp. 192–97. 프리드먼 등 통화론자와 루카스 등 새고전학파 경제학자들은 비록 화폐가 중립적이라는 근원적 체계를 유지함에도 화폐의 일시적 비중립성을 만들어내기 위해 정교하고 인위적인 장치들을 구축한다. 다음의 두 문헌을 참조하라. Milton Friedman "The Role of Monetary Policy," *American Economic Review* 58 (March 1968), pp. 1–170. Robert E. Lucas, Jr. "Expectations and the Neutrality of Money," *Studies in Business Cycle Theory* (Cambridge: MIT Press, 1981)

든 노동자들에게 배분되어야 하므로 대표 소비재의 시장 가격은 한 단위 상품을 생산하기 위해 요구되는 노동 임금보다 더 커야 한다. 소비재 생산 노동자와 투자재 생산 노동자들은 소비재 구입에 자신들의 임금을 소비한다. 모든 임금 소득이 소비재에 소비되고 이윤 소득은 사용되지 않는다는 대담한 가정에서, 소비재 생산과 분배에 투입되는 기술 결정적 직접 인건비와 재료비에 대해 실현된 이윤폭(총체적 의미에서의 이윤)의 합은 투자재 생산에 투입된 임금과 같다. 투자재 생산에 따른 이윤과 앞서 대담한 가정에 따른 투자로 인한 총수입이 임금과 이윤으로 구분되는 것을 고려하면, 총이윤은 이루어진 투자와 같다. "이윤은 투자와 같다"는 단순 방정식은 정교하고 복잡한 금융 구조를 지닌 자본주의 경제에서 시간에 걸쳐 일어나는 행태를 결정하는 거시경제학의 근본 관계다. 게다가 흑자를 불러일으키는 것은 바로 자금 조달된 투자다.

복잡한 시장 경제에서 국가의 고용, 이전지출, 간접적 부수적 노동 비용, (배당 및 이자에 따른)부의 소유로부터 비롯된 가계 소득은 소비재 구매의 자금원으로 이윤을 발생시킨다. '이윤은 투자와 같다'는 단순 명제 및 투자를 조달하여 이윤 및 잉여를 창출하도록 경제를 작동시키는 인과관계는 기술 결정적 생산 비용에 따른 이윤폭과, 그에 따라 이윤과 잉여로 이어지는 다양한 소비를 허용하도록 수정될 필요가 있다.

연속적인 기간에 걸쳐 생산되는 산출물의 경우, 가격은 생산에 따라 바로 변동되는 투입물의 단위당 비용을 초과해야 한다. 이는 현금 지출 원가를 넘어서는 초과 수익으로 자금이 조달되는 생산 투입이 있기 때문인데, 이 투입에는 자본 자산과 간접 노동 서비스가 포함된다.

만약 구매된 비노동 투입물을 무시할 경우, 경쟁 시장에서 가격에 따른 공급 변동은 직접노동비용에 따라 결정된다. 하지만 기업(혹은 경제)의 지속적인 정상 기능을 위해서는 직접노동비용을 넘어 실현된 초과 수익이 간접비 및 채무 약정 이행을 위한 자금 조달에 충분해야만 한다.

포괄적 이윤 목표를 달성하기 위해 경제를 조작하는 방식은 다양하다. 하지만 경제가 조작되는 방식은 상대 가격, 명목 가격 수준, 소득 분배, 경제의 안정성, 그리고 경제의 미래 자원에 영향을 미친다. 가격과 이윤이 자본주의 경제에서 어떻게 움직이는지를 설명하는 데 단순 방정식과 도표들이 유용하므로, 시장 과정과 경제 정책이 가격과 이윤에 영향을 미치는 방식을 구분하여 확인하기 위해 이제부터 약간의 수식과 간단한 그래프를 사용할 것이다.

이제 (대표)소비재의 가격을 P_C, 수량을 Q_C라고 하자. 모든 상품의 $P_C Q_C$를 합하면 소비가 된다. 또한 소비재 생산에서의 명목 임금률을 W_C, 투자재 생산에서의 명목 임금률을 W_I라고 하자. N_C는 소비재 생산에서의 고용, N_I는 투자재 생산에서의 고용이다. $W_C N_C$는 소비재 생산에서의 임금, $W_I N_I$는 투자재 생산에서의 임금이다. 이러한 임금 비용들은 재화와 용역의 생산과 분배에서 요구되는 노동에 따른 것임을 명심하자. 다시 말해, 이는 기술적으로 주어진 노동비용이다. 간접노동비용은 여기에 포함되지 않는데, 민간 경제에서의 총고용은 $N_C + N_I$보다 크다.

여기서 소비재와 투자재 생산에 직접 연관된 노동자들과 이윤 취득자들만 있다고(즉, 간접노동비용은 없다) 가정하자. 나아가 노동자들은 자신들의 모든 소득을 전부 소비재 구입에 지출하며 이윤 취득자들은 자신들의 소득을 아예 지출하지 않는다고 대담하게 가정하자. 이 경우 소비재 수요는 임금의 총합이다. 이윤 소득은 소비재 수요에 영향을 미치지 않는다.[6]

오로지 소비재만 생산되었다면 총임금은 $W_C N_C$이다. 따라서,

$$P_C Q_C = W_C N_C \tag{1}$$

이므로 다음 식을 유도할 수 있다.

$$\pi_C = P_C Q_C - W_C N_C = 0 (\pi는\ 총자본소득\ 관점의\ 이윤) \tag{2}$$

소비재에 대한 총지출과 임금 명세 간 차이가 이윤이므로 습득 자본을 이용하여 장인artisan들이 생산하는 세계에서 이윤은 0이다.[7]

하지만, 만약 $W_I N_I$가 투자재 생산에 따른 임금이라면,

$$P_C Q_C = W_C N_C + W_I N_I \tag{3}$$

따라서

---

6 가격에 대한 이러한 관점은 주로 앞서 언급한 칼레츠키의 문헌에서 찾을 수 있다. 유사한 방식은 다음 문헌에서 찾을 수 있다. Sidney Weintraub, *Keynes, Keynesian and Monetarists* (Philadelphia: University of Pennsylvania, 1978), *Classical Keynesianism: Monetary Theory and the Price Level* (Westport, Conn.: Greenwood Press, 1961); Jan A. Kregel, The Reconstruction of Political Economy (London: Macmillan, 1973)

7 이 주장에서 본질적인 것은 아무것도 없고, 오로지 설명의 편의를 위한 것이다. 이어지는 해석에서, 이윤에서 파생된 소비율을 간접비, 금융비, 광고비 등에 지불된 급여에서 조달된 소비로 파악한다.

$$\pi_C = P_C Q_C - W_C N_C = W_I N_I \tag{4}$$

이다. 따라서 소비재에서의 이윤은 투자재에서의 임금과 같다.

투자재 수요는 $P_I Q_I$로, 이는 임금 명세와 투자재 생산에서의 이윤과 같다. 투자재의 임금 명세는 소비재의 이윤과 같으므로, 단순 산술적 가정과 극단의 행동 가정들은 이윤은 투자와 같다는 강력한 명제로 이어진다.*

명제는 강력한 진실을 기술하는데, 투자가 이루어지는 시장경제에서 가격과 소득 분배는 투자를 가능하게 만드는 자원들이라는 것이다. 투자재 생산 노동자들도 먹고 살게 해야 하는데, 이는 소비재 생산 노동자들이 자신들의 생계를 위해 산출물 모두를 가져가지 못하게 제한함으로써 이뤄진다. 우리 경제에서 이러한 제한은 가격 체계로 강제된다.

주어진 가정에 따르면 결과는 명백하다. 실현된 투자는 실현된 잉여와 같고 이윤은 잉여가 드러나는 형태다. 나아가 조달된 투자는 총소득, 임금과 이윤의 분배, 그리고 실현된 총이윤폭을 결정한다. 조달된 투자는 가격에 영향을 미쳐 잉여를 강제한다.

투자 및 금융은 오직 미래 기간에 걸친 이윤이 특정 수준에 도달하거나 초과할 것이라는 기대로 이루어진다. 그런데 이윤은 투자와 같다. 따라서 자본주의 경제에서는 미래에 투자가 일어날 것이라는 기대로 현재의 투자가 이루어진다.

---

* $I = P_I Q_I = W_I N_I + \pi_C$이며, $W_I N_I = \pi_C$이다. (5)

따라서 $I = \pi_C + \pi_I = \pi$이다. (6)

우리의 단순 모형 이윤 방정식은 가격이 어떻게 형성되는지에 대한 관점으로 이어진다.

$$P_C Q_C = W_C N_C + W_I N_I \qquad (7)$$

위 식으로부터 다음 식을 얻을 수 있다.

$$P_C = \frac{W_C N_C}{Q_C}\left(1 + \frac{W_I N_I}{W_C N_C}\right) \qquad (8)$$

더 나아가, $Q_C / N_C = A_C$는 소비재 생산에 따른 평균 노동 생산성이다. 그 결과 우리는 다음 식을 얻을 수 있다.

$$P_C = \frac{W_C}{A_C}\left(1 + \frac{W_I N_I}{W_C N_C}\right) \qquad (9)$$

$W_C = W_I$라고 가정하면,

$$P_C = \frac{W_C}{A_C}\left(1 + \frac{N_I}{N_C}\right) \qquad (10)$$

우리는 소비재 가격 수준은 명목 임금률(W_C) 및 소비재 생산 노동 대비 투자재 생산 노동의 비율(N_I / N_C)과 비례 관계를 갖고, 소비재 생산 평균 노동 생산성(A_C)과 반비례 관계를 갖는다는 사실을 알 수 있다. 따라서 투자재 산업에서의 임금과 고용이 소비재 산업에서의 임금과 고용에 비례해 상승하면 가격 수준은 상승하고, 소비재 생산에서의 평균 노동 생산성이 증가하면 가격 수준은 하락한다.

방정식 $P_C = W/A_C(1 + N_I/N_C)$는 두 산출물에서의 임금이 동일하다는 추가 가정에 따라 $P_C Q_C = W_C N_C + W_I N_I$로 바꿀 수 있다. 이러한 가격 수준 방정식의 가장 단순한 형식 사례에서 우리 경제의 작동 방식에 대한 근원적 결정 요인은 (1) 명목 임금, (2) 평균 노동 생산성, (3) 소비 고용 대비 투자 고용 비율 등 세 가지를 결정하는 하위 체계라는 것임이 명백하게 드러난다.

하위 체계에 의해 결정되는 변수들의 단기 안정성은 각기 다르다. 단순 자본주의 경제에서의 가장 큰 가격 결정 변수는 투자다(제8장 참조). 투자 변동성은 국제 경제 관계에 지배되지 않는 작은 정부 자본주의 경제에서 산업 변동성의 지배적 결정 요인이다. 1920년대의 미국 경제는 이러한 단순한 체계에 가까웠다.

인플레이션에 대한 설명은 일반적으로 화폐량의 급격한 증가, 재정 적자, 또는 급격한 임금 인상 측면에서 나타난다. 우리의 분석은 골격적 관계를 넘어 확장될 것이다. 보다 완전한 사례에서 정부 재정 포지션은 상대 가격, 명목 가격, 그리고 물가의 변동에 영향을 미치는 것으로 보일 것이다. 화폐 공급은 가격 수준 방정식에 나타나지 않고, 화폐수량설은 드러나지 않는다. 화폐는 실현된 투자와 정부 적자 금융을 결정하는 하위 체계에서 나타난다. 특히 화폐는 활동에 자금을 조달하고 자본과 금융 자산을 통제하는 은행업 메커니즘을 통해 총수요와 가격 과정에 영향을 미친다.

거시경제적 가격 관계성: 정부를 포함하는 경우

우리는 이제 정부 지출과 세금이 있는 경우를 고려할 것이다. 이 연장 선상에서 큰 정부 경제에서는 일어날 것 같지 않은, 1930년대 같은 부채 디플레이션과 장기적이고 깊은 불황을 만드는 경제 관계가 만성적이며, 때로는 인플레이션을 가속화할 수 있다는 것을 명백히 확인하게 될 것이다. 사실상, 인플레이션은 우리 경제를 불황으로부터 보호하기 위해 치러야 하는 대가일지도 모른다. 계정에 정부를 고려하고, 아울러 노동자(그리고 이전지출 수령자)가 자신들의 모든 소득을 소비재에 지출하며 이윤 취득자는 소비하지 않는다는 대담한 가정에 따라, 소비재 수요는 임금 소득자와 이전지출 수급자의 세후 소득과 같다. 이 경우 세전 이윤은 투자 및 정부 적자, 그리고 이윤에 따른 세금의 합과 같다고 볼 수 있다.* 만약 투자와 정부 적자가 일정하고 이윤에 대해 세금이 부과되면, 세전 이윤은 이윤에 대한 세액만큼 증가할 것이다. 나아가, 투자와 소득이 하락하는 시점에 정부 적자가 증가하면 이윤은 정부 적자가 없을 때만큼 하락하지는 않을 것이다. 실제로 큰 정부는

---

*
$$P_C Q_C = W_C N_C + W_I N_I + \overline{W_G N_G} + T_r - T_w(W_C N_C + W_I N_I + \overline{W_G N_G}) \tag{11}$$

여기서, $\overline{W_G N_G}$는 정부의 직간접적 임금 지출, T_r는 이전지출, T_w는 임금 소득 세율이다. 정부 적자인 D_f는 다음과 같다.

$$Df = \overline{W_G N_G} + \pi_G + T_r - T_w(W_C N_C + W_I N_I + \overline{W_G N_G}) - T_\pi(\pi) \tag{12}$$

여기서, T_π=이윤의 세율, π_G=정부 생산에서 얻은 이윤이다. 식 (12)를 식 (11)로 대체하면, 다음 식을 얻을 수 있다.

$$P_C Q_C = W_C N_C + W_I N_I + Df - \pi_G + T_\pi(\pi), \tag{13}$$

이 식은 다음의 결과를 도출한다.

경제 게임을 조작하여 이윤을 유지한다. 이윤을 유지시킴으로써 정부 적자는 경기 침체기 동안 기업 부채 부담이 가중되는 것을 막을 수 있다. 게다가, 정부 적자가 충분히 크면 오히려 경기 침체기의 기업 부채 부담이 감소할 수도 있다.

방정식에서 투자재에 투입된 임금, 정부 적자, 그리고 이윤에 따른 세액의 합이 단위 노동비용당 이윤폭을 결정한다는 것은 자명하다. 투자 감소로 소비재와 투자재 생산에서의 임금이 하락하면, 오늘날의 경제에서는 이전지출이 증가하고 근로 소득세가 감소하므로 정부 적자가 증가할 것이다. 늘어난 정부 적자가 투자재 생산에서의 임금 하락을 상쇄하면, 고용 감소에도 상대적으로 규모가 작은 소비재 생산에서의 단위 노동비용당 이윤폭은 증가할 것이다. 결과적으로 고용 감소에도 불구하고 이윤과 가격은 모두 상승한다. 이러한 현상은 1975년과 1981~1982년에 발생한 바 있다.

우리 경제에서 기업은 대정부 판매를 통해서도 이윤을 얻는다. 만약 민간 투자와 정부 적자의 합계가 변하지 않으면, 정부의 수익성이 증가할수록 소비재 생산 수익성은 감소한다. 대정부 생산에서의 이윤의

$$\pi_C = W_I N_I + Df - \pi_G + T_\pi(\pi);$$
$$\pi_I = I - W_I N_I, \ \pi_G = \pi_G$$

이므로 다음의 결과를 얻을 수 있다.

$$\pi = \pi_C + \pi_I + \pi_G = I + Df + T_\pi(\pi) \tag{14}$$

세후 이윤 $\pi^* = \pi - T_\pi(\pi)$이므로 $\pi^* = I + Df$이다. 세후 이윤은 투자와 정부 적자의 합과 같다. 이는 정부를 포함하는 골격적 자본주의의 기본 방정식이다.
식 (13)은 다음과 같이 변환할 수 있다.

$$P_C = \frac{W_C}{A_C}\left(1 + \frac{W_I A_I}{W_C A_C} + \frac{Df - \pi_G}{W_C N_C} + \frac{T_\pi \pi}{W_C N_C}\right) \tag{15}$$

정도가 정부 적자를 증가시키는 경우에만 민간 재화 생산에서의 이윤은 손상되지 않을 것이다.

정부 적자는 세수를 넘어서는 정부의 초과 지출이다. 이러한 목적에 따른 정부 지출은 정부의 직접 고용, 이전지출, 그리고 민간 기업으로부터의 재화 구매로 구성되는 반면, 세금은 소득세와 소비세 혹은 판매세로 구성된다. 정부 지출에 기존 자산의 구매는 제외되고, 세금에서 상속세나 자본 과세와 같은 부의 이전은 포함되지 않는다.

일반적으로 정부 지출 및 이전지출은 인플레이션 요인이며, 세금은 아무리 인상되더라도 디플레이션 요인으로 가정한다. 한편 세금은 가격에서도 드러난다. 가격 수준 방정식은 수요와 공급 조건을 포함하므로 W_c를 노동자의 과세 대상 임금이 아니라 노동비용으로 정의하면, (W_c/A_c)는 공급 조건이다. 결과적으로 사회보장에 따르는 고용주들의 기여는 노동비용에 포함되어야 하며, 임금에 따르는 세금은 노동자뿐 아니라 고용주들의 기여를 포함해야 한다. 고용주는 자신들의 비용을 반드시 회수해야 하므로 사회보장에 따른 고용주들의 기여는 가격에 반영되어 나타난다. 그 결과, 노동 기반의 세금(이른바 고용주 분담금) 인상을 동반하는 사회보장으로서의 이전지출 증가는 소비재 수요 가격 및 모든 재화의 공급 가격을 상승시킨다. 이윤 증가나 재정 적자와 무관한 가격 상승은 이러한 세금이나 재정 지출 프로그램의 영향으로 나타날 것이다.

또한 정부가 재정 적자를 통해 직접적으로 이윤에 영향을 미치더라도 다양한 산출물의 공급 가격에 각기 다른 영향을 미치는 세금은 **상대 가격**에 영향을 미친다는 점을 강조할 필요가 있다. 그러므로 노동 기반 세금은 노동 집약적 상품의 상대적 공급 가격을 상승시킨다. 노동 집약적 작업 방식의 감소는 사회보장 및 여타 노동 관련 세제의 지원에 의해 추진되어 왔다.

경제에 미치는 일련의 정부 효과 중 하나는 특정 세금과 지출 프로그램이 가격에 미치는 영향이다. 정부 프로그램은 이윤 흐름, 가격 수준, 상대 공급가, 그리고 생산 기술의 선택에 영향을 미친다. 정부의 이러한 측면에 따라 레이건의 첫 번째 임기 때 공급 측면이 강조되었다. 거기에 더해 정부 효과는 경제 규모에 비례하는 정부 규모에 따라 달라진다. 작은 정부에서 취할 수 있는 정부 적자의 수준은 이윤이나 가격을 안정화시키는 데 뚜렷한 효과를 얻지 못할 것이다. 반면 이윤을 안정시킬 수 있을 만큼 큰 정부는 고용이 감소해도 가격 상승 압력을 가할 수 있는데, 인플레이션은 제2차 세계대전 이후 깊은 불황을 성공적으로 피한 메커니즘의 한 결과다.

거시경제적 가격 관계성: 대외 무역을 포함하는 경우

무역 수지 또한 이윤 및 가격에 영향을 미친다. 무역 적자는 이윤을 흡수하며 국내 가격 수준을 제한하거나 낮춘다. 반면 무역 흑자는 국내 이윤을 증가시키고 가격을 상승시킨다. 중상주의적 경제 정책으로 추구되는 무역 수지 흑자는 가격을 상승시키기도 하지만 이윤을 증가시키기도 한다.

다시 가벼운 대수학이 필요하다.* 수식의 결과는 아래와 같다.

$$\pi = I + Df - BTDf + T^{\pi} \tag{16}$$

$$\text{또는, } \pi^* = I + Df - BTDf \qquad (16a)$$

무역 수지 적자는 일정 수준의 투자 및 재정 적자와 관련된 이윤을 하락시킨다. 국내 이윤이 부채와 자산 가격을 검증하고 투자를 유도하는 당근인 만큼, 완전고용에서 대규모 무역 수지 적자를 야기하는 수요 구조는 완전고용의 실현과 유지를 어렵게 만든다.

무역 수지 적자는 이윤을 제약하는 경향이 있으므로 (지금 미국에서 실제로 보이는 바와 같이)수입import이 소득에 강하게 영향을 미치는 경제는 국내 경기가 확장될 때 이윤 확장의 제약을 경험할 것이다. 이러한 효과는 경기 팽창을 완화시켜 완전고용 달성 및 유지에 필요한 투자 및 재정 적자를 증가시킨다.

국제 수지 적자가 발생할 때, 소비재의 가격 수준은 다음과 같다.

$$P_C = \frac{W_C}{A_C}\left(1 + \frac{W_I N_I}{W_C N_C} + \frac{Df}{W_C N_C} - \frac{BTDf}{W_C N_C} + \frac{T_\pi \pi - \pi_G - \pi_X}{W_C N_C}\right) \quad (21)$$

---

* $P_X Q_X$는 수출, $P_M Q_M$은 수입, BTDf는 무역 수지 적자로 정의하고 나머지 변수들은 앞서 정의한 바와 같다.

$$P_C Q_C = W_C N_C + W_I N_I + \overline{W_G N_G} + W_X N_X + Tr - T_W \qquad (17)$$
$$(W_C N_C + W_I N_I + \overline{W_G N_G} + W_X N_X) - P_M Q_M$$

이고, 무역 수지 적자(BTDf)는 다음 식으로 나타낼 수 있다.

$$BTDf = P_M Q_M - P_X Q_X = P_M Q_M - W_X N_X - \pi_X, \ P_X Q_X = W_X N_X + \pi_X \qquad (18)$$

위의 식은 다음의 결과를 도출한다.

$$BTDf + P_C Q_C - W_C N_C + \pi_X = W_I N_I + Df + T_\pi \pi - \pi_G \qquad (19)$$
$$P_C Q_C - W_C N_C = \pi_C, \ BTDf + \pi_C = W_I N_I + Df + T_\pi \pi - \pi_G - \pi_X$$

$W_I N_I = I - \pi_I$이고, $\pi_C + \pi_I + \pi_G + \pi_X$이므로, 다음의 결과를 얻을 수 있다.

$$BTDf + \pi - T_\pi \pi = I + Df \qquad (20)$$
$$BTDf + \dot\pi = I + Df, \ \text{또는 } (16a)\dot\pi = I + Df - BTDf \qquad (20a)$$

국제수지 적자는 국내에서 생산된 소비재의 가격 수준을 제한하는 경향이 있다. 이는 국내 소득이 국내 상품의 구매 및 국내 가격 결정에 사용되지 않으므로 나타나는 자명한 결과다.

이 장의 나머지 설명에서는 해외 무역의 효과를 고려하지 않을 것이다. 기본 방정식이 선형적이어서, 다시 말해 추가적인 요소나 현상들이 서로 더해질 수 있으므로 우리는 하위 체계를 더하거나 빼줌으로써 잘못된 결과를 피할 수 있다.

거시경제적인 가격 관계성: 이윤의 소비와 임금의 저축

이윤이 투자와 같다는 명제는 자본주의 경제 작동 방식에 대한 깊은 통찰이다. 이는 투자 과정에 따라 잉여가 영향을 받고 임금과 이윤 간 소득 분배가 기술이 아닌 경제 과정에 의해 결정된다는 명제로 이어진다. 투자와 이윤이 같다는 명제를 끌어낸 분석은, 또한 가격 수준이 명목 임금과 투자, 소비, 정부 사이에 자원이 할당되는 방식에 의해 결정된다는 사실을 보여준다. 하지만 이런 엄밀하고 강력한 결과는 소비재 구입에 따른 지출에 모든 임금 소득이 소비되는 대신 자본 소득(이윤)은 전혀 소비되지 않는다는 대담한 가정에 따른 것이다. 노동자들도 저축하고 자본 소득자들도 소비한다는 사실은 자명하다.

만약 임금 소득에 따른 저축과 이윤에 따른 소비($C\overset{*}{\pi}$)를 허용하면 소비재에 대한 단순 국내 경제 수요는 다음과 같다.*

---

* $P_C Q_C = W_C N_C + W_I N_I + W_G N_G - T_w(W) + c\dot{\pi} - s\dot{W}$, $P_C Q_C = W_C N_C + \pi_C$, $W_I N_I = I - \pi_C$, $Df = W_G N_G + \pi_G - T_w(W) - T_n(\pi)$, $\pi = \pi_C + \pi_I + \pi_G$이고, $\dot{\pi} = \pi - T_n(\pi)$이다. 식 (22)를 대체한 위의 식으로 식 (23), (24)가 도출된다.

$$P_C Q_C = W_C N_C + W_I N_I + W_G N_G - T_W(W) + c\overset{*}{\pi} - s\overset{*}{W} \qquad (22)$$

이 식은 다음 식을 유도한다.

$$\pi = I + Df + T_\pi + c\overset{*}{\pi} - s\overset{*}{W} \qquad (23)$$

$$\overset{*}{\pi} = I + Df + c\overset{*}{\pi} - s\overset{*}{W} \qquad (24)$$

이에 따라 이윤은 세후 이윤에 따른 소비율이 증가하면 높아지고 노동자의 세후 임금에 따른 저축이 증가하면 낮아진다.

그러므로 "자본가들은 자신들이 지출한 것을 얻는다"는 명제는 두 가지 의미를 지닌다. 하나는 투자재에 따른 자본가의 소비가 이윤으로 이어지고, 다른 하나는 소비재에 따른 이윤으로부터 파생된 소득 지출이 이윤을 증가시킨다는 것이다. 반면 노동자의 저축, 즉 소비재에 지출하지 않는 임금은 이윤을 감소시킨다. 이윤이 투자에 영향을 미치고 부채를 검증하는 기업의 능력을 결정하기 때문에 자본가 및 노동자의 절약은 투자 감소로 이어진다. 마찬가지 방식으로, 사치스러운 생활을 하는 자본가와 노동자들은 높은 이윤과 투자 증가에 기여한다.

이윤이 투자에 영향을 미치는 한 가지 경로는 거래소에서 거래되는 보통주의 가격이다. 호황기에는 주주들에 대한 배당이 증가하고 높은 수익 및 긍정적 전망이 반영되어 주가가 상승하므로 주주들의 부가 증진된다. 주주들의 부가 증가하면 배당금 수령자의 소비가 증가하여 이윤을 더욱 증가시킨다. 이윤 소득으로 조달되는 이러한 이윤과 소비 관계는 상향 불안정성을 일으키는 한 요인이다.

부유한 우리 경제에서 세후 임금 저축률 또한 변동한다. 호황기에 고용률은 높고 실업 기간은 짧다. 이러한 상황은 노동자들에게 고가의 물건을 할부로 구입하게 하고, 임금 저축률을 하락시킨다. 하지만 고용이 부진하면 일자리를 가진 노동자들은 신규 할부 계약 체결이 감소하더라도 할부 부채를 상환해야 한다. 상환은 임금 저축률을 상승시킨다. 따라서 임금 대비 낮은 저축률은 확장기를 특징짓고 높은 저축률은 긴축과 불황을 특징짓는다. 하지만 높은 저축률은 기업 이윤을 떨어뜨리고 낮은 저축률은 기업 이윤을 높이므로 임금 저축률 동향은 투자 이윤의 증감 효과를 증폭시킨다. 투자 하락기의 임금 저축률 증가는 이윤 하락을 가중시키고, 반대로 투자 확장기의 저축률 감소는 이윤 증가를 증폭시킬 것이다.

결과적으로 가격 방정식은 노동자의 저축과 자본가의 소비에 영향을 받는다.

$$Pc = \frac{W_C}{A_C}\left(1 + \frac{W_I N_I}{W_C N_C} + \frac{Df}{W_C N_C} + \frac{T_\pi \pi}{W_C N_C} + \frac{c \overset{*}{\pi}}{W_C N_C} - \frac{s \overset{*}{W}}{W_C N_C}\right) \quad (25)$$

소비재 가격 수준은 이윤에서의 소비로 상승하고, 임금 저축으로 하락한다. $c\overset{*}{\pi}$와 sW가 0이 된다 하더라도 투자 증가는 가격을 상승시키는 경향이 있다. 하지만 투자가 증가할 때 이윤에서의 소비가 증가하고 임금 저축이 감소하면, 투자의 확장을 수반하는 이윤폭 상승은 증폭될 수밖에 없다.

이윤 소득에서 나오는 소비 지출의 의미

이윤에서 나온 소비 지출이 이윤으로 환원되고 이윤폭을 증가시킨다
는 명제는 현대 기업의 복잡한 비용 구조를 경제의 잉여 생성 및 할당
과 통합한다. 사업비는 산출물이 공급되는 조직적 제도적 배치를 반영
하므로, 기업의 비용 구조는 경제를 정상적으로 작동하게 하는 시장
가격을 결정한다.

잉여에 대한 이전의 논의에서 잉여는 대체로 자본 자산 생산에 할
당된다고 가정했다. 하지만 경제의 잉여는 평균 노동 생산성(가격 공
식의 A_C)을 효과적으로 증가시키는 자본 자산 구성에 반드시 할당될
필요는 없다. 잉여는 베르사유궁전을 건축하거나 법정을 유지하거나
군사 시설을 지원하거나 기업 관료 체계를 확대하는 데 할당될 수도
있다.

이윤과 지대로 조달된 부의 과소비적 생활양식은 고전파 경제학자
들의 이윤에 대한 이해와 주장과 같이 고용을 창출하는데, 이는 맬서
스Thomas Malthus의 주요 주제이기도 했다. 군주가 왕정 체계를 갖추었거
나 기업이 관료 체계를 갖추었다면, 신하와 기업 관료들 모두 임금으
로서 소득을 취하고 유급 고용 자료로 산입되지만, 신하와 기업 관료
의 소득은 잉여의 할당이다. 이러한 임금 소득이 소비재에 지출됨으로
써 판매 수입과 (생산 기술 결정적)현금 지출 비용 사이에서 실현된 이
윤폭 총액을 증가시킨다. 본질적으로 소비에 지출되는 임금 소득에 잉
여의 일부를 할당하면 실현된 이윤이 상승해 총잉여를 증가시킨다.

신고전파 이론에서 생산 함수는 상대 가격과 소득 분배의 기술적 이
론을 만드는 데 쓰인다. 앞서 지적한 바와 같이 특정 자본 자산(공장

과 설비)에 대한 직접 비용과 생산량 사이의 관계를 추적하는 데 생산 함수 아이디어가 유효하다 할지라도 생산 함수의 사용에 기초한 경제 이론은 우리가 누리는 경제에 더 이상 유효하지 않다. 생산 함수는 노동, 자재 및 서비스의 변화에 따라 달라지는 산출량 추적에 유효하게 사용된다. 특정 자본 자산에 대한 투입 대비 산출 관계는 각 산출물의 총 가변비용을 산출하며 공급 분석을 위한 견고한 토대가 된다. 이러한 생산 함수의 적용은 상대 가격 및 소득 분배의 기술적 이론으로 이어지지 않는데, 고정 자본 자산에서 자본소득은 생산의 기술적 조건이 아니라 총수요에 따른 생산 설비의 희소성으로 결정된다.

닫힌 경제에서 투입물의 구매 비용은 생산에 기술적으로 필요한 노동비용, 재화와 용역의 구매, 그리고 이윤폭으로 분류할 수 있다. 닫힌 경제 전반에 걸쳐 최종 매출액은 기존 자본 자산으로 생산에 필요한 직간접 노동비용과 총이윤으로 나뉜다. 총이윤은 총사내유보금, 세금, 배당, 이자 비용, 지대, 그리고 간접 노동비로 나뉘며 이 모든 것은 이윤에 따른 할당이다.

GNP 계정에서 GNP는 한편으로는 임금, 다른 한편으로는 총자본소득으로 구분된다. 여기에 소개되는 구조들은 총량은 같지만 다른 방식으로 세분된다. 자본 자산이 구현하는 기술에 요구되는 노동력 외의 임금 소득도 이윤의 분배로 간주된다. 광고, 영업, 마케팅, 연구 등에 종사하는 간접 노동 및 관리직들도 급여를 받는데, 이들의 소득도 이윤의 분배로 수용된다.

따라서 잉여는 우리 경제에서 측정된 이윤이나 투자가 보여주는 규모보다 훨씬 크다. 국가의 세수도 잉여의 일부일 뿐 아니라 민간 부문 급여의 상당 부분 또한 잉여의 분배이다. 판매, 관리, 홍보를 위해 자원 사용을 위임하는 조직 구조 및 경영 스타일은 대규모 잉여를 필요로 하지만 이 모든 것들이 이윤으로 측정되어 나타나지는 않는다.

사업비용의 일부, 그리고 대부분의 경우에는 적은 비율로 기술적 필수 노동 및 구매한 투입 변수를 반영한다. 임원실, 광고, 마케팅, 영업, 로비, 연구 및 상품 개발, 법무팀 등의 부분에 고용된 노동은 자본 자산에서 구현된 기술을 필요로 하지는 않는다. 이들 노동이 제공하는 서비스는 주어진 사업 환경에서 조직의 기능 및 생존에 필수적일 수는 있지만, 이러한 비용들은 어떤 의미에서도 기술적으로 결정되지 않는다. 철강, 석유, 혹은 의류 기업이 기술적 입출력 관계에서 다른 기업과 비슷할지라도, 간접적 부수적 노동비용 그리고 서비스의 비중 및 구조 측면에서는 현저하게 다를 것이다.

산출물 단위당 판매 가격과 산출물의 기술 결정적 비용 평균 간 차이가 산출물 단위당 이윤폭이다. 기업은 이러한 이윤폭을 세금, 사내 유보금, 배당, 이자, 지대, 간접 서비스의 구매나 임대, 그리고 임원 보상에 자유롭게 쓸 수 있다. 부채에 따른 이자, 간접적 부수적 노동비용, 그리고 비즈니스 서비스 구매와 같은 다양한 지출들은 잉여를 사용하는 이윤의 분배이다.

현대 경제에서 잉여는 투자를 크게 초과할 수 있다. 조세 및 정부 재정 적자는 복지 증진과 축소에 관여된 정부 프로그램에 모두 적절한 자원이다. 잉여의 일부분은 또한 간접적 부수적 노동비용에 할당된다. 이러한 임금을 받는 대부분의 화이트칼라 노동자들은 아마 생산 기술에 필수적인 블루칼라 노동자들보다 훨씬 부유할 것이다. 하지만 이러한 화이트칼라 노동자들의 임금 소득은 블루칼라와 같이 주로 소비로 지출될 것이다. 결과적으로, 넓은 의미에서 이윤으로 조달된 피고용자들의 소비는 같은 의미에서 이윤을 확대시킬 것이다. 부수적 노동 소득으로 조달된 소비는 배당으로 조달된 소비보다 더 클 수 있다.

간접적 부수적 노동에 할당된 이윤은 기업 손익계산서나 세무 당국에 이윤으로 보고되지 않는다. 일부 연구와 상품 개발 비용을 제외하면, 사업비용으로 기재된다. 간접노동비용은 조립 라인 노동자의 임금과 같은 방식으로 처리되고, 광고 대행 서비스는 자동차 제조사가 철강을 구매하는 것과 똑같이 투입물로 구매된다. 결과적으로, 기업 부문에서 보고된 이윤은 우리 경제에서 만들어진 잉여를 과소평가한다.

기술 결정적 임금 소득 대비 간접적 부수적 서비스 임금 소득 비율이 높을수록 기술 결정적 생산 원가 대비 산출물 단위당 수요 가격은 더 높다. 만약 모든 간접적 부수적 용역비가 임금 비용이고, 이러한 임금이 모두 소비재에 소비된다면 광의의 의미에서의 이윤은 이러한 임금만큼 증가할 것이다. 부수적 노동 소득에 따른 소비 지출은 부수적 고용을 총체적으로 검증한다.

모든 산출물의 기술 결정적 임금 대비 간접적 부수 노동 비율이 높아지면 이윤폭 및 생산 가격은 이러한 지출이 없을 때보다 산출물의 모든 수준에서 높아질 것이다. 기업 광고, 임원 급여, 상품 연구 개발비 등의 증가는 생산에 기술적으로 요구되는 노동 단위당 생산량 증가 없이 소비 수요에 대한 자금을 공급하며, 이는 가격을 상승시키는 경향이 있다.

만약 영업, 마케팅, 광고, 연구 수단을 통한 기업 간 경쟁으로 파생된 임금 소득이 기술 결정적 노동으로부터 파생된 임금 소득에 비해 상대적으로 증가한다면 가격 상승 압력으로 작용할 것이다. 결과적으로 광고, 상품 개발 및 영업으로 시장지배력을 확보하고 그 지배력이 지속되는 기업의 시장 지배가 확장되면 인플레이션 압력이 유발된다.

간접적 부수적 서비스 고용자들의 임금이 가장 적절한 잉여의 할당으로 처리되더라도, 이러한 임금과 구매된 서비스는 개별 기업들로서는 가격에 반영하여 회수되어야 하는 비용이다. 게다가, 기업 관점에서 부채에 따른 금융 약정 이행 및 기업 소유 자본 자산 검증에 필요한 현금은 일종의 비용이다. 기업의 과거 투자 결정, 부채 구조, 그리고 각 산출물의 영업 방식 검증에 필수적인 최소 가격은 기술 결정적 비용에 각 산출물의 단위당 부대비용, 간접비용, 금융 비용, 자본비용을 더하고 산출물에 변동을 줌으로써 결정된다. 산출물을 생산하고 판매하는 기업이 대규모 관료 조직을 취하고 광범위한 상품 개발에 착수하며 상품을 광고하는 현대 기업 경제에서, 가격은 기술 결정적 노동비용과 과거 투자 결정을 이행하는 데 필요한 비용뿐 아니라, 이러한 활동을 하는 데 필요한 비용 모두를 반영해야 한다.

간접적 부수적 비용은 분명 총이윤 할당 개념이지만, 임금 소득의 형태를 취한다. 임금 소득으로서 이들은 주로 소비에 지출되지만, 우리가 알고 있듯이 이윤에서 비롯된 소비는 이윤을 증가시킨다. 특정 기업이 아닌 총체적 관점에서 이윤폭에서 비롯된 소비 지출은 단위당 이윤폭을 증가시킨다. 결과적으로, 닫힌 경제에서 광고, 연구, 개발, 관리, 기타 간접비용 및 기술 외적 차원에서 결정된 기업 목적에 기업 총지출은 직접 비용 혹은 기술 결정적 비용에 대한 총이윤폭 증가 형태로 기업에 돌아온다. 비용은 자기 충족적 예언self-fulfilling prophecy으로 이어지는데, 이와 같은 지출 총액이 많을수록 더 많은 기업들이 같은 방식으로 지출할 것이다.

대개는 간접적 부수적 노동의 임금 소득이 생산 기술에 요구되는 노동자들의 임금보다 더 많기 때문에, 이들 노동자들 소득의 일정 부분은 저축된다. 저축은 낮은 이윤으로 이어진다. 간접적 부수적 임금 소득의 저축은 이러한 지출로부터의 환원을 자기 충족적 예언과는 꽤 다르게 만든다. 더구나 고임금 소득에서의 저축은 투자와 정부 재정 적자로부터 비롯된 이윤의 일부를 상쇄한다. 결과적으로 경영진, 기술직, 전문직 임금이 많을수록, 그리고 이들의 저축이 많을수록 자본가 및 지대 수입에 적용되는 현금 흐름은 더 작아진다.

지적했던 것처럼, 자본가 및 지대 소득자들의 현금 흐름은 미래 이윤 기대에 따른 결정 요인임과 동시에 투자를 유도하는 당근을 제공한다. 임금으로 받는 이윤 흐름의 수혜자들이 자신들의 임금을 지출하면 이윤 할당은 투자에 관한 한 긍정적이다. 하지만 일단 높은 수준의 임금 소득에서 저축이 일어나면 전통적 분석에 따라 이윤으로 인정되는 현금 흐름은 감소할 것이다. 투자 수준과 정부 적자 규모에 상관없이, 지출되는 간접적 부수적 서비스에 대한 기업 총지출이 증가하면 채무 지불 약정, 배당, 사내유보금을 위한 이윤은 감소할 것이다. 미국 산업의 낮고 명백히 감소하는 이윤율은 자본의 기술 생산성 하락 때문이 아닐지도 모른다. 어쩌면 대부분 사회적으로 결정된 간접적 부수적 기능에 따른 이윤 할당과 이로 인한 임금 소득에서의 저축이 전반적으로 상승한 탓일 수도 있다.

비용을 충당하고 충분한 자본 소득을 남기기 위해서는, 현대 기업 관료주의 체제와 광고와 같은 서비스 지출 탓에 기술 결정적 노동비용에 더 큰 이윤폭을 필요로 한다. 게다가 대기업은 각 산출물 단위당 상당량의 자본 자산 서비스를 사용할 것이다. 따라서 과거의 투자 결정 검증에 필요한 현금 흐름은 총 현금 흐름의 중요한 부분을 차지한다.

이러한 대기업의 자본 집약적, 부수적 비용 특성은 보다 단순하거나 보다 가벼운 조직에게 더 많은 비용적 여지를 열어준다.

애덤 스미스는 "노동 분업은 시장의 규모에 의해 결정된다"고 하면서, 이러한 노동 분업은 기술 결정적 노동당 생산성을 증가시킨다고 말했다. 스미스의 주장은 투자 및 독창성이 삶의 수준을 지속적으로 향상시킬 것이라는 낙관적 믿음의 기초가 되어 왔으나, 산업 조직적 스타일이 축적과 독창성의 진보적 영향력을 압도하는 비용을 가중시킴으로써 복지 증진을 향한 경향을 좌절시킬 수 있다는 가능성을 고려하지 않았다.

만약 우리가 앞서 살펴본 자본 집약적, 높은 간접비를 가진 대기업 임금률과 대안적 노동 집약 조직에서 고용 가능한 법정 최저 임금의 차이를 조합하면, 대기업 대체를 촉진하는 기관들을 개발함으로써 산출, 고용 및 복지를 증진시킬 수 있는 상당한 잠재력이 있다.

공급 가격

우리 경제에서 공급 가격은 기업의 비용 구조와 시장지배력을 반영한다. 추상적으로는 두 가지 유형의 공급 단위가 있다. 하나의 유형은 산출물을 생산하며 시장이 허용하는 어떤 가격이건 수용한다. 경쟁력, 가격 수용성, 혹은 가격 유동성은 이러한 시장에 적용되는 몇 가지 지표이다. 정부 개입이 이루어지기 전, 농업은 일부 기초 광물 시장과 더불어 이러한 시장 유형으로 특징화되었다. 두 번째 유형의 시장에서는 기업이 가격을 결정하고 수요에 따라 생산량이 변동된다. 가격 결정력, 시장지배력, 혹은 고정 가격을 갖는 기업들이 공익사업 및 제조업을 지배하더라도, 수요가 변동될 때 가격을 유지하는 능력은 기업마다 크게 다르다.[8] 시장지배력 달성은 기업들의 단기 주요 목표다.

고정 가격 및 생산량 가변적 기업들에게 목표 가격은 노동 및 재료 비용에 따른 다양한 명시적 현금 지불액과 자본 자산을 위해 지불된 가격을 검증하고, 채무자의 안전 한도 제공을 위한 암묵적 요구를 포함하는 금융 약정을 결합하여 결정된다. 현금 흐름에 따른 명시적 암묵적 요구는 기업의 생산 기술, 금융 구조 및 사업 스타일을 완전히 검증하는 데 필요한 가격 및 수량의 조합을 정의하는 평균비용곡선을 도출한다. 목표 가격은 기술 결정적 비용 및 다양한 고정비용의 조합에 의해 결정된다. 적절한 산출량이 실현되면, 목표 가격은 기업의 지분 투자자들로 하여금 그들의 포지션에 부합할 수 있는 정도의 충분한 현금 흐름을 만들어낼 것이다. 만약 당면한 기업이 음의 기울기를 갖는 수요 곡선의 한 부분이 비용을 완전히 포함하는 가격 및 산출량 집합 내에 있다면(즉, 기업이 시장지배력을 갖는다면), 기업은 산출물 가격을 선택할 수 있는 자유를 가진다. 전반적 경제 조건과 상품시장의 힘에 따라 수요 곡선의 변화는 시장지배력을 가진 경제 단위에 의해 고정 가격으로 판매되는 상품의 수량을 변화시킬 것이다.

그러므로 두 가지 유형의 수입 대 비용 관계가 있다. 고정 가격−가변 생산량 기업의 경우, 각 기업은 가격 결정에 사용되는 기술 비용에 기초한 복잡한 비용 구조를 구성할 수 있는 시장지배력을 가진다. 시

---

8 최근 저작에서 힉스가 두 가지 방법으로 분류해 놓았다. 다음을 참조하라. John Hicks, Economics Perspectives (Oxford: Clarendon Press, 1972)

장지배력을 가진 기업은 상당한 범위의 산출량에 대해 단위당 총비용을 충당하며 안전 한계를 담보하는 가격으로 시장이 원하는 공급을 제공한다. 반면 가격 수용price-taking 기업은 기술 결정적 비용을 시장 가격 결정을 수용하는 산출량 결정에 사용하는데, 시장에 공급되는 총량에 대한 해당 기업들의 조치는 시장 가격에 영향을 미치지 못한다. 가격과 기술적으로 결정되는 평균 비용 사이의 마진은 다른 비용, 즉 약정된 금융 비용 및 여타의 비용 등을 충당하는 단위당 현금 흐름을 창

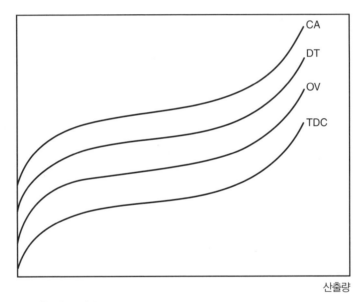

그림 7.1 총비용 구성 요소

TDC=투입물의 가격과 임금이 주어졌을 때, 기술적으로 결정된 비용
OV=기술적으로 결정된 비용 및 간접비
DT=OV+채무를 위해 필요한 자금
CA=DT+자본 자산을 지불하기 위한 가격을 위해 필요한 자금
수입＞CA이면, 과거의 투자 및 금융 의사결정이 유효함.
CA＞이윤＞DT이면, 채무는 유효하나 자본 자산에 지불된 총 금액은 유효하지 않음.

3부 경제 이론

출한다.

간접비용, 부대비용, 그리고 자본비용은 단기간의 고정 비용이므로 이들 비용을 포함하는 총비용은 기술 결정적 총비용 곡선을 위로 끌어올림으로써 나타낼 수 있다. 이러한 과정으로 결정된 총비용 곡선을 그림 7.1에 나타내었다. 기업 조직, 금융 구조 및 자본 자산 포지션을 검증하는 수입은 CA 곡선 위에 있는데, 이 곡선은 주어진 기술, 기업 조직, 그리고 부채 구조에서의 산출량에 따른 총비용을 반영한다. 만약 수입이 CA 곡선에 있거나 CA 곡선 위에 있다면, 기업 경영진 및 주주들은 과거의 결정에 만족할 수 있다.

그림 7.1의 총비용 곡선은 하나의 한계 비용 곡선 및 일련의 중첩된 평균 비용 곡선으로 변환될 수 있다. 총비용 곡선의 가장 낮은 값으로부터 도출된 평균 비용 곡선이 생산 기술을 반영하듯, 한계 비용 곡선 역시 생산 기술을 반영한다. 다른 평균 비용 곡선은 기술 결정적 비용 및 다양한 간접비, 부대비, 그리고 자본 비용의 합이다. 이러한 각각의 평균 비용 곡선은 차례로 고유의 한계 비용 곡선에 따른 최저점을 가진다. 이러한 평균 비용 곡선과 한계 비용 곡선의 관계를 그림 7.2에 나타냈다.

AVCA-AVCA 곡선 안에 있는 모든 가격과 산출량의 조합은 기업의 총수입 조건을 충족할 수 있다. 만약 기업이 설정한 가격이 P_0이고, 산출량이 O_1보다 많고 O_2보다 적다면 안전 마진, 다시 말해 수입 조건이 충족할 만한 수준 이상이 될 것이다. 규제 완화 열풍이 불기 전에 공익사업 및 대부분의 운송업과 같은 규제 산업에 대한, AVCA-AVCA 곡선은 각종 이사회 전에 요율 결정 협상에서 결정되고, P_0는 예상 산출량에 대한 협상으로 결정된다. 자본 집약적이어서 과점 구조를 가지는

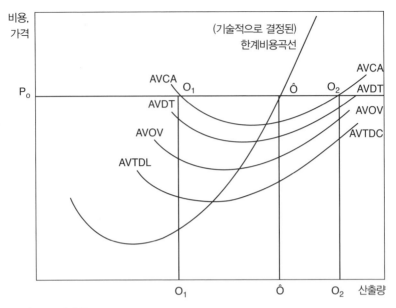

그림 7.2 가격 구조

AVTDC=평균 비용(기술적으로 결정된 비용의 평균)

AVOV=AVTDC+평균 간접 비용(생산량 단위당 간접비)

AVDT=AVOV+평균 채무 지불액(산출량 단위당 채무 지불액)

AVCA=AVDT+평균 자본 자산 가격(average capital asset price validation) [원문에는 canital로 되어 있으
나 이는 capital의 오기로 보인다.]

산업에서, 은행가 및 금융가들은 수요가 하락할 때 경쟁 시장 조건하
에서 한계 비용 곡선을 따라 가격이 붕괴되지 않도록 가격 경쟁이 제
한되어야 한다고 암묵적으로 주장한다. 만약 기업이 수요 변동에 가격
을 낮춰 대응함으로써 가격/수량 조합이 한계 비용 곡선을 따라 움직
이면, 은행가들은 상대적으로 적은 수요 하락이 주식과 부채의 시장
가치를 크게 훼손시킬 수 있다고 우려한다.

그림 7.2에 나타낸 바와 같은 상황은 은행가에게 훨씬 더 바람직한

3부 경제 이론

안전 마진을 제공한다. 그림과 같이 O_1은 대략 O의 60% 및 O_2의 50%를 차지한다. $P = P_0$일 때의 이윤 극대화 산출량 O를 생산력으로 간주하면(O 이상의 산출량에서 측정되고 확장된 이윤은 산출량이 증가함에 따라 하락한다), 시장 수요의 대폭 하락은 해당 조직의 금융적 타당성을 훼손하지 않을 것이다.

우리 경제의 특정 측면은 그림 7.2에 나타낸 비용 대비 가격 현상으로 설명할 수 있다. 만약 P_0에서 요구되는 산출량이 감소하여, 예컨대 O에서 O_1로 움직이면 기술 결정적 노동력에 따라 일시적 실업이 발생할 것이다. 간접비, 광고, 연구개발비 및 고용은 산출량이 O_1에 접근하거나 심지어 그 이상 하락하기 전까지는 방어될 것이다. 실제로 판매, 마케팅, 상품 개발 및 광고비는 심지어 기업이 수요 개선 및 시장 지배력 보호를 위해 노력하는 과정에서 증가할 수도 있다. 이러한 반응은 평균 비용 곡선과 총비용이 P_0에서 처리할 수 있는 최소 산출량을 증가시킨다. 초기 수요 부족이 지속되고 증가하면, 시장지배력이 있는 기업의 수요 하락에 대한 기존 방식의 대응은, 따라서 어려움이 한층 악화되는 결과를 초래할 수 있다.

만약 산출물이 O에 근접하여 유지되면 좋은 한도로서 현금 흐름이 현금 지출 비용 및 금융 채무가 요구하는 총액을 넘어서게 된다. 이 현금 흐름 및 생산력에 따른 판매 압력은 기업으로 하여금 투자를 유도한다. 더욱이 현금 흐름은 기업으로 하여금 투자의 상당 부분을 내부적으로 조달하고 나머지 부분은 부채로 조달할 수 있게 한다. 산출량이 O_1에 근접하거나 그 이하이면 투자 여력과 의지가 저하된다. 기업으로 하여금 투자할 수 있게 만드는 비용 및 수입 상황은 산출량의 변동으로 완만하고 지속적으로 운용되는 게 아니라 불연속적 방식으로 운용된다.

기업에 의해 사용되는 부채 및 주식에 의한 자금 조달의 상대적 규모는 경기 순환에 있어서의 과거를 반영한다. 그림 7.2에서 AVDT-AVDT 곡선은 기업이 미지불 채무를 이행할 수 있게 하는 최소한의 산출량 대비 가격 조합을 제공하는데, 이는 기업이 갚아야 할 모든 부채를 포함한다.[*]

만약 기업의 부채가 기간에 따라 변동되거나 변동 이자율을 적용받는다면, 금융시장 조건에서의 변화가 비용 곡선에 영향을 미칠 것이다. 예를 들어, 이자율이 증가하면 AVDT-AVDT와 AVCA-AVCA 곡선이 상승하는데, O_1은 오른쪽으로 이동하고 O_2는 왼쪽으로 이동한다. AVCA-AVCA에서의 생산력이나 목표 산출량에 따른 이윤폭을 유지하기 위해서는 가격이 상승해야 한다. 그러나 가격 P_0에서 판매 계약이 맺어졌다면, 통상적으로 측정된 산출물 단위당 이윤은 침해될 것이다. 이자율이 상승하여 AVDT가 P_0 이상 상승하면, 기업은 아마 그들의 금융 약정을 모두 이행하지 못할 수도 있다.

가격 수용 기업은 한계 비용 곡선을 따라 산출량을 조정함으로써 수요의 변화에 대응한다. 이들 기업들은 자본 자산을 소유하여 운영하거나 부채가 있다 하더라도 자신들의 비용을 충족시키기 위한 가격을 설정할 힘을 갖지 못하고 오히려 제시된 가격의 수용을 강요받는데, 기업은 가격을 변수로 수용하여 자신들의 한계 비용 곡선을 따라 산출량

---

[*] 만약 의류제조업체에서 구매한 직물과 같은 투입물이 있다면 AV + 부채 곡선은, 이러한 직물 구입 자금 조달에 사용된 부채의 원금과 이자 상환을 위한 현금 흐름을 포함한다. 만약 내구성 있는 자본 자산이 사용 구성 요소(사용자 비용)를 포함한다면, 총수입에 따른 사용자 비용 구성 요소는 한계적(marginal)이고 AV + 부채 곡선이 될 것이다.

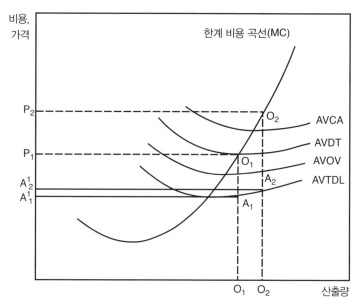

그림 7.3 가격 수용

을 설정한다.

그림 7.3에서 가격 수용 기업의 이윤(즉, 여기에서 말하는 참다운 의미의 이윤)은 가격 P_2에서 $P_2O_2A_2A_2'$이 될 것이다. 수요 감소는 그러한 기업에 대해 $P_1O_1A_1A_1'$의 이윤으로 이어진다. 그림에 그려진 P_2가 P_1보다 훨씬 더 크지는 않지만, AVDT−AVDT로 그려진 것처럼, 수요의 완만한 하락은 현금 흐름을 지나치게 적게 만들어 기업들로 하여금 지불 약정 및 채무의 완전한 이행을 불가능하게 만들 수 있다. 그림 7.2와 7.3이 우리 경제에 대한 몇몇 진실들을 반영한다면, 가격 수용 기업은 가격 결정 기업에 비해 산출량당 더 적은 간접비와 유효 자본 비용을 취하려는 경향을 띨 것이다. 수요가 하락할 때 기업이 가격 변동을 억제할 수 있는 시장지배력은, 비싸고 고도로 특화된 자본 자산의 사용 및 대규

모 부채를 통한 자금 조달의 활용에 대한 전제가 될 것이다.

지금까지 살펴본 바와 같이 경제에서의 전체 이윤은 투자, 정부 적자, 국제수지 적자와, 임금 관계에서 유도된 이윤 대비 저축에서 파생된 소비에 의해 결정된다. 소비자 선호와 투자 성향은 다양한 산출물에 대한 수요를 분배한다. 이윤으로 이어지는 지출 흐름에 의해 결정되는 수요 상태를 고려할 때, 고용은 $I + \mathrm{Def} + \ldots = \sum_{i=1}^{i} \pi_i P_i Q_i$($\pi$는 가격의 이윤 계수로 산출물 가격에 따른 이윤의 비율이다) 조건에 의해 결정되는데, 일부 상황에서 $\pi_i P_i$는 고정되고 Q_i는 변화하며 다른 상황에서는 $\pi_i P_i$가 변화하고 Q_i는 고정된다. 그러므로 투자, 정부 적자, 그리고 이윤 소득의 소비에 조달되는 간접비는 가격에 드러난다. 만약 간접비가 증가하면 기업이 시장지배력을 행사하는 곳에서 공급 가격이 조정될 수 있다. 가격 수용 시장에서 비용 상승의 초기 효과는 이윤에 부정적으로 영향을 미칠 것이다. 제2차 세계대전 이래 사회 경제 정책은 간접비용을 부여하고 자본 집약적 생산 기법이 선호되면서 시장지배력이 있는 부문에 유리하게 경제가 편향되거나 편중되는 것처럼 보였다.

가격을 올림으로써 상대적으로 적은 산출량에서의 비용(자본 자산에 대한 수익 포함)을 충당하는 안전 마진의 증가는 총이윤에 상관없이 고용을 감소시키는 결과로 이어질 것이다. 알려진 것처럼, 많은 경제학자들은 1937~1938년의 침체를 적은 산출량에서 총비용 회수가 가능하도록 이윤폭을 높이려는 시도에 따른 철강 및 여타 산업의 가격 인상이 물가 상승을 야기한 탓으로 돌렸다.[9] 그러나 세계대전 이후의

---

9 조정된 가격과 경제의 총체적인 코스에 대한 질문은 TNEC 연구의 중심이었다. 다음을 참조하라. Ellis Hawley, *The New Deal and the Problem of Monopoly*, 앞의 책, pp. 460–65, 467.

표준적 경제학은 시장지배력 행사에 따른 물가 수준 및 고용 효과를 무시해 왔다. 일단 시장지배력 기업이 경제의 주목할 만한 부분을 차지한다면, 증가한 산출량과 투자 및 정부 재정 적자에 따라 증가된 이윤의 분배는 이들 기업의 행동에 의존하게 된다. 실제로 재정 및 통화 정책의 실효성은 수요 증가에 따른 이윤폭에서의 반응으로 조절된다.

결과적으로 가격은 시장 구조와 수요가 생성되는 방식을 반영한다. 높은 투자 큰 정부 경제는 낮은 투자 작은 정부 경제와 비교했을 때 다른 상대 가격을 취할 것이다. 또한 상대 가격은 경제의 차별화된 시장지배력 및 사업 스타일을 반영한다. 광고비, 관리비, 연구비, 그리고 임원들의 보상은 시장지배력을 가진 기업의 공급 가격에 반영된다. 그리고 가격 수용 기업 및 가격 고정 기업 모두 가격에서 이들 비용을 회수해야 하는데, 총이윤폭은 (이미 정의한 바와 같이)세금과 동등한 의미를 가지며, 세금과 마찬가지로 비효율적이라고 분류될 수도 있는 시장지배력을 가진 기업들의 재원 활용을 위해 조달된다.

이와 같이 비용 조건은 공급 가격을 결정하지만 공급 조건을 결정하는 비용들은 기업의 시장지배력에 따라 다르다. 이윤폭이 기업들 간에 분배되는 방식과 특정 가격에 산입되는 방식은 전적으로 기술과 소비자 선호에 의해서만 결정되지 않는다. 공급 조건은 시장지배력을 반영한다. 결과적으로, 상대 가격은 가격에 대해 시장지배력이 행사되는 방식의 결과다. 기업들이 시장지배력을 가지고 있는 세계에서 시장 결정 가격의 '최적성'은 신고전파 경제학자들이 지닌 상상력의 산물이다.

세금과 정부 지출

앞서 설명한 바와 같이, 정부 재정 적자(혹은 재정 흑자)는 총이윤 및 상대 가격에 영향을 미친다. 세금은 이윤과 마찬가지로 재정 흑자를 만드는 메커니즘이고 정부 지출은 흑자의 분배다.

단순 버전에서의 세후 이익은 투자와 정부 적자의 합과 같기 때문에, 투자와 정부 적자의 합이 일정한 상황에서 이윤에 따른 세금이 증가하면 반드시 세전 이익이 증가해야 한다. 정부 지출 및 이윤에 따른 세금의 동반 상승은 세전 이윤 흐름의 증가로 이어질 것이다. 특히, 시장지배력을 가진 생산자가 제시하는 가격은 예상되는 세금 증가분을 감안하여 상승할 것이다. 가격 수용자들로서는 예상되는 세금 증가분 반영을 위해 가격을 조정할 수는 없지만, 정부 지출 증가에 따른 이윤이 실제 산출물 단위당 세전 이윤폭 증가의 모습으로 드러남에 따라 가격이 상승할 것이다.

소비세 또한 공급 가격에 산입된다. 예를 들어, 고용에 따른 소비세로서 사회보장에 대한 고용주의 기여는 기술 결정적 산출물의 비용에 영향을 미친다. 이들 비용은 사회 보장세가 인상될 때마다 증가한다. 또한 이들 비용은 대부분 인건비이므로 고정 간접비와 부대비 또한 증가한다. 이들 비용의 증가는 부채와 자본 자산을 충분히 검증하는 공급 가격이 가격 수용자와 가격 결정자 모두에게 상승한다는 사실을 의미한다.

세금이나 인건비와 마찬가지로 사업 관행이나 노동 시장 관습에 의해 부과되는 비용들이 있는데, 예를 들어 건강보험 및 연금과 같은 부가 급여가 여기에 해당된다. 이러한 지출은 조달되는 급여의 범위 내에서 시장지배력을 가진 기업의 공급 가격 및 여타 기업들의 실제 이윤폭 결정에 산입된다.

이윤 및 소비세 외에도 가계 소득과 자산 소득에 대해서도 세금이 부과된다. 이러한 세금은 노동 공급이나 저축 흐름에 영향을 미칠 때에만 산출물 공급 가격에 영향을 미친다. 개인 소득세는 가격이 오로지 기술 결정적 인건비에 의해서만 매겨지더라도 기술 결정적 노동의 세후 소득으로는 자신들이 만든 산출물을 구매하기에 충분하지 않다는 사실을 확인시켜 준다.

따라서 세금은 두 가지 방식으로 잉여를 만드는 데 사용된다. 첫째, 세금은 기술에 의해 요구되는 산출물 단위당 노동자의 가처분 소득이 기술에 의해 결정된 공급 가격보다 적다는 것을 확인시켜 준다. 둘째, 세금은 산출물의 공급 가격을 기술 결정적 비용 이상으로 상승시킨다. 하지만 이윤은 또한 기술 결정적 비용에 따른 이윤폭의 방식으로 공급 가격에 산입된다. 그러므로 생산에 연관된 세금(사회보험, 소비세, 부가가치세, 법인세)과 이윤은 동일한 의미를 갖는다고 할 수 있다. 하지만 세금은 잉여의 권한을 정부에 부여하는 반면, 이윤은 잉여의 권한을 자본 자산 소유자와 기업 경영자들에게 부여한다.

산출물이 얼마나 유용한지에 상관없이, 산출물이 최소한의 기술적 부과 비용을 충족시키는 가격으로 판매되는 경우를 제외하면 정부 지출은 잉여의 분배다. 닫힌 경제에서 정부 지출과 투자의 합은 세수와 이윤으로 상쇄되었다. 소득 세율표와 이윤폭은 소득자의 저축 선호와 더불어 세금과 이윤의 합이 투자와 정부 지출의 합계와 동일해지는 고용 수준을 결정한다.

투자 및 정부 지출이 우리 경제를 조율할 수 있는 이유는 경제가 현재 어떻게 돌아가는지에 따라 결정되지 않기 때문이다. 투자 및 정부 지출은 정책(정부 지출)이나 미래를 전망하는 오늘의 관점(민간 투자)에 따른 외부 요소로 결정된다. 회계 측면에서 세금과 이윤의 합이 정부 지출 및 투자의 합과 같다고 해서 이러한 관계성이 인과관계의 방향성을 증명하지는 않는다. 세금과 이윤이 투자와 정부 지출로 이어지는 인과관계에 대한 명제 이전에 경제적·정치적 과정이 요구된다.

기업 지출에서의 금융

지금까지 살펴본 바와 같이, 총이윤은 투자, 정부 지출, 무역수지 포지션, 이윤에 의해 조달된 소비, 그리고 임금 소득 대비 저축에 따라 달라진다. 큰 정부 경제에서 투자 및 정부 재정 적자의 변동성은 서로 상쇄되는 경향이 있으므로 총이윤은 작은 정부 경제에서처럼 불안하지 않다.

대개의 기업에서 특정 기간의 간접비 및 부대비는 해당 기간의 산출량과는 무관하다. 특정 단기의 상환 이자, 광고비, 임원 급여 및 채무 원금은 대부분 이전의 계약으로 결정된다.

확장된 의미에서 경제가 충분히 큰 이윤을 만들어 내면, 이전의 약정을 이행하기에 충분한 현금 흐름이 곧 만들어질 것이다. (가변 가격 기업의)가격 및 (고정 가격 기업의)산출량이 이러한 비용 조달에 충분한지는 당연히 총이윤에 달려 있다. 그러나 과거 약정에 따른 현금 지불은 현재의 현금 흐름에 상관없이 만기가 도래한다. 현재의 이윤이 부족한 상황에서 약정을 이행하기 위한 재원은 보유 현금, 차입 또는 자산 매각에 따른다.

대체적으로 현재 이윤이 충분하지 않은 상황에서 기업으로 하여금 지급 이행을 가능케 하는 것이 바로 은행 체계다. 현재의 유효한 현금 흐름이 없는 경우 지불 능력을 만들어주는 것이 수중의 현금과 기존에 쌓인 신용 한도에 기초한 차입 능력이다.

지불 약정은 예상 수입에 기초하여 만들어진다. 만약 수입이 예상되지 않는다면 현금 보유고나 단기 은행 차입이 증가하는데, 만약 후자의 경우라면 후속 지불 약정이 증가한다. 이러한 증가는 기업이 지불 약정 이행에 필요한 가격 및 산출량을 정의하는 비용 곡선을 상승시킨다. 현시점에서의 이윤 결핍에 따른 **금융적** 영향은 기업의 자본 자산, 부채 구조 및 사업 스타일 검증을 위해 미래 가격을 상승시키고 산출량을 증가시킨다. 오늘의 결핍은 미래의 유효 현금 흐름 달성을 더 어렵게 만든다. 기대에 따른 실망은 그 실망을 바로잡는 힘을 키우는 방식으로는 정비되지 않는다. 이윤 결핍에 따른 금융 결과가 비용 구조를 검증하는 미래의 결과 달성을 더 어렵게 만든다.

단기적으로 수입이 기업의 직접 비용을 검증하지 못하면 기업은 생산을 감축하겠지만, 이것은 기술 결정적 비용만 감소시킨다. 단기적으로 간접비, 부대비용 및 금융 비용은 대개 미리 결정된다. 광고비나 채무 이자는 현재의 산출물을 생산하는 생산직 노동자에 대한 지출처럼 쉽게 조정될 수 없다. 일단 기업이 채무를 지면 장기 채무에 대한 약정 변경은 재협상에 의해서만 가능한데, 이러한 상황은 아마도 명시적 암묵적 파산을 초래할 수도 있다.

기술 결정적 비용에 비하여 부채 구조, 간접비, 부대비용에 따른 현금 지출이 클수록 수요 하락에 빠르게 적응하게 하는 지출이 차지하는 비율은 작아진다. 고정 지불 약정은 수요 하락 시 총이윤을 지불 약정 수준 이하로 떨어뜨릴 공산이 크다. 이 경우 기업은 급격히 유동성을 잃고 부채가 급격히 상승한다. 따라서 기술 결정적 비용에 비해 금융 및 사업 유형에 따른 비용의 상승으로 재정 압박이 촉진될 상황의 발생 가능성이 커진다. 자본 집약적 생산 기술, 기업 포지션의 채무 조달, 간접비용 및 부대비용을 초래하는 기업 경영 스타일이 경제에 만연해지면서 기업의 파산 가능성이 더 커진다.

자본 자산, 채무 구조, 그리고 사업 스타일을 검증하는 현금 흐름은 투자, 정부 적자, 무역수지 흑자, 이윤 분배에 따른 소득에서의 소비 결과다. 이 현금 흐름은 기술 결정적 임금에서 나온 저축으로 감소된다. 투자, 정부 적자, 무역수지 흑자, 임금과 이윤에서 나온 소비 총합의 감소는 검증 가능한 현금 흐름을 감소시킨다. 투자 지출, 무역수지 흑자, 그리고 가계 소비(저축)의 비율은 금융시장의 전개에 민감하다. 지불 약정에 대해 유효한 현금 흐름의 부족은 상호 누적적 하향 조정을 촉발한다. 하지만 현재의 경제 체제에서 투자 및 무역수지 흑자의 급격한 감소 또는 임금과 이윤 소득에서 나온 소비의 급격한 하락은 고용 및 세수 감소, 그리고 정부 이전지출 증가로 이어진다. 정부 적자로 향하는 이와 같은 움직임은 총이윤을 유지시킨다. 결과적으로, 높은 간접비용 및 부대비용을 가지는 자본 집약적이며 과중한 채무가 있는 기업에서의 유동성 상실 및 부채의 급격한 상승세는 완화된다. 본질적으로 큰 정부는 자신이 가진 모든 비효율성으로 임금과 이윤을 안정시킨다. 이것은 상당수 기업이 과중 채무를 갖는 자본 집약적 경제에 내재된 하방 위험을 감소시킨다.

자본 집약도, 다중 시장, 그리고 다중 상품

이미 검토했던 자본주의 경제의 정상 작동을 위한 근본 조건에 우리의 현재 생산 과정의 실증적 특성을 추가할 필요가 있다. 기업은 자본 집약적 생산 과정을 사용하고 다양한 상품을 생산하여 다양한 시장에서 판매한다.

생산 과정의 상대적 자본 집약도는 자본 자산에 지불된 가격을 검증하는 세후 이윤에 대한 기술 결정적 임금률로 측정된다. 이 비율이 높을수록 상품 가격에 기술 결정적 평균 비용에 따라 요구되는 이윤폭도 커진다. 만약 실현된 총이윤폭이 자본 자산 가격 검증에 충분하다면, 곧 과거의 금융 약정 또한 검증한다. 경제가 잘 돌아간다면 대체로 현재 이윤은 자본 자산 및 금융 관계에서의 과거 약정을 검증한다.

자본 집약적 생산 과정은 대표적 기업의 총수입 중 상당 부분이 부채 상환과 자본 자산 가격 유지를 위해 할당될 필요가 있다는 것을 의미한다. 이는 요구되는 가격 대비 산출물 단위당 기술적으로 부과되는 평균 직접비의 비율이 작다는 사실을 암시한다. 이러한 환경에서 과잉 설비와 비탄력적 수요에 직면하여 이루어지는 급격한 가격 경쟁은 막대한 이윤 하락을 초래한다.

부채 상환과 자산 가격 유지에 필요한 가격과 생산 직접비 사이의 큰 간극은 가격 경쟁에서의 커다란 불이익이 초기에는 기업에서 일어나 결국에는 은행가들에게까지 초래될 수 있음을 의미한다. 결과적으로, 위험 회피적 투자자들과 금융가들은 특정 자본 집약적 과정에 필요한 특정 자본 자산의 금융 자원이 위험에 빠지기 전에 독과점 협상에 따른 보장을 요구한다. 독과점 경쟁은 자본 집약적 산업의 자연적 시장 구조다. 투자자들과 은행가들이 가격 경쟁이 일어나지 않을 것이라는 얼마간의 보장을 요구하므로 월스트리트의 책상머리 분석가들은 생산자 사이의 가격 경쟁을 저주한다.

생산의 목적은 총수입 및 기술 결정적 비용과 부수적으로 지출된 비용 사이의 차액을 획득하는 것이다. 생산은 이윤을 위한 것이지 사용을 위한 것이 아니다. 만약 기업의 자본 자산이 다양한 시장에서 판매되는 다중 상품들을 생산한다면, 기업과 은행가들은 어느 시장 어떤 상품이 필요 준지대를 창출하는지에 대해서는 관심을 갖지 않는다. 그들의 주요 관심사는 다양한 시장에서의 준지대 합이 기업 채무 상환과 자산 가치 유지에 충분할 것인가 하는 데 있다. 상품시장에서 지배력을 가지는 기업이 얻을 수 있는 최대 이윤은 각 시장에서 제공하는 음의 기울기를 취하는(즉, 우하향하는) 수요 곡선의 완전한 활용으로 주어진다. 필요 최소 이윤은 부채 구조와 자본 자산 가치 유지에 필요한 현금 흐름으로 주어진다. 그 최대치가 최소치보다 큰 기업이라면 자신들이 차지하는 시장 지위에서 누릴 수 있는 이윤 잠재력을 충분히 활용하지 않는 사치를 누릴 수 있을 것이다. 이러한 환경에서는 경제 관계 외에도 정치적 고려에 의해 상품 가격이 결정될 것이다.

금융 기법에 따라 총수입의 상당 부분을 부채 검증과 자본 자산 가치 유지에 할당해야 하고, 기업이 일반적으로 다양한 상품을 생산하여 여러 시장에서 판매한다면 상품 가격은 오직 경제 관계만을 반영하지 않을 수 있다. 기업은 다양한 시장에서 획득되는 각각의 이윤에 대해서는 거의 관심을 갖지 않는다. 오히려 다양한 시장의 다양한 산출물에 투입되는 지출 비용에 따른 이윤폭이 수용할 만한 이윤의 총합을 산출하는지에 주목한다. 이러한 환경에서 가격을 통한 교차 보조가 이루어지는 상황이 발생하는데, 시장 및 상품 간 투입 비용에 따라 이윤폭을 달리 하는 것이다. 이윤폭에 따른 가격 결정 관습 및 일부 자본 자산 가치에 따른 수익률 목표치 설정 제한 조건이 가격 설정 지침으로 작용할 수 있으며, 이에 따라 실제 가격이 형성된다. 결과적으로, 자본 집약적 세계에서 특정 가격에 영향을 미치는 자의적인 정치 요소가 있다.

가격이 임금 대비 상당한 이윤폭을 가지는 경우, 하나의 상품에 지불되는 요금은 때론 다른 상품이나 서비스를 위해 제공되기도 한다. 예컨대 '공짜 텔레비전'을 가능케 하는 체계는 광고 상품의 기술 결정적 비용에 따른 총이윤폭의 일부가 할당되어 자금 조달된다. 말하자면 비누와 겨드랑이 탈취제 데오도란트 생산자가 취하는 수입의 일부가 엔터테인먼트에 지불되는 것이다. 기술적 요구 비용에 따른 이윤폭은 채무 및 자본 자산 가격을 검증해줄 뿐 아니라 이전지출(사회보장비, 의료보험)을 포함하여 매디슨 가[미국 광고업 밀집 지역]를 지원한다.

앞서 지적했듯이, 생산에 사용된 자본 자산 가치의 유지에 필요한 이윤폭은 생산 과정의 자본 집약도와 관련이 있다. 보다 더 자본 집약적 과정을 포함하는 산업과 기업들은 산출물 단위당 더 많은 이윤폭을 필요로 한다. 만약 총투자 또는 이를 위한 정부 고용이나 이전지출이 증가하면 총이윤은 증가한다. 하지만 여러 산업과 기업들 간의 이러한 이윤 분포는 개별 기업의 노동비용에 따른 가격 비율에 달려 있으며, 이는 다시 상품 간 수요 분포에 따른다.

만약 다양한 생산 과정에 사용되는 자본 자산의 상대 가격이 변함없이 유지되면, 자본 자산 가격을 산출하기 위해 자본화되는 상대적 이윤은 변동될 수 없다. 이는 다양한 산출물에서 나오는 이윤이 동일한 비율로 변화될 것을 요구한다. 그러나 산출물에 대한 자본 집약도가 클수록 변하지 않는 자본 자산의 상대적 가치를 떠받치기 위해 상품 가격의 상승률은 더 커진다. 소득에 따른 투자율(및 정부 지출과 이전 지출) 증가에 따른 영향 중 하나는, 이윤 분포가 변하지 않는다면 자본 집약적 기술로 생산된 상품 가격은 덜 자본 집중적 기술로 생산된 상품 가격에 비해 상대적으로 높아야 한다는 것이다. 하지만 수요 곡선 패턴으로는 이렇듯 상품 가격에서 요구되는 변화를 확인할 수 없다. 더 나아가 대체재의 원칙은 가격이 덜 급속하게 상승하는 산출물, 다시 말해 상대적으로 자본 집약도가 낮은 생산 기술로 생산된 산출물로 수요가 전환되도록 운용될 것이다. 따라서 높은 투자 경제를 유지하기 위해서 다른 라인보다 상대적으로 자본 집약도가 높은 생산 라인에서 현금 흐름과 이윤을 증가시킬 수 있도록 설계된 다양한 개입이 가격 결정 체계에 도입되어야 한다. 감가상각의 가속화와 투자 세액 공제와 같이 자본 집약적 생산 기술에 호의적인 보조 및 세제는 투자를 촉진함으로써 경제 성장을 촉진하는 경제 구조의 일부로 볼 수 있다.

닫힌 경제에서 잉여는 대개 투자, 정부 지출, 그리고 간접비에 의해 결정된다. 세금은 이윤과 정부 수입 간에 총잉여를 배분하는 수단이다. 일정한 총잉여에 대해 더 큰 규모의 적자는 기업에 대한 더 큰 규모의 이윤을 의미한다. 결과적으로, 큰 정부와 경기 조정형 재정 적자를 활용하는 국가는 총잉여의 규모를 유지하고, 기업 투자가 하락할 때마다 기업 이윤이 감소하지 않게 보장한다. 정부 정책은 노동비용에 따른 이윤폭의 하락을 막을 뿐 아니라 심지어 경기 침체기에도 이윤폭이 증가할 수 있도록 보장할 수 있다.

결론

가격이 충족시켜야 하는 조건들이 (1) 부채 구조를 검증하고, (2) 투자 욕망을 유도하며, (3) 투자 금융을 끌어내는 운영을 통해 현금 흐름을 생성한다면, 신고전파 이론이 설명하는 균형과 균형을 만들어내는 설명은 적절하지 않다. 게다가, 이어지는 채무와 자본 자산 구조 검증에 필요한 현금 흐름이 커질수록 시장 자본주의가 효율적이라는 주장의 타당성은 떨어진다. 대규모 자본 집약적 생산 환경에서 가격 결정 메커니즘의 주요 기능은 투자를 제대로 유지할 수 있을 만큼 충분한 규모의 총이윤을 기대하고 실현할 수 있게 하는 것이다. 투자 또는 이와 마찬가지인 정부 재정 적자는 채무 구조 및 자본 자산 가격을 검증하는 이윤 유지를 위해 필요하다. 따라서 자본 자산의 축적이나 기술 생산성에 따른 영향은 부차적인 중요성을 갖는다.

정교한 금융 구조 및 복합적인 고가의 자본 자산을 취하는 경제에서 경쟁으로 가격이 한계 비용까지 떨어질 가능성을 약화시키기 위해 자본 집약적 과정으로 생산되는 산출물에 맞서 음의 기울기를 갖는 민간 수요 곡선을 만드는 체계가 필요하다. 가격을 생산에 따른 인건비 수준으로 낮추는 압력은 자본주의 경제에서의 정상적인 금융시장 작동에 있어서는 재앙이다. 금융업자와 은행가들이 자본 집약적 과정에 조달하는 상당한 자금이 위험에 빠지기 전에는 그들이 요구하는 불확실성 감소와 이 과정에서 생산된 상품 시장에서 규제되지 않는 강력한 경쟁은 양립할 수 없다. 부채와 고가의 자본 자산을 가진 기업의 경우 이윤 규모가 반드시 특정 수준에 이르러야 하지만, 이들 기업들은 자신들의 상품이 판매되는 다양한 시장에서 총이윤이 어떻게 창출되는지에 대해서는 무관심하다. 현실에서는 정책 및 정치적 선택이 특정 가격 결정에 개입한다.

수요 곡선으로 부과되는 제약 조건 때문에 이윤의 상한선을 정하는 독점의 최대치가 존재한다. 자본주의 경제는 이윤 극대화를 위한 행동이 채무 변제 및 자산 가치 유지를 위한 충분한 현금을 창출하지 못할 때 문제에 봉착한다. 명목 현금 흐름을 증가시키는 인플레이션은 부채를 검증하는 정책 수단이 될 수 있다.

우리가 살고 있는 세계에서 개인의 의도와 상관없는 유전적 선호와 기술 결정적 생산 관계는 생산, 가격, 그리고 소득을 결정하지 않는다. 경제 정책은 경제의 세부 항목이 정책과 무관하게 결정된다는 가정에 근거할 수 없다. 어떻게, 무엇을 그리고 누구를 위한 것인가는 정책 결정이 내려질 때 직면하는 질문이지만, 오로지 주어진 생산 능력 범위에 한정해 그러한 경제적 삶의 특징을 선택할 자유가 있다. 경제가 가져다 줄 수 있는 것에는 한계가 있지만, 우리는 이러한 한계 안에서나마 일부 선택의 자유를 갖는다.

제8장
. . . .
투자와 금융

자본주의 경제에서 이윤은 기업에 동기를 부여하고 보상한다. 이윤은 과거의 결정을 검증하고 미래를 이끄는 기능을 한다. 오늘의 이윤은 오늘의 투자에 달려 있다는 걸 보였는데, 노동자들이 자신들의 모든 소득을 소비하고 자본가들이 모든 이윤을 저축하는 대담하고 골격적인 모형에서 이윤은 투자와 같다. 모형이 골격 구조와 단순 행태 외의 다른 변수들을 허용하여 살을 붙이는 경우, 투자는 유일하지는 않지만 여전히 이윤 결정의 주요소다.

투자 산출물은 생산 과정에서 자금이 조달되어야 한다. 더구나 자본 자산의 소유(또는 자본 자산 포지션)에는 반드시 금융이 따른다. 결과적으로 금융 조건이 자본 자산의 가격, 투자 수요, 투자 산출물의 공급 가격에 영향을 미친다.

투자의 결정 요소를 이해했다면 금융 불안정 가설에 대한 완전한 설명이 가능하다. 투자는 자본주의 경제의 진로를 결정짓는 필수 요인이다. 정부 예산, 소비 행태, 명목임금의 경로는 2차적 요인이다. 알다시

피, 우리 경제의 기본 순환 특성은 노동시장 기관들이 매우 다양하고 정부가 작을 때 명백하게 드러났다. 비록 명목임금과 정부 예산의 행태가 경제의 불안정성을 증폭시키거나 완화시킬 수 있음에도 불구하고, 우리 경제의 근본적 순환 특성은 이윤, 자본 자산 가격, 금융시장 상황, 투자 관계에 따라 결정된다.

경제 정책은 투자 과정, 임금, 정부 재정에 영향을 끼쳐 불안정성 추이에 영향을 미칠 수 있지만, 자본주의 체제 내에서 불안정성을 완전히 뿌리 뽑을 수는 없다. 특히, 정부의 경기 역행적 재정 적자는 만성 적자가 상승하거나 인플레이션적 불안정성을 악화시키는 동시에 하방 불안정성도 약화시킨다.

사업 투자는 경상비나 현금 지출 비용에 대한 초과 수입이 예상되는 생산 과정에서의 재화를 만들기 위한 화폐 지출을 포함한다. 우리 경제 유형에서 이러한 초과 수입은 자본 자산에 귀속되어 투자 수익률이 된다. 투자는 마치 채권처럼 미래 화폐를 위한 현재 화폐의 교환이다. 자본 자산 소유자는 자연물이나 경제에 대해 특별한 조건부 계약을 체결하는데, 이 계약은 기업이 얼마나 잘하느냐에 따라 화폐(이윤)가 제공되는지를 명시하며 이 조건은 다시 해당 산업과 경제가 얼마나 잘 작동하는지에 달려 있다.

투자에는 공장과 설비 구축에 필요한 노동력 및 기계의 사용이 포함되며, 오늘날의 경제에서 이를 완성하는 과정에 드는 비용과 시간은 막대하다(극단적 사례로 원자력발전소를 들 수 있다). 그러나 투자 산출물이 잉태되는 동안에도 생산 노동자와 거기에 자금 조달되는 부채의 채권자들에게 지불이 이뤄져야 한다. 투자 산출 과정에서의 자금은 해당 생산 기업이나 투자 기업 또는 여타 외부 금융원으로부터 조달되어야 한다. 투자 기업은 생산에 따른 금융 계획을 가지고 있어야 한다. 자본 자산 취득을 위한 투자 결정은 항상 부채 구조에 대한 결정이다.

이 장 및 다음 장은 경제 단위에서의 현금 흐름 및 현재 가치 특성을 투자이론으로 통합하는 자본주의 경제의 금융 관계 관점을 전개한다. 현금 흐름 약정, 현재 가치 산정, 그리고 유동 자산 재고는 금융시장에서 경제 단위의 행태 및 생존 능력을 좌우한다. 결과적으로 경제의 안정성은 투자 및 자본 자산 포지션에서의 자금 조달 방법에 좌우되며, 불안정성은 외부에 존재하는 것이 아니라 체계에 내재된 메커니즘으로 결정된다는 사실을 분명히 보여줄 것이다. 우리 경제의 불안정성은 석유, 전쟁, 통화의 기습에 의한 충격 때문이 아니라 경제 자체에 내재된 속성 때문이다.

금융 불안정 이론의 핵심은 케인즈의 『일반이론』, 피셔Irving Fisher의 『부채 디플레이션』 및 시몬스Henry Simons로부터 도출된다.[1] 1930년대를 관통해 살아온 경제학자들은 무슨 일이 일어났는지 설명하면서 금융 붕괴 및 이전에 존재했던 투기의 시대를 무시할 수 없었다. 1930년대 '20세기 펀드Twentieth Century Fund'의 지원을 받은 클라크Evans Clark 외 여러 학자들은 부채가 어떻게 1933년의 붕괴를 초래하고, 1933년 이후에 회복을 가로막는 장애물로 작용했던 체계 행태에 어떻게 영향을 미쳤는지에 대한 설명을 발전시켰다.[2]

---

[1] John Maynard Keynes, *The General Theory of Employment, Interest and Money* (New York: Harcourt Brace, 1936); Irving Fisher, "The Debt–Deflation Theory of Great Depressions," *Econometrica* 1 (Oct. 1933), pp. 337–57; Henry C. Simons, "Rules vs. Authorities in Monetary Policy," *Economic Policy for a Free Society* (Chicago: University of Chicago Press, 1948); Charles P. Kindleberger, Manias, *Panics and Crises: A History of Financial Crises* (New York: Basic Books, 1978).

[2] Twentieth Century Fund, *The Interest Debts of the United State* (New York: The MacMillan Co., 1933)

케인즈의 표준적 해석이 전통 경제학에 흡수됨에 따라 1920년대와 1930년대 초에 분명히 드러났던 금융 및 부채 구조에 대한 강조는 사라졌다. 오늘날의 표준적 경제이론에서는 추상적인 비금융 경제가 분석된다. 이러한 추상 경제에 대한 이론들은 기본적으로 복잡한 금융 및 통화 기관과 관행이 있는 경제에 기본적으로 유효하다고 가정한다. 앞서 살펴본 바와 같이, 이러한 논리적 비약은 신념에 지나지 않으며, 신고전파 종합의 정책 조언은 그 신념에 기초한다. 현대의 정통 경제학은 경제 정책에 대한 진지한 접근을 위한 토대가 아니며 그렇게 될 수도 없다.

1920년대와 1930년대의 통찰에서 잃어버린 것들은 남아 있는 것보다 몇 가지 측면에서 더 중요하다. 케인즈는 우리 경제가 왜 변동성에 민감한지를 투자이론으로 발전시켰고, 특히 우리 시대 경제와 밀접한 투자 금융이론을 발전시켰다.[3] 그러나 그의 이론은 힉스, 한센, 사무엘슨으로부터 파생된 정통 케인즈 이론의 전개에 따라 상실되었다.

투기 붐이 일어나는 경로와 불안정성 위기를 초래할 수 있는 금융과 경제 체계의 전개 방식에 대한 설명은, 이와 같은 경제 관련 과정에 대한 설명에서 특히 중요하다. 불안정성은 상대적으로 평온했던 성장 기조가 투기적 호황으로 전환되면서 나타난다. 투기 붐은 기업과 금융 중개인 역할 기구들에게 수용 가능하고 기대되는 채무 구조가 경제 성

그리고 *Debts and Recovery* (New York: The MacMillan Co., 1938)

3 Hyman P. Minsky, *John Maynard Keynes* (New York: Columbia University Press, 1975); "An Introduction to a Keynesian Theory of Investment," in G. Szego and K. Schell, *Mathematical in Investment and Finance* (Amsterdam: Elsevier North Holland, 1972), Hyman P. Minsky, *Can "IT" Happen Again? Essays on Instability & Finance* (Armonk N. Y.: M. E. Sharpe & Co., 1982) 참조.

공에 대응하여 변화하기 때문에 발생한다. 불황에서의 회복뿐 아니라 역사적으로 투기적 호황에 뒤이은 극적인 공황, 부채 디플레이션 및 불황은, 취약하고 불안정한 금융 구조의 출현으로 이어지는 지속 성장기에 특징적으로 전개되는 발전보다 불안정성 분석에서 덜 중요하다.

자본주의의 특징들: 두 가격 체계와 금융

금융 불안정 가설의 핵심 명제는 다음과 같다.

1. 자본주의 시장 메커니즘은 지속적인 안정 가격, 완전고용 균형으로 이어질 수 없다.
2. 심각한 경기 주기는 자본주의에 필수적인 금융 속성 때문이다.

이러한 명제들(그리고 금융 불안정 가설들)은 분산 시장 메커니즘이 외부로부터 방해받지 않는 한 자기 유지적인 안정 가격, 완전고용 균형을 달성한다는 신고전파 종합의 관점과 뚜렷하게 대조된다. 두 관점의 차이는 금융 및 금융 관계가 규정되는 방식의 차이를 반영한다. 금융 불안정성 관점은 표준적 이론이 간과하는 자본 자산 소유나 운영 통제에 필요한 금융 방식을 중시한다. 게다가 금융 불안정성 이론은 현실에서 발생하는 일들이 제도의 진화에 따라 변화한다고 지적한다. 그래서 경기 순환과 금융 위기가 자본주의의 변하지 않는 속성일지라도 경제가 관통하는 실제 경로는 제도, 관행 및 정책에 따라 결정된다. 마지막 분석에서, 일어날 만한 현상의 범위는 기본 경제 관계에 따라 제한된다 하더라도 역사는 역사로 남는다.

이후의 논의를 위해 '자본주의 경제'가 의미하는 바에 대한 정확한 이해가 필요하다. 자본주의 경제에서 생산 수단은 사적으로 소유된다. 총수입과 노동비용의 차이는 자본 자산 소유자에게 소득을 제공한다. 게다가 자본 자산은 거래하거나 담보물로 제공할 수도 있다. 또한 생산 수단이나 미래 소득을 담보로 이루어지는 금융 상품 거래도 가능하다. 자본과 금융 자산은 거래가 가능하므로 가격을 가지고 있다.

게다가 이러한 자본 자산과 금융 상품 가격은 시장에서 결정된다. 케인즈가 강조하였듯이, 자본 자산과 부채는 연금과 마찬가지여서 미래의 특정 기간 동안 현금 흐름이 창출될 것으로 기대한다. 그 결과, 시장 과정은 다양한 자본 및 금융 자산의 약정부 혹은 조건부 현금 흐름을 일군의 현재 가격으로 변환(자본화)한다.

자본 자산은 생산될 수 있으며, 자본 자산의 생산을 투자라고 한다. 구매자가 기꺼이 투자하려는 금액은 자본 자산이 만들어낼 것으로 기대되는 소득에서 비롯된다.

자본 자산의 가격과 이것들이 투자 성과로 이어지는 과정은 자본주의 경제 행보를 결정짓는 중요한 요인이다. 자본주의 경제에서 자본 자산 소유자의 기대 소득은 투자 산출물의 수요 가격에 영향을 미친다.

기업에서 수집한 자본 자산으로부터의 소득에 대한 청구가 부채(채권, bond)의 형태로 판매될 수 있는 경제에서 자본 자산으로부터의 소득은 채권자와 지분 소유자 간에 분배된다. 자본 자산과 여러 형태의 금융 상품에 따른 지불에 벌어들인 소득은 앞서 언급한 바와 같이 현금 흐름이다. 그러므로 계약 관계에 의한 현금 흐름의 복잡한 연결은 서로 얽혀 있고, 산출물 생산과 분배에서 오는 현금 흐름과 상호 연결되어 있다.

자본 자산과 금융 자산의 가격은 이후 창출할 것으로 기대되는 현금 흐름 및 자본화율에 따라 결정되며 각각의 투자는 특정 리스크와 불확실성 속성을 포함한다. 산출물 생산과 분배로부터의 총이윤이 투자 속도에 따라 달라지므로, 오늘의 투자는 과거에 체결된 금융 계약 이행에 필요한 가용 현금 흐름 수준을 결정한다. 앞서 보았듯이 현대 자본주의 경제의 정상적 기능은 과거의 부채 계약을 검증하는 충분한 자본소득(그리고 투자) 수준에 도달하고 이를 유지하는 데 달려 있다. 조건을 만족하지 못하면 자본 자산 및 채권 가격이 하락하고, 하락은 투자수요에 불리한 영향을 끼친다.

따라서 자본주의 경제의 기본적 속성은 두 가격 집합의 존재인데, 하나는 현재 산출물의 가격 집합이고, 다른 하나는 자본 자산의 가격 집합이다.[4] 산출물 가격과 자본 자산 가격은 서로 다른 변수에 의존하고 서로 다른 시장에서 결정된다. 그러나 투자 산출은 현재 산출의 일부이므로 가격들은 서로 연결되어 있다.

자본 자산의 기술적 특징들이 기본적으로 미래 화폐에 대한 현재 화폐 관계에서 비롯됨에도 불구하고, 복잡한 금융 체계의 존재는 현재 화폐와 미래 화폐 관계의 수와 범위를 확대시킨다. 금융 구조는 자본주의의 적응성 및 불안정성 모두의 원인이다.

---

4 7장에서 명목 임금률을 W, 평균 노동 생산성을 A_c, 노동비용 단위당 이윤폭을 M이라고 할 때, 공급 가격은 $P_0=(1+M)W/A_c$로 특징화된다. 자본 자산 가격은 자본 자산이 획득할 것으로 기대되는 미래 이윤 Q,와 이 미래 이윤에 따른 현재 가격 P_K로의 전환에 따라 달라진다. 그러므로 우리는 $P_K=K(\bar{m}i)$, i=1, 2, …, n(여기서, K는 자본화 함수)로 나타낼 수 있다. P_K와 P_0는 현재 생산량이 자본 자산이 되면서 한때 생산된 투자재에 대해 연결되지만, P_K와 P_0는 시간과 P_K와 P_0의 비율(혹은 차이)은 변화한다. P_K의 결정과 P_K와 P_0의 관계가 투자에 어떤 영향을 미치는지에 대한 설명이 이 장의 주제이다.

우리 경제는 자본 자산 소유권이 거래되는 기업과 증권 거래가 있으므로 기업 자본주의 경제의 금융 차원은 단순히 협력 관계와 소유권에 의해 지배되는 경제보다 훨씬 크다. 이후 이어질 내용은 기업 자본주의에 한정된다. 이러한 형태의 자본주의는 지난 100년간 지배적인 체제였고, 현재 그 어느 때보다도 더 지배적인 체제가 되었다.

파틴킨 해법의 파열

신고전파 종합에서 정상적 시장 과정이 완전고용 이하의 초기 상태를 완전고용 근사치로 변환시킨다는 사실을 보여줄 필요가 있다. 이것은 외부에서 주어진 화폐 변수가 소득에 따른 소비에 영향을 미친다고 가정함으로써 달성된다. 실업이 임금과 물가 디플레이션으로 이어진다고 가정하면, 화폐 잔고의 실질가치가 상승할 것이다. 이는 결국 소비재 수요의 증가로 이어져 고용이 증대된다. '파틴킨 해법Patinkin resolution' 이라고 알려진 이러한 일련의 추론은 신고전파 종합 이론의 핵심을 차지한다.[5]

프리드먼에 따르면 이 파틴킨 해법은 자본주의 시장 메커니즘에 결함이 없다는 주장을 입증한다. 즉, 시장 과정이 완전고용 균형을 이끈다는 것이다.[6] 파틴킨 해법에 앞서 케인즈에 의해 제시된 (1) 상품 시

---

5 Don Patinkin, *Money, Interest and Prices: An Integration of Monetary and Value Theory*, 2d ed. (New York: Harper and Row, 1965)

6 Milton Friedman, "A Theoretical Framework for Monetary Analysis," *Journal of Political Economy* 78 (March–April 1970), pp. 193–228. Robert Gordon, *Friedman's Monetary Framework: A Debt with his*

장은 노동 총수요에 가장 밀접한 결정 요소이며, (2) 주어진 명목 임금률에서 노동 수요는 공급보다 적을 수 있으며, (3) 노동의 초과 공급에 따른 명목 임금의 하락은 실업 해소에 효과적이지 않을 수 있다는 명제가 널리 받아들여졌다.

이 명제들은 실제로 케인즈 이론 및 우리 경제의 중요한 부분을 간과했는데, 매 단기적 특정 상황마다 '균형 파괴력disequilibrating forces'이라고 부를 수 있는 변화력이 존재한다는 사실이다. 이러한 균형 파괴력은 때로 약할 수도 있지만, 축적되어 응집되면 이윽고 균형이 파괴될 것이다.

그러나 '균형equilibrium'이라는 단어는 오해를 불러일으킬 소지가 있다. 로빈슨Joan Robinson의 용어를 빌려, '평온tranquility'이 투자 붐, 인플레이션 가속화, 금융 및 통화 위기, 부채 디플레이션으로 중단된다는 것을 주목하면, 급격한 파괴적 변화가 일어나지 않는 시기를 '평온의 시기periods of tranquility'라고 부르는 것이 좋을 법하다.[7]

케인즈 이론의 표준적 해석에 따른 불완전고용 균형은 실제로는 균형이 아니다. 그것은 부채 디플레이션과 깊은 불황 이후에 따라오는 일시적 상태이다. 이 상태에서 임금과 물가 하락으로 이어지는 실업에 대한 시장 반응은 명목 이윤이 유지되어야만 검증할 수 있는 승계된 사적 부채가 있고, 낮은 명목 임금과 물가가 낮은 이윤으로 이어지므로 고용 확대에 비효율적이다. 달리 말하자면, 사적 부채 검증에 필요한 현금 흐름은 이윤이 유지될 때에만 마련될 것이다. 파틴킨 효과

Critics (Chicago: University of Chicago Press, 1974).

7   Joan Robinson, *Economic Heresies* (London: MacMillan, 1971)

의 유효성은 (수익 흐름과 독립적인)외부 금융 자산 대비 (물가 수준 및 명목 이윤의 수준으로 결정되는)내부 기업 부채 비율에 따라 달라진다. 파틴킨 해법은 자산 가격에 미치는 파산의 영향과 투자를 조달하는 민간 기업 역량에 미치는 파산의 역효과를 무시한다.

파틴킨 해법은 제한적 금융 관계만을 상정하기 때문에 우리 경제에 적합하지 않다. (파틴킨 해법의 본질인)실업에 따른 시장 반응인 명목 임금 및 물가 하락은 민간 채무자들에게 더 낮은 임금 및 소득으로 인해 자신들의 채무 이행을 불가능하게 만들 수도 있다.

완전한 디플레이션으로 마침내 모든 민간 채무 상환이 거부됨으로써 일체의 자본 자산은 개인이나 오로지 지분이 있는 기업이 소유하게 된다. 채무 상환 거부가 일어나는 동안 부채의 유효성과 기업 구조 조정의 장애 효과에 따른 이윤, 임금, 투자 감소의 영향으로 상황은 악화된다. 수년이 소요될 수도 있을 테지만 금융 구조의 근본적 단순화 후에야 떨어진 물가는 신장될 것이다. 복잡한 금융 관행들이 존재하는 세계에서, 만약 파틴킨의 실질 잔고 효과 방식에 의한 완전고용으로 가는 길이 존재한다면, 그것은 지옥으로 통하는 길이 아닐까.[8] 더욱이 실질적 문제로서 실질 잔고 효과는 무관하다. 파틴킨 해법 및 소위 불균형 현상을 언급한 문헌들에서 다루는 여타의 시도들이 이른바 완전고용 균형을 달성하면 분명히 파탄으로 이어질 진행 과정을 언급하지

---

8 이러한 상호 교환은 다음 문헌에서 자세히 논의되었다. Irving Fisher, "Debt Inflation Theory of Great Depression," *Econometrica* 1 (Oct. 1933). 토빈은 그의 저서 *Asset Accumulation and Economic Activity*(Chicago: University of Chicago Press, 1980)에서 피셔의 논의를 반영하고 있다. 하지만 그는 이것이 그의 기본 신고전파적 견해와 무관한 사고의 구성을 소개하는 것임을 모르는 듯하다. 또한 다음을 참조하라. Hyman Minsky, "Debt Deflation Processes in Today's Institutional Environment," *Banco Nazionale del Lavoro Quarterly Review* 143 (Dec. 1982).

않는다는 점에서 특이하다. 체계가 이러한 균형에 이르렀을 때 어떤 일이 일어나는지 자세히 살펴보면 완전고용이 파탄으로 이어지는 진행 과정이 드러난다. 이 진행 과정은 완전고용 균형을 상승세에서 깨뜨리는 경향이 있는데, 일단 완전고용이 이루어져 유지되면 경제 단위들 간의 상호 작용이 완전고용을 넘어서는 투기 붐을 일으키는 경향을 갖는다.

안전 한계에 기초한 대부와 차입은 투자와 더불어 자본 자산 포지션의 금융에 사용된다. 화폐는 대부 및 차입 과정에서 만들어진다. 그러므로 화폐 공급의 기저를 이루는 은행 지불 약정들이 존재한다. 일시적으로 유지되던 완전고용이 무너지면, 원치 않는 금융 계약의 변경을 유도하는 다양한 금융 및 자본 자산의 상대적 가치에 따른 변경이 발생한다.

자본주의 경제에서 자본 자산은 오직 자체의 기술 생산성 때문에 필요하며, 자본 자산의 수요는 자본 자산의 기대 수익성에 따라 결정된다. 자본 및 금융 자산 포지션이 부채 금융으로 가능한 경제에서는 축소할 수 없는 투기적 요소가 존재하며, 이는 포지션의 부채 금융 규모와 그러한 금융에 이용된 금융 상품들은 미래 현금 흐름과 금융시장 조건에 따른 기업가 및 은행가의 투기적 의사를 반영하기 때문이다. 완전고용이 달성되어 유지될 때마다 기업가와 은행가들은 성공에 고무되어 더 큰 규모의 부채 금융에 나서게 된다. 평온한 확장의 시기에 이윤을 추구하는 금융 기관들은 '새로운' 양식의 화폐와 포트폴리오상 화폐의 대용물, 다양한 유형의 활동을 위한 금융 기법을 지속적으로

발명한다. 금융 혁신은 호경기에 나타나는 우리 경제의 특징이다.[9]

도입되는 새로운 유형의 화폐나 더 많이 사용되는 기존 유형의 화폐는 자본 및 금융 자산의 추가 수요나 더 많은 투자에 따른 금융으로 이어진다. 이로 인해 자산 가격이 상승하며, 이는 결국 현재 투자의 수요 가격을 상승시키고 활용 가능한 투자 금융을 증가시킨다. 금융 혁신은 따라서 자본 이득을 유도하고 투자를 증가시키며 이윤을 증가시키는 경향을 띠고, 경제는 어떤 평온한 완전고용 상태를 넘어 확장하려고 시도할 것이다.

새로운 기법을 이용한 투자 수요에 따른 금융은 기존의 평온한 상태에서 허용된 수요 대비 초과 수요가 창출된다는 것을 의미한다. 투자 지출 증가는 이윤 증가로 이어지고, 이것은 다시 자산 가격 상승과 이에 따른 투자 수요 가격 상승으로 이어진다. 따라서 어떤 완전고용 균형은 (이전 금융 위기의 경험에 따라 초기에는 약하게 나타나는)부채 금융의 확대로 이어져 경제가 완전고용을 넘어서는 팽창으로 이행한다. 부채 구조 및 새로운 금융 자산에 대한 실험과 그에 기초한 투기가 경제를 투자 붐으로 유도하므로 완전고용은 일시적 상태이다. 투자 붐은 인플레이션을 유발하고 인플레이션 붐은 금융 위기를 유발할 수 있는 금융 구조로 이어진다.

그러므로 금융 혁신을 환대하는 자본주의 경제에서 안정적 물가에서의 완전고용은 유지될 수 없다. 완전고용 상태에서도 평온을 붕괴시키는 균형 파괴력이 내재하기 때문이다.

---

9 다음의 문헌은 금융 혁신과 금융 및 경제 불안정성 관계에 대한 초기의 논의를 다루고 있다. Hyman P. Minsky, "Central Banking and Money Market Changes," *Quarterly Journal of Economics LXXI*, no. 2 (1957), *Can "IT" Happen Again? Essays on Instability & Finance* (Armonk, N. Y.: M. E. Sharpe & Co., 1982).

준지대 및 자본 자산 가격

케인즈에 따르면, 생산에 사용된 자본 자산은 준지대, Q_i 형태의 소득을 가져다 줄 것으로 기대된다. 준지대quasi-rents는 자본 자산의 도움으로 생산되어 판매된 총수입에서 직접 지출 원가 및 유지비, 산출물 생산과 연관된 기술 결정적 비용을 뺀 값으로 총이윤 개념이다. 자본 자산은 자본 자산이 갖는 추상적 생산성이 아니라 경제의 실제적 작동 방식으로서 준지대를 산출한다. 준지대는 이윤과 동일시되므로 자본 자산은 생산하는 산출물에 단위 지출 원가를 초과하는 가격을 매김으로써 이윤을 가져다준다. 이렇게 지출 원가를 넘어서는 가격은 산출물의 희소성, 따라서 그 산출물 생산에 필요한 자본 자산의 희소성에 기인한다. 경제 생산력은 단기적으로는 자본 자산의 기존 재고에 따라 결정되므로 자본 자산 희소성의 변화는 수요의 변동에 기인한다. 특정 유형의 자본 자산 부족을 해소하기 위한 투자는, 벌어들이고 기대되는 이윤이 명백히 드러날 때 이루어진다. 수요의 수준과 구성은 자본 자산이 얻는 이윤을 결정하고, 자본 자산은 **오로지** 이윤을 올리기 때문에 가치를 지닌다.

자본주의는 두 가격 집합을 가지는데, 하나는 자본 자산의 가격이고 다른 하나는 현재 산출물 가격이다. 투자재는 현재 산출물의 일부를 이루므로 두 가격은 서로 연계되어 있고, 일부 기존 자본 자산과 같은 투자재는 자본 자산으로서의 가격과 일치하는 현재 산출물로서의 가격을 가져야 한다.

앞서 보았듯이 현재 산출물의 가격은 명목 임금률, 보유 자본 자산에 따른 노동 생산성, 기술 결정적 인건비에 따른 이윤폭에 따라 달라지는데, 이는 수요에 따라 유지되며 경제적 경영 스타일을 반영한다. 다양한 유형의 투자재 공급 가격은 현재 산출물 가격의 부분 집합이다. 반면에 자본 자산 가격은 당기 공급이 고정된 시장의 수요와 공급에 의해 결정되고, 수요는 자본 자산이 연속적으로 수년에 걸쳐 산출할 것으로 기대하는 현금(또는 준지대)에 기초한 가치를 반영한다. 자본 자산 가격 결정 방식을 이해하기 위해서는 기대 현금 흐름이나 준지대가 자본 자산 가격으로 전환되는 방식을 이해할 필요가 있다.

비록 자본주의 경제의 두 가격 체계가 상당히 다른 시장에서 형성되고 상당히 다른 변수로 결정됨에도 이 둘은 서로 무관하지 않다. 투자 산출물 생산을 대체하는 자본 자산의 시장 가격은 투자재 생산 과정에서의 투자재 공급 가격과 같거나 더 커야 한다.

우리 경제에는 일정 기간에 걸친 현금 지불을 약속하는 금융 자산이 있다. 이러한 금융 자산은 소유권이 현금 흐름에 따른 권리를 부여한다는 점에서 자본 자산과 매우 비슷하다. 뿐만 아니라 자본 자산처럼 금융 자산은 계약에 의해 미래의 현금 흐름을 자본화한 현재 가격을 가진다.

자본 자산과 금융 자산이 만들어 낼 것으로 기대되는 현금 흐름은 확실치 않아서, 각 자본 자산 및 금융 자산은 미래의 기대 현금 흐름이 창출되지 않는 조건을 규정하는 일련의 특수한 우발적 상황이 있다. 자산 가격의 결정은 화폐 한 단위의 가격이 1이라는 사실에서 출발한다(이는 달러가 될 수도 있고, 마르크화나 엔화가 될 수도 있다). 은행이 대출을 통해 화폐를 만들어내고 화폐의 대부분이 은행 예금의 형태로 존재하는 우리 경제에서, 은행에서 화폐를 빌린 채무자는 화폐 지불 이행 의무를 진다. 제10장에서 설명하겠지만, 은행 부채를 화폐로 만드는 것은 은행에 화폐를 갚는 채무자의 의무이다.

자본 자산의 투자와 소유는 이들이 화폐를 만들어낼 것이라는 기대에서 이루어진다. "생산은 이윤을 위한 것일 뿐 사용을 위한 것이 아니다"라는 우리 경제에 대한 오래된 급진적 묘사는 여전히 유효하다. 생산에서의 자본 자산 사용은 상품 구매와 고용을 포함한다. 물건을 생산하거나 인력을 고용하려면 반드시 공급자와 노동자에 대한 지불이 있어야 한다. 그러므로 보유하고 있는 화폐는 현재 산출물 생산과 지불 이행을 보증한다.

차입과 대부가 존재하는 세계에서 지불 약정이 있는 어떤 개인이나 조직이 불운한 우발적 상황에 대비한 보험 조치로서 수중에 (지불 약정에 표시된 항목으로서의)화폐를 유지하는 일은 합리적이다. 화폐는 결과적으로 우발적 상황에 대비한 보장의 형태로 현물 수익을 산출한다. 그러나 한 단위 화폐 가격은 항상 1달러이므로 1달러의 수익률 보장을 위해 지불되는 가격은 달라질 수 없다. 그럼에도 불구하고 1달러가 만들어내는 보장의 가치는 변할 수 있다. 이러한 경우, 보유 화폐를 대신하는 것(즉, 다른 자산)의 가격이 변해야 한다.

화폐 이외의 각 금융 자산이나 자본 자산은 계약상의 지불이나 준지대를 만들어내고, 이것이 매각되거나 대출 담보물로 사용될 때 가치를 지닌다. 어떤 자산은 재무부 증권이나 은행 및 예금 기관에서의 정기 예금과 같이 쉽게 현금화할 수 있는 반면, 건설 중인 원자력 발전소나 정유 공장 및 특수 장비와 같은 자산은 쉽게 현금화할 수 없다. 화폐는 순현금 소득을 내지 않는다는 점에서 독특한 자산이지만, 보유하고 있는 사람에게 약정을 이행할 수 있게 하고 경상 거래current transaction나 현물 거래spot transaction를 가능하게 한다.

다양한 금융시장이 존재하고 기업에서 자본 자산이 조금씩 매각되거나 수집되는 세계에서, 모든 금융 자산과 자본 자산은 **두 가지 현금 흐름 속성**을 가진다. 첫 번째는 계약이 이행되거나 자본 자산이 생산에 사용되면서 축적되는 화폐다. 두 번째는 자산을 매각하거나 담보를 제공해 받는 현금이다. 필요한 시기에 가치의 큰 변동 없이 현금화할 수 있는 자산의 능력을 유동성이라고 한다.

자본 자산 가격 P_K는 소유로써 기대되는 현금 흐름과 자산에 내재된 유동성에 따라 결정된다. 자본 자산이 만들어낼 현금 흐름은 시장 및 경제 상황에 따르지만, 자산에 내재된 유동성은 그 자산을 현금화할 수 있는 용이성과 확실성에 따른다. 채권이나 심지어는 보통예금 같은 금융 자산 가격은 자본 자산 가격과 마찬가지의 조건, 즉 금융 자산이 창출할 것으로 기대되는 현금 흐름과 금융 자산이 거래되는 시장의 폭, 깊이, 회복력에 따라 결정된다.

자산 가격 결정에서 고정점은 1달러의 가격은 1달러이고, 1달러는 다른 1달러와 같으며, 실재하는 각 달러는 유동성을 공급한다는 것이다. 기대 현금 흐름과 다양한 금융 자산 및 자본 자산에 내재된 불확실성에 대해 주지하다시피, 자산 재고에 비해 달러가 풍부하면 자산 가격은 상승한다. 자본 자산 및 금융 자산의 가격은 화폐 수량이 증가하면 상승하는 경향을 띨 것이다(그림 8.1의 P_K(정상))

그러나 채무 불이행에 대비하는 보험 규모는 증가하는데, 그러한 보험에 대해 자산 소유자가 지불하고자 하는 보험료가 낮아지지 않을 때마다 예외가 발생한다. 이와 같은 무한 탄력적 보험 수요는 현금 부족과 채무 불이행 가능성이 높다고 여겨지는 경우에만 발생한다. 그러나 그러한 예상은 최근 및 현재적 경험으로 보건대 현금 부족과 채

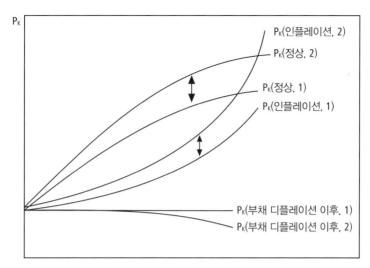

그림 8.1 자본 자산의 가격 수준: 통화 공급 및 대안적 기대 환경의 관계

무 불이행이 포화 상태에 이르렀을 때 비로소 가능하다. 깊은 불황을 초래하는 부채 디플레이션 이후, 다른 자산들의 총량이 고정되어 있는 상황에서 화폐 공급의 증가는 다른 자산 가격의 상승으로 이어지지 않을 수 있다. 만족할 줄 모르는 유동성 수요는 병적 상태에 이르러, 1929~1933년 대공황 말기의 미국 상황을 대략 이에 근접한 수준으로 추정할 수 있다(그림 8.1 P_K(부채디플레이션 이후, 1)).

따라서 특정의 또는 대표적인 자본 및 금융 자산의 가격 P_K와 화폐 수량 M 사이에는 **함수 관계**가 존재한다. 일반적으로 화폐 수량이 증가하면 화폐에 내재된 보험의 가치가 감소하므로 자본 자산 가격은 화폐 수량의 증가함수다. 화폐의 가격은 항상 동일하므로 화폐 수량의 증가는 소득을 창출하는 자본 자산 가격 수준이 오른다는 것을 의미한다. 더불어 함수 관계는 다음과 같은 조건이 아니라면 로그 형태를 취한다.

1. 일정한 주관적 가치 평가에서, 앞서 서술한 무한 탄력적 유동성에 대한 무한 탄력적 보험 수요가 존재할 때
2. 자산 가격이 보험 가치보다 더 빠르게 상승할 것으로 예상되어 화폐에 내재된 보험 가치가 감소되거나 없는 것으로 간주될 때

보험처럼 유동성에 대한 무한 탄력적 수요가 있는 특수한 경우, 비록 화폐 공급이 증가하더라도 자본 자산 가격은 매우 잘 떨어질 수 있다(화폐로의 탈주, 그림 8.1의 P_K(부채디플레이션 이후, 2). 그러나 인플레이션 기대가 있는 경우, 유형 자산 가격은 화폐 공급 증가보다 더 빠르게 상승할 수 있다(화폐로부터의 탈주, 그림 8.1의 P_K(인플레이션)).

그러나 가능한 관계 유형보다 더 중요한 것은 경험이 자본 자산과 금융 자산이 만들어내는 현금 흐름 및 보유 현금 가치에 대한 기대를 변화시킴에 따라 함수가 이동한다는 사실이다(그림 8.1의 화살표). 그 이동은 각 곡선상에서의 이동이 아니라 한 관계에서 다른 관계로의 이동으로 유동성에 대한 정상, 인플레이션, 불황기에서의 가치를 반영하며, 결국 경제의 추세에 따라 변화한다.

서로 다른 자본 자산의 상대 가격 및 자본 자산 가격 지수에 영향을 미치는 유동성 효과는 P_{Ki}와 M의 함수로 측정된다. 우리는 자본 자산은 수익이 기대되는 준지대 Q_{Ki}로 가치를 갖는다는 설명으로부터 논의를 시작했다. 초기 실업 상태에서 파틴킨 과정이 시작되었다고 가정해보자. 파틴킨 과정은 소득 대비 소비의 비율을 상승시키므로 이윤을 증가시키는 경향이 있다. 이윤은 임금 및 이윤 소득에 따른 소비율에 직접 관련되므로 이는 사실이다. 따라서 다른 조건이 일정하게 유지될

때, Q_{Ki}의 상승은 P_{Ki}를 상승시키는 경향이 있다.

Q_{Ki}의 상승은 기존 부채 구조에 따라 부과되는 제약도 완화시켜주는데, 이는 Q_{Ki}가 채무 이행에 사용 가능한 자금원이기 때문이다. 그러므로 Q_{Ki}의 상승은 보험 원천인 유동성으로서의 화폐 효익을 감소시킨다. 보험 효익의 감소에 따라 소득과 금융 약정 단위당 기대되는 현금 잔고도 감소하며, 수익 자산 가격 Q의 추가 상승이 발생한다. 이런 현상이 일어나려면 현금 재고가 비화폐 자산 획득에 사용될 필요가 있다. 게다가 Q_{Ki} 및 자본화율의 상승은 부를 증가시키는데, 이것은 소득 대비 소비율을 보다 높인다. 게다가 현금 흐름의 개선은 소비력의 증가를 의미할 뿐 아니라 차입력도 증대시킨다.

Q_{Ki}의 상승과 유동성 효익의 감소 모두 자본화율과 기대 수익률을 증가시키는 경향에 따라 자본 자산 가격을 상승시키는 경향이 있다. 자본화율의 상승은 보험으로서의 화폐 효익의 감소를 반영한다. 부채 구조를 감당하기 쉬워진다면, 증가된 부채는 유리한 금리로 변동될 수 있다. 부채 구조는 다양한 항목들에 대한 협상 당시의 화폐에 내재된 유동성 가치를 반영한다.

현재 산출물 대비 자본 자산 가격의 상승은 소비와 투자의 증가로 이어진다. 더구나 그러한 과정에 수반되는 준지대의 증가는 화폐에 내재된 유동성 가치를 떨어뜨린다. 비록 파틴킨 과정이 부채 디플레이션으로 이어지는 침체에서 벗어나도록 경제를 이끌어낼 수도 있지만, 그 결과는 균형으로 나아가는 운동이 아니다. 처음에는 비교적 안정적 확장기를 만들어내지만, 평온은 화폐에 내재된 보험(유동성)의 가치를 감소시켜, 주로 소득으로 평가되는 자본 자산과 금융 자산의 절대 가격과 상대 가격을 상승시킬 것이다. 그러므로 평온은 승계된 자본 자산 가치를 상승시키는 동시에 자기 자본 비율 대비 수용 가능한 부채의 증가를 초래한다.

내생적으로 결정된 유동성의 가치는 경제의 모든 균형 상태가 균형 파괴력을 포함하고 있음을 의미한다. 시장 메커니즘의 내생적 작동이 경제를 완전고용으로 이끈다는 신고전파의 명제가 유효하다 해도, 이것을 초래하는 과정은 완전고용에서 멈추는 정도가 아니라 투기적 붐으로 이어질 것이다.

투자

투자에 대한 분석은 자본 자산 가격 결정으로 시작한다. 앞서 설명한 것처럼 화폐 수량, 유동성 가치, 각종 자본 자산 및 금융 자산의 소득 및 유동성 특징들은 자본 자산과 금융 자산 가격 설정으로 이어진다. 자본 자산과 금융 자산 가격은 각종 투자 산출물의 수요 가격을 결정한다. 이러한 수요 가격은 투자가 일부의 기존 자본 자산과 같다는 가정이나 프로젝트에서의 기대 현금 흐름과 유동성 수익률을 자본화함으로써 도출된다.

그러나 투자 수요 가격이 투자 속도를 결정하지는 않는다. 자본 자산의 시장 가격과 투자 수요 가격의 존재가 반드시 효율적 투자 수요가 있음을 의미하는 것은 아니며, 효율적 투자 수요에는 자금이 동반된다. 이러한 금융에는 보유 중인 현금 및 금융 자산, 내부 자금(세후 영업이익과 배당금 등), 외부 금융 등 세 가지 원천이 있다. 외부 금융은 차입이나 주식 발행으로 조달된 자금이다. 차입 금융에는 지불 약정이 따른다. 지불 약정은 자금이 조달되는 경제 단위의 법적 의무를 이행하는 데 필요한 최소한의 현금 흐름을 결정한다.

다른 모든 GNP의 구성 요소와 마찬가지로 투자는 흐름이다. 투자 흐름이 일정 수준을 초과한 후, 투자 단위당 공급 가격이 오른다고 가정하면 자본 자산 수요 가격에 따라 최대 투자율이 존재한다.

경제의 작동은 기업에게 자본 소득의 흐름을 만들어 주는 것으로 생각할 수 있다. 자본 소득의 흐름은 투자 속도에 영향을 받는데,[10] 단순 대담하게 가정하면, 자본 소득(이윤)은 투자와 같다. 기업 부채가 존재하는 현실 경제에서 이자, 배당금 및 부채 원금의 상환은 총자본 소득 흐름에서 나온다. 게다가 임원과 부수적 노동에 따르는 비용은 대개 자본 소득에서의 할당이다. 따라서 내부 재원에서 총투자에 조달되는 총자금은 총투자에 요구되는 자금에 미치지 못한다.

투자를 위해 사용 가능한 내부 자금은 외부 금융으로부터 충당되어야 한다. 투자 결정에 있어 외부 금융 조달 능력은 핵심 요소다.

투자 프로젝트 계획에는 투자받는 기업 부문에 연계되는 두 가지 의사결정이 포함된다. 하나는 생산에 자본 자산을 사용함으로써 기대되는 수익 및 투자비용을 다룬다. 다른 하나는 자본 자산의 자금 조달을 다루는데, 자본 자산 취득을 위한 의사결정은 기본적으로 부채를 감당하는 의사결정이다.

투자 생산에 드는 금융 비용은 인건비 및 투입물 구매 비용 등과 같이 산출물 공급 가격에 산입되는 비용이다. 기업이 임금을 지불하기 위해 차입을 받아야 한다는 사실은 차입금에 따른 이자 비용 탓에 실질

---

10 7장을 참고하라.

비용이 높아진다는 것을 의미한다. 그러므로 투자 산출물 공급 가격에 자본의 잉태 기간 동안 지불 이자가 포함된다. 이는 수확한 밀의 정상 공급 가격에 저장고에 있는 밀의 이자를 반영하는 것과 같은 이치다.

생산에 따른 금융은 일반적으로 단기적이며 대개 은행 대출을 포함한다. 생산원가 및 아마도 모든 산출물의 공급 가격은, 특히 자본의 잉태 기간이 상당히 장기적인 산출물의 경우, 이자를 반영하는 원가 항목을 포함한다.

생산에 따른 금융은 단기적인데 비해 테이크아웃 금융take-out financing 이나 영구 금융permanent financing은 장기적이다. 테이크아웃 금융은 보통 채권이나 담보 대출, 신규 주식 발행뿐 아니라 기업의 수익으로 획득된다. 투자재에 따르는 계획이 짧지 않은 기간을 가지는 경우의 투자 결정 시, 활용할 영구 금융 종류에 대한 현재적 관점에는 유지되는 수익 및 금융이 실행되는 시점에 자본시장에서 적용되는 조건들에 대한 예측이 포함된다.

그러므로 투자 결정은 인건비와 단기 금리에 따라 달라지는 투자 공급 함수, 자본 자산 가격에서 파생되는 투자 수요 함수, 예상되는 금융 구조와 조건을 포함한다. 대차대조표 구조는 실제로 사용된 내부 자금(총 이익 잉여금)과 외부 금융(채권 혹은 주식 발행량)의 조합을 반영하는 반면, 투자 결정은 내적·외적 자금의 기대 흐름에 기초한다. 그러나 투자 단위의 내부 자금 흐름은 투자의 시작에서 완료까지 기간의 경제 실적에 달려 있다. 그러므로 투자 결정에는 기술자들이 지시하는 대로 투자가 수행되는지, 투자 산출물 시장이 견고한지와는 무관한 불확실성 요소가 존재한다. 이러한 불확실성 요소는 요구되는 내부 및 외부 금융의 혼합에 초점을 맞추고 있으며, 이 혼합은 투자재에 투입된 자금이 이윤 흐름으로부터 어느 정도 회수되는지에 달려 있다.

투자는 시간이 수반되는 결정에 주안점을 두기 때문에 경제학에서의 불확실성의 의미와 중요성을 반드시 이해해야 한다. 불확실성은 룰렛 게임 결과표나 사망률 표와 같이 알려진 평균값과 동일한 정밀도로 결과를 예측할 수 없는 사건을 다룬다. 한마디로 경제학에서의 불확실성이란 보험 가능한 리스크나 도박 등과 같은 리스크를 다루지는 않는다. 예를 들어, 특정 유형의 자본 자산 보유를 위한 적절한 부채 구조가 어떠해야 하는지는, 생산에 가장 적합한 기술이 무엇인지와 같은 의미로는 알 수 없다. 오늘날 자본 자산 소유를 위해 어떠한 부채 구조를 가져야 하는지는 오직 역사와 관습에 근거하여 결정된다. 역사적 과정에서 투자에 조달되는 내부 자금 및 외부 금융의 혼합에서 상당한 변화와 부채 구조에 대한 많은 혁신들이 있었다. 진입 초기에는 안전하게 여겨졌던 부채 구조(그리고 중개인들에 의한 자산 보유)가 시간이 지나면서 매우 위험한 것으로 판명날 수도 있다.

불확실성은 대체로 그 본성상 추측에 의존할 수밖에 없는 미래와 더불어 현재를 다루는 문제다. 불확실성의 세계에서 경제 단위들은 때로는 과거 결정들이 숙성되어 내놓는 놀라운 성과들을 수확하고 이에 반응한다. 불확실성의 한 가지 구체적 징후는 승계된 자본 자산과 금융 자산, 그리고 새로 창출된 자본 자산을 레버리지하거나 부채 금융을 포지셔닝하고자 하는 **의도**에서 찾을 수 있다. 레버리지 의도는 두 집단의 의사결정 단위에 영향을 끼치는데, 두 경제 단위는 부채로 자본 획득을 결정하는 자본 자산 소유주와 레버리지 포지션에 자금 조달을 결정하는 금융계이다. 케인즈가 말하였듯, 우리 경제는 "안전 한도 내에서의 차입 및 대부 체계"로 특징화된다. 차입자와 대부자에게 요구되는 안전 한도는 외부적으로 조달되는 금융 포지션 및 투자 규모에 영향을 미친다.

앞서 언급한 것처럼, 자본 자산과 금융 상품 포지션은 파이낸싱 및 리파이낸싱된다. 주택 매각이나 기업 인수와 같이 자본 자산 소유권이 변경될 때마다 특정 자산 포지션이 리파이낸싱되어 오래된 부채는 소멸되고 새로운 부채가 생성된다. 월스트리트의 세계에서 모든 기업의 인수와 합병은 자본 자산 소유권에 자금 조달을 위한 부채 구조의 변화를 수반한다. 일부 자본 자산의 금융 포지션에서 기존 부채 구조를 변경해 더 많은 부채를 수용할 수 있다면, 이전 협약에 따라 자신들의 포지션에 자금을 조달했던 기업들은 차입력을 확보할 수 있는데, 이전의 동일 자본 자산으로 더 많은 부채를 발행함으로써 현금을 조달할 수 있게 되는 것이다. 만약 부채 지분율이 변하지 않고 자본 자산에서 창출되는 현금 흐름의 시장 가치가 상승하면, 자본 자산 소유 기업은 차입력을 확보한다.

규약의 변화와 자산 가치의 변동이 어떻게 차입력에 영향을 미치는지에 대한 최상의 사례는, 기업으로 조직된 자본 자산 잔여 청구 대리권 거래 시장(증권거래소)에서 찾을 수 있다. 투자 결정 방식에 대한 이론적 논쟁은 자본 자산 가격 및 투자 산출물 가격 간 비교를 포함한다. 증권 거래가 있는 기업 자본주의 경제에서, 기업 자본 자산 및 시장 포지션에 따른 시장의 평가 가치가 자본 자산 가격을 대체한다. 시장 평가 가치는 기업의 보통주와 부채의 합에서 금융 자산 가치를 뺀 것이다. 이 평가 가치는 주식시장 동향에 따라 달라진다. 주식시장 붐은 경제의 기초 자본 자산에 따른 암묵적 시장 가치를 높이고, 반대로 주식시장 침체는 암묵적 시장 가치를 떨어뜨린다.

보통주와 채권 소유권에 따른 자금은 종종 부채로 조달된다(증거금 계정margin account이 주식시장 자산의 레버리지 포지션으로 이어진다). 보통주 소유권의 자금 조달에 부채가 활용될 때, 주가가 상승하면 주주들에게 차입력을 열어줌으로써 다시 추가 주식 매입 자금 조달에 활용될 것이다. 주가의 초기 상승은 주식 수요의 추가 상승으로 이어질 수 있다. 더욱이 상승 장세에서의 이와 같은 주식 교환 가치의 상승은 대부자와 차입자 모두에게 요구되는 안전 한도 결정에서 기대 가격 상승으로 이어진다.

반대로, 주식시장에서의 평가 가치 하락은 차입력을 감소시켜 자산 가치에 따른 채무 부담을 가중시킨다. 보통주의 가격 하락은 수용 가능한 레버리지 비율과 요구되는 안전 한도 결정에 내장되므로, 수용 가능한 레버리지 비율이 하락해 대부자와 차입자 모두 필요한 안전 한도를 증가시킨다.

요구되는 안전 한도는 투자 단위의 수용 가능한 금융 계획에 영향을 미친다. 외부 및 내부 금융 비율은 경제 단위의 경험과 부채 금융이 있는 경제를 반영한다. 만약 최근의 경험에 따라 부채 상환 부담이 감소한다면 부채 비율을 늘리는 경향이 나타날 것이다. 최근의 부채 상환 부담이 가중되었고 대표 경제 단위의 채무 이행이 불가능했던 사례가 포함된다면 수용 가능한 부채 비율은 감소할 것이다.

금융에 대한 최근의 관점에서는 은행과 기업이 자신들이 직면해야 하는 불확실성에 따른 사고를 반영한다. 이러한 최근의 관점은 과거, 특히 가장 근래의 경험과 그 경험이 어떻게 기대로 전환되는지를 반영한다. 성공 경험은 은행과 기업이 요구하는 안전 한도 수준을 낮추고 투자 증가에도 연관되는 경향을 띤다. 실패 경험은 이와 반대의 경향을 갖는다.

그러므로 투자는 금융 현상이다. 투자 관계의 다양한 부분들은 서로 다른 요인들이 어떻게 밀접하게 관련되며 자산 가격, 금융 조건, 소득 흐름이 어떠한 방식으로 투자에 영향을 미치는지를 보여줄 수 있다. 도표를 통해 묘사할 수 있는데, 도표는 투자 메커니즘의 구성 요소를 정의하고 우리의 경제 과정에서 어떻게 상호 작용하는지를 나타내기 위해 고안되었다.

자본 자산이 시장에서 직접적으로 잘 정의되었건 회사채와 주식의 시장(또는 경영진) 평가에 의해 간접적으로 대리되었건, 모든 자본 자산 가격은 투자 산출물의 수요 가격이다. 노동력, 임금률, 이자율, 그리고 투자 산출물 생산을 위한 자본 자산 재고에 내장된 기술을 감안한 투자 산출물 공급 가격이 있다. 대부분 투자의 맞춤형 속성 탓에 이들 공급 가격은 생산자들에게 경쟁 가격으로 받아들여질 수 있다. 설비 생산에 특화된 자본 자산 재고와 노동력의 투자 생산 능력에 한계를 설정한다고 가정하면, 산출물이 일정 수준을 넘어선 후에 투자 공급 곡선은 상승할 것이다.

투자 결정은 약정 후 어느 시점에 자본 자산을 낳는다. 투자 프로젝트가 승인되면, 투자재의 다양한 구성 요소에 대한 노동 및 재료의 지출 순서는 대략 자본 자산의 생산 기술적 조건에 따라 결정된다. 이를테면 1984년 2/4분기 투자 지출의 대부분은 그 시기 이전에 결정되었음을 의미한다. 더 나아가 1984년 봄에 내려진 투자 결정은 이후 여러 분기에 걸쳐 소득, 고용, 금융시장에 영향을 미칠 것이다.

지금까지 묘사된 자료에는 자본 자산 가격이 수평인 투자 수요 곡선과 한계 수준 이후 상승하는 투자 산출물 공급 곡선이 있다. 두 곡선의

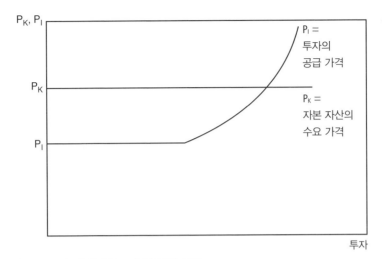

그림 8.2 투자 : 금융적인 고려를 무시한 상황

교차점은 해당 기간에 발주된 투자량으로 이어지고, 따라서 실행 중인 프로젝트를 완료하는 데 걸리는 시간 동안의 투자 지출 일정으로 이어진다(그림 8.2 참조).

　그럼에도 이 그림에 금융을 위한 공간은 없는데, 아마도 교차점으로 지정된 투자량은 금융 약정과는 무관하게 발주될 것이다. 이것은 명백한 넌센스다. 투자자는 완성된 투자재에 대해 최종 구매자가 지불할 것이라는 보장이 없는 한 행동에 나서지 않을 것이다. 이 지점에서 은행가들(금융계를 광범위하게 아우르기 위해 앞으로 이 용어를 사용할 것이다)이 활동에 나선다. 거대 다국적 기업들이 대규모 투자 주문을 하고 많은 자본 자산을 고용하는 오늘날에도 기업 신용도는 은행가, 신용 평가 기관, 주식시장 분석가들에 의해 감시되고 기록된다. 각각의 특정 투자 단위와 일반 투자에 있어서, 총이익 잉여금과 외부 금융의 조합이 총투자 활동을 결정한다. 내부 자금 관련 투자 범위는 금융 관계에서 요구되는 안전 한도에 따른 현재의 관점을 반영한다. 대부자나 차입자 모두 보호받길 원하며, 차입자의 방어 수요는 자본 자산 수요 가격을 낮추고 대부자의 방어 수요는 투자 산출물 공급 가격을 높인다.

금융시장의 순조로운(즉, 이자율 변동이 크지 않고, 금융 관행 혁신이 거의 없으며, 심각한 금융 위기 위협이나 출현 가능성이 없을) 작동 기간에 투자를 결정하는 지배적 요소는 기술적 또는 마케팅적 고려일 것이다. 이 기간에 과거 행태로부터의 추정에 근거하거나 기존 생산 능력의 수익성에 따라 결정된 생산량에 대한 기술적 요구가 투자 결정을 주도한다.[11] 이외의 기간에는 금융시장 상황이 훨씬 더 중요하게 대두되며 기술적 요소의 중요성이 감소한다.

예상되는 준지대의 자본화가 자본 자산 포지션 메이킹 과정에 내재된 불확실성을 보상할 수 있을 만큼 충분한 이윤폭으로 투자비용을 초과하여 프로젝트가 테스트를 통과하면, 투자 여부의 결정은 해당 프로젝트에 대한 금융 조건에 따라 결정된다. 이 절의 시작 부분에 간략히 언급한 바와 같이 금융 재원은 세 가지로 구분할 수 있다. 하나는 현재의 운용에 필요하지 않은 현금 보유고나 이에 준하는 자산(재무부 증

---

11 제2차 세계대전 막바지에서 1966년 신용 경색으로 금융 위기가 출현할 때까지의 기간이 상대적 금융 안정기였다는 것은 주목할 만하다. 1971~1974년에 발표된 여러 논문들에서 요겐슨(Jorgenson)과 그의 동료들이 했던 바와 같은 많은 투자에 대한 계량 경제적 연구가 금융시장에서의 상대적 안정기의 데이터를 가지고 수행되었다. 따라서, 조사된 논문과 그들의 결론은 여기에서 제시된 견해에 대한 평가(또는 반박)나 우리 경제를 이해하는 지침으로서 큰 가치가 없다. 다음 문헌을 참조하라. Dale Jorgenson, "Econometric Studies of Investment Behaviour: A Survey," *Journal of Economic Literature* 9, no. 4 (Dec. 1971), pp. 1111–47. Dale Jorgenson, Jerald Hunter, and M. Ishaq Nadiri, "A Comparison of Alternative Econometric Models of Investment Behavior," *Econometrica* 38, no. 2 (March 1970), pp. 187–212, and "The Predictive Performance of Econometric Models of Quarterly Investment Behavior," *Econometrica* 38, no. 2 (March 1970), pp. 213–24.

권, 기업어음 등)이다. 이는 전시 정부가 지출, 투자, 배당 등을 통제하여 기업이 현금과 정부 증권을 축적했던 제2차 세계대전 후 다수 기업들에 존재했던 상황이다. 이러한 상황은 대공황의 여파나 심지어 정부 적자가 이윤 개선을 이끌었음에도 기업 투자가 침체에 빠지는 시기의 경기 침체 여파로 발생하기도 한다. 그 결과는 은행과 기업 유동성 개선으로 나타난다. 앞서 주장한 것처럼, 대공황 후 제1차 세계대전의 유산인 유동적 금융 구조가 소멸되는 데 20년이 걸렸다.

투자 금융의 두 번째 원천은 투자 산출물 생산 과정에서 배당과 세후에 축적되는 총이윤 흐름이다. 이들은 투자 프로젝트에 조달 가능한 내부 자금이다. 부채 원금 상환뿐 아니라 배당, 세금 및 경영 스타일에 따른 분배에 따라 총이윤은 총자본 소득보다 적다. 내부 자금의 흐름에 따른 투자 제약은 일련의 투자 감소와 이로 인한 총이윤 및 국민 소득 감소로 이어진다. 기업별 내부 투자 조달은 오직 기업의 채무에 따른 지불 약정이 소규모이거나 정부가 대규모 재정 적자를 운용함에 따라 이윤이 유지되거나 확장될 때 일관되는데, 이것은 지불 잔고에 따른 경상 수지 흑자 또는 기업 포트폴리오 투자에 조달할 수 있는 잉여 금융 자산이 있다는 것을 의미한다. 이자와 원금 상환이 필요한 부채가 상당할 때, 이윤과 소득의 감소를 막기 위한 부채 유지나 심지어는 이를 증가시키기 위해 외부 금융이 필요하다.

금융의 세 번째 원천은 외부 금융으로 구성된다. 이는 은행 및 여타 금융 중개 기관으로부터 차입하거나 채권 발행 또는 지분 매각으로 획득한다. 투자 및 자본 자산 포지션에 따른 외부 금융 조달은 우리 경제의 두드러진 특징 중 하나다.

투자 프로젝트가 실행 가치가 있는지 여부 결정에는 기대 현금 흐름과 프로젝트 비용이 비교된다. 채권 가격은 투자 프로젝트 비용과 비슷하며, 채권 소유자에게 채권에 따른 이자와 상환 원금은 자본 자산 소유에 따른 기대 현금 흐름과 비슷하다. 채권 소유자에 대한 지불은 아마도 발행자가 지불 의무에 따른 기대 초과 수익으로 보장될 것이다. 채권 소유자에게 안전 한도를 제공하기 위해서는 투자 프로젝트의 기대 순수익이 채권에 따른 이자를 초과해야 한다. 채권 발행으로 투자 프로젝트 자금을 조달하기 위해서는 이처럼 기대되는 투자 소득이 채권에 따른 이자를 초과해야 한다.

앞서 보았듯이, 우리 경제는 다양한 안전 한도를 기반으로 하는 복잡한 대부와 차입 관계로 특징화된다. 내부 자금 대비 외부 금융 비율의 증가는 대부자 및 차입자의 안전 한도가 증가될 것으로 기대되거나 이전의 초과 안전 한도가 유지될 것이라는 기대가 있을 때 가능하다. 이전의 안전 한도가 매우 크다는(혹은 지나치게 작다는) 믿음은 부채 구조에 따른 경험을 반영한다. 결정에 영향을 미치는 안전 한도는 경험에 따라 바뀐다.

일정한 이윤 흐름을 산출할 것으로 기대되는 자본 자산 구매자는 자본 자산 수요 가격을 낮춤으로써, 증가된 부채 금융 의존성이 반영된 채무 불이행 가능성을 상쇄하기 위해 자신의 안전 한도를 증가시킬 수 있다. 차입자 리스크는 자본 자산 수요 가격이 하락하는 시점에 드러난다.[12] 이러한 리스크는 어떠한 금융 비용에도 반영되지 않으며, 채무 불이행 위험이 증가되어 보이는 경우는 오로지 그에 따라 보상받을 수

---

12 비록 차입자의 위험(borrower's risk)과 대부자의 위험(lender's risk)이라는 용어가 케인즈의 일반 이론 (General Theory)에 나와 있기는 하지만, 일반적으로 칼레츠키와 관련된 것으로 인정된다.

3부 경제 이론

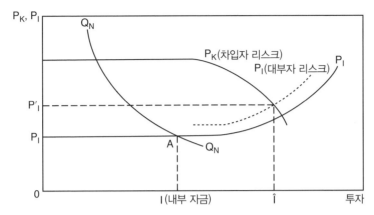

그림 8.3 투자: 내부 자금과 외부 금융의 효과

있는 잠재적 이익이 가치가 있을 때라는 견해를 반영한다.

내부 현금 흐름은 (개별 기업에 대한 투자 및 경제에 대한 투자 모두
에 대해)일정 투자 수준까지 자금을 댈 수 있다. 내부의 기대 현금 흐
름(Q)을 추정하면, 내부 현금 흐름이나 준지대 Q_N이 공식 $P_I Q_I = Q_N$에
따라 가격 P_I와 산출물 I_I와 상관되므로 투자 산출물에 대한 관계는 사
각 쌍곡선 형태로 표현된다(그림 8.3의 $Q_N Q_N$ 참조). 이 사각 쌍곡선과
공급 가격 P_I의 교점은 예상 내부 자금으로 조달 가능한 (내부)투자 I_I
를 산출한다(그림 8.3의 A점).

(내부 자금)I_I를 초과하는 투자 조달을 위해서는 운영에 불필요한 금
융 자산 재고를 줄이거나 외부 금융에 관여할 필요가 있다. 금융 자산
이 줄어들면 자산 구조의 안전 한도가 축소된다. 새로운 보통주가 발
행되면 발행 가격이 매력적이어야 하며, 이는 현재의 주주들이 자신들
의 지분이 희석된다고 여길 수 있음을 의미한다. 만약 부채, 채권 또는
은행이나 단기 시장으로부터의 차입이 사용되면, 미래에 지불해야 할

현금 흐름 약정이 증가하여 경영진과 지분 소유자의 안전 한도를 감소시킨다. 어떤 경우든(즉, 자본 자산의 하락이든, 신주 발행이든, 대출이든) 외부 금융 비중이나 유동성을 감소시키는 금융의 증가로 차입자의 리스크는 증가할 것이다. 이러한 차입자 리스크는 어떠한 객관적 비용에도 반영되지 않지만 자본 자산의 수요 가격을 하락시킨다. 차입자의 리스크 증가가 다양한 포트폴리오 및 수익 변동으로 발생할 수 있음에도, 투자에 영향을 미치는 차입자 리스크에 따라 이러한 금융은 마치 부채 금융처럼 취급될 것이다.

투자재의 공급 일정은 어느 정도의 산출 이후 상승한다. 그러나 대부자 리스크는 기술적 공급 조건과 무관한 자본 자산 공급 조건에 상승 추력으로 작용한다. 이러한 상승 추력은 은행가들이 규정한 금융 조건에 구체적 형태로 나타난다. 대출 및 채권 약정에서 대부자 리스크는 더 높은 이자율, 만기 조건, 그리고 약관 및 부칙에 표시된다. 약관 및 부칙은 배당의 제한, 추가 차입의 제한, 자산 매각의 제한을 조건으로 내걸 수 있으며, 또한 특정 수준의 최소 순자산 유지 조건을 내걸 수도 있다. 본질적으로 약관과 부칙은 경제 단위들이 직면하는 리스크와 불확실성 및 이러한 리스크가 대부자에게 영향을 미치는 방식에 따른 협상을 반영한다. 대부자들이 직면하는 일부 리스크들은 전망 가능한 금리 인상 형태로 나타나지만, 레버리지 증가와 미래 현금 흐름에 대한 확신이 감소함에 따라 이러한 전망 가능한 이자율 인상이 금융 비용 증가에 따른 전체 그림은 아니다.

차입자 리스크를 반영하는 투자 수요 곡선과 대부자 리스크를 포함하는 투자 공급 곡선이 교차하는 지점까지 투자가 진행된다. 이 교차점은 자산의 암묵적 가격을 산출하지만, 결코 관측될 수 없는 가격이다. 그림 8.3에서 투자재의 단위당 관측 가격은 기준치를 다소 초과하거나 산출물의 공급 가격보다 다소 낮은 P'_I이다. 투자 총량 $\hat{I}$에서 $O-I$는 내부 자금, $\hat{I}-I$는 외부 금융이다.

그림 8.3은 전부는 아니지만 우리 경제의 투자 속도와 폭을 결정하는 요소의 일부를 보여준다. 이 요소에는 장기 금융이나 테이크아웃 금융 조건이 자본 자산 수요 가격에 영향을 미치는 방식과 단기 변동 금리가 자본 자산의 기본 공급 가격에 영향을 미치는 방식을 포함하지 않았다. 자본 자산 가격 P_K와 투자 산출물 공급 가격 P_I의 상대적 포지션은 그림 8.3에 설명되지 않았다.

P_K와 P_I가 금리 변동에 어떻게 영향을 받는지에 대한 논의에 앞서, P_K와 P_I에서 점선으로 표시된 차입자 리스크와 대부자 리스크가 투자 속도를 결정하는 **효과적** 요소임을 주지하는 것이 중요하다.

기업가가 지금껏 성공해 왔거나 앞으로의 성공에 자신이 있다면 차입자 리스크는 적고, 점선은 P_K 선에서 거의 떨어지지 않을 것이다. 만일 이전에 약정 이행에 실패한 차입자가 거의 없었다면 대부자 리스크가 약해지고, 그러한 리스크에 따른 투자 공급 곡선의 상승은 상당한 외부 금융이 조달되기 전까지는 나타나지 않을 것이다. 투자의 속도는 차입자 및 대부자 리스크의 변동에 따라 변할 것이다.[13]

투자 결정에 금융 조건이 개입되지 않는 세계에서는 자본 자산의 기술적 생산성과 그 공급 가격이 투자를 결정할 수 있다. 투자의 변동성은 일상적으로 완만한 추세를 띨 것이다. 화폐와 금융은 우리 경제의

---

13 Robert Clower, "An Investigation into the Dynamics of Investment," *American Economic Review* XLIV (March 1954); James G. Witte, Jr., "The Micro Foundations of the Social Investment Function," *Journal of Political Economy* 71 (Oct. 1963).

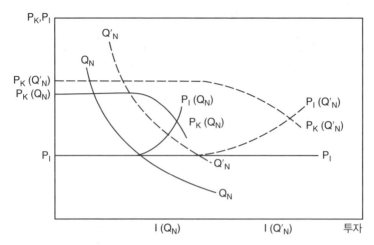

그림 8.4 투자 결정: 내부 및 외부 금융의 대체 배열

어떤 주요 결정에도 개입되지 않을 것이다. 자본주의 금융 기관의 존
재를 수용하는 투자 과정의 공식화formulation만이 오로지 관측된 투자의
불안정성을 설명할 수 있다.[14]

그림 8.4는 기대 현금 흐름에 따른 투자 결정 관계의 다양한 구성을
보여준다. 만약 실제 현금 흐름($Q'_N - Q'_N$)이 기대 현금 흐름 ($Q_N - Q_N$)
을 초과하면, 실제 필요한 외부 금융의 양은 기대보다 작을 것이다. 이
경우, 새로 취득한 자본 자산이 포함된 대차대조표에는 원래 예상보다
부채가 적게 된다. 이렇게 기대 이상으로 괜찮은 대차대조표는 기업과
은행 모두 해당 투자 단위가 사용되지 않은 차입력을 취득한 것으로
보고, 후속 투자에 대한 금융 조건이 다른 경우보다 더 유리해짐을 의

---

[14] 이상적 사회주의 체제 내에서의 투자의 불안정성은 정책 변화를 반영할 것이다. 실제 사회주의 체제
내에서 투자의 불안정성은 집행의 무능력을 반영할 터인데, 이는 관료 조직으로 구성된 사회의 보편
적 속성이기도 하다.

3부 경제 이론

미한다.

반대로 내부 자금 조달을 위한 가용 현금 흐름이 기대에 미치지 못하면 금융, 다시 말해 투자에 대한 $I(Q_N^i)$는 당초 예상보다 더 많은 외부 금융을 필요로 할 것이다. 이러한 상황은 대차대조표 상태가 기대만큼 좋지 않고 추가 투자를 위한 금융 조건들이 까다로워질 것임을 의미한다.

기대치에 대한 준지대의 편차 Q는 투자가 기업 대차대조표뿐 아니라 자본 자산 가격 수준에도 영향을 미친다. 실제 준지대가 기대 이상이면 기대 이익을 넘어선 초과 이윤은 P_K를 증가시켜 P_K와 P_I의 격차가 커진다. 그러면 차입자 리스크 탓에 주어진 기울기에서 각 산출물의 수요 가격은 새로운 P_K로 더 높아진다. 이러한 상황은 내부 자금의 활용 가능성에 비해 투자 수요가 증가한다는 것을 의미한다. 따라서 기대를 초과하는 이윤은 내부 자금 흐름을 개선하고 자본 자산의 (암묵적)가격을 상승시키며 차입자의 외부 금융 조달 의지를 고취시켜 투자 수요를 증가시킨다. 준지대와 자본 자산 수요 가격에 따른 위의 관계는 금융시장 여건이 변하지 않더라도 유지되지만, 금융시장 여건이 변하면 P_K와 P_I에 영향을 미친다.

내부 자금 또는 순자산이 레버리지되는 정도는 금융시장 여건이 투자에 영향을 주는 한 가지 방식이지만 유일한 방식은 아니다. 금융 조건 또한 자본 자산 수요 가격과 투자재 공급 가격에 영향을 미친다. 뿐만 아니라 이 두 가격의 차이는 장단기 금리 수준에 영향을 받는다.

단기 금리는 투자 산출물 공급 가격에 영향을 미친다. 긍정적 잉태 기간을 갖는 모든 산출물에 대해, 공급 가격은 생산 과정 초기 비용에 따른 이자를 허용해야 한다. 만일 잉태 기간이 상당히 길면(그리고 비용의 상당 부분이 생산 과정 초기에 들어간다면), 투자재의 공급 가격은 금융 비용에 상당한 영향을 받을 것이다.

상업 은행들은 기업 활동 단기 금융의 전문가이므로 투자 생산의 금융은 주요한 은행 활동이다. 이러한 유형의 금융은 테이크아웃 금융이나 영구 금융이 이루어져 투자 프로젝트가 진행되기 전까지는 기본적으로 과도기적이다. 그러므로 투자 생산은 은행 금융을 투입물로 활용하고, 그 비용은 자본 자산 공급 가격에 영향을 미친다. 단기 부채로 조달된 항목은 자본 자산이 되는 경로이므로 프로젝트가 끝날 때까지 아무런 가치를 갖지 못한다. 예컨대 반쯤 완공된 발전 설비나 파이프라인같이 부분적으로 완료된 투자는 비탄력적 금융 수요를 낳는다. 게다가 이 비탄력적 수요 곡선은 공급자들이 복합 설비에 따른 구성품들을 공급할 때마다 상승한다.

증가하는 비탄력적 수요는 기존 가격에서의 공급이 무한 탄력적이지 않는 한 가격 상승으로 이어진다. 그러므로 생산의 진행에 따른 금융 투자 측면에서, 은행 체계가 변동 없는 금리로 산출물의 싹을 틔우는 데 어떠한 규모의 투자도 **기꺼이 가능한 경우**에만 무한 탄력적 금융 공급이 존재할 것이다. (은행의 제한적인 자본 기반 및 대내외의 지불 준비금, 그리고 현대의 중앙은행(연준)의 화폐 공급 제한 등의)다양한 이유로 은행의 화폐 공급은 결국에는 무한 탄력성 이하로 떨어진다. 이는 투자에 호의적 조건들이 일정 기간 지속되면 생산의 진행에 따른 투자 금융 비용이 증가한다는 것을 의미한다. 게다가 금융 공급은 정책 결정 또는 은행 및 금융 체계의 내부 과정 탓에 매우 비탄력적으로 될 수 있다. 이는 단기 금리가 급격히 상승할 수도 있음을 의미한다.

이러한 단기 금리 상승은 상당한 잉태 기간을 갖는 투자재 공급 가격의 현저한 상승으로 이어질 것이다. 오늘날의 주식시장에서 단기 금융은 주식이나 채권의 일부 포지션에 자금을 조달하기 위해 이용된다. 이는 상승한 단기적 금리 인상이 장기 금리의 대폭 인상으로 이어져 주식과 채권 가격의 하락으로 이어질 수 있음을 의미한다.

그러나 장단기 금리 상승은 자본 자산 수요 가격 및 투자 공급 가격에 역효과를 미친다. 자본 자산 수요 가격은 장기 금리가 상승하면 하락하고, 투자 산출물 공급 가격은 단기 금리가 상승하면 함께 상승한다. 이는 투자 수요를 유도하는 가격 격차를 감소시키는 경향을 띤다. 만일 금리가 극단적으로 상승하면 자본 자산으로서 투자재의 현재 가치는 투자재 공급 가격 이하로 떨어질 수 있다. 이렇게 현재 가치에서의 역전이 일어나면 투자 활동은 중단될 것이다. 이자율의 급격한 상승이 프로젝트에서의 추정 수익성의 감소와 동반되면 진행 중인 프로젝트는 중단될 것이다.

현재 가치의 역전(실제로 1930년대에 발생하였고, 1974~1975년과 1981~1982년에 매우 제한적인 범위에서 발생하였다)에도 불구하고, 순환적 경기 수축과 팽창이 이러한 극단적 사례에 의존하지 않는다. 자본 자산 가격과 (금융 비용을 포함한)투자 공급 가격 사이의 이윤폭은 금리의 **역으로** 변동하기에 충분하다. 장단기 저금리 정책은 두 가격 사이의 큰 이윤폭으로 이어져 내부 자금 대비 외부 금융 비율의 증가로 이어진다. 이는 투자와 이윤을 증대시켜 자본 자산 포지션에 부채 금융을 도입하려는 의지를 고양시킨다. 그러므로 금융시장이 투자 결정 메커니즘의 일부인 모든 경제에는 강한 **내부 불안정 상호 작용**이 존재한다.

금융 조건의 영향으로 금리와 투자 관계는 음의 기울기를 갖는 함수로 나타낼 수 있다. 수용 가능한 대부자 리스크와 차입자 리스크는 경제 행태와 투자가 수익을 결정하는 방식, 그리고 그에 따라 실현된 외부 금융의 정도에 따라 달라지므로, 음의 기울기를 갖는 금리 대 투자 관계는 부채에 내재된 지불 약정 이행에 따른 경험을 반영하여 이동한다. 금리와 투자의 음의 관계는 자본 자산의 기술 생산성 및 투자재 공급 가격 하락에 따른 단순한 귀결이 아니다. 오히려 이는 기술, 마케팅, 금융의 영향력을 압축적으로 보여준다. 금융 영향력은 불확실성 하의 판단에 크게 영향을 받으므로 만일 금리와 투자율 간 음의 기울기 함수가 논쟁에 사용된다면, 경제 경로가 미래의 우발적 상황에 대한 현재의 관점을 변화시킬 때 이 함수도 이동한다는 것을 인식해야 한다.

제9장
· · · ·
금융 약정과 불안정성

우리 경제가 각기 다른 시간에 각기 다른 방법으로 움직이는 주된 이유는 금융 관행 및 금융 계약 구조가 변하기 때문이다. 금융 관행은 시장 조건과 계약 체결 시 결정되는 기대치를 반영하는 계약에 구체화된 지불 약정을 낳는다. 지불 약정은 시간이 경과하여 만기에 이행되며, 지불에 사용될 수 있는 자금에 대한 지불 약정 관계가 변화하고 금융 약정 복잡성의 진화에 따라 경제 변동의 행태 및 특히 안정성이 변동한다.

1950년대와 1960년대 초에 비해 1970년대와 1980년대의 미국 경제가 더 불안정해졌다는 점에는 의심의 여지가 없다. 1960년대 중반에 경제 안정성에서 분명하며 중요한 변화가 현저하게 드러났다. 견실한 금융 구조(제2차 세계대전의 유산 및 대공황으로 야기된 금융 보수주의 모두 안정성에 기여했다)는 불안정성 경향을 띤 취약한 금융 구조로 이어졌고, 때때로 막 시작될 것처럼 보이는 금융 위기를 차단하기 위해 연준과 협력 당국의 개입이 요구되기도 했다. 금융적 견고성에서 금융적 취약성으로의 이행은 진공 속에서 발생한 것이 아니다. 이러한 변화의 원천은 (이윤을 추구하는 가계와 기업, 그리고 은행가들의 금융 관행 혁신 욕구, 그리고 정부와 중앙은행의 입법 및 행정적 개입 등)일군의 특정 제도와 법규들 속에서 금융 혁신가들에게 열려 있는 이윤 기회에서 찾을 수 있다.

활동에 따른 금융은 금융 약정이라는 잔여물을 낳는다. 투자는 총생산, 소득 분배, 생산 능력에 영향을 미칠 뿐 아니라, 자본주의 경제의 금융 구조에 잔재를 남긴다. 더욱이, 승계된 자본 자산 재고 포지션은 대차대조표의 부채 변에 산입되는 방식으로 자금 조달된다. 자본 자산 보유를 위한 금융에 사용되는 부채 구조는 변동하며, 이는 결국 금융 관계 구조 및 지불 약정에 영향을 미친다. 합병, 경영권 인수, 기업 인수는 경제의 총생산이나 생산 용량의 변화 없이 부채 구조를 변화시킨다.[1]

이윤은 상품, 생산 기술, 그리고 마케팅에서의 혁신가뿐 아니라 금융 구조 및 제도의 혁신가에게도 유용하다. 대부자와 차입자로서의 금융 혁신가들은 거대한 부를 축적하였다. 은행, 기타 금융 기관, 기업, 그리고 가계들은 언제나 활동에 금융을 조달할 새로운 방법을 찾고 있다. 성공적인 금융 혁신가들은 부로 보상받고, 모방자들로부터 추앙받는다. 일단 혁신이 성공적으로 입증되면 급속히 확산된다. 금융 혁

---

1 인수 합병에서 월스트리트 중개인의 소득은 국민소득 및 생산의 일부이다. 그러므로 위의 의미는 명확하지만, 기술적으로 정확하지는 않다. 우리 경제의 유형에는 인수 합병이라고 불리는 독특한 산출물이 있다. 국민소득 계정에서 이러한 산출물의 가치는 인수 합병의 가능성에 따라 발생한 기업의 특별 비용일 뿐 아니라 로펌과 월스트리트의 전문가들에 대한 수수료라 할 수 있다. 1980년대의 '황금 낙하산(golden parachutes)'은 소득에 대한 표준적 경제관과 연관 짓기 어려운 '소득'을 낳았다.

3부 경제 이론

신은 거의 몇몇 아이디어의 응용이며, 모방을 제약하는 어떠한 특허도 없기 때문이다.[2]

금융시장 관행 및 제도 변화의 원천인 정부는 중앙은행과 같은 권위 있는 기관이나 당국의 입법과 법령 또는 개입을 통해 운영된다. 정부는 금융 동향 및 금융 구조 규범에 영향을 미친다. 입법, 법령 그리고 개입은 규제자들 및 사법 인텔리들에 의해 유지되는 금융 제도와 수단이 경제에 어떤 영향을 끼치는지에 대한 관점을 반영한다. 터무니없는 거의 모든 특혜 법제와 규제의 이면에는 시장이 어떻게 행동하고 이들이 경제에 어떠한 영향을 끼치고, 따라서 공익에 어떤 도움이 될 것인지에 대한 일부 이론이 자리 잡고 있다. 루즈벨트 시대의 개혁과 1970년대 후반과 1980년대의 규제 완화 열풍 같은 입법적 변화들은 이러한 일부 이론을 반영한다. 이론이 경제의 행동 방식과 상충되면, 개혁은 도움이 되기보다 아마 큰 손해를 끼칠지도 모른다.[3]

만약 시간의 경과에 따라 경제 행태가 변한다면, 특정 입법의 지적 기반은 훼손될 수 있다. 바로 그때 입법과 제도, 그리고 그에 따라 만들어진 관행들은 합리성을 상실할 것이다. 따라서 규제 금융 구조는 1929~1933년의 금융 붕괴로 합리화되었고, 규제 완화 열풍은 전면적 금융 붕괴 없이 오랜 기간이 지난 1970년대와 1980년대에 일어났다.

---

2   다음 문헌에 화폐 시장 혁신에 대한 더 자세한 결과들이 있다. Hyman Minsky, "Central Banking and Money Market Changes," *Quarterly Journal of Economics* (May 1957); Hyman Minsky, *Can "IT" Happen Again? Essays on Instability & Finance* (Armonk, N.Y.: M. E. Sharpe & Co., 1982). Hyman Minsky, "Financial Intermediation in the Money and Capital Market," in G. Pontecorov, R. P. Shay, A. G. Hart, *Issues in Banking and Monetary Analysis* (New York: Holt Rinehart & Winston, Inc., 1967), pp. 33–56

3   규제 완화에 대한 움직임은 다음 문헌에서 찾아볼 수 있다. Thomas F. Cargill and Gillian C. Garcia, *Financial Deregulation and Monetary Control* (Stanford: Hoover Institution Press, 1982)

금융 약정이 경제에 어떻게 영향을 미치는지 분석하기 위해서는 현금 흐름의 관점에서 경제 단위를 검토할 필요가 있다. 현금 흐름 접근 방식은 모든 단위(가계, 기업, 지방 정부, 혹은 중앙 정부)를 마치 은행인 것처럼 분석한다.

전통적인 은행업 관련 문헌들은 은행가들이 유동성과 지불 능력을 갖출 필요성을 강조했고, 이는 상업 대출의 자기 변제성을 강조함으로써 달성되어야 했다. 이와 같은 방식으로 사업 매출로부터의 현금 흐름은 은행에 대한 지불로 이어질 수 있고, 지불은 은행의 유동성과 지불 능력을 보장할 것이다. 마찬가지 방식으로 보통의 기업들에게도 유동성과 지불 능력이 요구되는데, 이것은 부채에 대한 지불 약정이 실현된 현금 흐름 및 기대 현금 흐름에 따라 주어진 한도 내에 있어야 한다는 것을 의미한다.

1970년대와 1980년대 초에 표면화된 문제들 중 일부는 (때때로 위반하기도 했지만)초기에 보편적으로 수용되었던, 은행과 기업들의 신중한 운영을 위한 교과서적 규칙들을 등한시하거나 무시한 데서 그 원인을 찾을 수 있다. 최근 몇 년간, 대형 은행과 다양한 은행 당국의 관리로부터 종종 전통적 지혜를 간과해 왔고, 이러한 경향은 특히 1970년의 리츠 사태, 1970년대 후반의 헌트바쉬Hunt-Bache 사태, 그리고 1980년대 국제 금융에서 드러난 대형 은행들의 행태에서 뚜렷이 드러났다. 이렇게 간과된 데에는 대규모 도산을 막기 위해 재무부, 연준, 그리고 여타 정부기관들이 구제 금융을 제공할 것이라는 대형 은행들의 믿음이 일부 자리 잡았기 때문이었다. 1970년대와 1980년대 초의 경험은 대형 금융 기관은 보호될 것이라는 이러한 믿음을 입증하였다. 수십억 달러 규모 은행의 경영진은 당국이 항상 자신들을 건실하게 만들어

주는 조치를 시행할 것이라고 가정하는데, 일단 당국이 이러한 가정을 입증해주면 은행가들은 구제 금융 안전망의 존재를 고려하여 움직일 것이다.[4]

하지만 긴급 구제와 같은 방식으로 감싸주는 데에도 반향은 있기 마련이다. 은행가들에 대한 보호와 구제 금융은 이후의 경제 실적에 영향을 미친다. 자신들의 행태로 존폐의 위기에 놓인 금융 기관을 보호하기 위한 개입은 1966년의 신용 경색에서 시작하여 다양한 기간에 걸쳐 금융 위기와 인플레이션 가속화 사이에서 변동을 거듭하는 경제를 만들어냈다. 대형 은행의 실패에 따른 미지의 결과를 두려워하는 당국은 그들이 위험에 빠졌을 때 방어를 위해 개입하고, 이러한 조치는 자유 시장의 불개입 원칙에 맡겨 두기에는 대형 은행들이 과도하게 크다는 것을 의미한다.

지난 10년 반뿐 아니라 한 세기 반 동안 관찰된 불안정성의 한 가지 원인은 산업화 및 산업화된 경제의 금융적 요구에 있다. 외부 혹은 은행가의 금융은 더 이상 상업 및 재고 자산에 한해, 또는 대개 이들을 위주로 한 자금 조달에만 한정되지는 않으며, 장기 수명의 자본 자산에 대한 투자와 소유는 또한 외부 금융을 필요로 한다. 이는 부채에 기초한 약정 지불과 운용에서 나오는 수령액 사이의 동기화 결핍이 단기 부채로 자금 조달되는 장기 수명 자산의 포지션 때문에 은행가—기업 관계에 포함될 수 있다는 것을 의미한다.

---

4 당국이 '열린' 실패를 막기 위해 대규모 개입한 시카고 컨티넨탈일리노이은행의 실질적 실패는 금융 당국이 명시적인 은행 실패를 막기 위해 준비하고 기꺼이 시행했던 특별한 기간을 보여 주었다. 거의 2년 이상 진행되었던 컨티넨탈일리노이의 '실패'에서 예금자들이 예금의 규모에 상관없이 보호받는 동안 주주, 감독자, 경영진, 및 몇몇 직원들이 처벌을 받았을 뿐이다.

자본주의는 자본 자산이 싸고 단순할 때 가장 잘 작동할 것이다. 불안정성은 생산이 더 자본 집약적이고 투자재의 상대적 비용 및 잉태 기간이 길어질수록 악화된다. 그 이유는 이와 같은 자본주의 경제에서 채무자가 생산 소득에서 파생된 현금이 아니라, 또 다른 채무 발행으로 얻은 현금으로 상환하는 금융 상황이 나타날 가능성이 높기 때문이다. 우리는 경제의 안정을 위해, 부채의 영향과 누구나 그 존재를 알고 있는 금융 구조의 외부 금융을 살펴봐야 한다.

현금 흐름의 분류

현금 흐름의 기본 유형은 소득, 대차대조표, 그리고 포트폴리오 등 세 가지로 분류할 수 있다.[5] (임금, 공공 및 민간 영역에서 생산과 거래의 한 단계에서 다른 단계로의 지불, 기업의 세후 총이윤 등)소득 현금 흐름은 생산 과정에서 비롯된다. 실제로 화폐는 소득 순환을 따라 이동하며, 여기서 정의하는 소득 순환이란 한 기업에서 다른 기업으로 판매되는 부분적으로 완성된 제품에 대한 모든 지불을 포함하는 것으로 산출물의 최종 판매에서 발생하는 지불에만 국한되지 않는다.[6]

---

[5] 현금 흐름 유형의 분류와 경제 안정성에 대한 현금 흐름 유형의 관계는 수년에 걸쳐 발전하였다. 다음을 참조하라. Hyman Minsky, "Financial Instability Revisited: The Economic of Disaster," Board of Governors, Federal Reserve System, *Fundamental Reappraisal of the Federal Reserve Discount Mechanism* (Washington, D. C., 1972); Hyman P. Minsky, *Can "IT" Happen Again? Essays on Instability & Finance*, op. cit. Hyman P. Minsky, "The Modelling of Financial Instability: An Introduction," *Modelling and Simulation*, vol. 5, Proceeding of the Fifth Annual Pittsburgh Conference (Pittsburgh: Instrument Society of America, 1974)

[6] Frank. H. Knight, "Social Economic Organization," *Syllabus and Selected Readings for the First Year*

게다가, 현금 흐름은 기존의 승계된 부채에 따라 의무화된다. 원리금 모두에 해당하는 현금 흐름은 채무 상품인 계약을 확인함으로써 결정된다. 이러한 현금 흐름을 대차대조표 현금 흐름이라고 하는데, 금융 상품의 기간이 짧을수록 부채의 달러당 흐름인 대차대조표 현금이 더 커진다.

현금 흐름의 세 번째는 포트폴리오 현금 흐름이다. 이는 자본 자산 및 금융 자산의 소유가 바뀌는 거래의 결과다. 이러한 현금 흐름은 자산의 취득이나 매각을 위한 결정, 혹은 순환 과정에 새로운 부채가 산입되는 결정의 결과다. 어떤 기간의 포트폴리오 현금 흐름은 기존 계약의 결과이다. 특히 투자 산출물의 생산 완료와 투자 산출물이 자본 자산으로 탈바꿈하는 과정에서 나오는 현금 흐름이 여기에 해당된다.

투자에 연관된 현금 흐름에는 비대칭성이 존재한다. 투자재 생산자의 현금 수령액은 소득 계정 현금 흐름으로, 투자재 판매 가격은 생산에 따른 임금, 금융 비용 및 재료비를 회수한다. 그러나 투자재 구매자의 거래는 포트폴리오 거래로, 여기서 새롭게 생산된 투자재는 자본 자산이나 경제성 자산 재고로 취득할 수 있는 금융 상품과 같다. 이와 같은 비대칭성은 생산 의사결정에 미래가 개입하는 한 가지 방식을 반영한다. 즉 투자재는 생산이나 거래에서 생산 원가를 검증하는 데 사용되는 충분히 큰 현금 흐름을 창출할 것으로 기대되므로 자본 자산 재고에 동화된다.

대차대조표 현금 흐름을 상환기일부 현금 흐름, 요구불 현금 흐름,

Course in the Social Sciences, 2d ed. (Chicago: University of Chicago Press, 1933); George J. Stigler, *The Theory of Price*, rev. ed. (New York: Macmillan, 1952), chapter 1.

조건부 현금 흐름의 세 가지 유형으로 구분하는 것도 한편으로 유용하다. 상환기일부 현금 흐름은 이해가 쉽다. 자동차 할부 구매 계약이나 주택 담보 대출은 약정 금액을 매달 지불해야 한다. 월정 지불은 현금 지불 약정이다.

이러한 합의는 명백히 내일의 화폐(일련의 월정 지불금 총액)를 위한 오늘의 화폐(조달된 구매 총액) 거래에서 비롯되었다. 만약 일련의 월정 지불금 총액을 계약 당일로 돌아가 약정 금리로 할인하면, 지불 약정의 현재 가치는 대부자가 오늘 지급한 현금과 같다.

대출을 받아 집이나 차를 구입해 본 사람이면 누구나 계약이 이자와 원금 상환으로 나뉘어 있다는 것을 안다. 이것을 아는 것은 소득세 관련 사항과 만기 전에 중도 상환해야 하는 경우에 매우 중요하다. 그러므로 이렇게 관행적인 완전 분할 상환 약정의 각 기일에 미지불 원금의 계약상 가치가 존재한다. 약정에 따라 여전히 지불해야 하는 금액을 약정된 이자율로 계산하여 자본화하면, 잔여 지불금의 가치는 (계약서에 선납에 따른 가산금 조항이 없는 한)미지불 금액에 따른 계약상 명시된 금액과 같다.

만약 어느 시점의 시장 이자율이 계약서에 명기된 최초 금리와 다르면, 시장 금리에 따른 잔여 지불금의 자본화 가치는 계약에 명시된 원금과 다를 것이다. 자본화 가치는 시장 금리가 초기 약정 금리보다 낮으면 더 높아지고 시장 금리가 높으면 낮아질 것이다. 시장 금리와 기대되는 조건부 계약상 수익의 자본화 가치 사이의 반비례 관계는 자본주의 금융을 이해하는 근간이다.

상환기일부 금융 약정은 할인 어음과 채권 두 유형으로 분류할 수 있다. 할인 어음의 경우, 차입자는 특정일에 특정 금액을 지불하기로 합의하고, 상환하기로 약정한 금액에 대해 일정 비율 할인된 금액을 지급받는다. 할인은 발생주의 회계에 나타나므로 특별 금리가 적용되며, 발생주의 회계는 예상컨대 차입으로 이자와 배당을 위한 자금을 취득하는 비사기적 폰지 금융[7]에 필수적이다. 가장 널리 알려진 할인 상품은 재무성 채권이다. 일반적으로 단기성 채권인 할인 채권은 지정된 기일에 한 번의 지급으로 원리금이 상환된다. 1970년대와 1980년대에 사기업들은 만기가 길어 할인율이 높은 부채에 대한 제로 쿠폰zero coupon 실험을 시도했다.

보다 전통적인 유형의 계약이 채권이다. 예컨대 25년간 매년 100달러를 지불하고 만기에 1,000달러를 지불하는 채권이 있다고 하자. 이 채권 가격은 현행 금리 10%를 웃돌거나 밑도는지에 따라 오르내릴 것이다.

앞서 설명한 예는 상환기일부 계약이다. 추가로 우리 경제에는 예측할 수 없는 기간을 가지는 금융 계약이 존재하는데, 이를 요구불 계약이라고 한다. 가장 중요한 요구불 계약은 상업 은행 및 저축 은행과 같은 예금 취급 기관의 예금이다. 특히 중요한 예금은 수표 발행 목적의 예금으로, 이것은 현행 활동에 따른 지출을 용이하게 해주고, 한 은행에서 다른 은행으로 이전하거나 다른 자산으로 교환된다. 예금은 우리

---

7 Donald H. Dunn, *Ponzi!* (New York: McGraw-Hill, 1975)는 꽤 괜찮은 상황에서 매우 자주 행해지는 '무책임한' 금융의 느낌을 어느 정도 포착하는 사건을 다룬 소설이다. 이자의 자본화를 수반하는 금융 관계에 폰지(Ponzi)라는 용어를 사용한 것은 원래 내가 사물을 서술하는 방식에 고정관념이 된 농담이었다. 이는 아래의 골드스미스 책이 취하는 바와 같은 '선동'을 의도한 것은 아니다. 이에 대해서는 다음을 참조하라. Raymond Goldsmith in C.P. Kindleberger and J. P. Laffaugue, *Financial Crises Theory History and Policy* (Cambridge: Cambridge University Press, 1982), p. 43. 헤지, 투기, 폰지 금융에 대한 대체 용어는 다음을 참조하라. P. Davidson, *Money and the Real World* (New York: John Wiley and Sons, 1972).

경제의 주요한 현금 양식이다.

요구불 예금은 단기 금융 상품으로 간주될 수 있다. 통상적으로 지불 요구는 다른 부분으로의 예금 이체로 수행된다. 예금을 발행하는 은행이 한 곳만 있다면, 요구에 따른 이러한 문제는 발생하지 않을 것이다. 하지만 많은 은행이 존재하는 경제에서 지불은 일반적으로 은행 간 자산 이전으로 이어진다. 잘 작동하는 은행 체계에서 은행들이 상호간 지불에 사용되는, 합의에 기초한 은행권[bankers' money, 또는 신용화폐]이 있으며, 은행들이 자신들의 자산을 은행권으로 교환할 수 있는 협정이 있다. 금은 한때 은행권으로 기능했었고, 현대 은행에서는 중앙은행(또는 중앙은행을 대리하는 은행) 예치금이 이러한 기능을 제공한다. 그 협정은 금융시장으로 형성되며 중앙은행 대부 기능으로의 접근 방식을 취한다.

세 번째 금융 상품은 조건부 또는 우발적 청구권을 포함한다. 일련의 조건부 청구권은 어음에 대한 제3자 보증으로 발생한다. 정부가 보증한 록히드와 크라이슬러의 대출, 뉴욕 주의 보증 채권, 모기지에 대한 연방주택대부은행의 보증, 그리고 은행의 동의는 보증에 따른 조건부 청구권을 보여주는 사례들이다.

한편, 생명보험, 책임보험 및 손해보험과 기업의 보통주는 조건부 청구권을 수반하지만 보증에 의해 규정된 청구권과는 다르다. 예를 들어, 보통주 주주들의 조건부 청구권은 수익에 비례하는 배당, 또는 기업 매각이나 청산 시 기업 가치에 비례하는 배당이다. 따라서 보통주의 가치는 부채에 따른 약정 조건의 지불 후 기업에 남는 현금 흐름의 기대 경로와 밀접하게 연관된다.

채무자가 어떤 미지불 채무를 상환하지 않으면 모든 미지불 채무가 만기가 된다는 점에서 상환기일부 채권 계약에는 특별한 유형의 조건부 청구권이 존재한다. 이 조항은 장기 부채 보유자의 권리를 보호하기 위해 설계된 것이다. 만약 이러한 조항이 존재하지 않는다면 자산 가치를 초과하는 채무를 가진 조직의 자산은 장기 채무가 만기가 되기도 전에 소멸되고 말 것이다.

금융 불안정성은 경제에서 소득, 대차대조표, 그리고 포트폴리오 현금 흐름의 상대적 중요성과 연관되어 있다. (임금 및 급여, 그리고 최종 상품 및 중간 상품에 대한 지불 등)소득 현금 흐름은 대차대조표와 포트폴리오 현금 흐름이 유지되는 기반이다. 만약 실현 소득 및 기대 소득 현금 흐름이 미지불 부채에 대한 모든 지불 약정을 충분히 충족시킨다면, 헤지 금융이 관여될 것이다. 그러나 어떤 단위의 대차대조표 현금 흐름이 기대 소득보다 클 수도 있으므로, 이를 충족하는 유일한 방법은 상환을 연장하거나, 심지어는 부채를 늘리는 방법뿐이다. 상환 연장 방식은 투기 금융에 관여하는 것이고, 부채를 갚기 위해 부채를 증가시키는 방식은 폰지 금융에 관여하는 것이다. 따라서 투기 금융 및 폰지 금융 단위는 자신들의 지불 약정 이행을 위한 포트폴리오 거래(자산이나 부채의 매각)에 관여할 필요가 있다. 반면 헤지 금융 단위는 포트폴리오 거래 없이 부채에 따른 지불 약정을 이행할 수 있다. 물론 헤지 금융 단위가 자산 취득을 위한 포트폴리오 거래에 관여할 수도 있지만, 이는 사업 전략일 뿐 만기 지불 약정에 따른 소득 현금 흐름 결핍의 결과는 아니다.

계약 체결 시 기업 및 은행은 지불 약정 이행 및 사업 유지를 위한 상환 연장이나 부채 확대의 필요성을 예상했을 수 있다는 점에 주목하는 것은 중요하다. 그러나 헤지 금융 단위는 의무 이행을 위해 금융시장 조건에 의존하지 않는 반면, 투기 금융과 폰지 금융 단위는 금융시장 조건에 의존한다. 경제에서 소득, 대차대조표, 그리고 포트폴리오 지불의 상대적 비중은 금융 체계 붕괴에 따른 민감도를 결정한다. 대차대조표 약정 이행을 충족시키는 데 소득 현금 흐름이 지배적인 경제는 금융 위기의 영향을 상대적으로 덜 받는, 금융적으로 견실한 경제다. 대차대조표 지불을 만드는 수단을 획득하는 데 포트폴리오 거래가 광범위하게 사용되는 경제는 쉽게 위기로 이어질 수 있다. 이러한 경제는 적어도 금융적으로 취약하다.

운용 및 부채로부터의 현금 흐름

경제 단위들의 현금 수령액에 따른 기대는 자신들의 운용 및 금융 자산에 기초한다. 자본 자산 소유권을 가치 있게 만드는 것은 바로 사업에서 벌어들이는 현금 수입이다. 월스트리트의 관점에서 자본 자산은 물리적 측면에서의 생산성 때문이 아니라 이윤을 창출하기 때문에 가치를 가진다. 월스트리트의 관점에서 보잉 747기의 좌석 수와 운항 능력에 따른 기술적 역량은 부차적이다. 중요한 것은 특정 시장과 특정 경제 상황에서 747기를 수익성 있게 운용할 수 있는 조직의 능력이다. 마찬가지로, 원자력발전소가 전기를 생산하는지, 환경에 어떤 영향을 끼치는지, 혹은 안전성 여부는 월스트리트의 시각에서 중요한 문제가 아니다. 중요한 것은 기대 비용 및 기대 수입의 계산이다. 논의된 바와 같이, 우리 경제에서 기업 지배하에 있는 일련의 자본 자산에서 기대되는 미래 수익성은 자본 자산의 소유와 생산에 대한 자금 공급 여부를 결정하므로 투자 결정에 매우 중요하다.

자본 자산이 이윤을 창출하므로 가치를 갖는다는 명제가 참이라면, 자본 자산의 시장 가격은 미래 이윤에 대한 현재의 기대와 기대 이윤이 현재 가치로 전환되는 방식에 따라 달라진다. 그러나 자본 자산으로 활용될 수 있는 미래 소득의 자본화뿐 아니라 생산 과정에서 기존 자본 자산을 대체하는 투자재의 공급 가격과 자본 자산의 원래 구입 가격에서 감가상각된 장부 가격 두 가지가 추가된다.

이 세 가지 방식 중 장부 가격은 대개 회계와 조세의 개념이다. 자본 자산이 유효한 소득을 창출하지 않는다면, 자본 자산 비용이 과거에 어땠는지 감가상각 후 현재 장부 가치가 얼마인지는 별로 중요하지 않다. 월스트리트의 관점에서 만약 일군의 자본 자산들이 현재 또는 미래의 소유자들에게 이윤을 창출할 수 없다면 더 이상 가치가 없다. 회계 관행이 창의적이고 기업들이 서로 다른 유형을 복합적으로 조합하여 운용하는 세계에서 자본 자산의 장부 가격은 생산에 따르는 자본 자산의 가치와 그다지 관계가 없을 수 있다.

최근 생산된 자본 자산의 비용(투자 산출물의 공급 비용)은 경제 행태를 결정짓는 중요한 요소다. 투자 산출물의 구매자는 이윤이 있을 것이라고 믿는다(그리고 기존 자본 자산의 가치는 정확히 이와 같은 사고의 결과이다). 미래 기대 수익이 자본화되고 투자재 가격보다 더 큰 자본 자산 재고 항목의 가치가 창출되면, 투자재는 타당한 생산을 보증하는 자본 자산으로서 충분한 이윤을 창출할 것으로 기대된다. 투자 산출물의 구매 내지 비구매 결정은 자본 자산 가치와 투자 산출물 공급 가격 간 관계에 기초한다.

기업이 수집한 일군의 자본 자산이 산출할 것이라고 기대하는 현금 흐름을 준지대라고 한다.[8] 마셜과 케인즈가 사용한 것처럼, 이 개념은 생산된 자본 자산 재고 항목의 수익을 (꼭 같지는 않지만)지대와 비슷하게 생각할 수 있다. 리카르도에 따르면 생산에서 토지는 근원적이고 파괴할 수 없는 자연의 선물이며, 지대는 생산에 따른 이러한 서비스의 가치다. 하지만 자본 자산은 생산 가능하고 사용되는 동안에 소모된다는 점에서 리카르도의 토지 개념과는 다르다.

채무 구조를 가진 기업은 영업을 통해 준지대를 얻어 채권자들에게 지불하는 현금 흐름을 만드는 기계로 간주할 수 있다. (원리금에 따른) 지불 약정은 특히 기한이 정해져 있는 경우 계약으로 특정되어 공개되지만, 준지대는 본질적으로 확정적이지 않고 주관적이다. 약정은 현재 화폐 대 미래 화폐의 금융 계약 결과다. 현재 화폐는 자산 취득에 따른 자금이나 활동에 따른 자금을 조달하기 위해 획득된다. 자금이 조달된 자산들은 구매하여 생산에 사용하는 고정 자본재, 원재료 및 부분 가공된 재화다. 생산에서 고가의 장기 연한 자본 자산 사용의 유효성(혹은 비유효성)은 수입과 현재 생산원가 사이에 성취되는(혹은 성취되지 않는) 이윤폭에 따라 결정된다.

앞서 기술한 은행업 관행에서 상업 은행 대출은 자기 변제를 가정했다. 이는 대출금이 특정 재화의 취득에 사용되고, 이렇게 (가공이나 운송 과정 유무에 상관없이)구매된 재화의 판매는 부채 상환 자금을 만들기 위한 것이었다. 이 말은 잘 정의된 거래가 완료되면 지불 수단이 제공된다는 의미에서, 대출 시 약정 이행을 위한 현금 흐름이 명백히

---

8 준지대는 세금 청구에 따라 조정한 지출 비용을 차감한 수입이다. 준지대와 자본 자산 가격에 대한 논의는 부록 A를 참조하라.

가시화되었다는 것을 의미했다. 게다가, 이런 거래는 곧바로 이루어졌다. 은행이 이러한 자기 변제 대출을 전문적으로 취급한 것은 좋은 사업 관행이었다. 특히, 유능한 은행가라면 자신에게 차입한 고객들이 부채를 상환하기 위해 자금을 어떻게 운용해야 되는지에 대한 명백한 전망을 갖고 있다.[9]

상업상의 재화에 따른 자금 조달을 위해 금융 약정이 이루어지는 체계에서 유통 채널을 통한 재화의 이동은 부채에 따른 원리금을 모두 상환할 수 있는 현금을 생성한다. 채무 상환은 소득의 흐름과 밀접하게 연결되어 있다. 금융 약정이 영속적 자본 자산에 대한 자금 조달을 이유로 하는 체계에서 단기 현금 흐름은 자본 자산 가치에 비해 상대적으로 적은 총이윤을 창출한다. 금융 계약이 장기적으로 자본 자산이 지대를 산출할 것으로 기대되는 기간까지 연장되지 않는 한, 계약은 경제가 정상적으로 작동하는 것으로는 그 약정을 이행할 현금을 산출하지 못한다. 이러한 환경에서 지불 약정은 소득과 포트폴리오 현금 흐름을 더함으로써만 이행될 수 있을 것이다. 특히, 적어도 만기가 도래한 채무의 일부는 새로운 채무를 얻어 대체할 것이다.

헤지 금융, 투기 금융, 그리고 폰지 금융

차입자와 대부자 모두의 안전 한도에 기반한 차입과 대부로 특징화되

---

9 아래의 문헌은 은행의 상업 대출 이론 및 이와 관련한 실어음 원칙(real-bill doctrine)에 대한 명확한 진술이자 비평이다. Lloyd W. Mints, *A History of Banking Theory in Great Britain and the United States* (Chicago: University of Chicago Press, 1945)

는 우리 경제에서, 생산에 사용되어 현금 흐름 창출이 기대되는 기업 자본 자산 포지션은 지분과 부채의 조합으로 조달된다. 마찬가지로 상업 은행, 보험회사, 저축 은행 등이 소유한 금융 상품들의 포지션은 자본과 잉여금, 부채의 조합으로 조달된다. 금융 기관의 부채는 요구불 예금, 정기 예금, 해약 환급금 등이 있을 것이다. 금융 자산은 계약에 명기된 바에 따른 현금 흐름이 창출될 것으로 기대된다.

우리 체계의 금융 구조에서 볼 수 있는 자산 포지션에 따른 금융에는 헤지 금융, 투기 금융, 그리고 폰지 금융의 세 가지 유형이 있다. 이들 금융 체계들은 자본 자산으로 취득한 준지대나 보유 금융 상품의 계약상 의무에 따른 현금 지불 약정 및 기대 현금 수입 간 관계성의 차이로 특징화된다.

헤지 금융 단위들과 (자신들이 해당 금융 자산을 소유하고 있건 그렇지 않건 간에 금융을 주선하는)은행가들은 자본 자산 운용이나 금융 계약 소유로부터 현재 및 미래의 지불 약정 이행에 충분한 정도 이상의 현금 흐름을 예상한다. 결과적으로 헤지 금융은 대규모 수요의 부채를 가질 수 없다. 그 우발성이 보험 통계와 같이 잘 알려진 통계 법칙을 따르지 않는 한, 조건부 부채는 헤지 금융 부채의 상당 부분을 차지할 수 없다. 따라서 상업 은행은 헤지 금융 단위가 될 수 없다.

투기 금융 단위와 해당 은행가들은 자본 자산 운용이나 금융 계약 소유에서 나오는 현금 흐름이 단기간에는 어느 정도 약정 지불금 이하가 될 것으로 예상한다. 하지만 현금 수입 및 지불이 (예컨대, 완전 분할 상환 주택 담보 대출에 따른 월 지불액처럼)소득과 원금의 상환으로 분리되어 있다고 가정하면, 기대 소득에 따른 수입금은 매 기간의 지불 약정에 대한 소득(이자)을 초과한다. 현금 흐름의 부족은 이 기간 동안의 원금 계정의 수입금보다 더 많은 현금을 지불하는 약정 때문에 발생한다. 투기 금융은 만기 부채 청산을 수반한다.

투기 금융 단위(그리고 해당 은행가)들은 장부상 현재 부채에 따른 당기 현금 지불 약정을 초과하는 차후의 현금 수령을 기대한다. 투기 금융은 장기 포지션의 단기 금융을 수반한다. 상업 은행들은 전형적인 투기 금융 기관이다. 헤지 금융 단위는 소득이 하락하면 투기 금융 단위가 될 수 있고, 투기 금융 단위들은 소득이 급증하거나 부채가 '자금화'되면 헤지 금융 단위가 된다.[10]

폰지 금융 단위들은 단기적으로 현금 지불 약정이 보유 자산 계정에서의 현금 기대 수입을 초과하므로 투기 금융과 비슷하다. 그러나 적어도 특정의 단기간에는 소득 계정의 현금 지불 약정이 소득 계정의 현금 기대 수입을 초과할 수 있다. 투기 금융 단위들의 단기 현금 흐름에서 금융 비용은 미지불 부채를 증가시키지 않지만, 폰지 금융 단위들의 금융 비용은 소득보다 더 커서 미지불 부채의 액면가가 증가한다. 폰지 금융 단위들은 자신들의 부채 구조에 이자를 자본화한다.

투기 금융 및 폰지 금융에 관여하는 채무자들과 은행가들은 리파이낸싱, 부채 확대, 또는 불필요한 금융 자산 감축으로 채무에 따른 지불 약정 이행을 기대한다. 헤지 금융 단위들은 현금 수입이 부족한 경우에만 미지불 금융 약정 이행에 곤란을 겪는 반면, 투기 금융과 폰지 금융 단위들은 금융시장 전개에 취약하다. 투기 금융 및 폰지 금융 단위들은 변화하는 금융시장 조건에 직면해야 하지만, 헤지 금융 단위들은

---

10 파산은 투기 금융 단위와 폰지 금융 단위로 하여금 헤지 금융과 투기 금융 단위로 전환시키는 한 방법이다.

이러한 변화에 영향을 받지 않는다.[11]

폰지 금융은 속임수를 쓰려는 의도가 아니더라도 종종 주변부 금융이나 사기 금융 관행에 연루된다. 투자 상환을 위해 차입하고 소득을 누적하는 이자와 배당 지급 단위는 다양한 폰지 금융에 관여한다. 투기적 금융 협정은 이자나 기타 비용 증가 또는 소득 부족에 따라 폰지 금융 계획으로 전환될 수 있다.[12] 반면, 수익성이 좋거나 비용, 특히 금리가 하락하면 폰지 금융은 투기 금융으로 전환될 수 있다. 지불에 따른 시간 패턴을 바꾸는 리파이낸싱은 단위의 대차대조표 상태를 변경시킬 수 있다.

채무 재조정은 주로 투기 금융을 헤지 금융으로 바꾸려는 노력의 일환이며, 대부자에 의한 금융 조건의 합의는 폰지 금융 단위를 투기 금융 단위로 바꾸려는 노력의 일환으로 이루어질 수 있다. 크라이슬러, 뉴욕시, 볼드윈, 그리고 브라질 등의 경우와 같이 지난 10년간 이루어진 리파이낸싱 및 채무 재조정은 특정 조직의 금융을 금융 관계 스펙트럼상 헤지 금융으로 전환하려는 노력이었다.

금융 유형의 비중

헤지 금융 협정은 자본 자산으로 얻은 준지대가 기대 수준 이하로 떨어지지 않는 한, 계약상의 약정을 이행할 수 있는 협정이다. 헤지 금융 단위들은 대차대조표 지불 약정이 금융시장의 전개에 직접 영향을 받

---

11 이 기준에 따라, 변동 금리로 차입한 사람들은 그 금리가 헤지 금융에 관여하는 일반적 금리라 하더라도 투기 금융의 일부에 관여하는 것이라 할 수 있다.

12 1980년대 초 보편적 부실로 옮겨갈 때 저축은행에서 일어난 일은 당연한 현상이다.

지 않으므로 비용 상승이나 수익 감소에만 취약하다. 투기 금융 단위 들은 미지불 부채 상환을 위해 다양한 금융시장에서 자금을 조달해야 한다. 그러므로 투기 금융 단위들은 헤지 금융 단위들과 달리 상품시 장 및 생산요소시장의 전개뿐 아니라 금융시장 전개에도 취약하다. 그 결과, 금리 상승과 시장 신용 기준의 변동은 현금 흐름과 현재 가치로 측정되므로 투기 금융에 참여하는 단위들의 실행 가능성에 영향을 미 칠 수 있다.

폰지 금융 단위들은 투기 금융 단위들에게 영향을 미치는 금융시장 전개에도 취약할 뿐 아니라, 이들의 대차대조표는 증가한 부채에 따라 지급해야 하는 금리나 심지어 배당의 증가에도 악화된다. 따라서 금 융 약정 이행을 위해 취득해야 할 현금 흐름은 더 커지고 대차대조표 상 자본 대비 부채 비율은 악화된다. 부채에 대한 완전한 검증 조건이 한층 엄격해지고 지불 약정 불이행 가능성이 낮아지도록 수익 감소나 이자 비용의 상승율은 더 낮아진다. 폰지 금융 기간이 기업의 정상적 순환 경험의 일부라 할지라도, 소득의 결핍이나 이자 비용의 상승으로 폰지 금융 협정을 강제당하는 상황은 광범위한 파산으로 이어지는 체 계적 과정의 일부다.

경제에서 헤지, 투기, 그리고 폰지 금융의 혼합은 안정성의 주요 요 인이다. 투기나 폰지 방식으로 조달된 광범위한 포지션의 존재는 금융 불안정성을 유도하는 필수 요소다. 이 지점에서 다루어야 할 질문은 다음과 같다.

"경제 단위로 하여금 각각의 금융 방식에서 변화되는 단위의 비율을 결정짓는 것은 무엇인가?"

이 질문에 답하기 위해 질문을 두 가지 요소로 나눌 필요가 있는데,

무엇이 '바람직한' 금융 방식을 결정하고, 무엇이 '실제의 또는 실현된' 금융 방식을 결정하는가이다.

일정 기간의 수입 및 지불은 과거의 계약 및 조치의 결과이므로 경제 단위에 대한 바람직한 금융 방식과 실제적인 금융 방식은 다를 수밖에 없다. 일단 금융, 자본 자산, 그리고 투자 약정이 완료되면, 아마도 매우 큰 비용을 지불하지 않는 이상 취소할 수 없다.

금융 약정과 금융 관행은 자본 자산 소유와 투자 생산에서 이루어지는 실질 자원 약정과 연계된다. 종합하면, 경제에서 금융 자산의 전망은 기본 단위인 가계, 기업, 정부의 금융 전망보다 나을 수 없다. 하지만 중요한 민간 부채 금융은 투자를 통한 자본 자산 소유와 생산에 연계된다. 자본 자산이 수익 창출에 사용될 것으로 기대되는 현금 흐름의 시계열은 금융 상품의 시간적 차원을 결정하는 기초 요인이다.

금융 체계의 건전성이나 취약성은 안전 한도의 규모 및 강도와 초기 불안이 증폭될 가능성에 따라 달라진다. 헤지, 투기, 그리고 폰지 금융 단위들은 자산으로부터의 현금 흐름이 감소되는 경제 전개에 취약하다. 운용에 따른 소득 감소나 헤지 단위의 채무 불이행에 따라 투기 금융 단위로 전환될 수 있다. 헤지 금융 단위들을 잘못된 방향으로 이끌려면 초기 금융의 헤지 특성이 비용, 시장, 시간 경과에 따른 전개의 비현실적 기대에 기초하지 않는 한, 경제의 어떤 부분에서 미리 무엇인가 잘못되어 있어야 한다. 헤지 금융 단위들은 도취된 기대라 할지라도 상품과 요소시장을 상대로 한다는 점을 주목하자.

반면, 투기 및 폰지 금융 단위들은 상품과 요소시장의 여건뿐 아니라 금리 변화에도 취약하다. 다시 말해, 금융시장 전개에 취약하다. 금리 상승은 기대 수입의 증가 없는 약정 현금 흐름을 상승시킨다. 뿐만 아니라 지속적으로 자신들의 포지션을 리파이낸싱해야 하므로 금융시장 붕괴에 취약하다. 투기 및 폰지 금융의 비중이 증가할수록 경제의 전반적 안전 한도는 줄어들고, 금융 구조의 취약성은 증가된다.

투기 금융과 그에 따른 폰지 금융으로 향하는 추력

우리 경제가 금융 구조의 건전성과 취약성 사이에서 흔들리고, 금융 위기는 이전의 취약한 금융 구조에서 발생한다는 사실을 그간의 경험에서 배울 수 있다. 금융 구조의 취약성이 어떻게 출현하고 건전성은 어떻게 재구성되는지에 대한 이해가 필요하다.

헤지 금융이 좌우하는 체계에서 (단기 금리가 장기 금리에 비해 상당히 낮은)금리 패턴은 투기적 방식을 가로막음으로써 만들어지는 이윤이다. 포지션에 따르는 헤지 금융이 주요한 체계에 투기 금융 관계가 스며들면 자산 수요가 증가하고, 따라서 자산 가치가 상승하여 자본 이득으로 이어진다. 자본 이득이 존재하는 체제는 투기 금융 및 폰지 금융에 우호적 환경이 예상되거나 조성된다. 건전한 금융 구조에 존재하는 이윤 기회는 견고성으로부터 취약성으로 내재적 현상을 이동시킨다.

금융 위기의 여파로 내상을 입은 은행가와 기업가들은 투기 금융 및 폰지 금융으로부터 꽁무니를 뺐다. 위기 이후 오늘날 경제에서 소득, 고용, 그리고 기업 이윤이 정부 재정 적자로 유지됨으로써 기업 이윤은 기업 투자에 비해 증가하였다. 금융 위기 이후 낮은 금리로 운용되는 리파이낸싱이 주식 및 장기 부채에 단기 부채를 조달함에도, 자본 자산 포지션에 따른 외부 금융의 비중을 감소시켰다. 동시에, 재정 적자로 정부채가 은행 및 여타 금융 단위들의 포트폴리오에 반영되어 은행과 금융 체계의 채무 불이행 가능성을 낮추었다. 경제는 결국 침체에서 탈출하여 위기 발생 이전보다 더 튼튼한 구조로 이어졌다.[13]

우리 경제에서 자본 자산의 압도적 비율은 기업이 차지한다. 주식, 채권, 그리고 기업의 단기 부채는 가계가 직접적으로 소유하거나 중개인을 통해 소유하는 금융 자산들이다. 자본 자산으로부터의 준지대 수익은 경제 실적에 따라 달라진다. 결과적으로 실현된 준지대가 각 단위들이 애초에 기대했던 것과는 다른 현금 소득 대 현금 지불 관계 편차를 만들 수 있다. 이러한 편차를 조정하고자 하는 움직임이 포트폴리오와 투자 산출량 생산 순서에서의 변화로 이어진다. 게다가, 경제 실적이 향후 경제 행태의 관점에 영향을 미쳐 수용 가능한 현금 지불 약정이 변화된다. 헤지 금융이 지배적이고 유동성이 흘러넘쳐 거의 가치가 없는 세계에서, 금리 구조는 단기 유동성 부채로 자본 자산의 금융 포지션에서 이윤 기회를 창출한다. 이러한 금리 구조는 승계된 자산 구조에서 현금이나 유동성 자산이 큰 비중을 차지하거나, 정부 재정 적자가 자본 자산에서의 경상비 대비 매우 높은 준지대를 창출할 때 존재한다. 만약 투자 및 정부 적자가 견고한 금융 구조 경제에서 증폭된 이윤을 생성한다면, 안전 금융 상품의 단기 금리는 보유 자산 수익률에 비해 현저히 낮을 것이다. 더욱이 자본 자산이 산출할 것으로 기대하는 준지대로, 동시에 지불되는 장기 민간 부채의 원리금은 이들 준지대에 비해 낮을 것이다. 부채에 대해 헤지 기업의 지불 약정을 자본화하는 데 적용된 금리는 자본 자산의 준지대를 자본화하는 데 사용된 금리보다 낮다. 더 나아가 기업과 금융 기관의 부채와 같은 단기 자

---

13 이 부분의 완전한 논의에 대해서는 부록 A를 참조하라.

3부 경제 이론

금에 따른 금리는 자본 자산 포지션의 헤지 금융에 사용된 장기 부채의 금리보다 낮을 것이다. 경제 단위들에게 투기 금융에 나서게 하는 이윤 전망이 생기는 것이다.

추측건대, 이와 같은 금리 패턴에 따라 유동적으로 자본 자산 포지션은 장단기 부채로 조달하고, 장기 금융 자산 포지션은 단기 부채로 조달될 것이다. 따라서 이중의 이윤 기회가 존재한다. 우리의 금융 제도 및 관행은 투자 및 자본 자산 보유에 이용 가능한 금융이 은행가들의 이윤 추구를 위한 포트폴리오에 따라 결정되는 상당한 제한성 안에 존재한다. 은행가들에게 화폐를 불릴 수 있게 하는 금융 상품의 광범위한 스펙트럼은 자산 가격과 금리 구조가 그러한 수익성을 만들 때마다 자본 자산 보유 및 투자에 자금 조달할 수 있다는 사실을 의미한다. 헤지 금융이 지배적인 세계에서 이윤 기회는 차입 단위나 은행 모두에게 존재한다. 이는 자본 자산 및 장기 부채 포지션에 자금을 조달하기 위해 더 많은 단기 부채를 사용하게 되면서 나타난다.

이윤 기회의 존재가 반드시 즉각적으로 취약한 금융 패턴의 출현으로 이어진다는 의미는 아니다. 민간 채무에 따른 현금 지불 약정 및 자본 자산이 가져다줄 것이라고 기대되는 준지대는 화폐 및 여타 단기 금융 채무에 내재된 현금 흐름에 비해 덜 확실하다. 차입자 및 대부자의 지배적 리스크는 부채 운영을 통해 이윤 기회가 활용되는 속도의 한계를 설정한다.[14]

---

14 차입자 및 대부자 리스크는 칼레츠키(Micheal Kalecki)의 *Selected Essays on the Dynamics of the Capitalist Economy*(Cambridge: Cambridge University Press, 1971)와 케인즈의 『일반이론』에서 사용된 새로운 용어이다. 또한 다음을 참조하라. Hyman P. Minsky, *John Maynard Keynes* (New York: Columbia University Press, 1975).

금융 트라우마 여파로 급속도로 확산되는 금리차를 약삭빠르게 활용하려는 것을 막는 또 하나의 방어벽은 자본 자산 소유자들의 선순위 채무를 흡수하고, 자산가와 금융 기관의 유동성 및 자산 가치 보증 욕구를 충족시키는 금융 상품을 출시할 수 있는 기관을 개발해야 한다는 것이다. 은행가는 항상 금융 관행의 혁신을 추구한다. 하지만 정통적 관행과 보수주의적 경향은 변화의 속도를 제약하는 '조정자governor' 역할을 수행함으로써 혁신이 스며드는 것을 막는 방어벽이 될 수 있다.

투기 금융 및 폰지 금융으로부터의 이윤 기회가 존재할 때, 취약한 금융 패턴의 즉각적 출현 가능성을 막는 세 번째 방어벽은 투기 금융 관여 기관에 대한 리파이낸싱 보증의 필요이다. 보증된 리파이낸싱은 금융 상품을 위한 심도 있고 광범위한 시장이나 은행 및 여타 금융 기관으로부터 부여받는 신용 한도 형식을 취한다. 관행과 제도가 시장 전체로 확산되는 데는 시간이 필요하다. 기업어음과 같은 금융 혁신이 만들어져 확산되는 데 소요되는 '시간'이 바로 헤지 금융에서 투기 금융으로 이행되는 속도를 제약하는 일종의 '조정자'다.

한편, 시장 참여자들이 이윤 잠재력에 따른 낙관적 전망을 신뢰하지 않기 때문에 그러한 움직임을 일으키지 않으면서 투기 금융의 증가로 이어지기 쉬운 금리 조건은 통제될 수 있다. 케인즈는 『일반이론』에서 금융 위기 후 기업가들의 차입 의지는 은행가들의 대부 의지에 앞서 회복된다는 사실을 밝혔다. 이와 같은 은행가들의 주저함이 투기 및 폰지 금융 지배 체제로의 이행을 늦춘다.[15]

---

15 로빈슨(Joan Robinson)이 인플레이션 방벽에 대해 쓴 것처럼, 우리는 정통적 금융 방벽(financial orthodoxy barrier)을 생각할지도 모른다. 특별한 환경으로 인해 금융 상품 손실이 분명한 경제의 성공기는 금융 혁신 방벽을 낮추는 결과로 이어질 것이고, 파산 및 최종 대부자 개입이 이뤄지는 기간

일부 신규 관행을 구체화하는 상품들로 증가된 금융 창출 과정에서 내재적으로 결정된 화폐 및 유동 자산의 증가가 발생한다. 은행가들은 자신들의 부채 즉, 화폐를 증가시키는 포지션에 자금을 조달함으로써 부채 구조의 실현 가능성에 따른 낙관적 견해에 반응한다. 기업어음과 같은 수단들은 준화폐의 비중을 화폐 수량보다 더 빠르게 증가시킨다.

화폐와 유동 자산의 내생적 증가는 화폐 및 현재 산출물 가격 대비 자본 자산 가격을 상승시킨다. 이는 자본 자산 대 투자재의 가격 차이를 보다 증가시킨다. 견고한 금융 구조에서 단기 금융 공급은 수요에 대응하고, 따라서 기존 자본 자산 수익률을 증가시켜 투자가 증가한다. 그러므로 일군의 준지대를 만드는 자본 자산 가격이 상승할 뿐 아니라 평균 준지대도 상승한다. 이것은 이익 잉여금을 통한 내부 금융이 예상보다 크며, 채무 구조에서 더 많은 단기 채무를 사용하게 만드는 압력이 꺾인다는 사실을 의미한다. 투자 유치를 가능케 하는 이윤과 내부 자금의 증가는 견고한 금융 구조가 취약한 금융 구조로 이행하는 데 왜 시간이 걸리는지를 보여주는 또 다른 이유다. 이는 특히 투자 호황에 따른 이윤 증가가 이윤 수취 기업의 명백한 부채 차입 역량의 증가로 이어지므로 더욱 그러하다. 일단 증가된 외부 금융과 투기 금융으로의 이행이 전개되면, 시장 반응은 이러한 금융에 관여하는 결정을 검증한다.

수용 가능한 금융 기법은 기술적으로 제약되지 않고 주관적 선호와 은행가와 기업가의 미래 전망에 따른다. 1950년대를 지배한 금융 구조에서 기업가와 은행가들이 단기 부채를 증가시킨 것은 옳은 선택이었

은 금융 혁신 방벽을 높일 가능성이 있다.

다. 그럼에도 성공은 실패 가능성을 애써 외면하는 방식을 배태함으로써 상당 기간 심각한 금융 곤란이 없던 상황은 장기 포지션에 따른 단기 금융이 일상화된 도취 경제euphoric economy로 이어졌다.[16]

이전의 금융 위기가 시간이 지나 희석되면서 중앙은행, 정부 관료, 기업가, 은행가, 심지어 경제학자들에게조차 새로운 시기가 도래했다는 믿음이 생기는 것은 매우 자연스러운 현상이었다. 근본이 변한 것은 아무것도 없다는 경고, 심각한 불황으로 이어질 수 있는 금융 붕괴 시점이 있다는 등 카산드라[Cassandra, 아폴로로부터 예지력을 얻었으나 다시 그의 저주로 설득력을 빼앗긴 트로이 공주]의 경고는 이런 환경에서 자연스레 무시되었다. 의심을 제기하는 사람들이 타당성을 입증하는 최신의 자료들을 갖고 있지 않다는 이유로 관례적이지 않은 새로운 이론, 역사, 제도 분석에서 나온 이러한 주장은 기성의 권위에 의해 당연히 무시되었다. 그럼에도, 불확실성의 세계에서 장기 잉태 기간, 사적 소유, 월스트리트의 정교한 금융 관행을 가진 자본 자산을 고려할 때, 초기의 견고한 금융 구조에서 경제의 성공적 기능은 시간이 경과하면서 보다 취약해지는 구조로 이어질 것이다. 내생적 힘은 헤지 금융이 지배적인 상황을 불안정하게 만들고, 투기 금융과 폰지 금융 비중이 증가하면서 내생적 균형 파괴력은 더 커질 것이다.

---

16 다음의 책을 참조하라. *Can "IT" Happen Again? Essays on Instability & Finance*의 6장을 재발행한 Hyman P. Minsky, "Financial Instability Revisited: The Economics of Disaster", Charles P. Kindlberger, *Manias, Crashes and Panics*(New York: Basic Books, 1978).

투자 금융

투자는 시간 과정이며, 일반적으로 완성된 자본 자산에 들어가는 투입물을 생산하는 수많은 기업들과 연관된다. 따라서 투자는 자금 조달이 필요한 복합적 지불을 수반한다. 이러한 지불들은 투자 프로젝트가 가동되기 전까지는 최종 소유자에게 수익을 산출하지 않더라도 이루어져야 한다. 투자 프로젝트의 가치는 결과로 초래되는 자본 자산 가격에 따라 달라지고, 이는 결국 기대 준지대 및 새로 생산되는 자본 자산의 금융 방식에 따라 달라진다. 우리 경제에서 투자란 미래 화폐에 대한 현재 화폐의 교환 거래다. 이런 의미에서 채권을 매입하거나 연금에 가입하는 것과 다르지 않다. 그러나 투자로부터 얻는 미래 화폐는 종종 꽤 구체적 노력에 따른 운명에 의존하여, 그 특정의 이윤은 실적에 달려 있다.

투자는 노동, 철강 등등을 현재 시장가격으로 구매하여 준지대를 만들어낼 때만 가치가 있는 자본 자산에 통합된다는 점에서 독특한 활동이다. 잉태 기간을 갖는 투자와 시간의 경과에 따른 소득을 창출하는 자본 자산 소유는 모두 시간에 밀접하게 관련된 경제 활동이다.

기대 준지대에 따라 달라지는 자본 자산 가격은 투자의 수요 가격(및 속도) 결정 요인으로 산입된다. 투자의 잉태 기간 및 생산 용량은 자본 자산 가격이 산출물 가격 대비 얼마나 높아질 수 있는지에 대한 한계를 규정한다. 이는 궁극적으로 투자의 공급 가격으로 자본 자산을 취득할 수 있게 만들기 때문이다. 유동성 창출 자산의 증가나 유동성의 주관적 가치를 하락시키는 선호에 따른 경험은 자본 자산 가격 상승에 영향을 미치지만, 투자가 이루어지지 않을 때만큼 상승하지는 않는다. 고전파 경제학자들이 예견했던 바의 토지 가격의 움직임과는 다르게 움직이는 자본 자산 가격을 결정하는 행위가 바로 투자다.

자본 자산 가격이 투자비용을 초과할 때마다 투자 프로젝트가 자본 자산 재고에 완전히 동화되는 시점에 내재되었던 자본 이득이 실현된다. 자본 이득은 투자 활동을 유혹하는 미끼다.

투기 금융 및 폰지 금융이 큰 비중을 자지하는 금융 체계의 불안정성은 투자 붐이 무르익으면서 전개되는 금리 변동의 영향 때문이다. 투자 붐에서의 이윤 기회에 금융시장 및 상품시장이 반응하므로 금융 수요는 금리를 상승시킨다. 그 결과 자산의 현재 가치와 투자 산출물 가격 간 이윤폭이 감소한다. 이러한 현상이 장기간 지속되면 현재 가치의 역전 현상이 일어나 자본 자산 가치가 투자 공급 가격 밑으로 떨어진다. 금리 상승은 투자 금융을 가능하게 만드는 안전 한도를 축소하거나 제거한다. 이러한 현상은 경제 단위에 투자를 감소시키거나 포지션을 매각하는 경향을 띤다. 포지션 매각을 통한 포지션 메이킹이 일반화되면 자본 자산과 금융 상품 가격 수준은 붕괴되고, 이에 따라 투자 생산 비용 대비 자본 자산 가격은 하락한다. 자본 자산의 급격한 하락은 주식시장 붕괴 시 일어나는 현상이다. 자본 자산 가격의 하방 불안정성은 투자, 이윤, 자산 가격에서의 하방 소용돌이로 이어질 수 있다.[17]

역사적으로 헤지 금융이 지배적이고 포트폴리오의 유동 자산이 풍부했던, 지극히 견고한 금융 체계는 충격적 부채 디플레이션과 깊은

---

17 1980년 봄에 있었던 헌트–바체의 '은 사기 사건'은 투기성 금융의 불안정성을 보여주는 전형적인 사례다. Stephen Fay, *Beyond Greed*(New York: Penguin, 1983)

경기 불황의 여파로 생겨났다. 1960년대 중반 이후의 경험은 정부의 대규모 재정 적자와 연준의 최종 대부자 개입이 금융 체계의 건전성을 강화시켰다는 것을 보여준다. 다시 말해, 심각한 불황의 여파로 일어났던 과거의 상황들이 오늘날의 경제에서는 부채 디플레이션이나 심각한 불황에 따른 트라우마 없이도 일어날 수 있다. 그럼에도 취약 금융 구조로 이어지는 결과를 방어하는 정부 재정 적자 및 최종 대부자 개입은 인플레이션을 유발한다. 인플레이션은 기업, 가계, 그리고 금융 기관이 안정적 가격에서는 이행할 수 없는 달러 표시 지불 약정을 이행할 수 있게 한다.

투자 및 투자 금융, 그리고 이것들을 검증하는 것(테이크아웃 금융과 그에 따른 준지대 수익)들은 경제 실적을 이루는 주요인이다.[18] 투자는 두 가지 경로에서 금융 구조에 영향을 미치는데, 프로젝트에 따른 금융과 민간 금융 약정의 이행 가능성을 좌우하는 준지대로서의 기업 이윤을 창출하는 경로다. 투자 프로젝트는 현금 흐름 약정의 측면에서 많은 채권 기관들이 규정된 기일에 만기가 돌아오는 부채를 인수하는 것과 같다. 만기 시의 금액은 재료비, 인건비, 금융 비용의 변동에 따라 달라진다. 이런 채무 이행 자금은 세후 총이윤의 할당에 따른 내부 자금이나 신규 발행 주식 및 개인, 은행, 또는 여타 금융 기관에서의 부채와 같이 외부 금융으로 조달될 수 있다. 투자 산출물 구성 요소를 생산하는 공급자의 부채도 그림에 포함된다.

(내부 자금과 부채의 일부 조합으로 계정 확대에 자금을 대는)공급자와 노동자에 대한 지불은 대부분의 경우 투자재가 유용한 산출물을

---

18 투자와 금융을 다룬 부록 A를 참조하라.

만들어내기 전에 수년에 걸쳐 이루어진다. 그 결과, 투자는 공급 능력의 어떠한 상쇄도 없이 소비재 수요를 증가시키고, 이는 더 큰 이윤폭으로 이어진다.

투자 증가는 단기 지불 약정의 증가로 이어진다. 세후 총이윤 및 배당으로 조달 가능한 투자를 넘어서는 금융시장 기반 투자에 따른 파장은 리파이낸싱되어야 하는 미지불 부채와 동일한 파장을 미친다. 내부 자금을 초과하는 투자가 금융에 일으키는 전반적 파장은 부채 구조에서 투기 금융과 폰지 금융 비중의 증가에 따른 파장과 같다. 투기 금융과 폰지 금융의 상대적 범위가 금융 불안정성에 대한 취약성과 그에 따른 민감도를 결정하므로 기업 내부 자금 대비 투자 비율의 증가는 금융 구조의 취약성을 확대한다. 기업 내부 자금을 초과하는 투자는 부채 증가로 이어진다. 그러나 투자의 일부가 내부 자금으로 조달되면 대차대조표에는 순자산 증가로 나타난다.

진행 중인 투자 프로젝트는 금리에 대하여 매우 비탄력적 자금 수요로 이어진다. 부분적으로 완료된 투자는 해당 프로젝트가 완료되어 흐름이 지속되지 않는 한, 미래 이윤으로 결정되는 가치가 전혀 없기 때문이다. 프로젝트의 다양한 단계들은 일정에 따라 지불이 이루어지고 자금이 조달되어야 한다. 투자에 조달된 부채는 이자가 누적되기 때문에 프로젝트 지연은 비싼 대가를 치르기 마련이다. 복리가 적용되는 금리 변동은 상당한 잉태 기간을 가지는 프로젝트 비용에 단리에 따른 금리 변동 이상의 영향을 미친다. 따라서 금리 변동은 단기 투자보다는 마감에 상당 시간이 소요되거나 장기 연한 프로젝트의 투자에 더 큰 영향을 미친다. 이자를 지불할수록 매몰 비용은 증가한다. 생산에 사용됨으로써 프로젝트가 산출할 것으로 기대되는 소득 흐름은 이자를 포함하여 완료된 프로젝트 비용을 초과할 만큼 자본화 가치가 충분히 커야 한다.

따라서 금리는 프로젝트 비용과 자본 자산 가치 모두에 산입된다. 기대 준지대의 현재 가치는 종결된 프로젝트가 매각되었을 때 취할 수 있는 최대 가격을 결정한다. 이는 모든 담보 대출의 기초이기도 하다. 프로젝트가 금융적으로 실현되려면 준지대의 현재 가치가 프로젝트 비용을 초과해야만 한다.

결과적으로 일단 투자 프로젝트가 진행되면, 해당 프로젝트 비용과 미래 준지대의 현재 가치(그리고 이에 따른 프로젝트의 금융적 타당성)는 금리 변동에 영향을 받는다. 프로젝트 총비용과 현재 가치는 현행 금리와 예상 금리로 계산되어 프로젝트의 최종 실행 여부를 결정한다. 일단 프로젝트가 시작된 상태에서 금리가 하락하면 완성된 프로젝트 비용은 낮아지고 프로젝트의 현재 가치는 초기 계산보다 상승한다. 마찬가지로, 금리가 상승하면 그 반대의 상황이 전개된다.

프로젝트 진행 중인 기업의 내부 자금으로 투자가 이루어지면 지출 비용은 금리 상승에 영향을 받지 않는다. 이 경우 프로젝트의 현재 가치는 시장 금리 변동에 따라 다시 계산할 필요가 없다. 그 결과 명확한 이윤이 있는 기업은 프로젝트가 잘못 계획되었다는 인식에 구애받지 않는다. 그러나 프로젝트 자금이 금융시장에서 조달되고 테이크아웃 금융이 단기 금융에 따른 지불에 사용되었다면, 프로젝트 기간의 금리 상승은 초기에는 가능했던 프로젝트를 포기해야만 하는 상황으로 몰고 갈 수도 있다.

외부 금융으로 투자를 조달한 기업의 두 가지 안전 한도는 포트폴리오에 유지되는 유동 자산과 프로젝트 완료 시 총비용을 초과하는 기대 준지대의 현재 가치다. 잠재적 자본 이득은 투자 단위에게 프로젝트에 자금을 댈 수 있게 해준다. 안전 한도의 크기와 확실성은 차입자의 리스크 등급을 결정한다. 명시적 또는 암묵적 기업 등급과 기준 금리를 초과하는 가산 금리 및 담보 요구 측면에서의 은행 대부 부서의 신용 분류는 인지된 안전 한도 요구에 따라 달라진다. 투자 프로젝트 동안의 금리 상승은 프로젝트 완료에 따라 실현되는 자본 이득을 감소시킨다. 이는 투자 프로젝트가 진행 중인 기업의 신용도를 하락시키는 체계적 결정 요인으로서 금융 비용을 더 증가시키고, 심지어 프로젝트 완료에 따른 암묵적 자본 이득의 현재 가치를 더 떨어뜨릴 수 있다. 안전 한도 축소에 따른 금융시장의 반응은 안전 한도를 한층 축소시킨다. 금리 상승 및 리스크 재평가에 따른 대부에 부과되는 제약 조건은 금융 비용의 추가 상승 변화를 유도한다는 점에서 자기실현적 예언과 같다.

투자 붐이 지속되는 동안 자재비와 인건비도 오른다. 뿐만 아니라 프로젝트 완료를 지연시키는 자원 부족이나 병목 현상도 전개된다. 자재비와 인건비 상승의 명백한 효과는 프로젝트 비용의 증가를 가져온다는 점이다. 미묘한 효과는 프로젝트 완료 후의 기대 자본 이득이 감소한다는 데 있다. 프로젝트의 위험 정도와 금융 조건을 결정하는 안전 한도는 축소되고 심지어는 사라질 수도 있다.

금리, 투입 비용, 프로젝트 지연은 투자비용을 증가시키므로 내부 자금 흐름이 일정하게 유지되더라도 프로젝트 비용 대비 유용한 내부 자금 비율은 감소할 것이다. 그러나 유용한 내부 자금이 있는 투자 프로젝트더라도 해당 투자 프로젝트와는 별개의 부채로 운영 중인 기업이 개시하는 프로젝트여야 한다. 만일 이러한 부채가 단기 부채이거나 변동 금리에 기초한다면 시장 금리 상승에 따라 비용이 증가할 것이다. 그러므로 진행 중인 프로젝트의 부채 금융 총액이 증가하면, 내부 자금으로 조달 가능한 총합의 비율은 팽창이 계속되는 동안의 금리 상승에 따라 감소한다.

이런 상황에서 기업들은 비용 증가에 직면하는 비상 상황에 대비하여 적립해둔 이른바, '비상금cash kicker'을 사용할 것이다. 이렇듯 경제 단위로부터의 유동성 제한은 (지속되는 투자 프로젝트 금융 비용의 증가에 따른)현금 지불 약정의 증가가 금융 및 경제 체계의 취약성을 증가시키는 결정적 경로다.

요컨대, 경제의 불안정성은 외부에서 조달되는 투자 붐이 일어나면서 눈에 띄게 확장된다. 금융 관계는 투자 붐이 포지션에 대한 투기 금융을 증가시키는 환경으로 이어져 결국 위기가 일어나기 좋은 조건으로 전개된다. 즉, 부채 디플레이션이 일어날 수 있는 금융 구조와 부채 디플레이션의 시작을 촉발하는 사건은 투자 붐으로 이어지는 금융 관계, 그리고 투자 붐 동안에 일어나는 금융 관계의 일반적 결과다.

금융시장 및 금융 체계

상당 잉태 기간을 갖는 투자 프로젝트가 실행될 때 금융 담당자와 은행가들 모두 수요 자금이 내부 및 외부의 재원으로부터 조달 가능하다는 믿음이 필요하다. 포지션에 따른 투기 금융과 선택된 투자의 적자 금융이 채택되기 위해서는, 금융시장이 작동하여 부채가 발행되거나 투자비용이 결과적으로 만들어지는 자본 자산 가치보다 더 크지 않은 수준에서 자산이 매각될 수 있다는 기업가와 은행가들의 가정이 있어야 한다.

금융 혁신은 자본주의 경제의 두드러진 속성이므로 경제에서의 금융 진화의 중요한 부분은 더 높은 수준의 활동에 자금을 조달할 수 있게 하는 수단과 시장 개발에 집중한다. 이들 시장은 단기 금융 사용자 및 공급자 모두에게 적정 자산을 소유하거나 충분한 이윤 전망이 있는 한, 필요할 때 언제든 이용할 수 있는 자금을 보장하는 듯한 상품들을 만들어낸다. 이러한 보장의 검증은 정상적으로 작동하는 금융시장에 의존하며, 금융 혁신은 어떤 새로운 금융시장이나 제도의 정상적 작동에 의존하는 자산 소유자 및 잠재적 차입자의 존재를 만들어낸다.

표준적 경제이론은 소득과 구매 사이의 간극을 메우기 때문에 화폐의 수요는 소득 수준과 관련된다고 가정한다. 전통적 관점에서 화폐는 거래에 따른 욕망의 이중 일치double coincidence of wants 요구를 제거한다는 점에서 가치가 있다. 그러나 우리는 거래 가능하며 부채 및 지분 조합으로 자금 조달되는 자본 자산이 존재하는 세계에 살고 있다. 자산 포지션에 따른 직간접적 금융으로 초래되는 지불 약정의 광범위한 네트워크가 존재하므로 금융 약정에 따른 지불을 만드는 화폐 수요가 존재한다. 자본 자산이 산출하는 현금 흐름의 불확실성 때문에, 다시 말해 현금 흐름이 경제와 시장 전개에 따라 달라지므로 계약 이행을 보증하는 안전 한도를 제공하기 위해 현금 또는 협상 가능한 금융 상품이 필요하다. 유동 자산 형태로 전달되는 안전 한도는 뜻밖의 일이 발생하더라도 지불 약정 이행을 위해 반드시 현금이나 요구불 예금으로 가지고 있을 필요는 없으며, 단기 또는 필요에 따라 통화나 요구불 예금으로 교환할 수 있는 금융 상품으로 보유할 수도 있다.

투기 금융은 예방적 대차대조의 필요성을 초래하므로 항상 쉽게 협상할 수 있는 금융 상품 수요가 존재한다. 자본 자산이 높은 수익을 내고 있음에도 유동성이 풍부할 때마다 금융에서의 이윤 기회는 항상 존재한다. 자본 자산 포지션에 조달하거나 보유 자금으로 적절한 보장을 제공할 수 있는 일군의 모든 금융 상품과 시장 조직들은 싸게 빌려 비싸게 대부할 수 있다. 자본주의는 이윤 기회를 활용하지 않고 날려버리는 것을 혐오하므로 시장 수단 및 관행은 금리차를 활용할 수 있도록 발전한다.

이에 따라 유동 자산의 위계 체계가 나타나는데, 예를 들어 어떤 자동차 판매상이 자동차 재고 유지를 위해 금융사에서 화폐를 빌리면 금융사는 보험사에서의 차입을 위해 기업어음을 사용하고, 보험사는 인수 담보 대출에 따른 미지불 약정을 취하는 방식과 같은 위계 체계가 등장한다. 그 결과 자본 자산의 기초 수익률에 일관된 비율로 차입하는 경제 단위의 능력에 따른 실현 가능한 금융 약정들의 정교한 네트워크가 존재한다.

금융 관계는 단기 부채에 대한 리파이낸싱이 가능할 것이라는 믿음(이러한 믿음은 경제 실적이 드러나면서 강화된다)에 기초한 저글링 행위로 특징지을 수 있다. 일단 투자 붐이 시작되면 프로젝트 완성을 향한 금융 수요는 계속 증가한다. 상업 은행에서 이용 가능한 금융 증가세가 둔화되면서, 어떤 단계에서 화폐 공급의 탄력성이 줄어들면 급격한 금리 상승이 나타날 것이다.

유동성 자산을 만드는 금융 기관들이 종종 투기 금융에 관여하므로, 이들이 지불해야 하는 금리 상승으로 자산 가치가 하락하고 장부상 이윤이 감소하거나 없어지면서 순자산 감소로 이어진다. 금리 인상에 직면한 투기 금융에 가해지는 압력은 종종 금융 중개 기관들에게 전가되고, 이들이 가진 포지션 메이킹 능력의 악화는 대차대조표에 악영향을 끼칠 것이다. 1929~1933년의 붕괴 당시 은행 실패의 파고를 매우 극심하게 만들었던 전염 가능성이 존재한다. 예금 보험 기관을 포함한 중앙은행의 개입은 이러한 전염성의 전개를 중단시키는 역할을 한다.

결론

우리 경제는 자본주의 금융으로 불안정하다. 만일 포지션에 따른 헤지 금융과 투기 금융, 투자에 따른 내부 자금 및 외부 금융이 일정 기간 혼재되어 지배하고 있다면, 우리 경제 내부에 이러한 혼재를 변화시키려는 유인이 존재한다. 모든 일시적 평온은 투기 금융과 외부 금융이 증가하는 확장기로 전환된다. 투자 붐은 경제 단위들의 유동성을 제거하고, 금융 기관의 부채 대 자기 자본 비율의 증가로 이어진다. 경제의 성공이 이전의 이윤폭이 매우 컸고, 심지어는 현재의 이윤폭이 지나치게 크다는 믿음으로 이어지더라도 안전 한도는 약화된다.

호황의 붕괴는 장단기 금리가 충분히 상승하여 현재 가치가 희석되고 역전될 때 발생한다. 이러한 현상은 종종 투기 금융으로 조달되는 수요 증가가 금리, 임금, 자재 가격을 올려 이윤폭과 이에 따른 과거 결정의 유효성이 떨어질 때 일어난다.

호황의 붕괴가 금융 위기, 부채 디플레이션, 깊은 불황으로 이어질지 또는 후유증 없는 경기 침체로 이어질지 여부는 경제의 전반적 유동성, 정부 부문의 상대적 규모, 중앙은행의 최종 대부자 조치 범위에 달려 있다. 따라서 수축의 결과는 구조적 특성 및 정책에 의해 결정된다.

그러나 투기 금융과 투자에서 부채 금융을 향한 경향은 그 자체로 제도 구조와 정책 기대의 결과다. 이와 다른 제도 구조와 정책 체계에서 금융 위기에 대한 우리 경제의 민감도는 현재보다 낮아질 수 있다.

금융 위기의 심각성이 연속적으로 나타났던 1960년대 중반 이후의 상황이 그 증거다. 정책이 유효하기 위해서는 왜 이런 경향이 존재하는지에 대한 이해가 반영되어야 한다.

민스키의
금융과자본주의

4

제도
동학

제10장

· · · · ·

자본주의 경제에서의 은행업

경기 순환은 투자 자본주의 경제에서 '자연스러운' 현상이지만, 왜 그런지 이해하기 위해서는 투자 금융과 자본 자산 포지션에 대해 명확히 짚고 넘어갈 필요가 있다. 이익 잉여금 이외의 금융은 화폐 단위 표시 계약을 포함하며, 은행은 그러한 금융을 주선하고 관여하는 기관이다. 그러므로 은행업이라고 하면 단순히 은행으로 인가된 조직 이상의 의미를 포괄한다. 예금 및 부채를 취급하는 상업 은행, 그 외의 금고 및 저축 기관, (보험사, 연기금 및 다양한 투자신탁회사 등)자금 관리 기관, 그리고 투자 은행을 구분 짓는 경계는 이들 기관들의 경제적 기능보다는 법적 요건 및 기관의 역사를 반영한다.

　제2차 세계대전 후 미국에서 제도화된 상업 은행과 투자 은행의 명확한 구분은 대공황에 따른 개혁의 산물이었다. 최근 들어 이러한 구분은 무의미해지고, 독일 같은 자본주의 경제에서는 실제 존재하지도 않았다. 게다가 1960년대의 격동기를 거치며 자금 관리뿐 아니라 기업 활동과 자산 유지 금융이 보다 정교해지면서 상업 은행, 저축 기관, 그리고 다양한 종류의 자금 관리 기관 사이의 경계가 희미해졌다.

우리는 은행의 다양한 상품 특성이 자산, 부채, 서비스 수수료 차원에서 완전히 구현되는 은행업의 진화를 상상할 수 있다. 개별 은행들은 (시티코프Citicorp와 라자드Lazard Freres가 공존하는 것처럼) 범용 은행에서부터 고도로 특화되어 거의 일차원적 특성을 갖는 기관에 이르기까지 다양한 범위에 분포할 수 있다.

그러나 은행업이 현재 조직화되어 있고 그들의 총 규모와 더불어 그들의 부채가 화폐 공급에 큰 부분을 차지하므로 특별한 중요성을 갖는 일군의 은행(상업 은행)들이 있다. 자본주의 경제에서 화폐는 자본 자산을 생성하고 통제하는 과정에 결부되어 있다. 화폐는 단지 욕망의 이중 일치double coincidence of wants 없는 거래를 가능케 하는 보편적 배급표가 아니라, 은행이 자본 자산과 금융 자산에서 활동하고 포지션에 자금 조달하면서 발생하는 채권의 한 유형이다. 우리 경제에서 은행과 화폐 관계의 특수한 의미로 인해, 이 장에서는 비은행 금융 중개 기관과 투자 은행업에 대한 부차적 설명과 더불어 예금 은행을 강조할 것이다.

케인즈는 1931년 대공황이 자본주의 세계를 휩쓸었던 상황을 "화폐를 빌려주는 예금자들과 실물 자산 구매를 위해 화폐를 빌리는 차입자들 간의 보증은…(중략)…이러한 화폐의 베일은…(중략)…현대 사회의 특징을 특별히 표상한다"[1]라고 하였다. 화폐는 은행가들이 거래와 투자, 그리고 자본 자산 포지션에 금융을 주선하는 비즈니스에 착수하면

---

[1] John Maynard Keynes, *Essays in Persuasion: Collected Writings of John Maynard Keynes*, vol. 9 (London: Macmillan, St. Martin's Press, for the Royal Economic Society, 1972), p. 151

4부 제도 동학

서 창출된다. 기업에 대해 은행 대부를 통한 화폐 수량의 증가는 투자 또는 자본 자산 욕구를 효과적 수요로 전환시키는데, 이러한 화폐 창출은 잉여가 강요되고 특정 투자 산물의 생산에 할당되는 메커니즘의 일부다.*

화폐가 만들어지면 차입자는 대부 은행에 미래에 화폐를 지불하겠다는 계약상의 의무를 체결한다. 이 약속을 이행할 수 있는 차입자의 능력은, 만기가 도래한 채무를 연장하거나 채무자의 상품을 구매하는 경제 단위로부터 차입할 수도 있지만, 궁극적으로는 생산에 사용되는 자본 자산에서 벌어들이는 준지대에 달려 있다. 자본주의 경제의 정상적 기능은 이윤을 창출하여 대출 이자를 지불하는 소득 생산 체계, 투자와 그에 따른 이윤으로 이어지는 대출을 만드는 금융 체계에 의존한다.

자신들이 소유한 부채가 곧 화폐인 은행들은 금고 속에 들어 있는 돈에 국한된 금융 활동을 하는 고리대금업자들과는 다르다. 은행들은 때가 되면 이전 차입자들이 유익한 흐름의 결과나 시장 거래(차입, 판매)를 통해 채무 이행에 필요한 자산을 취득할 것이라는 확신으로 차입자의 미래 지불 이행 의무를 받아들임으로써 대부를 시행한다. 이러한 은행업의 특성이 금융 구조에 유연성을 제공하며, 자산이나 사업 운용으로부터의 현금 수령액에 대한 불확실성에도 불구하고 비즈니스 약정을 수행할 수 있게 한다.

현대 산업 자본주의가 등장하기 전에 은행의 화폐는 대부분 상업 금융, 즉 생산 및 유통 과정에서 상품을 통해 만들어졌다. 상업 은행이라는 이름은 은행 비즈니스에서 이러한 유형의 금융이 차지하는 원초적

---

* 정부와 가구의 부채가 없는 닫힌 경제, 즉 기본 골격적 자본주의 경제에 대해서는 엄격한 사실이다.

지배력을 반영한다.[2] 그러한 은행 금융에서 근일의 상품 판매는 은행 부채를 갚는 데 필요한 현금을 공급했다.

현대 경제는 이전 시대에 비해 내구성 고정 자본 자산의 생산과 사용 측면에서 금융 필요성이 훨씬 더 크다. 생산에 더 많은 자본이 사용될수록 산출물 단위당 더 큰 규모의 현재 화폐와 미래 화폐의 교환 약정이 필요해지는데, 내구성 자본은 과거 소비가 미래 소득으로 전환된다는 점에서 채권에 비유할 수 있다. 투자 은행가들은 중개인과 판매자로서 신주 인수와 유통, 그리고 시장 창출을 통해 투자 및 자본 자산 소유권을 알선한다. 1930년대의 개혁은 민간 부채를 투자 은행과 상업 은행으로 분리하여, 현재는 거의 예외 없이 한 기관이 두 가지 유형의 사업에 관여할 수 없게 되었다.[3] 상업 은행과 투자 은행의 이와 같은 분리는 인위적인 것으로, 최근 몇 년간 은행들이 고정 자본 자산 포지션에 자금을 조달하고 투자 은행가들이 비즈니스에 간접적으로 자금을 조달할 수 있는 예금형 부채를 개발함으로써 와해되어 왔다.

신고전파 종합의 관점에서 은행(특히 상업 은행)은 기계적이고 정적

---

2 은행업 통화 관점이 발달하기 전에는 상업 대부나 실질 어음 이론이 지배적이었다. 이 이론은 상업 은행이 생산 과정에서 재화(재고)에 상당하는 수단으로 이어지는 것을 제한해야 하며, 그렇게 할 때 정확한 양의 화폐가 존재하게 될 것이라고 주장했다. 이 이론의 타당성에 무관하게 은행의 상업 대부와 화폐에 대한 관점 모두 자본 자산 소유와 투자 산출물에 따른 금융에서의 은행업의 역할을 무시하는 경향이 있다. 이와 같이, 은행업에 대한 전통적 관점은 새로 생산되는 산출물의 거래를 강조하고 자본 자산의 존재를 무시하는 신고전파 경제이론을 보완한다. 은행의 상업 대부 관점과 경제에 대한 마을 시장 관점은 논리적 파트너이다. 이 쟁점에 따른 결정적 연구는 다음 문헌에서 확인할 수 있다. Jacob Viner, *Studies in the Theory of International Trade*(New York: Harper, 1937), Chapter 3, 4, 5. Lloyd Mints, *A History of Banking Theory in Great Britain and the United States*(Chicago: University of Chicago Press, 1945)

3 상업 은행은 여전히 주 정부 및 지방 정부 채권을 인수하고 유통하도록 허용되었다. 아마도 1975년에 뚜렷이 나타난 뉴욕시의 어려움은 은행, 특별히 대형 은행이 이 분야에서 지속적으로 우세를 점하게 되는 원인으로 지적될 수 있을 것이다.

이며 수동적이어서 경제의 움직임에 큰 영향을 미치지 않는다. 이 이론에서 은행의 역할은 전적으로 화폐 공급, 화폐 공급의 변동성, 금리의 일시적 조정에 한정된다. 물론 이 관점에서도 연준(중앙은행)의 지불준비금과 금리 조정에 따른 화폐 공급 조절 기능은 유지된다.[4]

사실 중앙은행의 은행 통제는 모호하다.[5] 은행업은 역동적이고 혁신적인 이윤 창출 사업 중 하나다. 은행가들은 인지된 이윤 기회의 이점을 취하기 위해 자신들의 자산과 부채, 즉 사업 라인을 조정하여 활발하게 부를 축적하고자 한다. 은행가들의 행동주의는 금융의 규모와 그 분포뿐 아니라 물가, 소득, 고용의 순환 행태에도 영향을 미친다.

은행이 오로지 화폐 공급으로 경제에 영향을 준다는 좁은 시각은 경제학자들과 정책 입안자들에게 은행 포트폴리오 구성을 사실상 무시하는 결과로 이어졌다. 제2차 세계대전 이후 첫 십년 동안 연준과 연방예금보험공사 등 금융 당국은 은행 자산, 부채와 자기 자본에 따른 은행 자산 비율(레버리지)을 통제하지 않았을 뿐 아니라 확고한 견해조차 없었다. 1960년대와 1970년대 금융 혁신이 가속화되면서 다양한 형태의 화폐가 등장하고, 관련 화폐의 속성도 제도 발전에 따라 변한다는 게 분명하게 드러났다. 화폐와 은행업, 그리고 금융은 진화와 혁신이 만들어지지 않는 한 이해 불가능하다. 사실 화폐는 내생적 결정 변수, 다시 말해 화폐 공급은 수요에 대한 반응이지 연준이 기계적으

---

4 Chester Arthur Phillips, *Bank Credit*(New York: Macmillan, 1931); Karl Brunner, "A Scheme for a Supply Theory of Money," *International Economic Review* II(Jan. 1961); Albert E. Burger, *The Money Supply Process*(Belmont, Calif: Wadsunta Publishing Company, 1971).

5 Sherman Maisel, *Managing the Dollar*(New York: Norton, 1973)

제10장 자본주의 경제에서의 은행업　　　　　　　　　　　　　387

로 통제할 수 있는 것이 아니라는 의미다.[6]

화폐 수량의 변화는 소득을 초과하여 소비하고자 하는 경제 단위와 이러한 소비를 가능케 하는 은행 간 상호 작용으로 발생한다. 자본주의 경제에서의 필수 소비(적자 금융)는, 일부 가계와 정부의 명백한 적자에도 불구하고 투자와 자본 자산 취득에 따라 이루어진다. 가계의 적자 지출에 따른 부채 구현 가능성은 고용과 명목 임금 동향에 좌우된다. 레이건 정부 이전, 상당 규모의 평시 적자 지출은 대체로 세금과 불안정한 경기 실적에 따른 지출을 반영하는 불황 현상이었다. 1981년 레이건의 세제 조치는 정부의 평시 재정 적자를 영구적이며 구조적 특징으로 만드는 것처럼 보였다. 구조적 적자로 폭발적으로 증가한 정부채를 검증하는 현금 흐름이 어떻게 창출되는가 하는 것은 아직 답이 없는 열린 문제다. 한 가지 분명한 방식은 소득을 통한 세수의 확대다.

각 주와 지방 정부의 부채 수준은 항상 예상 세수에 좌우된다. 국제 경제나 지역 경제 변동으로 인한 수입 감소는 이러한 지방 정부채 문제의 일상적 근원이었다.

앞서 보였던, 오로지 소비재와 투자재만 생산되어 축적되는 단순 경제의 비유에서, 소비재에 대한 노동비용 이윤폭은 곧 투자재 생산에서의 임금이므로 소비재 생산에서의 이윤은 투자재 생산에 좌우된다.[7] 투자재 생산에서의 노동비용 이윤폭은 투자재 생산에 자금을 대는 사람들의 보장 요구와 투자재 생산 시장 조건에 좌우된다. 투자 수요는

---

6 Basil Moore, "The Endogenous Money Stock," *Journal of Post-Keynesian Economics* II(Fall 1979), pp. 49–70

7 자본주의 경제에서 어떻게 시장이 기능하는지에 대한 통찰을 제공하는 관계는 9장을 보충하는 부록 A와 B를 참조하라.

투자 산출물 공급 가격을 초과하는 미래 기대 이윤의 자본화 가치와 금융 조건에 좌우된다.

투자재 수요 가격은 미래 전망에 달려 있다. 그럼에도 금융이 끼어들지 않는다면 수요 가격 상승은 투자 증가로 이어지지 않을 것이다. 은행과 금융 체계가 어떤 방식으로 작동하여 투자 금융 수요의 증가가 달러 측면에서 금융 공급의 증가로 이어지는지, 자산 취득에 따른 은행들의 능력과 의지가 어떻게 투자 증가로 이어지는지 이해해야 한다. 은행 부채로서의 화폐는 투자와 자본 자산 재고 포지션에 자금 조달되는 과정에서 출현한다.

자본 자산의 현재 가치와 이에 따른 투자 산출물 수요 가격이 금융시장에서 결정되고, 조달되는 투자 총액이 은행업 과정에 따라 달라지며, 투자 공급 가격은 금융 비용에 따라 달라지므로 투자는 금융시장 및 은행업에 영향을 받는다.

(오로지 경제를 제대로 작동시키는 미래 투자가 충분할 것이란 믿음으로 현재 경제의 원활한 작동을 위해 충분한 투자가 이루어지는)자본주의 경제의 독특한 순환성은 은행업과 금융 체계라는 필연적 결과를 낳는다. 은행업과 금융 체계는 현재의 투자 금융에서 유익한 자산 가격과 조건을 유지해야 할 뿐 아니라 미래 투자 금융에 대해서도 유익한 자산 가격과 조건을 유지해야 한다. 은행업과 금융 체계의 이러한 일상적 기능은 자본주의 경제가 만족스럽게 작동되기 위한 필수 조건이므로 체계가 붕괴되면 경제는 제대로 작동할 수 없게 된다.

일상적 작동을 위한 투자는 또한 외부 금융에 대한 의존이기도 하다. 특정한 금융 조건에서 외부 금융에 대한 수요가 공급을 초과하면 금융 조건, 다시 말해 미래 화폐 교환 계약에 규정된 어떤 조건이 인상될 것이다. 금융 조건은 금리뿐 아니라, 담보, 순자산 유지와 배당 이전에 충족되어야 하는 부채 상환 범위가 포함된다. 부가 조건의 존재는 금리에서 오해의 소지를 불러일으키는 지표로 작용한다. 분석하자면, 이러한 부가 조건들은 대개 채무자의 자산 손실로부터 금융 단위를 보호하기 위해 설계되었다. 자산 소유와 금융에 적용되는 계약은 차입자의 도덕적 해이로부터 금융 단위를 보호하는 조항을 담고 있다.

오늘날 금융 조건의 강화는 승계 금융 자산과 자본 자산 가격의 약화를 의미한다. 이것은 투자 수요 가격을 약화시킨다. 정교한 메커니즘은 발생하는 투자 총액을 제어한다. 투자 수요 가격 상승은 금융 수요 증가로 이어진다. 금융 공급이 탄력적이지 않은 한, 이는 금융 조건을 강화시켜 자본 자산의 가치와 투자 수요 가격을 약화시킨다.[8]

우리는 불확실한 세계에 살고 있고 미래에 대한 현재의 전망이 자본 자산 가격에 영향을 미치므로 금융 조건을 통한 조정자 메커니즘은 종종 낙관적, 균형을 파괴하는 피드백에 지배된다. 투자 산출물 공급 가격 대비 자본 자산 수요 가격 상승은 투자 증가로 이어진다. 이는 이윤뿐 아니라 미지불 부채 약정 대비 이윤의 비율, 은행과 일련의 모든 금융시장에서 조달 가능한 자금 규모와 기업 투자 의지를 확장한다. 은행가들도 사업가들과 같은 기대 환경에 살고 있으므로 이윤 추구 은행가들 역시 고객 유치 방법을 찾을 것이다. 은행가들의 이러한 행동은 균형을 파괴하는 압력으로 작용한다. 반대로, 자본 자산 가격 하락으로 이어지는 과정은 또한 은행가들의 금융 의지를 감퇴시킨다.

여기에 제시된 투자 금융 방식에 정합적인 화폐, 은행업, 금융시장

---

8 반대 메커니즘은 투자 대비 수요 가격의 약화를 유지한다.

관점은 화폐가 창출되는 특정 거래에 따른 모든 고려 사항을 보건대 화폐가 경제에 어떤 영향을 미치는지 규정하는 표준적 관점과는 근본적으로 분명히 다르다. 통화주의자들과 표준적 케인지언들의 접근은 화폐가 기관의 관행과는 완전히 무관하게 규정된다고 가정한다. 하지만 사실 화폐가 무엇인지는 경제의 작용에 의해 결정되며, 일반적으로 각각의 목적을 위한 특별한 화폐 수단과 더불어 화폐의 계층 구조가 존재한다. 화폐는 금융 과정에서만 나타나는 것이 아니므로 경제는 다양한 유형의 화폐를 가진다. 화폐는 누구나 창출할 수 있다. 문제는 그것을 누구나 받아들일 수 있는가에 있다.

은행 및 금융 기관들의 포트폴리오 선호도는 다양한 유형의 자본 자산의 자본화율과 다양한 유형 투자의 금융 조건을 결정한다. 우리가 사는 세계는 이질적인 자본 자산과 광범위한 금융이 요구되는 생산 기술, 그리고 비즈니스와 금융에 대한 다양한 조직적 형태로 특징화된다. 이런 세계에서 금융상 장점 내지 단점은 생산에서의 장점 또는 단점을 상쇄할 수 있다. 만일 금융상 이점이 매우 많이 상쇄된다면, 해당 성공은 기술적으로는 열위에 놓일 수 있다.

우리의 경제를 이해하기 위해서는 은행업을 허투루 여기지 않는 비판적 관점을 가져야 한다. 투자와 경제 성장에 자금이 조달되게 만드는 바로 그 필수 요소가 불안정성을 유도하고 증폭시키는 경향을 띠는 파괴력이다.

은행업 비즈니스

은행업은 화폐를 대부하는 일이 아니다. 화폐를 대부하기 위해서는 화폐를 가지고 있어야 한다. 기본적인 은행업은 수용, 즉 특정 단위의 신용 가치를 보증하는 것이다. 은행은 채무자가 지불할 수 없거나 하지 못할 때 채무 수단을 수용함으로써 특정 지불의 이행에 동의한다. 이렇게 수용되거나 보증된 증서는 공개시장에서 판매될 수 있다. 은행 대출은 그렇게 인정한 증권을 구매하는 일과 같다.

기업 어음 시장은 은행의 대부 약속이 신용과 경제 활동에 어떻게 영향을 미치는지를 보여준다. 기업 어음(기업의 무담보 지불 약속) 발행 단위들이 미지불 기업 어음에 준하거나 초과하는 미사용 은행 여신 한도를 가지는 일은 표준적 관례다. 기업 어음을 사고파는 사람 모두 필요한 경우 만기 어음을 충당하는 데 은행 자금을 이용할 수 있다는 사실을 알고 있다. 은행의 리파이낸싱 보증은 기업 어음을 은행 정기 예금만큼이나 매력적인 존재로 만들어주기 때문에 기업 어음 시장을 활성화시켜준다.[9]

신용을 보증하거나 수표 발행을 승인할 때, 은행가는 약정되지 않은 자금을 수중에 보유할 필요는 없다. 은행가가 상당 기간 수중에 유휴 자금을 가지고 있다면 가난해질 것이다. 소득과 수익이 없는 화폐를 보유하는 대신 은행가들은 자금 접근권을 가진다. 은행은 금융시장에서 필요한 만큼의 자금을 취득하기 위해 금융 약정을 맺는다. 그렇게

---

9 1977년 후반까지, 기업 어음 시장의 지나친 성장으로, 보증된 리파이낸싱의 주요 공급자인 대형 은행들은 미사용 은행 여신 한도에 대해 불평을 늘어놓았다.

운용하기 위해 은행은 시장에서 협상 가능한 자산을 보유하고 다른 은행에서 여신 한도를 마련한다. 우리 기업 체계의 정상적 기능은 대단히 많은 금융 약정에 의존한다. 금융은 실제의 자금을 빌려주거나 빌리는 것으로 드러나지는 않으며, 필요하면 언제나 신용과 존중을 기반으로 이러한 약정이 시행될 수 있게 금융 기관 간 연결을 제공하는 금융시장에 의존한다.

은행 및 은행가는 대출이나 투자하는 화폐의 수동적 관리자가 아니라 이윤을 극대화하기 위해 사업하는 존재들이다. 적극적으로 대출을 권유하고 금융 약정을 맺고 기업 및 타 은행과의 관계를 구축하며 자금을 찾아 나선다. 그들의 이윤은 그들이 자금을 대는 시점에도 자신들이 이용할 수 있는 자금의 청구에서 비롯된다. 은행은 사실상 다른 사람들의 화폐를 자신들의 자본 레버리지로 활용하며, 이윤은 부채 인수, 자금 약정 및 기타 서비스에 따르는 수수료뿐만 아니라 자신들이 부과하는 금리와 자신들이 지불하는 금리 차에서도 파생된다.

은행은 기본적으로 요구불 예금(당좌 예금), 상환기일부 채무, 소유 지분 등 세 가지 기본 유형의 명시적 부채와 고객 관계에 따른 지급 보증, 신용장, 공여 신용 한도 같은 조건부 또는 암묵적 부채가 있다. 은행의 명시적 자산은 다양한 형태의 화폐, 대출, 유가증권이다. 암묵적 자산은 중앙은행과의 연결을 포함하는 은행 자신의 신용 한도뿐 아니라 신용 한도가 있거나 부채가 보증된 고객들의 부채를 포함한다.

대출은 은행이 기업, 가계, 정부에 대해 미래 일정 시점에 은행에 지불하기로 한 약속을 대가로 이루어진 지불을 나타낸다. 증권 또는 투자는 보유 자금이나 시장으로부터 취득한 자금을 사용하여 금융시장에서 이루어지는 구매를 반영한다. 증권들은 또한 다양한 미래 시점에서의 지불을 약속한다.

대출은 증권과 달리 차입하는 단위가 기꺼이 제공하는 사적 정보를 은행이 이용하는 고객 관계를 수반한다. 지속적인 관계를 위한 암묵적 약정이 대출 고객에 대해 존재하는 반면, 증권에 대해서는 그러한 지속적 약정이 없다. 은행 대출에는 사적 자료를 포함하므로 은행이 조건부 부채를 승인하지 않는 한 양도될 수 없을 것이다. 연준 할인창구의 애초 목적은 대출의 유통성(양도성)을 개선하기 위한 것이었다.

대출 계약은 차입자가 은행에 지불을 약속함으로써 은행업에 두 가지 현금 흐름을 만들어내는데, 은행에서의 애초의 흐름(대출)이 은행으로의 차후 흐름(상환)을 설정한다. 은행에서의 흐름이 정확히 무엇이며, 이 흐름은 누구에게 흐르고 누구에게서 발생하는가?

은행이 지불하는 금액은 다른 은행에 지불하는 것이지만 동시에 고객 계좌에 대한 청구권을 실행한다. 수신 은행에서 지불금은 예금자의 계좌로 입금된다. 이러한 지불들은 지급 은행의 고객 계좌나 신용한도에서 이루어지고 수신 은행의 특정 계좌에 입금된다. 개인, 기업, 정부의 각 단위 간에 서로 지불이 이루어지면서 은행 간 이동이 활성화된다.

연준 회원 은행들의 경우, 은행 간 지불은 한 은행의 계좌에서 연준 은행의 다른 계좌로 예금 이동이 일어난다. 비회원 은행의 경우, 대리 은행이라 불리는 다른 은행이 개입하여 연준 은행에서의 거래가 대리 은행의 계정으로 이루어진다. 한편, 기업, 가계, 지방 정부는 상업 은행 장부에 예금이 이관되는 반면, 회원 은행과 비회원 은행 간의 지불은 연준 은행 장부의 신용으로 이관된다. 일반 대중은 은행 예금을 화폐로 사용하는 반면, 은행들은 연준 은행 예치금을 화폐로 사용한다.

이것이 우리의 화폐와 은행업 체계의 근본적인 계층적 속성이다.

우리의 체계에서 은행이 고객에게 행한 지불은 일반적으로 다른 은행에 예치된다. 은행이 고객에게 실행한 지불이 대출 계약에 따른 것이라면 고객은 이제 은행권을 소유한다. 고객은 만기에 은행에 대한 채무 이행을 위해 경제 활동과 금융시장을 통해 이 화폐를 운용해야만 한다. 다수의 채무자들이 은행에 대한 요구불 예금 지급을 요구할 수 있는 미지불 부채를 가지고 있기 때문에 요구불 예금은 교환 가치가 있다. 채권자들은 요구불 예금을 얻고자 일을 하거나 재화 및 금융 상품을 판매할 것이다. 예금의 교환 가치는 채무자들이 약정을 이행하는 데 필요한 예금 수요로 결정된다.

은행 대출은 표면상으로는 내일의 화폐에 대한 오늘의 계약이지만, 실제로는 추후 은행 장부의 신용에 대한 오늘 은행 장부의 차변 교환이다.[10]

대출 대 요구불 예금의 비율을 100%라고 가정하고, 한 달 영업일은 20일, 그리고 모든 대출의 만기는 한 달이라고 가정하자. 평균적으로 1 영업일에 미지불 대출의 5%가 만기로 돌아오면 은행 장부상 요구불 예금이 차감되어 상환된다. 이러한 요구불 예금이 존재하기 위해서는 대출금이 은행 장부에 산입된 후, 차입 고객은 해당 필요 금액을 예금에 충당하기 위해 경제 활동을 해야 한다. 실제로 차입자의 판매와 수입은 대출금 상환에 충분한 예금을 충당하고, 그 달 동안 차입자의 경제 활동은 대부 은행에 의해 연준 예치금의 순수익으로 이어진다.

---

10 예금 발행 은행의 장부상 주요 자산이 정부 채무인 경제에서 세금이 지불될 필요가 있다는 사실은 화폐에 가치를 부여하는 것이다. 화폐의 상품 가치(구매력)에 관한 한, 균형 재정 및 흑자가 의미하는 미덕은 세금을 지불할 수 있는 무엇인가를 얻기 위해 사람들이 노동과 생산에 종사한다는 것이다.

이 사례에서 은행들이 대출 원금에 만기 이자를 더한 금액과 동일한 연준 예치금을 수령하는 방식으로 차입자들의 한 달간 경제가 운용될 것이다. 만약 은행들이 완전 대출 상태를 유지한다면, 받은 대출 이자가 주로 은행의 금융 비용, 인건비, 기타 비용의 지불에 사용된다 하더라도 상환 총액은 대출이나 투자에 사용된 총액과 같을 것이다.

미국에서 연준 회원 은행들은 예금에 대한 일정 비율을 연준 은행의 장부나 통화로 유지해야 한다. 은행가들은 이러한 (은행가들에게 화폐나 다름없는)예금들로 다른 은행가에게 지불하는 반면, 다른 경제 단위들은 (은행 내외부로 유통되는)은행 어음 및 현금으로 지불한다.

수표가 은행으로 들어가 지급 제시되면 연준의 해당 은행 계좌로 입금되거나 인출된다(회원 은행이 아닌 경우 입출금은 대리 은행의 계좌에 기재된다). 계좌에 들어오고 나간 금액 간 순 차이는 은행 지불준비금 포지션의 변동으로 이어진다. 은행의 포지션 메이킹은 자산 매각이나 차입을 통해 법정 지불준비금을 맞추거나 일부 초과금을 부채 상환이나 자산 취득을 위해 사용하는 경제 활동이다.

요구불 예금과 정기 예금은 은행이 다른 사람들에게 빚진 자금이다. 총자산과 차입금의 차이가 해당 은행 소유주의 투자액으로 측정되는 자기 자본의 장부 가치다. 1983년 기준, 미국에서 가장 큰 일부 대형 은행들의 자산 대비 장부 가치의 비율은 약 3%였고, 대다수의 대형 은행들은 8%, 소형 은행들은 12%였다. 이것은 은행 보유 자산의 88%~97%가 차입에 의해 조달되었다는 사실을 의미한다. 1983년 말들어 레버리지가 가장 높은 대형 은행(뱅크아메리카와 뱅커스트러스트)에서의 장부 가치 비율은 2.8%였고 보다 나은 대형 은행(멜론뱅크)은 5.9%로 드러났다.

은행가들은 자금 조달에 지출하는 것보다 자산으로 더 많은 돈을 벌어들이고, 은행에 소득을 가져다주는 자산은 대출과 투자다. 은행이 가장 큰 비교 우위를 가지는 상업적 방식은 대출로서, 특히 기업 대출이 큰 부분을 차지한다. 어떤 은행이건 간에 기업 차입자를 찾아 영업하는 '기업 개발' 부서가 있다.

은행의 대출 기능에는 세 가지 측면이 있다. 차입자를 찾고 대출을 구조화하며 차입자를 감독하는 일이 그것이다. 이윤 추구에 있어서 은행가들은 당연히 차입자들이 계약상 의무를 다하도록 대출을 구조화할 필요가 있다. 은행가는 대부를 실행하기 전에 차입자가 대출금 상환을 위해 어떻게 경제 활동을 운용하여 돈을 벌 것인지에 대한 명확한 전망을 가져야 한다.

채무자들이 지불 약정을 이행하는 데 필요한 세 가지 자금원은 경제 활동으로부터의 현금 흐름, 리파이낸싱이나 상환 연장, 그리고 자산 매각이다. 잘 구조화된 은행 대출은 차입자와 은행가 모두에게 이득이 될 것이다. 이것은 대출금이 차입자의 기대 소득(현금) 창출에 사용되어, 약정을 이행하는 데 충분한 기대 이상의 소득을 얻을 수 있게 한다는 의미다.

은행에서 대출을 구조화하고 관리하는 사람은 대부 담당자다. 대부 담당자들은 성공적 은행업을 위한 핵심이다. 전문 대부 담당자는 자신이 차입자의 파트너라는 것을 안다. 차입 고객이 성공해야 자신도 성공한다. 더 나아가 은행 대출을 이용해 돈을 버는 차입자는 번창하여 향후 대출을 받으러 다시 올 것이다. 지속적인 관계는 은행에게 수익을 준다. 따라서 약정 이행에 충분한 현금 이상을 창출하는 활동에 자금을 조달하는 대출은 은행가나 고객의 관점 모두에서 최선이다. 만약 대출이 구조화되어 기대 현금 흐름이 약정을 이행했다면 이때 대부자와 차입자는 헤지 금융에 관여된 것이다. 재화의 판매나 보유로 부채 상환을 위한 현금 흐름을 창출하는 전통적인 상업 대출은 헤지 금융의 예다.

새로운 부채의 발행은 약정을 충족시키기 위한 또 다른 현금원이다. 제조업과 같이 지속적 운용 과정에서 구입한 일단의 재료들은 산출물이 되기 위해 다양한 전환 공정을 거친다. 이 과정에서 기존 재료 구입에 포함된 부채는 새로운 재료 구매를 위한 부채 조달 시점에 모두 상환될 것이다. 이와 같은 순차적 과정은 신규 부채가 발행되는 시점에 만기 부채를 상환하는 변동성 총부채로 대체할 수 있다.

생산 과정에서 특정 투입물에 엮여 있지는 않지만 기업체의 일반적 수익성에 엮여 있는 부채는 투기 금융 관계의 가능성을 열어준다. 단기 부채로 장기간에 걸쳐 수익을 산출하는 자산을 포함하는 포지션에 대한 금융은 기업 채무 구조에서의 리파이낸싱 필요성을 낳게 한다. 이것이 바로 투기 금융의 특성이다. 투기적 금융 구조가 나타날 가능성은 부채에 따른 이자 지불에 충분한 현금 흐름과 부채 협상이 가능한 금융시장의 정상적 작동에 좌우된다. 대출 담당자는 기초 수익이 충분히 존재하는 한 리파이낸싱이 가능할 것이라는 기대로 이러한 유동적 부채-금융 관계에 편승한다.

자산 매각이나 담보 제공은 계약상 의무 이행에 필요한 현금의 세 번째 재원이다. 담보물 가치에 기초한 대출은 소득 창출 활동으로부터 기대되는 현금 흐름의 가치에 기초한 대출의 종류와는 다르다. 실제로 대개 미래 현금 흐름에 기초한 대출을 구조화하는 데 있어 대부 담당자는 담보물 형태로 안전 한도를 요구할 수 있다. 그러나 이것이 주된 고려사항은 아니다. 현금 흐름을 지향하는 대출은 어떤 사업 시도의 유망한 부가가치에 기초하여 이루어진다. 그러나 담보 대출의 실현 가능성은 대개 담보로 제공되는 자산의 기대 시장 가치에 따라 달라진다.

담보부 증권이나 토지 대출의 경우, 담보물을 유지하는 동안 담보 자산에서 얻는 수익은 대출금의 이자조차 충당하지 못한다. 건설 프로젝트는 자산(건물)이 완성되기 전에는 어떠한 수익도 얻을 수 없다. 대부 담당자들은 자산이 총대출금과 누적된 이자를 충당하는 가격에 매각될 수 있을 것이라고 예상하여 대출 협정에 돌입한다(건설 프로젝트의 경우, 테이크아웃 금융은 자본화된 이자를 더한 비용이 포함된다). 이러한 대출은 금융 구조에 폰지 금융 특성을 부여한다. 더욱이 폰지형 대출은 소득이 기대 수준 이하로 떨어지거나 금융이 투기적으로 상환 연장되면서 차입자와 대부자의 기대 수준 이상으로 금리가 오르기 때문에 은행 부담이 가중될 수 있다. 그러므로 (이자를 갚기 위해 차입하는)이자 금융의 자본화는 정상적 금융 구조의 일부인 반면, 은행가와 기업가들은 상황의 역전개에 따라 이러한 금융을 강요받을 수 있다. 이런 현상이 일어날 때 폰지 금융 비율이 증가한다.

그러므로 경기 순환적 안정성에 의존하는 금융 구조의 전반적 취약성과 건전성은 은행가들의 대출에서 비롯된다. 은행가들의 현금 흐름 지향성은 안정적 금융 구조가 유지될 수 있게 한다. 은행가들의 담보 가치 및 기대 자산 가치에 대한 강조는 불안정 금융 구조의 출현으로 이어진다.

은행의 이윤 방정식: 레버리지, 자산 소득, 부채 비용

레버리지

순이익은 기업주에게 발생하는 소득으로, 순이익률이나 수익성은 기업주의 투자 대비 순이익 비율을 의미한다. 수익성은 자산의 단위 가격당 이윤과 기업주의 투자 대비 자산 비율, 두 요소의 산물로 간주될 수 있다. 기업주의 투자는 자산 가치와 부채의 차이로 규정된다. 은행 및 기타 금융 기관의 자산은 거의 대부분 금융 상품으로 이루어져 있는데, 금융 상품들은 액면가와 시장 가치를 동시에 지닌다. 금리와 금융 조건의 변동이 거의 없고, 금융 상품 거래가 쉬운 안정적인 금융시장 체제에서 유가증권의 시장 가치는 대략 액면가와 일치하고 대출은 만기에 액면가로 상환된다. 이 조건하에서 은행 자산의 시장 가치와 그에 따른 소유주의 지분은 대략 일치한다.

　은행 회계 관례상 대출 손실 충당금은 장부에서 빠지는데, 이 충당금은 자기 자본 계정에 추가되지 않고 미지불 대출에서 공제된다. 은행들은 부동산을 보수적으로 평가하는 경향이 있다. 그 결과 경제적 평온기에 주식 가치로 평가된 은행의 시장 가치는 장부 가치를 상회할 수 있다. 그럼에도 금융적 평온기에 은행의 장부 가치는 일반 기업의 장부 가치보다 시장 가치를 반영할 가능성이 더 높은데, 이는 감가상각비가 자산의 경제적 가치와 사실상 관련이 없을 수 있기 때문이다. 그러나 (1975년, 1982~1983년과 같이)금리가 상승하고 대출 손실, 재협상, 구조 조정이 일상화되면 개별 자산은 금리 변동에 따라 재평가되지 않으므로, 은행의 장부 가치는 일반 기업의 장부 가치처럼 관행적 분식 회계의 문제를 일으킨다.

다른 모든 이윤 추구 개체가 그러하듯, 은행의 시장 가치는 미래 수익의 자본화 가치이고, 자본화율은 시장 금리 및 수익에 대한 확신과 성장에 대한 믿음을 반영한다. 주식의 시장 가치 및 장부 가치 간의 차이는 해당 기관에 투자할 가치가 있는지의 여부를 판가름하는 지표다. 장부 가치를 넘어서는 시장 가치는 이익 잉여금이 증권시장에서 자본화되면 이익 잉여금의 가치를 초과하는 자본 이득이 있음을 뜻한다.

은행 레버리지, 즉 자산 대비 자기 자본 비율은 은행이 '이름값'을 담보로 다른 단위의 부채를 일상적으로 얼마나 많이 수용할 수 있는지를 나타내는 지표가 될 수 있다. 바꿔 말하면, 레버리지는 자산 취득을 위해 다른 사람들의 돈을 이용하는 것으로 이해할 수 있다. 비은행 금융 기관(생명보험사, 리츠, 뮤추얼 펀드 등)들의 레버리지는 자기 자본 대비 부채 비율을 명백히 반영한다. 그러나 명시적이지 않은 다양한 방식으로 신용을 담보하는 은행에서 장부상 부채로 드러나는 레버리지는 은행의 자기 자본이나 소유주의 투자가 다른 경제 단위들을 보증해주는 정도를 과소평가한다.

어떤 은행이 자산 250억 달러, 자본금 12.5억 달러고, 잉여금 및 미배당 이윤이 있다면, 자기 자본 대비 자산 비율(자산÷자기 자본)은 20이다. 여기에 더해, 은행이 대출 손실을 공제한 세후 이윤이 1.875억 달러라면, 이윤/자산 비율은 0.75%고, 자기 자본 대비 이윤율은 15%이다. 은행이 이윤의 1/3을 배당금으로 지불한다고 가정하면, 이익 잉여금은 소유주 투자금의 10%고, 매년 자본은 10%씩 성장한다.

자산 운용으로만 수익을 내는 다른 은행을 생각해보자. 이 은행의 자산/자기 자본 비율을 12라고 하자. 이 은행의 자산은 대략 2,500만 달러, 자기 자본은 208.5만 달러고, 자산 대비 0.75%인 187,500달러 또는 자본 대비 9%의 수익을 얻는다. 5%를 배당한다고 하면 이익 잉여금은 자기 자본의 4%이다. 이와 같이 두 은행 모두 자산 운용의 달러당 순익 측면에서 똑같이 효율적이기는 하지만 레버리지가 더 높은 첫 번째 은행은 더 빠르게 성장한다.

이익 잉여금에 따른 장부가의 상승은 단위들의 성공적 성장을 추동하는 은행업 내부의 역동성이 있음을 의미한다. 그러나 총이익 잉여금은 은행가들로 하여금 경제 전반의 실질적 확장 가능성과 양립할 수 없는 은행 자산 및 부채의 확대에 눈독 들이게 한다. 예를 들어, 통화량 증가에 관한 많은 표준적 정책 주장의 기초는 경제의 잠재적 실질 성장률이 연간 최대 4% 정도에 있다는 전제에 있다. 대다수 표준적 경제학자들에게 이는 속도가 일정하다면 연 4% 정도의 꾸준한 통화 공급 증가율은 물가 상승을 유발하지 않는 성장으로 이어질 수 있음을 암시한다.[11] 위의 예에서, 자기 자본 대비 15%의 이윤을 내는 은행은 연 10% 성장에 매진하고 9%의 이윤을 내는 은행은 연 4% 성장에 매진할 것이다. 만약 이 세계가 15%의 수익을 내고 그 1/3을 배당하는 은행들로 가득 차 있다면, 자산 대비 자본 비율 및 이윤율 유지를 위한 연 10% 성장의 요구로 경제를 긴장으로 몰아넣을 것이다. 은행이 연간 10%의 성장을 시도하는 반면, 당국은 은행 부채 증가율을 연 4%로 제한하려 들기 때문이다.

은행 자산은 물적 자원으로 드러나지는 않는다(종종 은행들이 자리 잡은 화려한 건물과 은행 직원들을 즐겁게 만드는 값비싼 전자 장비들은 무시된다). 소유주의 투자는 차입 자금과 혼재되고 기업 금융, 정

---

11 밀턴 프리드먼이 이러한 정책 제안을 한 것으로 유명하다.

부, 가계 활동에서 조달되는 자금이 이용된다. 그런데, 주주들은 은행 주식에 투자하는 대신 다른 기업의 주식을 보유할 수 있다. 자금을 유치하기 위해서는 은행에 대한 사적 포트폴리오 투자가 다른 기업에 대한 투자만큼 이윤율이 있어야 한다. 리스크나 은행의 명성을 고려하더라도 은행 자본에 대한 투자 이윤율이 다른 형태의 자본 자산만큼은 커야 한다. 통상의 기업에서 달러당 투자 수익이 15%라면 은행들이 자기 자본으로 벌어들인 수익률이 15% 내외가 되도록 경쟁 시장의 압력이 은행업에 대한 투자를 확대하거나 위축시킬 것이다.

달러당 자산 수익에 부정적 효과를 미치지 않으면서 레버리지를 높이는 은행은 수익성을 증가시킨다. 잉여 이익과 레버리지 증가에 따른 수익성의 조합은 은행으로부터의 금융 공급을 매우 빠르게 증가시켜 자본 자산 가격, 투자 산출물 가격, 그리고 최종적으로는 소비 산출물 가격 모두를 상승시킨다.[12]

은행 수익은 대출 및 투자에 따른 이자와 할인, 어음 수수료, 대출 약정, 환전 및 서류 처리 수수료 등에서 부채 비용, 인건비, 시설 및 관리 비용을 제하고 얻은 결과이다. 은행은 비용을 최소화하면서 수입을 극대화시키려고 노력한다. 수입 측면에서는 항상 새롭고 수익성 있는 자산과 보다 많은 수수료 확보 방법을 모색한다. 보다 적은 운용비용으로 보다 유리한 조건의 자금을 획득하기 위해 애쓴다. 부채 측면에서 이윤 및 자산 대 자본 비율 사이의 관계는 늘 새로운 방식의 차입

---

12 우리 관점에서, 은행 자산을 10% 성장시키려는 노력은 투자/소비 비율의 증가로 이어져 소비재 가격이 상승할 것임을 의미한다(제7장 참조). 표준적 화폐 수량 이론의 추론에서, 생산량보다 더 큰 화폐량 증가율은 물가 상승을 불러온다. 우리가 주장하는 바는 은행이 행하는 금융에 대한 고찰인 반면, 화폐 수량설은 특정 은행 또는 여러 은행의 부채에 중점을 두고 추정한다.

방식이 추구된다는 사실을 암시한다.

은행가는 항상 새로운 대출 방식, 새로운 고객, 그리고 새로운 자금 획득 방법을 모색한다. 다시 말해, 그들은 늘 혁신해야 된다는 생각에 집착한다. 수익의 현상 유지는 이윤 성장률의 최소 목표치다. 은행 이윤율이 유지되려면 자산의 달러당 이윤율이 변동되지 않는 한 자산과 비자기 자본 부채가 자기 자본의 장부 가치와 같은 비율로 증가해야 한다.

만일 운용 원가가 통제되고 있다고 가정하면, 은행 이윤율은 자산 단위당 순익이나 소유자의 투자 대비 자산 비율이 증가하면 증가할 것이다. 전자는 부채와 자산 간 더 큰 금리 차의 추구를 암시한다. 금리 차는 상대적 위험성과 상환 기간을 반영하는데, 이는 위험 요인이 감소되게 한다. 자산 수익률을 높이기 위해 은행은 장기, 또는 고위험 자산 수용을 통해 수익을 달성하고자 노력할 것이다.[13] 어떠한 수준의 시장 금리에서도 부채 금리를 낮추기 위해 은행은 늘 예금자에게 더 안전하다는 믿음을 심어주려 한다. 이러한 일들은 부채 기간의 단축과 보다 특별한 보장을 통해 이루어진다. 자산과 부채 간 금리 차이를 확장시키기 위해 은행은 새로운 유형의 증권을 만들어 예금자와 차입자에게 제시한다. 이는 결국 이윤에 대한 압박이 초래한 결과로 생겨난 새로운 금융 상품이다.

레버리지 증가가 은행 이윤에 미치는 효과는 실로 인상적으로 나타

---

13 금융 상품의 위험성을 측정하는 한 가지 척도는 금융 계약 이행에 필요한 예상 자금원을 살펴보는 것이다. 수익 확대를 추구하는 은행들은 기대 현금 흐름보다는 담보 가치에 기초한 대출과 투기적 현금 흐름 관계성을 수용할 것이다. 이윤을 추구하는 은행업은 투기 금융과 심지어는 은행 고객들의 폰지 금융마저 유발할 수 있다.

나는데, 자산 대비 0.75%의 이윤을 만들어내는 은행이 자산 대비 자본 비율을 6%에서 5%로 낮추면 장부 가치상 이윤율은 12.5%가 아니라 15%가 된다. 이런 레버리지 증가가 수년에 걸쳐 지속되면 이윤율은 매년 상승한다. 장부 가치 기준 배당이 일정하면 이익 잉여금 증가율은 7.5%에서 10%로 상승한다. 주당 수익이 증가하고, 주식에 대한 주식시장의 평가는 이러한 수익의 증가를 반영할 것이다.

인플레이션과 금융시장의 불안정성이 주요 관심사로 등장했던 1960년에서 1974년 사이에, 은행들의 레버리지 비율은 대략 50% 정도 증가했다. 이러한 증가는 금융 환경 변화의 한 부분으로, 기업 부채 구조에 따른 투기 금융과 폰지 금융 비중의 증가를 수반했다. 은행의 레버리지 비율 증가는 은행 고객들의 단기 차입(및 레버리지) 확대를 촉진함으로써 금융 취약성으로 몰아가는 과정의 일부였다. 은행의 레버리지 비율 및 경제에서의 투기 금융과 폰지 금융의 확산은 동전의 양면이다.

은행 경영 동기

수익성 증가에 따른 은행 주가의 상승은 전문적으로 관리되는 제도권 은행의 세계에서 상당히 중요한 일이다. 전형적 전문 은행장들은 임기 초기에는 부자가 아니다. 은행장으로서 그는 사익 추구를 위해 노력하는 고용인이다. 그렇지만 세금 구조를 고려할 때 소득에 따른 저축으로 부를 축적하는 일은 여간 어려운 일이 아니며, 기업 임원으로서 가장 효율적인 방법은 스톡옵션과 주가 상승에 따라 축적되는 자본 이득을 통해 이를 추구하는 것이다.[14] 스톡옵션의 보유자로서 은행 경영진은 거래소에서의 은행 주가에 관심이 크다.

어떤 주식의 가격도 주당 수익, 인지된 은행 리스크에 따른 수익의 자본화율, 수익의 기대 성장률에 연동된다.[15] 만약 은행 경영진이 인지된 은행 수익률 보장과 안전성 감소 없이 레버리지를 늘려 수익 성장률을 가속화할 수 있다면, 은행 수익과 성장 기대치를 반영하는 수익의 자본화율이 모두 상승하므로 주가가 오를 것이다. 우리와 같은 제도화된 조직과 세법이 존재하는 자본주의 사회에서 제도화된 기업 경영진들이 부를 추구할 때 성장을 강조하게 되고, 결국 레버리지 비율을 증가시키려는 노력으로 이어진다. 그러나 은행 및 일반 기업들의 레버리지 증가는 안전 한도를 감소시켜 경제의 불안정성을 증가시킨다.

신중과 감시

은행업 관련 문헌은 '신중한 은행가', 즉 정확한 양의 리스크만 감수한다는 은행가의 개념을 제시한다. 은행가에게 리스크는 자산, 부채, 레버리지에 의해, 다시 말해 대차대조표 구성에서 비롯된다. 그러나 은행가들이 수반하는 리스크는 객관적 확률 현상이 아니라 주관적으로

---

14 고율의 소득세 및 제도화된 법인이 있는 세계에서 자본 이득에 따른 과세 우대조항은 절약을 보상하는 방식이 아니라, 기업 경영진이 부를 쌓도록 합법화하는 방법이다. 관료주의적 기업 자본주의가 경영자들이 추구하는 사리사욕과 부로 효율적 생산, 상품 선택, 그리고 금융으로 나아가게 하려면, 스톡옵션과 자본 이득에 대학 특혜적 대우를 포함하는 어떤 제도가 필요하다.

15 만약 어떤 주식이 장부 가치상 15%의 수익을 내고 자본화율이 15%라면, 주가는 장부 가치와 같을 것이다. 하지만 자본화율이 10%라면 시장 가치는 장부 가치를 초과할 것이다. 만약 자본화율이 20%라면 시장 가치는 장부 가치보다 작을 것이다. 게다가, 주당 수익이 증가할 것으로 예상되는 경우, 경상 수익의 자본화율은 이윤의 기대 성장률을 뺀 비성장적 자본화율의 (영구적으로)역수가 될 것이다.

평가되는 불확실성 관계다. 뿐만 아니라 어느 시점에 경제 단위가 감당할 수 있는 리스크는 과거의 경험, 그중에서도 주로 최근의 경험을 반영한다. 1960년대 초반 이전에 은행들은 정부채를 대출로 대체하여 자산 구조를 변화시킴으로써 수익성을 개선할 수 있었던 반면, 1960년대 중반 이후 은행들은 부채 구조를 개편하고 레버리지 비율을 증가시켜 수익을 추구했다. 은행업의 고정 요소인 이윤 추구는 시대에 따라 다른 양상을 보였으나, 2차 세계대전 이후 내내 경제의 주기적 실적에 연동된 리스크에 노출되는 경향이 증가했다.

전통적으로 은행 리스크 노출은 비록 완벽하지는 않지만 고객 감시 및 상호 감시로 제약되었다. 은행 파산 가능성이 존재하고 실제로 파산하여 예금자, 주주, 그리고 차입 고객들에게 손해를 끼치는 체제에서, 은행 서비스를 이용하는 사려 깊은 이용자들은 해당 은행의 포트폴리오와 레버리지 특성에 반응한다. 2차 세계대전 이후, 예금자 보험과 연준의 개입이 소액 예금자 보호보다는 모든 비자기 자본 부채 소유자들을 보호하는 경향을 보임으로써 소비자 감시의 중요성이 줄어들었다. 법적으로 계좌당 보증이 상당히 제한적(최초 5천 달러에서 10만 달러로 상승)이었음에도 불구하고, FDIC는 파산 은행들을 폐업시키거나 청산하는 대신 합병에 자금을 조달했다. 그 결과 거의 모든 부실 은행들의 비자기 자본 부채들 모두가 유효하게 되었다. 저축 은행에서의 예금자 보호도 비슷한 방식으로 운용되었다.*

---

* 1982년에 파산한 펜스퀘어은행에 대한 부채 처리는 FDIC가 모든 부채의 유효화를 거부했다는 것을 의미한다. 컨티넨탈 일리노이 경우는 그 규모가 너무 커서, FDIC와 연준이 소규모 은행에 대해서는 여전히 법적으로 10만 달러까지의 예금 보장을 고수하는 시점에서도, 모든 예금 부채를 유효화해줄 것을 공개적으로 '강요'당했다.

연준이 은행의 대대적인 폐쇄를 막기 위해 예금 보험 기관과 협력할 것이라는 믿음과 더불어 은행 실패를 관리하는 이러한 기법은 예금자가 거래 은행의 생존 가능성을 염려할 필요가 없음을 의미한다. 그 결과 예금 손실, 금리의 불이익 및 대체 금융 물색으로 이어질 수 있는 예금자들에 의한 감시는 더 이상 은행의 레버리지와 자산-부채 구조를 제약하지 않게 만들었다. 규제 당국의 보호가 민간의 사적 감시를 불필요하게 만들었다는 의미다.

상호 감시는 다른 은행 및 금융시장 기관들이 은행 간 거래되는 금융 상품의 조건 규정에 따라 통제하는 것이다. 지불준비금의 부족 및 고갈은 처음에 연방 기금의 대부나 차관으로 다루어지므로, 상호 감시는 기꺼이 대부해주고자 하는 의지의 차이 또는 특정 은행에 대한 대부 조건에서의 차이로 드러난다. 특정 은행 및 특정 유형의 은행에서 어려움이 발생하면 금리 차이가 나타나 의심스런 상황에 놓인 은행들은 금융시장 차입 시 가산 금리를 지불한다.[16] 어려움을 겪는 것으로 보이는 은행은 CD 판매 및 연방 기금 차입에서 곤란을 겪을 수 있는데, 이러한 상황은 연준 할인창구에서의 차입을 강제한다.

은행 조사

광범위하게 정의된 중앙은행이 리스크를 흡수한 결과, 고객 및 상호 감시가 약화되면서 은행 조사bank examination는 은행 리스크 노출을 억제하는 수단으로 그 중요성이 점차 부각되었다. 은행 조사는 경제적

---

16 1975년 말 뉴욕시의 위기에서 뉴욕의 은행들은 CD 시장에서의 특권적 포지션을 잃었다. 1974년 초 봄에 프랭클린내셔널은행은 차입을 위해 가산 금리를 지불해야 했다.

생존 가능성이나 리스크 노출에 대한 조사라기보다는 (즉, 절차의 적법성과 문서 및 명백한 사기를 찾는 회계사의 범주로서)대개 형식적이다. 어떤 조사관이 2천만 달러에서 1억 달러에 이르는 은행 운영과 거래를 모두 이해한다 해도, 기존의 조사 절차는 복잡한 자산 및 부채 구조를 포함하는 대형 은행에 대한 고객 및 상호 감시를 깊이 있게 대체할 수 있는 것은 아니다. 1970~1980년대의 문제 은행의 수와 복잡성이 증가한 이유는 주로 점점 더 주기적인 환경에서 은행들이 리스크에 노출되는 경우가 증가한 데 따른 결과다.

조사 권한의 결핍은 1974~1976년의 리츠 사태와 1980년대 초 은행들의 외채 사태에서 명백히 드러난다. 두 가지 사태 모두 경제 위기 이전에 성행했던 신용 관행의 유산이었다. 조사관들은 문제점을 명백히 파악하고 있음에도 대형 은행들의 신용 정책을 규제할 만한 권한이 없었다. 현재의 제도 방식에서 조사 당국이 유일하게 의지할 것은 관리자 임명과 예금자 보험의 철회다. 조사관의 관리자에 대한 재원의 강요, 예컨대 부동산 및 남미 신용 위험에 노출된 체이스맨하탄은행의 재원 요구와 같은 일은 소형 은행에는 효과적일지 모르지만 제대로 받아들여지지 않았다.

받아들일 만한 권한의 부족에 더해 (그 중요성에 있어서 꼭 같은)은행 조사 절차도 은행 업무에 대한 이해 부족을 반영한다. 은행은 현금 흐름 기계다. 예금과 인출은 현금 흐름이고 현금 흐름을 만들어낼 때만 자산은 비로소 가치를 지닌다. 자산은 채무자의 계약 이행 또는 자산 매각이나 담보에 의해 현금 흐름을 만들어낸다. 자산 매각이나 담보 설정이 현실적으로 가능하려면 일부 금융시장이 적절한 방식으로 작동할 수 있어야 한다. 은행에 대한 계약상 현금 흐름이 실현되려면 채무자의 현금 수입이 최소 기대치를 충족해야 한다. 그러나 부채 상환을 위한 채무 기업의 현금 수입은 부채의 액면 통화로 측정되는 총 이윤에 따라 달라지고, 정부채의 현금 수령액은 기대 세입에, 가계의 현금 수입은 대개 임금 및 급여에 따라 달라진다.

은행의 기대 현금 수입이 실현되려면 조사관은 채무자가 벌어들여야만 하는 기저의 기대 현금 흐름을 반드시 인지해야 한다. 은행 조사가 고객 감시와 상호 감시를 대체하려면, 은행 운영에 대한 조건부 경제 분석이 따라야 한다. 은행 리스크 노출에 대한 효과적 통제 없이 은행 레버리지의 확대를 통해 이윤을 달성하고자 하는 시도는 결국 대규모 현금 흐름의 문제를 야기할 것이다. 결과적으로 예금보험기관과 연준이 은행들의 채무 불이행 사태를 막기 위해 개입할 수밖에 없게 만든다. 심각한 불황을 막기 위해 필요한 구제 금융은 기업, 정부, 가계의 부채 부담 및 은행의 노출된 포지션 모두의 원인으로 작용하는 금융 관행을 유효화해주는 역할을 한다. 위기 이전 상황이 발전하지 못하도록 방어해야 할 규제 당국이나 시장 조직의 무능에 따른 결과를 상쇄해야 할 필요성 때문에 생산 잠재 성장률에 기반을 두지 않는 은행 지불준비금 증가율이 연준에 의해 강제된다. 인플레이션에 따른 통화 투입은 부분적으로는 규제 개입을 통한 은행 통제에 무능한 당국과 연준이 사용할 수 있는 공개시장과 할인율 조작의 결과다.[17]

---

17 Hyman Minsky, "Suggestions for Cash-Flow Oriented Bank Examination," *Proceedings of a Conference on Bank Structure and Competition*, Federal Reserve Bank of Chicago, 1975.

은행 부채의 명시적, 그리고 묵시적 비용들

다양한 시장에서 차입한 요구불 예금 및 정기 예금과 기금들은 은행의 명시적 비자기 자본 부채로서, 이러한 부채 비용(명시적 이자, 명시적 이자를 대신하여 제공되는 용역, 은행이 특정 유형의 부채 확보를 위해 자산을 유지해야 됨으로써 포기해야 되는 수익)은 은행이 주요하게 지출하는 비용이다.

정기 예금, 양도성 예금, 환매조건부 채권 및 연방 기금에는 명백한 이자 비용이 따른다. 은행은 이러한 예금을 유치하기 위해 광고와 판촉물을 제공하고 잠재적 예금자들을 찾아다니며 자금 중개 서비스를 이용할 것이다. 양도성 예금, 특히 대규모로 유통 가능한 양도성 예금은 은행 금융 포지션에 자금을 조달하기 위해 적극적이고 저글링식으로 운영되는 주요 부채 관리 수단이다.

결제 시스템은 주로 수표로 이루어지는데 처리에 비용이 많이 든다. 비록 컴퓨터의 발달로 은행 업무가 전산화되었지만 검증에는 인력을 필요로 한다. 은행은 수표와 예금을 처리하는 데 수수료를 부과하거나 당좌 결제 시 전면적 시장 금리 대신 이런 비용을 부과한다(당좌 예금 이자는 대공황부터 1982~1983년까지 법으로 금지되었다). 처리 비용은 연간 대상 당좌 예금 달러당 3.5~4.5% 정도로 추산되었다. 따라서 금리가 6%를 상회하면 은행은 수수료보다는 대상 예금에 대한 이자로 부과하고, 반대로 금리가 낮을 때는 서비스 수수료로 부과한다는 것을 의미한다.

은행은 요구불 예금과 정기 예금에 대비한 지불준비금을 유지해야 한다. 지불준비금은 금고에 현금으로 보관할 수도 있고, 연준(회원 은행의 경우) 혹은 일반 은행(비회원 은행의 경우)에 예치될 수도 있다.

금고에 보관된 화폐와 지불준비금은 수익을 발생시키지 않으며, 이것은 이자 소득이 배제된 현금 보유에 따르는 묵시적 비용이 있음을 의미한다. 다양한 유형의 은행 부채는 각기 다른 비율로 지불준비금에 포함된다. 전통적으로 요구불 예금은 정기 예금과 부채보다 더 많은 지불준비금을 수반하며 환매조건부 부채, 유로화, 연방기금은 지불준비금을 전혀 수반하지 않는다.

지불준비금이 소득의 포기와 각기 다른 비율로 지불준비금을 잡아먹는 다양한 부채를 의미하므로 은행 경영진들은 요구 지불준비금에서 명시적 비용이 묵시적 비용을 상쇄할 때까지 더 높은 지불준비율의 부채를 보다 낮은 지불준비율의 부채로 대체하려 할 것이다. 금리가 오를 때마다 부채의 명시적 비용이 증가하고, 은행은 높은 지불준비율을 수반하는 부채를 더 낮은 지불준비율을 수반하는 부채로 대체하고자 한다. 요구불 예금은 전통적으로 높은 지불준비율을 수반하는 부채이므로 금리가 상승하면 은행들은 요구불 예금을 다른 부채로 대체하려고 시도했다. 이로 인해 은행들은 새로운 유형의 부채를 만들어내고, 지불준비금을 감소시키는 기존 부채에 대해 더 높은 금리를 적용하게 된다.

소결

은행업의 표준적 관점에서 지불준비금은 은행 체계의 총 비자기 자본 부채를 결정한다. 그러나 지불준비금 규모는 부채의 구성과 그에 수반되는 지불준비율에 따라 부채 총액을 달리 유지할 수 있다. 각각의 부채에 수반되는 지불준비율이 변하지 않는다면, 금리가 오르면서 지불준비금을 감소할 수 있는 부채로 대체하고, 어떠한 지불준비금 규모에도 양립할 수 있는 총자산은 증가할 것이다. 반대로 금리가 하락하면, 높은 지불준비율을 수반하는 부채가 부채 비율에 따라 증가할 것으로 예상할 수 있다.

지불준비금 단위에 따라 은행 부채가 각기 다른 규모로 운용 가능하므로 은행으로부터 이용 가능한 금융은 금융 수요에 반응하는 것이지, 연준의 조치에 따라 기계적으로 결정되는 것은 아니다. 은행의 이윤 극대화 노력과 금리 상승과 하락에 따른 지불준비금 비용의 변동성은 은행의 금융 공급을 수요에 부응하게 만든다. 일단 계정에 드러나는 은행가들의 행동 및 동기를 고려하면, 은행 부채의 변화는 연준의 시책에 따른 은행들의 수동적 반응이 낳은 결과가 아니다. 점검 주제인 은행 부채의 관점에서 화폐는 내생적으로 결정된다.

통화 정책은 은행 지불준비금 증가율 통제를 통해 은행의 자산과 부채 증가율을 결정하려고 한다. 은행 경영진이 기대하고 이익 잉여금으로 실현되는 자산 성장률은 통화 정책이 달성하려는 지불준비금 증가율보다 상당히 클 수 있다. 따라서 은행이 명백히 신뢰할 수 있는 고객들로부터의 대규모 대출 수요에 직면하는 호황기에 은행 체계는 연준의 규제를 피해가려는 혁신의 몸부림으로 특징화될 수 있다. 다시 말해, 은행가들은 자산 및 비자기 자본 부채를 자기 자본보다 빠르게 성장시키거나 (그렇지 않다면)적어도 그에 준해 성장시키고자 하는 반면, 연준은 점검 대상인 은행 부채를 자기 자본보다 느리게 성장시키려고 시도한다.

은행 부채 보유자에 대한 중앙은행의 보호가 없는 세계에서 레버리지를 증가시키려는 경향은 (완벽하지는 않더라도)고객 감시 및 상호 감시에 의해 통제된다. 그러나 중앙은행 및 예금자 보호가 은행의 비자기 자본 부채 보유자들을 거의 완벽하게 보호하는 세계에서 고객 감시와 상호 감시는 약화된다. 결과적으로 은행 팽창에 대한 효과적인 시장 방어벽은 없어지고, 따라서 수요에 따른 은행의 불안정화 충격의 방어벽도 사라진다. 강력한 확장기에 당국이 통화 팽창을 억제하려 할 때마다 금융 위기의 조짐이 나타나고 당국은 은행의 생존을 보호하기 위해 개입할 수밖에 없다. 개입은 비인플레이션적 경제 확장과 양립 가능한 비율을 초과하여 은행 체계로 지불준비금이 투입되는 결과로 이어진다. 이러한 방식으로 은행은 통화 정책 당국이 내미는 손을 잡는다. 인플레이션을 뒷받침하는 통화량 증가는 부채 디플레이션 추력이 중단되는 방식이 낳은 결과이다.

은행업에서 발생되는 파괴적 영향을 통제하기 위해서는 허용 가능한 레버리지 비율을 제한하고 비인플레이션적 경제 성장과 양립 가능한 금리로 은행의 자본 성장률을 제한할 필요가 있다. 이러한 원칙으로 정책을 이끌어야 하지만, 이윤 기회를 포착하여 새로운 금융 관행 및 제도가 등장하는 경제에서 '말은 실천보다 훨씬 쉽다'는 격언은 만고불변의 진리다.

은행의 이윤 방정식:
비용으로서의 지불준비금과 금융 관행의 진화

자산 수익, 부채 비용, 운용비용, 그리고 주주 지분에 따른 레버리지는 은행의 수익성을 결정하고, 이윤을 추구하는 은행들은 이러한 모든 요소를 운용한다. 레버리지는 명백히 이용 가능한 은행 자금 규모에 영향을 미친다. 연준이 은행 지불준비금 통제를 통해 은행 신용과 화폐를 통제하려고 하지만, 역사적으로 당국이 레버리지를 통제한 적은 없었다. 연준은 특정 부채에 필요한 지불준비금의 가용성과 효능을 통제하지만, 그러한 방법으로 (전체 신용은 말할 것도 없고)은행 신용의 총 규모를 통제하는 일은 불가능하다. 당국으로서는 기껏해야 이러한 방식으로 명시적 은행 부채가 규제되기를 바랄 뿐, 대개 보증과 약정의 형태로 나타나는 묵시적 부채는 지불준비금 규제를 벗어난다.

연준은 단기 자금 시장 통제로 경제를 조정하기 위해 현존 지불준비금 규모 변화, 은행 특정 부채에 대한 지불준비금 유지 의무 설정, 은행이 (연준 할인창구에서)차입하는 지불준비금 금리 설정 등의 방식으로 은행 신용 및 예금 규모를 결정하려 한다. 그러므로 이는 은행들의 이윤 추구 방식 내에서의 환경을 통제하는 것이다. 그러나 연준이 운용하는 지불준비금 가용성 규제가 요구불 예금에 사용할 수 있는 지불준비금의 정확한 결정 요인은 아니다. 연준이 통제하는 것은 자체 부채 발행의 규모와 특별한 상황에서 회원 은행과 여타 단위들이 연준에서 차입할 수 있는 조건이다.

유통되는 통화량은 이와 같은 형태의 자금 수요에 따라 결정된다. 예금자 보호와 신용카드 사용에도 불구하고, 최근 몇 년간 총 화폐 공급량 대비 통화량의 비율은 증가했다. 통화량 비율의 증가는 일정 규모의 연준 부채를 유지할 수 있는 은행 수익 자산의 규모를 감소시킨다. 불확실성과 금융 불안 기간 동안 통화량 비율의 증가는 높아진 유동성의 중요성을 반영한다.

한 가지 더 고려할 점은 2차 세계대전 후에 비회원 은행들의 성장

속도가 회원 은행들보다 훨씬 빨랐다는 사실이다.[18] 비회원 은행들은 자신들의 지불준비 예치금을 다른 시중은행 예금으로 보유한다. 1976년 말 기준, 회원 은행에 6,187억 달러의 예금이 있었고, 비회원 은행에는 2,579억 달러의 예금이 있었다. 비회원 은행의 법정 지불준비율을 10%라고 가정하면, 비회원 은행들은 약 260억 달러의 지불준비금만 보유하면 된다. 260억 달러는 6,187억 달러의 4.2%에 불과한 수준이다. 따라서 비회원 은행들의 잠재적 지불준비금은 그들이 사용하는 자금에 비교하면 사실상 제한이 없다고 볼 수 있다. 그러므로 지불준비금은 비회원 은행들에 대한 효과적 제약 조건이 아니다.

금리가 오를 때마다 연준에 예치된 지불준비금의 묵시적 비용은 상승한다. 그 결과 금리가 오를수록 연준 회원 은행의 손실은 더 커진다. 연준이 지불준비금 증가율을 통제하여 인플레이션을 억제하려 할수록 지불준비금을 비축해둔 비회원 은행들의 경쟁 우위는 더 강화되는데, 이는 비회원 은행들에게 아직 손대지 않은 거대한 잠재 지불준비금이 비축되어 있기 때문이다. 비회원 은행들은 비회원 은행 및 회원 은행 모두의 예금을 지불준비금으로 사용할 수 있기 때문에 수백만 달러 규모로 성장한 비회원 은행은 지불준비금의 가용성을 한층 증가시킨다.

비회원 은행의 절대 규모와 그들이 보유한 은행 자산 및 예금 비중의 증가에 따라 회원 은행은 연준의 예금과 통화를 자신들의 지불준비

---

18 최근 들어 예금자 보호가 적용되지 않는 비회원 은행은 예금자 보호가 적용되는 비회원 은행보다 더 빠르게 성장했다. 이러한 성장은 주로 외국 은행의 지점 개설 때문이다. 뉴욕이나 시카고에서 협상된 대출이 암스테르담, 프랑크푸르트, 도쿄, 혹은 바하마의 정부에 기재될 수 있기 때문에, 비회원이거나 예금자 보호가 적용되지 않는 은행들의 자금 조달 능력은 자신들의 자산 및 지분으로 드러나는 것보다 훨씬 더 크다.

금으로 사용하고, 비회원 은행은 은행의 예금과 통화를 자신들의 지불 준비금으로 사용하는 계층 구조가 점차 형성되었다. 계층 구조를 향한 추력은 신규 인가 은행, 또는 회원 은행의 이동에 따른 비회원 은행의 성장에 달려 있다. 1960년 말 기준, 미국에 약 13,500개의 은행이 있었고, 그중 6,900(51.1%)개의 은행이 비회원 은행이었다. 1976년 말 기준, 14,671개의 은행 중 8,914(60.8%)개의 은행이 비회원 은행이었다. 비회원 은행의 성장은 경기 순응적이고 금융 수요에 대한 반응이므로 비회원 은행은 수요에 대응하여 금융 공급을 만들어내는 또 다른 요소다.[19]

지불준비금 대안을 창출하고 지불준비금을 최소화하는 능력은 은행 체계상 이윤 극대화를 위한 필수 자산이다. 만일 금융 취약성에 대한 추세가 규제되어야 한다면, 은행 레버리지 비율과 이익 잉여금을 통한 주주 지분의 내부 증가에 대한 규제가 필수적일 것이다. 예금 부채에 대한 현금 자산 비율 통제에 의해 금융 통제를 강조하려는 사고는 잘못된 것이다.

비은행 금융 기관으로 확장된 이윤 방정식

상업 은행 외에도 저축대부조합, 상호저축은행, 생명보험, 소비자 할부 금융, 리츠, MMF 같은 금융 중개업들은 신용 거래의 원천이다. 이들 대부분은 뮤추얼 펀드로 조직되지만, 레버리지가 높은 이윤 추구 기관들로서 이윤 기회에 반응하여 자금을 공급한다.

---

19 John T. Rose, "Federal Reserve System Attrition," Ph.D. diss., Washington University, St. Louis, 1973.

표 10.1 총 자산 대비 금융 순자산 비율

	1964	1974	1978
상업은행	7.27	5.82	6.14
저축대부조합	6.62	6.23	5.54
상호저축은행	9.35	7.89	8.62
생명보험사	7.57	4.35	5.04
금융사	7.64	2.60	3.15
상업 은행업	7.09	5.55	5.74

출처: Flow of Funds Accounts, Board of Governors Federal Reserve System: 1964~1976.12, 1974, 1978~1979.9, Flow of Funds Accounts.

이러한 비은행 금융 중개 기관들은 상업 은행과 더불어 신용시장의 수요에 부응하여 금융 공급을 보장한다. 특정 산업과 밀접하게 연관되는 전문 금융 중개 기관으로는 자동차 할부 금융, 단독 주택에 대한 저축대부조합, 대규모 상업 및 주거 지구 건설에 대한 리츠 등이 있다. 다른 기관들은 주로 특정 금융원으로부터의 자금 조달을 위한 장치였다. 따라서 연기금, 보험사, MMF는 특정 금융에 제한되어 있다. 연기금과 보험사는 미리 정해진 일정에 따라 자금을 모으며, 자산 운용에서 상당한 유연성을 가진다. MMF는 금융 재원에서 예금 기관과 경쟁하지만, 상업 은행이나 저축 은행과 달리 MMF는 그들에게 자산을 공급하는 특정 고객을 가지고 있지는 않다.

표 10.1이 보여주듯, 1974년에 마감된 10년간의 상업 은행 및 주요 비은행 금융 중개 기관의 총자산 대비 금융 순자산 비율은 저축대부조합을 제외하면 하락했다. 역시 저축대부조합을 제외하고는 1974년과 1978년 사이 모든 기관들의 순자산 비율은 소폭 증가했다. 1964년에서 1978년 사이 레버리지 비율(표에 제시된 비율의 역수)은 모든 기관에

걸쳐 증가했다.

(주로 자동차 및 내구성 소비재 구매에 자금을 공급하고 가계 대출을 위주로 하는)금융사들 모두 매우 적극적으로 부채를 관리한다. 그들은 채권과 어음을 발행하고 은행에서의 차입으로 포지션 자금을 마련한다. 할부 금융 운용이 자산 판매 시점을 기준으로 적용되는 만큼 기관들은 자금을 획득하여 신용 수요에 대응하는 경향이 있다(대출을 먼저 시행하고 나서 자금을 찾는다는 점에서 마치 상업 은행과 같다).

금융사들의 경우, 수요의 증가가 초기에는 은행 대출 증가로 이어지다가 기업 어음 증가로 이어질 것이다. 기업 어음 금융의 표준 절차는 은행 신용 한도가 발행된 기업 어음과 같거나 그 이상일 것을 요구한다. 따라서 기업 어음의 강력한 팽창은 특정 신용 한도에 부딪친다. 이경우 금융사는 신용 한도에 구애받지 않는 채권을 발행한다. 따라서 금융사의 단기 팽창은 은행의 신용 한도에 제약을 받지만 장기적 팽창은 채권 매각 능력에 따라 좌우된다.

금융사들은 오히려 전국적으로 운영되며 자산과 부채 운용의 유연성을 가진 규제받지 않는 금융 기관이다. 표 10.2에 1964년, 1974년, 1978년의 금융사 자산 및 부채 구조가 제시되어 있다. 분명히 드러나듯이 1964년과 1974년 사이 부채 구조가 단축되었다. 1964년의 영구 금융(지분 및 채권)의 비율은 자산의 44%였고, 1974년에는 자산의 32%였다(1978년까지 장기 금융은 35%까지 회복되었다). 공개시장 어음 의존도는 1964년 18%에서, 1974년 29%, 1978년에 33%로 상승했다. 이처럼 단기 자금 시장 의존도가 높아진 결과, 금융사는 금리 인상에 보다 취약하게 된다.

그들의 자산 구성, 특히 소비자(가계) 대출과 기업 대출의 비율 역시

표 10.2 금융사의 자산과 부채 구조

	1964	1974	1978
요구불예금 및 통화	4.51	3.85	3.02
주택 담보대출	9.87	11.03	7.41
소비자 신용	56.55	46.41	46.05
사업 대출	29.13	38.71	43.45
순 금융자산	13.96	2.60	3.16
기업 채권	30.38	29.14	35.21
은행 대부 NIC	24.35	21.64	14.28
공개시장 어음	18.43	28.51	32.53

자료: Fund of Funds Accounts, Board of Governors, Federal Reserve System, 1964~1976.12, 1974, 1978~1979.9.

변화되었다. 1964년 금융사의 대출 중 57%가 가계 대출이었고 기업 대출은 29%였다. 1974년 가계 대출과 기업 대출은 각각 46%와 39%, 1978년 가계 대출은 여전히 46%를 유지했지만 기업 대출은 43%로 늘었다.

가계 대출이 이들 기관들의 본래의 전문 업무였지만 이들의 역량이 축적되어 금융시장에서의 효율적 운영이 가능해지면서 자산 대비 자기 자본 비율을 확대하여 1964년에 7%, 1974년 14%, 그리고 기업 대출로 옮겨가는 시점인 1978년에는 30% 이상으로 늘릴 수 있었다.

우리의 복잡한 금융 구조는 자기 자본을 지렛대 삼고, 일반적으로 캐리carry 거래, 말하자면 자신들의 자산이 벌어들이는 것보다 더 낮은 금리로 차입하는 다양한 기관들로 구성되어 있다. 캐리를 만들어내기 위해서는 그들의 부채가 자산보다 케인즈가 말한 '유동성 프리미엄'을 더 많이 구현하는 것으로 보아야 한다. 금융 위기의 가능성을 배제하고 생각하면, 이런 금융 기관들은 자신들의 현금 수취 규모가 부채에 따른 약정을 이행할 수 있는 기간 동안 부채 유동성의 하락 없이 순자산 가치 비율을 상승시킨다. 기업 및 금융 기관들의 공개시장 어음(예를 들어, 기업 어음)에 대한 의존도 증가는 이러한 부채들에 포함된 유동성 요소에 대해 비우호적 재평가에 취약한 자본 자산 및 지분 가격으로 이어진다. 이것은 공개시장 금리를 인상하게 만들고 그에 따라 기업들이 차입 거래를 할 여지가 축소될 것이다. 실제로 1970년대 후반과 1980년대 초반의 주식시장 및 투자의 침체는, 금융 위기가 일어나지 않을 것으로 여겨지던 세계에서 금융 위기의 가능성이 높다고 여겨지는 세계로의 변화에 따른 반응으로 볼 수 있다. 이는 무위험 자산에 내재된 유동성 가치를 증가시키고 많은 민간 채무의 유동성 수익률을 떨어뜨리며, 자본 자산 및 지분의 가치 또한 하락시킨다.

금융 수요에 대한 공급의 민감성

금융 및 재무이론의 표준적 버전은 연준이 지불준비금 기반을 통제함으로써 효과적으로 요구불 예금과 은행 금융의 총량을 통제한다고 주장한다. 그러나 은행 및 금융 중개 기관의 이윤 추구 행위는 연준의 기대와는 다른 금융 성장률로 이어진다.

　단순히 은행업 영향력의 매개체로서 지불 수단을 공급한다는 좁은 시각으로는 금융 투자가 경제에 미치는 효과를 이해할 수 없다. 화폐는 자본 자산의 가장 최근 소유주와 최종 소유자 사이에 금융 베일을 드리우는 수많은 도구 중 하나이며, 여타 금융 기관들의 부채, 기업 어음, 회사채와 주식 또한 금융 베일에 끼어드는 것들이다.

화폐는 은행 소유 부채 상품에 대한 약정의 이행에 따라 은행의 금융 조치에서 창출되고 소멸된다는 점에서 독특하다. 화폐는 일상적인 사업 과정에서 생겨나기도 하고 사라지기도 하므로, 아직 처리되지 않고 남아 있는 자금은 금융 수요에 대응하여 처리된다. 은행은 자금 대부자로서의 제약이 없기 때문에 매우 중요하지만, 대출을 위해 은행이 반드시 수중에 화폐를 보유하고 있을 필요는 없다. 이러한 은행의 유연성은 장기간에 걸쳐 자금을 필요로 하는 프로젝트에 원하는 만큼의 자금을 이용할 수 있도록 처리해줄 수 있음을 의미한다. 신용 한도 및 은행과 맺은 약정은 자금을 보유하고 있는 것과 마찬가지로 좋은 일이다.

투자 과정은 은행업이 금융 체계에 제공하는 유연성에 달려 있다. 그러나 이윤에 편승한 은행가 및 여타의 단기 자금 시장 운영자들은 항상 돈을 돌리기 위한 새로운 방식을 찾는다. 금융 체계는 변화하는 기업의 자금 수요에 부응할 필요가 있지만, 금융 혁신 및 차입자를 찾아 나서는 적극적 활동으로 공급이 투자 금융에 따른 자금 수요를 넘어서면 초과 자금은 기존 채권, 주식, 자본 자산 수요 자금으로 흘러간다. 이것은 투자 산출물 공급 가격 대비 자본 자산 가격 상승으로 이어진다. 앞서 설명한 바와 같이, 이는 투자 활동을 증가시킴으로써 이윤의 증가로 이어진다. 이렇게 증가된 이윤은 자본 자산 및 장기 금융 상품 가격의 추가 상승을 불러일으킨다. 그리고 나면, 금융시장의 움직임은 겉보기에 안정적이었던 경기 확장기에 붐을 촉발하는 계기가 된다.

비록 금융 혁신이 일반적이라 해도, 그러한 혁신이 수용될 수 있는지의 여부는 (제아무리 사소할지라도)보유 자금에 내재된 유동성 프리미엄 감소에 대한 주관적 평가에 달려 있다. 경제가 성공적으로 작동하는 시기는 유동성 감소로 이어지고 공격적 금융 관행 수용성이 높아진다. 은행, 비은행 금융 기관, 단기 자금 시장 기관들은 새로운 부채로 실험을 시도할 수 있으며, 자신들의 부채에 따른 어떠한 신용도의 손실 없이 자산 대비 자기 자본 비율을 늘린다. 이런 상황에서 공격적 금융 기관으로부터 쉽게 이용 가능한 금융 공급은 자본 자산 가격을 상승시키고 자본 자산 포지션 및 투자에서의 단기 금융(즉, 투기 금융)을 확산시킨다.[20]

은행업과 금융은 우리 경제에서 상당히 파괴적 힘으로 작용할 수 있지만, 역동적 자본주의에 필요한 금융의 유연성과 기업에 대한 반응성은 은행 과정 없이는 존재할 수 없다.

은행업의 불안정성 측면은 놀랄 일이 아니어서 결국 은행가들은 기업, 정부, 가계에 단기 금융을 제공하는 전문가들이고, 고객들에게 어떻게 은행의 기능들을 이용하는지 가르쳐 자신들의 서비스를 판매한다. 은행가들은 기업, 정부, 가계가 차입하지 않는다면 생존할 수 없는, 빚을 파는 상인이다.

내생적 불안정성으로서의 은행업: 최종 대부자로서의 중앙은행

은행업에 대한 표준적 분석은 중앙은행이 규제 당국으로 자리 잡은 이

---

20 1974~1975년 리츠의 개발자들에 대한 금융과 은행의 리츠에 대한 신용 판매는 금융 취약성을 드러낸 하나의 요소였다.

후, 중앙은행과 이윤을 쫓는 은행들 간 게임으로 이어졌다. 이 게임에서 규제 당국은 금리와 지불준비금 규제를 도입하여 적정 규모라고 판단되는 자금을 확보하기 위해 단기 자금 시장을 운영하고, 은행들은 당국의 규제를 회피하기 위해 발명하고 혁신한다. 당국은 지불준비금에 기초하여 성장률을 규제할 수 있지만 은행업 및 금융 구조가 지불준비금의 효과를 결정한다.

이것은 불공정 게임이다. 은행업계 기업가들은 중앙은행 관료에 비해 훨씬 더 많은 위험에 노출되어 있다. 전후에 주도권은 은행업계가 쥐고 있었으며, 규제 당국은 금융시장 운영 방식의 변화에 매번 "놀랍다"는 말을 반복할 수밖에 없었다. 이윤을 쫓는 은행가들이 거의 매번 당국과의 게임에서 승리하지만, 이 승리로 은행업계는 경제를 불안정하게 만든다. 진정한 패배자는 실업과 인플레이션에 피해를 입은 사람들이다.

"빵과 고기를 공급하게 만드는 것은 제빵업자와 정육업자의 사리사욕이다." 애덤 스미스의 이 격언은 자기 이익 추구가 시장 균형을 이룬다는 명제로 이어졌다. 신고전파의 결과는 시장에서 자기 이익에 기초한 행동의 효과에서 비롯되었다. 대출을 만들고 자신들의 서비스 이용을 확대하는 동기는 은행가들의 이익 추구에 있으며, 자본 자산 가격이 투자재 공급 가격을 초과하는 한 투자자들이 은행 서비스를 이용하는 동기 역시 이익 추구에 있다. 상품 생산에서의 공급 과정은 공급의 시장 가치에 맞먹는 소득이 창출되는 반면, 은행업에 부합하는 금융시장에서는 금융 공급을 상쇄하는 금융 수요가 창출된다. 게다가 현재의 자본 자산 및 투자 산출물의 상대 가격에서 금융 공급이 수요를 초과하면 초과 공급된 금융은 투자 산출물의 공급 가격 대비 자본 자산 가격을 상승시켜 투자 수요 증가에 따른 금융 수요 증가로 이어질 것이다.

자본주의 금융이 존재하는 세계에서 각 경제 단위들의 자기 이익 추구로 경제가 균형에 이른다는 것은 사실이 아니다. 은행가들, 레버리지 투자자들, 그리고 투자 생산자들의 자기 이익은 경제를 인플레이션적 팽창과 실업을 유발하는 긴축으로 이끌 수 있다. 시장 과정이 균형을 이루게 한다는 통상의 수요 공급 분석은 이러한 자본주의 경제 행태를 설명하지 못하는데, 자본주의 금융 과정이 경제가 내생적 안정 파괴력을 가지고 있음을 의미한다. 금융 불안정성의 전제 조건인 금융 취약성은 결국 내부 시장 과정의 결과다.

인허가 규제 및 중앙은행에 의한 은행 지불준비금의 규모와 유효성 결정에 의한 당국의 규제 체제는 은행업과 금융에 내재된 안정 파괴력을 통제하기 위한 것이다. 주류적 경제이론은 규제 조치가 원시적 미신이나 무지를 반영한다는 견해로 이어지는데, 이는 중앙은행의 규제와 재량권은 본질적으로 존재하지 않는 현상을 다루는 장치라고 보았기 때문이다. 이 관점에서 호황, 인플레이션, 긴축, 경기 침체, 불황은 모두 불안정성을 억제하거나 상쇄하려는 잘못된 노력에서 기인한다고 주장한다.

은행업과 금융시장에서 무질서한 상황을 통제하고 제약하기 위해 도입된 연준 같은 제도들은 이제 이러한 상황의 존재를 부정하는 경제이론의 노예가 되었다. 오늘날의 표준적 이론은 적정 수준의 성장률 달성을 위해 정책 당국이 화폐 공급에 초점을 맞춰 운영해야 한다고 주장한다. 정책 당국은 대체로 이 관점의 타당성을 인정하고 있다. 그 결과 통화 정책을 수립하는 정책 입안자들의 시야를 제약하는 눈가리개가 씌워져, 통화 현상이 정책적 조치에 미치는 금융 관계의 영향을 무시하는 경향으로 나타난다.

이렇게 정책 당국에 씌워진 눈가리개는 포트폴리오 변화가 일어나는 방식과 그런 방식이 경제의 안정성에 미치는 영향을 사실상 무시하게 한다. 은행 자기 자본 기반의 침식, 부채 관리 은행의 성장, 묵시적 부채 사용의 증가는 금융시장이 붕괴 추세에 이르기 전까지 사실상 무시된다. 이때 연준 본연의 존재 목적이 나타난다. 연준은 최종 대부자로서 금융 체계의 붕괴를 막기 위해 은행업 체계에 지불준비금을 투입하고 은행에 리파이낸싱을 실시한다.

당국이 최종 대부자로서의 역할을 수행할 때마다 은행들의 지불준비금 기반을 증가시키고 위태로운 금융 관행들을 유효화한다. 또한 그들이 최종 대부자로서 개입하도록 강제될 때마다, 당면한 실패의 위험에 놓여 있는 기관들 외에도 많은 금융 기관들이 긴장하며 자신들이 다음 차례가 될까 두려워한다. 결과적으로 성공적인 최종 대부자 개입은 긴장한 경제 단위들이 스스로 금융 관행의 개선을 시도함에 따라 금융 긴축 및 보수주의 기간으로 이어진다. 큰 정부에 의해 운용되는 자본주의 경제에서의 자동적·재량적 재정 안정 정책은 이윤과 고용을 유지하는 대규모 재정 적자로 이어진다. 대규모 재정 적자와 최종 대부자 개입 때문에 경제에 역사적으로 흔히 나타날 수 있는 하방 소용돌이는 억제된다.

최종 대부자 조치가 대규모 재정 적자와 합쳐지면 지불준비금 기반 및 은행 체계가 보유한 정부채가 증가한다. 은행들은 사실상 경기 침체 여파에서도 미래의 사업 확장을 위한 금융 능력을 떠받칠 수 있다. 당국의 개입이 하강세의 빠른 중단으로 이어지므로, 당국이 최종 대부자 개입을 하게 만드는 금융 교란은 더 이상 지속적 물가 하락으로 이어지지 않는다. 대신 부채 디플레이션과 불황을 막기 위해 취해지는 조치들은 인플레이션 이후에 따르는 경제의 폭발적 팽창 토대를 마련한다.

팽창기에 새로운 금융 상품과 새로운 금융 활동 방식들이 개발된다. 전형적으로 새로운 방법 및 새로운 제도들은 위기가 닥쳤을 때 그 결점들을 드러낸다. 규제 당국은 국지적 문제가 대규모 자산 가치 폭락으로 이어지는 것을 막기 위해 개입한다. 개입은 주로 연준이 새로운 유형의 금융 상품을 포트폴리오에 수용하거나, 새로운 금융 기관 및 시장에 리파이낸싱 협정을 묵인해주는 방식으로 이루어진다. 규제 당국의 개입이 새로운 방식을 검증해주는 경향이 있으므로, 이어지는 확장기에 중앙은행은 새로운 금융 상품이 폭넓게 수용되고 사용될 수 있는 무대를 마련해준다.

만약 은행업에서의 파괴적 효과가 제한된다면, 규제 당국은 자신들에게 씌워진 눈가리개를 벗고 금융 용도와 관행들의 진화를 안내하고 통제할 필요성을 인정해야 한다. 공격적으로 이윤을 추구하는 기업가와 금융 기관이 존재하는 세계에서, 혁신가는 항상 규제를 앞지르므로 당국은 포트폴리오 구조의 변화를 방어하지 못한다. 당국이 할 수 있는 일은 다양한 형태의 자산에 대한 지분 흡수율을 설정하여 제한 범위에서 자산 대비 자본 비율을 유지하게 하는 것이다. 만약 당국이 은행을 규제하고 저축 은행과 여타 금융 기관들의 활동을 알 수 있다면, 우리 경제의 붕괴적 팽창을 약화시킬 수 있는 더 나은 위치를 점할 수 있다.

은행가들은 신규 차입자 및 기존 차입자들의 신용 한도를 감독한다. 신용 거래가 시작되면 은행가는 차입자 문제와 고객의 상환 능력에 영향을 미칠 수 있는 사업과 금융 개발에 지속적으로 관심을 갖는다. 대부자로서 자신들의 행동을 감안하면, 차입자로서 은행은 자신들에 대한 실제적 또는 잠재적 대부자들로부터의 감독을 자연스레 받아들인다. 그럼에도 예금자 보호와 부실 은행 합병으로 예금자의 감시는 사라졌다. 보증 또는 인가 기관의 은행 조사는 이제 예금자의 감시를 대체한다. 그러므로 보증 당국은 해당 정책 대상자의 기업 활동을 규제하고 통제할 힘이 있어야 한다. 예금자들이 보호받지 못하는 경우, 예금자들은 자기 자본 비율이 낮거나 의심스런 자산이 있는 은행을 떠날 것이다. 예금자 감시를 대체하는 규제 당국과 보증 당국은 은행의 자산 대비 자본 비율과 자산 구조를 규제할 수 있어야 한다.

상업 은행의 지불준비금은 대개 연준의 정부 증권 소유에 따른 결과다. 은행 체계에 지불준비금을 공급하는 정부 증권과 공개시장 조작이 지불준비금을 공급하는 유일한 수단은 아니다. 대공황 이전에 금본위제에 의하지 않은 대부분의 지불준비금은 연준 할인창구를 통한 은행의 차입에 기반을 두고 있었다. 은행 지불준비금의 통상적 재원으로서의 연준 할인창구 부활은 상업 은행에 대해 강화된 연준의 통제 방법 중 하나다. 만약 상업 은행이 통상적으로 할인창구에서 차입한다면 연준의 지침을 수용하여 응할 수밖에 없을 것이다.

은행 지불준비금이 주로 공개시장에서의 정부 증권 매입에 따른 결과인 한, 대형 은행은 사실상 연준의 압력에 영향받지 않는다. 만약 은행이 정상적 작동을 위해 할인창구에서의 차입이 필요하면, 해당 은행의 자본 적합성 및 자산 구조는 중앙은행 감독하에 놓일 것이다. 할인창구를 지불준비금의 통상적 재원으로 더 많이 활용하게 되면, 금융업과 자산 보유에 따른 은행 금융의 너무 빠른 팽창으로 인한 우리 경제의 불안정 영향력이 줄어들 것이다.

제11장
. . . . .
인플레이션

1960년대 중반 이후의 소비자 물가는 2차 대전 후 초기에 진행되었던 방식과는 매우 다르게 움직였다(그림 11.1). 1967년 이전에는 경미하며 일시적이었던 인플레이션 속성이 변화되었는데, 한층 더 심각해졌고 주기적 패턴을 따른다는 것이 매우 뚜렷했다. 특히 최근 악화된 인플레이션은 현재 주기적으로 일어나는 금융 위기와 관련이 깊다. 오늘날의 경제 구조에서 역사적으로 깊은 불황과 관련이 있었던 금융 불안정은 악화된 주기적 인플레이션의 출현과 관련된 것으로 보인다.

제5장에서, 우리의 축적된 경제에서 가격은 이윤 전달의 수단이며 잉여가 강요되는 운반 수단임을 설명했다. 뿐만 아니라 가격이 만들어주는 이윤은 기업이 자본 자산에 대해 과거에 지불한 부채 구조 및 가격을 검증하기도 하고 그렇지 않기도 한다. 실현된 노동비용에 따른 이윤폭은 산출물을 위해 조달된 자금 수요에 의존하며, 이는 과거의 금융을 검증하고 현재의 새로운 금융을 가능케 하는 현금 흐름을 수반한다. 이 주장은 절대 가격(즉, 시장 과정에서 드러난 결과)과 상대 가

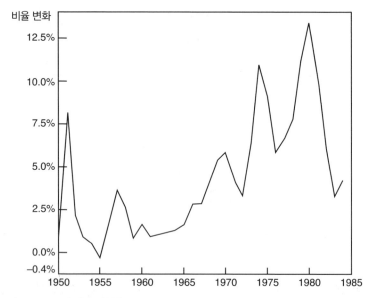

비율 변화

그림 11.1　CPI의 시간 변화율

출처: Economic Report of the President, 1985.2, U.S. Government Printing Office, Washington, D.C., 1985, 표 B 56, p.296

격(즉, 이용 가능한 대안적 조건)이 동시에 나타난다는 것을 보여 주지만, 어떤 가격이 다른 가격보다 더 실질적이거나 근본적인 것은 아니다.

기본 가격 방정식 $[P_C = \dfrac{W_C}{A_C}(1+\mu)]$을 사용하면, 소비자 물가 변화율(즉, 인플레이션)은 임금 인상률에서 노동생산성 증가율을 빼고 이윤폭의 증가율을 더한 값과 같다.[1] 여기서 생산성을 초과하는 임금 인

1

$$P_C = \frac{W_c}{A_c}\left(1 + \frac{W_z N_i}{W_c A_c} + \cdots \right)\qquad(1)$$

이 식을 우리의 목적을 위해 이를 다음과 같이 다시 쓸 수 있다.

　　　　　　　　　　　　　　　　　　　　　4부 제도 동학

상률이 인플레이션으로 이어진다는 단순화된 명제는 이 관계의 첫 부분에서 포착된다. 그러나 이렇게 단순한 임금-물가 관계의 진술은 가격에 따른 이윤폭 변화 효과를 무시한다. 여기에 제시된 관점은 큰 정부 자본주의의 인플레이션 과정에서 이윤폭의 주요 역할을 강조한다.

내 이론은 소비재 가격 결정 요인으로서 이윤의 분배인 소득의 지출과 금융 수요의 구성요소를 강조한다. 이는 정통 케인즈 이론의 승수 분석과 양립할 수 있다. 정통 케인즈 이론의 골격적 모형에서, 투자 생산에서 얻은 소득은 소비재 생산에서 얻은 소득과 결합하여 소비재 수요에 자금을 조달한다. 지출 행태에 대한 대담한 가정이 성립하는 경우, 결과 가격은 투자재에서 지출되는 임금과 동일한 소비재 생산에서의 총이윤(즉, 총자본 소득)을 산출한다. 명목임금률은 산출물의 정상 공급 가격에 산입되지만, 명목임금 상승이 유지되려면 더 높은 비용을 반영하는 공급 가격에서의 투자 수요(그리고 정부 수요)에 자금이 조달되어야 한다. 비록 협상에 의해 명목임금을 결정하는 노동조합 권력이 있다 할지라도 임금 인상은 은행업과 금융 체계에서 나오는 금융을 통해 승인되어야 한다.

고용, 임금, 가격의 결정 요인은 기업가와 은행가의 이윤 계산에서 시작된다. 이 명제는 신고적파 통화주의 이론과 뚜렷이 대비되는 내용이다. 프리드먼 같은 통화주의자들은 '실물' 경제 결과(고용, 산출물 간

$$P_C = \frac{W_C}{A_C}(M) \qquad (2)$$

여기서, M은 1+이윤폭으로, 최종 수요의 구조와 제도적 특성을 반영한다. (2)로부터 로그 함수와 미분을 이용하여 다음 식을 얻을 수 있다.

$$\frac{dP_C}{P_C} = \frac{dW_C}{A_C} - \frac{dA_C}{A_C} + \frac{dW}{M}$$

고용의 분배, 임금과 금리를 포함한 상대 가격)는 "시장 결함, 수요 공급의 확률적 변동성, 일자리 결원에 따른 정보 수집 비용, 사회적 이동 비용 등을 모두 포함하는 노동 및 상품시장의 실제적 구조 특성이 내재된 발라시안 체계의 일반 균형식에 기초한 결과"라고 주장한다.[2] 이와 같은 프리드먼의 구구절절한 속임수에 따르면, 실제 결과는 화폐 및 금융 현상과는 무관하게 결정되며, 통화주의자들의 분석 방식을 고려하면 화폐 증가율은 오직 물가 수준의 거동에만 영향을 미친다는 것이다.

통화주의자들의 인플레이션 이론은 화폐 공급이 신고전파 가격 이론에서 결정되는 상대 가격을 명목가격으로 변화시키는 화폐수량설에 근거한다. 따라서 화폐는 상대 가격과 생산, 소비, 투자된 산출물을 결정하는 요소가 아니다.

은행가들은 고객을 맞이하기 위해 사업을 한다. 생산이나 투자에 따른 기업 금융 수요의 증가는 기업 자산 재고 및 미지불 부채, 즉 화폐의 은행 보유고 증가로 이어진다. 특히 투자 생산의 증가는 은행 신용 및 그에 따른 은행 미지불 부채의 증가나 이전에 가동되지 않던 화폐 잔고의 활성화를 필요로 할 것이다. 화폐 공급 속도가 빨라질 때 발생하는 현상은 인플레이션 과정의 일부지 원인이 아니다.

---

2 일반 균형식의 발라시안 체계가 우리에게 무엇을 말하는가에 대한 프리드먼 교수의 주장은 상당히 거창한 '속임수'에 다름 아니다. '일반 균형 방정식의 발라시안 체계'가 생산, 고용, 상대 가격을 만들어내는 것이 아니다. 시장 과정이 경제적 실현을 결정한다. 일반 균형 방정식의 발라시안 체계는 모형을 실현시키고자 하는 시도일 뿐, 이는 실제가 아니다. 더 나아가 발라시안 모형에 대한 정합성 있는 해결책은 머지않아 곧 드러날 '속임수'임은 말할 것도 없고, 프리드먼이 규정한 제도적 관계에서의 의미 있는 사례를 보여준 적도 없다. Milton Friedman, "The Role of Monetary Policy," *American Economic Review* 58, no.1(March 1968), pp. 1–17.

우리 경제에서 인플레이션을 초래하는 인과관계의 사슬은 투자나 정부 지출의 증가로 시작되며, 이는 이윤폭 증가로 이어진다. 화폐 공급이나 유통 속도의 증가는 일반적으로 투자나 정부 지출 증가에 관련된다. 투자 수요는 금융 가용성 정도에 따라 달라진다. 은행을 통한 금융 공급은 수요에 반응하므로 화폐 공급은 결국 금융 수요를 결정하는 활동에 조응하여 변화한다.

명목임금과 실질임금

경제학 문헌과 언론은 실질임금과 명목(혹은 화폐)임금을 구별한다. 이러한 용어는 경제적 의의를 가지는 임금은 노동으로 생산되며 임금으로 구매할 수 있는 실질 산출물에 의해 결정된다는 관점을 반영한다.

노동의 수요 공급이 물가 대비 임금률에 좌우된다는 명제는 경제이론의 결론이 아니라 오히려 가정으로, 실질임금 공리는 정통적 이론이 상정하는 가정이다.[3] 분산 시장이 정합적 결론으로 이어진다는 것을 증명하기 위해 물가에 비해 임금이 상승하는 경우에만 노동 공급의 증가가 나타날 것으로 가정한다.

이러한 물가 대비 임금 초점은 투자가 이루어지고 화폐로 표시된 자

---

3 "행동과 계획을 결정하는 기관들의 목표는 어떠한 명목상 규모에도 의존하지 않는다. 기관들은 상품(적절하게 기일이 지정되고 자연 상태로 구분되는 것), 여가와 노력 같은 실제적인 것에 대해서만 관심을 가진다. 우리는 이것을 어떤 합리적 분석에서도 배제할 수 없는 것처럼 보이는 화폐 환상 부재의 공리(the axiom of the absence of money illusion)로 알고 있다."(p. 34) Frank H. Hahn, *Money and Inflation*(Cambridge: MIT Press, 1983). 또한 다음을 참조하라. Hyman P. Minsky, "Frank Hahn's Money and Inflation: A Review Article," Journal of Post-Keynesian Economics 6, no. 3 (Spring 1984), pp. 449-57

본 자산과 금융 계약이 존재하는 경제에서 벌어지는 일에 임금이 어떻게 영향을 미치는지를 설명하기에는 충분치 않다. 명목임금률과 명목이윤의 흐름은 채무 이행 가능성 여부를 결정한다. 비록 현재 물가가 명목 임금에 따라 오르내리더라도, 명목임금이 상승하면 달러로 고정된 담보 대출이나 분할 채무가 있는 노동자들의 채무 이행 능력은 개선된다. 기업은 총명목이윤 흐름에 관심이 있는데, 기업에게 명목임금의 상승은 동일한 비율의 이윤폭으로 더 큰 화폐 흐름을 만들어낼 수 있음을 의미한다. 단순 모형에 따르면 소비재 생산에서의 총명목이윤은 투자재 생산에서의 총임금이 상승할 때 증가하고, 투자재 생산에서의 총임금이 하락할 때 감소한다. 보다 넓은 관점에서 소비재 생산자의 금융 의무 이행 능력은 실현된 총이윤폭을 결정하는 임금과 기타 소득에 달려 있다.

가격 유지 프로그램 개발 이전에는 농업 부문에서 채무 이행 능력과 물가의 관계가 뚜렷하게 드러났다. 농산물의 수요 감소나 공급 증가는 가격 하락으로 이어져 농부들이 채무를 이행할 수 없게 만들곤 했다. 남북전쟁 이후 금본위제로의 복귀에 연관된 농산물 명목가격의 하락은 윌리엄 제닝스 브라이언[William Jennings Bryan, 1896년 미국 민주당 대선 후보]의 크로스 오브 골드 연설[cross of gold speech, 금본위제에 대한 반발로 은본위로 회귀하자는 주장을 담은 대통령 후보 수락 연설]로 이어졌다.

화폐로 표시된 시제 간intertemporal 계약이 있는 세계에서 명목임금과 물가의 경로는 그러한 계약의 이행 여부를 결정짓는다. 만약 명목임금과 물가의 변동률이 같다면, 신고전파 관점에서 '실질' 임금은 변하지 않지만 채무를 이행할 수 있는 현금 흐름은 변한다. 명목 규모가 문제다.

노동 보상 체계가 모든 임금과 보수를 화폐로만 정하는 것은 아니다. 피고용자들은 보통 재화와 서비스를 일부 보상으로 받는다. 예를 들어 의료보험은 부담해야 할 원가로서가 아니라 피고용자들이 이용할 수 있게 만든 서비스 측면에서의 고정비인 경우가 많다. 이렇게 고정된 재화와 서비스 제공 계약은 비용 증가에 따른 고용주의 현금 흐름을 취약하게 만든다.

대부분 노동의 대가는 화폐로 지급되는 조건이므로 구매 상품으로 결정되는 행복의 수준은 임금으로 무엇을 구매할 수 있는지의 여부에 달려 있다. 임금 계약은 화폐 단위로 이루어지는 데 반해, 임금으로 무엇을 구매할 수 있는지의 문제는 물가 변동에 좌우된다. 노동 계약과 정부 정책이 명목임금에 영향을 미치지만, 재화와 용역에 미치는 명목임금의 통제는 시장 전개에 좌우된다. 노동 계약은 실행 과정을 설정할 뿐, 결과를 수립하지는 않는다. 임금 계약과 실생활 수준 사이에는 무수한 조정이 존재한다. 임금에 영향을 미치는 입법과 단체교섭은 오로지 제도적 틀 내에만 개시될 수 있는데, 청구는 단체교섭을 통하지만 처분은 시장 과정에서 이루어진다.

우리 경제의 골격적 모형(부록 B)을 참조하면, 명목임금의 구매력은 소비재 생산량에 비례하고 고용 및 임금률에 반비례한다. 소비재 생산 고용에 따른 생산량 비율이 변하지 않는다면, 소비재 고용에 비해 투자재 고용이 증가할 때마다 소비재 산업의 명목임금 구매력은 감소한다. 따라서 특정 골격 모형에서, 소비재 생산 증가로 인플레이션을 둔화시키거나 멈추게 할 수 있다. 만일 소비재 생산량이 임금 청구서보다 빠르게 증가하면 물가 수준은 하락하는 경향이 있다.

투자 증가는 경제에 인플레이션 압력을 가한다. 상대 임금률이 시장 수요나 차등적 노동조합의 영향력을 반영하므로 투자가 증가하면 투자재 생산에 필요한 전문 기술의 수요가 증가한다. 투자를 강조하는 경제에서 투자재 산업의 임금은 소비재 산업의 임금에 비해 상승하는 경향이 있다. 상대 임금의 이러한 상승은 단위 산출당 이윤폭 상승에 따라 소비재 물가 수준을 인상시키는 경향이 있다.

정부를 추가하고 이윤으로부터의 소비, 임금으로부터의 저축 등 보다 복잡한 관계들을 검토하면, 명목임금 구매력 과정은 소비재 생산에서 비롯된 것 외에 소득에서 자금이 조달되는 소비재 수요의 규모에 달려 있음을 알 수 있다. 이에 따라 이윤에서 조달된 소비 수요가 증가하면 물가가 상승한다. 기업이 지출하는 의료보험, 광고비, 상품 개발비 등은 넓은 의미에서 이윤의 분배로 해석할 수 있다. 이러한 활동에 지불되는 수수료 및 임금은 임금 소득으로 분류되므로 이들 지출은 회수되어야 하는 비용과 소비재 수요 모두를 증가시킨다. 종합하면, 경영 스타일에 따른 이러한 지출은 단위 비용 및 산출물 가격을 모두 상승시키므로 일종의 자기실현적 예언이 되고, 이러한 조치에 따른 지출로 물가가 상승한다. 현장에서의 생산성 향상이 없는 한, 부수적 사업부에 대한 임금 및 급여에 따른 이윤의 분배로 볼 수 있는 이와 같은 소득 증가는 인플레이션 압력을 유발한다.[4]

인플레이션에는 기본적으로 두 가지 유형이 있다. 첫째는 명목임금 상승이 물가에 못 미치는데도 물가가 상승하는 것이다. 둘째는 명목임

---

[4] 소비재 생산에서의 화폐와 임금, 가격, 이윤 사이의 관계에 대한 논의는 부록 B의 방정식을 참조하라.

금 상승이 물가를 유지하거나 심지어 물가를 주도하므로 물가가 상승하는 것이다. 소비재 생산량에 비해 이윤폭 결정 요인이 상승하면 물가는 임금에 비례하여 상승하고 임금 구매력은 감소한다. 이런 유형의 인플레이션은 자가 발전하지는 않는다. 만약 임금 구매력 하락이 매우 커지면 노동쟁의, 파업에 의한 임금 인상이나 (예컨대 최저 임금 인상이나 임금 지수 제정과 같은)정부 개입이 발생한다. 이것이 규범이 되면, 경제는 두 번째 유형의 인플레이션, 즉 물가 상승이 임금 인상을 유도하고 이것이 더 큰 물가 상승으로 이어지는 개방형 인플레이션으로 이동한다.

실질임금 하락에 따라 명목임금 인상이 촉발되는 시점은 제도 방식, 정치 환경, 하락 폭, 그리고 인플레이션이 정기적 현상인지 아니면 간헐적 현상인지에 따라 달라진다. 일단 인플레이션이 예상되면, 노동시장 조직과 정치 환경이 제도적으로 물가와 연동되도록 진화할 것이다. 불규칙하고 예상치 못한 실질임금의 소폭 하락은 명목임금의 상승을 촉발하지는 않을 것이다. 노동시장의 더딘 반응은 개방형 인플레이션의 장벽으로 작용한다. 이 장벽은 정부 급여, 이전지출, 이윤에서 조달되는 소비 등이 적거나 변동하지 않는 경제 내에서 소비재 산업에 비해 투자재 산업에서 지출되는 임금에서의 작고 일시적인 변동이 명목임금률 상승으로 이어지지는 않는다는 것을 의미한다. 그러나 소비재 생산으로 이어지지 않는 소득에서 조달된 소비재 수요의 현저하고 지속적인 증가는 이 인플레이션 장벽을 돌파하여 명목임금 인상에 연동된 인플레이션 유형으로 이어일 것이다.

제2차 세계대전 이전의 경기 부양적 경제 정책은 효과적이지 않았거나 존재하지 않았다. 뉴딜정책과 제2차 세계대전 이후까지 정부는 경제의 작은 부분이었고 체계를 안정화시키려는 정부나 민간의 노력은 거의 없었다. 평시 인플레이션은 경기 순환적 확장과 관련이 있었다. 이러한 인플레이션은 지속 기간이 제한적이어서 이때의 물가 상승은 지속적인 물가 상승 기대로 이어지지는 않았다. 오직 명목임금의 구매력 하락이 지속적 과정의 일부로 여겨지는 경우에만 물가 연동 방식의 임금 효과를 갖는 제도가 출현할 것이다.

제2차 세계대전 이후, 정부는 경제의 큰 비중을 차지하고 있다. 정부임금, 구매, 이전지출은 직접적으로 공급을 증가시키지 않더라도 소비재 수요를 창출한다. 소비재 산출에 따른 소비재 수요 비율의 증가는 인플레이션적이며, 특히 이전지출은 이 비율을 높이는 경향이 있다.

이윤으로 조달되는 소비 지출 비율이 소비재 생산에서의 임금에 비해 증가하면 임금 구매력이 낮아지는 경향이 있다. 간단히 말해, 이것은 배당, 이자, 그리고 자본 이득에 의해 조달된 소비를 포함한다. 그러나 우리 경제에서 소득에서 기술 결정적 인건비와 원자재비를 뺀 총자본 소득의 상당 부분이 관리, 마케팅, 광고 및 기타 부수적 사업 기능에 관여하는 노동자들에게 임금과 급여 형태로 분배된다. 이런 임금과 급여는 소비재 지출에 조달되고 기술 결정적 비용에 따른 이윤폭을 높이며 명목소득의 달러당 구매력을 하락시킨다.

따라서 가격 과정은 주로 (소비재의 직접 생산에서 발생하는 임금소득에 비례하여 소비재에 지출 가능한 소득원과 최종 수요의 구성이라는 의미에서)경제 작동 방식, 그리고 생산의 기술적 비용 또는 이윤 분배로서의 명목임금 과정에 따라 결정된다. 명목임금이 임금 구매력 하락에 반응하는지 여부는 인플레이션이 개방형인지의 여부, 즉 인플레이션 장벽이 유지되는지 여부를 결정한다.

앞서 언급하였듯, 모든 경제는 물가 상승이 어느 시점을 넘는 경우 명목임금의 병행적 상승을 불러온다는 점에서 인플레이션 장벽을 가지고 있다. 인플레이션 장벽의 위치는 명목임금 상승이 인플레이션의 주요 결정 요인으로 작용하는지의 여부 또는 어떤 단계에 있는지를 결정한다. 명목임금, 명목투자, 정부 재정 적자, 물가가 서로 물고 물리는 개방형 인플레이션으로의 전환을 결정하는 한 가지 구체적 요인은 직접 생산 경로에서 얻는 임금 소득 이외에서 조달되는 광범위하고 증가하는 소비재 수요의 존재다. 전쟁과 국방비, 물가 연동 방식으로 지수화된 이전지출 체계, 투자를 유도하는 정부 정책, 광고, 마케팅, 경영 관리, 소비재 신용 구매 등이 이러한 수요를 조달한다.

현존하는 복잡한 기업과 정부 구조를 가진 경제에서 명목임금 과정은 인플레이션 촉발 요인이 아니다. 인플레이션은 무엇보다도 승계된 일련의 가격 체계에서 소비재 공급에 대한 지나치게 많은 청구에 자금을 조달한 결과다. (예컨대, 전시 또는 가뭄의 결과로 발생하는 바와 같은)소비재 공급에서의 어떠한 제한이나 소비재 수요에 조달 가능한 어떠한 소득의 확대는 공급에 수반되는 어떠한 요소의 증가 없이도 물가 상승을 초래한다.

이러한 관점에서 인플레이션 장벽이 뚫리면 명목임금 동향은 원인이라기보다는 방어적 대응에 가깝다. 투자, 정부의 이전지출, 경영 유형에 따른 지출, 소비자 부채 등으로 소비자 수요에 조달되는 자금에 따라 공급 대비 상품 수요가 증가하면 물가 상승으로 실질임금이 하락한다. 개방형 인플레이션은 명목임금이 상승하기 쉬운 시장 상황에서, 즉 고용이 상대적으로 충만하고 영업 이윤이 높을 때 발생한다. 노동조합이 하는 일은 명목임금 대응 속도를 높이고 인플레이션 장벽을 낮추는 일로서 노동조합이 강화되면 인플레이션 장벽이 낮아지고 노동조합이 약화되면 장벽이 높아진다.

지난 20년간 새로워진 것은 실업률이 높은 시기에 (명목임금 상승을 포함한)인플레이션이 지속되었다는 사실이다. 이러한 스태그플레이션은 이전지출이 급격히 증가하고 정부 재정 적자가 경기 팽창기 동안 유지되다 실업률 증가로 폭발적으로 증가하며, 정부 임금률과 임금 지출이 가파르게 상승한 시기에 발생했다. 기업 총이윤과 소비자 물가는 유지되거나 1960년대 후반, 1970년대, 그리고 1980년대 초기의 경기 침체기에는 심지어 상승하기도 했다. 이윤을 유지시켜주는 정부 정책들 덕분에 기업과 은행들은 1966년, 1969~1970년, 1974~1975년, 1979~1982년, 1983~1984년의 금융 트라우마에서 살아남을 수 있었다. 그 결과 이윤폭 인플레이션markup inflation이 발생했다.

최근 수십 년간 경기 침체기에 이윤을 유지해주고 이윤폭을 상승시킨 정부 재정 적자로 실질임금이 하락하는 경향을 보였다. 그 결과, 고용이 안정되어 증가하기 시작하면서 명목임금 상승 압력이 뚜렷해졌다. 노동 시장 침체기에도 일어나는 임금 상승은 침체기의 이윤폭 상승과 물가 상승을 초래하는 이윤 창출적 정부 재정 적자에 대한 방어적 혹은 제도적 대응이라는 것이 최선의 해석이다.

명목임금

제2차 세계대전 직후 표준 버전의 케인즈 이론은 물가를 실제로 설명하지 못하는 공백이 있음이 명백하게 드러났다. 이 공백은 필립스, 펠

프스 브라운, 사무엘슨, 그리고 솔로Solow에 의해 메워졌는데, 이들은 명목임금 변동과 실업 수준은 반비례하며 이 관계는 실업률과 물가 변동 간의 반비례 관계로 이어진다고 주장했다.[5]

이 반비례 관계는 인플레이션은 낮은 실업률을 위해 경제가 치러야 하는 대가라는 명제인 상충관계trade-off의 원칙으로 새겨진다. 이후 문헌에서, 안정적 물가에서의 실업률은 인플레이션율에 관계없이 인플레이션이 충분히 예상될 때마다 실제 비율로 나타나는 '자연' 실업률로 인정되었다. 자연 실업률 이론가들은 이러한 상충은 오직 인플레이션이 일시적이며 충격적 비율로 나타나는 경우에만 존재한다고 주장한다.[6] 이런 관점에서 상충 관계는, 고용주가 정확하게 인식한다 하더라도 노동자들이 인플레이션이 실제보다 낮을 것이라고 믿어야 실업률을 낮출 수 있다는 허풍에 의존한다. 실업률은 항상 안정된 물가와 실업 감소를 위한 통화 정책 또는 재정 정책의 부재 상황을 지배하려는 비율을 향해 경도된다. 이 관점은 노동자의 선호와 생산성을 반영한 노동의 수요 공급이 고용과 실질임금을 결정한다는 고전파 관점의 현

5　Alban W. Phillips and Ernest H. Phelps-Brown, "The Relation between Unemployment and the Rate of Change of Money Wage Rates in the United Kingdom, 1862–1957." *Economica* 25(Nov. 1958), pp. 183–99: Paul A. Samuelson and Robert M. Solow, "Analysis if Anti-Inflationary Policy," *American Economic Review* 50 (May 1960), pp. 177–94

6　예를 들어, 물가 안정이 예상되면, 인플레이션율 0%는 실업률 5%와 연동되고, 4%의 실업률은 2%의 예측하지 못한 인플레이션율에 연동될 것이다. 4%의 실업률과 2%의 인플레이션율 달성 정책 이후, 2%의 예측된 인플레이션율은 체계 내부에서 달성될 것이다. 이러한 상황이 발생하면서 실업률은 5%까지 천천히 움직이는 데, 4%의 실업률 달성을 위해서는 인플레이션율을 2%까지 이끌어내는 경기 부양책이 필요하다. 이러한 경기 부양책은 4%의 인플레이션율을 초래할 것이다. 따라서 자연 실업률 이하의 실업률에 연동된 인플레이션율은 증가하게 된다. Milton Friedman, "The Role of Monetary policy," *American Economic Review* 58(March 1968). Edmond S. Phelps, *Inflation Policy and Unemployment Theory: The Cost-Benefit Approach to Monetary Planning* (New York: Norton, 1970).

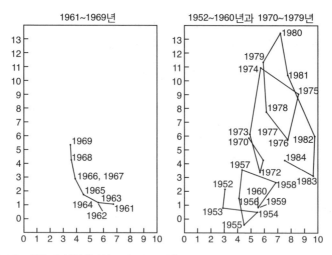

그림 11.2 실업 및 인플레이션, 1952~1984년

출처: Economic Report of the President, 1985.2, U.S. Government Printing Office, Washington, D.C., 1985, 표 B 56, p.266.

대적 표현이다.

그림 11.2는 미국에서 CPI의 변화로 측정한 인플레이션율과 실업률 사이에 뚜렷한 정합 관계가 없음을 보여준다. 케네디-존슨 시대 (1961~1969) 동안 4% 미만의 실업률이 더 이상의 실업률 하락 없는 인플레이션 가속화로 이어지는, 실업률과 인플레이션 간 좋은 반비례 관계가 있다.

그래프의 수직 또는 역방향 굴절 부분을 인플레이션 장벽으로 인식하면, 장벽은 1955~1957년, 1968~1969년에는 4%의 실업률(그러나 1955~1957년의 인플레이션율은 1968~1969년보다 낮다)에 있었고, 1972~1974년에는 5%, 1978~1979년에는 6%의 실업률에 있음을 확인할 수 있다. 그림은 광범위한 인플레이션율은 어떤 특정의 실업률과도 양립 가능하다는 사실을 보여준다.

　필립스가 1862~1957년에 영국의 자료를 사용하여 확증한 듯 보이는 상충관계 가설과 전후 미국의 데이터가 보여주는 이 가설에 대한 뚜렷한 모순은 상충관계가 반드시 발생하지 않을 수도 있다는 사실을 수용할 수 있는 이론이 요구된다. 더구나 1966년 이후 물가 상승 추세는 매우 가파르게 진행되어 왔으며, 이는 불안정성의 시대에 전개되는 인플레이션 추력이다.

　상충관계 논증에 사용된 영국 자료는 여러 경기 주기를 아우르는 기간의 노동조합 자료에서 취합되었다. 이 시기 경기 순환적 팽창은 긴축에 따른 임금 하락에도 임금이 상승하는 것으로 나타났다. 경기 순환적 팽창은 투자 및 우호적 국제수지의 증가와 감소에 대응하는 긴축으로 특징화된다. 그러므로 물가 수준의 변동은 명목임금과 산출물 구성 요소 모두의 변동이 반영되었다.

　골격 모형의 가격 방정식[7]에서, 노동시장 침체기 동안 투자재 생산에서의 급여 증가는 소비재 생산에서의 고용과 생산량 모두를 증가시킨다. 이렇게 되면, 소비재 물가의 상승은 생산성 조정된 임금의 상승을 반영할 것이다. 노동 생산성은 일반적으로 경기 팽창 초기에 상승하므로 물가는 경기 팽창이 시작되면서 오른다고 하더라도 아주 크게 상승하지는 않는다. 그러나 노동시장이 조여들면 투자재 생산에서의 고용 증대는 소비재 생산에서의 고용 증대와는 무관하고, 그 결과 이윤폭과 명목임금이 상승하면서 인플레이션이 발생한다. 그러므로 인플레이션은 경기 팽창이 노동력 부족으로 이어질 때 더 크게 나타난다.

---

[7] $$Pc = \frac{W_C}{A_C}\left(1 + W_I + \frac{N_I}{W_C N_C}\right)$$

인플레이션은 또한 시장 조직의 특성에 따라 달리 나타난다. 가격 신축성이 지배적이라면 투자 증가는 임금 압력을 촉발하는 더 높은 물가 상승으로 이어진다. 반면에, 수요 증가로 공급이 증가하면 이윤폭이 증가할 이유는 없다. 노동력 부족이 나타난 후에야 투자재에서의 고용 증대가 일어나 단위당 이윤폭 상승 및 임금 상승을 유발하는 수요 조건으로 이어질 것이다.

실업과 인플레이션에 대한 영국 자료의 상충관계는 우리 환경과는 두드러진 차이가 있는 제도적 환경에서의 임금과 물가 동향을 반영하고 있다. 현재 미국 경제는 (1) 효과적이고 편파적인 노동조합주의, (2) 심각한 경기 침체에도 불구하고 기업 이윤을 유지시켜주는 큰 정부, (3) 비싸고 상대적으로 장기 연한의 자본 자산을 이용하는 산업 비중이 큰 경제로 특징화된다. 언급한 특징들은 상충관계를 지원하는 자료가 수집되는 시점에 볼 수 없었거나 상당히 다른 양상을 띠고 있었다.

노동조합이 노동력의 일부를 포괄하면, 경제의 부진함 때문에 그들이 영향을 미치는 직업과 산업군에서의 명목임금 하락으로 이어지지는 않을 것이다. 임금과 물가의 하방 압박은 약화될 것이다.

경기 침체 기간의 큰 정부 재정 적자는 단위 노동비용당 이윤폭을 유지시킨다(실제로는 상승할 것이다). 정부는 조세와 규제 정책으로 비용을 부과하는데, 조세와 규제 정책은 또한 이러한 비용을 검증해주는 소득을 창출한다. 만약 사회보장성 세금과 수당이 증가하면 인건비 상승은 사회보장 세입으로 조달되는 재정 지출과 일치한다. 이러한 프로그램에서 정부 세제에 따른 산출물 공급 가격이 상승할 때마다 정부 지출은 더 높은 가격을 검증할 수 있는 소득을 창출한다. 인플레이션을 유발시키는 데 정부의 재정 적자만 있는 것은 아니다. 만일 정부 지출이 소비재 생산량에 비해 상대적으로 증가하면 정부의 균형 예산조차 물가 상승을 초래하게 된다.

앞서 언급하였듯이, 미국 경제는 제2차 세계대전 이후 초기보다 1966년 신용 경색 이후 더 불안정해졌다. 금융시장의 상황과 예상되는 투자 수익성이 경제를 침체로 몰아간다 해도 총수요는 정부 정책으로 유지되었다. 경기 침체기에 정부 재정 적자에 의해 유지되고, 심지어 증가한 이윤은 소비재 생산량에 대한 더 높은 이윤폭으로 나타났다. 다시 말해, 인플레이션이 불황 억제 정책에서 비롯되었음을 의미한다. 금융적으로 불안정한 경제에서 완전고용에 대한 약속은 실업률과 인플레이션 모두 현세적인 상승 추세를 보일 가능성이 높다는 것을 의미한다.

자본 집약적 생산 방식의 중요성이 커지면 노동비용 이윤폭으로 야기된 현금 흐름 안정성의 중요성이 커진다. 투자 고용이 유지되거나 증가할 때, 투자재 생산 임금률이 상승하면 소비재 생산의 단위 노동비용당 이윤폭이 증가한다. 투자재 생산 임금의 상승은 소비재 생산 기업들로 하여금 자신들 부채를 쉽게 검증할 수 있게 한다. 증가한 이윤폭이 임금 구매력 감소를 강제하면 명목임금의 상승을 요구하는 개방형 인플레이션 단계로 이행한다.

투자재 생산 및 정부 부문에서의 명목임금 상승에 따라 부채를 검증해주는 소비재 산출물 단위당 현금 흐름이 증가한다. 이윤폭 인플레이션은 부채에 따른 현금 지불 약정을 용이하게 만들어 시차를 두고 호의적 투자를 이끌어낸다. 경기 팽창은 더 큰 팽창을 위한 조건을 만들고 이는 투자비용 및 금융 조건에 영향을 미칠 때까지 계속된다. 그러나 명목임금의 증가가 곧 역전될 것으로 생각되면, 팽창에 따른 임금 및 물가 상승은 더 이상의 투자 지출 및 임금과 물가 상승을 유도하지 못할 것이다.

그러나 만약 명목임금 상승이 예상되고 또한 지속될 것처럼 보인다면 투자자들, 특히 금융 상품 투자자들은 물가 수준에 연동된 자신들의 실질 자본 가치가 유지되거나 개선이 기대되는 모험(자신들이 자금 조달을 하건 그렇지 않건 간에)을 찾아 나설 것이다. (그것이 주택, 금, 다이아몬드나 혹은 우표와 같은 수집품이건 간에)다양한 상품 및 공예품에 대한 버블이 뒤따르고, 예상되는 인플레이션을 감안하여 금융 조건이 변경될 것이다. 예견된 인플레이션을 반영하여 금리가 빠르게 조정되면 인플레이션 발생 시 금융 채무의 비중은 완화되지 않으며, 인플레이션 과정은 추가 투자로 이어지지 않을 것이다. 예견된 인플레이션은 투자 활동, 고용, 물가 상승 간 연관성의 파열을 의미하며, 인플레이션율은 더 이상 실업률에 반비례하지 않는다. 명목임금이 내생적 운동력momentum을 품고 있으며 재정 상황이 명목임금의 이윤폭을 증가시키면, 실업률이 상승하는 시점에도 인플레이션이 가속화될 수 있다.

필립스와 펠프스 브라운의 필립스 곡선은 특정 시대의 제도적 조건을 반영하는, 역사적 관측에서 유효한 일반화다. 오늘날 경제에서 이윤폭에 의한 인플레이션과 투자 간의 밀접한 관계는 깨졌다. 정부의 지출과 기업 경영 스타일에 따른 지출이 현세적으로 증가하면서 물가 수준이 현세적으로 상승함에 따라 인플레이션은 주기적 현상이 아니라 현세적 현상이 되었다.

요약하면, 인플레이션은 다양한 형태로 존재하며 노골적인 임금 상승이나 조달된 금융 수요의 구성을 반영할 수 있다. 이러한 관점은 인플레이션은 어디서나 통화 현상이라는 주장 또는 정부가 초래하거나 생산성 증가를 초과하는 임금 인상 때문이라는 단순한 주장과는 뚜렷이 대비된다. 통화 현상이나 생산성 대비 임금 현상 모두 관측된 인플레이션에서 일어난다. 둘 다 인플레이션 과정의 일부지 인플레이션의 기원이거나 전체 메커니즘이 아니다. 게다가, 화폐 공급이나 명목임금을 통제하는 일은 인플레이션 질병의 원인이 아닌 오로지 증후를 다루는 조치다.

임금의 금융

노동자는 관행이나 고용주와 피고용자 간 협상으로 결정되는 명목임금과 여타의 고려사항을 통해 보상받는다. 협상 교섭의 상당 부분은 노동자 개인 대 고용주 개인이 아니라 노동조합 대 조직화된 고용주들 사이에서 이루어진다. 뿐만 아니라 임금, 노동 시간 및 현장의 다양한 조건들을 다루는 법제로 고용 조건을 명시한다.

노동비용은 세전 임금뿐 아니라 정부 및 노동조합과의 계약으로 의무화된 비용이나 이직을 막기 위한 고용주의 이해관계를 포함한다. 결과적으로 인플레이션 논의에 포함되는 임금 수준은 많은 항목들의 평균이며 모든 변화는 피고용자 보상에 따르는 각기 다른 구성 요소들의 동향으로 이루어진다.

우리의 가격 결정 모형은 소비재 생산과 투자재 생산, 그리고 정부 고용에서 특정 임금의 변동 현상을 반영한다. 이 모형에서 이들 요소들 각각의 변동 가능한 이질적 동향들은 자연스러운 관심 대상이다.

일반적 수준의 명목임금 상승은 특정 임금의 상승에서 시작된다. 임금이 상승하기 위해서는 계약 당사자들이 앞으로 높아진 임금을 지불할 자금이 있을 것이라는 믿음이 있어야 한다. 높은 명목임금은 기술 결정적 평균 비용과 그에 따른 증분의 비용이 더 높아진다는 걸 의미하므로, 비용과 수익 계산에서 가격 상승이나 단위 이윤폭 하락으로 드러난다. 그러나 부채 구조 및 기업 경영 방식의 검증을 위해 필요한 현금 흐름의 최소치가 설정되어야 하므로, 약정 이행을 위해 반드시 유지되어야 하는 판매 수익과 기술 결정적 비용 간 최소한의 차이가 있다. 고용주를 파산으로 내모는 수준의 임금 협상은 거의 없겠지만, 고용주의 파산으로 이어질 법한 계약에 대해서는 재협상이 이루어질 것이다.*

다른 요소들의 변화가 없다면 가격 상승은 대개 판매 감소로 이어진다. 기업 생존력을 훼손시키지 않는 명목임금과 가격 인상을 목표로 한다면, 가격 인상이 이윤폭 상승률을 넘어서는 판매율 하락으로 이어질 수 없다. 이러한 조건은 제품 수요가 탄력적이지 않을 수 있음을 의미한다.

수요가 탄력적이라면 임금과 가격을 올린 기업의 총이윤 흐름은 위태로울 수 있다. 생산량을 크게 감소시키는 임금 인상은 기대 이윤 흐름과 기업의 시장 가치 하락으로 이어질 것이다. 기업이 그런 일들을 받아들일 리는 만무하다. 명목임금을 먼저 인상하는 기업은 개별 단위들이 지배한다고 가정한 탄력적 수요에 부응하는 경쟁 시장에서 판매

---

* 이는 1982~1983년 컨티넨탈 항공사가 노동조합과의 계약을 파기하려고 파산 보호를 신청했던 사례에서 명백히 드러났다.

4부 제도 동학

가 불가능하다.

특정 기업에 무한 탄력적이지 않은 수요 곡선은 독점이나 과점으로 정의되는데, 이때 기업은 시장지배력을 갖는다. 만약 어떤 기업이 제한적 독점기업이어서 행사되지 않은 독점력을 가지고 있다면, 노사 협약에 따른 임금 인상은 이러한 제한을 완화하여 이전에 행사되지 않은 독점력을 행사할 수 있다. 그러므로 기업은 아직 행사되지 않은 시장지배력이 있거나 시장지배력 상승이 예상될 때 임금 인상에 동의한다. 임금 인상이 초래하는 단순 인플레이션은 제한적 독점력이 존재하고, 임금 인상이 이 제한을 완화시킬 때에만 일어날 수 있다. 임금은 기업이 회수해야 할 비용이므로 몇몇 기업이 지배하는 업계에서는 기업과 노동조합 간 공생관계가 존재한다. 자신의 시장지배력을 위장해야 하는 정치 풍토에서 임금 인상은 기업들이 시장지배력을 행사할 수 있는 근거다.

특정 산물이 시장 수용성을 획득하고 있어서 수요가 증가하면, 높아진 명목임금이 이윤 흐름을 위태롭게 하는 일은 없을 것이다. 신제품을 성공적으로 출시한 기업은 늘어나는 수요와 비탄력적 수요 양 측면을 동시에 만끽하며 추가의 노동을 필요로 한다. 그 결과 기업은 종종 일시적 우위의 편익을 거두기 위해 더 높은 임금과 더 나은 고용 조건을 제시한다.

명목임금 상승은 경기 팽창기에 특정 수요의 증가를 반영할 수 있다. 큰 정부 자본주의에서 경기 팽창으로 이끄는 국면은 종종 정책적 조치들을 반영하고, 드물지 않게 제도 변화에 연동된다. 경제 정책과 진화하는 경제 및 금융 기관들은 팽창기 동안 명목임금과 고용에서의 차별적 변화를 야기한다.

안정기(1946~1965년)와 격동기(1966년부터 현재)에 정부 개입 유형의 전환, 지출 프로그램의 도입과 폐기, 특정 산출물과 산업, 그리고 소득에 자금을 조달하는 제도와 관행의 확산이 목도되었다. 이러한 유형의 전환은 어떤 지출에 자금을 조달할 수 있는지에 영향을 미침으로써 상대 임금에서의 편차를 가능하게 했다. 결과적으로 우리의 분권화된 임금 결정 과정에서 정부 계획으로 이득을 얻는 기술과 산업이 임금 인플레이션의 확산을 주도하는 경우가 많다.

민간 기업에서 판매 수익은 산출물 생산에 지불된 임금에 조달된다. 산출물이 소비재라면 판매 수익은 주로 임금 소득에서 파생될 것이다. 산출물이 투자재라면 초기 수입은 일부 구축 과정의 임시 금융으로 조달되고, 이후에는 자산 최종 사용자의 테이크아웃 금융으로 조달된다. 이러한 금융은 이윤 흐름이 채무 상품을 검증해줄 것이라는 기대에서 가능하다. 판매 수익에서 회수되는 비용은 부채를 검증해주는 이윤을 포함하며, 기대 이윤은 자본 자산과 투자 산출물 가격 및 금융 조건의 한계를 설정한다.

투자재 생산에서 임금은 이용 가능한 (구축 과정의) 임시 금융과 테이크아웃 금융으로 제한되고, 금융은 내부와 외부 금융으로 분류된다. 투자재 생산에서 임금 인상은 기업이 자본 자산에 지불 가능한 가격으로 제한하며, 우선은 이용 가능한 금융에 제한된다. 더욱이 이용 가능한 금융은 투자재가 자본 자산이 될 때 창출할 것으로 기대되는 현금 흐름에 관한 은행가의 관점에 따라 제약받는다. 미래 이윤과 금융 비용에 대한 현재적 관점이 자본 자산 수요 가격을 결정한다.

경기 팽창기에는 투자재 수요가 증가한다. 투자재 생산을 위한 노동 수요의 증가는 고용을 증가시켜 결국 임금, 이윤, 물가 상승으로 이어진다. 투자 고용이 증가하면 소비재, 소비재 산출물, 소비재 생산에서의 고용 수요가 증가한다. 그 결과 소비재 생산자들의 총이윤이 증가한다. 따라서 투자재 고용과 임금의 초기 상승은 소비재에서의 고용, 임금, 가격 상승으로 이어진다. 그러나 이러한 과정은 금융 계층화 확대에 따른 금융시장의 반응과 금융 위기 및 경기 하강을 유도하는 취약한 금융 구조의 출현으로 억제된다. 사실상, 이용 가능한 금융은 투자재 생산 임금 인상률의 한계를 규정한다. 만약 더 비싼 투자 생산에 조달되는 현금이 은행 체계에서 유입되지 않는다면, 강력하고 지속적인 인플레이션 추력은 나타날 수 없다. 금융 결핍은 더 비싼 투자 산물 검증에 필요한 현금 흐름이 곧 이어질 것이라는 기대에 대한 은행가와 금융가들의 신뢰 결핍을 반영한다.

뿐만 아니라 모든 자본주의 경제에서 상당수의 사람들이 군인, 공무원 및 정부 재정 수혜자들처럼 고정적이거나 정치적으로 결정된 소득으로 살고 있다. 만일 연금 및 공무원 급여가 민간 임금과 같이 상승하지 않는다면 현재 소비에 따른 화폐 수요는 기술 결정적 비용에 비해 하락할 것이다. 이는 자본 자산 가격 검증에 따르는 이윤을 감소시키고, 현재의 높은 가격에서 투자를 검증할 수 있는 이윤이 유도될 것인지에 대한 회의로 이어진다. 개방형 인플레이션은 정부 임금과 연금 및 기타 고정 소득 구매력의 주기적 감소에 영향을 받는 대부분 민간 경제에서의 일종의 자기 규제self-limiting적 과정이다.

진행 중인 투자와 자본 자산 포지션에 자금을 조달하는 은행 체계의 능력은 제한적이지만 이러한 제한은 신축적이다. 그들은 은행과 비은행 기관들이 사업에 이용 가능한 금융을 확장하는 혁신의 효과와 은행 지불준비금 과정에 의존한다. 투자 활동과 자본 자산에 따른 사적 금융의 한계 때문에 작은 정부 시대에는 과거의 부채 디플레이션 기억이 시간이 지나 점차 희미해졌을 때만 상당한 물가 상승을 동반하는 강력한 경기 팽창이 일어났다. 소규모 경기 순환과 대규모 경기 순환의 연속은 이와 같은 금융의 한계를 반영했다.

경제 단위들의 유동성이 상당 부분 박탈된 금융 구조의 잠재적 불안 정성을 의식한 중앙은행은 은행 지불준비금 증가율을 낮추는 데 주저할 수 있다. 중앙은행은 때때로 금융 위기를 촉발할 가능성이 있거나 인플레이션을 동반하는 정책 선택에 직면하게 된다. 비록 중앙은행이 순응적 지불준비금 조치를 취한다 해도 투자비용, 금융 조건, 기대 가격과 이윤 조건, 증대된 불확실성은 인플레이션을 한바탕 겪은 후 투자 둔화로 이끌 것이다. 다시 말해, 경기 팽창과 인플레이션은 경기를 조정하는 중앙은행이 있다 해도 자기 규제 속성을 갖는다.

그러므로 작고 수동적 정부가 운용하는 경제에서 부채 검증 과정의 피드백은 개방형 인플레이션 가능성을 규제한다. 개방형 인플레이션이 일시적 현상이 되려면, 예컨대 전시처럼 정부의 지속적 산출물 수요에 따라 금융 관계로 인해 일어나는 제약적 피드백이 무시되어야 한다. 큰 정부 자본주의 경제에서는 투자 산출을 보조하고 유지하는 다양한 정부 프로그램과 공무원 및 이전소득 수혜자들의 직간접적 소득이 물가 연동되는 다양한 방식에 따라 이러한 제약적 피드백은 허물어진다. 정부가 공급자의 가격 설정에 제한을 두지 않고 은퇴자들에게 식료품, 의료, 생활 보호 및 생활수준에 일부 고정된 양을 공급하기 시작하면, 정부 재정 지출을 유지하거나 심지어는 통제 불능의 인플레이션으로 이어질 가능성은 오로지 정부 규모와 재정 적자를 운용할 수 있는 의지와 능력에 의해서만 억제될 수 있다.

개방형 인플레이션은 주로 소비재에 자금 조달되는 수요에 비해 부족한 소비재가 인플레이션으로 이어진 뒤, 인플레이션 장벽이 무너진 결과다. 경기 침체 없이 인플레이션을 억제하려면 소비재 수요에 자금 조달되는 수요의 증가에 따라 소비재 산출이 증가되어야 한다. 인플레이션 억제를 위한 정책 성공의 핵심은 투자와 정부 지출은 인플레이션적인 반면, 소비재 산출은 디플레이션적이라는 것을 인지하는 데 있다. 화폐 공급이나 명목임금률을 조정하여 인플레이션을 통제하려는 시도는 가능할 수도 있으나, 적절한 완전고용 근사치의 유지가 주요 정책 목표이고, 고용 유지를 위해 정부가 사용하는 기법이 유용한 산출물의 확대로 이어지지 않는 큰 정부 시장 경제에서는 일시적 성공에 불과하다. 이전지출과 군비 지출로 정부가 커진 경제는 통제 불능의 인플레이션에 취약하다.

인플레이션 엔진으로서의 정부

총산출량에 대해 증가하는 민간 투자 비중을 외부에서 조달 불가능한 상황은 자기 규제적 작은 정부식 자본주의 경제에 인플레이션을 유발한다. 이런 경제에서의 인플레이션은 자산 가격과 투자에 미치는 금융 혁신의 영향과 기업가 및 은행가들의 투기 심리 확산 여부에 달려 있다. 투자-금융-이윤 간 상호 작용의 상향 불안정성으로 취약한 금융 구조가 등장한다. 취약한 금융 구조는 주기적으로 붕괴되어 투자 지출을 급격히 감소시킨다. 때로는 신음과 경기 침체로 끝나기도 하고, 때로는 금융 위기의 충격과 심각한 불황으로 끝나기도 한다. 따라서 작은 정부의 비개입주의적 자본주의는 장기적으로 만연한 인플레이션을 쉽게 허용하지는 않지만 부채 디플레이션과 깊은 불황에는 취약하다.

큰 정부식 자본주의 경제의 평온기는 제2차 세계대전 이후 무르익었고, 그 성공은 취약 금융 구조의 등장과 급격한 경기 순환, 겉보기에 만성적인 인플레이션, 지속적 실업 사태의 조합으로 이어졌다. 최종 대부자의 리파이낸싱과 대규모 정부 재정 적자가 부채 디플레이션을 멈추게 하고 이윤을 유지시키면, 뒤이어 높은 물가에서 지출을 조달하는 금융 능력 또한 유지된다. 투자의 인플레이션적 영향은 정부 개입의 인플레이션적 결과로 증폭된다. 심각한 불황을 막기 위한 정부 개입이 금융과 이윤에 미치는 영향은 금융의 비탄력성과 민간 투자를 제약하는 이윤 검증의 불확실성에 따라 인플레이션의 한계를 기각한다.

1966년에서 1982년 사이에 벌어진 주기적 인플레이션이 가속화되었지만, 이는 이전지출과 주 및 지방 정부 지출의 급격한 증가, 군비 폭등 때문이라고 볼 수 있다. 이 규모는 GNP에 비해 매우 커짐에 따라, 인플레이션 없는 경제는 이 증가율이 인플레이션이 없을 때의 GNP 증가율보다 낮거나 최소한 같을 때만 달성할 수 있다.

그러나 경제에 대한 정부 개입은 재화나 서비스 구매, 이전지출에만 국한되는 것은 아니어서 채무 보증과 과세 특례를 통한 특정 산출물의 생산을 장려하는 형태를 취하기도 한다. 이와 같은 프로그램과 개입의 한 가지 특성은, 예컨대 일정 시점까지의 주택 공급량, 도달되어야 하는 일군의 의료 혜택, 인간의 달 착륙 시점과 같은 구체적 수치를 목표로 설정한다는 것이다.

이러한 산술적 목표는 가격에 따라 상승하는 특정 재화와 서비스에 대한 비탄력적 수요 곡선을 결정하며, 특정 노동 수요에 대한 비탄력적 상승(우상향) 곡선을 만든다. 이러한 정책 목표는 특정 산출물에 특화된 생산자와 노동력의 시장지배력을 강화한다. 정부의 양적 목표는 목표 달성에 정부가 자금을 댈 것이라는 신뢰로 생산을 담당하는 공급자와 노동자 모두에게 시장지배력을 부여한다. 역사와 경제이론은 정부가 구매하는 산출물의 구매 가격이나 공급자가 노동에 지불하는 임금을 별도로 규정하지 않는 한, 시장지배력이 사용되지 않을 리 없다는 가정을 웅변한다. 따라서 방위 산업에서의 군비 증강에 따른 이윤과 임금은 인플레이션 과정으로 이어질 가능성이 높고, 노인 의료 혜택에 대한 정부의 약속은 의료비의 폭발적 증가로 이어질 수 있다.

빠르게 성장하는 정부의 인플레이션적 영향이 정부의 재정 적자 수준에만 따르는 것은 아니다. 정부 지출 증가에 따른 균형 재정을 위해서는 정부 수입이 증가해야 한다. 세금이 (실제로는 존재하지 않는)순수 잔여 청구권자pure residual claimant에게 부과되거나 노동 공급에 전혀 영향을 미치지 않는 소득세가 설계(이러한 설계는 실제로 불가능한 문제이다)되지 않는 한, 공급 가격에 영향을 줄 수밖에 없다. 완전고용 근사치를 달성하기 위해서는 확장적 통화(및 재정) 조치가 공급 가격에 미치는 세금의 영향을 상쇄해야 한다. 하지만 상쇄는 인플레이션 가속화와 세금이 공급을 제한할 것이라는 두려움 때문에 제약받는다. 금융 위기와 부채 디플레이션의 여파 속에서 기업, 가계, 금융 기관이 모두 정부채의 은행 소유권을 반영하는, 은행 자금의 유동성 및 안전성이 기대되는 경우에만 재정 정책과 적자 재정은 비인플레이션적 경기 확장으로 가는 쉬운 길이 될 것이다.

세수로 조달하는 정부 지출은 이윤에서의 소비 자금 조달과 동일한 효과를 갖는다. 소비의 경우, 소비 지출의 순이익이 목표 수준에 도달하도록 물가가 상승하며, 세금의 경우 세후 이윤이 투자, 정부 재정 적자, 그리고 여타의 이윤 결정 요인에 따른 결정 수준과 같아지도록 물가가 상승한다.

인플레이션은 전쟁과 함께 해왔다. 정부의 자원 징발 권한, 즉 소비재 생산에서 비롯된 소득 외의 재원으로 조달되는 재화의 수요 비중이 높아지면서 전시 인플레이션의 원인이 된다. 그러나 평시에도 역시 이전지출과 지방 정부 지출은 자원을 징발하며, 이는 소비재 생산의 기술 결정적 비용 대비 소비재 수요에 조달되는 자금의 비율을 증가시킨다. 전시 재정이 균형 잡힌다면 문제되지 않는다. 전시 물자 재원은 인플레이션을 초래한다. 마찬가지로 평시 또한 주 및 지방 정부 지출, 이전지출, 국방비 지출에 따른 물자 재원이 있으며, 이러한 비용들은 인플레이션 압력으로 나타난다.

이윤폭의 구성 요소들

정부와 투자의 역할에 이어, 이제 우리는 이윤폭의 또 다른 결정 요인에 주목한다. 기본적으로 인플레이션은 임금과 이윤폭을 생산성 조정한 과정의 결과다. 실현 가능한 이윤폭은 각종 임금 및 비임금 소득으로 조달되는 소비 지출에 좌우된다.

세금과 소비 지출을 뺀 이윤이 투자를 상쇄하는 저축의 주요 재원이므로 가격 방정식[8]에서 세후 이윤으로 조달되는 소비 지출은 이윤폭을

$$P_c = \frac{W_c}{A_c}\left(1 + \frac{W_i N_i}{W_c N_c} + \frac{C\dot{n}}{W_c N_c}\right)$$

4부 제도 동학

증가시킨다. 자본가들이 사치를 누린다면, 기술 결정적 노동비용 이윤폭은 자본가들의 그러한 사치스러운 지출을 반영할 것이다. 그러나 (판매 수입과 기술 결정적 비용과의 차이로 정의되는)이윤으로부터의 소비는 배당 소득이나 자본 이득에서 조달되는 소비에만 국한되지는 않으며, 기업 경영 스타일에서 파생되는 임금 소득에서 조달되는 소비도 포함한다.

기술적으로 반드시 필요한 노동자와 그렇지 않은 부수적 피고용자의 노동 소득 명세의 분석 자료를 구할 수는 없지만 제조업에서의 생산직 노동자와 비생산직 노동자 분석 자료는 구할 수 있다. 총고용에서 비생산직 노동자가 차지하는 비율이 높을수록 이윤에서 조달되는 소비가 높고, 그에 따라 실현될 기술 결정적 비용 대비 이윤폭도 증가한다. 총고용 대비 비생산직 노동자의 비율이 증가하면 시장지배력이 있는 경제 단위들이 가격을 책정할 때 비용 회수를 위해 이윤폭을 상승시킨다.[9] 시장지배력이 없는 경제 단위의 경우, 임금으로 이윤 분배에서 조달되는 소비는 가격과 기술 결정적 비용에서 평균적으로 실현되는 차이를 증가시킨다. 그러므로 생산 기술에 의해 의무화되지 않는 노동자에게 돌아가는 총임금 비중 추세가 있다면, 생산성에 연동된 명목임금 과정에 비해 가격 상승 압력이 가해질 수밖에 없다.

기술 진보는 노동 생산성을 높이고 경쟁 시장 경제에서 가격 하락세를 가져올 것이다. 1950년대에 명목임금은 매년 어느 정도의 생산성 계수에 따라 상승되어야 한다는 교리가 등장했는데, 이후로 정책에서

---

9 Myron J. Gorden, "Corporate Bureaucracy, Productivity Gains and Distribution of Revenue in U.S. Manufacturing, 1947–77," *Journal of Post-Keynesian Economics* 6, no. 4(Summer 1982); Paolo Syles-Labini, "Prices and Income Distribution," *Journal of Post-Keynesian Economics* 2(Fall 1979)

표 11.1 제조업 부문의 총 고용 대비 비생산 노동자 비율

산업	1952	1966	1976
내구재	19.2	25.8	25.6
목재	9.2	13.1	15.2
가구	14.4	17.1	18.1
유리, 진흙, 석조	14.9	19.7	20.3
기초 금속	15.4	18.6	21.7
제작 금속	19.6	22.1	24.6
전자 부문 제외 기계	23.3	29.7	35.1
전자 부품	23.2	30.6	34.6
자동차	20.4	22.2	22.5
비행기	25.6	40.3	48.4
계기	24.7	36.1	38.7
기타 제조업	15.5	20.2	23.4
비내구재	20.2	25.3	27.7
음식 부문	27.2	33.6	32.2
담배 제조	8.0	14.8	17.0
섬유	7.8	10.9	12.9
의류	10.6	11.1	13.9
제지	16.2	22.3	24.8
출판	34.6	36.4	43.2
화학	30.7	40.3	42.4
석유 및 석탄	28.0	37.7	35.6
고무 및 플라스틱	20.2	22.1	22.9
가죽 및 가죽 상품	10.4	12.4	13.6

출처: Employment and Training Report of the President, 1982, U.S. Government Printing Office, Washington, D.C., 1982.

의 고정관념으로 고착되었다. 이 원칙은 시장지배력을 가진 기업의 생산성 증가가 가격 하락으로 이어지지 않을 것이라는 믿음을 반영했다.

그러므로 명목임금의 구매력을 개선할 수 있는 유일한 방법은 가격이 대체로 유지되면서 임금이 오르는 것이었다. 생산성을 반영해 명목임금을 상승시키고 부수적 업무에 고용된 노동자 비율이 증가하면, 기업들이 비용 충당을 위해 필요한 현금 수입을 위해서는 가격이 높아져야 한다.

표 11.1은 제조업에서의 총고용 대비 비생산직 노동자 비율의 증가 추세를 보여준다. 1952~1966년과 같은 상대적 평온기에는 생산직 대비 비생산직 노동자 비율이 증가 추세를 보인다. 종합하면, 비생산직 노동자가 자신들의 임금으로 소비하면 기술 결정적 비용에 따라 소비재에 구현되는 이윤폭에 이러한 수요의 증가가 반영된다. 소비재와 투자재 생산자 모두 부수적 업무에 더 많은 노동을 고용할수록 (소비재 생산에서 기술 결정적 순비용에 따른)이윤은 소득이 증가하면 함께 증가한다. 이것은 (모든 소득은 임금 소득이며, 그 소득은 오로지 소비재에만 지출된다는 가정하에)정부가 없는 경제에서 다음 식으로 성립된다.

소비재 총수입 = 소비재 생산의 기술 결정적 임금＋소비재 생산의 간접 임금＋투자재 생산의 기술 결정적 임금＋투자재 생산의 간접 임금

직접 비용　　　= 기술 결정적 임금＋소비재 생산의 간접 임금

'관례적' 총이윤 = 기술 결정적 임금＋투자재 생산의 간접 임금

조정된 '총이윤' = 기술 결정적 임금＋투자재 생산의 간접 임금＋소비재 생산의 간접 임금

투자는 자본 자산에서 기대되는 소득의 현재 가치가 투자 공급 가격

을 초과해야 이루어진다. 이것이 투자의 필요조건이다. 그러나 투자의 필요충분조건은, 이 필요조건에 더해 필요한 화폐를 조달할 수 있어야 한다는 조건이 추가된다. 평온함은 불확실성을 약화시키므로 평온기에 변동이 없는 미래 소득의 시장 가치는 상승한다. 불확실성이 약화되면서 은행과 금융 자산의 사적 소유자, 차입 단위 등의 포트폴리오 선호도도 바뀌어 투자 수요 가격 상승이 금융 수요를 증가시킴에도 금융 공급이 증가하게 된다. 투자 증가는 결과를 낳는다. 투자 공급이 완전 탄력성 이하가 되면, 투자재 생산 노동비용에 따른 이윤폭 상승이 일어난다.

부수적 기능(연구, 개발, 판매, 마케팅 등) 임금에 대한 이윤 할당은 소비재에서 그러한 지출이 없을 때 발생하는 이윤보다 더 많은 이윤으로 이어진다. 마찬가지로, 기업의 자본 자산 가격과 주식시장 가치가 상승하는 시기에는 자산 가치의 상승이 임금과 이윤 소득의 저축률 감소로 이어지므로 소비재 생산에서의 이윤은 증가할 것이다.

부수적 업무의 임금으로 조달된 수요로 기술 결정적 노동비에서 상승한 이윤폭은 1952~1966년간 지배했던 평온한 경기 확장기에 인플레이션 편향을 가져온다. 그러나 총고용 대비 비생산직 노동자 비율의 증가는 더디게 진행되는 과정으로, 내구재 제조업 부문에서 이 비율이 19.2%에서 25.8%로 증가하는 데 14년이 걸렸다. 따라서 1952~1966년 사이의 인플레이션 압력은 부분적으로 임금 소득의 구성 요소 변화에 기인한다고 볼 수 있지만, 연간 변동률은 기술적으로 요구되는 노동 생산성 증대가 인플레이션 추세를 충분히 상쇄시킬 수 있을 만큼 작았다.

1966~1976년의 금융 혼란기에 비생산직 노동자 비율은 내구재 생

산에서 28.7%, 비내구재 생산에서 27.4%로 상승했다. 따라서 간접 노동 및 부수적 노동으로의 이동이 상당히 둔화되었다. 그러나 이러한 노동에 따른 지출은 생산량 변화에 따라 쉽게 조정되지 않는다. 1970년대 민간 부문 생산량과 고용의 불안정성 확대는 가변 인건비 대비 고정 인건비 비율의 변동성을 증가시켰다. 총고용에서의 하방 불안정성 증가는 기업이 생산량에서 예상되는 주기적 하락에 따른 결과를 방어하기 위해 기술 결정적 노동비용에 따른 이윤폭 인상이 필요했음을 의미했다. 이러한 '왜곡된' 가격 인상은 오로지 판매 조직이 행사하지 않은 일부 시장지배력을 가지고 있을 때만 가능하다.

생산직 대비 비생산직 노동 비율의 증가는 산출물에 기술적으로 연동되지 않는 현금 지불의 증가로 불안정성을 증대시켰다. 예를 들어 1976년에 지배적인 고용 구조는 기업들로 하여금 1952년을 지배했던 상황보다 소득과 고용의 지속적 유지에 훨씬 더 의존하게 만든다. 오늘날 우리 경제는 현금 흐름을 유지하는 데 큰 정부에 중독되어 있지만, 경기 침체에 대해 고착화된 정부의 대응은 긴축 경기 동안에 인플레이션적 과정이 유지된다는 것을 의미한다.

경제의 각기 다른 부분에서 명목임금 과정은 제품 가격, 세금, 그리고 부채로 무엇을 조달할 수 있는지에 따라 달라진다. 다양한 임금들은 1966년 이전의 상대적 안정기나 그 이후의 보다 격동기 모두 같은 비중으로 변동하지는 않는다.

상대적 안정기였던 1952~1966년은 명목임금에서의 비교적 낮은 상승률과 실질임금에서의 높은 상승률로 특징화된다. 1952~1966년 민간 부문의 소비 가능 주당 평균 소득(세금 부과 기준이 되는 소득 개념)[이전소득을 포함하지 않으므로 가처분소득과 구분하여 사용되었

표 11.2 소비 가능한 주당(weekly) 소득, 주당 평균 소득 및 주당 보상소득(매년 달러 가치 기준)

품목	연간 성장률		
	1952~1966	1966~1976	1952~1976
소비 가능한 주당 평균 소득			
민간 총소득	3.05	5.68	4.15
광업	3.35	7.08	4.91
건설 수주	3.47	6.28	4.80
제조	3.26	5.96	4.38
도소매	2.90	5.43	3.96
금융 및 보험	2.96	5.45	3.99
주당 평균 소득			
내구재 제조업	3.71	6.12	4.72
기계	3.80	5.59	4.54
비내구재 제조업	3.54	6.24	4.67
의류	2.56	5.68	3.87
도매	3.70	5.93	4.67
소매	3.27	5.07	4.07
주당 보상 소득			
연방정부	4.74	7.62	5.94
지방정부	4.33	7.06	5.46

출처: Employment and Training Report of the President, 1982, U.S. Government Printing Office, Washington, D.C., 1982.

다]은 연간 3.05% 증가한 반면, 1966~1976년에는 5.68%[원문에는 4.57%로 되어 있으나 표 11.2에 따르면 5.68%의 오기인 듯하다] 증가했다. 그러나 명목임금이 물가 변동을 반영하여 조정되면, 주당 소비 가능 평균 소득 증가율은 1952~1966년에 1.61%, 1966~1976년에는 0.06%다. 1952~1966년 동안 14년에 걸쳐 나타난 재화와 서비스 부분에서 대표적인 노동자들의 지배력은 25.1% 증가한 반면, 1966~1976년간 미국 경제에서 노동자들에 대한 어떠한 의미 있는 개선도 이루어지지 않았다

1952~1966년 동안 민간 산업에서 가장 높은 소비 가능 소득 증가율은 건설 수주 분야였다. 건설 수주에서 소비 가능 주당 평균 실질소득은 연간 2.3% 증가했다. 건설 수주 분야는 일종의 투자 산출물로 1952~1966년 동안 투자 금융이 쉽게 이용 가능했기 때문에 건설 노동 수요는 상당했다.

1966~1976년 기간에는 민간 부문에서 오로지 광업만이 주당 실질소득에서 현저한 증가를 보였다. 1966년에서 1976년까지 도소매에서의 주당 실질소득은 감소세를 보였다. 금융 혼란 및 인플레이션 기간 안정기의 특징이었던 소득에서의 안정적이고 전면적인 향상은 더 이상 볼 수 없게 되었다.

1952~1966년 동안 건설 수주에서 주당 평균 소득의 증가는 의류와 같은 소비재 산업보다 훨씬 빠른 속도로 증가하였다. 건설업계의 노동 생산성이 다른 산업 분야의 노동 생산성보다 훨씬 빠르게 증가하지 않았다면, 임금 변동성의 차이는 소비재 가격 대비 투자재 가격이 상대적으로 빠르게 상승하고 있었다는 사실을 의미했다. 14년에 걸쳐 이루어진 임금 성장률의 차이 및 그에 따라 추측 가능한 가격의 변화는 가격비에서의 유의미한 변동이 있었다는 사실을 암시한다(투자재에서 연간 3.47%에서 1.61%로 변화된 반면, 소비재에서는 2.56%에서 1.42%로 변화되었다). 만약 투자재 생산 및 소비재 생산에서의 생산성 증가가 동일하게 일어났다면, 투자재 가격은 소비재 가격 대비 13.5% 상승한다. 이는 투자 산출물 비용의 유효성이 검증되려면 소비 산출물

단위당 이윤 흐름이 증가해야 한다는 사실을 의미한다.

1966년 이후로 건설 수주에서 소비 가능 평균 소득은 명목상으로는 연간 6.26%씩 빠른 속도로 꾸준히 증가해왔다. 그러나 이것은 실질소득으로 환산하면 0.66%의 성장이다. 건설 부문에서의 급격한 소득 증가는 다른 산출물에 비해 자본 자산 가격을 지속적으로 상승시켰다. 금융 불안정성이 경제의 뚜렷한 특징으로 자리 잡은 시기에는 이와 같은 상승의 상대적 비율이 건설 분야의 극심한 침체와 연관되었다.

(주 정부, 지방 정부 혹은 연방 정부이건 간에)공무원 1인당 보상 데이터를 구하기는 쉽지 않다. 국민소득 계정과 '고용 및 훈련에 대한 대통령 보고서'를 활용하여 공무원 1인당 연간 및 주당 보상을 도출할 수 있다. 한편 물가 수준 연동 가치로 변환된 CPI 자료를 이용하여 1인당 보상의 물가 연동 증가율을 만들어낼 수 있다.

1952년부터 1976년까지 24년간 미 연방정부 공무원의 주당 평균 보상소득은 연간 5.94%씩 증가했는데, 1952년에서 1966년 사이 4.74%로 꺾였다가 1966년에서 1976년 사이 7.62%가 증가했다. CPI를 이용하여 물가 수준 연동된 실질가치로 변환하면, 미국 연방 공무원 1인당 보상은 1952~1966년 동안 연 3.15%[원문에는 3.30%로 되어 있으나 표 11.3에 따르면 3.15%의 오기인 듯하다]씩 증가했으며, 1966~1976년에는 연 2.00%, 전체적으로는 매년 2.67%씩 증가했다.

1952~1966년간 민간 경제의 소비 가능 주당 실질소득 증가율은 연방 공무원 보상 소득 증가율의 절반 수준인 연간 1.61%였다. 1966~1976년간 물가 수준 변동을 반영한 연방 공무원 보상 소득은 연간 2% 증가한 반면, 민간 부문에서 세 명의 부양가족이 있는 노동자의 소비 가능 주당 소득 증가율은 연간 0.06%에 그쳤다. 따라서 연방 공무원의

표 11.3 소비 가능한 주당 소득, 주당 평균 소득, 그리고 주당 보상소득(1967년 달러 가치 기준)

품목	연간 성장률		
	1952~1966	1966~1976	1952~1976
소비 가능한 주당 평균 소득			
민간 총소득	1.61	0.06	0.97
광업	1.91	1.46	1.73
건설 수주	2.30	0.66	1.62
제조	1.83	0.34	1.21
도소매	1.46	−0.18	0.78
금융 및 보험	1.52	−0.17	0.82
주당 평균 소득			
내구재 제조업	1.97	0.51	1.54
기계	2.36	−0.028	1.37
비내구재 제조업	2.11	0.63	1.49
의류	1.14	0.059	0.69
도매	2.33	0.31	1.49
소매	1.83	−0.54	0.85
주당 보상 소득			
연방정부	3.15	2.00	2.67
지방정부	2.89	1.44	2.29

출처: Employment and Training Report of the President, 1982, U.S. Government Printing Office, Washington, D.C., 1982.

실질소득은 민간 부문 노동자에 비해 30배 이상 빠르게 증가했다. (비록 이보다는 완화된 정도이지만)이와 비슷한 사례가 주 정부 및 지방 정부 공무원 간에도 적용되었다.

이 기간에 연방, 주, 지방 정부 공무원들의 소비 가능 보상 소득 증가율은 민간 부문에 비해 훨씬 높았다. 그럼에도 불구하고 안정기인

표 11.4 연방 피고용자의 보상소득, 1952, 1966, 1976년(단위: 십억 달러)

	1952	1966	1976
공무원 보상소득			
민방위–국방*	4951.00	8928.00	17562.00
기타 공무	3163.00	7847.00	20750.00
총 보상소득	8154.00	16775.00	38312.00
공무원 수**	2420.00	2564.00	2733.00
공무원 1인당 연간 보상소득	3369.00	65425.00	14018.30
공무원 1인당 주당 보상소득	64.79	125.82	269.58
1967년 달러 가치 환산 주당 보상소득	83.28	129.44	158.11
	성장률 (연간 %)		
	1952~1966	1966~1976	1952~1976
총 보상소득	5.15	8.26	6.47
주간 보상소득/공무원	4.74	7.62	5.94
1967년 화폐 가치로 환산한 1인당 주간 보상	3.15	2.00	2.67

* 표 32, Federal Government Receipts and Expenditure, National Income Accounts.
** 표 L1, Total Employment on Payrolls of Non-Agricultural Establishment, Employment and Training Report of the President.

첫 시기에 민간 고용 부문에서의 주당 소득은 매년 무려 1.6% 증가한 반면, 혼란기인 두 번째 시기에는 사실상 증가하지 않았다.

어떤 의미에서 정부는 민간 산업 노동자들의 소비 가능 실질소득에 삼중고를 씌웠다. 정부의 보상 소득은 민간 기업 부문의 소득보다 빠르게 증가해왔다. 이전지출은 임금보다 빠르게 증가했고 정부 지출의 증가에 따라 증가되어야 하는 세금은 노동자들의 실질 가처분소득을 감소시키는 경향을 낳았다. (사회 보장 부담금 인상과 같은)세금 때문이건 인플레이션 때문이건, 최근 몇 년간 많은 빈곤층, 공무원과 이전

지출 수급자들에 대한 개선은 피고용자들의 시간당 실소득 감소에 따른 차상위층의 희생으로 뒷받침되었다.

노동조합과 인플레이션

노동조합과의 협약에 따른 과도한 임금 합의를 인플레이션의 원인으로 꼽는 경우가 종종 있다. 그러나 영향력 있는 노조가 존재하지 않는 경제에서도 인플레이션은 발생했고, 노동조합이 광범위하게 존재하는 경제에서도 물가는 안정적으로 통제되었으므로 강력한 노동조합의 존재가 반드시 인플레이션을 불러온다고 할 수는 없다. 인플레이션을 억제하는 정책들은 때때로 노동조합과의 임금 합의를 위한 지침의 형태를 취하기도 했는데, 그 압력은 대화로, 임금과 물가 통제로, 또는 불명확한 소득 정책의 형태로 나타났다.

명목임금 협약이 인플레이션으로 이어지려면 높은 명목임금에서 고용 자금이 조달되어야 하는데, 명목임금 협약은 금융의 변화를 이끌어낸다. 실제로 명목임금에 대한 지불 가능성 여부는 임금 지불을 위한 자금 획득 방식에 달려 있다.

명목임금이 소비 지출 자금으로 흘러 들어가므로 고용이 감소하지 않으면 명목임금 상승과 더불어 수요가 증가할 것이다. 높은 명목임금은 소비재 수요 공급 곡선 모두를 상승시킨다. 소비재 수요는 주로 소비, 투자, 정부 고용에서의 임금으로 조달되므로 명목임금 상승이 고용 감소를 동반하지 않으려면 투자와 정부 지출로 조달된 임금의 달러 가치가 상승해야 한다. 만일 소비재 생산 수익이 상승한 임금을 검증하는 동시에 더 높은 투자 공급 가격을 받쳐주는 이윤을 산출하려면 소비재 생산 이외 부문에서 임금이 상승해야 한다.

완전고용에 가까운 시점에 조달된 투자와 정부 지출이 증가하면, 투자재와 소비재 생산 모두 이윤이 증가할 것이다. 이는 기업들의 고용 의지를 고취시키고, 명목임금 상승으로 이어질 것이다.

인플레이션이 지속되려면 조달된 투자와 정부 지출의 명목 총액이 증가해야 한다. 이렇게 증가된 규모의 투자와 정부 지출은 높고, 증가하는 노동 수요가 더 높은 명목임금 상승으로 이어지므로 인플레이션 지속을 위한 필요조건이다. 만일 투자와 정부 조치에 따라 증가된 자금이 명목임금 인상을 검증하지 못하면 인플레이션은 꺾이게 되는데, 노동자들은 더 낮은 소비 수준을 수용하게 되고, 자산 가격 검증을 위한 이윤 상승은 일어나지 않을 것이다.

노동조합의 임금 협약이 인플레이션으로 이어지려면 조달된 투자와 정부 지출이 증가해야 한다. 정부 임금이 민간 부문 임금에 연동되고, 정부 구매 계약이 대부분 원가 가산 방식이며, 이전지출이 생계비에 연동된다면, 명목임금 상승은 정부 지출 증가로 이어질 것이다. 연방 정부가 아직까지는 지출에 따른 부채 금융에 어려움을 겪지는 않은 만큼, 정부 지출 증가를 유도하는 경로를 따라 민간 고용에서의 명목임금 상승이 인플레이션으로 전환될 제도적 장치가 우리 경제에 구축된다.

협상된 명목 임금 인상을 유효하게 만들어주는 지출에 조달되는 자금의 약한 고리가 투자인데, 명목임금 인상이 투자 조달 증가로 이어진다는 보장은 없다. 그러나 만약 조달된 투자의 명목 가치가 명목임금 상승에 못 미치면 그 결과는 실업으로 이어지고 다시 정부 지출 증가와 세수 감소로 이어진다. 이와 같은 경제에서 투자 결핍이 이윤에 미치는 영향의 전부 또는 일부를 상쇄하기 위해 정부 재정 적자가 증가한다.

투자, 재화와 서비스에 대한 정부 지출, 그리고 이전지출의 급증에 따라 단위 노동비용당 이윤폭이 상승하고 노동조합은 의미 있는 명목임금 인상에 성공한 것으로 보인다. 노동조합은 자신들 생산한 것 이외의 소비재에 지출 가능한 소득이 증가하면서 명목임금의 구매력 감소 억제에 분명히 성공한다. 노동조합이 잘 하는 것처럼 보이는 것은 노동자들의 실질 소득을 감소시키는 경향이 있는 투자와 이전지출 증가와 같은 정책과 체계적 속성의 영향으로부터 조합원들을 **보호**한다는 점이다. 결과적으로 투자자와 정부의 활동 자금 조달 능력이 얼마만큼 인플레이션이 진행되는지를 결정한다.

논한 바와 같이, 1966년 이후의 격동기에 정부 지출은 급격하게 증가했다. 이전지출, 연방 공무원에 대한 보상과 주 정부 지출은 GNP 보다 빠르게 증가했다. 그러나 경제에서 이렇게 급속 성장하는 부문은 소비재 생산에서 상승하는 임금에 직접 조달되는 것이 아니라 소비재 생산에서 이윤폭 상승에 조달된다. 마찬가지로 전체 노동력에서 차지하는 비생산직 노동자의 높은 비율은 기술 결정적 비용에 직접적으로 영향을 미치는 것이 아니라 총이윤폭에 영향을 미친다. 물가 변동을 명목임금 탓으로 쉽게 전가해서는 안 된다. 이윤폭의 변동이 그 과정의 중요한 부분이다.

노동조합은 생산 노동자의 소비 가능한 실질소득을 끌어올리는 데 성공적으로 인플레이션을 이용하지 못했다. 전형적으로 노동조합에 의해 대표되는 민간 고용에서의 노동 계급은 1966년 이후 격동적 인플레이션 시대에 비해 상대적으로 완만한 비율로 명목임금이 상승했던 시기에, 자신들의 소비 가능 실질소득 증가 측면에서 훨씬 더 나은 성과를 거두었음이 분명하다.

조직화된 노동자들이 어느 정도 빠르게 성장하는 수요 곡선을 활용할 기회를 갖게 되면, 명백히 수요 증가 이전 수요에 기초한 큰 폭의 임금 인상이 발생한다. 투자 붐은 건설업 임금 상승으로 이어지고 투자 붐의 붕괴는 건설업에서의 비노조원 비율 증가로 이어질 것이다. 노인 의료 서비스, 저소득층 의료보장제도, (블루 크로스Blue Cross와 블루 쉴드Blue Shield 같은)제3보험 계획들은 병의원, 요양원들의 노동조합 조직과 관련되기보다는 의료비 상승과 더 관련이 있다. 고속도로 체계가 트럭 운송의 효율성을 극적으로 확대했을 때, 고속도로를 관통하는 트럭 운전사들의 임금은 빠르게 증가했다.

노동조합의 임금 협상이 인플레이션 추력을 악화시킬 수도 있지만, 기본적인 인플레이션 압력은 소비재 생산에서 벌어들인 소득 외의 지출로부터 경제에 가해지는 초과 수요에서 비롯된다. 만약 투자재 생산 노동자, 공무원, 이전지출 수급자, 그리고 이윤 수취자들이 증가된 소비재 몫을 경쟁적으로 소비할 때, 소비재 생산 노동자들이 자신들의 실질임금 감소를 수동적으로 받아들인다면 인플레이션 추력은 둔화될 것이다.

1인당 실질 소비 증가율은 1952~1966년 사이 연 2.06%, 1966~1976년 사이에는 연 2.47%였다. 그러나 민간 고용에서의 표준 생산직 노동자 가구의 소비 가능 주당 평균 소득 증가율은 1952~1966년에는 연 1.61%, 1966~1976년에는 연 0.06%였다. 생산직 노동자의 소비재 구매력은 평균 인구 분포에 뒤져 있었는데, 1966~1976년 사이에 특히 현저했다.

소비 지출이 연 2.06%로 성장했던 1952~1966년에 건설 노동자의 소비 가능 소득은 더 빠르게 증가했고, 광업 노동자의 소비 가능 소득은 소비 지출 속도(1.91%)만큼 증가했다. 그러나 연방 정부, 주 정부, 지방 정부 공무원의 보상 소득은 1인당 소비의 전반적 증가율보다 훨씬 빠르게 증가했다.

1966~1976년에 1인당 실질 소비 증가 수준인 2.47% 이상으로 소비 가능 소득이 증가한 그룹은 오직 광산 노동자들뿐이었는데, 연방 정부, 주 및 지방 정부 공무원들의 보상 소득은 상당한 증가에도 불구하고 전반적인 소비 증가율에는 못 미쳤다.

1966~1976년에 노동자 소득 구매력이 크게 떨어졌음에도 1인당 소비가 가속도로 증가했으므로 실질임금 소득 외에서 조달되는 소비가 빠르게 증가했을 것이다. 여성의 노동 참여가 크게 증가하면서 추가된 노동으로 조달된 소비가 발생했으며, 이전지출도 그 일부로 고려된다. 또 다른 요소는 이윤 소득이 소비에 더 많이 조달되었다는 점이다.

단체교섭으로 체결된 명목임금 상승은 오로지 그 상승분의 자금이 조달될 때만 실현될 수 있다. 만일 이용 가능한 금융의 증가가 수반되지 않으면, 명목임금 상승은 물가 대비 고용과 이윤에서의 감소를 수반할 것이다. 그리고 이러한 이윤폭의 감소는 투자 결정에 부정적 영향을 끼칠 수 있다. 실제로 인플레이션 과정에 따른 투입물에 조응하지 않는 명목임금 인상은 기존의 명목임금 이득을 유지하고 추가 임금 인상을 협상하는 노동조합의 힘을 약화시키는 과정으로 작용한다.

그러나 정책 환경이 일부 목표 실업률이나 목표 투자 산출물을 설정한다면 체결된 명목임금 상승은 인플레이션 과정을 개시할 수 있다.

이런 상황에서 통화 및 재정 정책은 지출 자금을 조달하거나 목표 수준 달성을 위한 투자 유치에 사용될 것이다. 만약 체계가 고용과 산출량 목표에서 벗어나면, 정부가 확장 재정 및 통화 정책을 취할 것이라는 복합적 의미에서만 자율적인 명목임금 인상이 인플레이션을 야기할 수 있다. 정부가 목표한 수의 주택을 짓거나 목표 실업률 달성을 약속하는 세계에서, 명목임금 인상은 정부 지출과 투자에 따른 금융의 확대를 촉발한다. 목표 고용 수준이나 산출량을 유지하기 위해 통화와 재정 정책을 세워야 자율적 명목임금 상승이 인플레이션으로 이어질 수 있다.

단위 노동비용당 이윤폭을 증가시키는 이러한 수요를 동시에 제약하지 않고 임금 협상을 제약하여 인플레이션을 다루려는 시도는 기껏해야 일시적 성공을 누릴 뿐이다. 인플레이션은 노동조합의 명목임금 정책이 아니라, 주로 경제에 가해지는 다양한 유형의 산출물 수요에서 소비재 수요에 이르기까지의 피드백에서 비롯된 결과다.

축복이자 저주인 큰 정부

큰 정부는 1960년대 이후를 지배해온 취약하고 불안정한 금융 체계가 본격적인 금융 위기, 부채 디플레이션, 불황 속에서의 붕괴를 막아 낼 큰 책임이 있다. 그럼에도 불구하고 1966년 이후의 금융적 트라우마는 가중되는 심각성의 일시적 중단 및 침체와 관련된다. 1974~1975년과 1981~1982년의 경기 침체는 심각했지만 대규모 불황은 일어나지 않았다는 데서 다행스러운 일이다. 그러므로 부채 디플레이션과 깊은 불황을 방어할 때 큰 정부는 축복이다.

고용주로서, 그리고 이전지출의 공급 단위로서 우리의 결합 정부, 즉 주정부, 지방정부, 연방정부는 거대할 뿐 아니라 빠르게 성장했다. 정부 임금을 받는 노동자 비율이 증가했을 뿐 아니라, 공무원들의 보상 소득 또한 다른 노동자들에 비해 빠르게 증가했다. 더 나아가 이전지출 제도가 확산되고 물가 연동 방식으로 효과적으로 지수화되었다. 1966년의 경기 둔화와 1970년, 1974~1975년의 침체는 정부 규모를 확대시켰다(1981~1982년의 방위비 확대로 최근 수년간 정부 규모가 보다 확대되었다). 큰 정부가 경제의 산출량보다 더 빠르게 확장되면 인플레이션이 발생한다. 인플레이션은 투자 결정에서의 비효율성을 유발하는, 일종의 가혹한 세금이다. 따라서 인플레이션으로 이어질 때 큰 정부는 저주다.

미국 경제는 소득과 고용이 떨어질 때마다 큰 정부가 수요와 이윤을 유지하며 포트폴리오에 안전 자산을 공급해줌으로써 1930년대 이후 극심한 불황을 피해왔다. 그러나 큰 정부가 심각한 불황을 방어했던 바로 그 과정은 인플레이션을 초래한다. 그리고 침체기에 재정 적자로 자금을 조달하여 포트폴리오에 정부 부채를 공급하는 것은 이어지는 경기 확장기에 투자를 조달할 수 있는 역량이 비축되고 있음을 의미한다.

금융 불안정성은 정교한 금융 체계를 가진 자본주의 경제의 뿌리 깊은 특징이다. 그러나 이것이 모든 자본주의가 똑같이 불안정하다는 뜻은 아니다. 매우 다양한 형태의 자본주의 경제가 존재해왔고, 우리의 상상은 무한한 수의 자본주의 경제를 건설할 수 있다.

우리가 보다 나아지기 위해서는 불안정성을 향한 경제의 추력을 제거하지는 못하더라도 약화는 시켜야 한다. 이것은 우리의 체계가 작동하는 제도적 틀과 정책 운용이 변화되어야 한다는 의미이다. 세상에 마법은 없다. 자본 자산의 사적 소유와 민간 투자, 그리고 복잡한 금융 체계를 가진 어떠한 경제도 불안정할 수 있다는 인식과 더불어 최선의 개혁을 진지하게 단행함으로써 보다 나아질 수 있다. 실제로 불안정성의 한 측면으로서 인플레이션은 깊은 불황의 유형 속에서 불안정성을 피하기 위해 취한 바로 그 조치에서 태동한다.

인플레이션 완화

인플레이션은 소비재 생산에서의 임금이 평균 생산성보다 빠르게 상승하거나 소비재 생산 임금 명세에 비해 이윤폭 구성요소가 증가할 때 발생한다. 명목임금 상승이 완화되고 이윤폭 구성 요소의 상대적 상승이 멈추면 인플레이션은 완화될 것이다.

명목임금의 역사는 주로 이윤폭 감소나 평균 노동 생산성 감소로 실질임금이 하락할 때, 노동자들이 감소한 실질임금을 받아들일 수밖에 없도록 강제하는 인플레이션 장벽의 효과를 보여준다. 노동조합이 약하고 실업률이 높으면 인플레이션 장벽이 높아진다. 최근의 실업률이 높을수록 인플레이션 장벽은 더 높아진다. 더구나 높은 실업률은 노동조합의 영향력을 약화시킨다. 따라서 높은 실업률은 직접적 방식으로, 그리고 노동조합의 권한에 영향을 미치는 방식으로 인플레이션에 복합적인 영향을 미친다.

경상 무역수지와 서비스 계정 적자는 이윤폭 결정에 마이너스 부호로 산입된다. 인플레이션을 멈추게 하는 한 가지 방법은 경제에 소비재를 넘쳐나게 하는 것으로, 이를 위한 하나의 방법이 국제 무역수지에서 상당한 적자를 운용하는 것이다.

1982년 말 실업률이 매우 높아지면서 주 정부와 지방 정부의 재정 지출 증가에 조달되는 연방 정부 프로그램들은 유지 또는 축소되었으며 1983년과 1984년에는 수입품들이 넘쳐났다. 막대한 재정 적자에도 불구하고 인플레이션율은 하락했다. 대규모 재정 적자에도 인플레이션을 완화하고 화폐 공급을 완화한 레이건의 '성공'은 인플레이션 여파에 따른 임금 반발을 억제하고 국제 무역수지에서 대규모 적자 운용을 단행한 결과다.

인플레이션 전선에서 레이건 계획의 성공은 우리의 인플레이션 모형 관점에서 이례적 현상이 아니다.

민스키의
금융과자본주의

5 정책

제12장
• • • • •
정책 소개

무엇을 해야 좋을지 아는 것만큼 실천이 쉬웠다면, (작은)예배당은 (큰)교회가,
빈자(貧者)의 오두막은 군주의 궁전이 되어 있겠지.

_『베니스의 상인』

  세익스피어의 희곡 『베니스의 상인』의 여주인공 폴샤의 말은 경제
정책의 문제를 웅변적으로 요약한다. 목표를 나열하기는 쉽지만, 제도
를 수립하거나 목표를 이룰 과정을 시작하는 일은 매우 어렵다. 완전
고용, 물가 안정, 빈곤의 제거가 바람직하다고 주장하는 사람이 있다
손 치자. 어려운 것은 이에 비견될 만한 훌륭한 목표에 이르는 방법을
찾는 일이다. 효과적 계획이 없는 약속은 이미 지나간 과거가 될 뿐이
므로, 우리는 '무엇'을 넘어 '어떻게'로 나아가야 한다.

  수많은 정책 처방에 통용되는 빛 좋은 개살구를 경고하는 한편, 나
는 독자들에게 제안한 처방을 내가 직접 실행하는 대신 무엇이 우리
경제를 병들게 하는지에 대한 진단과 우리 불만의 원인을 분석하는 데

훨씬 더 편안하게 느낀다는 점을 밝혀 둔다. 우리는 자본주의 결함을 단번에 완벽하게 치유하는 해결책은 없다는 것을 인식하면서도 진지한 변화의 프로그램에 착수할 필요가 있다. 개혁 프로그램이 성공하더라도 그 성공은 일시적일 수밖에 없다. 특히, 금융 혁신은 불안정성의 문제가 언제고 불쑥 나타날 수 있음을 확신한다. 그리고 혁신의 결과는 역사상 명백하게 드러났던 것들과 비견되지만 동일하지는 않을 것이다.

정치 지도자들과 그들에게 조언하는 경제학자들은 자신들이나 경제가 내어줄 수 있는 이상의 것을 약속할 책임이 있다. 기왕의 조언자들은 정책이 달성할 수 있는 목표에 부과되는 경제 과정과 관리 능력의 한계를 정치 지도부와 대중들에게 인식시키는 데 실패했다. 조언자로서 경제학자들은, 제안은 정부가 할 수 있지만 배치는 경제가 한다는 것을 입법자와 정부 관료들에게 가르치는 데 실패했다. 정확히 말하면, 우리의 경제 지도자들은 사실상 보편적 풍요를 누리는 와중에도 우리 경제의 **정상적 작동**이 금융 트라우마와 위기, 인플레이션, 통화 가치 하락, 실업, 그리고 빈곤으로 이어진다는 사실, 간단히 말해, 금융적으로 복잡한 자본주의는 내생적 결함이 있다는 사실을 인식하지 못하고 있는 듯하다.

자유주의자건 보수주의자건 경제 조언가들은 경제의 근본적 '건전성'을 믿는다. 이런저런 결함들을 찾아내면, 그들은 연준 운영 기법의 변화, 조세 개혁, 의료보험, 빈곤과의 전쟁 등의 정책들을 들이대며 옹호하겠지만, 대체로 현대 자본주의의 기본 제도에 만족해한다. 오늘날 그들의 복음서에 따르면, 결함은 자본주의의 근본적 특성이 아니라 부차적 특성에 기인한다.

사정이 이렇다 보니, 정책 자문 기관의 경제학자들은 세부 항목에서 의견이 엇갈린다. 어떤 이는 재정적 땜질을 통한 미세 조정을 제안하고, 또 어떤 이들은 꾸준한 통화 확대로 인플레이션 없는 자연 고용률 달성을 원한다. 그러나 그 어느 쪽도 자본주의가 근본적으로 잘못된 것이라고 보지 않는다. 1966년의 신용 경색, 1970년의 유동성 압박, 1974~1975년의 은행업 위기, 1979~1980년의 인플레이션 소용돌이, 1981~1982년의 국내외적 고통은 그들이 보기에 '충격'이나 '오류' 탓에 벌어진 일탈 현상이었다. 기본적으로 잘못된 것은 없기에 그들은 또한 예리한 시정 조치가 필요하지 않다는 입장이다.

문제의 진실은 우리 경제가 무엇인가 근본적으로 잘못되었다는 데 있다. 앞서 살펴본 바와 같이, 자본주의 경제는 투자와 금융 과정이 내생적 안정 파괴력을 유도하므로 본질적으로 결함이 있다. 자본주의 경제 시장은 특화되고 장기 연한의 값비싼 자본 자산을 수용하기에는 적합하지 않다. 사실, 정책 수립에 근간이 되는 경제이론은 자본 자산과 금융 관계의 존재를 허용하지 않는다. 월스트리트의 활동과 생산과 투자에 대한 은행가들의 투입은 기본적인 할당 지향 이론에 통합되지 않고 추가될 뿐이다.

최근 몇 년간의 경제 정책 논의는 경제 안정과 성장을 위해 얼마나 더 많은(또는 더 적은) 정책(재정 정책)이 필요하고 또 얼마나 많은(또는 적은) 다른 정책(통화 정책)이 필요한지에 초점을 맞춘다. 우리가 앞으로 더 잘하기 위해서는 재정과 통화 정책의 수준과 기법을 넘어서는 진지한 논쟁에 나서야 한다. 이러한 논쟁은 우리 경제의 불안정성을 인정하고, 내재된 불안정성이 우리의 제도적 정책적 개입으로 증폭되는지 또는 완화되는지 여부를 탐색할 것이다.

그 첫 단계로 공적 토론에 대한 의제가 마련되어야 한다. 의제는 논의되는 대안을 수립하고, 대안 제시 방식은 의사결정에 영향을 미칠 가능성이 있으므로 중요하다. 노벨경제학상 수상자 토빈James Tobin은 1961년 에식스대학에서 행한 연설에서 조언자의 역할을 군주의 관심을 유도할 수 있도록 증거를 검열하고 질문을 구성하는 가신家臣 지식인에 빗대 적절하게 묘사한다. 그는 "문제를 명시하고 관련 정보를 구성하는 용어가 해결책에 지대한 영향을 미칠 수 있다"고 지적했다.[1] 따라서 권력자들이 언급하는 단세포적 어구는 논의 중인 상충관계trade-off가 2차 세계대전 이후 짧은 기간만 실재했고, 설사 그 아이디어를 뒷받침할 만한 증거가 있다 하더라도 거의 무의미하다는 것을 전혀 인식하지 못하는 것이다. 그러나 이러한 상충관계가 아직은 정책을 자문하는 기득권층의 경제이론과 계량적 모형에 내재되어 있으므로 정책의 문제는 그 용어로 표현된다. 이러한 모형들은 상충관계가 증가된 고용이 생산한 산출물의 특성을 반영하는지의 여부를 묻지 않으며, 더 많은 소비재 생산으로 달성되는 디플레이션적 실업률 감소와 정부 이전지출, 방위비, 혹은 더 많은 투자재 생산으로 달성되는 실업률 감소 사이에는 차이가 없다.

정확히 말하면, 궁정 정치에서 가장 중요한 문제는 군주의 마음에 다가서는 것이다. 그리고 경제학이 너무도 중요해 경제학자에게 맡겨질 수 없다면, 그것은 너무도 중요한 게 분명해서 경제 신료들에게도 맡겨질 수 없다. 우리가 새로운 방향으로 나아가기 위해서는 경제 문

---

1 James Tobin, "The Intellectual Revolution in United States Policy–Making," Noel Burton Lecture, University of Essex, 1966, p.14

5부 정책

제가 심각한 공적 문제이자 논쟁의 주제가 되어야 한다. 의미 있는 개혁은 그 자체로 현 상황의 설계자들인 자문과 행정 엘리트들에게 맡길 수 없다. 대중이 변화의 이유를 이해하지 못한다면 변화에 수반되는 비용을 받아들이지 않을 것이다. 이해야 말로 개혁을 위한 정당성의 토대이다.

의제의 중요성

가신家臣 지식인의 역할에 대한 토빈의 정의는 의제를 통제하는 것으로 묘사할 수 있다. 군주와 대중 모두 문제를 공식화하고 대안을 정의하는 데 지식인에게 의존한다. 민주주의에서는 문제의 개념과 심지어는 개념을 정할 문제를 숙고하기 위한 순서조차 그 결과에 영향을 미친다. 예컨대, 1970년대에 의회에서 있었던 예산안 비준 절차의 개혁 취지는 일련의 돌발적 순서에 따른 비준이 아니라, 개별적 의사결정을 개괄한 결과로 만들려는 시도였다. 기존 법규들은 농업 정책에서부터 다양한 이전지출 계획, 수입 쿼터에 이르기까지 일관된 경제관을 반영한 설계의 결과가 아니라, 오히려 문제가 확인된 대로 의회, 다양한 행정부 기관, 그리고 대중들의 반응을 반영한 혼란스러운 결과다. 결과적으로, 기존 경제 구조는 계획과 제도 간의 상호작용을 고려하지 않은 순차적 의사결정의 산물이다.

오늘날의 경제 위기는 1930년대와 같이 총체적 위기는 아니더라도 충분히 심각하다. 1965년 이후 수년간 지속된 불안정성, 인플레이션, 만성적 높은 실업률은 만족스럽지 못하고, 전후 초기에 비교적 충분히 효과가 있었을 법한 정책 처방들은 더 이상 바람직스런 결과를 달성할 수 없게 되었다. 게다가 우리가 무엇을 해야 하는지에 대한 합의조차 없다. 보수주의자들은 심지어 자신들의 기업 고객들이 시장지배력을 제도화하고 합법화해달라고 로비하는 그 시간에도 시장의 자유를 부르짖고 있다. 기업가와 은행가들은 기술 변화와 제도 진화가 사업 유형의 전통적 경계를 무너뜨리고 있는 시점에도, 자신들이 지배하는 다양한 영역으로의 진입이 용이해질 것이라는 두려움에 움츠리고 있다. 사실, 미국 기업계는 입으로는 자유 기업 체제를 옹호하고 애덤 스미스의 신조를 극찬하면서도 뒤로는 스미스가 혐오했던 바로 그것, 즉 국가가 권한 부여한 시장지배력을 유지하고 정당화하기 위해 노력하고 있다.

자유주의자들은 이처럼 우리의 자본주의를 날카롭게 비판하면서도 혁신적 실험과 변화를 개척하는 대신 과거에 얽매여 있다. 그들은 리플레이션reflation[통화 재팽창 등을 통해 경기를 진작시키려는 행위]이 정책 목표였던 대공황 이후, 이러한 입법들이 어떠한 실질적 목적에 기여했는가를 묻지 않고 최저 임금 인상을 지지한다. 자유주의자들은 과거에서 승계된 정책의 흠결을 직시하는 데 주저하며, 근본적으로 새로운 방향으로 나아가기를 꺼린다.

결과적으로 분석과 아이디어 대신 우리는 자유 시장, 경제 성장, 국가 계획, 공급 측면, 산업 정책 등과 같은 정책 목표가 무엇인지, 그리고 그 방법이 무엇인지 바로 인식하기 힘든 애매모호한 문구로 이루어진 슬로건들을 얻었다. 변화를 위한 다양한 정책들은 시장 과정의 강점과 약점 모두에 대한 오해에 바탕을 두고 있다. 정책 제안이 갖는 지적 빈곤의 원인 중 하나는 그것들이 신고전파 이론에서 도출된 아이디어에 계속 기반을 두고 있기 때문이다. 비록 경제이론이 정책에 연관되더라도(물론, 우리 경제의 작동 방식에 대한 이해 없이 처방을 찾을 수는 없다), 경제이론이 타당하려면 현실에서 일어나는 일이 이론적으로 가능한 사건이어야 한다. 이런 점으로만 보더라도 표준적 경제이론은 실패다. 표준적 경제이론의 핵심이 신뢰할 만하다면 우리 체계에 너무나도 명백한 불안정성은 일어날 수 없다.

오늘날의 경제 정책은 조각보와 같다. 일부 결함을 바로잡기 위해 고안된 모든 변화는 경제적·사회적 삶의 다른 측면에 부정적 영향을 미치는 부작용을 가지고 있다. 모든 임기응변적 개입은 또 다른 개입을 낳는다. 우리가 지금 가지고 있는 것을 개선하고자 한다면, 불안정성과 인플레이션을 향한 경향성을 점검할 수 있는 제도적·구조적 개혁의 시대를 열어야 한다. 그러나 표준적 이론은 그 점에 대해 어떠한 지침도 제공하지 않는다. 이러한 문제들은 표준적 이론의 타당성 영역 밖에 있기 때문이다. 개혁의 새로운 시대는 단순히 단편적 변화의 연속일 수 없다. 오히려 우리 경제 문제에 대한 철저한 통합 접근법이 개발되어야 한다. 정책은 경제 전반 환경을 아우르고, 각각의 조각들은 정합성 있고 실행 가능한 방식으로 더불어 맞춰져야 한다. 단편적 접근이나 조각보 같이 기워 맞추는 변화는 오히려 상황을 악화시킬 뿐이다.

풍요 속의 빈곤과 즐거움을 잃어버린 부는 심각한 장애의 증상에 불과하다.[2] 지적했듯, 우리 자본주의 경제에서 금융과 경제의 지속적 불안정성은 정상적이다. (정부의 이전지출과 폭발적으로 증가하는 방위

---

2 Tibor Scitovsky, *The Joyless Economy*(New York: Oxford University Press, 1976).

비 지출을 포함하여)민간 투자를 통한 성장 계획은 금융 불안정성과 만성적 인플레이션을 증폭시킨다. 실제로 우리의 문제들은 부분적으로 우리가 무심코 선택한 방식에 따른 결과며, 경제의 운용에 대한 무지의 결과다. 이제 대안적 정책 전략이 절실하다. 우리는 다시 원점 (1933년)으로 돌아가 우리 경제의 유형이 어떻게 금융 취약성과 실업, 그리고 인플레이션을 발생시키는지에 대한 현대적 이해를 바탕으로 정책 구조를 구축해야 한다.

정책 채택을 위한 접근법

보수주의자들의 자유 시장 요구, 진보주의자들의 경제 성장 약속, 그리고 유사 급진주의자들의 국가 계획과 산업 정책들에 대한 요구 등 세 가지 정책 슬로건은 모두 한 가지 공통점이 있다. 정책에 대한 그들 접근법의 기저가 되는 경제 분석이 케인지언 이전의 것이라는 점이다. 경제 이론에서 케인즈 혁명이 실제로는 일어나지 않았던 것과 마찬가지로 정책에서 그러한 혁명은 일어난 적이 없었다. 불황에 대한 한센의 처방을 제외하면, 어느 누구도 케인즈의 사고가 정책에 미치는 함의를 생각해 보지 않았다(하물며 그것이 정책에 반영되었을 리는 만무하다). 정책 기관 및 하수인들이 케인즈로부터 동화된 것은 불황에 빠진 경제와 적자 재정 정책 수단에 대한 분석뿐이었다. 자본주의에 대한 케인즈의 깊이 있는 비판과 그것이 투자와 금융 관계를 더 잘 다룰 수 있도록 경제 사상을 개혁하려는 진지한 시도는 어디에도 없다. 케인즈 경제학은 경제학 전문가에게는 물론이거니와 특히 정치인과 일반 대중들의 관점에서도 통화와 재정 정책에 대한 일련의 단순한 지침이 되었다. 지금 우리에게 필요한 것은, 우리 경제가 자본주의 경제이고 정교한 금융 구조가 있으며 따라서 이러한 경제의 내부적 과정 때문에 불안정하다는 것을 인식하는 경제이론에 기초한 전략이다. 사실상, 우리는 케인즈의 업적이 정통 이론의 일부로 변형되는 과정에서 잃어버린 것들에 기반한 이론을 정책의 기초로 삼아야 한다.

케인즈를 기반으로 세워진 이론적 관점에서 도출된 주요 논점들은 다음과 같다.

1. 시장 메커니즘은 중요하지 않은 수많은 결정에 효과적인 통제 장치이기는 하지만, 공정성, 효율성, 안정성과 같은 중요한 실험에 대해서는 실패했다.

2. 우리 경제와 같이 정교하고 복잡하며 역동적인 금융 체계는 내생적으로 안정 파괴력을 만들어 내므로 심각한 불황은 비개입적 자본주의의 자연스러운 결과다. 그러므로 금융을 자유 시장에 맡겨 놓을 수 없다.

3. 분산 시장 메커니즘은 자본 투자가 민간 국내 생산에서 큰 비중을 차지하고, 투자재 생산 비용이 큰 경제에서 특히 불안정하고 비효율적이다.

4. 자본주의적 조직 유형하에서 금융 자원은 시장 힘에 대한 보호 없이는 대규모 장기 연한 자본 자산에 위험을 감수하지 않을 것이다. 결과적으로 그러한 산업이 민간에 존재하기 위해서는 법제화되고 제도적으로 정당화된 독과점이 필요하다. 자본 집약적 독과점은 '특수 유형의 세금 청부업자'라는 해석이 가장 정확하

다. 완전 공유제가 아니더라도, 대규모 자본 집약적 생산 단위에 대한 공적 통제는 필요하다.

5. 큰 정부 자본주의는 작은 정부 자본주의보다 안정적이다. 이는 지난 세기의 경험과 금융 기관을 고려하는 경제이론 모두에서 확인할 수 있다. 이렇게 더 큰 안정성은 이윤 안정화에 대한 경기 조정적 현상으로서의 정부 적자 효과 때문이다. 하지만 큰 정부가 인플레이션을 유도하지 않으려면 예산 구조가 인플레이션이 지배하는 시기에 흑자가 이윤을 제한할 수 있어야 한다.

6. 큰 정부 예산 구조는 인플레이션 발생 시 흑자를 낼 수 있는 능력을 내재하고 있어야 하므로 GNP에서 차지하는 세수의 비중이 클 수밖에 없다. 따라서 조세 회피 행위를 야기할 뿐만 아니라 세금 분배의 비효율성을 불러올 수 있으므로 조세제도의 설계는 필수적이다.

이론에서 도출된 이런 관점에 더해 많은 역사적 사실, 제도적 속성과 정책적 추진력이 경제 정책을 위한 모든 새로운 기조에 통합되어야 한다.

1. 우리 경제의 제도 구조를 뒷받침하는 아이디어는 케인즈 이전 시대의 것이다. 이러한 제도 구조의 대부분은 루즈벨트 시대의 산물로서 투자와 자본 집약도를 선호하고 노동력 참여와 디플레이션을 선호하지 않는 (불황이 만들어낸)편향을 반영한다. 그러나 일단 큰 정부가 깊고 지속적인 불황의 위협을 성공적으로 제거하면, 루즈벨트주의의 제도 구조는 경제에 인플레이션 편향을

내어 준다.

2. 정책 목표를 고용이 아니라 투자와 '경제 성장'에 집중하는 것은 오류다. 완전고용 경제는 확장될 수밖에 없는 반면, 자본 집약적 민간 투자 유도로 성장을 가속화하려는 경제는 성장하지 못할 뿐만 아니라, 소득 분배에서의 불평등, 기술 선택에서의 비효율성, 그리고 경제 전반의 성과에 불안정성을 가중시킬 수 있다.

3. 자본 집약적 생산의 강조가 이론의 실패인지 정책의 실패인지를 가늠하기는 쉽지 않다. 분명히 고용, 소득, 성장, 물가 안정과 같은 모든 좋은 것들의 원천이 투자라는 것은 부당하게 이를 강조한 것이다. 사실, 서투르고 부적절한 투자와 투자 금융은 완전고용, 소비, 경제 성장 및 물가 안정을 가로막는다.

4. 지나치게 광범위한 고비용 이전지출 체계는 사회 안정성을 저해하고, 실질 국민 소득을 감소시키는 경향이 있으며, 경제의 인플레이션 편향을 유도한다.

5. 우리 경제는 비록 그 효율성과 형평성을 해친다 해도, 공적 부문이 민간 부문의 의사결정을 광범위하게 검증하는 특징이 있다. 이것은 불확실성에 대한 자연스러운 두려움을 반영한다. 케인즈 경제학이 전하는 교훈은 전반적인 주기적 불확실성은 적절한 개입으로 억제될 수 있으며, 적절한 전반적 개입 체계는 세부 항목에 대한 개입을 불필요하고 바람직스럽지 않게 만든다는 것이다.

6. 정책이 능숙하게 관리 가능한 대상에 한계가 있다는 것을 항상 인식해야 한다. 이러한 제한적인 관리 역량은 최소한의 관리가 요구되는 메커니즘에 정책을 편향시킨다. 특히 시장을 활용하

거나 조작하는 메커니즘은 경제의 세부 항목들에 영향을 미치는 규제와 통제보다 우선시된다.

완전고용, 물가 안정, 형평성 제고를 위한 프로그램은 단발의 총알이 아니라는 사실을 강조해야 한다. 경제에서 마법의 총알은 없다. 영원히 바로잡아줄 수 있는 하나의 계획이나 특정한 개혁은 없다. 필요한 조치를 동반하지 않은 채 홀로 서 있으면, 통합 개혁 프로그램의 각개 부문들은 헛수고일 수 있다. 보다 개선된 계획은 그에 상응하는 대가가 따르기 마련이다. 일부 단위는 더 악화될 수도 있고 조정 비용이 따를 수 있다. 하지만 어떤 단위는 이미 사정이 나빠졌으며 현재의 상황이나마 유지하기 위해서는 비용이 발생한다. 하지만 성장보다는 고용 지향 경제를 구축하는 개혁 프로그램은 그 효과를 빨리 드러내야 한다. 일차적인 목표는 인간적 사회를 향한 첫걸음으로서의 인간적 경제다.

제13장

• • • • •

개혁을 위한 정책 의제

개혁 프로그램이 편견의 반영을 넘어 그 이상이 되려면, 무엇이 잘못되었고, 왜 그러한 잘못이 발생했는지를 규명하는 현행 체계에 대한 비판에 근거해야 한다. 무엇이 잘못되었는지에 대한 우리의 인식은 간단하다. 1960년대 중반 이후, 경제는 생활수준 향상 속도의 뚜렷한 둔화와 더불어 금융 불안정, 인플레이션, 실업 증가 등의 양상으로 드러난 격동기로 특징화된다. 이러한 격동기는 지난 20년간을 지배해왔던 평온과 진보와는 뚜렷한 대조를 이룬다.

　분석적 주장의 결론은 혼란(특히, 금융 불안정성)이 자본주의 경제의 일반 현상이라는 것이어서, 1946년에서 1966년까지의 평온기는 오히려 이례적 상황이었다. 게다가 자본주의의 내재적 불안정성은 이윤이 투자에 좌우되고 사업 부채의 유효성이 이윤에 좌우되며 투자는 외부 금융의 가용성에 좌우되기 때문에 발생한다. 하지만 금융의 가용성은 이전의 부채와 자본 자산에 지불된 가격이 이윤으로 검증될 것이라는 사실을 전제한다. 자본주의가 불안정한 것은 금융 체계가 과거, 현재, 미래에 걸쳐 누적되는 체계이기 때문이다.

레이건 정부의 경제 계획은 큰 정부가 비효율과 인플레이션의 원인이며, 자본주의 축적 과정의 핵심 요소인 금융 관계를 무시하는 단순한 순수 가격 이론이 경제 행태를 적절하게 반영하고 있다는 믿음에 바탕을 두고 있다. 하지만 루즈벨트 정부 첫 해에 주로 시행된 상품, 노동, 금융시장에 관한 기존의 제도 구조는 실제로 큰 정부 자본주의에 적합하지는 않다. 이러한 루즈벨트의 개혁은 케인즈 『일반이론』의 등장 이전에 이루어졌으며, 케인즈의 총수요 이론이나 칼레츠키의 이윤 결정 이론에 기초하기보다는 극심한 불황의 경쟁 이론에 따른 물가 수준 디플레이션을 반영한다. 이렇게 루즈벨트식 개혁의 구조는 케인즈 이전의 것이었다.

레이건 행정부의 투입 등 뉴딜 이후의 제도 진화와 입법 변화도 프랭클린 루즈벨트의 첫 임기에 시행되었던 제도 구조의 본질적 성격을 바꾸지는 못했다. 1930년대 이후, 우리 경제 구조의 본질적 연속성 탓에 경제 정책에서 케인즈 혁명이 이루어진 적은 없다. 제도 구조의 개선은 1933년 이전의 작은 정부 자본주의에서 가끔 발생하고, 발생할 조짐을 자주 보였던 총수요와 이윤의 붕괴가 2차 세계대전 이후를 지배했던 큰 정부 자본주의에서는 결코 명백하고 현존하는 위험이 아니라는 인식을 반영하지 못했다. 1967년 이후, 총수요와 이윤을 유지하고자 도입된 통화와 재정 정책 조치들은 인플레이션과 깊은 불황으로 인한 실업률의 주기적 증가 추세를 비록 주기적이지만 점진적으로 가속화시키는 데 성공했다. 정책적 문제는 심각한 불황 가능성을 높이지 않으면서 인플레이션과 실업률, 더딘 생활수준 개선의 추력을 완화하는 제도 구조와 조치들을 고안하는 데 있다.

제2차 세계대전 이후, 그리고 1960년대 중반까지 힉스-한센의 표준적 케인즈 해석에서 도출된 규칙에 부합한 수요 관리는 성공적이었다. 최근 수년간 언급할 수 있는 최선의 설명은 수요 관리와 최종 대부자 개입이 심각한 불황을 막아냈다는 것이다.

큰 불황을 겪지 않았다는 기준으로 볼 때, 1967년 이후 미국 경제의 실적은 안정성, 실업, 성장, 혜택의 분배 측면에서 제2차 세계대전 이전 시기의 실적보다 우수하지만, 1946~1966년 시대에는 못 미친다. 경제가 실질적 시험대에 올랐던 시기라 할 수 있는, 2차 대전 후 첫 20년은 견고한 금융, 책임 재정, 그리고 과도하지 않은 큰 정부로 특징화되었다.

통합 개혁 프로그램에 대한 내 의제는 (규모, 지출, 세제 측면에서) 큰 정부, 고용 전략, 금융 개혁, 그리고 시장지배력이라는 네 가지 큰 주제로 검토될 것이다. 물론 프로그램의 세부 항목에 대한 협상의 여지는 있지만, 공급 측면, 화폐 문제, 또는 산업 정책과 같은 슬로건에 일상적으로 연관된 1차원적이거나 허울 좋은 프로그램들에 대한 고착적 논쟁은 하지 않을 것이다. 의제는 자본주의의 내재적이고 피할 수 없는 결함을 인식하는 이론적 관점의 결과물이다. 그러나 모든 자본주의가 결함을 가지고 있다 하더라도, 우리는 1967년 이후보다 결함이 덜 드러나는 자본주의를 발전시킬 수 있다.

개혁 프로그램은 시장 메커니즘의 강점과 한계를 파악하는 데서 출발할 필요가 있다. 분산 시장은 경제의 특정 산출량과 가격을 관리하는 훌륭한 사회적 장치지만, 생산에 고가의 대규모 자본 자산이 사용되는 경제에서 안정성을 보장하고 효율성을 담보하기에는 불완전하다. 하지만 가장 중요한 점은, 자본 자산 가격과 투자 흐름을 결정하는 자본주의의 시장 과정이 체계에 매우 강력한 안정 파괴력을 유도한다는 점이다. 이윤이 안정돼도 완전고용에서의 상승 폭발을 제약하는 제도 구조를 이루어낸다면, 경제의 세부 항목들은 시장 과정에 맡겨둘 수 있을 것이다.

정부 관리 능력의 한계 탓에 분산 시장은 조정과 통제에 선호되는 시장 메커니즘이다. 시장에서 벌어지는 일은 이윤 기회에 좌우되므로 쉽게 운영할 수 있는 세금과 보조금 조치들이 정책적 조치를 위한 무기의 일부가 될 수 있다.

자본주의가 불평등, 비효율성, 그리고 불안정성을 야기하므로 본질적으로 결함을 안고 있다는 명제는 우리로 하여금 정책에 대한 이념적 배경 정립과 멀어지게 만든다. 그럼에도 불평등과 비효율이 심각하지만 경제의 지속적 작동을 방해하는 장벽이 된 적은 없었다. 불안정성은 조지 오웰이 표현한 '잊을 수 없는 실업의 공포'[1]와 더불어 자본주의의 피할 수 없는 결함이다. '실업의 공포'를 제거하는 기술적 문제가 해결되면 최선의 경제 문제는 불평등을 최소화하는 데 있다. 이는 작은 조직에 우호적 성향을 갖는 낮은 투자, 높은 소비, 완전고용 경제를 선호함으로써 관료적 체계를 최소화한다는 것을 의미한다(관료적 구성원들의 급여로 분배되는 이윤의 최소화는 불안정성을 억제하는 경향이 있다).

효율성은 달성하기 어려운 목표다. 경제학자들은 단순 경쟁적 교환경제가 효율적이라는 성급한 결론을 내린다. 환경적으로 야기된 질병을 치료하는 비용은 소득이지만 예방된 질병의 가치는 그렇지 않다는,

---

1 Orwell, George, "Looking Back on the Spanish War," *Homage to Catelonia* (New York: Penguin), p.244.

소득에 대한 경제학자들의 독특한 관념은 효율성 개념의 허상을 묘사하는 단적인 예다. 더 깊은 차원에서, 진Jean M.Gray과 피터Peter Gray는 효율성의 유형은 서로 다르며, 할당 효율성을 촉진하는 체계는 안정성 측면에서는 비효율적일 수 있다고 지적했다.[2]

국민소득이 경제 지표로 고안되기 훨씬 전에 피콕[Thomas Love Peacock, 19세기 초 영국 소설가]은 그의 저서 『크로셰 성Crotchet Castle』에서 폴리오트 목사의 표현을 빌려 다음과 같이 표현했다.

"최대 다수에게 최다의 공동 생필품을 분배하는 다른 나라들과 비교해도 이 나라는 가장 행복한 나라다. 이 나라는 정직한 마음과 굳건한 팔이 공통의 관심사로 뭉쳐 있다."

큰 정부

큰 정부는 오늘날 자본주의가 대공황을 초래했던 자본주의보다 나은 가장 중요한 이유다. 큰 정부와 더불어, 깊은 불황을 향한 움직임은 사업 이윤을 유지하거나 증가시키는 대규모 재정 적자를 동반한다. 이윤이 유지되면 생산량과 고용은 유지되거나 증가한다. 세수와 지출 계획이 제대로 설계된다면, 큰 정부는 또한 인플레이션 장벽이 될 수 있다. 그러나 큰 정부가 필요하다는 명제가 현재의 우리 정부만큼 커야 한다거나, 정부 지출, 세제, 규제에서 오늘날의 구조가 필요하다거나 바람

---

2   Gray, Jean M., and H. Peter, "The Multinational Bank: A Financial MNC?" *Journal of Banking and Finance* 5 (Amsterdam: North Holland Publishing Co., 1981), pp. 33–63.

직하다는 것을 의미하지는 않는다. 각각의 정부 구조는 그 나름의 체계적 효과를 가지며, 1970년대와 1980년대의 충격적 인플레이션은 주로 우리가 가지고 있었고 지금도 가지고 있는 특정의 큰 정부 탓이다.

큰 정부는 얼마나 커야 하는가?

고용을 촉진하고 인플레이션의 효과적 장벽이 되는 새로운 제도들을 정의하기 전에 우리는 얼마나 큰 정부가 되어야 하는지를 결정할 필요가 있다. 큰 정부는 민간 투자의 변동이 정부 적자에서 상쇄시킬 만큼 충분한 변동을 이끌어 이윤을 안정시킬 수 있을 만큼 충분히 커야 한다. 이는 규모 면에서 정부가 투자와 같거나 더 커야 한다는 의미다.

민간 투자는 1929년과 1930년 사이 1/3 이상 크게 감소했다. 큰 정부 시대, 연간 감소율이 가장 컸던 해는 민간 투자가 10% 감소한 1974년과 1975년 사이, 그리고 14% 감소한 1981년과 1982년 사이였다. 1929년과 1930년에 연방 정부는 9억 달러 흑자를 운용했다(표 13.1). 따라서 1930년에 민간 투자와 정부 적자의 합은 61억 달러 감소했으며, 이는 1929년의 총 합계액 153억에서 40% 가량 감소한 규모이다. 1974년에 적자는 110억 달러였고 1975년은 690억 달러에 이르렀는데,

표 13.1 민간 투자와 연방 정부 적자, 1929~1930, 1933, 1974~1975, 1981~1983

	1929	1930	1933	1974	1975	1981	1982	1983
총 민간 투자	16.2	10.1	1.4	229	206	484	415	472
정부 적자	−.9	−.9	+1.3	+11	+69	+64	+148	+179
총 합계	15.3	9.2	2.7	240	275	548	563	651

출처: Economic Report of the President, 1985.2, U.S. Government Printing Office, Washington, D.C., 1985, 표 B15, B 74.

이 580억 달러의 재정 적자 증가분은 민간 투자 감소분 230억 달러를 상쇄하고도 남는 규모였다. 1981년에 640억 달러였던 연방 정부 재정 적자는 1982년에 1,480억 달러로 전년 대비 840억 달러 증가한 규모 다. 이는 투자 감소분 690억 달러를 상쇄하고도 남는 규모다.

1929~1933년과 최근 하락세의 차이는 기업 이윤에서 두드러진다. 1929년의 기업 이윤은 101억 달러, 1930년에는 66억 달러, 1933년에는 −17억 달러였다. 1974년의 기업 이윤은 836억 달러였지만, 1975년에 는 959억 달러까지 증가하였다. 따라서 1930년에는 정부의 영향으로 기업 이윤을 유지할 수 없었지만, 1974~1975년 경기 침체기에는 이윤 이 실제로 증가했다. 기업 이윤이 유지되면서 침체는 급격하게 중단되

표 13.2 총 민간 투자와 연방 정부의 경비

연도	GNP	총민간 국내투자	연방정부의 경비	GNP 비율	
				민간투자	연방정부
1929	103.4	16.2	2.6	15.7	2.5
1933	55.8	1.4	4.0	2.5	7.2
1940	100.0	13.1	10.0	13.1	10.0
1950	286.2	53.8	40.8	18.8	14.3
1955	400.0	68.4	68.1	17.1	17.0
1960	506.5	75.9	93.1	15.0	18.4
1965	691.1	113.5	123.8	16.4	17.9
1970	992.7	144.2	204.2	14.5	20.6
1975	1549.2	206.1	356.6	13.3	23.0
1980	2631.7	401.9	602.1	15.7	22.9
1983	3304.8	471.6	819.7	14.3	24.8

출처: Economic Report of the President, 1985.2, U.S. Government Printing Office, Washington, D.C., 1985, 표 B1

어 역전되었다.

표 13.2는 여러 해 동안의 국내 민간 총투자와 연방 정부 지출의 상대적 규모를 보여준다. 연방 정부 지출은 1929년 기준 GNP의 2.5%였지만, 1940년은 제2차 세계대전 동안의 방위비 지출로 GNP 대비 10%를 차지했다. 제2차 세계대전 이후 연방 정부 지출은 초기에는 GNP 대비 약 14%에서 1983년에는 거의 25%로 증가했다(경기 침체기였던 1981년은 27%였다).

GNP 대비 2.5% 정도 규모의 연방 정부 지출이 GNP 대비 약 16~17%의 완전고용 투자가 이루어지는 경제에서 이윤을 안정시킬 수 있는 재정 적자를 생성할 수 없다는 사실은 자명하다. 또한 현재 구조와 같이 GNP 대비 20%를 상회하는 정부 지출 및 재정 적자의 확대는 지난 10년의 인플레이션 가속에 최소한 일부 책임이 있다는 추론은 합당해 보인다.

1929년의 GNP는 1,034억 달러, 투자는 GNP 대비 15.7%인 162억 달러였다. 1933년의 GNP는 558억 달러, 투자는 GNP 대비 2.5%인 14억 달러였다. 만약 소득과 투자 모두 이 기간 동안 연 3% 상승했다면 GNP는 1,164억 달러, 투자는 182억 달러가 되었을 것이다.

1929~1933년의 경험은 정부 규모가 완전고용 수준 대비 약 10%까지 감소한 투자가 이윤에 미치는 효과를 상쇄할 만큼 충분히 커야 함을 보여 준다. 이는 정부 규모가 적어도 투자만큼 커야 함을 의미한다. 투자와 이윤에서의 극단적 하락을 막기 위해서는 호황기의 GNP 대비 적어도 16%, 어쩌면 20% 정도로 높은 지출을 운용하는 정부가 필요하다.

회복기인 1983년의 GNP는 3조 3천억 달러였으며, 당해 실업률은

9.5%였다. 만약 우리가 역사적으로 달성한 적이 있었던 6%의 실업률을 완전고용의 중간 척도로 삼고, 측정된 실업률이 1% 감소할 때마다 GNP는 3% 증가한다는 일반적 관례를 적용하면, 완전고용 GNP는 대략 3조 6천억 달러로 추산할 수 있다. 이는 완전고용을 위한 정부 규모가 GNP 대비 16%에서는 5,760억 달러, GNP 대비 18%에서는 6,480억 달러, 20%에서는 7,200억 달러의 지출 규모가 유지되어야 한다는 사실을 의미한다. 1983년의 정부 수입은 6,430억 달러, 지출은 8,262억 달러로 추산되었는데, 회복기의 정부 수입은 완전고용 소득 대비 거의 18%에 이르렀고 지출은 23%였다. 완전고용 GNP 대비 16%에서 17%의 투자가 있는 경제에서, 정부가 안정적 이윤을 유지하는 재정 적자를 운영할 수 있다는 기준에서 보면 이 정도 규모의 정부 지출은 지나치게 클 수 있다.

하지만 GNP가 완전고용 수준 이하이므로 정부 지출은 더 높아야 하며 정부 수입은 완전고용 수준 이하로 낮아야 한다. 1983년의 재정 상태는 완전고용 소득 대비 약 5%인 1,860억 달러의 재정 적자가 발생했다. 1983년의 투자는 완전고용 소득의 대략 13.1%인 470억 달러였다. 큰 정부 경제에서 완전고용 투자로 GNP의 16~17%를 취한다면, 재정 적자 규모는 총이윤을 안정시키기 위해 필요한 수준보다 다소 클 것이다.

정부 규모가 GNP(7,200억 달러)의 20% 정도는 되어야 한다고 후하게 잡는다면, 1983년의 조세 체계는 크게 잘못되지 않았다. 하지만 완전고용의 근사치를 달성하기에는 지출 체계가 균형 예산보다 거의 1,000억 달러 이상 너무 많았다.

정부의 범위: 큰 정부는 무엇을 해야 하는가?

1983년의 완전고용 GNP가 약 3조 6천억 달러이고, 안정화를 위한 정부 규모가 GNP 대비 20%(7,200억 달러)가 되어야 한다는 것을 감안하면, 우리에게 필요한 규모의 정부 지출에 도달할 만한 진지한 프로그램이 충분하지 않았다는 것으로 볼 수 있다. 불행하게도 군비 경쟁과 국지적 전쟁이 지속되는 세계에서, GNP에서 국방비의 비중이 너무 커지면서 큰 정부의 자원 창출 및 인도주의적 문화 활용성은 심각하게 제한되었다.

비록 정부가 종종 공공의 이해보다는 공무원들의 이해를 대변하는 비효율적 '관료주의의 미로'라고 폄하되기도 하지만, 그리 오래지 않은 과거에 정부는 국민들을 위한 (관료적이긴 하더라도)효율적인 서비스 제공자였다. 정치적 지적 자원은 효율적인 정부 기구를 만들고 유지하는 데 투자되어야 한다. 왜냐하면 우리가 공황을 회피하기 위해 기대야 할 곳은 다름 아닌 큰 정부이기 때문이다.

이어져온 프로그램들은 1983년에 추산된 완전고용 GNP의 약 22.4%를 차지하였다. 큰 정부의 효율적 활용을 위해서 우리는 완전고용 GNP 대비 약 1.25%를 배치하는 고용 전략과 1.33%를 배치하는 아동 수당을 주장한다. 이는 승계된 정책들에 고용 전략을 추가함으로써 GNP 대비 약 25%를 밑도는 규모를 유지해야 한다는 것을 의미한다. 아동 수당 정책과 더불어 고용 정책을 사용함으로써 거의 모든 피부양 아동가정원조(AFDC)가 더 이상 필요치 않게 될 것이고 실업 보험의 상당 부분 또한 필요치 않게 될 것이다.

목표 실업률에서 조세가 지출과 균형을 이루어야 하므로 동일한 규모의 완전고용 GNP 대비 20%를 가져올 수 있는 조세 정책이 개발되어야 한다. 하지만, 이전지출이 존재하는 현실에서 과세 대상 소득에 이미 이전지출 수입이 상당 부분 포함될 수 있다. 만약 아동 수당으로 완전고용 GNP의 1.33%가 지출되면 과세 제도는 이 지출금의 25% 정도를 다시 거두어들일 것이다.

이론적 분석은 경제 과정의 자원 창출 측면을 강조한다. 심지어『일반이론』이 나오기 전에도 케인즈는 실업을 억제하고 상쇄하기 위해 부채로 조달하는 공공사업의 가치를 강조했다. 공공사업이 일반적으로 (오늘날 사회 기반 시설이라고 하는)도로, 학교, 병원 등등의 시설들을 남겼으므로, 케인즈가 일찍이 강조한 내용과『일반이론』에서의 우선적 해석은 주로 공적 자본 자산을 만드는 공공 고용에 대한 강조로 이어졌다. 하지만 전후 시대 정부는 '요람에서 무덤까지'의 복지 제공을 목표로 한 이전지출로 거대해졌다.

전반적인 정책 관점은 대규모 이전지출 및 주요 비군사적 지출에 충

표 13.3 실현된 GNP와 완전고용 상태의 GNP의 비율로서의 예산(회계연도 1983)

품목	완전고용 GNP의 차지 비율 %		
	실현된 GNP %	실행된 예산	목표 예산
총 경비	24.7	22.5	20.35
국방	6.5	5.9	5.30
순이자	2.8	2.5	1.75
비(非)OASDHI*	8.4	7.6	7.00
사회보장	5.3	4.8	4.80
의료보호	1.6	1.5	1.50

* OASDHI: Old-Age, Survivors, Disability, Health Insurance
출처: Economic Report of the President, 1985.2, U.S. Government Printing Office, Washington, D.C., 1985, 표 1.1, p.29

당하는 재정 지원을 자원 창출을 위한 공공 지출로 대체하는 것이다 (표 13.3 참조). 사회보장 등의 프로그램을 현 수준으로 유지하고, 이자 지출을 대폭 줄이며, OASDHI(노인, 유족, 장애인 요양보험) 외의 지출을 줄임으로써 GNP 대비 20% 이내에서 정책을 개발할 수 있다. 국민들과 의회, 그리고 정부가 국방 지출의 증액이나 OASDHI 지출 외의 증액을 원한다면, 완전고용 세수가 증가해야 한다.

주요 변화는 비사회보장 지출에서 이루어진다. GNP 대비 1.33%의 아동 수당과 최저 임금을 보장하는 일련의 정책들이 GNP 대비 1.17%의 추계 비용으로 쉽게 추가될 수 있다. 이는 GNP 대비 20%에 달하는 정부 목표 달성을 위한 일련의 비사회보장적, 비군사적 계획에서 진지한 재구성을 필요로 한다.

정부 이전지출 체계의 재정비 목적 중 하나는 노동시장 참여를 가로막는 두 가지 이전지출인 자산(소득)에 따른 AFDC와 수급자의 노동 소득을 제한하는 사회보장제도의 조항을 제거하는 것이다.

1983년에 미국의 16세 미만 어린이들은 5천5백만 명, 16~19세는 1천6백만 명이었다. 16세 생일이 지나면 중단되는 아동 수당은 1인당 연간 900달러(월 75달러)로, 완전고용 GNP의 약 1.33%에 해당하는 495억 달러가 될 것이다. 아래에서 논의될 '청소년 고용 및 보호단The youth employment and the conservation corps' 프로그램은 16세 이상의 청소년들에게 근로 소득의 기회를 제공한다.

'청소년 고용 및 보호단' 프로그램뿐 아니라 아동 수당으로부터의 소득도 과세 대상 소득의 일부가 된다. 따라서 두 프로그램 모두 부분적으로 과세 표준에 추가되어 환원된다. 보편적 아동 수당은 직업이 있음에도 가족 규모로 인해 겪는 빈곤으로부터 벗어나게 해줄 것이다.

의제는 또한 농업에 대한 정부 지출도 다루어야 한다. 심지어 완전 고용 경제에서조차 농산물 가격의 심각한 하방 추세를 잘 방어해야 할 필요가 있다. 그러나 과거 50년 동안 그래왔던 것처럼 농업 생산성 증가가 제조업 생산성 증가보다 더 크게 유지되면, 이와 같은 보호는 농산물 소비자 가격 하락 추세를 막지 못한다.

균형 예산의 중요성

예산 논의의 첫 조건은 미지불 정부 부채다. 1983년 회계연도 말에 연방 총부채는 1조 3,820억 달러였지만, 그중 2,400억 달러는 공공기관, 1,550억 달러는 연준 부채였다. 따라서 거의 1조 달러에 달하는 부채가 은행, 보험사, 외국, 그리고 다른 '민간' 부문 보유고다.

부채는 지불하기로 맺은 약속인 지불 약정을 포함한다. 이러한 약정이 가치를 가지려면 채무자들이 자신에게 유리한 긍정적 현금 흐름 창출이 가능해야 한다. 부채 계정에서 지불 약정을 초과하는 현금 흐름 달성은 매매가 성사되는 다양한 시장에서의 운영을 통해 이루어진다. '가능해야 한다'는 표현이 '된다'는 것을 의미하지는 않는다. 어떤 단위는 상당 기간 부정적 현금 흐름을 창출할 수도 있으며, 이러한 부정적 현금 흐름이 일시적임을 인정하므로 부채는 여전히 유효할 수 있다. 그 단위는 발생할 것으로 기대되는 적절한 상황에서 긍정적 현금 흐름을 취할 수 있다. 따라서 미국은 제2차 세계대전 중 막대한 재정 적자가 가능했고 전쟁은 일시적이고 승리할 거라 예상되었으며 평시에 정부 부채가 감소한 전례가 있었으므로 부채의 질적 하락을 겪지 않을 수 있었다.

합리적이고 달성 가능한 상황에서 유리한 현금 흐름(재정 흑자)을 만들어낼 수 있는 세제와 지출 체계가 있다면, 경기 침체 기간에도 정부는 신용도의 손실 없이 적자 운영을 할 수 있다.

정부 부채에 특별한 요소가 있는 것은 아니고, 정부채로부터의 탈주 flight from government debt 또한 일어날 수 있다. 해외 보유 부채의 경우, 이러한 탈주는 외환시장에서의 통화 가치 하락으로 이어질 것이다. 국내 보유 부채의 경우, 이러한 탈주는 인플레이션으로 이어질 수 있고 부채를 확보하기 위해 더 높은 금리를 지불해야 하는 상황으로도 이어질 수 있다.

부수적으로, 중앙은행(연준)이 그러한 부채를 보유하려는 의지가 약화되는 상황에 직면해 명목가격 유지를 위해 정부채를 현금화하면, 상업 은행 부채뿐 아니라 연준으로부터의 인출 사태도 일어날 수 있다. 민간 회사채는 기업 이윤으로, 은행 부채는 자산으로부터의 수입으로, 외채는 무역 흑자로 검증되어야 하는 것처럼, 정부채 역시 현재 지출을 초과하는 세수로 검증되어야 한다. 부채를 검증하는 이러한 현금

표 13.4 예상 GNP에 대한 예상 적자의 비중

회계연도		
실적	1983	6.1
계획	1984	5.3
	1985	5.3
	1986	5.1
	1987	4.8
	1988	4.1
	1989	3.6

출처: Economic Report of the President, 1984.2, U.S. Government Printing Office, Washington, D.C., 1984, 표 1.1, p.29.

흐름이 매순간에 준비되어야 하는 것은 아니어서, 긍정적 현금 흐름이 창출되는 합리적 상황의 존재만으로도 충분하다.

따라서 정부채의 수용성이 유지되기 위해서는 세수와 지출 프로그램이 지금은 아니더라도 전쟁이 끝나거나 실업률이 6%가 되거나 하는 등등의 경우와 같은 흑자 상태가 있어야 한다. 1981년 레이건의 세금 조치가 있기 전까지 미국 예산은 실질적 흑자는 아니었지만 이러한 가능성을 가지고 있었다.

레이건 행정부의 세금 조치 및 무기 계획은 구조적 적자 시대를 열었는데, 적자는 최소한 1989년에는 GNP의 상당 부분을 차지했을 것으로 예상된다(표 13.4 참조). 재정 적자가 1989년 기준 완전고용 GNP의 3.6%까지 축소될 것이라는 추정을 통해, 포트폴리오 관리자와 은행의 포지션 메이킹에 관여하는 사람들에게 숙고하게 만들 만큼 심각한 재정 적자가 미래까지 지속될 것이라고 전망되었다. 레이건 정부의 재정 정책은 달러로부터의 탈주나 인플레이션에 따른 상당 규모의 채무 불이행 사태가 일어날 가능성이 있음을 의미했다. 어느 쪽이든 시장 반응의 결과나 연준이 달러를 방어하거나 인플레이션 방어를 위한 움직임에 따라 금리는 전례 없이 상승할 것이다.

다시 말해, 대규모 미지불 부채가 있는 모든 조직은 부채의 질적 훼손을 가져오지 않는 최소한의 현금 흐름 잉여의 약속으로부터 꽤 오랫동안 벗어날 수 없다. 정부 예산이 균형 예산이나 흑자 예산에서 일탈하는 상황은 예컨대, 전쟁이 끝날 것이고 자원 개발 프로그램이 결실을 맺을 것이며 혹은 소득이 완전고용 수준으로 회복될 것이라는 일시적 현상으로 간주되어야 한다.

경제 실적이 기대 수준에 미치지 못하면 재정 적자를 야기하는 시점임에도 일부 기대 실적에 기대어 균형 예산이나 흑자 기조를 유지하는 두 번째 이유는, 재정 적자는 이윤에 보태지고 재정 흑자는 이윤을 감소시키기 때문이다. 기업 이윤은 자본주의 경제가 얼마나 잘 작동하고 있는지를 결정하는 핵심 요소다. 정책이 경제 전반의 실적을 통제하기 위해서는 이윤에 영향을 미칠 만한 핸들이 필요하다. 그 하나의 핸들이 통화 정책이지만, 이미 주장한 바와 같이 통화 정책은 기업, 가계, 금융 기관 자산 가치와 유동성, 그리고 지불 능력에 미치는 선제적 영향 때문에 소득과 고용에 영향을 미친다. 지나친 팽창과 인플레이션을 막기 위한 통화 정책은 금융시장 및 자산 가치를 교란시키는 방식으로 작동한다. 경기 확장을 유도하기 위한 통화 정책은 금리와 신용의 가용성을 통해 운용되며, 이는 현재 이윤과 기대 이윤이 낮다면 투자 확대로 이어지지 않는다. 소득 수준이 높고 인플레이션 시기에는 재정 흑자로, 투자와 소득이 낮은 시기에는 재정 적자로 예산 기조를 운용하는 큰 정부는 주요하고 효과적인 경제 안정자다.

현재 미국 정부채의 질적 문제를 고려하면, 목표는 균형 재정을 유지하고 쉽게 달성할 수 있는 실적 수준에서 재정 흑자로 돌아서는 것이어야 한다. 1960년 이후 실업률이 연간 3.4%씩 떨어지기는 했지만, 과거 10년간 경제에서의 실적 부진은 최근 측정된 실업률 6% 수준에서 균형 재정을 유지할 수 있는 조세와 지출 계획을 현재의 목표로 삼아야 한다는 사실을 의미한다.

개인 소득세나 부가가치세에 의존하는 조세 체계에서 세수는 명목 소득과 밀접하게 연관된다. 만약 세율 조정이 없고 공공 지출이 물가에 연동되지 않는다면, 경제가 목표 고용률 이하에서 작동된다 하더라도 인플레이션이 폭발하여 재정 적자의 감소나 재정 흑자의 증가로 이어지고, 이윤은 인플레이션에 따른 이러한 반응 때문에 작아질 것이다.

아마도 심각한 인플레이션의 주요 개방 통로는 지출과 세금 프로그램이 물가에 연동될 때 발생한다. 재정적 무기를 포기한 경제에서 통화 정책으로 인플레이션에 맞서기보다는 오히려 물가에 연동되지 않은 정부의 세금 및 지출 계획으로 인플레이션에 제한을 가하는 반反인플레이션 프로그램을 강조해야 한다.

정부의 지출 및 조세를 물가 연동 방식으로 지수화하지 않으면 정부의 공급 기구, 이전지출 수령인, 정부의 피고용인 및 납세자를 곤란하게 만든다. 인플레이션이 둔화되면 인플레이션의 영향은 세금과 지출에서의 적절한 변화로 상쇄될 수 있지만, 인플레이션이 정부에게 순수입 이득을 가져다주므로 이윤과 그에 따른 투자가 억제된다는 원리를 인정할 필요가 있다. 재정 정책은 통화 조작보다 더 강력한 경제 통제 무기다.

균형 예산을 원칙으로 유지해야 하는 이유는, 정부채의 가치 유지를 위한 묵시적 흑자와 특별히 강력한 반反인플레이션 장치인 재정 적자에서 재정 흑자까지의 변동성을 요구하기 때문이다.

조세

일단 정부가 거대해지면 세수가 커져야 하고, 세금 구조는 상대 가격, 공급 조건, 금융 관행에 지대한 영향을 미치게 된다. 오늘날의 국방 우선순위와 승계된 약정을 감안하면, 이러한 큰 정부 지출은 이전지출과 재화 및 서비스 대비 방위비 지출 비중에 따라 좌우될 것이다. 큰 정부의 지출 중 고용 촉진 프로그램과 실업보험은 민간 GNP에 반비례할 것이다. 이윤을 안정적으로 유지시키는 재정 적자와 인플레이션을 통제하는 재정 흑자의 대부분은 세수의 변동에서 비롯되어야 한다.

　우리의 분석에 따르면, 특정의 세금을 누진세와 역진세로 나누는 표준적 분류는 별 의미가 없다. 판매세는 일반적으로 역진세로 분류되고 법인세는 누진세로 분류된다. 그러나 우리가 가격 결정 분석에서 보인 바와 같이 법인세도 판매세처럼 상품 가격에 포함된다. 마찬가지로, 사회보장제도에 따른 고용주의 분담금도 반드시 가격에 포함되는 인건비의 일부다. 법인 소득세와 사회보장세의 부담을 수반하는 가격은 시장 상호 작용에 의해 결정되는 반면, 소비세와 판매세에 영향을 받는 가격은 정책적 의사결정에 의해 결정된다.

　GNP 대비 20%의 세금을 징수하는 어떠한 조세 체계도 어느 정도 훼손될 수 있으므로 큰 정부 경제에서는 절세와 탈세 문제를 다룰 필요가 있다. 자체로 합법인 절세는 세금이 부과되는 활동의 감소나 배제를 야기하는 경제 행태의 변용이다. 자체로 불법인 탈세는 과세 활동이 행해졌음에도 납세하지 않는 행동이다. 조세 정책은 그 정책이 야기하는 경제 행태의 변화에 미치는 영향을 고려하고, 정책의 목표를 조성하기 위해 예상되는 절세 반응을 활용할 필요가 있다.

　분명한 것은 모든 세금은 물가 수준에 영향을 미친다는 점이다. 소비세, 법인세, 부가가치세(이것들은 고용주가 부담하는 사회보장세처럼 전체 또는 부분적으로 영향을 미친다)는 물가를 상승시키는 경향이 있다. 오직 개인 소득세만 수요를 감소시켜 물가 하락 경향을 띠는데, 이 세금조차 노동 의욕을 꺾기 때문에 다소의 물가 상승 효과를 띤다. 인플레이션 압력을 상쇄시키고자 하는 어떠한 조세 제도도 그 중심축으로 일종의 누진적 개인 소득세 방식을 취할 것이다. 누진적 개인 소득세는 명목소득 변동에 대응해 산출되도록 설계될 수 있으므로, 이 세금은 이윤뿐 아니라 물가를 안정시킬 수 있는 중요한 안정자로 작동할 수 있다.

우리들의 이론 분석에서 정책은 견고한 금융 구조를 달성하고 유지하는 데 목표를 두어야 한다는 것은 명백하다. 이러한 견고성의 핵심은 사용 가능한 최고의 단기 자산, 즉 단기 정부채의 질적 요소다. 경제가 임금과 고용 측면에서 호황이거나 인플레이션 측면에서 형편없을 때, 흑자를 산출할 수 있는 조세 구조는 정부채의 품질을 유지하기 위한 필요조건이다.

뿐만 아니라, 헤지 금융이 지배적일 때 금융 구조가 견고하므로 법적 지불 요구가 없는 자기자본은 금융 영역에서 가장 선호되는 금융 상품이다. 법인세는 과세 대상 소득 결정에 앞서 이자를 공제할 수 있게 함으로써 차입 경영을 유도한다는 점에서 바람직하지 않다. 법인세는 또한 광고, 마케팅, 임직원들의 향락 사치를 위한 비생산적 비용이 과세 대상에서 공제될 수 있도록 만든다. 광고와 마케팅이 시장지배력 구축 기법이고, '경영진의 허세'는 비효율성 증식 요인이므로 법인세는 부채 금융을 부추기는 것과 마찬가지로 시장지배력과 비효율성을 부추긴다. 법인세 폐지도 의제에서 다룰 필요가 있다.

완전고용 근사치 달성은 정책의 주요 목적이다. 사회보장제에 대한 고용주의 부담은 부가가치에서의 노동자의 기여도에 따른 부가가치세와 같기 때문에, 절세는 생산 기술을 선택할 때 노동을 자본으로 대체시키는 사업으로 이어진다. 자본 집약적 생산 기술과 기업의 차입 경영은 불안정성을 일으키는 요소이므로, 사회보장에 대한 고용주의 부담은 고용 감소와 불안정성 확대를 야기하는 이중의 치명적 세금이다. 전면적 부가가치세는 현행의 부분적 부가가치세보다 더 낫다.

표 13.5   연방 예산 세수, 1983년

세금	금액(십억 달러)	세수 대비 비중 (%)	완전고용 GNP 대비 비중 (%)
개인소득세	$289	48.1	8.0
법인세	37	6.2	1.0
사회보장세	209	34.8	5.8
소비세	35	5.8	1.0
재산증여세	6	1.0	.2
관세	9	1.5	.3
연방정부 부담금	14	2.3	.4
기타	1	-.2	—
총	$601	$99.9	$16.7

출처: Economic Report of the President, 1984.2, U.S. Government Printing Office, Washington, D.C., 1984, 표 B72, p.305

자본 집약적 생산 방법이 사용되는 경제에서, 특정 가격은 어느 정도 자의적이다. 위험을 회피하는 은행가들은 자신들이 자본 집약적 생산 기술에 자금을 조달하기 전에 차입자가 가지고 있는 시장지배력의 보호를 요구한다. 그러므로 정책 목표를 촉진하기 위한 소비세 적용에 반대하는 심각한 가격 효율 논쟁은 없다. 사회적 목적 달성을 위해 가격 체계와 절세 행태를 활용하도록 설계된 상당한 소비세는 조세 계획의 훌륭한 일부가 될 수 있다.

1983년의 개인 소득세, 개인 사회보장 부담금, 그리고 법인세는 추정 완전고용 GNP 대비 11.9%였다(표 13.5 참조).

법인세와 고용주의 사회보장 부담금은 위에 언급된 이유로 썩 바람직하지 않은 세금이다. 법인세와 피고용자의 사회보장 부담금을 통합한 소득세로 현재 뒤죽박죽인 소득 기반 세금을 대체할 필요가 있다.

법인세 폐지는 법인을 절세 수단으로 활용하게 한다는 우려를 낳는다. 이것은 다양한 방법으로 해결할 수 있다. 분석적으로 깔끔한 방법은 법인을 개인사업체나 합명회사로 보는 것이다. 이러한 방법은 배당금 지급 여부와 관계없이 주당 이익 전부를 주주들에게 귀속시켜야 한다. 아마도 더 간단한 대안적 방식은 리츠의 관리 조항을 모든 기업에 일반화시키는 것으로 법인세가 장부에는 기록되지만 기업 이윤의 85%나 90% 이상을 배당금으로 지급하는 경우 세금을 면제하는 것이다. 무엇이건 간에 통합된 소득세가 조세 제도의 주요 골자가 될 것이며, 소득세로 완전고용 GNP 대비 약 12.5%를 징수하거나 전체 세수의 60% 이상을 차지하도록 설계할 수 있다.

언급한 것처럼, 우리는 이미 기업이 사회보장에 '기여'하는, 노동자들에 의해 가치가 부여된 부가가치세를 가지고 있다. 이 세금은 지금 완전고용 GNP의 2.9% 정도로 산출되지만, GNP 대비 3% 내외의 포괄적 부가가치세는 매우 대단치 않은 세수 목표로 간주된다.

휘발유나 경유에 대한 징벌적 세금이 환경 보존을 촉진하고 비산유국으로 수입선을 전환하는 데 바람직하다는 점을 감안하면, GNP 대비 3%에 해당하는 1,080억 달러(세수 총액의 15%)의 규모는 유류세와 기타 소득세로도 증가시킬 수 있다.

조세 개혁 의제는 적정성과 구조를 다룬다. 조세 계획은 정부채의 질적 유지에 충분할 만큼 산출되어야 하며, 안정적 이윤 유지와 인플레이션 억제를 위한 세수 변동이 가능해야 한다. 정치적 증거는 개인소득세만으로 큰 정부의 재정 부담을 감당할 수 없으며, 부가가치세와 소비세의 진지한 계획이 필요함을 보여준다.

이러한 조세 계획은 1985년 레이건의 조세 개혁과는 다르고, 최근 몇 년간 의회에서 표면화되었던 소득세 단순화에 대한 다양한 제안들과도 다르다. 우리가 제시하는 정책은 경제 안정화를 위해서는 GNP 대비 20% 규모에 해당하는 정부가 필요하며, 경제가 완전고용이나 그에 준하는 선에서 균형 재정을 이루어야 한다는 사실로부터 출발한다. 이는 1983년을 기준으로 6%의 실업률을 완전고용으로 삼는다면, 1983년 소득 대비 약 10% 이상 더 높은 소득을 기준으로 세수가 20% 더 확대되어야 한다는 것을 의미한다.

소득세는 경제 안정화 계획의 일부이므로 세수는 소득과 물가 변동에 민감하게 반응해야 한다. 이는 과세 등급과 중위 소득을 상회하는 세율에 대한 주장으로 이어졌다. 따라서 당시 레이건이 제시한 0, 15, 25, 35%로 이루어져 있던 과세 구간보다 더 많은 과세 등급으로 세분화되어야 함을 의미한다. 두 가지 소득 기반 세금인 사회보장세와 법인세가 제거되면, 새로운 소득세율은 레이건이 제시한 세율보다 더 높을 수 있으며, 특히 최상위 소득 구간에 대해서는 보다 높은 세율이 적용될 수 있다.

조세 제도 개혁에 대한 위와 같은 제안들은 다양한 세금들이 안정성, 고용, 물가 수준에서의 효과를 반영한다. 분명 중요한 문제인 자기 자본 문제는 대부분 무시된다. 과세의 기본적 포인트는 단순하다. 세금은 거시경제적 효과뿐 아니라 할당 분배적 효과를 가진다는 것이다. 정부는 안정성을 위해 전체 예산을 편성하지만, 각각의 세금은 공급 및 가격 효과를 가지며, 절세와 탈세 행태를 유도하기 때문에 세부적 측면에서는 지난한 정치 공방과 공정성 결과로 이어질 수 있다. 부가가치세와 소비세에 대한 더 큰 강조는 사회보장세와 법인세에 대한 고용주의 뻐딱한 '기여'를 감소시키는 패키지의 일부이므로, 이러한 계획은 분배와 할당의 효율성을 개선할 수 있을 것이다.

고용 전략

비록 안정화 정책이 이윤에 따라 작동되지만, 안정화 정책의 인도주의적 목적은 완전고용의 근사치를 달성하는 것이다. 정책 목적이 특정 분야의 이윤이 아니라 전반적인 것을 목적으로 하는 것처럼 특정 직업군을 보장하는 것은 아니다.

현재의 전략은 수요를 보조해주는 방식으로 완전고용을 달성하고자 하는 것이다. 그 수단으로는 금융 조건, 재정적 투자 유인책, 정부 계약, 이전지출, 세금 등이 있다. 이러한 정책 전략은 이제 만성적 인플레이션과 금융 위기와 심각한 불안정성으로 끝을 맺는 주기적 투자 붐으로 이어진다. 정책적 문제는 불안정성과 인플레이션, 그리고 실업으로 이어지지 않는 완전고용 전략을 개발하는 것이다.

이 같은 정책에서 주요 수단은 기업의 장단기 이윤 전망에 의존하지 않는 최저 임금 수준에서 무한 탄력적 노동 수요를 만드는 것이다. 오직 정부만이 고용 노동자의 수익성과 관계없이 고용할 수 있으므로 무한 탄력적 노동 수요는 정부가 만들어야 한다.

정부 고용 정책 전략은 시장성이 용이하지 않음에도 불구하고 복지 수준을 향상시키는 산출물을 생산해내도록 설계될 필요가 있다. 고용계획은 상설화돼, 호황기에는 기본 수준으로 운영되고 침체기에는 확장 운영되므로 지속적인 검토와 개발이 필요할 것이다.

다음은 고용 전략에 반영되어야 할 노동 시장의 네 가지 양상이다.

1. 인플레이션을 유발하지 않는 기본급 수준에서 일자리를 만들어 내는 공공, 민간, 중개 기관의 개발
2. 이전지출 구조의 조정
3. 노동 참여 장벽 제거
4. 명목임금 및 인건비 제약 수단의 도입

고용 전략에 대한 네 가지 양상은 서로 연결되어 있다. 만약 대량의 이전지출 기제가 제거된다면, 현재 및 미래의 이전지출 수급자에게 대체 소득원이 보장되어야 한다. 노동시장 참여 장벽이 제거되면 노동시장에 자유롭게 진입할 수 있는 일자리가 제공되어야 한다. 명목임금 및 인건비에 대한 제약은 완전고용을 유지하겠다는 약속의 결과이다.

완전고용 경제에서 정부 고용정책과 명목임금을 제약할 방안을 구상하기 전에 이전지출 구조의 조정과 노동력 참여 장벽의 제거를 먼저 검토해야 한다.

이전지출과 노동시장 참여 장벽

미국이 사회보장제도의 대대적 개혁을 위한 여정에 발을 내딛었다. 70세 이전 노동자의 비자발적 퇴직을 금지하는 법안은 결국 사회보장제도의 혜택이 은퇴 연령에 따른 변수가 되며, 수급자들은 계속 일을 하더라도 사회보장 소득을 이끌어낸다는 것을 의미한다. 사회보장 수급자가 받는 임금 소득에 대한 제약인 노동시장 참여 장벽은 더 이상 정치적으로 옹호될 수 없다. 더구나 복리 이자와 기대 수명 연장으로 은퇴 연령이 조금 늦춰지더라도 퇴직 연금 소득은 상당히 증가한다. 따라서 사회보장제도의 유연성이 민간 연금처럼 구성되어 있다면, 노동

시장 참여를 유도하고 인플레이션적 증가에 대한 만성적 압력은 감소될 것이다.

검증받은 가장 중요한 이전지출 계획이 AFDC다. AFDC가 1930년대 처음 제정되었을 때, 아이를 가진 여성, 특히 어린 아이들이 있는 여성이 일을 하지 않는 것은 사회적 통념이었다. 피부양 아동 지원법들은 자연스럽게 이러한 통념을 반영했으므로 AFDC의 지원을 받을 수 있는 사람은 적절한 소득이 없었던 엄마들로 한정되었다. 하지만 오늘날 노동시장 참가율은 1930년대의 사회학적 가정을 쓸모없는 것으로 만들었다.

AFDC는 그 중요성에도 불구하고 아동 부양을 위한 정부의 주요 계획은 아니었는데, 주요 계획은 아동 소득세 면세로서 가족 소득을 증가시키고자 한 것이었다. AFDC는 보편적 아동 수당으로 대체되어야 하고 소득은 가족 과세 대상 소득으로 편입되어야 한다. 지급 수준은 월 75달러나 연간 900달러 수준이 되어야 한다. 이는 모든 부모들에게 혜택이 돌아가며, 특히 대가족을 부양하는 빈곤 노동자층에 큰 도움이 될 수 있다. 보편적 아동수당은 AFDC를 폐지할 수 있으며, 또한 노동시장 장벽도 제거될 수 있음을 의미한다. 하지만 이러한 방법이 성공하기 위해서는 일자리가 제공되어야 한다.

참여의 길: 뉴딜의 CCC, NYA, 그리고 WPA

노동 소득이 모두에게 가능하려면 다양한 노동 유형과 지리적 위치에 상관없이 노동 수요가 무한 탄력적이어야 한다. 동시에 이 무한 탄력적 수요는 다른 직업과 고용주의 노동 공급을 과도하게 감소시켜 임금 상승 압력을 만들어서는 안 된다. 게다가 고용주는 노동력을 제시하는 모든 사람들을 기꺼이 고용할 수도 있지만, 특정 정도의 고용 의무를 지지는 않는다. 이는 오직 민간 임금의 상승 압박을 가하지 않는 임금률로 정부가 자금 지원하는 고용에 의해서만 이루어질 수 있다.

고용 계획이 모든 사람들에게 일자리를 제공함으로써 실질적으로 최저임금이 설정된다. 심각한 하강 추세에 대응해 경제를 안정화시키려는 큰 정부의 권한이 제대로 확립되면 최저 임금 법제화는 시대착오적이 된다. 척도화된 실업률과 최저 임금을 가진 세계는 내부 정합성이 없다. 효과적인 최저 임금 계획은 최저 임금 수준에서 모든 사람이 일자리를 이용할 수 있도록 보장해야 한다.

고용 전략은 노인층 일자리 문제뿐 아니라 청년과 성인 실업 문제도 다루어야 한다. 일련의 고용 전략 수단들은 1930년대에 시행했던 민간자원구조단(The Civilian Conservation Corps, CCC), 국가청소년국(National Youth Administration, NYA), 그리고 공공사업관리국(Works Progress Administration, WPA) 등에서 확인할 수 있다. 뉴딜 정책 동안 시행된 이 프로그램들은 일시적인 것으로 여겨졌지만, 자본주의의 내생적 불안정성과 만성적 일자리 부족에 비춰볼 때, 여기서는 이러한 고용 전략들을 영구적 계획으로 간주할 것이다.

루즈벨트 행정부의 가장 유명한 일자리 계획이었던 CCC는 젊은이들에게 질서 정연하고 절제된 삶과 일자리 환경을 제공했다. 그것은 직업학교의 부분이 아니라 실천으로 이루어진 배움이었다. 1930년대의 주요 과제는 국립공원과 산림의 유지 및 개선이었다. 1980년대 들어 CCC는 40년 전에 중단되었던 계획을 부활할 수 있었다.

1930년대에 CCC에 약 25만 명의 청소년이 등록되어 있지만, 오늘날 100만 명 계획을 목표로 할 수도 있다. 대상 집단은 16세에서 20세 사이의 청소년들이다. 본질적으로 계획은 학교에서의 배움에서 직장에서의 배움으로 전환하는 수단이 될 것이다.

CCC는 유지비와 약간의 소득을 제공해야 한다. 참가자 1인당 연간약 8,000달러 정도의 예산으로, 약 3,000달러는 임금, 5,000달러는 유지비와 일자리 지원금으로 이 책정될 수 있다. 이 계획에는 1983년 완전고용 GNP의 0.22%인 80억 달러 규모가 될 것이다.

100만 명은 만성적 고실업군인 대상 연령층(16세~20세) 약 2,000만명의 5%에 해당한다. 100만 CCC, 또는 이에 훨씬 못 미친다 하더라도, 청소년 실업에 상당한 영향을 미칠 것이다.

대공황 시기에 존재했던 청소년 문제, 특히 고용 문제는 오늘날에도명백하다. NYA는 이러한 문제에 대한 대응책이었다. 예전처럼 부활한NYA는 다양한 청소년 문제를 위해 다양한 형태를 취해야 한다. 기본대상 인구는 재학 중이거나 그렇지 않은 16~20세 사이의 청소년뿐 아니라 더 나이 많은 재학생들까지 포괄해야 한다.

NYA는 아동 수당이 끊기는 16세 되는 해에 일자리를 제공해야 한다. 고등학생, 대학생들에게 일하면서 공부할 수 있는 일자리를 제공해야 한다. 이러한 일자리는 기관 내외부의 필요 노동에 비용을 지급함으로써 동시에 대학에도 도움이 된다. 또한 여름 단기 고용뿐 아니라 학교 밖 청년들에게도 일자리를 제공해야 한다. NYA의 학교 밖 프로그램과 여름 단기 고용 프로그램은 당연히 직업 훈련을 제공해야한다.

(CCC와 중복되기도 하는)대상 인구에는 7단계의 연령대 약 2,400만 명이 포함된다. 계획은 주로 참가자들의 인건비를 지불하는 것으로, 이러한 노동력을 사용하는 학교 및 대학, 그리고 정부 단위는 자원

을 제공하고 감독 관리를 지원할 것이다. 수령인 1인당 평균 3,000달러로 1983년 기준 완전고용 GNP 180억 달러의 0.5% 규모로 대상 인구의 25%인 약 600만 명을 고용할 수 있을 것이다. NYA와 CCC의 대상 인구가 중복되므로, 두 프로그램으로 대상 인구의 거의 30%까지 혜택을 제공해 줄 수 있다.

정부의 자원 창출 노력 중 중요한 부분을 NYA가 담당해야 한다. 케네디 행정부 이래 다양한 제도들이 투자를 유도하고 보조해줌으로써 경제 성장과 완전고용을 유도하기 위해 지속적으로 노력해 왔다. 하지만 투자 유도가 주요 정책 목표가 된 이후 경제의 성장, 고용 그리고 안정성은 약화되었다.

빈곤과의 전쟁은 부분적으로 대상 인구의 직업 훈련을 통해 자원을 창출하는 데 초점을 맞춘 형편없는 시도였다. NYA는 소득 유지 측면도 있지만, 그 주요 목적은 인적 자원의 개발과 개발된 인적 자원을 배출하는 기관을 지원하는 것이다.

WPA는 성인 복지와 확장된 실업 보험 대신 일자리를 제공할 것이다. 복지 제도는 무엇인가로 대체되지 않는 한 없어질 수 없다. 하지만 일자리는 오로지 전면적 고용 제도로만 복지 제도를 대체할 수 있다. 완전고용 경제는 실제 경험해 본 적이 없는 미지의 세계이므로, 현재 실업자로 측정되고 있는 복지 제도 수급자들이 얼마나 될 것인지, 노동력에서 벗어난 인구 중 얼마가 WPA 일자리를 신청할지는 알 길이 없다. 더군다나 수급자가 일할 수 있도록 해줌으로써 사회보장제도의 개혁을 촉진하기 위한 WPA의 시도는 고령 노동자를 위한 전일제 및 시간제 일자리를 제공해야 한다.

특히, WPA가 기존의 복지 계획을 대체하고 사회보장제도를 보완할 것이므로, 경제가 잘 작동할 때 모든 신청자를 고용할 수 있는 WPA 규모에 대한 추정은 믿음을 반영할 뿐이다. 만약 우리가 CCC와 NYA가 공략할 청년 실업을 배제하고, 여전히 13주의 실업 급여가 가능하다고 가정하며 6%의 실업률을 유지하는 민간 고용 목표치를 적용하면, 완전고용에서 WPA에 200만 명 정도가 그 범위에서 충분한 첫 추정치로 생각할 수 있다. 만약 WPA 임금으로 1인당 연간 약 7,000달러를 책정하고 간접비 및 재료비로 3,000달러를 허용하면, 2백만 명을 위한 WPA 계획에는 GNP 대비 0.55% 규모인 200억 달러가 추산될 것이다.

원칙적으로 WPA는 자산 및 소득에 따른 차별을 둬서는 안 된다. 더군다나 그것은 육아 책임을 진 여성들에 대한 소득뿐 아니라 노인들에 대한 보조 소득을 제공하므로 WPA는 당연히 시간제 노동 프로그램 개발 임무를 부여받을 것이다.

WPA, NYA, CCC가 완전히 전개되면, 정상적 정부 활동과 민간 고용이 더불어 노동 의지와 능력이 있는 모든 사람들에게 일자리를 통해 소득을 제공할 것으로 그려진다. 이러한 영속적 계획들은 인적 자원을 창출하고 정부 이전지출로는 만들어낼 수 없었던 공적 서비스 및 환경 개선 등의 결과물로 돌아올 것이다. 실업자와 복지 제도 수급자가 밀집한 도심에 공공 환경 개선이 두드러져야 한다. WPA, CCC, NYA는 유용한 과업을 수행하고 가시적 결과를 만들어내는 일자리 계획이므로 분명히 성공할 것이다.

명목임금

명목임금률과 물가 변동, 그리고 실업률의 상관관계에 대한 표준적 분석은 실업률 감소가 재화와 용역에 대한 수요 증가에서 비롯된다는 가정에 기초한다. 이는 고용 증가가 물가 상승 압력을 따른다는 것을 의미한다.

현재의 정책 전략에서 실업률 상승은 민간 투자와 이전지출에 대한 정부 유인 증가, 세율 인하, 금융시장 조건 완화로 이어진다. 현재 정책 전략의 영향은 총수요의 증가에서 특정 수요의 증가와 고용의 증가로 이어지는 경로를 따르고, 이와 같은 경로는 물가와 임금의 상승을 유도한다.

일단 고용 계획으로의 전환이 정책에 흡수되면, 고용의 주기적 변동성은 WPA 노동자 비율의 변화로 대체될 것이다. 민간 고용주의 노동 수요가 증가하면 WPA 노동자 비율은 감소할 것이다. WPA 계획에서는 투자 유인을 늘리거나 화폐 공급을 늘리거나 혹은 세율을 낮추는 것으로 총수요의 하락이 반전되지 않는다. 이 정책은 시간당 낮은 수준의 노동 수요와 임금 소득에 중점을 두므로 인플레이션 잠재력은 현행 정책보다 적을 수밖에 없다.

고용 전략은 노동시장 경색으로 이어지겠지만 WPA 임금이 민간 고용에 비해 훨씬 낮은 만큼, WPA 고용이 긍정적인 한 민간 고용주에 대한 노동 공급은 무한 탄력적일 것이다. 이러한 환경에서 시장과 제도적 요소들이 만성적이고 심지어 가속화되는 임금 인상 압력을 가중시킬 가능성은 낮다.

현행 정책하에서 총수요는 투자와 이전지출에 대한 유인을 증가시킴으로써 유지된다. 정책은 투자 산출물을 생산하는 노동 수요를 유지하기 위해 노력한다. 이러한 부문별 강조는 재화 투자 생산자와 그 노동자들(건설 및 기계 설비 노동자)에 의한 시장지배력 강화 기제로 이어져 임금 상승과 그에 따른 소비재 생산에서의 더 높은 이윤폭으로 이어진다. 현행 정책 전략의 결과로 초래되는 투자재 생산의 만성적 임금 상승은 먼저 이윤폭 상승으로, 이후 소비재 생산의 명목임금 상 승으로 이어진다.

고용 접근 방식은 현재의 과정보다 인플레이션 잠재력이 낮다. WPA, CCC, NYA 전략에서 투자 수요 유도와 금융 조건 완화를 통한 명목임금 압력은 최소화될 것이다. WPA 기본급은 거의 변동이 없어 야 한다. 만약 민간 고용 임금이 노동조합 압박으로 상승해 실업이 증 가하면, WPA에서의 노동 공급이 증가해 재정 적자가 증가할 수밖에 없다. WPA 고용 계획에서의 임금이 빠르게 정착되면 민간 고용의 명 목임금 상승은 시장 경쟁에 따라 물거품이 될 가능성이 높으며, 민간 고용 임금과 WPA 임금 격차는 시장에서 결정되는 경향이 있다.

물론 WPA 임금이 평균 임금 대비 일정 비율을 유지해야 한다는 정 책이 고용 전략을 인플레이션의 시녀로 전락시킬 수 있다. 정책 목표 가 임금 안정과 생산성 증가를 반영하는 점진적 물가 하락에 있다면, WPA 임금뿐 아니라 정상적 정부 고용 및 국방 계약에서의 임금도 민 간 투자와 고용의 정상적 주기를 반영하는 경미하고 일시적인 인플레 이션 압력에 대응해 상승해서는 안 된다.

금융 개혁

자본주의 역사는 금융 관계가 파열되고 제도가 파괴되는 금융 붕괴와 관련된 깊은 불황과 금융 공황으로 간간이 멈추기도 했다. 각각의 큰 불황은 종종 입법을 통한 제도 구조의 개혁으로 이어졌다. 화폐, 은행, 금융법의 역사는 구조의 불안정성을 제거하기 위한 것으로 해석할 수 있다. 그간의 경험은 이러한 연구가 실패했음을 보여 주며, 이론은 항구적 해법을 위한 이러한 탐구가 헛수고라는 것을 보여 준다.

행동주의적 중앙은행이 있는 큰 정부적 자본주의 경제에서 부채 디플레이션과 깊은 불황은 억제될 수 있다. 뿐만 아니라 중앙은행의 관리적 조치와 입법은 주기적 불안정성 억제를 위해 금융 구조의 진화를 통제하고 이끌려고 시도할 수 있다. 우리 경제에서 금융 구조는 투자 금융과 사적 소유 자본 자산 지분의 포지션에서 시작된다고 말할 수 있다. 대체로 기업이 자본 자산을 통제하고 투자 산출물을 결정하므로 기업의 금융력과 관행은 불안정성을 관리하거나 억제하는 정책의 출발점이다.

미국에서 연준은 불안정성을 통제하기 위해 조직되었다. 심각한 부채 디플레이션 위험이 있을 때마다 연준이 즉시 개입하는 만큼 금융 불안정을 유도하는 관행의 전개를 막기 위해 활동의 폭을 넓히고 주도권을 잡아야 한다. 연준은 금융 관계 구조의 변화가 안정성에 미치는 영향을 고려해야 한다. 이러한 책임의 정의는 연준이 그간 전형적으로 따랐던 금융 관행과 제도 측면에서 방임주의적 정책과 뚜렷이 대조된다. 연준은 안정성 강화를 우선하고 불안정성을 확대하는 제도 및 관행을 제거하여 금융 기관의 진화를 이끌 필요가 있다.

금융 개혁은 오직 일반적 개혁 체계의 일부로서만 효과적일 수 있다. 정책의 주요 근접 목표가 투자 장려에 있는 한, 투자와 자본 자산 소유에 금융을 촉진하는 기관과 기업 방식이 육성될 것이다. 그러나 투자와 자본 자산 소유에 따른 부적절한 금융은 자본주의 경제의 불안정성을 이끄는 주된 요인이다. 따라서 경제 정책의 인접 목표로 투자를 고용으로 대체하는 일은 불안정성 감소를 목표로 하는 금융 개혁의 전제 조건이다.

정책적 문제는 불안정성을 꺾는 금융 기관 체계를 설계하는 일이다. 은행이 자본주의 경제의 핵심 금융 기관임에도 은행업은 신화에 묻혀 있다. 이것은 수수께끼에 싸인 미스터리다. 은행가들은 의뢰인의 이익을 위해 조언하고 행동하는 수탁자며, 심지어 자신들의 소득은 바로 그 의뢰인들에게 판매하는 서비스에 달려 있다. 수탁자로서의 자격과 사적 이익 추구 목적 간 충돌을 완화하기 위해 상업 은행, 투자 은행, 저축 은행 간 구별이 생겨났다. 최근의 경험은 이러한 구분을 뛰어 넘어 얻을 이익 기회가 크면, 제도적 구분은 유지될 수 없다는 것을 보여 준다.

금융 기관으로서의 평범한 기업

기업은 자본 자산의 대부분을 소유하고 있으므로 총자본 소득의 대부분을 거둬들이고, 총자본 소득은 법률과 부채 구조에 의거해 세금, (원리금 포함한)부채 상환, 총배당 소득에 분배된다. 배당 소득은 기업이 유보할 수도, 그렇지 않을 수도 있다. 기업은 다수의 단위로부터 지분을 끌어 모으고 부채를 발행할 수 있는 특별한 힘을 가진 금융 기관이다. 기업은 주주의 책임을 제한함으로써 소유와 경영의 분리를 가능하게 한다.

기업은 소유주의 대리인이 아니라 기업체 명의로 직접 부채를 발행할 수 있기 때문에 대규모 자본 자산의 투자와 활용이 쉽다. 케인즈가 지적했듯이 "증권거래소는 날마다 많은 투자를 재평가하고, 이러한 재평가는 (전체 집단에게는 아니지만)개인에게 자신의 약정을 변경할 수 있는 기회를 수시로 준다. 이는 마치 농부가 … 오늘 아침 10~11시 사이에 자신의 자본을 처분하기로 결정해 놓고 주말쯤에 다시 철회를 고민하는 모양새나 마찬가지다."[3] 기업이 자본 자산 소유를 지배하고 주식 거래가 존재하면, 자본 자산 소유에 따른 기업의 약속은 기업의 기대 생산 연한을 위한 것이지만, 투자자들의 보유 기간은 투자자들의 필요와 선호도 변화에 따를 수 있다.

자본 자산 가격이 싸서 사업이나 거래에 필요한 자산을 쉽게 취득할 수 있다면, 개인 기업이나 합명회사도 쉽게 구입할 수 있을 것이다. 하지만 자본 자산 가격이 비싸고 자본 자산의 기대 수익 연한이 성인의 수명을 초과하는 정도라면 오직 영구 수명을 가진 기업만이 자본 자산의 사용 연한 만큼의 기간을 소유할 수 있다.

자본 자산에는 두 가지 종류가 있다. 하나는 농경지나 도시의 토지와 같이 매우 광범위하고 다양한 생산에 사용되고, 그것을 사용하여 수익성을 창출할 수 있는 사람이 많은 자산이다. 이 자산은 특정 소유자나 사용자와는 무관한 가격과 가치를 가진다. 더욱이 자산은 비非 대인적 현금을 창출하므로 모기지, 즉 소유주가 아닌 자산에 묶이는 금융에 적합하다. 생산 과정과 상업 유통 경로로 흐르는 자산(재고 자산) 또한 재고가 팔리는 시점, 즉 금융이 실행될 때 거의 가시화되므로, 대對자산 금융에 적합하다.

대자산 금융에 적합한 장기 다목적 자산과 단기 상업 자산 모두, 활용된 부채에 따른 지불 약정은 이 자산들이 산출할 것으로 기대되는

---

3 Keynes, John Maynard, *The General Theory of Employment Interest and Money*, chapter 17.

현금 흐름과 밀접하게 관련될 수 있다. 이러한 금융 흐름 관계들은 헤지 금융을 특징으로 하는 유형들과 유사하다.

다른 유형의 자본 자산은 특정 용도 외에는 유의미한 가치를 갖지 않는 공장 및 설비로 구성된다. 이들은 오로지 소규모의 일정한 생산 공정을 사용하는 경우에만 현금 흐름을 발생시키므로, 이러한 공정을 사용하는 기업 외에는 거의 또는 전혀 가치를 갖지 못한다. 이러한 자본 자산은 자산 금융에 적합하지 않다. 이런 특수 목적 자본 자산에 조달된 부채는 이와 같은 자본 자산을 소유하고 생산하는 조직에 있어야 한다. 만약 자산이 현금을 창출할 것으로 예상되는 기간이 개인회사나 합명회사의 기대 생존 수명을 초과하면, 자본 자산 소유권에 대한 헤지 금융이 이루어질 수 없다. 이러한 자본 자산이 사용되기 위해서는 대표자 개인의 자금으로 소유 자금을 조달하거나 금융이 투기적으로 변해야 한다. 헤지 금융은 채무 만기가 자산이 현금 흐름을 만들어낼 것으로 기대되는 시기와 비슷할 때만 가능하다.

기업은 준지대의 수익원으로서의 기대 연한을 길게 가지는 특수 목적 자본 자산을 보유하고 운용하도록 최적화된 사회적 수단이다. 회사채는 종종 어떤 특정 자본 자산이 창출하는 이윤에만 엮이지 않고 대개 기업 수익에 엮이므로 개인에 대한 대출과 비슷하다. 기대 연한이 중복되는 자본 자산을 활용할 필요가 있다는 점을 감안하면 특수 목적 자본 자산을 운용하는 기업은 무한 수명을 가져야 한다.

기업이 존재하지 않았다면, 장기 연한 특수 목적 자본 자산에 대한 부채 금융은 투기적이어야 하고, 부채 기간은 자산이 창출하는 지대의 기대 주기보다 짧을 것이다. 장기 부채를 발행함으로써 기업은 금융 구조를 안정시켜줄 수 있는 헤지 금융 부채 구조 달성이 가능하다.

그러나 기업 형태나 조직은 특정 자산 소유와 획득으로부터 금융을 분리하기 쉽게 만든다. 만약 단기 부채가 덜 비싸면, 전반적 수익성에 기초해 차입하는 기업들은 단기 자산 조달에 필요한 자금보다 더 많은 단기 부채를 사용함으로써 비용을 절감할 수 있다. 기업들은 고가의 특수 목적, 장기 연한 자본 자산에 대한 헤지 금융으로 시작했다고 말할 수 있지만, 기업이 특정 자산에 얽매이지 않은 부채를 발행할 수 있다는 것은 기업이 장기 자산 보유를 위한 단기 차입이 가능하다는 것을 의미한다. 따라서 초기에 장기 자본 자산에 대한 헤지 금융 확대 장치였던 기업이 투기 금융 수단이 될 수 있으며, 자본 집약적 생산 방식과 투기 금융 모두를 촉진하므로 불안정한 영향을 미칠 수 있다.

따라서 금융 구조에는 구조적 취약점이 내재되어 있다. 취약점 하나는 기술적 기반에 있는데, 장기 연한의 고가 자본 자산 사용은 장기 분할 상환 금융 상품으로 조달하는 것이 가장 좋다. 두 번째는 선호도가 결정하는데, 자산 소유자들은 자신들이 보유 기간을 통제하고 싶어 한다. 기업은 기술에 따른 금융 문제를 해결하기 위한 장치다. 그러나 기업은 영속적 생명력을 가지므로 선호의 문제는 사적 소유가 이전될 수 있는 시장의 필요로 이어진다. 따라서 주식시장과 채권시장은 사업을 조직하는 기업 유형에 필수적 기제다. 그러나 이러한 시장은 주주들의 단기 부채가 빈발한 부채(주식)에 따른 투기 금융의 문을 열어준다.

기업 형태는 성인의 기대 수명과 유형 고정 자산(공장 및 설비) 기대 수명의 불일치로 인한 구조적 약점을 제거한다. 그러나 기업은 부를 소유한 가계들의 단기 보유 잠재력 자산 선호에 따른 구조적 약점까지 제거할 수는 없다. 게다가 단기 금융시장은 새로운 금융 상품과 제도를 창안함으로써 보다 잘 반응하므로 구조적 약점은 금융 수요가 높고 빠르게 증가할 때마다 강하게 나타나며, 금리 상승은 장기 금융 상품 보유자의 손실을 초래하여 장기 금융시장 폐쇄로 이어진다. 이러한 구조적 결함의 결과, 투기 금융과 더불어 포지션에서의 상환 연장 및 리파이낸싱을 촉진하는 시장 기관의 성장이 호황기 동안의 발전을 불안정하게 만든다.

기업 부채를 검증하고 채무의 시장 가치를 결정하는 현금 흐름은 기업 총수입에서 인건비, 자재비를 차감한 것이다. 많은 기업들이 자신들의 부채 검증에 필요한 현금 흐름에 따라 판매 가격을 결정한다는 점에서 (수익성에 따라 세금이 결정된다는 의미에서)징세 청부업자tax farmers라 할 수 있다. 현금 흐름 필요성에 따른 가격 결정은 시장 규제의 완화를 요구한다. 독점적이거나 그에 준하는 시장 지위는 종종 차입의 전제조건이다. 앞서 본 바와 같이, 큰 정부는 이윤 규모의 하방 붕괴를 막고 시장지배력은 (종종 규제로 인해)특정 자본 사용자의 이윤폭을 보호한다.

따라서 시장지배력이 있는 기업의 기대 현금 흐름이 부채를 검증하거나 금융 기반을 확장하는 데 미치지 못하면, 기업은 이윤폭과 가격을 인상할 것이다. 특히 시장 제약이 있는 기업의 가격은 보통 시장 제약이 없는 극대 이윤 독점 가격보다 낮으므로 가격 인상은 총이윤 상승으로 이어진다. 그러나 가격이 독점가보다 더 상승하면 순익이 증가하지 않거나 심지어 하락할 가능성도 있다. 이런 일이 대기업에서 발생하면 정부가 보조금, 특별 세액 공제, 부채의 공적 보증, 그리고 총이윤 흐름을 증가시키기 위한 조치를 동원해 개입한다. 정책 목표로서 이윤과 부채 검증을 우선순위로 삼는 것은 최근 위기 동안의 정부 행태에서 확연히 드러난다.

많은 기관에서의 투자 의사결정은 민간 세금에서의 수입으로 검증되므로 투자 결정은 공적 의사결정과 같다. 예컨대 병원에서 구입한 각각의 뇌 스캐너에는 블루 크로스Blue Cross와 블루 실드Blue Shield 비용이 매겨지며, 이 비용은 고용주가 제품 가격에 충당해야 하는 인건비다. 본질적으로 우리는 세금으로 지원되는 의료 체계를 가지고 있지만, 이 과정에서 납세자들이 서비스 공급 가격 결정에 목소리를 낼 수 있는 여지는 없다. 미국에는 정부가 명시적으로 개입하거나 독점가를 설정할 수 있는 권한을 부여함으로써 특정 기관의 부채를 보호하는 일종의 사회주의적 비상 체계가 있다.

금융 개혁은 많은 민간 영역에서 공적 본성에 대응할 필요가 있다. 대기업들은 자신들의 부채에 대해 묵시적으로 공적 보증을 받는다 (즉, 우발 부채[contingent liability, 장래의 특정 상황에서 채무가 발생하는 부채]로서 보증된다). 묵시적 공적 부채는 시장에서 우선 처리되므로 거대 기업 및 대형 은행에 우호적인 금융 편향성을 유도한다. 투자가 미흡한 상황에서도 현금 흐름 약정을 검증하기 위한 정부 개입이 이뤄진다. 정부가 개입하는 하나의 방법은 대규모 재정 적자를 내는 것이다. 그러나 이러한 대규모 재정 적자는 민간 부문의 채무 불이행 위협이 실업의 원인으로 작용함에도 후속 인플레이션을 일으키는 토대가 된다.

큰 정부가 소득과 고용 감소 시마다 이윤 유지 적자 편성을 암시하므로, 경기 침체기에 가격을 유지시켜 이윤을 보호하려는 시장지배력 육성 정책은 필요가 없다. 큰 정부가 있는 세계에서, 개별적 파산이 시장 전체의 파산으로 이어지지는 않으므로 용인될 수 있다. 따라서 지속 불가능한 투기 금융이나 폰지 금융을 지속 가능한 헤지 금융 구조로 전환해주는 파산은 쉽고 적은 비용으로 이루어져야 한다. 일단 파산이 단순해지면, 인플레이션을 억제하는 경쟁력이 자유롭게 작동한다. 경제가 파산에 개방된다면, 어떤 조직도 파산을 정치적으로 받아들일 수 없을 만큼 거대해질 수 없다.

뿐만 아니라, 불안정성을 확산시키는 기업의 지배력을 줄이기 위해서는 고율 법인세로 인해 부채 금융을 활용하고자 하는 편향을 제거해야 한다. **법인세는 폐지되어야 한다.** 또한 단기 회사채는 기업이 아니라 자산에 대해 발행되어야 한다. (자산을 통해 단기 자금이 조달되고 있다는 것을 증명하는)문서화로 기업에 대한 은행 대부와 공개시장 대부가 장려되어야 한다. 이러한 수단을 위해 연준이 은행의 현금 기반을 결정하고 최종 대부자로서의 역할을 수행하는 과정에서 특별한 장소가 제공되어야 한다. 다시 말해, 연준은 할인창구를 통해 이러한 금융에 참여할 준비가 되어 있어야 한다.

은행과 은행업

은행은 자본주의 경제의 중심 금융 기관이다. 일단 은행의 자산과 부채가 구성되면 경제의 금융적 틀은 대부분 결정된다. 은행가들은 이윤 추구를 위해 자신들의 자산과 부채 구성을 변경하며, 특히 호경기 동안에 은행가들과 차입 고객들의 상호 작용은 은행 대차대조표상의 투기 금융과 폰지 금융 자산의 비중을 확대시킨다. 결과적으로, 금융 체계는 초기의 견고함에서 취약성을 향해 나아가기 때문에 쉽게 억제할 수 없는 금융 불안정 경제의 전개를 막기 위해서 은행에 대한 지속적 통제와 주기적 개혁이 필요하다.

은행 규모와 은행이 감당할 수 있는 사업 규모에는 상관성이 존재한다. 많은 소규모 독립 은행들이 있는 분산 은행 체계는 중소기업으로 이루어진 산업 구조에 유용하다. 마찬가지로, 전국망을 가진 고도의 중앙 집중적 은행 체계는 산업 집중에 유용하다.

대출 한도가 수백만 달러인 은행은 대기업의 단기 금융 수요를 감당하지 못한다. 이런 기업은 자연스럽게 대형 은행에 끌린다. 더군다나 수십억 달러 규모의 기업 군이 요구하는 금융은 어떤 은행도 단독으로 감당하지 못한다. 대기업뿐만 아니라 중소기업들 또한 여러 은행과 거래를 맺으며 각각의 대출 한도를 가진다. 대기업은 본사가 어디에 위치하건 상관없이 대형 중심 은행들과 금융 관계를 맺을 것이다.

지난 수십 년간 은행의 지리적 자율성이 잠식되었다 해도, 미국은 아직 소수 대형 은행이 장악한 체계로 멀리 나아가지는 않았다. 아직까지 은행 체계가 분산되어 있지만, 은행법과 정부는 독립적인 소규모 은행들의 성장과 번영을 촉진하고 육성할 수 있도록 구조화되어야 한다. 이것은 현재의 은행 규제와 은행 법제의 변화가 취하고 있는 방향이 아니다.

제10장에서 지적했듯, 대출 상환은 차입자가 수행하는 사업의 성공 여부에 달려 있으므로, 은행이 어떤 사업에 자금을 조달하면 은행은 해당 사업의 파트너가 된다. 나아가 은행과 사업 파트너 사이에는 일반적으로 반복 거래에 따른 지속적 관계가 형성된다.

결과적으로, 차입 고객의 번영이 은행가의 이윤을 결정하는 파트너십으로 동기 부여되는 은행가들은 기업인들에게는 지속적인 자문과 지도의 원천이다. 고객들에게 완전한 서비스를 제공하기 위해 은행가는 대부자 및 알선 대리인 역할을 모두 수행하여 광범위한 금융 선택권을 제공해야 한다. 중개인, 보험업자, 금융 자문 등의 역할을 수행하는 은행에 대한 규제는 1930년대의 부당한 유산이다.

경제 발전에 소형 은행의 에너지를 적절히 활용하려면, 이들에게 상업 은행가로서의 기능뿐 아니라 투자 은행가로서의 기능, 즉 소규모 기업의 지분과 채권 발행을 보증하고 주문할 수 있도록 허용할 필요가 있다.

이미 전문화된 조직들이 대기업 투자 금융 수요를 다루기 때문에 대형 상업 은행들에게 이런 역량을 발휘하지 못하게 하는 규제가 이점으로 작용할 수도 있다. 월스트리트가 경제 전체는 아니다. 많은 기업들이 현지에서 이용 가능한 정교한 금융 자문가와 안내자(뿐만 아니라, 주식 발행이나 부채 알선 실무가 가능한 유일한 증권 인수자)가 바로 상업 은행이다. 만약 경제 정책이 경쟁 시장을 받치는 데 목표를 두고 있다면, 적당한 규모의 상업 은행이 자유롭게 증권 인수자가 되며, 제3자와의 채무 거래를 중개하고 수수료를 받고 금융 자문을 해 주고 합병과 인수를 통해 수수료를 취득하도록 자유롭게 허용해야 한다.

연준은 은행이 활용할 수 있는 지불준비금 규제를 통해 금융 및 예금 창출 능력을 총체적으로 통제하려고 한다. 은행과 금융시장이 단순한 예금 창출 기계이고 포트폴리오의 현금 초과나 부족에 관해서만 경제 활동에 영향을 미친다면, 지불준비금을 통제하여 경제를 제어하려는 시도는 어느 정도 의미가 있을 수 있다. 실제로 은행은 다수의 실제적 잠재적 유형의 채무를 가지고 있으며 수익 기회에 반응하여 혁신하는 복잡한 이윤 추구 조직이다.

은행업의 불안정화 요인을 억제하기 위해서는 은행 자산 총액과 증가율을 규제할 필요가 있다. 주된 통제 수단이 허용 자기자본 비율과 은행 자본 성장률이다. 지금까지 정립된 바에 따르면, 은행 자본의 적정성은 통화 정책이 아니라 은행 조사와 감독의 문제다. 불안정화 잠재력을 억제하고 부채 디플레이션을 방어하며 대형 은행에 허용된 높은 자기자본 비율에 따른 편향성을 제거하기 위해 연준이 모든 은행, 즉 당좌나 요구불 예금을 취급하는 모든 기관의 자기자본 비율을 설정할 권한이 있어야 한다. 특히 묵시적 은행 부채의 자본 흡수율을 고려하면 5%의 자기자본 비율이 합리적일 것이다. 연준은 은행의 총자본이 위태로워지면 비율을 변경할 권한을 가져야 한다. 자본 적정성 조건이 획일화된 구속으로 관리되어서는 안 되고, 자본의 상당한 부족을 야기하는 배당을 평가하여 징벌적 제약이 이뤄져야 한다.

이렇게 규정된 자기자본 비율에 따라 소형 은행들의 대출과 투자 역량은 증진될 것이다. 이들 소형 은행들의 문제는 여전히 자산을 찾아내어 부채를 배치하는 일이다. 중소기업에 보다 유리한 금융 조건은 더 높이 허용된 소형 은행의 자산 자본 비율에서 비롯될 터인데, 이는 소형 은행들이 더 높은 자산 기반에 더 낮은 이윤폭으로 시장에서 결정된 수익률을 달성할 수 있기 때문이다. 개혁 후, 대형 은행들의 이윤폭 상승에도 불구하고 소형 은행의 금융 비용에 따른 시장 결정적 이윤폭은 당연히 떨어질 것이다. 은행에 따른 자기자본 비율은 대기업과 중소기업의 금융 조건을 균등화하는 방향으로 유도할 것이다.

현재 잘 관리되고 합리적 수익성이 있는 은행은 수익을 유지할 수 있으므로 자본이 지속 가능한 비인플레이션 경제 성장률을 초과하는 비율로 성장할 수 있다. 안정적 물가 수준에 부합하는 은행 자기자본의 내부 성장률을 가지기 위해서는 은행 수익에 따른 배당률이 상승해야 한다.

은행 자기자본 비율과 배당률 통제는 은행업 발전을 이끄는 강력한 무기다. 일단 정해진 자기자본 비율은 일상적으로 변경되어서는 안 되지만, 은행 자기자본이 지나치게 빠르거나 느리게 성장하면 규제 당국이 배당률을 조절할 수 있는 권한이 부여되어야 한다.

시장 진입의 용이성과 자유로움 또한 정책 목표가 되어야 한다. 소형 은행들의 유연한 금융 선택을 방해하는 장벽을 제거하는 은행 개혁역시 중소기업의 시장 진입을 용이하게 해야 한다. 규제적 분위기는은행업 진입을 용이하게 하는 방향으로 움직일 필요가 있다.

은행업은 자유롭게 진입하여 자본의 폭발적 팽창으로 이어질 만큼수익성이 있는 것은 아니다. 이익 잉여금을 제한하는 방식으로 은행의성장률을 통제하려는 시도는, 이미 헛수고로 입증된 지불준비금 규제를 통해 은행 자산의 확대를 통제하려는 노력보다 인플레이션을 동반하지 않는 이용 가능 금융의 증가로 이어질 가능성이 더 높다.

은행은 기업과 비은행 금융 기관이 사용하는 현재 신용 및 잠재 신용의 대부분을 제공한다. 만일 은행이 자산에 따른 금융에 집중하면기업의 단기 부채는 기업의 현금 수취에 부합하는 지불 약정으로 이어질 수 있다. 기업의 은행 부채는 헤지 금융 관계의 일부가 될 것이다.

은행이 자산에 따른 금융에 제한되어야 한다는 개념은 '실어음 이론 real-bill doctrine'의 핵심이다. 이 원칙은 은행이 생산 과정의 재화에만 자금을 조달하면 적절한 화폐 총량이 창출될 것이라는 주장에 기초하며, 적절한 화폐 총량은 안정적 물가로 이어진다. 은행의 자산 규제가 인플레이션을 야기하는 화폐 공급량의 증가를 방어할 수 없다는 사실은오래전부터 알려진 이야기다.

이 아이디어는 비인플레이션적 화폐 수량 유지를 위한 것이 아니라금융 체계의 안정성을 위한 것이다. 이는 규제 당국이 은행의 수익 기회를 헤지 금융으로 선회하도록 만들어야 함을 의미하며, 재고 자산을 대상으로 하는 자산 금융은 헤지 금융의 한 형태다.

연준법은 애초에 자산에 따른 단기 금융을 반영하는 은행 대출에 대해서만 재할인할 수 있도록 규정되어 있었다. 연준 초기에는 재할인이 은행 지불준비금의 주요 재원이었다. 1929년의 붕괴 이후, 은행 지불준비금 재원으로서의 재할인은 공개시장에서의 국채 운용 방식으로 바뀌었다.

연준이 일부 활동에 대한 금융 결과로 자산을 취득하면, 은행 체계가 지불준비금을 획득하거나 공공이 화폐를 획득한다. 공개시장 조작이 은행 지불준비금의 원천인 경우와 같이 연준이 주로 국채를 취득하면, 정부 금융을 따르게 만든다. 그러나 연준이 할인창구에서 민간 회사채를 취득하면, 대개 협조 금융cofinancing에 관여하는 것이다. 한편 연준이 자산에 대한 할인으로 단기 회사채에 지불준비금을 공급하면 헤지 금융에 관여하고 독려하는 것이다.

따라서 명시적 부채에 대응하는 은행 지불준비금은 주요 기능의 변화에도 현재와 같이 유지되어야 한다. 왜냐하면, 이러한 조치가 경제 활동에 영향을 미치는 수단이기 때문에 가치가 있는 것이 아니라, 할인창구를 통한 지불준비금 조성 과정이 연준을 특정 수단에 의한 특정한 조치의 금융에 참여하게 만들기 때문이다. 이러한 협조 금융은 특정 신용 공급을 증가시키고, 이러한 공급을 보다 더 확실시해주므로 연준의 참여는 사업 및 은행 금융 관행을 이끌 것이다.

불안정성으로 이어지는 자본주의 경제의 근본적 특징을 반영하는 영향력은 만연해 있다. 대자산 단기 금융에 치중하는 은행은 이러한 추세를 약화시킬 것이다. (할부 금융, 생명보험, 심지어는 일반 기업을 포함하는)여타의 금융 기관들 역시 적격 어음 할인을 위해 할인창구에 직간접적으로 접근할 수 있어야 한다. 할인 적격 요건은 대對자산 금융을 번창하게 만드는 데 활용될 수 있다.

중앙은행

금융 관행은 금융 불안정을 유도하는 취약한 상황 가능성을 축소시키는 방향으로 진화해야 한다. 중앙은행은 금융 불안정을 억제하고 상쇄해야 할 책임이 있는 기관이며, 나아가 이를 예방해야 할 책임이 있다.

중앙은행은 금융시장에 개입하기 때문에 금융 구조의 정상적 작동에 영향을 미친다. 중앙은행을 회원 은행 규제와 화폐 공급 통제에 국한시키는 것은 옳지 않다. 상업 은행이나 화폐에 대한 규제는 다른 금융 기관이 중요하게 부각되지 않았던 시절에는 중앙은행의 책무를 규정하는 데 충분했지만, 그렇게 책무를 제한하는 것은 더 이상 적절하지 않다.

중앙은행은 최종 대부자로서 예금 인출 사태로 주요 포지션 메이킹 시장의 자금 공급이 붕괴되지 않도록 보장해야 하며 보호할 금융시장을 명확히 정의해야 한다. 최종 대부자 개입은 이용 가능한 전체 금융이 붕괴되지 않도록 보장하면서도 특정 단위와 일부 산업군의 실패를 허용하는 섬세한 작전이다.

중앙은행은 기업 부채가 리파이낸싱이 필요한 금융 구조일 때 그 중요성이 더 커진다. 특히 폰지 금융과 투기 금융이 존재하기 때문에 중앙은행이 존재한다. 상업 은행들이 비은행 투기 금융 기관들에 대한 금융과 재금융, 비상 금융에 관여하는 한, 중앙은행은 오로지 직접적으로 이들과 거래하기만 하면 된다. 그러나 중앙은행이 오로지 상업 은행만을 통제하는 경우에도 모든 금융의 일상적 행태에 대한 책임을 인지할 필요가 있다.

1929~1933년의 극심한 침체기에 연준은 금융 체계의 붕괴를 막지 못했다. 그 결과 특정 분야에 부분적으로 전문화된 다수의 중앙은행들이 탄생했고, 이는 미국 중앙은행을 사실상 연준을 주축으로 하는 분산형 운영 체계로 만들었다. 의미가 없지는 않으나 사소한 구조 개혁은 연방예금보험공사, 통화감사국, 그리고 저축 기관에 대한 보험 및 감독 기관 등의 전문 기관들을 연준 내의 부서로 통합시키는 것이다.

복잡한 금융 구조를 갖는 현대 자본주의 경제에서, 혁신은 이윤 기회에서 비롯된다. 중앙은행 업무는 변화하는 체계의 효능에 영향을 미치려고 시도하는 일종의 학습 게임이다. 중앙은행 업무는 중앙은행 은행가들이 제도 구조의 거동 방식을 이해하고, 변화가 체계에 미치는 방식을 정확히 평가할 때 성공할 수 있다. 중앙은행은 금융 구조의 진화를 조종해야 한다.

중앙은행은 제공하거나 요구하는 일부 자산을 모두 매입하거나 매도해야 하는 금본위제처럼 법률이 규정하는 경우를 제외하고는, 자체적으로 포트폴리오를 통제한다. 중앙은행은 보호할 자산을 규정하고 은행 체계에 지불준비금을 제공하는 데 사용할 자산 선택권을 통해 기업 금융 방식에 영향을 미친다. 지불준비금을 마련하면서 취득한 자산은 어떤 활동에 금융을 조달하고 그에 따라 호의적인 조건을 만들어 낸다. 은행들이 지불준비금으로서 중앙은행 예치금이 필요하고 중앙은행이 통화 발행권을 독점하는 한, 중앙은행은 은행 포트폴리오에 영향을 미칠 수 있다.

만일 금융이 견고하다면, 투기 금융과 폰지 금융이 기업 금융 기조의 적은 비중을 차지하고 기업은 상당량의 화폐와 기타 유동성 자산을 보유하는 것으로 특징화된다. 견고한 금융은 은행 자산이 정부채와 헤지 금융을 반영하는 민간 부채의 비중이 크다는 것을 의미한다. 이런 환경에서 중앙은행이 주로 정부 채권을 운용하는 것은 올바른 일이다.

견고한 금융 구조에서의 공개시장 조작은 현재 가치의 유의미한 역전을 유도하지 않으면서 이용 가능한 금융을 제약할 수 있다. 진행 중인 투자가 차입 자금이 아니라 주로 투자자 자신의 자금으로 조달되면, 금리가 상승해도 지불 약정 이행에 필요한 현금이 크게 증가하지 않는다. 또한 장기 금융 조건과 자산 가치는 단기 금리의 일시적 변동에 강하게 반응하지 않는다. 그러므로 은행 금융 조건의 변동은 활동 수준에는 영향을 미치지만, 금융 관계의 실행 가능성에는 영향을 미치지 않는다. 은행 지불준비금을 감소시켜 대부를 제한하려는 중앙은행의 노력은 은행에서 이용 가능한 금융의 감소로 이어지지는 않지만, 은행들은 자신들의 포트폴리오에서 정부채를 회사채로 대체할 것이다. 그 영향은 재무부 부채 금리에 미칠 것이다.

그러나 신용 기반이 경기 확장기 동안에는 급속히 확대되는 반면, 축소 시에는 상대적으로 느리게 축소될 수 있음을 의미한다는 점에서 견고한 금융 환경은 일시적 상태에 불과하다. 이러한 은행 신용 변화의 누적 효과는 취약한 금융 체계로 이어진다. 취약성으로 이행하면서 은행이 포지션 메이킹 수단으로 삼는 재무부 부채의 활용이 감소한다.

중앙은행의 운용이 주로 재무부 부채에 있음에도 포지션 메이킹 수단으로 재무부 부채가 활용되지 않으면, 상업 은행과 중앙은행 간 직접적인 사업 접점은 없다. 은행 체계가 취약하면 은행 지불준비금의 제약은 거의 전적으로 은행 대출 증가율에 반영되며, 재무부 부채의 안전장치나 완충장치는 없다. 따라서 중앙은행의 어떤 조치는 견고한 금융 구조보다 취약할 때 이용 가능한 금융과 금리에 더 큰 영향을 미친다.

취약한 금융 환경에서 중앙은행은 규칙을 맹목적으로 따를 수도 없고, 금융 체계가 보다 견고할 때 성공한 기법을 적용할 수도 없다. 재무부 부채가 은행 포트폴리오에 차지하는 비중이 작고 포지션 메이킹 수단으로 사용되지 않으면, 공개시장 조작은 금융 체계를 조절하는 적합한 수단이 아니다. 은행 지불준비금의 변동은 은행이 소유한 자산과 관련되어야 하고, 할인 창구는 지불준비금을 통제하는 적절한 수단이다. 은행이 중앙은행 차입으로 자신들 자산에 협조 금융을 만들어야 할 필요성은 은행 자산 선호도에 영향을 미쳐 사업 자금 조달 방식에 영향력을 행사하는 중앙은행 기법이다.

만일 사업과 은행업 관행이 취약한 금융 구조로 이어질 수 있다면, 중앙은행은 은행을 헤지 금융 사업으로 유도하기 위한 운용 책임이 있다. 당국은 은행 대차대조표의 베일에서 은행이 자금 조달하는 기관의 대차대조표까지 꿰뚫어 들여다보아야 한다.

은행가가 잠재적 차입자에게 던지는 첫 번째 질문은 "어떻게 상환할 것인가?"이다. 동일한 원리가 중앙은행의 경영을 이끌어야 한다. 중앙은행 협조 금융에 대한 은행의 접근은 헤지 금융을 반영하는 기업 자산을 통해 이루어져야 한다.

연준은 공개시장 조작에 의존해 은행 체계의 지불준비금을 결정하는 것을 중단해야 한다. 공개시장 조작의 대안으로 연준은 은행 자산 할인으로 은행 지불준비금을 공급할 수 있다. 할인 기법에서, 은행 지불준비금은 중앙은행이 금융 사업 실적으로 명시된 적격 어음을 매입하거나 대부할 때 공급된다. 제1차 세계대전 이전에 있었던 영국은행 Bank of England의 단기 금융시장 관계는 연준과 상업 은행, 그리고 단기 금융시장 기관 간의 적절한 관계 모형으로 삼을 수 있다.[4] 이 모형에서 은행의 (통화 공급뿐 아니라)지불준비금은 단기 기업 활동 금융에서 발생하는 은행 대출에 대한 연준의 할인(또는 공개시장 어음) 결과일 수 있다. 연준의 할인에서 우선 어음이나 적격 어음은 상업적 또는 생산적 재고 자산을 반영하는 대對자산 어음일 것이다. 따라서 금융 체계가 취약하다면, 고전적 영국 할인 시장 구조가 단기 신용 공급에 따른 중앙은행의 통제에 적합하다.

만약 은행 지불준비금이 주로 기업 재고 자산 소유권에 연관된 단기 어음 할인의 결과라면, 대출이 만기 상환되면서 은행 지불준비금은 감소할 것이다. 지불준비금을 목표 수준까지 끌어올리기 위해 은행들은 어음을 할인해야 하고, 따라서 은행과 연준 간 관계는 지속될 것이다. 그러므로 필요한 주요 개혁은 연준이 공개시장 정책에서 할인정책으로 전환하는 것이다. 지불준비금 마련을 위해 할인 창구를 활용하는 방법은 단기 포지션의 헤지 금융에 유리한 조건을 유도하고, 취약 금융 구조로 향하는 경향을 완화시킨다.

할인창구 기법에서, 연준은 지불준비금 조성을 위한 금융 사업에서 발생하는 어음을 활용한다. 연준은 그것을 매입함으로써 어음을 위한 시장을 만들어 내고 금융시장에서 보호받는 지위를 갖도록 보장한다. 따라서 이러한 어음은 우량체가 된다. 금융 관계에 따른 구조적 유인은 연준 포트폴리오에서 적격 어음 시장에서의 우대 금리까지 이어지

---

4 R.S. Sayers, *Bank of England Operations* (1890~1914) (London: P.S. King & Sons, 1936).

게 할 것이다.

이 체계에서는 지불준비금의 일부가 매일 사라지고, 시장은 지불준비금을 채우기 위해 연준의 할인을 필요로 한다. 복잡한 금융 구조에서 각 은행은 포지션 메이킹을 위한 다양한 방식들을 취한다. 그러나 지불준비금의 순결손은 일부 은행들에게 할인창구에서의 차입을 유도할 것이다. 각 은행들은 할인창구에 신용 한도를 가지며, 우선 금리로 자신들의 해당 한도까지 차입할 수 있어야 하는데, 신용 한도 이상의 차입은 추가 금리가 적용된다. 우대 금리에서의 은행 신용 한도는 해당 은행의 자본 계정 및 잉여금 계정과 정확히 동일할 것이므로, 이를 통해 자기자본 비율이 높은 은행이 수익을 유지하도록 유도할 수 있다.

연준이 정한 재할인 금리는 금융 조건 결정의 한계 금리가 된다. 특히 부적격 어음을 이용한 은행 및 단기 금융시장 금리는 적격 어음 금리보다 할증된다. 그러므로 투기 금융과 폰지 금융 금리는 헤지 금융보다 높을 것이다. 지불준비금 공급이 적격 어음을 보유한 모두에게 무한 탄력적일지라도, 금리는 그것이 경제에 미치는 영향을 추산하여 연준에 의해 고정될 것이다.

연준은 은행 금융에 대해 두 가지 통제권을 갖게 될 것이다. 하나는 자본금 요건이고 다른 하나는 지불준비금 요건이다. 지불준비금 요건은 단기적 통제인 반면, 자본 요건은 배당금과 목표 수준 이하로 떨어진 할인율 기반의 벌칙을 포함하는 장기적 제한이다.

현재의 체계에서 12개의 연준 은행이 존재하는 진지한 이유를 찾을 수도 없고 감싸기도 어렵다. 뉴욕 연준 은행은 연준 운영의 대리 기관이므로 존재 이유를 가지는 유일한 기관이다. 만일 연준이 할인 기법으로 정책을 전환하면, 고도로 분산된 은행 체계는 지구별 단기 금융

시장을 필요로 할 것이다. 그러면 지역 준비 은행들은 개별 은행 및 지구별 단기 금융시장과 대부자 관계를 맺게 되고, 지구 설정은 할인 창구 운용과 양립할 수 있다.

할인 기법은 중앙은행, 상업 은행, 그리고 다양한 단기 금융시장 기관들 간의 금융 관계를 설정한다. 은행가들은 대부자로서 차입자의 지속적인 정직성 및 신용도를 확인하기 위해 그들의 어깨 너머를 관찰할 권한이 있음을 잘 이해하고 있다. 따라서 상업 은행의 잠재적 실질 대부자로서의 연준은 은행 관행의 타당성을 어깨너머에서 관찰하고 의견을 개진할 권한이 있다. 부적격 어음의 과도한 발행은 은행의 가용 신용 한도에 대한 재검토를 의미한다. 은행 조사는 은행과 연준 간 은행업 관계의 자연스러운 결과물이다.

은행의 적격 어음 보유고는 1929~1933년의 극심한 긴축기에 일어났던 것처럼, 사업 차입 수요의 감소로 줄어들 것이다. 큰 정부와 경기 하강 국면에서 집행되는 대규모 재정 적자가 있는 세계에서 이와 유사한 긴축은 일어날 수 없다. 재정 적자는 금융시장이 정부 채권을 흡수해야 한다는 것을 의미하는데, 민간 부채가 감소하면 은행들은 재무부 부채를 취득함으로써 투자를 충분히 유지할 수 있기 때문이다. 은행이 재무부 부채를 취득하는 경우에 재무부 증권 시장은 효과적인 포지션 메이킹 시장이다. 은행들이 재무부 부채를 취득하는 상황에서 연준이 지불준비금을 급속히 증가시키고자 한다면, 공개시장에서 재무부 증권을 사들임으로써 지불준비금을 증가시킬 수 있다.

따라서 연준 지불준비금 생성 메커니즘은 은행 체계에서 활용하는 금융 수단이 변할 때 조정해야 한다. 지불준비금을 조성하는 할인 창구 및 할인 시장 기법은 투기 금융으로 가중된 채무 구조가 금융 위기를 발생시킬 가능성이 있는 체계에 적합하다. 자본주의 세계에서 투기 금융 추세는 평온기에 늘 기지개를 펴지만, 생산 과정에 걸친 유동성 자산을 담보로 하는 어음은 우호적 헤지 금융이다.

정부가 크다면 깊은 불황으로 이어지는 부채 디플레이션은 일어날 수 없다는 점에서 연준의 최종 대부자 기능이 갖는 의미는 변화한다. 금융 트라우마 이후 연준은 정상적 할인 경로 밖에서 은행 지불준비금을 이용할 수 있게 해줌으로써 적자 재정을 촉진할 필요가 있다.

큰 정부가 이윤을 유지시켜주므로 연준은 한 발 물러서서 기업과 금융 기관들이 리파이낸싱 단계로 들어서기 전에 파산에 이르도록 내버려둘 수 있다. 연준의 개입은 부채의 조정과 정상적 금융 조건에 따른 정상 소득에서는 충분히 생존할 수 있지만, 위기적 금융 조건과 침체된 소득 탓에 상환 능력이나 유동성이 없는 기관이 할인된 리파이낸싱 자격을 가질 수도 있다는 원칙하에 운용되어야 한다. 연준의 개입이 지연되면 지연될수록 위기에 따르는 소득과 고용 감소폭이 더 커지는 반면, 개입이 빠르면 빠를수록 이어지는 물가 상승은 더 급격해지고 금융 구조는 더 취약해진다.

매번 연준이 나서서 일부 포지션에 대해 리파이낸싱하는 것은 특정 유형의 금융에 관여한 기관을 보호하는 것이며, 계속 그런 기대를 갖게 한다. 그러나 이는 누란지위 체계로 이어질 취약성을 낳는 투기 금융과 폰지 금융으로 향하는, 있어서는 안 될 확장이다. 당연히 취약성을 낳는 금융 관행을 배제하지 않는 한, 얼마 안 있어 닥칠 또 다른 위기를 중앙은행이 나서 보장해주는 것이나 다름없다. 분명한 것은 중앙은행의 최종 대부자 개입은 헤지 금융에 우호적인 입법이나 관리 변화로 이어져야만 한다는 점이다.

연준이 은행 지불준비금에 지나치게 규제적 태도를 취하면 의도적으로 금융 위기를 촉발시킬 수 있다. 이러한 통화 정책은 큰 정부와 최종 대부자 개입이 불확실성을 감소시키더라도 포트폴리오에 불확실성을 도입하게 한다. 만약 연준이 정책 수단을 동원해 강제로 쥐락펴락하면 포트폴리오의 미래 성장이 제약되어 취약한 금융 구조로 이어질 수 있다.[5]

따라서 연준의 정책은 끊임없이 투기 금융과 폰지 금융의 활용에 '역편향'으로 운용할 필요가 있다. 그러나 폰지 금융은 자본주의적 사회 과정의 일반적 부채 금융 투자 방식이다. 결과적으로 불안정성으로 이끄는 금융 관행이 없는 자본주의는 덜 혁신적이고 덜 확장적일 수 있으며, 재앙 가능성을 줄이는 일이 어쩌면 창의성 불꽃의 일부를 자본주의 체계 밖으로 몰아내는 당연한 결과를 낳을 것이다.

헤지 금융을 선호하는 연준의 포지션이 폰지 금융과 투기 금융이 일어나지 않음을 보장하는 것은 아니다. 거래를 구조화해야 할 필요가 있다는 것은 은행 대출 담당자나 대출위원회가 자신들이 시행하는 금융 조달 시점이 사실상의 폰지 상황, 즉 다음 단계의 차입이 원금과 이자 상환을 위한 것이라고 예상되는 상황에 늘 직면할 수 있음을 의미한다.

만약 중앙은행이 폰지 금융과 투기 금융에 반하는 정책을 시행하고 상업 은행에 증권 인수권이 인정된다면, 은행 대출 담당자들은 중장기 채권이나 주식에 은행 대출을 배치할 수 있다. 상업 은행이 고객의 부

---

5 Hyman P. Minsky, "The New Uses of Monetary Powers," *Nebraska Journal of Economics and Business* 8, no. 2 (Spring 1969); reprinted in Hyman P. Minsky, *Can "IT" Happen Again? Essays on Instability & Finance* (Armonk, N.Y.: M. E. Sharpe & Co., 1982), pp.179–91

채와 주식을 생명보험사, 연기금, 여타의 투자 신탁 및 개인들에게 배치할 수 있는 중개자로 접근할 수 있는 금융 구조는 헤지 금융으로 유도한다.

기업들이 헤지 금융을 유지하게 하는 것은 연준의 주요 당면 정책 목표다. 연준이 은행업에 대해 단기의 금융 거래와 생산 재고로 지향하게 할수록 금융 체계는 보다 안정되고, 전면적 위기를 방어하기 위한 특별 리파이낸싱은 더 줄어들 것이다. 안정성을 받쳐주는 금융 구조는 기업이 자본 자산 소유 금융을 가능하게 하는 기법에서 시작해 은행들의 대對자산 금융 편중으로 이어지게 하며, 최종적으로는 연준의 인식, 목표, 그리고 정책 수단 변화로 이어져야 한다.

산업 정책: 대기업 지배의 대체

오늘날 사업을 지배하는 제도화되고 관료적이며 특화되지 않은 기업의 역사는 길지 않다. 우리가 알고 있는 기업들은 1776년은 물론 1876년에도 존재하지 않았다. 그들은 특정 개인 또는 특정 자산의 부에 매이지 않는 장기 부채와 주식 발행 가능성 덕분에 지배적 유형의 사업 조직이 되었다. 이 때문에 기업들의 특화된 장기 연한의 고가 자본 자산에 드는 금융 비용은 개인 기업이나 합명회사보다 낮다. 그러므로 기업들은 자본 집약적 생산 기술의 우위를 조장하고 경제를 노동 절약형 기술로 이끈다.

자본집약적 생산 기술 우위의 결과는 만성적 노동 잉여일 수 있다. 이제는 유휴 노동력과 잠재적 생산 노동력을 투입하는 기업을 발굴하고 육성할 필요가 있다. 노동 집약적 생산 방식과 자본 집약적 생산 방식이 공존할 수 있는 정책이 필요하다.

법인 유형의 조직이 갖는 역할은 정책의 마땅한 관심사이지만, 정책 입안자들은 한편으로 관료적이고 제도화된 기업과 다른 한편에 있는 기업가적 기업을 구별해야 한다. 전자는 금융 포지션과 시장지배력에서 강점을 끌어낸다. 관료적 기업의 경영은 전문적으로, 주요 임원들은 평가를 통해 승진했거나 전문 경영인으로 외부에서 영입되었으며, 창업이나 초기 성장과는 거의 무관하다.

그러나 기업가적 기업은 대개 창업주 또는 창업 집단의 특성이 확장 발전된 기업이다. 현행 리더십은 조직의 성장과 발전에 따른 책임의 결과다. 비록 지금 금융적으로 탄탄하다 해도, 핵심적 강점이 자신들의 금융 원천에 있는 것은 아니다.

경쟁 시장은 효율성을 촉진하는 장치고, 시장 진입의 용이성은 경쟁과 변화를 촉진하는 메커니즘이다. 시장지배력이나 외부 효과가 존재하는 경우를 제외하면 시장은 제품과 과정의 적절한 규제자다. 일단 (정부에 의하건 시장 과정에 의하건)시장지배력이나 외부 효과가 존재하면 그 힘의 행사를 억제하기 위한 규제가 필요할 수 있다.

시장에 대한 규제와 정부 개입은 시장이 마치 경쟁 시장인 듯 행동하게 만들 때 유효하다. 그러한 개입은 시장지배력의 존재나 여타의 다른 이유가 시장 실패를 초래할 때 필요하다. 시장지배력을 규제하거나 전환시키기 위한 개입은 필요하다. 경쟁력 있는 산업을 육성하고 금융을 용이하게 하며 훈련되고 생산성을 갖춘 노동력 개발을 지원하

고 장려하는 유형의 산업 정책이 지극히 바람직하다.[6]

정부와 사회는 또한 지식의 공급자이다. 경쟁력 있는 산업 지식의 활용은 그러한 지식이 소수를 위한 지대 생산 자산이 아니라 광범위한 복지의 토대를 보장한다. 또한 규제와 개입은 자본 비용은 물론이거니와 이러한 서비스 지출 비용조차 감당하지 못할 수도 있는 단위에 최소한의 서비스 수준을 보장하기 위해 교차 보조금을 지원하는 장치다.

이윤이 주기적으로 불안정한 세계에서, 자본 집약적 생산 기술에 자금이 조달되기 전에 바람직스럽지 않은 결과가 초래되는 상황을 제약하라는 은행가들의 요구로 시장지배력이 발생할 수 있다. 그러나 일단 시장지배력이 존재하면, 그것은 산출량을 제한하고 기업들의 진입을 방해하며 가격과 이윤 유지를 위해 악용될 소지가 있고 실제 그래왔다. 이러한 조건에서 경쟁적 해법을 모방한 힘이 존재하는 시장에서 공정 경쟁 규칙을 설정하거나 결과를 만들어내기 위해 정부 개입이 나타난다. 하지만 시장지배력을 통제하고 전환시키기 위한 규제는 기껏해야 일시적 성공을 누려왔을 뿐, 규제 대상이 규제자가 되는 일은 너무도 흔하다.

총이윤이 불안정한 작은 정부 자본주의에서, 자금 조달 대상이 되는 단위가 시장지배력을 가져야 한다는 은행가들의 요구는 타당하다. 큰 정부 자본주의에서 시장지배력은 이윤폭을 상승시키고 사업 방식에 따른 간접비가 들어가게 만든다. 수요가 떨어지면 연간 십억 달러 이상의 낭비가 될 수도 있는 상당 규모의 간접비가 있는 허세적 기업은

---

6 Henry Simons, *Economic Policy for a Free Society* (Chicago: University of Chicago Press, 1948)의 다음 내용 참조. "A Positive Program for Laissez–Faire".

시장지배력 행사에 따른 이윤이 간접비에 할당된 결과다.

일단 큰 정부가 총이윤을 안정화시키면 은행가의 시장지배력 요구 명분은 힘을 잃는다. 분명히, 전반적 이윤이 유지되면 손실을 입는 특정 기업이 있을 수 있는데, 그러한 손실은 아마도 부적절한 경영 의사 결정이나 특정 상품이 시장에 미치는 영향을 예측하지 못한 탓이다. 특수 목적 장기 연한 자본 자산은 진지한 정밀 조사를 통해 현금 흐름이 검증되면, 시장지배력이 없는 경우에도 여전히 금융을 구할 수 있다. 크라이슬러나 록히드사의 경험, 그리고 원자력 에너지 산업 분야 붕괴와 같은 다양한 경험은 시장지배력이 은행가와 투자자들의 과제를 대신할 수 없다는 것을 보여 준다.

현재 운영 중인 반독점 정책은 실패다. 반독점에 대한 법적 접근은 시장지배력 문제가 다루어지지 않는다는 것을 의미한다. 경쟁 시장에 도움이 되는 여건을 조성하기 위한 산업 정책은 특정 조직이 배치 가능한 자산이나 고용 규모를 제한하는 정책을 탐구해야 한다. 규모 제한은 산업별로 다양하게 적용될 수 있다.

거대 규모로 성장하는 기업은 금융과 금융시장 상황이 반영된 결과다. 중앙은행과 상업 은행이 자산에 대한 금융으로 전환하고, 기업들이 이용 가능한 단기 금융을 줄이자는 제안은 대기업이 가지는 몇몇 이점들을 제거할 것이다. 소규모 은행들이 자신의 고객에 대한 투자 은행가로서의 역할을 허용하자는 제안 역시 대기업이 가지는 금융 이점을 감소시킬 것이다. 한편으로 소규모 은행들에게 투자 은행 역할을 허용하면 기업들이 다양한 산업에 진입할 수 있게 길을 열어줄 것이다.

중소기업을 위한 투자 은행업 기관 활용 가능성의 확대와 더불어, 앞서 논의했던 법인세 변화와 연준 운영 기법의 변화는 신규 기업의 진입과 기존 중소기업의 성장을 촉진할 것이다.

WPA 장치가 제공하는 실효성 있는 최저 임금과 안정화된 총이윤에 따라, 1930년대 초반 수준의 임금과 물가 하락은 재발할 수 없다. 그러므로 농업, 노동, 제조업 및 무역에서 물가 하방 유연성을 제한하는 이러한 장치들은 인플레이션 압력을 악화시키는 경향 때문에 적절하게 조직된 큰 정부 자본주의와는 상관이 없다.

최근의 철도 및 일부 전력회사, 록히드, 크라이슬러의 역사에서 명백하게 드러났듯이 금리 변동, 실업, 그리고 인플레이션 파동은 많은 기업의 금융 건전성 침식으로 이어진다. 현재 많은 기업들이 안고 있는 과중한 부채 부담 탓에 세제와 금융 개혁에 따른 시장지배력 보호 장치가 없어지면 자금난을 겪게 될 것이다. 뿐만 아니라 관리 자산 규모에 대한 적극적 규제는 의심의 여지없이 가장 큰 기업 집단 중 그나마 일부만 몇 개의 보다 작고 관리 가능한 단위로 이양하면서 시작될 수 있다.

미국은 막대한 규모의 주식과 부채 발행을 조절할 수 있는 광범위하고 강한 자본시장을 가지고 있다. 자본시장의 이런 능력은 일시적 단계로 금융 구조 조정이 요구되는 산업의 사회화가 고려될 수 있음을 의미한다. 크라이슬러가 파산하면 정부 리파이낸싱 기관이 나서 파산을 처리해야 하고, 해당 기관이 사업을 인수하여 시장에서 살아남을 수 있는 부분과 이윤을 창출할 수 없는 부분을 분리하여 처리한다. 잠재적으로 생존 가능하거나 심지어는 당장 실행 가능한 전자의 경우는 자본시장에서 새로운 독립체로 매각되어야 한다. 후자와 같이 생존이 곤란한 경우도, 만약 새로운 자금이 충분히 투입되면 높은 위험을 감수하고 살아날 수도 있다. 만일 구조 조정 후 일정 기간이 지나 민간 영역으로의 전환 가능성이 있다고 판단되면, 사업 재건 및 구조 조정을 위한 자금이 준비되어야 한다. 그렇지 않으면, 정부 리파이낸싱 기관에 의한 잔존 자산 청산을 준비해야 한다.

민간 기업이 부실하게 경영하는 두 개의 자본 집약적 산업의 예가 철도와 원자력 발전 분야다. 두 산업 모두 자본 집약도와 거대한 외부 효과가 어우러진 산업이다. 국유화 제안이 민감한 정치적 문제를 야기할 수도 있지만, 이를 시도할 필요가 있다. 이들 산업이 잘 작동하고 있는 다른 선진 경제에서는 거의 대부분이 공적으로 소유되고 있다. 이 글을 집필하는 시점에, 관련 기술력으로 이 업계의 재건에 필요한 막대한 규모의 자금은 오로지 정부의 재정적 수단을 통하지 않고는 나올 길이 없다. 간단하면서도 정치적 문제를 덜어 낸 역사적 방식이 '테네시강유역개발공사TVA'와 같은 정부 기관을 만들어 경제의 이러한 부문을 관장하게 하는 것이다.

철도는 자본 집약적일 뿐 아니라 대규모 고용주기도 하다. 최근 다양한 형태의 재정 교부 실험에서 배운 교훈은 보조금과 무상 자금이 해당 기관 피고용인의 더 높은 임금 인상으로 이어지거나 더 정교한 관료 체제를 부추기는 경우가 꽤 많다는 것이다. 공무원 및 정부 투자 부문의 임금 정책은 철도와 원자력 발전 같은 산업에 대한 대규모 정부 투자에 있어야 하는 전주곡이다. 비록 일반화된 임금과 소득 정책은 집행이 어렵다는 이유로 실현 가능성이 낮지만 공무원과 정부 계약 임금 정책은 실효성을 가질 수 있다.

결론

1960년대 중반 이후의 정책 실패는 정통 경제 분석의 고루함과 관련이 있다. 결국, 경제 분석의 고루함은 케인즈 경제학이 자본주의의 진지한 비판에서 일련의 사소한 정책 운용으로 변모된 것과도 관련이 있다. 자본주의는 대개 자본을 잘 다루지 못하기 때문에 근본적으로 결함이 있다는, 케인지언 결론의 본질을 현재의 정책적 조치로 계몽하는 곳은 어디에도 없다. 우리 경제에 대한 정책과 주류 경제학적 사고는 연준의 최종 대부자 개입 필요성과 효과를 아무렇지 않게 무시한다.

케인즈는 그의 전 세대, 현 세대, 그리고 후 세대보다 자본을 활용하는 자본주의의 금융 관계 및 시간 관계적 측면을 이해하였으므로 자본주의의 내적 결함을 인식했다. 케인즈 분석으로 정당성을 얻은 이윤을 유지하는 큰 정부 사회화와 최종 대부자 정책의 혼합은 심각한 불황의 가능성을 제거했다. 큰 정부 결과로서 자유 경쟁 시장이 물가 인플레이션 압력을 억제하는 수단이 되는 체제와 조응하게 되었다. 필요한 큰 정부는 모두에게 최소한의 생활수준과 서비스를 보장하는 경제의 기저를 제공해줄 수 있다(그리고 제공한다). 따라서 자유 시장이 근로 기준의 하락으로 이어진다는 주장은 무색해졌다. 총이윤 변동성을 제약할 만큼 충분히 큰 정부가 성공적 자본주의 경제의 전제 조건이라는 사실을 인식하고 받아들여야만 경제는 경쟁의 장벽을 부수고 부채구조가 단순화되도록 재구성될 것이다. 자본주의에 비판적인 경제학만이 자본주의를 위한 성공적 정책의 길잡이가 될 수 있다.

여기서 제시한 정책 제안들은 협상의 여지가 없는 계획이 아니라 논의를 위한 의제로 해석하는 것이 최선이다. 그 분석은 고립된 변화가 아닌 변화의 체계를 주장한다. 우리 자본주의 문제에 대한 간단한 해답은 없다. 캐치프레이즈로 포장되어 현수막에 실릴 만한 해결책은 없다.

모든 이득에는 비용이 따른다. 다만 역사적 시간 속에 살아 숨 쉬는 경제에서는 이득이 비용보다 우선할 수 있다. 1946년에서 1966년 사이 우리는 다른 선진 자본주의 경제와 더불어 오랜 기간 경기 호전의 이득을 취하여, 1966년의 사람들은 1946년에 비해 훨씬 나은 삶을 누리게 되었다. 1966년 이후 수년간 경제는 훨씬 불안정해졌고 추가 이득은 미미했고 불안했다. 게다가 여러 차례 깊은 불황의 징후가 있었는데, 이들이 실현되었다면 1946~1966년 사이의 호경기는 무위로 돌아갔을 것이다.

심각한 불행을 막기 위한 큰 정부 권한을 유지하면서도 큰 정부 탓에 발생할 수 있는 인플레이션 추력을 약화시키는, 경제의 재구성이 필요하다. 이와 같은 재구성은 오직 일시적 성공을 누릴 뿐이다. 애초의 기간이 지나면, 자본주의 금융의 기본적 균형 파괴적 경향은 다시한 번 금융 구조를 취약성의 벼랑 끝으로 밀어 넣을 것이다. 그때가 바로 개혁이 필요할 새로운 시기다. 우리가 모든 것을 최종적으로 바로잡을 가능성은 언제고 없다.

일군의 개혁으로 잠재운 불안정성은 시간이 지나면 새로운 겉모습으로 출현할 것이다.

부록 A

·····

금융 구조

헤지 금융

이 절에서는 헤지 금융에 관여하는 경제 단위의 현금 흐름, 자본가치, 대차대조표 특성을 공식으로 표현한다. 이를 통해 우리는 또한 투기 금융과 폰지 금융을 사용하는 경제 단위들의 특성을 파악하고, 금융의 특징들이 체계 행태에 미치는 영향을 검토하는 데 사용될 변수를 정의한다.

CC는 부채에 따른 계약상의 현금 지불 약정이다. Q_i들과 σ_{Qi}^2는 기업 및 은행의 기대 준지대와 그 분산이다. 헤지 금융에 대해 다음 조건이 충족된다.

$$\text{모든 i에 대해 } CC_i < \overline{Q}_i - \lambda\sigma_{Qi}^2 \tag{1}$$

여기서 λ는 충분히 크므로 조건 $Q_i < CC_i$일 주관적 확률은 허용할 수 있을 만큼 작다.

식 (1)은 다음과 같이 다시 표현할 수 있다.

$$\text{모든 i에 대해 } CC_i < \tau(\overline{Q}_i - \lambda\sigma_{Qi}^2)\text{이고, } \tau < 1 \tag{2}$$

현금 흐름의 안전 한도는 τ로 표시된다. τ가 작을수록 안전 한도는 커진다.

현금 흐름 약정과 아마도 자본 자산이 $\overline{Q}_i - \lambda\sigma^2_{Qi}$의 수익을 낼 것으로 보장하는 준지대가 같은 비율의 K 값으로 자본화되면 현금 지불 약정의 자본화 가치는 K(CC)이고, 기대 준지대의 자본화 가치는 다음과 같다.

$$P_{k,i} = K(\overline{Q}_i - \lambda\sigma^2_{Qi}) \tag{3}$$

모든 i에 대해 $CC_i < \overline{Q}_i - \lambda\sigma^2_{Qi}$이므로 $P_{k,i} > K(CC)$이다. 부채의 시장 가치를 초과하는 자산의 시장 가치의 안전 한도가 존재하고, 이를 다음과 같이 다시 쓸 수 있다.

$$P_{k,i} > \mu K(CC) \text{이고, } \mu > 1 \tag{4}$$

자본 가치의 안전 한도는 μ로 표시되며 μ가 클수록 안전 한도도 커진다.

채무자에게 부채에 따른 현금 지불 약정은 자본 자산으로부터의 현금 흐름보다 더 확실하다. 게다가 채무 불이행에 따른 불이익도 있다. 채권자는 또한 자신들이 받는 당연한 현금보다 Q_i에 대한 변동성이 더 크다고 가정하는데, 이것이 바로 그들이 자본 자산이나 주식 대신 부채를 소유하는 이유다. 결과적으로, 차입자의 현금 약정에 대한 대부자와 차입자의 자본화율은 자본 자산으로부터의 현금 흐름에 따른 자본화율보다 더 클 것이다. 그 결과 부채의 시장 가치를 초과하는 자산 시장 가치에서의 안전 한도에 대한 요구, 즉 μ>1은 어느 정도 괜찮은 한도로서 $\overline{Q_i} > CC_i$는 조건이 성립한다는 것을 의미한다. 자본 가치가 안전 한도를 갖기 전에 기대 준지대는 대규모 부채에 따른 현금 지불 약정을 초과할 필요가 있다. 그러므로 부채 가치를 초과하는 자산 가치의 안전 한도에 대한 요구는 계약상 지불을 초과하는 기대 현금 수입의 안전 한도가 커야 될 필요가 있다는 사실을 의미한다. 이를 보장하는 한 가지 방법이 자기자본을 넉넉히 확보하는 일이다.

헤지 금융 경제 단위는 경제 운용을 통해 생성되는 현금 흐름이 부채 계정에 따른 지불 약정 이행에 충분한 수준이 되기를 기대한다. 그러나 문제(그리고 경기 침체)는 언제든 발생할 수 있고, 경제 운용으로부터의 현금 흐름이 예상보다 떨어지거나 부채 지불 약정에 요구되는 수준에 미치지 못할 수도 있다. 이러한 가능성에 대비하여 경제 단위들은 거래에 필요한 이상의 현금 및 시장성 있는 금융 자산을 보유한다. 케인즈가 지적한 바와 같이 (일종의 묵시적 보험으로서)부채 표시 유형의 자산을 취하는 게 편리하다. 따라서 헤지 투자자의 대차대조표는 자본 자산의 P_kK에 더하여 현금이나 유동 자산의 $\eta K(CC)$를 포함하는데, 현금이나 유동 자산들은 경제 단위가 운영하는 데 필요한 것들은 아니다. 헤지 금융 단위의 대차대조표는 다음과 같은 식으로 특징화된다.

$$P_kK + \eta K(CC)K(CC) = K(CC) + Eq.; \eta \gtrless 1 \qquad (5)$$

여기서 Eq는 자기자본equity, η는 이른바, '유동 자산 키커liquid asset kicker'라고 하는 비상 유동 자산으로 운영상 필요치 않은 자산에서의 안전 한도다.

한 경제 단위의 금융 상태를 특징짓는 세 가지 매개변수가 존재하고, 각각 현금 흐름 한도 τ, 자본 가치 한도 μ, 비산 유동 자산 한도 $0 < \eta \lessgtr 1$이다. 헤지 금융 단위에 대해, 모든 기간에서 $\tau < 1$, $\mu > 1$이다. τ가 작을수록 μ가 크고, η가 클수록 헤지 금융 단위의 안전한도가 커진다.

실현된 준지대 Q_{iR}이 각각의 기간에서의 지불 약정액을 초과하여 모든 i에 대해 $Q_{iR} > CC_i$이면, 순 현금 흐름 $Q_{iR} - CC_i$는 헤지 금융 단위들에게 누적되는 경향이 있을 것이다. 그러므로 마음만 먹으면 헤지 금융 단위들은 지불에 비례하여 자신들의 현금 보유고를 증가시킬 수 있으며, 매 기간 동안의 운영은 η를 증가시키는 경향을 보일 수 있다. 더 나아가 Q_{iR}의 소득 비율이 CC_i의 소득 비율을 초과한다고 가정하면, 기관의 자기자본은 매 기간 증가하고 μ도 증가 추세를 나타낼 것이다. 그러므로 기업들이 포트폴리오를 수정하지 않는 한 $d\eta/dt$, dEq/dt, $d\eta/dt$는 0보다 클 것이다.

기업은 자본 자산 획득에 필요한 자금을 조달하기 위해 현금을 축적할 뿐만 아니라 자기 지분율을 증가시킬 수 있다. 부채 대비 자기자본 비율의 변동 없이 자기자본의 증가를 초과하는 자본 자산을 취득할 수 있다. 헤지 금융 단위가 기대한 대로 성공을 거두면 안전 한도의 축소 없이 자본 자산 획득에 필요한 부채 금융 능력으로 이어진다.

주식시장을 가진 경제에서 헤지 금융 단위의 기대치가 실현됨에 따라 주식 지분의 장부 가치가 상승한다는 사실을 주목할 필요가 있다. 이러한 지분 소유자들은 지분 가격 상승에 상응하는 소득을 취한다. 만약 경제가 헤지 금융에 수반된 약정과 기대를 충족시킬 수 있게 운용되면 부채 대비 자기자본 비율을 이전 수준으로 유지하거나, 심지어 는 증가시키기 위해 추가적인 외부 금융이 필요하다.

투기 금융

일정 기간 동안의 현금 지불 약정 CC_i가 일반적으로 가까운 시기의 기대 준지대 $\overline{Q_i}$보다 크면 경제 단위는 투기 금융에 관여한다. 특히 CC_i는 원금의 상환을 포함하므로 CC_i가 기대 준지대 $\overline{Q_i}$보다 크면 투기에 관여하게 된다. 준지대를 초과하는 이러한 부채의 원금 상환은 대체로 단기 부채에 연관된다. 그러므로 어느 가까운 시기의 i에 대해 $CC_i > \overline{Q_i}$라고 규정되면 투기 금융에 관여하는 단위는 많지 않을 것이다.

그러나 차후의 기대 준지대 $\overline{Q}$들이 해당 기간 동안의 현재 미지불 부채에 따른 지불 약정보다 더 커지면서, 투기 금융 단위에게 있어 Q들의 자본화 가치는 CC들의 자본화 가치를 초과한다. 다시 말해, $P_{ki} > K(CC_i)$이다. 이는 일단 초기의 CC들에 대한 원금이 상환되면, 더 이상 CC의 자본화로 산입되는 이들 부채에 대한 지불 약정이 없기 때문이다. 투기적 부채 기간 이후 자본 자산의 총 기대 수입은 자산 가치의 안전 한도를 만들어낸다. 자산 가치의 안전 한도는 대부자와 차입자 모두를 투기 금융에 관여하게 만드는 요인이다.

투기 금융 단위에게 초기의 CC_i와 $\overline{Q_i}$의 차이는 리파이낸싱으로 충당되어야 한다. 그러므로 투기 금융은 대부자나 차입자 모두 기업이 필요한 시점에 $CC_i - Q_i$에 의해 산출되는 현금 흐름이 순조롭게 증가할 것이라는 믿음이 있는 시장의 존재를 전제조건으로 한다. 뿐만 아니라 투기 금융은 다른 미지불 금융 약정 이행에 부정적 영향을 주지 않는 조건으로 이용 가능하다는 기대를 갖게 한다.

만일 가까운 시기의 i에 대해 $CC_i > \overline{Q_i}$이고 일련의 일반적 자본화율에서 $P_k > K(CC)$이면, 더 높은 금리에 연동된 일련의 다른 자본화율에서 $K(CC) > P_k$이다. 그러므로 투기 금융에 관여하는 조직의 경우, 상환 능력($K(CC)$를 넘어서는 P_k의 초과량)은 적절한 범위에서 일반 금리에 따라 달라진다. 투기 금융을 하는 단위의 장기 생존 가능성은 부채의 가치를 초과하는 자산 가치의 안전 한도에 따라 달라진다. 지극히 본질적으로 투기 금융은 금리가 어느 정도 수용 가능한 범위를 벗어나지 않을 것이라는 가정에 의존하게 된다. 단지 초기의 현금 흐름 결핍을 상쇄할 기대 준지대 Q들이 나중에 발생한다는 이유 때문에 금리 상승은 투기 기업의 안전 한도를 축소시킨다. 만일 이자율이 광폭으로 변동하면, 투기 금융 관여 기업들에게는 일시적 지급 불능 상황이 발생할 수 있다.

주기적으로 $CC_i - Q_i$의 현금 흐름을 증가시켜야 하는 투기 금융 단위의 요구는 투기꾼의 성공이 정상적으로 작동하는 일부 금융시장에서 비롯된다는 것을 의미한다. 헤지 금융 단위가 오로지 상품 및 요소 시장의 정상적인 작동(혹은 금융 단위의 계약 이행 여부)에 의존하는 반면, 투기 금융 단위는 상품 및 요소 시장과 단기 자금시장의 정상적인 작동 여부에 의존한다. 투기 금융 단위는 헤지 금융 단위가 노출되지 않는 방식으로 노출된다.

비록 투기 단위가 기대 준지대 Q를 초과하는 단기 지불 약정 CC가 있더라도, Q의 소득 비중은 연관된 단기 지불 약정 CC의 소득 및 금리 비중을 초과한다. 투기 금융 단위는 영업 및 금융 조건이 보증되면, 가지고 있는 단기 부채를 줄여야 하는 포지션에 놓여 있다. 이는 곧 부채 대비 자기자본 비율이 증가될 수 있음을 의미한다.

투기 금융 단위는 또한 일시적 준지대 또는 단기 자금시장의 곤란을 방어하기 위한 비상 유동 자산인 $\eta K(CC)$를 가진다. 다른 조건이 같다면, 우리는 헤지 단위보다 신중한 투기 단위의 η가 더 클 수 있다고 예상할 수 있다.

투기 단위의 현금 흐름 관계는 다음과 같다.

$$i < t인 \text{ 경우 } CC_i > \overline{Q}_i + \lambda\sigma_{Qi}^2이고, \ i \geq t인 \text{ 경우 } CC_i \leq \overline{Q}_i + \lambda\sigma_{Qi}^2 \qquad (6)$$

그러므로

$$i < t인 \text{ 몇몇 경우, } CC_i = \tau(\overline{Q}_i - \lambda\sigma_{Qi}^2)이고, \ \tau > i$$
$$i \geq t인 \text{ 경우, } CC_i = \tau(\overline{Q}_i - \lambda\sigma_{Qi}^2)이고, \ \tau \leq i \qquad (7)$$

τ는 단기간의 i에 대한 위험 노출 정도를 나타낸다. τ가 클수록 위험에 많이 노출된다.

현금 흐름 관계 계산에서 투기 금융 단위의 단기간의 운용을 통한 현금 수입을 측정할 때는 식 $\overline{Q}_i + \lambda\sigma_{Qi}^2$를 사용하는 반면, 헤지 금융 단위 및 이후 기간에 대해서는 $\overline{Q}_i - \lambda\sigma_{Qi}^2$를 사용한다는 것을 주목하자. 따라서 $\overline{Q}_i + \lambda\sigma_{Qi}^2 \geq CC_i \geq \overline{Q}_i - \lambda\sigma_{Qi}^2$를 만족하는 경제 단위와 기간의 애매한 부분이 존재한다. 이러한 경제 단위와 기간에 대해 지불 약정은 실제 준지대 소득에 따른 현금 흐름을 통해 이행할 수도 있고 그렇지 못할 수도 있다.

CC와 실현된 준지대인 Q_R 모두 소득과 원금으로 소득 및 원금 요소를 구분할 수 있다. 자본 자산으로부터 얻은 준지대가 모두 분할 상환 담보 대출에 대한 지불이라고 생각하면, 적절한 자본 소비 관계는 자본 자산의 수명, 이자 및 투자 원금의 회수를 초과한 전환 비율을 상세히 보여줄 것이다. 분할 상환 계약에서 지불 약정은 공식에 의해 이자 및 원금 상환으로 구분된다. 자본 자산에 대한 전환 비율은 회계 및 세법 관례에서 자본 소비 관계를 반영한다. CC_y와 Q_y를 각각 지불 약정의 소득 비율과 준지대라고 하면, 투기 금융 단위에 대해 다음이 성립한다.

$$Q_y > CC_y \qquad (8)$$

따라서 현금 흐름의 소득 비율은 부채의 이자 비율을 초과한다. 만약 관례적 배당금이 CC에 포함된다면, 기업의 소득 명세는 플러스 수익을 보일 것이다. 만약 CC_y에 배당금을 포함시키지 않는 선택을 한다면 정책적 선택은 $CC_y > Q_y$로 이어질 것이다. 배당금이 기업 미래 소득을 감소시키고 경제 단위의 금융 기조에 있어서 투기성 확대로 이어짐을 의미함에도 불구하고, 현금 흐름에서 배당금을 지불하는 경영 사례는 차고 넘친다. 때때로 이러한 유형의 배당 정책은 부적절한 낙관적 기대를 반영하며 어떤 경우는 주식 지분의 시장 가치를 유지하거나 증가시키려는 시도를 반영한다.

$Q_y > CC_y$인 경우, $CC_y > Q_R$임에도 불구하고 $j < t$일 때 만기가 도래하는 부채를 차환하기 위한 부채 $K(CCj)$는 만기가 도래하는 기존의 부

채보다 적을 수 있다. 따라서 투기 금융 단위의 경영진이 그토록 원하는 dk(CC)/dt < 0의 결과를 얻을 수 있고, 투기 금융 단위의 준지대에 대한 기대치가 충족되면 대차대조표상의 자기자본 대비 부채 비율의 증가 없이 부채를 통한 자본 자산의 취득 가능성이 존재한다.

투기 단위의 경우, 준지대의 현재 가치는 지불 약정의 현재 가치를 초과한다.

$$P_k > K(CC) \text{이고, } P_k = \mu K(CC), \mu > 1 \tag{9}$$

이 자본화 가치에는 기간이 포함되므로 i가 작으면 $Q_i < CC_i$이고, i가 크면 $Q_i > CC_i$이다. $\mu > 1$은 일부의 할인율discount rate에 대해 참이 되고, $\mu < 1$은 다른 할인율에 대해 참이 될 것이다. $Q_i > CC_i$에 대한 i가 $Q_i < CC_i$에 대한 i보다 일반적으로 나중에 온다는 것을 감안하면, 장기와 단기 할인율에서의 동일한 산술적 증가는 $CC_i > Q_i$에서 근접한 시기에 수익의 현재 가치를 떨어뜨리는 것보다 더 큰 비율로 $Q_i > CC_i$에 대한 이들 항목들의 현재 가치를 떨어뜨리는 경향이 있다. 그러므로 식 (5)는 r에 따른 불균등의 의존성이 이해될 수 있도록 다음과 같이 재구성되어야 한다.

$$P_k > K(CC), \hat{r} > \bar{r} \tag{10}$$

이 식에서 r̄은 $P_k > K(CC)$에 대한 장단기 비율의 조합이다. 그러므로 투기 금융이 유지되기 위해서는 이자율의 상한선 r̂이 있어야 한다. 이는 투기 금융 비중이 클수록 고금리가 나타나지 않게 방어해야 할 중요성이 크다는 명백한 정책적 함의를 갖는다.

투기 금융 단위와 그들의 은행가들은 특정 기간의 운영으로부터의 현금 수입을 초과하는 부채로부터의 현금 지불을 전적으로 기대한다. 우리는 투기 금융 단위들이 가까운 미래에 지불할 것으로 예상하는 CC에 연관된 비상금cash kicker을 보유할 것으로 예상할 수 있다. 대차대조표는 다음과 같을 것이다.

$$P_k + \eta \sum_{i=1}^{n}(CC_i) = K(CC) + Eq., \eta < 1 \qquad (11)$$

다시 한번 우리는 현금 흐름, 포트폴리오, 현금 한도를 표시하는 매개변수를 취한다. 헤지 금융과 투기 금융 조건을 가르는 애초의 차이는 τ가 나중에는 1보다 커진다 하더라도, 가까운 시기에는 1보다 작다는 것이다. 두 번째 특징은 규모의 구성과 $\eta\Sigma(CC)$의 중요도에 있다. 세 번째 차이는 모든 자본화율에 대해 헤지 단위는 $P_k > K(CC)$인 반면, 투기 금융 단위에 대해서는 $K(CC) < P_k$에 대한 일부의 자본화율이 존재한다는 것이다.

폰지 금융

폰지 금융이라는 이름은 폰지 사기Ponzi fraud를 연상하게 한다. 폰지 사기란 일반적으로 신규 투자자들로부터 조달받은 원금으로 기존 투자자에게 약정한 과장된 수익을 충족시키는 체계를 의미한다. 그렇지만 폰지 금융을 추가 부채를 발행하거나 비상금cash kicker을 희생하여 채권자에게 현금을 지불하는 것으로 단순하게 규정한다면 이러한 금융이 특이한 상황이 아니며, 또한 이것이 반드시 사기인 것도 아니다. 상당히 계절을 타는 산업의 경우, 어떤 분기는 배당금을 충당할 만한 충분한 수입이 없음에도 불구하고 연중 매 분기별 동일한 배당금을 지급하는 기업은 별다른 이해가 없는 유형의 폰지 금융에 관여한다. 이처럼 악의 없는 사례의 존재에도 불구하고 의도하거나 의도치 않은 폰지 금융 체계의 증가는 취약 금융 구조를 향한 추진력에 따른 증후다.

앞의 변수들의 개념을 사용하면, 폰지 금융 단위는 다음 식으로 특징지을 수 있다.

$$i = n(?)을 \text{ 제외한 모든 } i \text{에 대해, } CC_i > Q_i + \lambda \sigma^2_{Qi} \qquad (12)$$

여기서, 명백한 폰지 사기를 제외한 모든 폰지 금융에는 과거의 $\Sigma CC_i > Q_i$를 상쇄하는 충분한 한도에 의해 $Q_n > CC_n$의 결과를 초래하는 어떤 '그림의 떡'이 존재하기 때문에 불일치가 나타나는 i에 물음표 $(?)$가 있다. 다시 말해 특정 이자율에서, 그리고 적당히 좋은 일이 일어나 준다면 폰지 금융 체계의 자본 가치는 긍정적이다. 폰지 체계가 언제나 그런 것은 아니지만 종종 황금의 땅El dorado을 추구하는데, 뜻밖의 좋은 일이 생길 것이라는 낙천주의자의 믿음이 사기 의도가 전혀 없는 폰지 금융 기획자로서의 특징으로 나타날 것이다.

폰지 금융과 투기 금융 체계의 차이는 CC와 Q를 구성하는 소득과 원금에서 나타난다. 소득 구성 요소를 나타내는 y를 사용하면 폰지 체계는 다음 식으로 나타낼 수 있다.

$$CC_y > Q_y$$

반면, 투기 금융은 다음 식으로 규정된다.

$$Q_y \geq CC_y$$

투기 금융에서는 부채가 리파이낸싱되는 와중에도 순자산과 유동성이 증가할 수 있는 반면, 폰지 금융 단위의 순자산과 유동성은 필연적으로 하락한다.

폰지 체계의 추가적 특징은 다음 식으로 나타난다.

$$P_k > K(CC_i); (?) \tag{13}$$

이러한 긍정적 순자산에 의문이 든다. 시간이 흐를수록 $K(CC)$가 증가하면서 초기의 $P_k > K(CC_i)$에서 결국 $K(CC_i) > P_k$가 된다. 폰지 체계는 부채의 지속적인 매도에 지극히 의존적이어서 폰지 금융 단위는 상당한 비상금cash kicker을 동원해야 한다. 부채의 매도가 어려워지면 비상금은 빠르게 증발하며, 유동성은 끊임없는 단기 자금이 요구되는 상황에서는 언제든 빠르게 증발할 수 있다.

적법한 폰지 금융은 경제 단위가 다루는 여타의 운영에 비해 상대적으로 큰 투자 프로그램에 관여할 때 그리고 소득이 현금으로 수취되는 것이 아니라 발생주의accrual basis 유형으로 나타날 때 발생한다. 어떤 투자 프로젝트의 테이크아웃 금융take-out financing이 자본 자산이 되면 폰지 금융 프로젝트가 헤지 금융 구조로 전환된다.

폰지 유형 투자 프로그램은 발생주의를 기반으로 지불에 포함될 수 있다. 건설사로부터 대폭 할인된 어음을 받고 건설 자금을 조달한 리츠는 자산 가치가 오르면 현금이 아닌 회계상의 소득을 얻는다. 리츠에 대한 배당금 요건을 고려하면 발생 소득을 가진 리츠는 현금 배당 지불 의무 이행을 위해 채권을 매도하거나 현금 보유고를 줄여야 한다.

폰지 금융과 투기 금융을 나누는 경계는 현금 흐름의 소득 요소와 긍정적 현재 가치의 존재 여부에 있다. 부채를 회전시켜야 하는 투기 금융 단위는 리파이낸싱에 따른 기대 이상의 고금리에 직면할 수 있다. 이러한 금리 상승은 Q_{Ry}가 기대 이하로 떨어지지 않더라도 $Q_{Ry} < CC_y$ 조건이 만들어질 수 있다. 대규모 미지불 부채에 대한 CC_y를 상승시킬 수 있는 변동 금리는 $CC_y < Q_{Ry}$ 조건을 $CC_y > Q_{Ry}$로 전환시킬 수 있다.

폰지 금융은 지속적인 자기자본 침식($dEq/dt < 0$)을 수반한다. 폰지 금융이 대규모 투자 프로젝트 금융을 반영할 때 시간에 따른 자기 자본 과정은 건설 계획의 지체에 따라 매우 심대한 영향을 받을 수 있다. 폰지 균형이라고 해석될 만한 금융 행위는 투자 붐 동안, 특히 노동력 및 원자재 부족으로 인해 비용이 상승하고 완공이 지체되는 경우에 매우 일상적으로 발생한다. 이러한 공사 지체 및 고금리와 금리 인상이 조합된 비용 증가는 자기 자본의 급격한 침식으로 이어진다. 폰지 금융은 자산 재평가에 가장 많이 노출되는 금융 구조의 한 요소다. 경제 단위의 생존 가능성은 큰 사건이 발생하거나 선호되는 테이크아웃 금융에 따라 달라진다. 실제로, 갑자기 큰 사건이 구체화되는 경우에 출현하는 회의적인 태도는 프로젝트를 도산하지 않게 유지해주는 자금

조달을 불가능하게 만든다. 비율이 증가하여 더 이상 드문 일이 아닌 폰지 금융은 금융 구조의 취약성이 부채 디플레이션의 위험 영역에 놓여 있다는 지표다.

소비자 물가 및 실질 임금

경제의 뼈대가 되는 소비재 물가 수준은 다음 식으로 표현된다.

$$P_C = \frac{W_C}{A_C}\left(1 + \mu\,\frac{N_I}{N_C}\right) \tag{1}$$

여기서 μ는 소비재 생산에서의 임금 대비 투자재 생산에서의 임금 비율인 W_I/W_C이다. 따라서

$$\frac{W_C}{P_C} = \frac{A_C}{1 + \mu\dfrac{N_I}{N_C}} \tag{2}$$

임금 구매력은 노동 평균 생산성에 직결되고, 소비재 생산 고용 대비 투자재 생산 고용 비율에 반비례한다. 따라서 위 식을 다음과 같이 다시 쓸 수 있다.

$$\frac{W_C}{P_C} = \frac{Q_C}{N_C + \mu N_I}; \tag{3}$$

임금 구매력은 소비재 산출량과 직접적으로 관련되고 투자재 및 소비재에서의 고용과 상대 임금에 간접적으로 관련된다. 투자재 산업에서의 고용 증가와 투자재 생산에서의 상대 임금의 상승은 소비재 산업에서의 임금 구매력을 하락시킨다.

만일 투자가 소비재 산업에서 노동자의 평균 생산성을 향상시킨다면, W_C/P_C를 상승시키는 경향이 있는 Q_C 값을 증가시킨다. 명목임금이 일정하게 유지되는 체제에서, 투자가 소비재 생산에서 생산성을 향상시키면 가격은 하락하는 추세를 보일 것이다. 이렇게 기술적으로 진보한 경제의 정상적 작동은 물가 하방 압력으로 이어진다.

골간이 되는 모형은 다음과 같다.

$$P_C - \frac{W_C N_C}{Q_C} = \frac{W_I N_I}{Q_C};\tag{4}$$

소비재 생산에서의 평균 이윤폭은 소비재 산출량으로 나눈 투자재에서의 총 임금이다. 소비재 산출량이 늘면서 산출물 단위당 이윤폭이 산출물 단위당 인건비가 하락하는 시점에도 감소하는 경향을 갖는다. 산출물 가격 P_C는 인건비보다 빠르게 하락한다. 자본 자산 증가로 생산성이 증가하면 자본 자산의 물리적 단위당 이윤은 감소한다. 총이윤이나 이윤의 자본화율 모두 자본 자산 가격을 떨어뜨리지 않기 위해 증가될 필요가 있다. 투자가 증가하면 총이윤은 증가할 수 있는데, 이는 투자재 생산에서의 명목임금이나 고용이 증가한다는 것을 의미한다.

경기가 침체되면 투자재 생산이 증가할 수 있다. 경기 침체 상황이 아니라면, 보유 자본 자산의 명목 가치는 투자재 생산에서의 명목임금 상승이나 소비재 생산 노동자를 투자재 생산으로 전환시킴으로써 유지할 수 있다. 임금 상승으로 생산성이 증가하여 발생하는 물가 하락 압력이 가중되면, 정상적 이윤의 투자재 공급 가격을 포함한 물가가 하락하지 않도록 함으로써 부채 금융의 실현 가능성을 유지할 수 있도록 돕는다. 투자와 자본 자산 포지션에 대한 외부 금융 범위가 확대될수록 산출량 증가로 인해 가격 및 이윤폭이 하락하는 경향을 상쇄하는 임금 인상의 중요성이 더 커진다. 자본 자산의 복잡성과 비용이 증가할 때 외부 금융이 증가하면서, 생산의 자본 집약적 방식을 사용하는 자본주의 경제와 깊은 불황을 두려워하는 당국은 인플레이션 편향을 취하게 될 것이다.

투자 확대는 소비재 생산에서의 임금 구매력을 하락시키는 경향이 있다. 소비재 생산에서의 명목임금에 대해 상대적으로 투자재 생산에서의 상대적 명목임금이 상승하면 $W_I/W_I > P_C/P_C > W_C/W_C$가 참이 될 것이다. 다시 말해, 소비재에서의 임금 구매력이 하락하는 와중에도 투자재에서의 임금 구매력은 증가한다.

만일 노동 생산성 향상이 투자재 생산성의 증가나 투자재 산출량에서의 임금 상승으로 상쇄되지 않는다면, 산출물 단위당 이윤은 감소한다. 총이윤 흐름은 보유 자본 자산의 시장 가치를 유지하기에 너무 작을 수 있다.

정부, 이윤으로부터의 소비, 임금으로부터의 저축에 의한 보다 복잡한 관계를 조사하면 다음의 식을 도출할 수 있다.[1]

---

1 이 식에서 Df = 정부 재정 적자, T_Π = 이윤에 따른 세금, Π_G = 정부를 위한 생산에서 오는 이윤, $c\hat{\Pi}$ = 세후 이윤으로부터의 소비, $s\hat{W}$ = 세후 임금으로부터 저축이다. 이들 관계는 더 확장되고 정교해질 수 있다.

$$P_C = \frac{W_C}{A_C}\left(1 + \frac{W_I N_I}{W_C N_C} + \frac{Df}{W_C N_C} + \frac{T_\Pi - \Pi_G}{W_C N_C} + \frac{c\overset{*}{\Pi}}{W_C N_C} - \frac{s\overset{*}{W}}{W_C N_C}\right) \quad (5)$$

혹은,

$$\frac{W_C}{P_C} = \frac{A_C}{1 + \dfrac{W_I N_I}{W_C N_C} + \dfrac{Df}{W_C N_C} + \dfrac{T_\Pi - \Pi_G}{W_C N_C} + \dfrac{c\overset{*}{\Pi}}{W_C N_C} - \dfrac{s\overset{*}{W}}{W_C N_C}} \quad (6)$$

명목임금의 구매력은 평균 노동생산성에 비례하고 소비재 생산에서 비롯된 소득 외의 다른 자금에 의해 조달되는 소비재 수요의 크기에 반비례한다. $A_C = Q_C N_C$이므로 위 식은 다음과 같이 다시 쓸 수 있다.

$$\frac{W_C}{P_C} = \frac{Q_C}{N_C\left(1 + \dfrac{W_I N_I}{W_C N_C} + \dfrac{Df}{W_C N_C} + \dfrac{T_\Pi - \Pi_G}{W_C N_C} + \dfrac{c\overset{*}{\Pi}}{W_C N_C} - \dfrac{s\overset{*}{W}}{W_C N_C}\right)} \quad (7)$$

소비재 생산에서의 비례적 고용 증가를 동반하지 않는 소비재 산출량의 증가는 명목임금의 구매력을 증가시키는 경향이 있다. 게다가 N_C와 Q_C가 (거의)같은 비율로 증가하기 때문에 소비재 생산에서의 임금 비용이 증가하면 실질임금이 상승하는 경향을 보일 것이다. 반대로, 이 비율의 분자에서 ($s\overset{*}{W}$를 제외한)어떠한 요소라도 작아지면 실질임금은 상승할 것이다. 재정 적자 증가율이 낮아지면 그 감소는 소비재 생산 노동자의 실질임금을 상승시킨다는 점을 주목하라.

자본주의와 금융을 분석하는 이론의 전망, 그리고 정책의 지평으로서 민스키 읽기

김대근

자본주의와 금융화, 그리고 민스키

오늘날 자본주의 사회의 가장 두드러진 특징은 금융화financialization다.[1] 이러한 금융 자본주의는 일정한 불확실성을 내재한다. 반복적으로 찾아오는 금융 위기는 자본주의에 내재된 것으로 위기는 구조적이고 일상적인 것이라고 해도 과언이 아닐 것이다. 포스트케인지언인 하이먼 민스키Hyman P. Minsky는 현대 자본주의의 내생적 불확실성을 치밀하게 진단하고, 큰 정부(규모, 지출, 조세), 고용 전략, 금융 개혁, 시장 지배력에 초점을 둔 의제를 제시한다.

---

1 금융화의 정치 경제학적 기원에 대해서는 Greta R. Krippner, *Capitalizing on Crisis: The Political Origins of the Rise of Finance*, Harvard University Press, 2012 참조

민스키는 평생 3권의 책을 출간했다. 케인즈 본연의 문제 의식을 강조한 *John Maynard Keynes*(Columbia University Press, 1975, 우리 말 번역은 『케인즈 혁명 다시 읽기』), *Can It Happen Again?: Essays on Instability and Finance*(Routledge, 1982), 마지막으로 그의 모든 역량을 집대성하고 대안을 제시한 *Stabilizing an Unstable Economy*(McGraw Hill, 1986)가 그것이다.

이 책은 민스키의 마지막 저작인 *Stabilizing an Unstable Economy* (1986)을 번역한 것이다. 직역하면 '불안정한 경제의 안정화(전략)'가 되어야겠지만, 이 책을 통해 민스키가 자본주의에서 (경제와 다른)금융 체계의 특수성을 체계적으로 제시하고, 금융의 내재적 불안정성을 구조적으로 분석해 냈다는 점에서 우리말 번역서의 주 제목을 『민스키의 금융과 자본주의』로 했다. 실상 '금융'과 '자본주의'야 말로 현대 사회를 설명하고 분석하는 가장 중요한 개념이 아닐까. 무엇보다도 학문적 위상과 이론적 중요성에도 불구하고 상대적으로 간과되어 온 민스키의 급진적 경제 사상을 강조하고 싶은 마음을 제목에 담았다. 오늘날 빈번하게 회자되는 금융 불안정성 가설financial instability hypothesis, 헤지 · 투기 · 폰지 금융의 조달, 민스키 모멘트, 내생적 화폐 이론, 케인즈 종합에 대한 비판 등은 이 책에서 비롯하고 파생 · 발전한 개념이다.

위기의 반복과 구조

경제와 금융에서 이 책이 차지하는 정전正典으로서의 위상과 함께, 법학자인 내가 이 책에 주목한 애초의 이유는 민스키야말로 오늘날 현대 사회의 위험·위기 담론을 가장 잘 설명해 준다고 생각했기 때문이다.[2] 울리히 벡Ulrich Beck에 의해 이론화된 **위험 사회** 논의는 1990년대 체르노빌 원전 사고 등 현대 사회의 수많은 위험에 대처하기 위한 사회학적 설명으로서 등장한다. 벡의 논의는 2000년 후반 금융 위기의 등장을 계기로 새로운 글로벌 위험 사회의 세계주의적 징후로 금융을 다루면서 보다 확장된다.[3] 특히 벡은 "실제로 글로벌 위험 사회에서 가장 중요한 것은 스스로 생산한 재앙을 예측하고 막는 것, 간단히 말해 생산된 불확실성을 다루는 일이다"라고 강조하면서[4], 경제나 금융 및 사회과학에서 비직선적 고찰로의 시점 전환과 불확실성을 강조하게 된다.

안타깝게도 그의 이른 타계로 논의가 더 진전되지는 못했지만, 보다 본격적인 위험·위기에 대한 이론적 논의는 훨씬 이전부터 경제학에서 성장하고 있었다. 바로 케인즈에서 시작해서 민스키의 금융 불안정성 가설로 정립된 포스트케인지언의 이론이 그렇다. 실제로 민스키의 분석과 이해 지평은 과거 경제 대공황부터 최근의 서브프라임 모기지 사태로 촉발된 금융 위기와 실리콘밸리은행SVB의 파산까지 그 원인을

---

2   법학에서는 위험 사회에서 법의 역할과 기능에 대한 논의가 활발하다. 특히 위험 사회에서 형법의 근대적 이념과 토대가 어떻게 변화하고 대응하는지에 대한 논의는 이른바 '위험 형법'이라는 이름으로 전개된다. 최근에는 '위험'에 대응하여 '안전' 개념에 천착한 법 이론적 논의도 전개되고 있다. 김대근, "안전 개념의 분화와 혼용에 대한 법 체계의 대응 방안", 『법과 사회』 제47권, 2014 참조.

3   "현대 사회의 모든 부분 시스템은 그 밖의 다른 부분 시스템에 의존하기 때문에 금융 시스템의 탈락은 재앙일 것이다. 그러므로 세계 경제는 분명 글로벌 위험 사회에서 가장 중요한 리스크 근원이다", 울리히 벡, 『글로벌 위험사회』, 길, 2010. 347쪽.

4   앞의 책, 99쪽.

진단하고 설명하는 데 매우 설득력을 갖는다. 근본적 불확실성은 유동성 선호의 원인이면서, 투자가 왜 불안정하게 이루어지는지, 다시 말해 투자가 왜 합리성보다는 **야성적 충동**animal spirits이라는 추동에 이끌리는지를 보여 준다.[5] 더 나아가 반복적 금융 위기가 왜 더 큰 파국으로 치닫지 않는지. 그 과정에서 정부와 은행 등 제도는 어떠한 역할을 하고 있으며 또 무엇을 해야 하는지를 명확한 대안으로 제시한다.

신고전파 종합에 대한 비판

민스키의 초기 문제 의식은 케인즈의 거시 경제 모델을 수량적으로 접근하여 지나치게 단순화시킨 신고전파 종합neoclassical synthesis에 대한 비판에서 시작한다.[6] 투자와 화폐의 상관성을 I(투자), S(저축), L(유동성 선호), M(화폐 공급) 모델로 압축해 보여 주는 IS-LM 이론[7]은 지나치게 균형을 강조한다. 때문에 "이 이론이 모형으로 삼는 경제는 역사적 시간에 존재하는 것이 아니라 시간을 초월하는 진공 상태에 존재할 뿐"(256쪽)이다. 또한 "노동 수요의 증가를 불러오는 노동의 초과 공급 메커니즘을 포함하지 않았다"(247쪽)는 점에서 실업 균형의 문제를 설명해 내지 못할 뿐 아니라, 궁극적으로 금융 부분을 도외시했다는 점에서 한계가 있다. 결과적으로 IS-LM 이론과 같은 신고전파 종합에

---

5   엥겔베르트 스톡하머 외, 『리씽킹 이코노믹스』, 개마고원, 2019, 32쪽
6   신고전파 종합 이론에서 케인즈의 이론은 일반 균형 이론의 특수한 경우로 축소된다. 앞의 책, 26쪽.
7   존 힉스(John Hicks)와 앨빈 한센(Alvin Hansen)에 의해 주창되었다.

서 "변동, 불균형, 그리고 금융 트라우마는 오직 체계 외부에서 가해진 충격이나 변화로만 일어날 수 있다"(255쪽). 이는 "신고전파 종합 이론이 내부 불안정을 야기하는 힘을 수용하지 않고 역사적 관점도 취하지 않기 때문"(255쪽)이다. 그렇다면 경제의 불안정성은 경제 자체에 내재된 속성 때문이 아닐까. 설명을 위해 민스키는 투자에 대한 이해에서 논의를 시작한다.

헤지 금융, 투기 금융, 폰지 금융

민스키에 따르면 자본주의의 불안정성 원인은 경제의 금융적 요구에 있다. 금융 불안정성은 경제에서 소득, 대차 대조표, 그리고 포트폴리오 현금 흐름과 깊은 관련을 맺는다. 특히 "자본주의 경제에서 채무자가 생산 소득에서 파생된 현금이 아니라, 또 다른 채무 발행으로 얻은 현금으로 상환하는 금융 상황이 나타날 가능성이 높기 때문"(348쪽)에 불안정성이 나타난다. 물론 투자의 본질은 오늘의 돈과 내일의 돈의 교환이다.[8] 민스키는 현금 흐름 창출이 기대되는 기업 자본 자산 포지션이 지분과 부채의 조합으로 조달된다는 점에서 자금 조달 방식(자산 포지션)에 따른 금융 구조를 헤지 금융hedge finance, 투기 금융speculative finance, 그리고 폰지 금융Ponzi finance으로 구분한다(357쪽 이하). 먼저 헤지 금융 단계에서는 투자자의 자산 가치가 이자율 변화에 영향을 받지 않고, 투자에 따른 현금 흐름이 부채를 상환하기에 충분하다. 헤지 금

---

8   Minsky's moment, The Economist, 2016

융에서는 경기가 안정적이고 유동성 가치가 저하되면서 단기 이자율이 장기 이자율에 비해 크게 떨어진다. 이 단계에서는 미래의 기대 수익이 높기 때문에 이자와 원금을 갚는 데 어려움이 없다. 그러나 이러한 과정에서 경기는 상승하고, 당연히 기업 내지 투자자는 단기의 유동성 부채를 조달하여 장기의 위험성 부채로 대체하려는 욕망을 갖게 된다. 금융은 점차 원금 상환이 요원해지고 이자만 갚을 수 있는 투기 금융 단계에 들어선다. 기업은 대출 이자를 갚기 위해 미래의 현금 흐름에 의존하지만, 원금 상환을 위해서는 대출 상환을 연장해야 하는 것이다. 경기가 한층 상승하면서 대출자는 원금의 상환 가능성보다는 이자를 지급할 수 있는지에 관심을 갖게 된다. 어느덧 경기 상승의 정점에서 미래의 자산 가치가 상승해 원금을 충분히 상환할 수 있다는 믿음이 확고해지고 이자를 지불하기 위한 추가 대출을 받기에 이른다. 다시 말해 기업이 수익성이 악화되더라도 새로운 부채를 조달하여 기존의 원금과 이자를 변제하려는 폰지 금융 단계에 들어서는 것이다. 폰지 단계에서 기업은 수익이 낮아져 이자를 갚기 힘들다. 또한 추가로 대출을 받아야만 이자를 갚을 수 있다. 즉, "폰지 금융 단위들은 자신들의 부채 구조에 이자를 자본화한다."(359쪽) 더 나아가 "폰지 금융은 속임수를 쓰려는 의도가 아니더라도 종종 주변부 금융이나 사기 금융 관행에 연루"될 수 밖에 없다는 것이 민스키의 분석이다(360쪽).[9]

---

9 같은 관점에서 위험(리스크)을 관리하여 더 많은 수익 창출을 속성으로 하는 금융이 일상화됨에 따라 정보의 비대칭성이 더욱 심화된다는 문제점과 더불어 불확실성에 기반한 리스크를 창출하면서 그로 인한 위험은 금융 소비자를 비롯한 사회 전반으로 확산되고, 또한 이익은 금융(투자 상품을 기획한 소수에게 독점되는 과정에서 발생한다는 개념에서 오늘날의 사기 범죄를 '다중사기범죄'라고 개념화한다. 이에 대한 논의로는 김대근, 「다중사기범죄의 현상에 대한 비판적 고찰과 규범적 대안: 「다중사기범죄 등 규제 기본법」의 법제화를 위한 시론」, 「형사정책연구」 통권 제115호, 2018을 참조

결국 어느 단계에서 대출자들에 대한 신뢰가 붕괴되어 신용 공급이 제한되는 시점이 도래한다.

민스키 모멘트

이 시점에서 투자가 저하되는 것은 물론, 생산과 고용이 급격하게 저하되고, 이자의 상승과 수익의 하락 속에서 대출 상환을 위한 자산 매각이 빈번해진다. 이와 같이 신용 공급이 급격하게 축소되는 시점을 민스키 모멘트Minsky Moment라고 한다.[10] 민스키 모멘트는 금융에 내재된 불안정성이 실현된 경기 순환의 한 국면으로서 금융의 구조적 위기라고 할 수 있다.

요컨대, 자산 가격이 상승 궤도에 있다는 믿음은 자기 충족적 예언을 불러일으키며 이러한 신념에 따라 투자자는 시장보다 빠르게 행동

하라. 투자 사기 사건으로 인한 피해에 대한 연구에서 112건의 투자 사기 언론 보도 사건 중 피해자 수가 확인된 80건의 사건에 관하여 피해자 수에 관한 정보를 조사한 결과, 사건당 피해자 수에서 가장 높은 빈도를 보인 것은 피해자 수가 '1백 명 초과 1천 명 이하'의 경우로 전체의 33.8%인 27건이었으며, 피해자가 1천 명이 넘는 경우도 14건(17.6%)이었다. 투자 사기 사건당 피해액을 보면 조사 건수 가운데 10억 원 초과 100억 원 이하의 피해액이 전체의 33.3%(31건)였고 100억 원 초과 1,000억 원 이하가 25.8%를 차지하고, 심지어 1조 원 이상의 피해를 입는 경우도 발생한다. 투자 사기 사건 하나에 수천 혹은 수만 명에 이르는 많은 피해자들이 연루될 수 있다는 점을 감안할 때 이와 같은 다중사기범죄의 피해 규모가 중대함을 알 수 있다. 박정선·황지태·양승돈, "국내외 투자 사기의 유형별 실태 연구", 『형사정책연구』 제22권 제4호, 한국형사정책연구원, 2011, 304-306쪽 참조.

10 정작 민스키 모멘트라는 용어를 만든 것은 민스키 본인이 아니다. 채권 운용 회사 핌코(PIMCO)의 폴 맥컬리(Paul McCulley)가 1998년 러시아 금융 위기를 설명하기 위해 부채 수준이 한계점에 다다르고 자산 가격이 전반적으로 폭락하기 시작하는 때를 가리켜 "민스키 모멘트(Minsky moment)"라고 부른 것이 처음이다. 물론, 이후 민스키 모멘트는 2008년 글로벌 금융 위기 이후 본격적으로 사용되고 있다.

하게 된다. 게다가 신용 기준credit standard은 경기 상승 시기에 투자자들로 하여금 그들의 차입금을 이용하여 투자할 수 있도록 하면서 경제는 부채를 기반으로 하여 급속하게 성장한다. 문제는 긍정적 기대가 그랬던 것처럼, 기대가 부정적으로 변하면 경제의 붐을 부채질했던 자기 충족적 예언은 같은 방식으로 공황panic을 부채질하게 된다.[11] 이런 방식으로 호경기와 불경기 사이에서 경제 순환 구조가 움직인다.

정부의 역할과 최종 대부자 효과

때문에 민스키는 최종 대부자로서 정부와 중앙은행의 역할을 강조한다. "큰 정부가 재정 적자를 통해 생산, 고용, 그리고 이윤을 안정화시킨다면, 최종 대부자 개입은 자산 가치와 금융 시장을 안정화시킨다" (107쪽). 다시 말해 중앙은행 등이 곤란에 처한 금융 기관에게 유동성을 제공해 이러한 순환 구조가 깊어지는 것을 완화해야 하는 것이다. 미국의 경우, 연방준비제도Fed는 1907년 공황에 대한 대응으로 만들어졌고, 연방예금보험공사FDIC 또한 대공황 시기 은행 파산에 대한 대응으로 만들어졌지만, 시장에 대한 과신으로 적극적인 역할을 하지 못했다. 그러나 1930년대 대공황 이후 이들 기관들의 역할과 규제가 강화되기 시작한다. 이후 강화된 중앙은행의 최종 대부자로서의 역할 덕분에 이른바 1930년대 대공황과 같은 대위기가 다시 도래할 필연성은 없

---

11 Greta R. Krippner, *Capitalizing on Crisis: The Political Origins of the Rise of Finance*, Harvard University Press, 2012, p.5

다는 것이 민스키의 분석이다(117쪽).

"최종 대부자 개입은 금융 기관이 소유한 자산 가치가 하락하여 전반적인 유동성 손실이나 예금 및 여타 부채의 액면가를 유지할 수 없는 광범위한 금융 부실 사태의 발생을 방어한다. 이러한 개입은 은행이나 여타 기관들이 자산의 시장 가치가 하락할 때 발생하는 손실이 예금자에게 전이되는 상황을 막는다. 이와 같은 방법으로 자산 가치의 하한을 설정하여 특정 손실의 증폭을 방어하기 위해 수행되는 최종 대부자 운용은 차입과 대부가 중요한 경제에 존재하는 일부 사적 리스크를 사회화한다"(116쪽).

"자본주의 경제에서 금융과 경제의 지속적 불안정성은 정상적이다."

자본주의의 내재적 불안정성은 이윤이 투자에 좌우되고 사업 부채의 유효성이 이윤에 좌우되며 투자는 외부 금융의 가용성에 좌우되기 때문에 발생한다(491쪽). 더 나아가 금융 체계는 역사적 경로에 따라 과거, 현재, 미래에 걸쳐 사실과 경험이 축적되는 체계라는 점에서 불안정하다. 이제 우리는 민스키의 제언에 따라 우리 경제의 불안정성을 인정하고, 내재된 불안정성이 우리의 제도적 정책적 개입으로 증폭되는지 또는 완화되는지 여부를 탐색할 필요가 있다(481쪽). 그리고 이에 기초한 경제 이론과 정책을 구축해야 한다. 앞에서 확인한 것처럼 "정교하고 복잡하며 역동적인 금융 체계는 내생적으로 안정 파괴력을 만들어 내므로 심각한 불황은 비개입적 자본주의의 자연스러운 결과다. 그러므로 금융을 자유 시장에 맡겨 놓을 수 없다"는 케인즈의 통찰에서 시작할 필요가 있다. 여기에 큰 정부의 역할이 불가피하다. 더 나아가 정책 목표를 고용이 아니라 투자와 '경세 성장'에 집중하는 것은 오류다. 완전 고용 경제는 확장될 수밖에 없는 반면, 자본 집약적 민간 투자 유도로 성장을 가속화하려는 경제는 성장하지 못할 뿐만 아니라 소득 분배에서의 불평등, 기술 선택에서의 비효율성, 그리고 경제 전반의 성과에 불안정성을 가중시킬 수 있다(489쪽). 민스키가 강조하는 바, 경제 정책의 일차적인 목표는 "인간적 사회를 향한 첫걸음으로서의 인간적 경제"(490쪽)라는 점을 놓쳐서는 안된다.

민스키의 의제

인간적 경제를 향한 민스키의 개혁 방안은 (규모, 지출, 세제 측면에서)큰 정부, 고용 전략, 금융 개혁, 그리고 시장 지배력이라는 네 가지 큰 주제로 요약된다.[12] 먼저 큰 정부는 민간 투자의 변동이 정부 적자에서 상쇄시킬 만큼 충분한 변동을 이끌어 이윤을 안정시킬 수 있을 만큼 충분히 커야 한다(496쪽). 큰 정부는 지속 불가능한 투기 금융이나 폰지 금융을 지속 가능한 헤지 금융 구조로 전환할 수 있도록 해야 한다[큰 정부]. 한편 정부의 고용 정책 전략은 시장성이 용이하지 않음에도 불구하고 복지 수준을 향상시키는 산출물을 생산해 내도록 설계

---

12 "여기서 제시한 정책 제안들은 협상의 여지가 없는 계획이 아니라 논의를 위한 의제로 해석"해야 한다고 민스키는 강조한다(550쪽).

될 필요가 있다. 고용 계획은 상설화돼, 호황기에는 기본 수준으로 운영되고 침체기에는 확장 운영되므로 지속적인 검토와 개발이 필요하다(513쪽)[13][고용 전략]. 주지하다사피 화폐, 은행, 금융법의 역사는 구조의 불안정성을 제거하기 위한 것으로 해석할 수 있다. 대체로 기업이 자본 자산을 통제하고 투자 산출물을 결정하므로 기업의 금융력과 관행은 불안정성을 관리하거나 억제하는 정책의 출발점이다. 특히 중앙은행은 최종 대부자로서 예금 인출 사태로 주요 포지션 메이킹 시장의 자금 공급이 붕괴되지 않도록 보장해야 하며 보호할 금융시장을 명확히 정의해야 한다(535쪽)[금융 개혁]. 마지막으로 "일단 시장 지배력이 존재하면, 그것은 산출량을 제한하고 기업들의 진입을 방해하며 가격과 이윤 유지를 위해 악용될 소지가 있"다(546쪽). 때문에 시장 지배력을 규제하거나 전환시키기 위한 개입은 필요하며 시장에 대한 규제와 정부 개입은 시장이 마치 경쟁 시장인 듯 행동하게 만들 때 유효하다(545쪽)[시장 지배력]. 물론 민스키가 이러한 의제에 따라 조세나 고용에 대한 세부적인 지침 및 정부와 은행 등 금융 기관의 구체적 역할을 제시하고 있다는 점도 놓쳐서는 안 된다.

궁극적으로 경제와 금융은 위기와 균형을 반복하기에 지속적인 개혁을 필요로 한다는 것이 민스키의 핵심적 주장일 것이다.

---

13 민스키는 고용 전략에 반영되어야 할 노동 시장의 네 가지 양상을 다음과 같이 정리한다.(514쪽) ① 인플레이션을 유발하지 않는 기본급 수준에서 일자리를 만들어 내는 공공, 민간, 중개 기관의 개발, ② 이전 지출 구조의 조정, ③ 노동 참여 장벽 제거, ④ 명목 임금 및 인건비 제약 수단의 도입. 고용 전략에 대한 네 가지 양상은 서로 연결되어 있다고 한다. "만약 대량의 이전 지출 기제가 제거된다면, 현재 및 미래의 이전 지출 수급자에게 대체 소득원이 보장되어야 한다. 노동 시장 참여 장벽이 제거되면 노동 시장에 자유롭게 진입할 수 있는 일자리가 제공되어야 한다. 명목 임금 및 인건비에 대한 제약은 완전 고용을 유지하겠다는 약속의 결과다."

"심각한 불행을 막기 위한 큰 정부 권한을 유지하면서도 큰 정부 탓에 발생할 수 있는 인플레이션 추력을 약화시키는, 경제의 재구성이 필요하다. 이와 같은 재구성은 오직 일시적 성공을 누릴 뿐이다. 애초의 기간이 지나면 자본주의 금융의 기본적 균형 파괴적 경향은 다시 한 번 금융 구조를 취약성의 벼랑 끝으로 밀어 넣을 것이다. 그때가 바로 개혁이 필요할 새로운 시기다. 우리가 모든 것을 최종적으로 바로잡을 가능성은 언제고 없다"(551쪽).[14]

"자본주의에 비판적인 경제학만이 자본주의를 위한 성공적 정책의 길잡이가 될 수 있다"

간략하게 소개했지만, 민스키의 이론이야말로 구조화된 위기를 분석해 내고, 위기의 일상화를 설명하며, 더 나은 사회를 만들기 위한 정책의 방향과 토대를 모색하는 데 유효한 이론적 전망을 제시한다. 어쩌면 민스키가 주류 경제학의 방법론적 개인주의와 계량 경제학적 모델을 거부하고, 거시적인 토대 위에서 총체적이고 역사적인 접근 방식에 따라 경험주의적 접근을 하기에 보다 실효적인 분석과 전망이 가능

---

14 최근 이코노미스트지도 민스키의 이론을 원용하며 다음과 같이 전망한 바 있다. "이 '모멘트'가 지속될까? 민스키의 이론에 의하면 (민스키)모멘트는 결국 사라질 것이다. 경제 성장은 여전히 불안정하며 글로벌 금융 위기의 후유증은 곳곳에 남아 있다. 민스키가 설명한 바에 따르면 지금의 시기는 기업과 은행이 가장 신중할 때이며, 과거의 실수를 반복하지 않기 위해 조심하고 대차 대조표를 건실하게 만들기 위해 노력하는 시기이다. 하지만 2008년 위기의 기억은 점차 희미해질 것이다. 기업들은 확장 경쟁을 펼칠 것이며, 은행은 이들에게 자금을 제공하고 규제 당국은 규제를 풀 것이다. 결국 민스키의 경고는 사라져 버릴 것이다. 과거의 위기로부터 멀어질수록, 우리는 또 다른 위기가 올 것이라 말하는 사람들에게 귀를 기울이지 않을 것이다." Minsky's moment, *The Economist*, 2016.

하지 않았을까. 사회와 경제에 대한 민스키의 접근은 이론의 틀에 현실을 끼워 맞추는 것(연역)도 아니고, 다양한 경제와 금융의 세계 속에서 법칙을 막연하게 추상하는 것(귀납)도 아니다. 오히려 금융 위기라는 역사적 경험 속에서 적확한 설명력과 대안을 갖는 케인즈의 이론을 검토하고 동시대의 금융과 경제 분석을 통해 케인즈를 재해석한다는 점(가추[15])에서 이론과 현실을 변증하고 있다. 이러한 추론과 방법론은 우리가 경제 사상가로서 민스키를 주목해야 할 또 다른 이유다.

"이제 우리는 모두 케인즈주의자다We are all Keynesians now"라고 1971년 미국 대통령 리처드 닉슨이 말했다지만, 그보다 6년 전 시카고학파의 거두 밀튼 프리드만도 같은 말을 했었다.[16] 오늘날 다시 폴 크루그먼은 "이제 우리는 모두 민스키주의자들이다We are all Minskyites now"라고 말한다.[17]

---

15 가추와 역행 추론에 기반한 논증 과정은 ① 현상의 관찰(또는 발견), ② 현상을 설명할 수 있는 가설 설정-가추, ③ 가설의 검증-역행 추론, ④ 결론의 도출이라는 단계를 거친다. 특히 실체적 진실 발견을 위한 가추의 가능성에 대해서는 김대근, "검사의 수사 논증과 추론의 구조 고찰: 가추와 역행추론을 중심으로", 『형사정책연구』 제27권 제1호(통권 제105호), 2016을 참조하라.

16 *Time*, 31 December, 1965

17 Paul Krugman, "Why Weren't Alarm Bells Ringing?", *The New York Review*, 23 October, 2014

감사의 말

이 책 『민스키의 금융과 자본주의』가 나오기까지 조언과 격려를 아끼지 않으셨던 한밭대학교 경제학과 조복현 교수님, 거친 번역 초고를 읽는 수고로움과 빨간펜 선생님 역할까지 마다치 않으셨던 고려대학교 경제학과 박만섭 교수님, 경상국립대학교 경제학부 김공회 교수님께 짧게나마 감사의 인사를 드립니다. 또 이 책에 많은 관심과 애정을 보이고 의견을 주신 여러 선생님들과 동료, 선·후배들에게도 감사를 드립니다. 아둔한 제자에게 법학 원리의 한 분과로서 법경제학의 가능성을 제시하고, 법철학의 지평을 넓게 펼쳐 주신 고려대학교 법학전문대학원 이상돈 교수님께 늘 사랑과 감사의 마음을 간직하고 있습니다. 시장성과 상관없이 우리 사회에 필요한 책이라는 믿음으로 이 책을 출간해 준 카오스북 오성준 대표님께 깊은 감사를 드립니다. 원서의 한 줄 한 줄을 함께 고민해 주었을 뿐만 아니라, 오랜 시간 기다리고 격려해 준 덕분에 이 책이 빛을 볼 수 있었습니다. 마지막으로 우리 사회의 현실을 치열하게 분석하고 미래를 함께 고민하는, 미처 언급하지 못한, 많은 분들께 이 책을 바칩니다.

영문

markup inflation 440
Marshall, Alfred 41
MMF 417